Das Buch der Wäsche.

Ein Leitfaden

zur

zeit- und sachgemäßen Herstellung
von Haus-, Bett- und Leibwäsche, sowie zu deren gründlicher
Behandlung und Pflege

unter Beigabe der erforderlichen naturgroßen Schnitte

Zusammengestellt
von
Brigitta Hochfelden
und
Marie Niedner.

Verlag der „Deutschen Moden-Zeitung", Aug. Polich
Leipzig.

Reprint nach der Originalausgabe aus der Zeit um die Jahrhundertwende aus Privatbesitz

ISBN 3-88746-081-2
Best.-Nr. 7011

Gesamtherstellung:
Th. Schäfer Druckerei GmbH, Hannover

Vorrede zur zweiten Auflage.

Die freundliche Aufnahme, welche diesem Buche seit seinem Erscheinen zuteil geworden, beweist, wie lebhaft das Interesse ist, das die deutschen Hausfrauen dem vielverzweigten Bereich der Wäsche entgegenbringen, und legt ein kräftig Zeugnis ab dafür, daß die Neigung zu häuslicher Beschäftigung bei unseren Frauen ungeschmälert fortbesteht, gewiß zum Heil von Haus- und Volk.

Und so bringe denn auch diese neu durchgesehene und nach jeder Richtung bereicherte Auflage Freude und Nutzen allen, denen das Buch in die Hände kommt.

Brigitta Hochfelden.

Vorrede zur dritten und vierten Auflage.

Wiederum hat sich Neudruck dieses Buches notwendig gemacht, und mit Freuden haben wir uns einer gründlichen Neubearbeitung desselben unterzogen. Inhaltlich bedeutend erweitert, zeitlich vollständig auf die Höhe gebracht, tritt die neue Auflage ihre Ausreise an. Die uns von allen Seiten zugehenden, geradezu dankbaren Anerkennungen gaben der Lust und dem Eifer zur Arbeit besonderen Ansporn, und gern folgten wir einer Anregung, über das unseres Wissens noch nie bearbeitete Thema: „Das Legen der Wäsche" eine Abhandlung einzufügen, sowie verschiedenen Wäschestücken Raum zu gewähren, die für Gesundheit und Wohlbehagen der Frau unentbehrlich sind.

Wenngleich wir auch den Wandlungen der Mode mit offenem Auge folgten, so entnahmen wir ihnen doch nur das, was wir nach unserem Grundsatz: „vernünftig und praktisch" rechtfertigen konnten.

B. H.

Vorrede zur fünften und sechsten Auflage.

Das Buch der Wäsche tritt abermals in neuer Auflage in die Welt.

Wenig verändert in seiner äußeren Erscheinung, ward doch sein Inhalt erweitert durch alles, was während der letzten Jahre im Wäschefach sich als neu und zugleich gut bewährt hat.

Möge unserem mit vieler Liebe und emsigem Fleiß gearbeiteten Werke neuerdings der freundliche Empfang zu teil werden, der es seit seinem Erscheinen ausgezeichnet hat, und möge es sich behaupten als ein „Hausschatz der deutschen Hausfrau".

B. H.

Einleitung.

Herstellung und Erhaltung der Wäsche ist für alle Frauen, welche einen Haushalt leiten oder darin geschäftlich beteiligt sind, eine so wichtige und ernste Sache, daß jedes Mädchen alle in dieses Bereich fallenden Arbeiten ebenso gut kennen und lernen sollte wie Lesen und Schreiben.

Der Bestand an Wäsche in einem Haushalt bildet sozusagen die Vermögensgrundlage desselben. Wenig, fast gar nicht dem Wandel der Mode unterworfen, ist die Wäsche, welche der jungen Frau als Mitgift in die Ehe gegeben wird, bestimmt, für viele, viele Jahre hinaus den Anforderungen des sich vergrößernden Hausstandes zu genügen und Neuanschaffungen sowie Ergänzungen nur in beschränktem Maße nötig zu machen.

Erst die erfahrene Hausfrau weiß den Schatz zu würdigen, der in einem großen Wäschevorrat steckt, nur sie erkennt es dankbar an, daß die Aufbewahrung und Instandhaltung dieses Vorrats verhältnismäßig leicht ist, sie allein weiß es zu schätzen, wenn in Zeiten großer Ausgaben und sich überstürzender Ansprüche — die in keinem Hausstande ausbleiben — dieser Wäschevorrat stets bereit ist, zu dienen, zu geben, zu leisten, ohne Anforderungen zu stellen und Kosten zu verursachen.

Die unschätzbar großen Dienste, die uns die Wäsche — das Weißzeug — leistet, verlohnen es, daß wir mit Aufmerksamkeit und Liebe uns damit beschäftigen; daß wir bei der ersten Anschaffung vorsichtig und wählerisch zu Werke gehen, daß wir die Anfertigung mit Umsicht und Sorgfalt vornehmen, daß wir der Erhaltung alle erdenkliche Aufmerksamkeit widmen.

Kein deutsches Mädchen sollte diesen für den Haushalt so hochwichtigen Fragen unwissend gegenüberstehen, keine Braut glauben, die Wäscheausstattung nebensächlich behandeln zu dürfen, keine Hausfrau dieses unentbehrliche Besitztum geringschätzen und sorglos mißachten.

Guter, genügender, ja reichlicher Vorrat an Wäsche begründet den Wohlstand des Hauses, und Hauseswohlstand ist Volkeswohlstand!

Erste Abteilung. Die Anschaffung.

Um zweckdienliche gute Ware zu kaufen und Anschaffungen in richtigem Maß und Verhältnis zum Bedarf und Verbrauch zu machen, ist Sachkenntnis und Erfahrung unentbehrlich. Erstere wollen wir hier, soweit das geschriebene Wort dies vermag, geben, letztere unterstützen wir durch die Aufstellungen am Schluß des Buches.

Es handelt sich zuerst darum, die Notwendigkeit der Anschaffung zu erkennen, dann die gebräuchlichsten Stoffe kennen und sie unterscheiden zu lernen; hierbei müssen wir die allgemeinsten Vorkenntnisse als vorhanden voraussetzen und auf ihnen unsere Erklärungen aufbauen.

Notwendigkeit genügender Vorräte.

So wenig klug es für diejenigen, die einen neuen Hausstand gründen wollen, wäre, einen unverhältnismäßig großen Teil der zur Verfügung stehenden Mittel in Anschaffungen zu stecken, die ihnen leicht ebenso viel Last wie Lust bringen könnten, ebenso wenig Voraussicht würde es beweisen, mit Anschaffungen zu geizen, die nie verloren, nie entwertet, nie sozusagen „weggeworfen" sein werden. Gerade das Gebiet der Wäsche erstreckt sich über die ersten bis zu den allerletzten Einzelheiten eines Hausstandes, weder Arm noch Reich kann sich ihm entziehen, vom ersten Atemzuge an bis ins Grab hinein umgibt und versorgt es den Menschen. — Knapp an Wäsche sein bedeutet für den einzelnen Menschen ebenso wie für jeden Haushalt Armut.

Junge Frauen und Mädchen, in Unerfahrenheit der Welt und des Lebens und noch nichts ahnend von den schwierigen Lagen, die auch an sie herantreten können, sind leicht geneigt, die Wäsche mehr für ein notwendiges Uebel als für einen segensvollen Reichtum zu halten, und insbesondere die modernen Frauen huldigen nicht selten der Anschauung, das notwendige „bißchen Wäsche" könne jederzeit leicht angekauft werden, und es sei ganz verkehrt, Vorräte als „totes Kapital" im Schranke aufzuspeichern.

Sie irren sich! Der anfänglich kleine Hausstand wächst — er macht schon da bedeutende Anschaffungen nötig —, das Dienstpersonal wird vermehrt, und damit erweitern sich die Ansprüche an den Wäschevorrat; die Entwickelung der Kinder fordert von Jahr zu Jahr Neukaufen, ein Gedeck nach dem andern wird fadenscheinig, das Bettzeug zeigt die Spuren der vielen Wäschen, und ein Dutzend Handtücher nach dem andern geht den Weg alles Irdischen!

Wohl empfängt die Hausfrau Geschenke von allen Seiten, zierliche unnütze Dinge, Tand und Putz — wer aber denkt daran, wer würde wagen, ihr „Wäsche" zu schenken? Und doch ist diese das notwendigste, das täglich unentbehrliche, und doch fehlt sie an allen Enden und Ecken!

Wahrlich in solchen Zeiten, wo an Umsicht, Zeit und Kräfte der Hausfrau und Mutter schon bei gut geordneten Verhältnissen große Ansprüche gemacht werden, wo zumal die Sorge für die eigene Zukunft und die der Kinder mahnt, jeden Groschen, der entbehrt werden kann, zurückzulegen, da erweist ein gut gefüllter Wäscheschrank sich als feste Grundlage, auf die man mit Ruhe blickt, von der man dankbar zehrt.

Solche Grundlagen sich zu schaffen, sollte kein Mädchen versäumen, und um sich die dazu nötigen Kenntnisse zu erwerben, soll sie Nachdenken und Mühe nicht scheuen. Lieber einige Kleider, einige Möbelstücke, einige Küchengeräte weniger, dagegen einige Dutzend Handtücher mehr, das und lieber weniger Gutes als viel Halbgutes, dies beides sei die Losung jeder Braut und jeder Brautmutter.

Die Stoffe.

Wenn man das Glück hat, mit einem Geschäftshause in Verbindung zu stehen, in das man festbegründetes Vertrauen setzen kann, so wird man demselben die Wahl der Stoffe getrost überlassen dürfen, denn es wird stets gewissenhaft raten und besser als irgend ein Laie imstande sein, die Gewebefasern nach ihrem Wert zu prüfen. Diese Erfahrung haben wir an dem Geschäftshaus Aug. Polich, Leipzig, in weitgehendem Maße zu machen Gelegenheit gehabt, dessen reiche Stofflager uns auch bei dieser Buchbearbeitung zu Gebote gestanden haben. — Die einfachsten Kenntnisse der Stoffarten sind aber doch geboten.

1. Leinen.

Zu unserer Wäsche, sei es Haus-, Bett-, oder Leibwäsche, gebrauchen wir vor allem das Leinen, aus Flachs oder Hanf hergestellt. Das aus Hanf gewonnene Leinen ist gröber und starkfädiger als das aus Flachs hergestellte; man unterscheidet in Leinenware grobes-, mittel- und ganz feines Leinen, ungebleichtes, sowie halb- und ganzgebleichtes. Bei einfachem Leinen, sowie bei Leinenbatist kreuzen sich die Längs- und Querfäden in einfachem regelmäßigen Wechsel.

Man benutzt Leinen – je nach seiner Bestimmung gröber oder feiner — hauptsächlich zu Bettwäsche und auch zu Hemden, zu Herrenkragen, Manschetten, Taschen- und Küchentüchern und Stickereien. Das sogenannte Hausmacherleinen, welches sich durch kräftigen runden Faden auszeichnet und völlig ungemangelt, also stumpf aussieht, verwendet man vorzugsweise gern zu Bettlaken, während für Leibwäsche und feinere Bettwäsche das schlesische, Herrnhuter, Bielefelder Leinen u. a. zu empfehlen sind. Leinen ist in verschiedenen Breiten, den so mannigfachen Zwecken entsprechend, von 70 bis zu 300 cm zu haben. Hinsichtlich der Gediegenheit nehmen die glatten Leinen folgende Reihenfolge ein: Schlesisches, Herrnhuter, Württembergisches, Hannoversches und Westfälisches Leinen, Bielefelder, Belgisches und Belfaster (englisches) Leinen.

Der für das Leinengespinst benutzte Faden wird aber nicht nur als glattes Leinen verwebt, sondern auch mit Muster und ergibt alsdann Drell-, Jacquard oder Damastgewebe, die als Haus- und Tischwäsche in Gebrauch genommen werden.

Zum täglichen Gebrauch wird Drell verwendet, er ist derber und stärker als Jacquard und Damast. Der glatte Drell hat ein Gewebe von drei Fäden oben und einem Faden unten und ist daher ungeeignet, geschwungene Formen zu erzielen, sondern stellt sich in Streifen- oder Würfelmuster dar, auch als der allbekannte Aeugelchendrell oder Gansauge, sowie als Gerstenkorndrell oder Huck. Diese derben haltbaren Gewebe von gutem Aussehen sind für Küchen-, Haus- und Schlafzimmerhandtücher bestens zu empfehlen; auch für tägliche Tischwäsche ist guter Drell das beste.

Nächst dem Drell wählt man gern für feines Tischzeug und auch für Handtücher den Jacquard, ein Gewebe von vier Fäden oben und einem Faden unten; er wird in geschmackvollen Würfel-, Sternen und Blumenmustern gewebt, meist in abgesetzter Musterform. Die Fadenfolge von vier und eins ermöglicht eine reichere Gestaltung und weichere Schwingung der Musterlinien als bei Drell, erreicht aber noch lange nicht die Vollendung des Damastes, wenn man gleich zugeben muß, daß die Jacquardgewebe von Jahr zu Jahr schönere Dessins erzielen.

Die schönste aller Leinenarten ist der Leinendamast. Er ist schneeweiß und wird in den geschmackvollsten Mustern gewebt; dieselben zeigen sich auf der einen Seite in mattem Grunde glänzend und auf der andern in glänzendem Grunde matt. Er ergibt das eleganteste Tischzeug, die feinsten Handtücher, ist atlasartig, vom schönsten Glanze und, seiner besonders schwierigen Herstellung und des ausgesucht schönen Materials halber, teuer. Die Merkmale des Damasts sind, daß derselbe sieben Faden oben und einen Faden unten zeigt und daß er in Ranken-, Blumen- und Arabeskenmustern gewebt wird, die eben infolge des langsamen Fadenwechsels sich in jeder auch noch so feinen Schwingung herstellen lassen und eine Weichheit und einen Reichtum gestatten, die kein anderes Gewebe hergibt. Damastmuster bilden gewöhnlich ein einheitliches Ganzes, und es können darin die größten und schwierigsten Zeichnungen eingewebt werden; daher findet man auch bei Damast nur große, stilvolle Muster, in denen das Hauptmuster regelmäßig nur in der Kante und in den Ecken liegt.

Es gibt auch Leinen von weißen Kettenfäden und buntfarbigen Durchschußfäden gewebt, und für verschiedenen Bedarf farbig bedrucktes Leinen.

Fast alle Leinengewebe werden auch in gemischter Ware, halb Leinen, halb Baumwolle, nachgefertigt, wobei der Kettenfaden Baumwolle, der Durchschußfaden Leinen ist, und umgekehrt. Gutes reines gebleichtes Leinen bleibt jederzeit blendend weiß und glänzend, während Baumwolle sehr leicht stumpf und gelblich aussieht.

Ganz besondere Aufmerksamkeit verwende man beim Einkauf auf die Webkante (auch Egge genannt) des Leinens. Diese muß recht derb und fest sein, denn ist sie lose, entstehen schon nach kurzer Zeit Zwischenräume, durch welche Einreißen hervorgerufen wird.

2. Baumwollenstoffe.

Nächst dem Leinen liefert uns die Baumwolle die angenehmsten und passendsten Stoffe zur Wäsche. Wir unterscheiden hier verschiedene Arten:

Hemdentuch, Dowlas, Louisianatuch, Madapolam, Linon (Baumwollenstoff in Leinenausrüstung), Chiffon, Shirting, Kambric, Indiana, Mull, Nansock, Köper als glatte, die sogenannten Negligeestoffe als gemusterte Gewebe.

Hemdentuch und Dowlas, beides in ganz verschiedenen Stärken, Breiten und Qualitäten im Handel, wird vorzugsweise für jede Art Leibwäsche, aber auch zu Bettwäsche, sowohl für Kissen und Deckbett als auch für Bettücher verwendet.

Louisianatuch, weich, glänzend und sehr dauerhaft, sieht dem Leinen ähnlich und wird für Bettwäsche verwendet.

Shirting, Kambric, Indiana und Madapolam benutzt man zu Unterröcken, auch zu Untertaillen, während Köper in Weiß zu Beinkleidern, Nachtjacken und anderen Negligeesachen gebraucht wird. Er wird mit 2 Fäden oben und 2 Fäden unten gewebt, und durch das gleichzeitige Heben mehrerer nebeneinander liegender Kettenfäden entsteht das schrägreifige Gewebe, das jedoch auf die Entfernung hin auch fast glatt wirkt. Die feiner und leichter gewebten glatten Baumwollenstoffe, wie Madapolam, Indiana, Nansock, Kambric usw., sind besonders begehrt zu zierlicheren

Wäschegegenständen, wie z. B. zu Frisiermänteln, Matinees und zur Aussteuer für kleine Kinder.

Sehr reich ist die Auswahl an gemusterten weißen Baumwollgeweben, die für Nacht- und Morgenjacken, Kleinkinderzeuge, Bettwäsche usw. sich ihrer Weichheit und ihres guten Aussehens halber ein immer größeres Verbrauchsgebiet erobert haben. Unter ihnen sind die Elsässer Waren ihres edlen Materials halber als besonders praktisch zu empfehlen; sie bieten feine, zierlich gemusterte Satins, wie Abb. 1 und 2, für Kinderjäckchen, Steckkissen und ähnliches. Durch erhabene Musterung und Haltbarkeit zeichnen sich Piquees aus, die gleichfalls vielfach verschiedene, aber meist eckige Musterformen haben und oft durch geraühte Kehrseite ein sehr dauerhaftes, gut wärmendes Material bieten, das im Pelzpiquee seinen schärfsten Ausdruck gefunden hat.

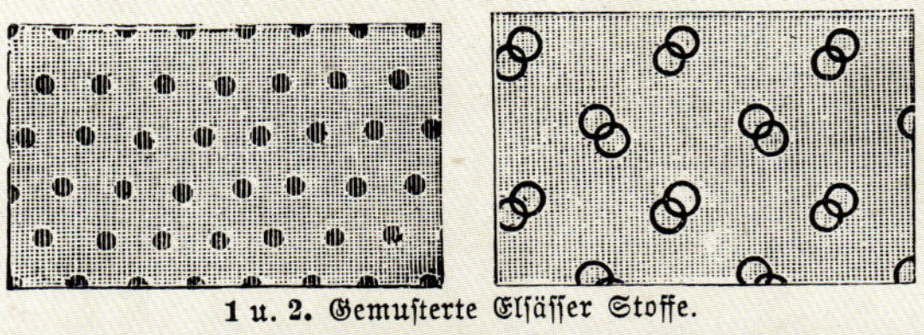

1 u. 2. Gemusterte Elsässer Stoffe.

3. Piquee.

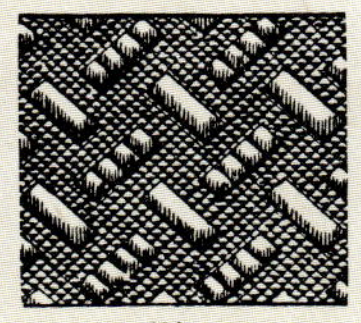

4. Piquee.

5. Pelzpiquee.

6. Bettdamast.

7. Bettdamast.

Die Leichtigkeit der feinen Baumwollgewebe macht sie zu Bezügen von Betten wohlgeeignet, und die Industrie hat es verstanden, durch reiche Muster die hierbei erforderlichen großen Flächen dem Auge angenehm zu verschönen. Herrliche, als „Bettdamast“ und „Bettbrokat“ in passenden Breiten für kleine und große Bettbezüge gewebte Baumwollstoffe ersetzen für diesen Zweck fast allgemein das Leinen.

Erwähnung verdienen auch die praktischen und gut aussehenden farbig gewebten Baumwollstoffe, sowie die bunt bedruckten; sie schmutzen weniger leicht als die weißen, werden vorzüglich aus diesem Grunde für Unterzeug, Arbeiterhemden, Leutebettzeug usw. viel genommen und verdienen warme Empfehlung. Vorzüglich gebührt diese den für Morgenjacken beliebten bedruckten hellen Baumwollenbarchents.

Vor dem Einkauf von Baumwollstoffen eine Probe zu waschen, ist anzuraten, da man nach Entfernung der Appretur die Güte des Stoffes beurteilen kann.

Trotzdem Baumwolle dem Leinen weder an Weiße, Glanz noch Haltbarkeit gleichkommt, hat sie sich dennoch im Laufe der Zeiten sehr viele Anhänger erworben. Und mit Recht! Denn abgesehen von ihrer größeren Billigkeit, ist sie wärmer, weicher und schmiegsamer als Leinen und wird auch besonders deshalb gern zur Leibwäsche gewählt.

3. Halbleinen.

Halbleinen ist ein äußerst dauerhaftes Gewebe, besonders wenn die Kette aus gut gezwirnter Baumwolle gebildet wird, und läßt sich bedeutend leichter waschen als unvermisches Baumwollenzeug. Letzteres verwendet man nur ungern und gewöhnlich nur mit Rücksicht auf den geringeren Kostenpunkt zu Bettüchern, während hierfür Halbleinen in Ermangelung reinen Leinens sehr wohl zu verwenden ist; auch für Hauswäsche bürgert sich die gemischte Ware mehr und mehr ein, und viele der zu auffällig billigen Preisen angebotenen, vielfach sehr schön gemusterten Jacquardgedecke sind aus Leinenfaden und Baumwolle gearbeitet. Man darf selbstverständlich nicht erwarten, daß Halbleinen die Haltbarkeit und den edlen Glanz reinen Leinens habe, sind doch auch die Anschaffungskosten von vornherein geringer und fordert eine gelegentliche Erneuerung nur mäßige Opfer.

4. Wolle.

Außer Leinen- und Baumwollstoffen dürfen diejenigen aus reiner Wolle in gewissem Maße mit zur Wäsche gerechnet werden. Reine Wolle fühlt sich immer warm und weich an, und der reinwollene Flanell liefert uns die behaglichsten Winterunterzeuge, ebenso wie weiche Decken, Schlafröcke und Touristenhemden. Der Wolle, sei sie in Form von Flanell gewebt, oder als Wirkware zu Trikot verarbeitet, ist vielfach der Vorzug zu geben, besonders für die zur kalten Jahreszeit direkt auf der Haut zu tragenden Bekleidungsgegenstände, wegen ihrer großen Fähigkeit, Ausdünstung und Schweiß aufzusaugen, wodurch Erkältungen vermieden werden. Flanell ist in verschiedenen Stärken und Breiten vorhanden. Der feine, nur wenig behaarte englische Flanell wird vorzugsweise für Unterzeug verarbeitet, während der dickere, langhaarige deutsche Flanell in weiß, blau und rot, besonders aber in melierten Farben für Unterröcke, auch winterliche Unterbeinkleider genommen wird. — Die Maschinenstrickerei liefert Wirkwaren verschiedenster Art in Wolle, welche für Unterkleidung mehr und mehr in Aufnahme gelangen.

5. Seide.

Seide ist sehr fein und fester als Leinen gewebt, dabei leicht und glänzend. Seidene gewirkte Unterkleider sind sehr angenehm zu tragen und entwickeln durch ihre Reibung auf der Haut fortwährend Elektrizität, was z. B. bei Rheumatismus von günstiger Einwirkung auf den Körper ist.

Merkmale zum Erkennen der Gewebefasern.

Vor allem wird es beim Einkauf von Nutzen sein, die unterscheidenden Merkmale der vorstehend besprochenen Arten genau zu kennen, d. h. die Warenproben nicht bloß mit Hilfe des Vergrößerungsglases, sondern auch auf dem chemischen Wege untersuchen zu können. Die Industrie, im Besitze der möglichst vervollkommneten Maschinen, ist bekanntlich imstande, z. B. dem minderwertigen Baumwollstoff das Aussehen echter Leinwand zu verleihen, eine Tatsache, die oft dem geübtesten Auge entgeht und zuweilen erst nach dem Waschen ungeschminkt, in diesem Falle buchstäblich aufzufassen, zutage tritt. Unter dem Mikroskop erscheint die Baumwolle als plattes, schraubenartig gedrehtes, lang gestrecktes Band, während die Leinenfaser eine runde, glatte, ungedrehte Gestaltung aufweist. Die Bastfaser des Hanfes ist lang und walzenförmig, aber von ziemlich ungleicher Stärke, und an der Spitze stumpf oder geteilt. Auch merke man sich beim Einkauf, daß Leinen in reiner Ware stets glatt, glänzend und kalt anzufühlen ist, daß seine Fäden rund und nicht flach wie die der Baumwolle sind. Beim Durchreißen des Einzelfadens dürfen keine Fäserchen daran hängen bleiben, was bei Baumwolle stets der Fall sein wird. Beim Verbrennen einer Leinenprobe erkennt man ihre Unverfälschtheit, wenn die Asche hellgrau bleibt; verbrennt man aber Baumwolle, so ist die Asche schwarz und zusammenhängend und das Gewebe fast erkennbar. Auch etwas Tinte auf ein angefeuchtetes Leinenpröbchen getröpfelt, zeigt, wenn sie nicht auseinanderfließt, daß das Leinen unvermischt ist. Vor allem ist anzuraten, das zu kaufende Leinen in der Probe zu waschen, um seine Güte besser beurteilen zu können.

Baumwolle wird nur durch konzentrierte Schwefelsäure aufgelöst, in der verdünnten quillt ihre Faser bloß auf, während diejenige des Flachses und Hanfes darin aufgelöst wird. Diese Tatsache gibt uns somit ein Erkennungsmittel für unverfälschte und unvermischte Leinwand an die Hand. Legt man z. B. eine Warenprobe in verdünnte Schwefelsäure und bemerkt, daß die Einschlagfäden aufgelöst werden, die andern jedoch unversehrt bleiben, so darf man annehmen, daß erstere aus Flachs- oder Hanffaser, letztere aus Baumwollfaser bestehen, also Halbleinen vorliegt.

Um zu prüfen, ob man reine Wolle vor sich hat, halte man einige Fäden davon in die Flamme; riechen sie nach Haaren und kräuseln sich, ist die Wolle unverfälscht. Die Wolle, z. B. die Schafwolle, erscheint unter dem Vergrößerungsglas als zylindrische, mit dachziegelförmigen Schuppen bekleidete Röhre. Sie löst sich in Aetznatronlauge vollkommen auf, während dies Baumwolle nicht tut. — Die Seidenfaser, als ein ausgeflossener, verhärteter Saft, erscheint in der Vergrößerung glatt und zylindrisch. Beim Einkauf von Seide merke man sich, daß ein gutes Erkennungszeichen für die Echtheit das Verbrennen ist, wobei nur verschwindend wenig hellbraune, leicht zerstäubende Asche zurückbleibt.

Zweite Abteilung. Die Anfertigung.

A. Das Nähen des Weißzeugs.

Wenngleich die Maschine jetzt der Hand den größten Teil Arbeit beim Wäschenähen abnimmt, so gibt es doch eine noch kleine Anzahl von Frauen, die aus Behaglichkeits- und Gesundheitsrücksichten das Nähen mit der Hand begünstigen, und andere, die in Hochschätzung der Handarbeit diese als unendlich viel edler und vornehmer hinstellen und nur handgenähte Wäsche als vollgültig anerkennen, ebenso wie sie handgeklöppelten und handgenähten Spitzen den Preis geben. Zeichnet die Handarbeit sich durch größere Weichheit, Schmiegsamkeit, flachere, unscheinbarere Nähte aus, so darf sich die Maschinenarbeit der größeren Regelmäßigkeit rühmen, die auch die einfachste Nahtlinie zum Schmuck erhebt.

Jeder mag die seinem Geschmack am meisten zusagende Herstellungsweise wählen; wir führen nachstehend die für Handarbeit üblichsten Stiche bildlich vor und nennen ihre allgemein gebräuchliche Anwendung, besprechen auch des weiteren die Vorzüge der Maschinenarbeit.

Um gute Arbeit erzielen zu können, müssen die Arbeitswerkzeuge gut sein: zum Weißnähen gehören hierzu halblange oder kurze Nähnadeln, die man zu der Hand passend wähle; ihre Güte erkennt man daran, daß sie, wenn man sie brechen will, einigen Widerstand leisten und einen glatten Bruch ergeben. Das Nadelöhr sei etwas größer als der Faden und gut geschliffen. Verbogene Nähnadeln lassen keine regelmäßigen Stiche zu, ebenso angerostete Nadeln keine saubere Arbeit. Man verhütet das Rosten, wenn man die Nadeln in Federweiß aufbewahrt, und entfernt etwaigen Rost durch Glätten der Nadel in einem Rostkissen (schmirgelgefülltes kleines Polster).

Als Nähfaden ist für Leinenwaren Zwirn, d. h. Leinenfaden zu nehmen, für Baumwollstoffe Garn, d. i. Baumwollfaden. Zu empfehlen sind die hierunter näher bezeichneten Marken.

Die Länge des Nähfadens nehme man höchstens bis zu einem halben Meter; bei den feinen Stichen wird wenig Faden verbraucht, und zu häufiges Durchziehen schwächt ihn. Man achte auf die Drehung des Garnes und fädele stets das Ende ein, das der üblichen Drehung des Fadens beim Einfädeln gleichläuft; es pflegt dies das dem Knäuel oder der Rolle zugewendete Ende zu sein; das andere rauht und sperrt sich. Beim Vorreihen (Heften) kann der Faden länger sein, und es genügt dafür das gewöhnliche Heft- oder auch das sogenannte Untergarn.

Auch der Fingerhut muß gut sein, besonders dürfen ihm kräftige Vertiefungen, welche die Nadel nicht abgleiten lassen, nicht fehlen. Der Wuchs der Hand wirkt bestimmend darauf hin, wie man den Fingerhut gegen die Nadel setzt; die meisten Näherinnen schieben mit der Seite des Fingerhutes nach, weshalb der oben darauf befindliche Stein gar keinen Zweck hat, ja der altmodische Fingerring völlig genügend wäre. Man hat Fingerhüte aus Stahl, Aluminium, Silber, Celluloid und Gold.

An Scheren gebraucht man zwei: eine große Zuschneideschere mit recht bequemen Griffen, eine spitze, kleine Schere zum Fadenschneiden, event. noch eine Knopflochschere. Ein Zentimeter-Maß gehört gleichfalls zu den notwendigen Werkzeugen.

Materialien zum Wäschenähen.

Gutes Material ist unerläßlich für eine Arbeit, die, wie Wäsche, auf Jahre hinaus Bestand haben soll, gut ist aber

Verschiedene Nähfäden.

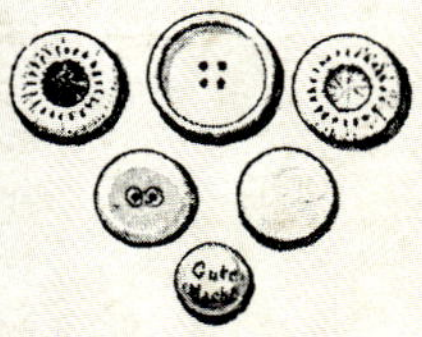

Wäscheknöpfe.

nur solches Material zu nennen, das in den Einzelheiten zu einander paßt. Leinenstoff nähe man mit Leinenfaden, wie man solchen in ausgezeichneter Ware auf den Zackensternen findet, Hemdentuch, Köper u. dgl. mit Kronengarn von Rollen, und zwar wähle man den Faden beim Handnähen etwa so stark wie 1 bis 2 Fäden des betreffenden Gewebes; beim Säumen muß er feiner sein. Zum Stopfen bediene man sich umgedrehten Leinen- oder Baumwollfadens, z. B. E.S.C. auf Knäueln.

Auch Knöpfe und Band werden zum Stoff passend genommen, die Auswahl in Art, Größen und Breiten ist eine so große, daß jedes Bedürfnis zu befriedigen ist.

Stiche.

1. Saumstich und Säume.

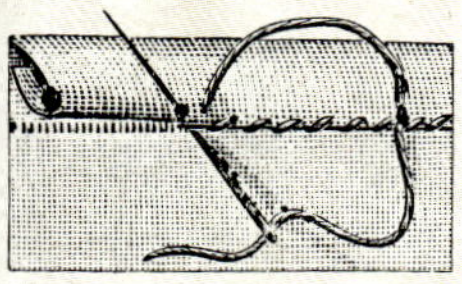

Saumstich.

Der Saumstich wird bei schmaleren und breiteren Säumen angewandt und bei geradelaufenden Stücken nach dem Faden gearbeitet. Um dies zu erleichtern, zieht man einen Faden des Stoffes aus. Der Nähfaden beim Saumstich muß sehr fein und gleichmäßig sein.

Der Saumstich dient ferner zur Befestigung fast aller rauhen Stoffränder, z. B. beim Annähen der Kragen und Bündchen, beim Gegensäumen des Futterstoffes, Annähen von Spitzen usw. Bei ihm bildet die der Ausführung abgewandte Seite stets die obere.

Als Breite der Säume sind folgende Maße angenommen:

Taschentücher: 2—3 mm.
Tisch- und Mundtücher: 3—4 mm.
Bettzeug: $\frac{1}{2}$, $1\frac{1}{2}$, 2—8 cm.
Frauenhemden: 2 cm.
Herrenhemden: 4 mm.
} Alle genannten Säume werden auf der Maschine durch ganz knapp am Umschlag hergeführte Steppnaht ersetzt.

Auch als erste und zweite Stichreihe der Kappnaht (Rollnaht, doppelte Naht) kommt der Saumstich in Anwendung, wie unter 5 gezeigt wird.

2. Steppstich.

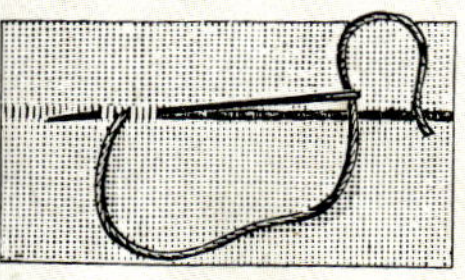

Steppstich.

Dieser festeste und dichteste Stich, den die Nähmaschinennaht äußerlich nachahmt, wird für Steppsäume benutzt, bei denen man dann den Stoff nach außen hin umschlägt, sodaß dies die rechte Seite wird, während bei dem Nähmaschinensaum die Umschlagsseite als die linke betrachtet wird. Ferner dient der Steppstich in Fällen, wo sehr große Dichtigkeit der Naht erfordert wird, z. B. an Bettschläuchen, an den breiten flachen Nähten beim Einsetzen der Aermel, außerdem als Zierlinie an Koller, Aermelstulpen usw.

3. Vorstich.

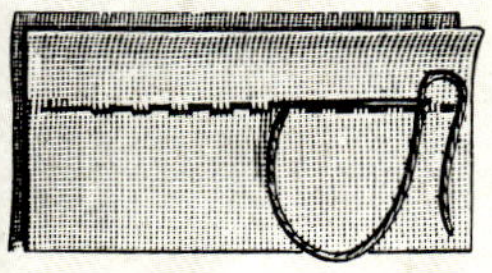

Vorstich.

Als einfachster Stich, der eben nur das Hindurchleiten eines Fadens erzielt, fordert er, um einige Sicherheit für Haltbarkeit zu bieten, einen kräftigen Nähfaden. Man wendet ihn gern an bei der ersten Wäsche für Neugeborene, wo man bestrebt ist, alle dicken Nähte zu meiden, auch wohl als erste Nählinie der doppelten Naht (Kapp-, Rollnaht).

4. Hinterstich.

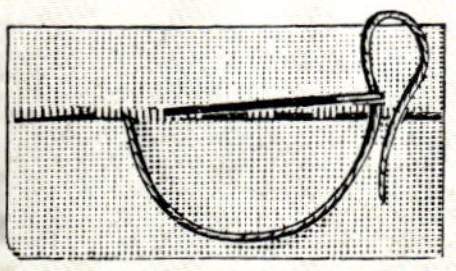

Hinterstich.

Hinterstiche, welche nicht so dicht aneinandergereiht liegen, wie Steppstiche, sondern nur nach je 2—3 einfachen Vorstichen mit der Nadel wieder zurückgreifen, sind praktisch für Nähte in Unterröcken, Nachtjacken und Frisiermänteln, bei denen der feste Steppstich der Dehnbarkeit der Nähte ein Hindernis entgegensetzen würde, Vorstiche jedoch nicht genügende Haltbarkeit gewährleisten könnten. Auch als erste Nählinie der Kappnaht kommen Hinterstiche mit Vorstichen wechselnd vor.

5. Die doppelte Naht (Rollnaht, Kappnaht).

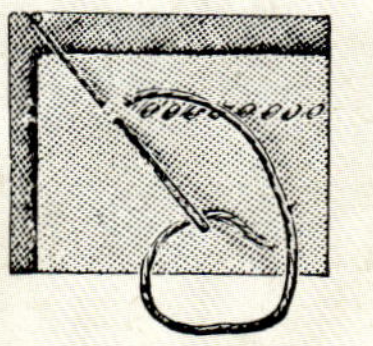

Erste Stichreihe der doppelten Naht

Zweite Stichreihe der doppelten Naht

Diese Naht rechtfertigt alle drei Namen; sie wird in doppelter Reihe genäht, sie wird — besonders bei feiner Wäsche und Leinewand — als ganz schmal eingerollte Naht gearbeitet, sie wird aber auch als breitere Naht, so wie unser Bild es zeigt, übergekappt. Bei ihr muß stets die der Arbeit abgewandte rechte Seite zwei parallellaufende Stichreihen aufweisen. Sie wird bei der Maschine in jeder der zwei Reihen gesteppt.

6. Die überwendliche Naht

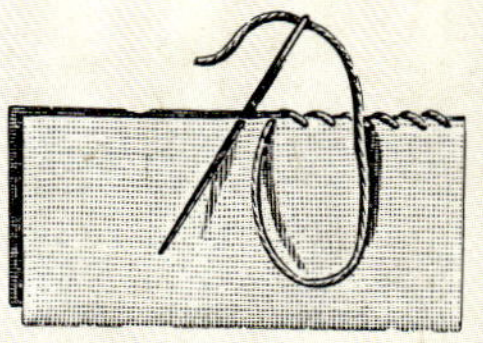

Die überwendliche Naht.

vereinigt zwei Webekanten miteinander. Bei Leinewand soll sie mit einem zum Gewebefaden passenden Faden gearbeitet werden. Bei Baumwolle ist sie nur dann angebracht, wenn der Stoff sehr gut ist und die Webekante tadellos fest und gleichmäßig, sonst ersetzt man sie besser durch Doppelnaht. Man benutzt sie vorzugsweise bei leinenen Bettüchern, da sie bei guter Ausführung sich ganz flach ausstreichen läßt. Guter, haltbarer Faden, nicht zu feste und dichte Stiche, die ganz knapp die Stoffkante fassen, sind Bedingung.

7. Die Kreuznaht.

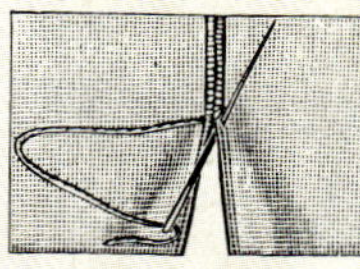

Die Kreuznaht.

Auch sie vereinigt zwei Webekanten, und zwar auf die flachste Weise, eignet sich deshalb in erster Reihe für die Nähte der Bettücher, sie fordert feinen haltbaren Faden, dichte, doch nicht gedrängte Stiche.

8. Das Einreihen; Fältchen ziehen, Kräuseln.

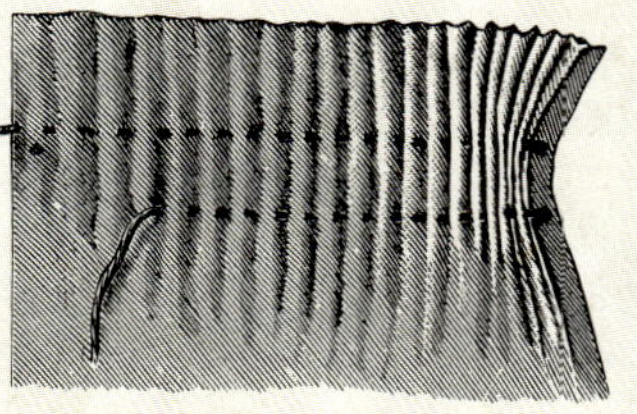

Einreihen in zwei Stichreihen.

Der obere Rand von Beinkleidern, Röcken, auch von Hemden und Ärmeln wird durch feine Vorstiche in gleichmäßige Fältchen auf ein vorher bestimmtes Maß eingezogen, und häufig folgt eine genau unter der ersten hergehende zweite Stichreihe. Durch Einstreichen jedes Fältchens mittels einer Nähnadel, wobei man die Arbeit ansteckt und den Reihfaden mit der linken Hand straff hält, grenzt man sie scharf voneinander ab und vollzieht dann das Aufsetzen des Bündchens durch Saumstiche, die stets je eine Kräuselfalte fassen.

Zum Einreihen braucht man starken Faden.

9. Das Umsäumen eines Bündchens.

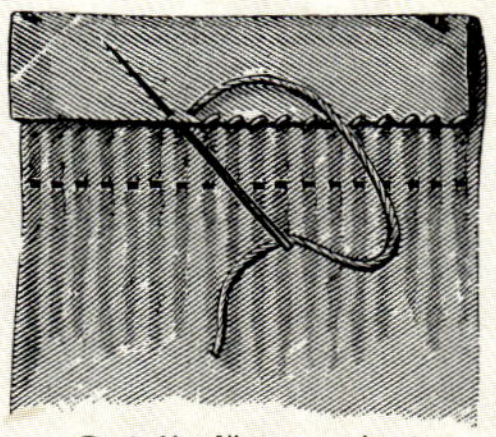

Das Umsäumen eines Bündchens.

Um auf der Kehrseite das Bündchen oder den Einfaß auf die Kräuselfalten zu befestigen, bedient man sich des Saumstichs. Auf jede Fältchenhöhe greift ein Stich, gleichwie beim Aufsetzen des Bündchens je ein Stich in die Faltentiefen traf. Zum Umsäumen nimmt man feinen Faden.

10. Das Bändern.

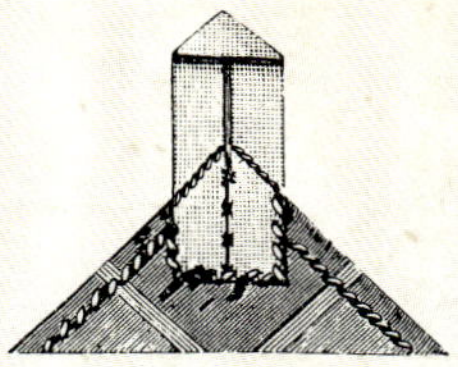

Ansetzen der Aufhängeöse an quadratischen Küchentüchern.

Das Ansetzen von Bändern ist verschieden, je nach den Gegenständen. Bei quadratischen Tüchern der Küchen- und Hauswäsche setzt man das Aufhängeband in Form einer Öse an eine Ecke des Tuches, so wie nebenstehendes Bild zeigt, wobei die Oese sich beim Rollen und Bügeln flachlegt und keinen Druck ausübt.

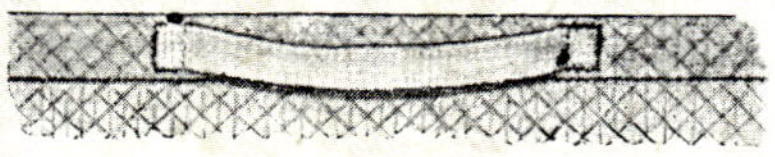

Ansetzen des Bandes an Handtüchern.

Bei Handtüchern säumt man die Aufhängebänder flach auf die Säume, so daß sie auch hier keine Falten schlagen können. Bei Beinkleidern, Röcken, Jäckchen und Hemdchen, wo das Band zum Binden bestimmt ist, muß es gesäumt werden; angesetzt wird es, nach erfolgtem Umschlag mittels Saumstiche, wie hierneben vorgeführt.

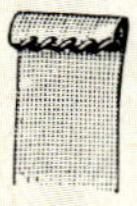

Gesäumtes Bindeband.

Saum des Bandes mit Hexenstich geziert.

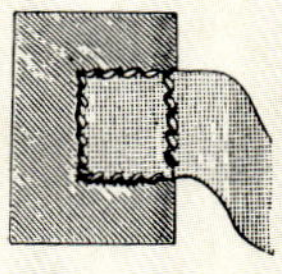

Ansetzen eines Bindebandes.

11. Das Annähen der Knöpfe

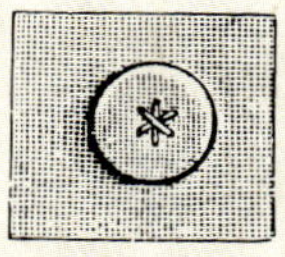

Das Annähen eines Knopfes.

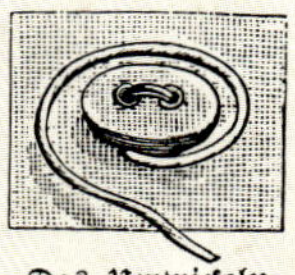

Das Umwickeln des Halses.

fordert einen starken Faden; solcher ist besser als ein doppelter, besonders bei Knöpfen mit Löchern, die den Gebrauch einer starken Nadel gestatten; bei Leinenknöpfen ohne Loch ist ein doppelter, feiner, fest zusammengedrehter Faden zu verwenden. Man hat alle Stichschlingen beim Knopfannähen reichlich lang zu machen, um zwischen Stoff und Knopf einen kleinen Raum für den sogenannten „Hals" zu gewinnen, der zum Schluß einigemal — wie obige Abbildung zeigt — mit dem Arbeitsfaden umwickelt wird. Zwischen zwei Stichen, die durch den Knopf führen, mache man stets einen, der nur den Stoff faßt; man erreicht hierdurch vermehrten Widerstand für diejenigen Stiche, welche den Knopf halten, und der Stoff reißt weniger leicht aus.

12. Das Schürzen der Knopflöcher.

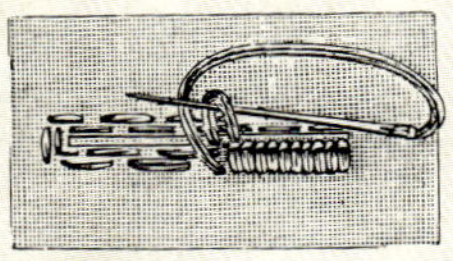

Erste Art, Knopflöcher zu beschürzen, bestehend aus zwei Bewegungen.

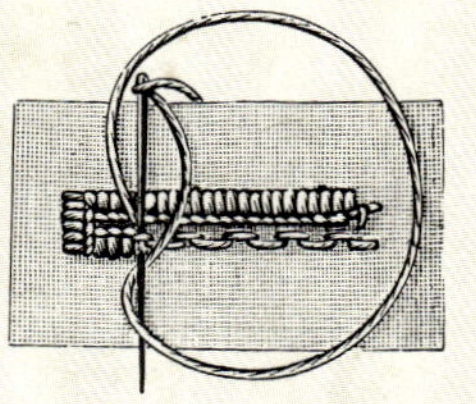

Zweite Art, Knopflöcher zu beschürzen.

Knopflöcher müssen im richtigen Verhältnis zum Knopfe stehen; bei flachen Wäscheknöpfen ist $1\frac{1}{2}$ mal der Durchmesser des Knopfes zu nehmen. Meist gehen sie mit dem Gewebefaden; bei schrägen Stofflagen heftet man auf der Kehrseite ein schmales Bändchen oder ein gerades Streifchen Stoff gegen und arbeitet durch dieses hindurch. Unsere Bildchen zeigen zwei verschiedene Arten, die Knopflöcher zu beschürzen; bei der ersten sind zwei ganz getrennte Bewegungen nötig, deren erste die Nadel von unten nach oben durch den Stoff führt und deren zweite die Nadel von hinten durch die Schlinge leitet. — Bei der zweiten Art ist nur eine Bewegung nötig. Zu der ersten Herstellungsart benutze man feinen, doppelten Faden, den man einführt, wie unter 14 gelehrt wird. Der Faden wird bei Knöpflöchern stets in einer vom Körper abstrebenden Richtung aufgezogen.

13. Das Flachnähen der Nähte bei Flanell.

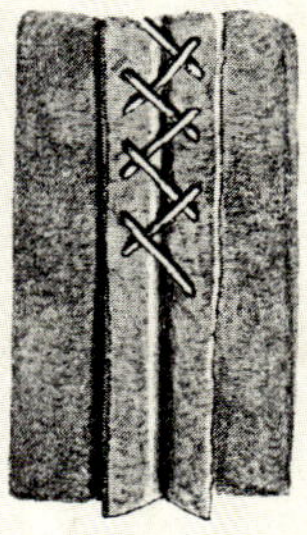

Das Flachnähen der Naht bei Flanell.

Bei allen Wäschestücken sind rauhe Stoffränder verboten; beim Flanell jedoch würde der umgebogene und regelrecht niedergesäumte Stoffrand zu viel Dicke hervorbringen, und da außerdem das unausbleibliche Filzen des Wollstoffes auch die Gefahr des Ausreißens vermindert, so näht man eine Naht in Flanell nur flach auseinander mit losen, halb durch die zweite Stofflage fassenden Hexenstichen.

14. Das Einfädeln der Nadel mit doppeltem Faden.

Im besondern beim Nähen der Knopflöcher ist die Benutzung eines sehr feinen, aber doppelt genommenen Fadens angebracht. Um für diesen ein völlig glattes, gleichmäßiges Aufziehen zu sichern, fädele man die Nadel so ein, wie unser Bildchen dies lehrt. Die Enden des doppelten Fadens führt man durch das Nadelöhr und dann durch die sich oben bildende Schlinge. Man kann durch leichtes Wachsen (Wichsen) des Fadens diesen noch fester aneinander geschmiegt machen.

Das Einfädeln der Nadel mit doppeltem Faden.

15. Das Einsetzen eines kleinen Keiles

Annähen des kleinen Keils in den Seitenschlitzen der Herrenhemden.

zur Sicherung von Schlitzrändern geschieht gleich im Verlauf derjenigen Naht, deren Abschluß der Keil bilden soll; unten an den Hemden der Knaben und Männer wird dieser Sicherungskeil, der 3 cm im Geviert nicht überschreitet,

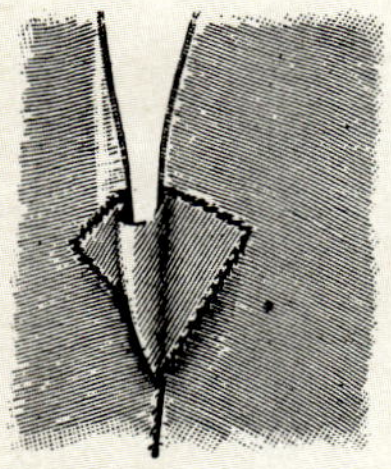

Uebersäumen des kleinen Keils in den Seitenschlitzen der Herrenhemden.

nur bis zu einem Drittel seiner Länge an je einen Schlitzrand genäht, wonach er übergestürzt und mit feinen Saumstichen untergearbeitet wird. Das erste Bildchen zeigt an der einen Seite des Keiles Webekante und Überwendlingsnaht, die andere Seite wird umgebogen und ebenfalls überwendlich angesetzt; beide Nähte verbirgt der zurückschlagende Teil des Keils, wie die zweite Abbildung erkennen läßt.

16. Das Begrenzen der Schlitzränder vorn an Hemden geschieht bei Handarbeit in folgender Reihe: An den linken Rand setzt man — Oberseite gegen Oberseite gelegt — einen Stoffstreif von 5 cm Breite und etwas über Schlitzlänge, s. b; an den rechten Schlitzrand

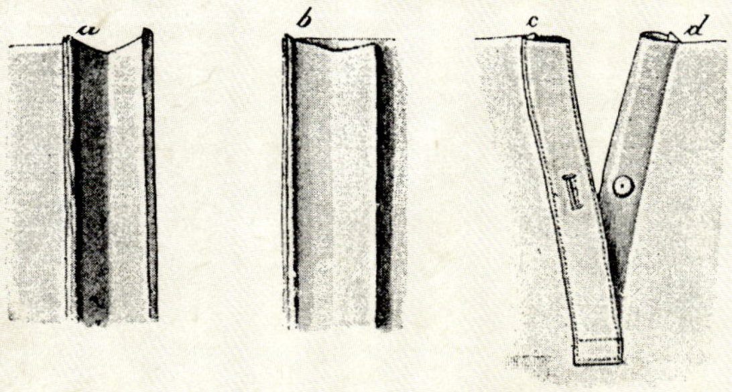

Das Begrenzen der Schlitzränder.

— Oberseite des Streifs gegen Kehrseite des Rumpfs gelegt — einen ebensolchen Streif, s. a. Den ersteren säumt man — der Länge nach zur Hälfte zusammengebrochen — auf der Kehrseite des Rumpfes gegen, s. d., er wird mit Knopf besetzt; den anderen jedoch steppt man — nach der Oberseite des Rumpfes gelegt, s. c — diesem auf, und in ihn wird das Knopfloch genäht. Am unteren Querrand treffen beide Teile aufeinander und müssen außen durch Steppstiche, innen mit Saumstich sauber gemacht werden.

Bei Maschinenarbeit verfährt man, wie in den einzelnen Beschreibungen erklärt ist.

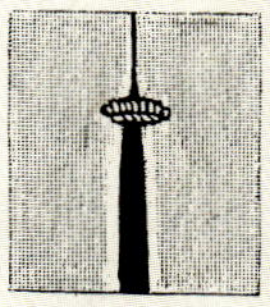

Sicherung kleiner Schlitze.

17. Zur Sicherung der Schlitze an Kinderhemdchen und an Ärmeln bringt man an dem Schlitzende eine überschürzte kleine Fadenspange an, für welche man den Arbeitsfaden viermal hin und her führt, um ihn danach mit Knopfloch- oder Beschlingstich zu überschürzen.

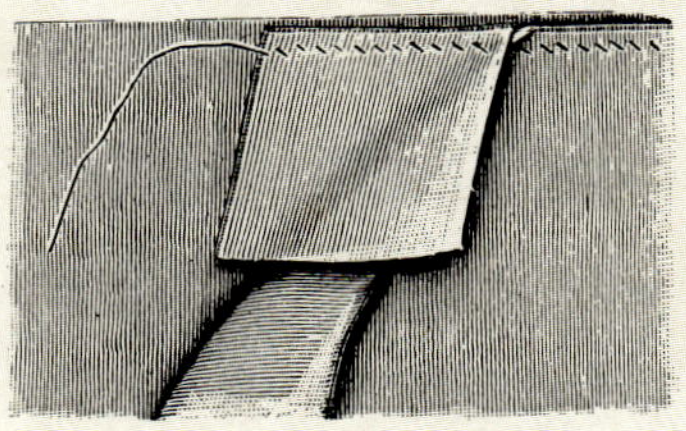

Das Einsetzen gerader Keile.

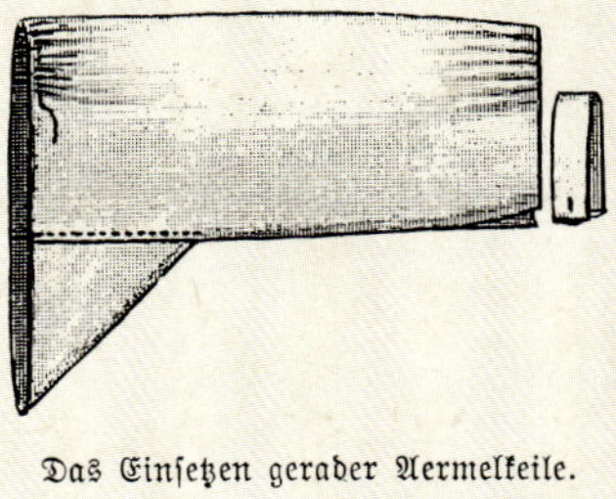

Das Einsetzen gerader Aermelkeile.

18. Das Einsetzen der Ärmelkeile lehren die nebenstehenden Bildchen. Handelt es sich um eine doppelte Naht, so arbeitet man den Keil, wie die obere Abbildung es zeigt, beim ersten Nähen gleich mit an, führt dann die doppelte Naht in beiden Nähreihen an der zweiten Seite des Keils her und säumt zum Schluß die schon vorgenähte lange Naht über. Bei Herren- wie Frauenwäsche, überall, wo geradlinige Keile einzufügen sind, ist es das gleiche.

Das Nähen mit der Maschine.

Fast in jedem Hause befindet sich jetzt eine Nähmaschine, und vorzüglich bei Herstellung der Wäsche wird sie in Anspruch genommen.

Das Nähen mit der Maschine hat den großen Vorzug der Schnelligkeit, dem derjenige großer Regelmäßigkeit sich vereint. Wie jede Arbeit, muß auch das Nähen mit der Maschine geübt werden, ehe es den erhofften Lohn einbringt.

Aus Gründen der leichten Behandlung und vielseitigsten Verwendbarkeit sind die Ringschiffchen-Maschinen für Wäschenähen am meisten zu empfehlen; zu ihrer Beherrschung bedarf es nicht längerer Lernzeit als zwei bis drei Wochen.

Größte Sauberhaltung aller Teile der Maschine, stetes gutes Ölen der Reibungsstellen, genaues Abpassen der Fadenstärke zu Stoff und Nadel, richtige Stellung der Stichgröße sind Vorbedingungen, die jeder kennen muß, der mit Erfolg auf der Maschine Wäsche nähen will. — Ob ein Vorreihen der Arbeit nötig ist, hängt von der Geschicklichkeit der Arbeitenden ab; jedenfalls sollte lieber etwas mehr Mühe und Zeit angewandt, als lotterige, unordentliche Arbeit geliefert werden. Widerstrebt schon ein schlechtgenähtes Kleid einer gewissenhaften Hausfrau, so wird ein schief und schlecht gearbeitetes Wäschestück ihren Ordnungssinn noch weit mehr empören; auch sind die Nähmaschinen in allen einzelnen Apparaten so genau und gewissenhaft erprobt, daß tadellose Arbeit gemacht werden kann. Wir haben folgende kleine Vorteile beim Maschinennähen gefunden. Kappnähte kann man — ohne vorher zu reihen — in beiden Reihen mit dem Kappapparate nähen; der eine schmale Umschlag mehr, welcher dabei in der ersten Reihe entsteht, trägt unerheblich zur Verdickung, wohl aber zur Haltbarkeit der Naht bei.

Feinwäsche — Mull, Tüll, Nansock — nähe man mit Unterlage eines Blattes Papiers. Dasselbe verhindert sowohl das Zusammenziehen wie auch das Einhäkeln der Greiferzähne; es löst sich durch die geschlossene Stichreihe von selbst auseinander und fällt ab vom Stoff. Den von vielen geübten Gebrauch, als Unterfaden ein schlechteres — dabei wenig billigeres — Garn zu nehmen, finden wir nicht zu empfehlen; man wähle zwei verschiedene Stärken desselben Garnes und benutze für den Oberfaden das stärkere, für den Unterfaden das feinere, z. B. Nr. 60 und 50, Nr. 50 und 40 usw. Gleiche Stärken nähen sich selten gut.

Mehr noch als bei Handnähen ist vernünftiges Einteilen der Arbeit bei der Maschine notwendig; alle gleichartigen Nähte müssen ohne viel Unterbrechung, ja ohne Abreißen des Fadens, schlank hintereinander weggearbeitet werden. Dadurch wird außerordentlich an Zeit gewonnen, und der Stich bleibt gleichmäßig.

B. Die Hauswäsche.

Die Hauswäsche umfaßt die Handtücher für Zimmer und Schlafstube, die Tischwäsche und die Küchenwäsche; ihre Anfertigung ist in hohem Grade einfach. Die Formen sind sämtlich rechtwinkelig und in zahlreichen Fällen in abgepaßt vorgewebter Ware im Handel, die Schwierigkeit des Zuschneidens kommt daher ebensowenig in Betracht wie Schwierigkeiten des Arbeitens, denn bei allen drei Arten ist der Saum der einzige in Anwendung kommende Stich, zu dem sich das Bändern und das Einsticken der Namen gesellt; diese Arbeiten fanden besondere Besprechung im vorigen Abschnitt und auf S. 50. Weil die Hauswäsche täglich im Gebrauch steht, ist es notwendig, nur bestes, kräftigstes Material zu wählen, und nicht etwa dem falschen Grundsatz zu huldigen, daß etwas zu gut sei für alle Tage; schlechte Ware, die bald das Ansehen verliert, wird vom Hauspersonal mißachtet und ist tatsächlich nicht der sorgsamen Behandlung und Instandhaltung wert.

Handtücher.

Zu Handtüchern ist guter Zwirndrell oder reinleinener Köperdrell (siehe Abb. 1 und 2) als derb und gut trocknend für den täglichen Gebrauch zu empfehlen; reinleinener Jacquard (siehe Abb. 4) und Damasthandtücher dienen für feinere Gesichtstücher. Auch die derben Gebrauchshandtücher sind mit hübschen Kanten gewebt, die die Preise kaum merkbar erhöhen. Ohne von den hocheleganten Prachthandtüchern zu sprechen, die nur zum Verhüllen der Gebrauchstücher übergehängt werden und oft auf das prächtigste gestickt sind, machen wir auf die kräftige Ware aufmerksam, die, wie Abb. 5 und 6 hierneben, als Grund Gerstenkorn- oder Huckmuster und als Abschluß Jacquardkante haben. Das Maß der Handtücher ist durchschnittlich 50/130 cm; man säumt die beiden kurzen Querränder so breit, daß die Ansatzstellen des Anhängebandes auf dem Saum ruhen. Die Bänder, 10 cm lang geschnitten, bringt man auf der Mitte jedes Saumes flach aufgenäht an, wie unten auf voriger Seite gezeigt ist. Rubberhandtücher, deren Breite 55, 70 cm beträgt, pflegt man nicht zu bändern.

1. Muster von rasengebleichtem Zwirn-Drell für Handtücher.

5. Muster von weiß reinleinenem Gerstenkorn-Handtuch mit Kante.

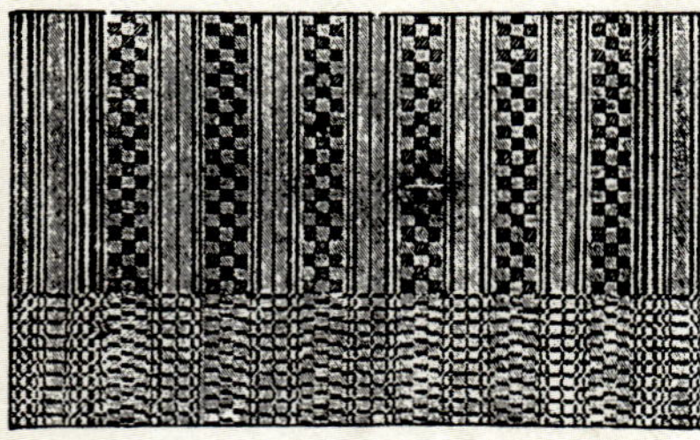

2. Muster von rasengebleichtem Zwirn-Drell für Handtücher.

3. Muster von weiß gebleichtem reinleinenen Gerstenkorn-Handtuch.

4. Muster von weiß gebleichtem reinleinenen Jacquard-Handtuch.

6. Muster von weiß reinleinenem Huck-Handtuch mit Kante.

Tischwäsche.

8. Reinleinenes Jacquardgedeck.

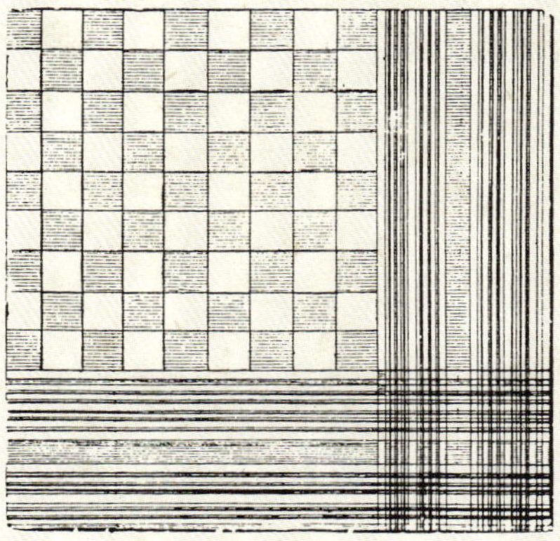
7. Drellgedeck mit Schachbrettmuster.

9. Reinleinenes Damasttischzeug.

Tischwäsche, welche früher häufig aus glattem Leinen gefertigt wurde, wird bei uns in Deutschland jetzt nur noch in abgepaßt gewebter Form benutzt, und in allen Größen und der verschiedensten Güte in den Handel gebracht. Wie schon auf Seite 1 gesagt ist, nimmt man zum täglichen Gebrauch meistens Drellgewebe, die mit ihren hübschen ruhigen Grundmustern sich jeder Tischgröße gleich gut anpassen, dem einfachsten wie dem reichsten Geschirr einen hübschen Untergrund geben und bei guter Ware in jeder Wäsche schöner, weicher und seidiger werden.

Eines der bestwirkenden Muster ist das mit Abb. 7 vorgeführte Schachbrettmuster, das jede Mode überdauert und in allen gängigen Größen im Handel ist.

Viele Personen ziehen die reicher gemusterten Jacquardgedecke vor, welche einen geschmückteren Eindruck machen. Bei ihnen muß jedoch in manchen Fällen die hübsche Musterung den inneren Wert ersetzen, weshalb hier Vorsicht beim Einkauf geboten ist. Jacquard-Gedecke, wie Abb. 8 ein solches vorführt, bieten sich in schier unbegrenztem Reichtum von Mustern dar, welche die jeweilige Kunst und Moderichtung berücksichtigen, und Damast, siehe die Abb. 9, wird mit Blumen und Arabeskenzeichnung als Tischzeug wie besonders als Teegedecke mit passenden Servietten hochgeschätzt und gilt als das reichste und schönste Tischzeug.

Die Größen der Tischtücher sind durchschnittlich wie folgt:

Für 4	Personen	140/140 cm,			
„ 6	„	170/170,	auch 160/170,		
„ 8	„	170 230,	„ 130/225,	auch	200/225,
„ 10	„	170/230,	„ 160/280	oder	130/280,
„ 12	„	170/340,	„ 160 340	oder	200/340,
„ 18	„	200/510,			
„ 24	„	200/680.			

Mundtücher pflegen 65, auch 72 cm im Geviert zu messen, Teeservietten 40 cm.

Die größeren Tischtücher sind, als für Festlichkeiten vorgesehen, nur in den besseren Qualitäten zu haben.

Sehr beliebt geworden sind Tischzeuge mit Hohlsäumen. Es gibt darin preiswerte und dabei solide Gedecke in Jacquard sowie Prunkgedecke aus Damast mit zwei-, oft mehrfachen Durchbruchhandarbeiten.

Auf dem Gebiete der farbigen und mit Kanten gewebten Tee- und Kaffeegedecke werden Hohlsaum und Durchbrüche bevorzugt. Neben farbigen, rosa, hellblau, lachs, lila und grünen Kaffeetüchern finden auch ganz weiße und weiße mit farbigen broschierten Kanten sowie mit Hohlsäumen bei Aussteuern gern Berücksichtigung.

Der Geschmack in den Farben und in der Musterung wird in gewissem Maße bestimmt durch die die Kunst und das Kunstgewerbe zurzeit beherrschende Richtung.

Küchenwäsche.

Küchenwäsche fordert, des unausgesetzten und das Material stark angreifenden Gebrauchs wegen, am häufigsten Erneuerung.

Um diese solange wie möglich hinauszuschieben, sollte die Auswahl der Stoffe zu Küchenzeug doppelt vorsichtig geschehen; wenn irgend möglich, nehme man dazu unvermischtes Leinengewebe, das für Teller- und Messertücher gröber, für Gläsertücher fein sei. Die Gerstenkorn, Huck- und Aeugelchendrelle ergeben sowohl quadratische Tücher wie lange Handtücher, glatte Leinwand dient für Fenster- und Gläsertücher. Sehr empfehlenswert, weil den Schmutz nicht so bald zeigend, sind die grauen und ungebleichten Handtuchstoffe im Stück, die man nach beliebigem Maß abschneidet; man kann aus einem Stück, das 36—40 m Stoff enthält, entweder $2^1/_2$ Dutzend Handtücher von 120 cm Länge schneiden oder 3 Dutzend von 100 cm Länge. Diese Stoffe liegen verschieden breit, und das Längenmaß der Tücher richtet sich nach der Stoffbreite.

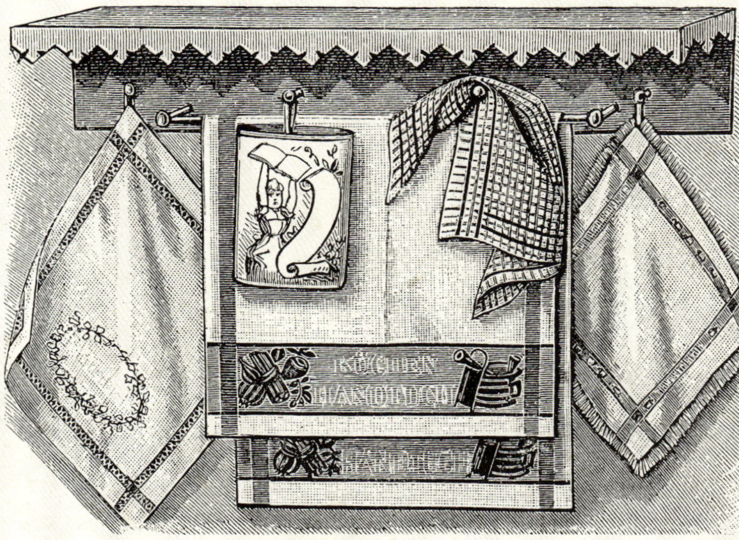

10. Fenstertuch. Topflappen. Küchenhandtücher. Staubtuch. Tassentuch aus weißem Drell mit Fransen.

allen Aussteuern erstanden und in städtischen Haushaltungen hauptsächlich angewandt. Auf dem Lande jedoch und in kleineren Orten, auf den Gütern und in kleinbürgerlichen Wirtschaften ist noch das einfach derbe, vom Stück geschnittene Tuch in Gebrauch. Einige hübsche Schautücher als Schmuck der Küche werden auch dort immer noch Platz finden.

Längliche Küchentücher bändert man an der Mitte der kurzen Säume, quadrate Tücher an einer Ecke, wie unter 10 auf S. 3 gelehrt ist. Praktische Größen sind für Küchentücher 80,80 cm, für Handtücher 100,50 cm, für Tassen- und Gläsertücher 60,60, 60/70, 90/90 cm. Zahlreiche Zwischengrößen, welche für verschiedene Zwecke sich noch als geeignet erwiesen haben, sind außerdem erhältlich.

Staubtücher sind fast stets aus Baumwolle, sie müssen weich und nicht zu fest im Gewebe sein, um den Staub gut aufzunehmen. Die kleinen Tücher sind für den Gebrauch der Hausfrau im Zimmer recht bequem, für die Wirtschaft aber sind die größeren Formate vorzuziehen. Neu und sehr zu empfehlen ist Imitation in sogenannten Baumwollenledertüchern, und für feine Möbel bietet sich ein Velvetstaubtuch, das vom praktischen Standpunkt aus betrachtet das beste jetzt existierende ist.

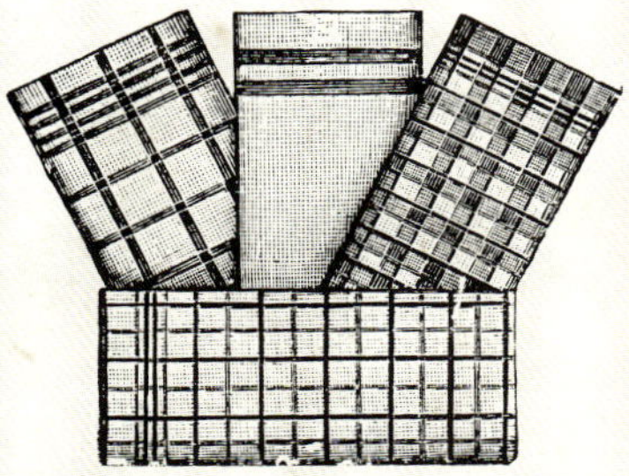
11. Tücher für Haus- und Küchengebrauch.

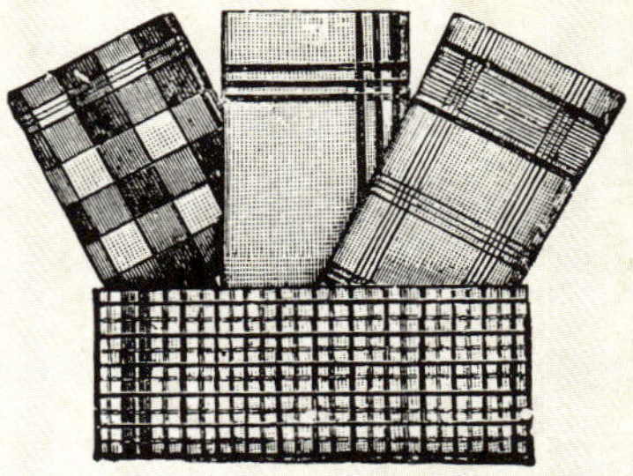
12. Tücher für Haus- und Küchengebrauch.

Die zahlreich im Handel befindlichen, abgepaßt gewebten Tücher, wie wir deren hierüber mit den Abb. 10—13c eine hübsche Auswahl darstellen, sind ungemein bequem, da sie fertig gesäumt und gebändert verkauft werden; ihr Preis ist verhältnismäßig niedrig. Sie werden, da in allen Qualitäten und Größen erhältlich, weiß, grau, kariert oder mit Streifenrand, zu

13a. Handschuh aus Waschleder.
13b. Lampentuch aus weißem Leinen, mit blauem Rand und Inschrift.
13c. Zylindertuch aus weißem Leinen, mit roter Kante und Inschrift.

Außer den hier durch Bilder unterstützten Tüchern, die für jeden Hausstand notwendig sind, gibt es noch viele Wäschestücke, welche nicht allgemein gehalten werden.

Für Bureaus und Geschäfte gebraucht man weiße Drellhandtücher mit roter Kante oder auch wohl grauweiße Drelltücher mit farbigem Rande, außerdem entsprechende Staubtücher.

Militärbursche und Stalleute, überhaupt das Gesinde auf dem Lande erhalten, wenn nicht, wie meist der Fall ist, eigen Gespinst gegeben wird, eine extraschwere Ware, unter der Bezeichnung Militärhandtuch bekannt.

Für Badezwecke sind verschiedene Sorten Trockentücher gebräuchlich: derbe Leinenlaken, dann solche aus Kräuselstoff, dazugehörige Handtücher und glattleinene Gesichtstücher, Frottierhandschuh und -riemen. Sehr hübsch sind weiße reinleinene Huckbadelaken mit roter Kante, weiß baumwollene Laken mit farbig broschierten Mustern. An Badeteppichen von dickem Rubberstoff mit Kanten zum Besticken bringt jedes Jahr neue Modelle.

Für Waschwäsche hat man weiße halbleinene Plättbrettbezüge mit farbiger Kante, auch abgepaßte Plättbrettunterlagen von Kalmuk, ebenfalls mit farbiger Kante. Für Plättische weißwollene Plättdecken mit roter Borde, große Plättdecken aus Leinen, ferner Mangeltücher und Decken über die Waschkörbe.

Um im großen Hausstande all diese Tücher unterscheiden zu können, versieht man sie neuerdings gern mit Bändern, denen die Bestimmung eingewebt ist.

C. Die Bettwäsche.

Die Anfertigung der Bettwäsche, wenngleich nicht schwierig, beansprucht doch schon ein bedeutend größeres Können als die Hauswäsche; ein umsichtiges Berechnen und Einteilen ist hier nicht zu entbehren. Die Größe der Betten bestimmt in jedem einzelnen Falle die genauen Maße, die wir nur nach den allgemein angenommenen Normen angeben können.

Schläuche, Federsäcke, Inletts.

Wenn auch nicht eigentlich zu der Wäsche gehörend, mag doch ein Wort über die Inletts, die Schläuche, welche die Federfülle aufnehmen, nicht unangebracht sein. Von dem früher üblichen Bestreichen und Wachsen der Schläuche, womit das Verdichten des Stoffes bezweckt wurde, sieht man jetzt ganz und gar ab, denn man hat jetzt ganz leichte, feine, federdichte Gewebe als „Federeinschütte", welche jedes Bestreichen entbehrlich machen. Alle Nähte an diesen Schläuchen müssen mit dichter doppelter Steppstichnaht gearbeitet sein, damit nirgendwo Federn ausdringen können. Diese leichten Federsäcke, die jetzt in den gangbarsten Größen fertig käuflich sind, bieten die Annehmlichkeit, daß die Inlette, zu denen meist stärkere farbige (blaue, rote, gestreifte) Stoffe dienen, zum Zweck der Reinigung jederzeit abgenommen werden können, ohne ein Umschütten der Federn nötig zu machen. Viele Personen lassen die Federsäcke fort und schütten die Federn gleich in den Inlettschlauch, dessen Schlitz man mit kreuzweis gearbeiteter doppelter überwendlicher Naht schließt.

Die Maße der Schläuche und demgemäß auch der Bezüge sind, abhängig von der Bettgröße, für Deckbett 200/130, 200/125, 190/120 cm, für Unterbetten 200/115 cm, für Kopfkissen 80/75, 82/82, 75/70 cm. — Längliche Pfühle, auch Häupfel genannt, und längliche Kopfkissen haben 100 cm Breite bei 75 cm Höhe.

An Federn gebraucht man für Deckbetten $2\frac{1}{2}$ bis $3\frac{1}{2}$ Pfd. weiße oder 3–4 Pfd. graue Daunen, 5 Pfd. Daunen und Federn gemischt; 6 Pfd. Federn; für Unterbetten zwischen 5—7 Pfd. Federn; für Kopfkissen 2–4 Pfd. Federn.

Bezüge.

Die Bezüge der Federkissen aller Art müssen in der Größe genau zu den Kissen passen, dürfen besonders nicht knapp sein, da sie sonst zu stark angegriffen werden und leicht platzen. Die meisten Stoffe liegen in passender Breite, um nur zwei an den Seiten hergehende Nähte nötig zu machen; man schneidet daher den Stoffteil in doppelter Länge des Kissens oder Federbettes und gibt noch für den zum Schluß notwendigen Saum an Länge zu; die Breite entspricht genau dem Kissen selbst.

Früher verband man Bezug und Schlauch an den Ecken miteinander, indem man entweder durch beide Teile einen Heft-Kreuzstich führte, oder indem man außen an das Inlett und innen in die Bezüge an jede Ecke ein Band nähte, die man dann aneinander knüpfte. Bei schweren Unterbetten ist dies von Nutzen, bei Kopfkissen und Daunenbetten jedoch ganz überflüssig. Nützlich für alle Fälle sind kleine Dreieckkappen, die man den Bezügen innen an den Ecken einheftet, sie vermehren die Haltbarkeit.

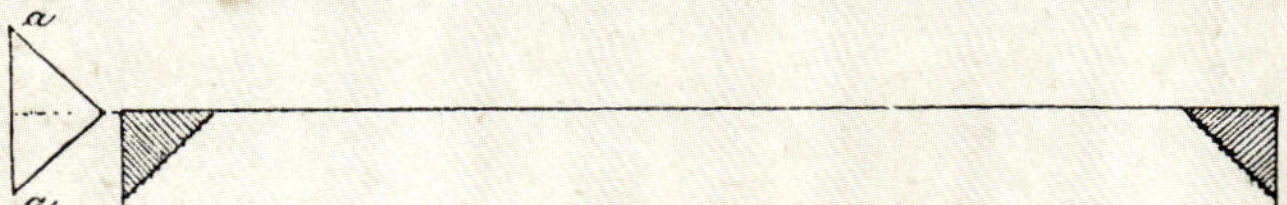

Aufsetzen einer Ecklappe an Bezügen.

In vielen Haushaltungen wird jede Matratze mit einem Bezuge aus grauem Drell oder Leinen versehen, welcher ihrer Form genau entsprechend gearbeitet ist. Solch ein Bezug schützt die Matratze bei Umzügen, Bettensonnen usw. vor Anschmutzen, kann leicht abgenommen, gewaschen und von neuem übergezogen werden.

Verschlußarten.

Die Anfertigungsart der Bezüge richtet sich zum Teil nach dem Verschluß, den man durch Binden, Knöpfen oder Schnüren erreicht. Schon vor Zuschneiden des Bezugstoffes

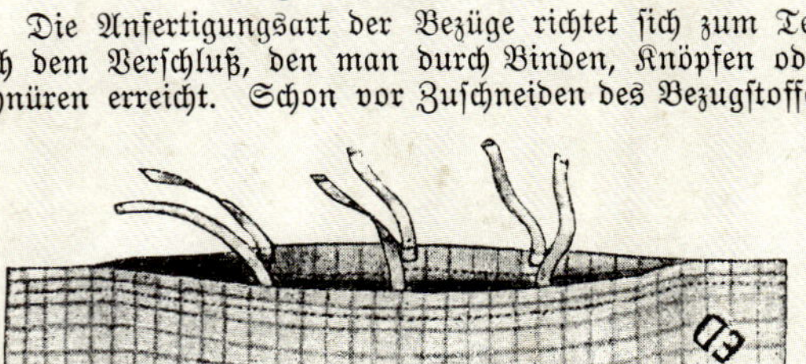
Der Bandverschluß bei Bezügen.

muß man sich über die Art des zu wählenden Verschlusses klar sein, damit man sich nicht verschneidet. Die einfachste für das Rollen und Plätten praktischste Art ist das Binden, das bei Leutebetten fast allgemein gebräuchlich ist, und das auch nur die Zugabe von 2 cm Stoff für jeden Saum zu der Länge des Stoffstreifens erfordert. Bei Bandschluß müssen die Bezüge an den Ecken einige cm breit geschlossen sein, weil die Bänder allein das Kissen nicht halten würden. Man führt solche Bezüge in folgender Reihe der Nähte aus.

1. Die seitlichen langen Nähte, vom Stoffbruch des Streifens aus bis zu Ende, 2. den $1\frac{1}{2}$ cm breiten Saum rings um die untere Oeffnung, 3. das Zunähen mittels Ueberwendlingsnaht von jeder Ecke aus auf 8 cm, 4. das Annähen von drei oder fünf Paar Bändern, die einander ganz genau gegenüberstehend auf den Saum gesetzt werden.

Den Verschluß mittels angesetzter Knöpfe können wir nicht befürworten; die Knöpfe schaden beim Rollen sehr, sie drücken unvermeidlich, schon beim Wringen, noch mehr beim Rollen die mit ihnen zusammenkommenden Stoffteile, so daß vorsichtige Hausfrauen sie ganz von der Bettwäsche verbannen sollten.

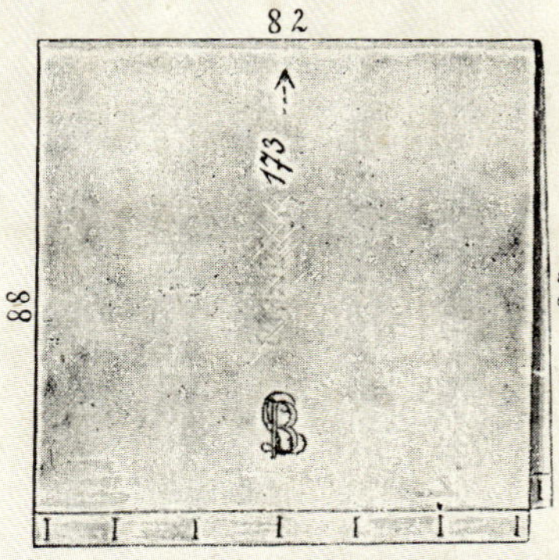

Das Maßverhältnis der Kopfkissenbezüge mit Verschluß durch Doppelknöpfe oder Knopfspange.

Will man Knopfverschluß, so benutze man die praktischen, in verschiedenen Größen vorhandenen Doppelknöpfe, oder man fertige Knöpfspangen an und versehe die Säume nur mit Knopflöchern. Die Knopfspange, aus $2\frac{1}{2}$ cm breitem, doppelten, ringsum abgesteppten Inlettstreifen von der Länge der Säume des betreffenden Bezuges, wird mit 3, 5 oder 7 Perlmutterknöpfen besetzt, deren Entfernung genau mit den Knopflöchern in den Bezugssäumen übereinstimmt.

Knopfspange.

Man führt jeden Knopf durch die übereinander liegenden Knopflöcher beider Säume und kann die Knopflöcher in dem einen Saum quer, in dem andern lang stellen, dann halten sie die Knöpfe am sichersten fest; es genügt, wenn man für jedes Kissen eine Knopfleiste anfertigt. Bei Bezügen dieser Art ist für die einander aufliegenden Säume, die man $2\frac{1}{2}$ cm breit zu machen pflegt, 9 cm Stoff der Länge des Stoffteils zuzugeben, und die Reihenfolge der Nähte ist: 1. Ausführung von je einem $2\frac{1}{2}$ cm breiten, nach außen umgeschlagenen und festgesteppten Saum an jedem Querrande des Streifens. 2. Ausführung der Knopflöcher darin. 3. Ausführung der Seitennähte, wobei der Saum

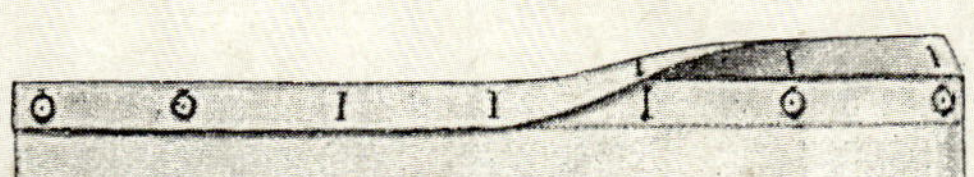
Breit überschlagender Verschluß für Doppelknöpfe oder Knopfspange.

der oberen Kissenseite in seiner ganzen Breite dem unteren Rande der unteren Kissenseite vorsteht. Dieser vorstehende Saum schlägt nachher über und knöpft auf die erwähnte Leiste; es hängt vom Belieben ab, ob man den überschlagenden Saum lose läßt oder umbiegt und mit in die Nähte faßt; für das Rollen ist es besser, er bleibt lose.

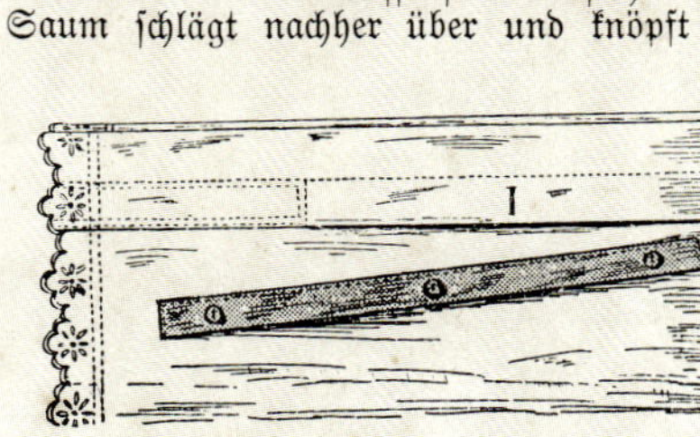
Breit überschlagender Verschluß für Doppelknöpfe oder Knopfspange.

Noch stärkeren Ueberschlag zeigt die obenstehende Verschlußart. Bei den Bezügen der modernen länglichen Kopfkissen legt man den Schluß an die Seite.

Praktisch, leicht zu erneuern und auch recht hübsch ist der Schnürverschluß. Man hat ihn in der verschiedensten Aufmachung, von einfacher Zackenlitze, von Schnuransatz, Häkelarbeit usw. Die Durchzugsbänder, an einer Seite mit Metallspitze, an der andern mit Bällchen abgeschlossen — rot oder blau —, erhält man in den einschlägigen Geschäften.

Wollene Senkel mit Bällchen für Schnürverschluß.

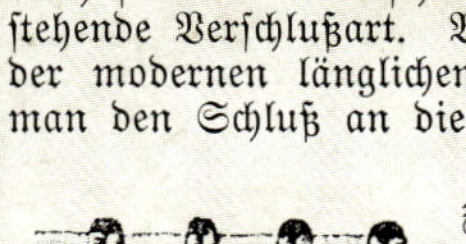
Gewebte Borde für Schnürverschluß. Doppelknöpfe für Knopfverschluß.

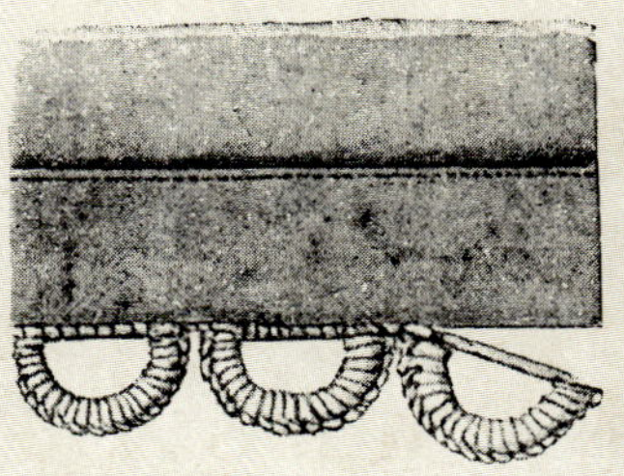
Selbst zu fertigender Verschluß aus Occhibogen.

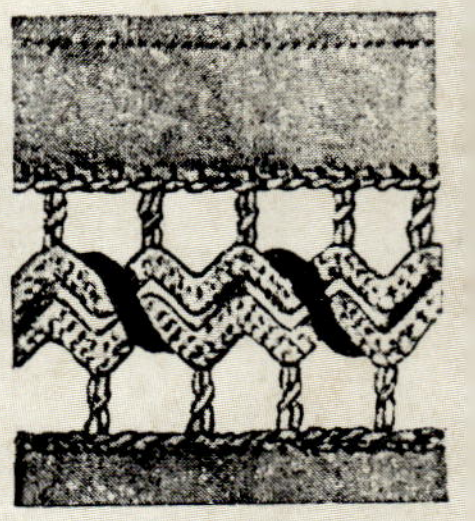
Verschluß durch Häkelei und Zackenlitze.

Bettücher, Laken, Leintücher.

Von den Kissen wenden wir uns jetzt den Bettüchern zu. Allgemein im Gebrauch ist das Unterlaken, dasjenige Bettuch, das über die Matratze bezw. das Unterbett gebreitet wird. Für dasselbe genügt die Länge von 2,25 m und 1,55 oder 1,70 m Breite. Eine Langnaht ist nur bei 84 cm breitem Stoff nötig, bei den jetzt fast allgemein gebräuchlichen breiten Geweben verfällt sie. An den Seiten hat das Leintuch Webekante, am oberen Querrand einen $2\frac{1}{2}$ cm oder noch breiteren, am unteren einen schmalen Saum. Um das Unterlaken und auch die Matratze zu schonen, werden vielfach über erstere starke oder nach Belieben auch weiche Barchent- oder Flanelldecken gespannt und erst darüber das Unterlaken gelegt. Es liegt sich sehr angenehm auf einer in dieser Weise vorgerichteten Matratze, da man nichts von den durch Nähen entstandenen Vertiefungen fühlt, und zudem ist es verbürgt, daß die Unterlaken viel weniger als sonst angegriffen werden.

Das Oberlaken (Bettuch, Leintuch), das in manchen Gegenden ganz fehlt, da dort ein Oberbett mit Bezug in Gebrauch ist, und das in anderen Gegenden durch die der Decke aufgeknöpfte Kappe ersetzt wird, wird länger geschnitten als das Unterlaken, weil sein oberer Rand bestimmt ist, über die Decke zurückgeschlagen zu werden. Es hat gemeiniglich 2,55 bis 2,70 m Länge. Den unteren Querrand säumt man 1—2 cm breit um, während man den oberen mit schönem breiten Saum, mit Languettenabschluß, Spitze oder Stickerei versieht. Den Namenszug stellt man so, daß er mit seiner Fußlinie auf dem Saum ruht, wie hierüber dargestellt.

Neuerlich nimmt man die Oberleintücher in der Breite genau so groß wie die Daunendecken und befestigt sie an und auf diese durch Knöpfe, wie Abb. 4, 9, 10, 14 u. 18 nächster Seite dies vorführen, oder man macht Kappen gleich Abb. 17 und 19. Hierbei kann von Aufstellung bestimmter Regeln nicht die Rede sein, sondern Phantasie, Mode und Geschmack treten in ihre Rechte und lassen der Willkür weites Feld. — Nach den oben in Betracht gezogenen Verhältnissen braucht man je nach Stoffbreite

für $\frac{1}{2}$ Dutzend	Unterleintücher	13,50	oder 27 m
„ „ „	Oberleintücher	$15—16\frac{1}{4}$ „	30 „
„ „ „	Kopfkissenbezug	$10—10\frac{1}{2}$	„
„ 1 Oberbettbezug		$6\frac{1}{2}$ oder $4\frac{1}{4}$	„

Die auf folgender Seite vorgeführten Bettwäschestücke zeigen verschiedenartigen Schmuck. Sehr zu befürworten, weil haltbar und ohne besondere Mühe für die Wäsche, ist die Randlanguette, die bei Kissen und Deckenbezügen durch die doppelte Stofflage geführt wird; überhaupt genießen zurzeit alle in den Stoff selbst eingearbeiteten Stickereien den Vorzug vor den eingesetzten. Unter diesem Gesichtspunkt gelten Abb. 2, 6, 15 u. 16 sowie 17 u. 19 als besonders elegant. Da wo Spitzen angewandt werden und wo die Frisuren kraus sitzen sollen, kann man natürlich nur mit Besatzstreifen arbeiten; für diese Art geben Abb. 1, 3, 5, 12 u. 14 hübsche Vorlagen.

Eine selbstverständliche Bedingung für elegante Bettwäsche ist, daß die Stücke zueinander passen müssen; wie viel Freiheit noch innerhalb dieser Einheitlichkeit bleibt, ist aus Abb. 8 und 9 sowie 10 und 11 und aus Abb. 14 gut zu ersehen.

1. **Kopfkissenbezug**, auf der oberen Hälfte mit Spitzeneinsatz geziert und an 3 Seiten 6 cm vom Rande mit Spitze besetzt.

2. **Kopfkissen** mit feiner Stickerei.
3. **Kopfkissen** mit geknicktem Einsatz und Volant.
4. **Oberlaken** mit Stickerei; zum Aufknöpfen eingerichtet.

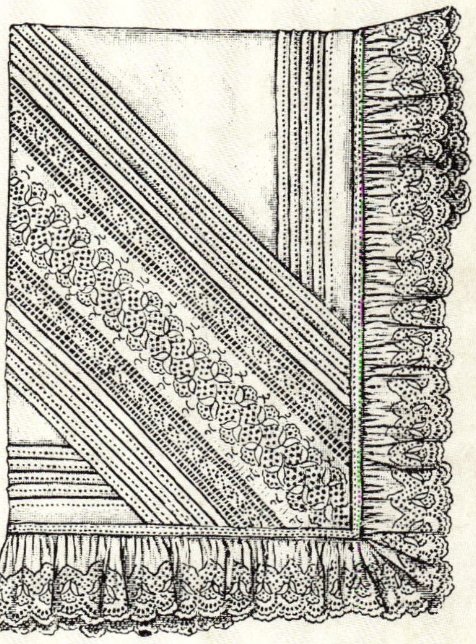

5. **Deckbettbezug**, mit Säumchen und Stickerei geziert.

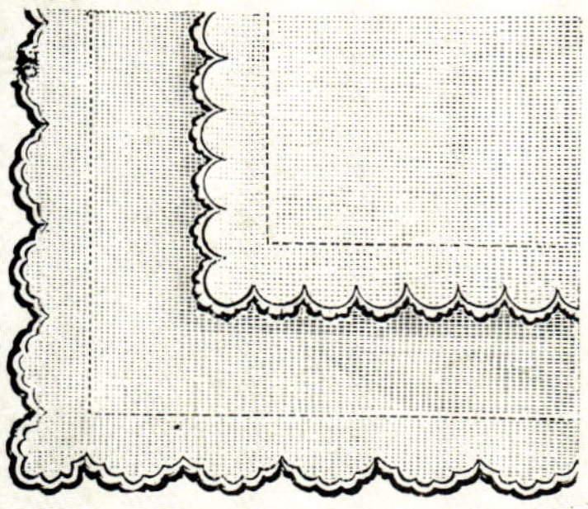

6. **Kissen- und Deckenbezug** mit Languetten-Abschluß, der durch doppelte Stofflage geführt ist.

8. **Kopfkissen** mit Einsätzen. Siehe Abb. 9.

9. **Oberlaken** mit Umschlag, zu Abb. 8 passend.

10. **Oberlaken** mit Umschlag, zu Abb. 11 passend.

11. **Kopfkissen**, zu Abb. 10 passend.

12. **Kleines Ohrenkissen** mit Hohlnaht.

13. **Kleines Kopfkissen** mit Leinendurchbruch.

17a. **Schnittübersicht** zur Deckenkappe, Abb. 17.

8—13. Elegante Bettwäsche.

Kopfkissen und Laken der Abbildung 8 und 9 sowie 10 und 11 zeigen durch die Gleichartigkeit der Ausstattung ihre Zusammengehörigkeit. Die beiden kleinen Kissen Abb. 12 und 13, wie man solche jetzt gern zur Vervollständigung der Bettausstattung macht, können unabhängig von der sonstigen Garnitur gehalten werden.

14. **Ein modern ausgestattetes Bett.**

14. Modern ausgestattetes Bett.

Bei der reichen Bettwäsche sind Stickereieinsätze in Form verschieden langer Spangen unter schmalen Besatzbändchen eingefügt; das Oberlaken ist mit spitzem Ueberschlag geschnitten und hat ringsum breiten Knopflochsaum. Stickereieinsatz umgibt den Ueberschlag und, in der oberen Hälfte etwas kraus gehalten, das Kissen an drei Seiten. Das kleine Federdeckbett hat durchgehende Einsätze.

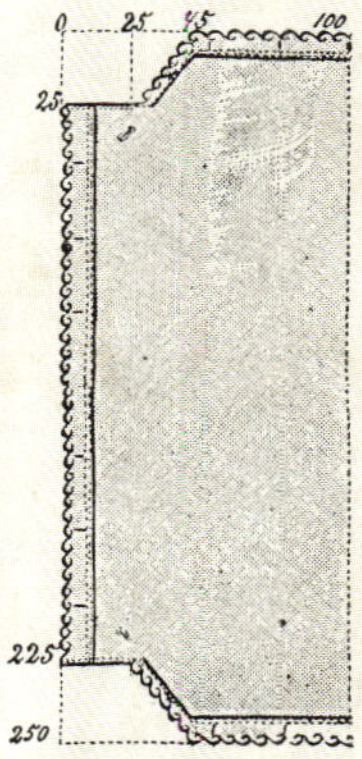

19a. **Schnittübersicht** zur Deckenkappe, Abb. 19.

15 u. 16. **Zwei moderne Kopfkissen.**

17. **Deckenkappe** mit festen Ecken. Siehe Abb. 17a.

18. **Oberleintuch** mit Säumchengarnitur. Die Größe richtet sich nach der Decke.

19. **Deckenkappe** mit offenen Ecken. Siehe Abb. 19a.

D. Leibwäsche.

Den größten Anspruch an das Können stellt im Bereich der Wäsche die Anfertigung der für die Kleidung bestimmten Stücke.

Es handelt sich hierbei nicht mehr, wie in den beiden unter B und C besprochenen Fällen, nur um gerade Stücke und gerade Nähte, sondern es tritt das schwierige Moment verschiedenartig geschweifter und geschwungener Formen hinzu; daher genügen hier auch nicht mehr gerade Linien mit einfachen Längenangaben, sondern es handelt sich dabei um genau ausgeprobte, dem Alter und Geschlecht, der Größe und Gestalt angepaßte Schnittformen. Die Leibwäsche beansprucht infolgedessen den größten Teil unseres Buches, und wir unterstützen sie mit zahlreichen Schnittmustern, die keines der gebräuchlichsten Kleidungsstücke außer acht, keine Altersstufe und kein Maßverhältnis unberücksichtigt lassen.

1. Klein-Kinderwäsche.

Noch ehe das Menschenkindlein zur Welt geboren ist, rühren sich fleißige Hände, ihm die weiche warme Kleidung zu fertigen, die ihm Schutz und Hülle sein soll. Das allgemein gültige kleine Menschenmaß muß ihm genügen, und wir, die wir ihm seine Kleidungsstücke vorbereiten, brauchen nur darauf zu sehen, nichts zu eng und zu klein herzurichten, denn die kleinen Gliedmaßen des Neulings entbehren noch der Beweglichkeit, Armchen und Beinchen schmiegen sich an den Körper, die kleinen Fäustchen sind geballt, und die Zumutung, durch Hemdärmel fahren zu sollen, gefällt dem Kindchen durchaus nicht, selbst wenn sie so bequem wie möglich gemacht sind.

Weich und warm ist die Losung bei der Kleinkinderkleidung, und vor allen Dingen muß die Wäsche, da sie dicht an den Körper kommt, äußerst weich sein, am besten von altem Leinen oder vom weichsten Baumwollstoff, der natürlich gewaschen ist.

Bequem in der Form: hinten offen, damit die nach vorn gebogenen Aermchen zu keiner Rückbewegung gezwungen werden, mit weiten Armlöchern, damit die Hand der Mutter oder Wärterin das Händchen umfassen und durchholen kann. Weichste Leinenwindel, weichstes Flanelltuch; kein hartes Leinenband, nur weiche Baumwollitze darf als Band dienen. Knöpfe dürfen nirgends angebracht sein. Stickereien mit harten Stellen sind verpönt, Häkeleien noch mehr; höchstens weiche Spitze sollten den Schmuck an den Wäscheteilen Neugeborener bilden.

Nach und nach, wenn das Kind sich an die Rauheit unseres Erdendaseins gewöhnt hat, kann die Mama sich durch Zierate an dessen Kleidung Genüge leisten, Baby selbst fragt sicher wenig danach.

Demgemäß stimmen wir aus Rücksicht für das Kind für vernünftige Einfachheit im Ausputz der Kinderwäsche, aus Rücksicht auf die Reinhaltung für Einfachheit der Form: lieber ein Dutzend einfacher Stücke mehr, als ein einziges mit Garnitur beladenes.

Beim Arbeiten der ersten Kinderwäsche sind so wenig Nähte wie möglich zu machen, und alle müssen völlig flach sein; festgesteppte Kappnähte lasse man von den Stücken, die das Kleine zu Anfang tragen soll, ganz fort, man nähe mit der Hand und mit schlanken Stichen.

Ueber die als Aussteuer für kleine Kinder zu beschaffenden Stücke belehrt die Aufstellung am Schluß des Buches.

Wir fügen die Maße der Leinenwindeln an mit 75, 87 oder 90 cm im Geviert; die der Flanellwindeln sind 90 cm; beide Windelarten sind sowohl weiß wie farbig im Gebrauch. Nabelläppchen, die man ohne Säume macht, am liebsten aus altem Leinen und nur flach bestochen, haben 6 cm im Geviert, Nabelbinden 10/18 cm Größe. Badetücher für Kinder macht man etwa 100 oder 100/130 cm groß. Unterlagen von Kalmuk messen 40/60 oder 50/50 cm, solche von weißem Swanboy ebensoviel, Schutzeinlagen in Steckkissen haben deren Breite bei 50 cm Länge. Besondere Empfehlungen verdienen die Windelhöschen, sobald Kinder Kleidchen bekommen.

1. Hemd für das erste Alter. Schnitt: I auf der Vorderseite des Schnittblattes I.

Das hinten offen bleibende Hemdchen wird nach Fig. 1 in einem Stück geschnitten. Soll es für die ersten Tage dienen, so macht man es aus weicher alter Leinwand und näht vorn die Falten nicht ab, sondern läßt den Stoff lose fallen und macht beim Anziehen des Kindes vorn eine ganz flache breite Falte. Die später zu tragenden Hemden arbeitet man der Abbildung gemäß und legt in vorderer Mitte eine $1^1/_2$ cm breite Falte, die von je zwei schmalen Fältchen begrenzt wird. Die Fältchen näht man 14 cm lang fest. Den Halsausschnitt untersteppt man mit einem Schrägstreif zur Aufnahme des Zugbandes und kann ihn, gleich den nach Fig. 2 bereiteten Aermelchen, mit Spitze besetzen. Alle Nähte und Säume müssen flach gehalten werden, damit sie keinen Druck ausüben können.

2. Hohes Hemd für ganz kleine Kinder. S. Schnitt: I auf der Vorderseite des Schnittblattes I.

Das aus weicher Leinwand gearbeitete Hemd bleibt im Rücken offen. Ein schmales Halsbündchen nimmt den eingereihten Rumpf und zugleich einen 40 cm weiten Stickereistreif auf; flach gesetzte Stickerei berandet die Aermel.

3–5 Drei Hemdchen für ganz kleine Kinder. Verwendb. Schnitte: I, IV auf Schnittbl. I u. I auf Schnittbl. V.

Feine weiche Stoffe, wie feinfädiger Madapolam, Batist, Perkal oder sogenanntes Windelleinen, werden zu diesen ersten Hemdchen verwendet. Das ganz einfache Hemd, Abb. 3, bleibt hinten offen, es hat lange Aermel und am Halse einen Zugsaum, der vom Hemde selbst abgenommen wird. Für $^1/_2$ Dtzd. sind 2,50 m Stoff notwendig. — Das elegante, hinten ebenfalls offene, ärmellose und auf der Achsel gespaltene Hemd, Abb. 4, ist um Rückenausschnitt und Armlochrand glatt mit einem von schmalen Spitzchen besetzten Stickereistreifen versehen, den eine Blende befestigt. Den vorderen Ausschnitt füllt eine kleine aus Stickerei und Spitze gebildete Passe. Erf. für $^1/_2$ Dtzd.: 2,30 m Stoff; 10,50 m Stickerei; 9,75 m Spitze; 7,50 m Bördchen. — Das für etwa einjährige Kinder bestimmte Hemd, Abb. 5, knöpft auf der Achsel, es ist mit Stickereieinsatz und Spitze geputzt, erstere kann man mit farbigem Band unterlegen. Erf. für $^1/_2$ Dtzd.: 2,30 m Stoff; 10 m Spitze; 2,10 m Einsatz; 6 m Bördchen.

6. Einfaches Hemd mit langen Aermeln für das erste Alter. S. Schnitt: I auf der Vorders. des Schnittbl. I.

Das halbhohe und mit Zugsaum versehene Hemd schließt im Rücken. Es hat 15 cm lange gerade Aermel, die unten zurückgeschlagen werden oder zur Wärmung der Händchen über diese herabgehen können. Die Fig. 2 muß hierfür entsprechend verlängert, aber unten nicht mehr verengert werden. Dem Halsrand ist überfallend ein 60 cm weiter Stickereivolant angenäht, schmale Stickerei berandet die Aermel.

7. Ausgeschnittenes Hemd mit Klappen. Schnitt: II auf der Vorderseite des Schnittblattes I.

Feiner Shirting diente zur Herstellung des Hemdchens, das nach Fig. 3 mit Stoffbruch vorn und hinten sowie auf den Achseln zuzuschneiden ist. Man führt die Seitennähte aus und schneidet oben die vorgezeichneten Einschnitte für die Klappen ein, in hinterer Mitte aber schlitzt man das Hemd, das hier beim Anziehen übereinandergeschlagen wird. Den Aermelrand und den Rand der überfallenden Klappen languettiert man flach und säumt den kleinen Achselstreif um.

8. Jäckchen f. Säuglinge. Schnitt: V auf Vorders. Schnittbl. I.

Für dieses aus Madapolam gefertigte Jäckchen schneidet man den Vorderteil einmal mit Stoffbruch längs der Mitte zu, den Rücken nach Fig. 15 dagegen zweimal, er bleibt offen. Nach Ausführung der Längsfältchen im Vorderteil rundet man den Halsausschnitt, der Linie für die Grundform folgend, aus, garniert ihn mit der Stickerei und umsäumt ihn mit einem Schrägstreifen, der gleichzeitig ein Zugband aufnimmt. Der Ellbogenärmel schließt vor der Hand mit kleinem Saume, darunter mit Stickerei ab.

9. Jäckchen für kleine Kinder. S. Schnitt: V auf der Vorderseite des Schnittblattes I.

Das im Rücken offene Jäckchen ist aus Piqueebarchent gearbeitet und mit Spitze besetzt. Es ist nach Schnitt V zu schneiden und vorn in drei Quetschfalten zu ordnen.

10. Jäckchen mit Passe. Schnitt: VI auf Vorders. Schnittbl I.

Das aus feinem Negligeestoff hergestellte Jäckchen schließt im Rücken, der ungarniert und ohne Passe gearbeitet wird. Den geraden Vorderteil, Fig. 9, kräuselt man oben ein und steppt ihn mit einem Stickereistreifen unter dem Besatzbördchen auf die Passe fest. Dieses wiederholt sich auf derselben in drei Reihen. Die Aermel in Blusenschnitt besetzt man vor der Hand mit einem kleinen Aufschlag, Fig. 12. Man sichert den Halsausschnitt mit einem Schrägstreifen, durch den ein Schnürchen geht.

11. Jäckchen mit runder Passe. Schnitt: VII auf der Vorderseite des Schnittblattes I.

Das elegante Jäckchen ist aus feinem Mull gefertigt und reich mit Valenciennesspitzen besetzt, man kann es aber aus jedem beliebigen Stoff nacharbeiten und ganz einfach halten. Der Vorderteil wird im Stoffbruch längs der vorderen Mitte zugeschnitten und entweder gekräuselt oder in Gruppen von mehreren Fältchen gelegt, die man 8 cm lang feststeppt. Man näht den Vorderteil an die runde Passe (beim Modell aus Spitzeneinsatz und Banddurchzug) und faßt zugleich unter schmalem Besatzbördchen die herunterfallende Spitze mit. Der Rücken wird zweimal nach Fig. 11 zugeschnitten und bleibt hinten offen. Für den Blusenärmel benutzt man den Schnitt von Fig. 11 und garniert ihn der Abbildung gemäß. Hochstehende Spitze um den Halsausschnitt.

12 u. 13. Windelhöschen. Schnitte: VIII u. IX auf der Vorderseite des Schnittblattes I.

Köperbarchent bezw. Shirting sind als Stoff, Languetten und Stickerei als Garnitur der Höschen verwendet. Die Höschenschnitte unterscheiden sich nur wenig; man schneidet ein jedes im ganzen aus einem Stück, und zwar nach Schnitt VIII aus einem Viereck von 70 cm Länge und 80 cm Breite stets zwei Höschen, indem man den schrägen Stoffbruch des von Ecke zu Ecke geknickten Stoffes längs der Mittenlinie des Schnittmusters legt. Den oberen Rand der Höschen, der hinten ein kurzes Stück eingereiht wird, näht man zwischen die doppelte Stofflage des 3 cm breiten, 56 cm langen Bündchens, alle übrigen Ränder sind mit Shirtingstreifen zu untersteppen und die Knöpfvorrichtungen nach Angabe anzubringen. Man putzt die Höschen mit Stickerei.

14. Jäckchen mit Blusenärmeln. Schnitt: I auf der Rückseite des Schnittblattes IV.

Das aus beliebigen Stoffen nachzufertigende Jäckchen ist mit Stickerei garniert und wird für Vorderteil und Rücken in einem Stück zugeschnitten. Will man die $^1/_2$ cm breiten, 10 cm lang festgesteppten Fältchen wie bei unserm Modell anbringen, so hat man beim Zuschneiden längs der vorderen Mittellinie 3 cm, d. i. 6 in der Weite, zuzugeben und erst nach Legung der Fältchen den Halsausschnitt abzurunden. Dem Blusenärmel wird vor der Hand ein Stoffstreif für das Zugband untergesteppt, ein solcher umsäumt auch den Halsausschnitt und nimmt den Stickereivolant und ein schmales Zugband auf. Der Aermel ist so einzunähen, daß seine Naht mit dem ✱ des Vorderteils zusammentrifft.

15. S. Beschreibung Fig. 7 auf Rückseite Schnittbl. IV.

16. Beschreibung s. unter der Abb.

17—19. Verschiedene Lätzchen. Schnitte: X–XIII auf der Vorderseite des Schnittblattes I.

Die Lätze können auch ohne den dargestellten reichen Ausputz nachgearbeitet werden. Bei Benutzung eines dünnen Oberstoffs gibt man ihnen Barchenteinlage und leichtes Shirtingfutter, bei Piquee oder Köperbarchent fällt die Einlage fort. Wir geben von den verschiedenen Schnittformen immer nur die Hälfte.

23—28. Zwei Steckkissen mit Zubehör. S. untenstehenden kleinen Schnitt, Abb. 27.

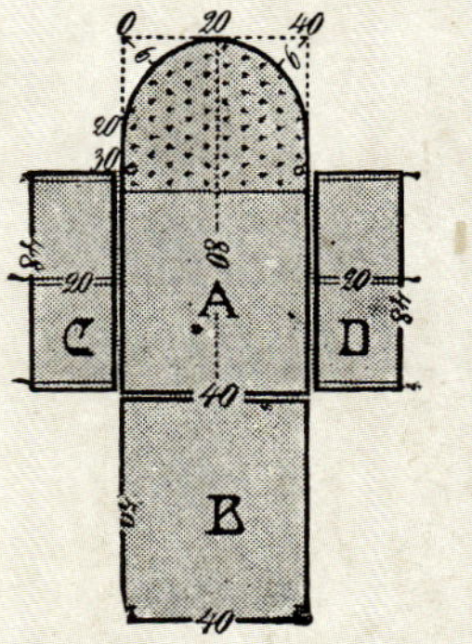

27. Verkl. Schnitt mit Maßen zu den Steckkissen, Abb. 23, 26 u. 28. Fig. a Hauptteil. Fig. c und d Seitenklappen. Fig. b Ueberschlag.

Zu einem Steckkissen braucht man eine mit Roßhaar gepolsterte Matratze aus feinem Federleinen, die man 33 cm breit und 78 cm lang nimmt, oben abrundet und bis auf den Kopfteil kariert absteppt. Ihr angepaßt, also um ein kleines größer, müssen die Bezüge zugeschnitten sein; für Nachtzeit macht man sie ohne irgendwelche Garnitur, oft aus farbigen Stoffen, für den Tag wählt man feineren Stoff und garniert mit Volants oder Stickerei. Nebenstehender Schnitt ist der übliche für alle Steckkissenbezüge, seien sie einfach oder garniert, mögen sie von unten nach oben oder von den Seiten her ihren letzten Schluß erhalten. Man schneidet den Boden von der Größe der Fig. a, den Kopfteil nur von der Größe des punktierten Teiles auf Fig. a und näht den Kopfteil verstürzt auf den Boden. Der untere, gerade Rand des Kopfteiles bleibt offen und wird gesäumt; man schiebt die Matratze zwischen beide Teile. Nicht selten macht man als Bekleidung der Matratze auch zwei gleich große Teile nach der ganzen Fig. a, die man bis auf den unteren Teil der Naht verbindet. Die Seitenklappen, Fig. c und d, sowie der große Ueberschlag, Fig. b, werden an den Boden gesetzt, erstere, wie ersichtlich, mit Bändern ausgestattet. Für die Seitenklappen kann man auch 27 cm breite Stoffteile nehmen, die man, gleich Abb. 26, durch Band einzieht.

Das hübsche Steckkissen, Abb. 23, aus Köper ahmt durch den Besatz Seitenklappen nach, es ist jedoch nur so garniert. Da wo die Stickerei als Umrandung auftritt, ist sie unter Schrägstreif angesetzt, auf dem Deckenteil aber unter Besatzbördchen, das sich dahinter noch zweimal wiederholt. Farbige Schleifen sind zum Schmuck angebracht.

Abb 24 zeigt ein Wickeltuch, welches mit Windel überlegt, das mit Hemd und Jäckchen bekleidete und leicht gewickelte Kindchen bis unter die Arme einzuhüllen bestimmt ist; zum Schutz der Matratze dient das in Swanboykappe gesteckte Oeltuch, Abb. 25, welches 36/48 cm Fläche einnimmt. Auf Abb. 26 ist es nochmals umgedreht gezeigt. Diese Abb. bringt zugleich eine neue Matratzenform, welche, wie ersichtlich, in der Decke des Steckkissens ihre Fortsetzung findet. Sie muß ganz leicht gearbeitet sein.

1. Hemd für das erste Alter. Schnitt: I auf der Vorderseite des Schnittblattes I. Erforderlich für $^1/_2$ Dtzd.: 2,50 m Stoff; 6 m Spitze.

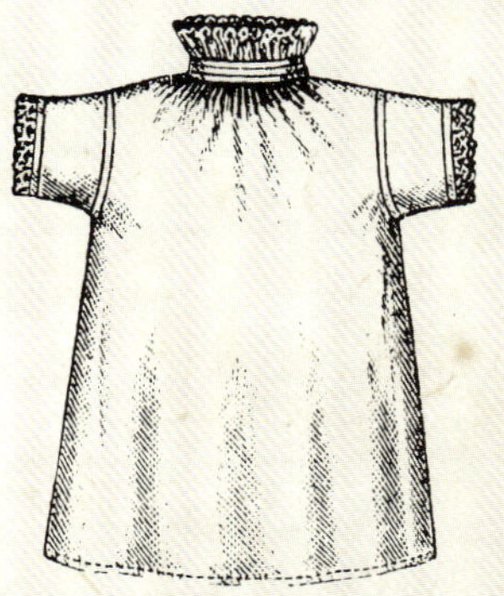

2. Hohes Hemd für ganz kleine Kinder. S. Schnitt: I auf der Vorderseite des Schnittbl. I.

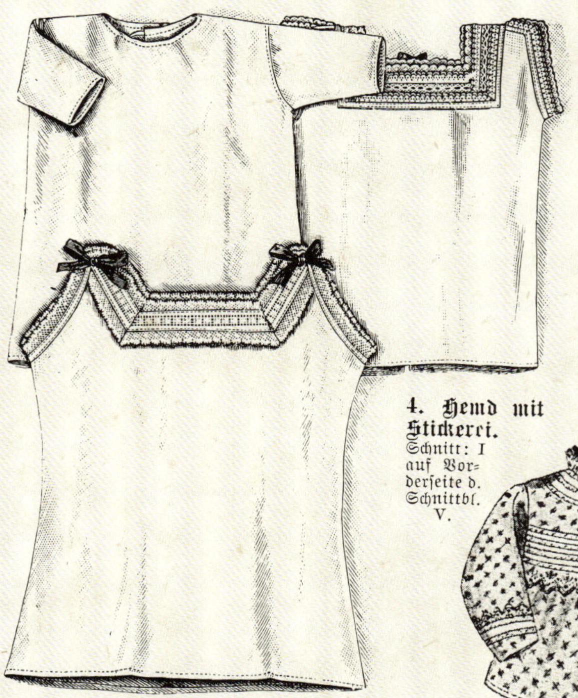

4. Hemd mit Stickerei. Schnitt: I auf Vorderseite d. Schnittbl. V.

3. Einfaches Hemd mit langen Aermeln. S. Schnitt: I auf Vorders. des Schnittbl. I.

5. Hemd mit Achselschluß für das zweite Alter. S. Schnitt: IV auf Schnittbl. I.

6. Hemd mit langen Aermeln für das erste Alter. Schnitt: I auf der Vorders. des Schnittbl. I. Erf. für $^1/_2$ Dtzd.: 2,50 m Stoff; 7,20 m Stickerei.

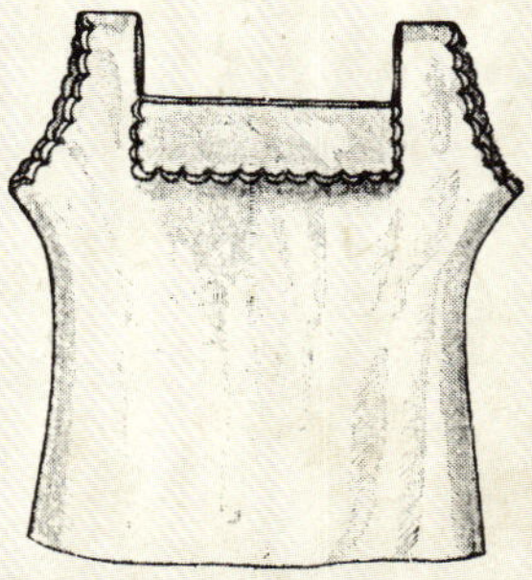

7. Ausgeschnittenes Hemd mit Klappen. Schnitt: II auf der Vorders. des Schnittblattes I. Erf. für $^1/_2$ Dtzd.: 2,60 m Stoff.

8. Jäckchen für Säuglinge. Schnitt: V auf der Vorders. des Schnittblattes I. Erforderlich für $^1/_4$ Dtzd.: 1,50 m Stoff; 3 m Stickerei.

9. Jäckchen für kleine Kinder. S. Schnitt: V auf der Vorders. des Schnittbl. I. Erforderl. für $^1/_2$ Dtzd.: 2,50 m Stoff; 4,50 m Trimming.

10. Jäckchen mit Passe. Schnitt: VI auf der Vorders. d. Schnittbl. I. Erford. für 1 Jäckchen: 0,50 m Negligeestoff; 1,10 m Stickerei; 3,60 m Besatzbördchen.

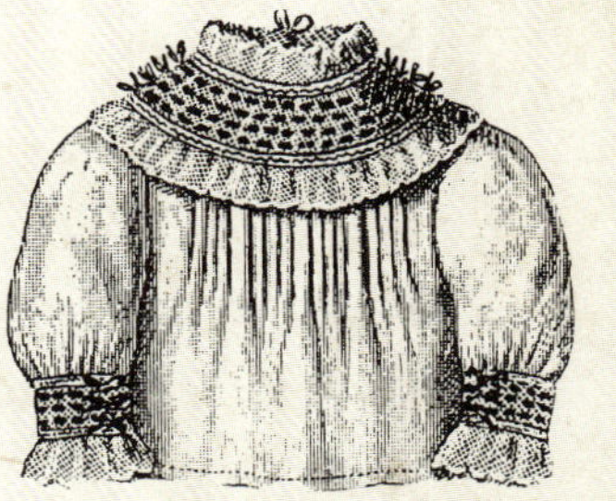

11. Jäckchen mit runder Passe. Schnitt: VII auf der Vorderseite d. Schnittbl. I. Erf. für 1 Stück: 0,50 m Mull; 0,60 m Einsatz; 1,10 m Spitze.

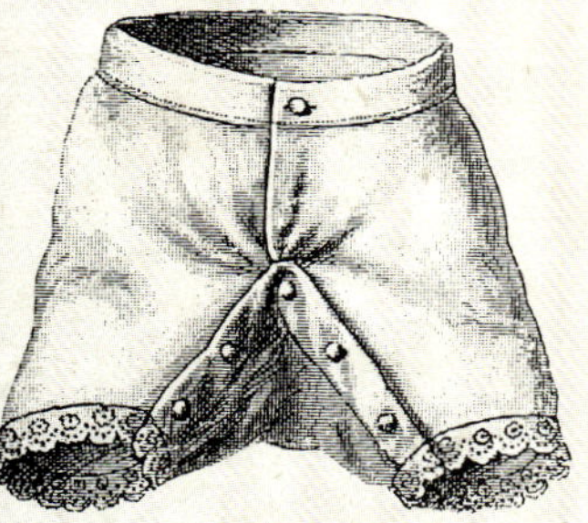

12. Windelhöschen mit Stickereiverzierung. Schnitt: IX auf der Vorderseite des Schnittblattes I. Erforderlich für $^1/_2$ Dtzd.: 2,75 m Shirting; 2,60 m Stickerei.

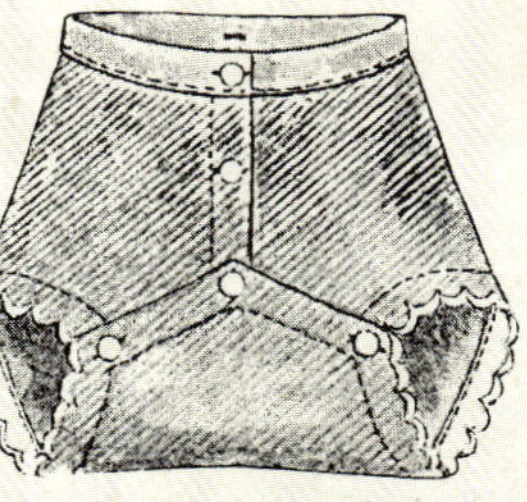

13. Windelhöschen mit Languettenabschluß. Schnitt: VIII auf d. Vorders. d. Schnittbl. I. Erford. für $^1/_2$ Dtzd.: 2,10 m Köperbarchent von 84 cm Breite: 2,60 m Languette.

14. Jäckchen mit Blusenärmeln. Schnitt: I auf der Rückseite des Schnittblattes IV.

15. Windelhöschen mit Seitenschluß. Schnitt u. Beschreib.: Fig. 7 auf d. Rücks. d. Schnittbl. IV. Erf. für $^1/_2$ Dtzd. 2,10 m Stoff; 3,75 m Stickerei.

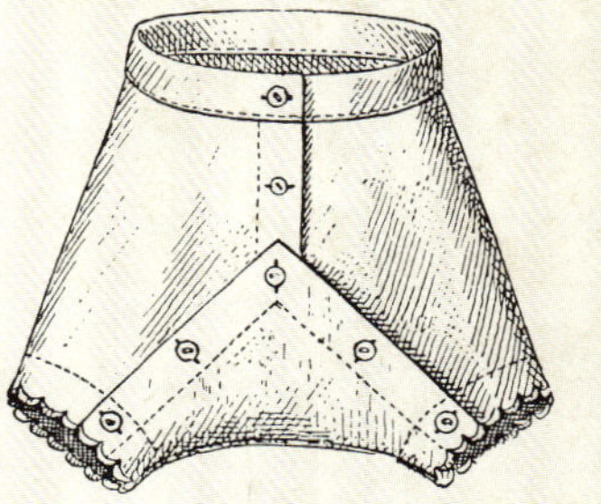

16. Windelhöschen. Schnitt: II auf der Rücks. des Schnittblattes IV. Erf. für $^1/_2$ Dtzd.: 3,30 m Köper; 4,20 m Languette.

Der Vorzug dieses aus Köper gearbeiteten Höschens liegt in seiner Schnittform, bei welcher der untere hochklappende Teil in etwas geschweifter Naht dem Hauptteil angesetzt wird. Diese Naht muß ganz platt ausgeführt werden, damit sie keinen Druck ausübt. Man schneidet am besten gleich zwei Höschen zu und braucht dann 1,10 m Stoff von 84 cm Breite. Der Hauptteil, nach Fig. 3 aus einem Stück zugeschnitten, liegt längs der mit „Mitte" bezeichneten Linie im schrägen Fadenlauf; die Ränder, mit Ausnahme des oberen Randes, sind mit Blendsaum von Shirting untersteppt. Ein 62 cm weites, $3^1/_2$ cm breites Bündchen aus doppeltem Stoff nimmt den oberen Rand des Höschens auf, der in hinterer Mitte ein wenig einzureihen ist.

17. Lätzchen mit gesteppter Mitte und unten zackiger, aufgesetzter Stickerei. Schnitt: X auf der Vorders. d. Schnittbl. I.

18. Kragenlätzchen mit Stickerei und Stickereieinsatz. Schnitt: XI auf der Vorders. des Schnittbl. I.

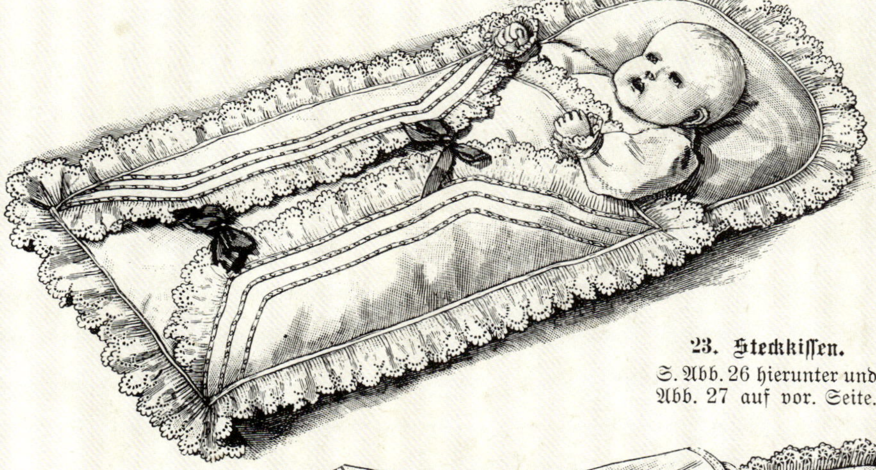

23. Steckkissen. S. Abb. 26 hierunter und Abb. 27 auf vor. Seite.

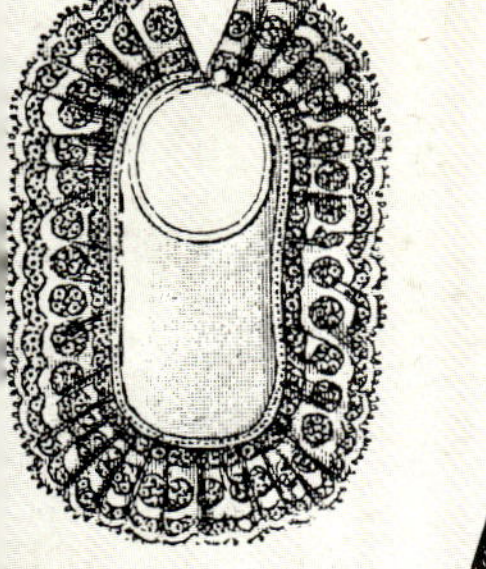

19. Kragenlätzchen aus Satin, ringsum breite eingekrauste Stickerei, unter Grätenstich aufgesetzt. Schnitt: XII auf der Vorderseite des Schnittblattes I.

20 bis 22. Zwei elegante Lätzchen.

Sehr praktisch hinsichtlich des Wiederherrichtens ist der erste Latz aus Batist, dessen unterer Teil, wie Abb. 21 zeigt, selbständig aus Barchent und Shirting gearbeitet ist, während der obere ungefütterte Teil sich klappenartig darüberlegt. Man kann den Latz nach Schnitt XI auf der Vorderseite des Schnittblattes I zuschneiden. Der eckige Latz, Abb. 22, aus gemustertem Satin hat Barchentfutter; beide Lätze sind mit Stickerei umrandet und mit Einsatz, unter Bördchen aufgenäht, geputzt.

24. Wickeltuch aus Flanell mit farbiger Kante. Größe: 80/80 cm.

25. Steckkisseneinlage mit Oeltuch.

26. Geöffnete Innenansicht eines Steckkissens nebst langer Matratze. Schnitt: Abb. 27 auf nebenst. Seite.

28. Steckkissen mit gezierter Decke. S. die kleine Schnittzeichnung Abb. 27 auf S. 8. Erford.: 1,30 m Negligeestoff; 0,80 m Shirting; 5,25 m Stickerei.

29. Leibchen für Babies. Schnitt: XVIII auf der Vorderseite des Schnittbl. I. Erf. für $1/4$ Dtzd.: 0,50 m Piquee.

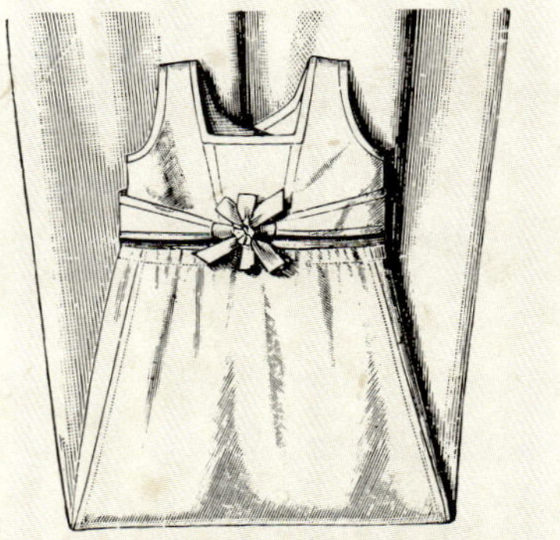

30. Leibchen mit Tragunterrock. Schnitt: VI auf der Rücks. des Schnittbl. IV. Erforderlich für 2 Stück: 2,65 m Stoff.

31. Tragunterrock. Schnitt: XXV auf der Vorderseite des Schnittblattes I. Erforderlich: 1,75 m Flanell.

32. Einf. Tragkleid. Verwendb. Schnitt: XIX auf d. Vorders. d. Schnittblattes I. Erford.: 1,75 m gestreifter Barchent.

33. Tragkleidchen mit Stickereibesatz. Schnitt und Beschreibung: III auf der Rückseite des Schnittbl. IV. Erford.: 1,75 m Stoff; 1,50 m Stickerei.

37. Kragen mit Kappe für kleine Kinder. Schnitt: XXVI auf der Vorderseite des Schnittblattes I. Erforderlich: 1,75 m weißer Flausstoff; 0,35 m rosa Seide.

38. Tragmantel aus Piquee mit Pelerine. Schnitt: VI auf der Rücks. des Schnittbl. IV. Erf.: 3,75 m Piquee; 4,50 m Stickerei.

34. Elegantes Tragunterröckchen. Verwendb. Schnitt: VI auf der Rückseite des Schnittblattes IV.

35. Tragunterrock aus Shirting. Verw. Schnitt: VI auf der Rücks. des Schnittblattes IV.

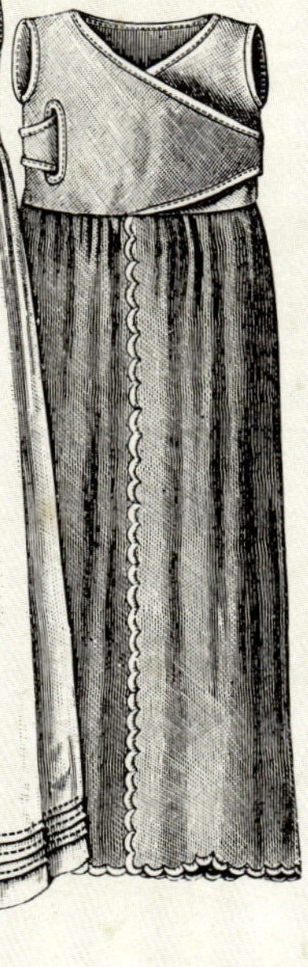

36. Tragunterröckchen aus Flanell.

28. Steckkissen mit gezierter Decke.

Dieses Steckkissen hat eine selbständige, auf- und abknöpfbare Decke; dieselbe hat in der Mitte zwei mit schmalen rosa Durchzugbändchen versehene Einsätze, begrenzt von einem Stickereistreifen. Es folgen alsdann zu jeder Seite fünf schmale Säumchen und nach außen wieder der Stickereiansatz. Der untere, zu Quetschfalten geordnete Volant ist 16 cm hoch, 90 cm weit, von Ansatzstreifen begrenzt.

29. Leibchen für kleine Kinder.

Schnitt: XVIII auf der Vorderseite des Schnittblattes I.

Piquee oder Lasting kann zur Herstellung des einfachen Leibchens dienen, das nach Fig. 30 in einem Stück zugeschnitten wird. Es gibt dem Körper des Kindes, nachdem dieses dem langen Wickelbande und dem Steckkissen entwachsen ist, einen leichten und doch festen Halt. Man faßt es an allen Außenrändern mit Band ein und führt hinten zu Seiten des linken Armloches den bezeichneten Einschnitt aus, dessen Stoffränder gleichfalls eingefaßt werden. Der Einschnitt dient zum Hindurchführen des rechten Leibchenendes, das gleich dem linken mit Bindeband versehen und vorn durch Schleife mit diesem verbunden wird. An die Achselränder schließen sich 18 cm lange, 2 cm breite, eingefaßte Achselbänder; dieselben erhalten an ihren vorderen zugespitzten Enden entweder Bindebänder oder je zwei Knopflöcher, die vorn auf das Leibchen festknöpfen.

30. Leibchen mit Tragunterrock. Schnitt: VI auf d. Rücks. des Schnittbl. IV.

Unser feines, für elegantere Tracht berechnetes Modell war aus elfenbeinweißem Flanellfi ette gearbeitet und am Leibchen mit gleichfarbigem Seidenband eingefaßt. Da dieser Stoff 130 cm breit liegt, so schneidet man am besten gleich zwei Tragunterröckchen zu. Für die Hinterbahnen des Rockes gebraucht man eine ganze, hinten aufzuschneidende Stoffbreite und für die Vorderbahn eine halbe, beide von 70 cm Länge. Die Vorderbahn kann man nach oben von jeder Seite um 3 cm abschrägen. Das Leibchen, nach Fig. 18 aus einem Stück zu schneiden, erhält unter dem linken Arm den bezeichneten Einschnitt, durch welchen das rechte Leibchenende durchzuführen ist, sodaß der Stoff hinten doppelt liegt. In vorderer Mitte steppt man bis zur feinen Linie einen Stoffteil, unter Seidenband festgehalten, auf, um hier ebenfalls doppelte Stofflage zu erzielen. Man näht die Achseln zusammen, setzt dem unteren Rande das Röckchen vorn wenig, im übrigen dichter eingereiht an und verdeckt linksseitig seinen Ansatz unter Seidenbändchen.

31. Tragunterrock aus Flanell. Schnitt: XXV auf d. Vorders. des Schnittbl. I.

Dieser Tragunterrock ist am unteren Rande mit Wolle ausgebogt. Man schneidet zunächst das Leibchen nach Fig. 47 (die den 4. Teil gibt) in einem Stück zu, hat aber am hinteren Rande, um den überschlagenden Teil zu erhalten, an einer Seite 10 cm zuzugeben. 14 cm lange, $2\frac{1}{2}$ cm breite Achselträger stellen die obere Verbindung des Leibchens her. Bänder zum Zubinden des Ueberschlages werden in ersichtlicher Weise angebracht. Der fadengerade Rock ist 70 cm lang, 1,60 m weit und wird vorn glatt, hinten in Falten gelegt dem Leibchen angesetzt.

32. Einfaches Tragkleidchen. Verwendb. Schnitt: XIX a. d. Vorders. des Schnittbl. I.

Das hinten offene, aus gestreiftem Barchent gefertigte Kleidchen kann nach obengenanntem Schnitt gearbeitet werden; man schneidet den Aermel etwas enger, Vorderteil und Rücken je 15 cm länger zu, wodurch die untere Weite sich um je 4 cm vergrößert. Der Vorderteil ist passenartig zu zehn je 10 cm langen Fältchen abgenäht; dafür hat man beim Zuschneiden längs der vorderen Mitte 10 cm zuzugeben.

34—36. Drei Tragunterröckchen.

Der für ein feines Tragekleid bestimmte Unterrock, Abb. 34, aus weißem Mull (1,70 m) schließt an seinem 85 cm lang zugeschnittenen, 1,75 m weiten, fadengeraden, hinten offen bleibenden Rockteil mit 3mal 3 schmalen Säumchen und 2,40 m weitem Stickereivolant ab. Das im Rücken knöpfende Leibchen ist an Hals- und Armausschnitt mit schmaler Stickerei besetzt, von welcher man 1,40 m gebraucht — Der Tragunterrock, Abb. 35, mit rundem Ausschnitt, hat gleiche Verhältnisse und gleiche Machart, bleibt aber ohne Stickereibesatz. Er eignet sich gut für farbige Kleider. — Der Unterrock, Abb. 36, aus weißem Flanell, 65 cm lang, 1,60 m weit, ist mit Wolle languettiert; er bleibt hinten offen. Das Leibchen schließt kreuzend, das eine seiner zugespitzten Enden wird durch den seitwärts angebrachten Schlitz geführt und vorn durch Bandschleife mit dem andern Ende verbunden. Schmales Seidenband faßt die Ränder ein. Erforderlich: 1,50 m Flanell von 80 cm Breite 1,75 cm Einfaßband. Man kann Schnitt XVIII auf Schnittbl. I als Anhalt für das Leibchen benutzen.

37. Kragen mit Kappe für kleine Kinder.

Schnitt: XXVI auf der Vorders. des Schnittbl. I.

An Stelle eines Tragmantels ist ein runder Kragen aus Flanell recht praktisch, dessen mit Seide gefütterte Kappe zugleich den Kopf schützt, ein kurzes, gerades, vorn knöpfendes Leibchen mit Aermeln ist dem Halsrand des Kragens eingeheftet, kann aber auch gesondert hergestellt werden. Nach Fig. 48 schneidet man den Hauptteil für den Kragen zweimal zu, vereinigt diese Teile durch Naht und säumt die Ränder durch Untersteppen eines seidenen Schrägstreifs. Nachdem der Achselabnäher ausgeführt ist, näht man Umlegekragen und Kappe in den Halsrand des Hauptteils. Die Kappe ist aus Oberstoff und Seide je im Ganzen nach Fig. 49 zuzuschneiden und die geschweifte Naht a—b in jeder Stoffart gesondert auszuführen. Mittels verstürzter Naht werden die Außenränder beider Teile vereinigt. Nach diesem Schnitt fertigt man auch aus leichtem Flanell die Bademäntel der Kinder.

38. Tragmantel mit Pelerine. Schnitt: IV auf der Rücks. des Schnittbl. IV.

Die Pelerine des mit Passe gearbeiteten Mantels ist selbständig hergerichtet, sodaß sie auch allein getragen werden kann. Man schneidet zunächst aus zwei Stoffbreiten von je 84 cm Breite den 90 cm langen, oben an der Seite für das Armloch 8 cm breit und 4 cm tief ausgehöhlten Hauptteil zu und reiht seine oberen Ränder zwischen die mit Shirting abgefütterten Passenteile Fig. 7 und 8. Diese Teile wie Aermel und Kragen fallen an den zur Pelerine notwendigen Stoffteilen ab. Fig. 13, auf die angegebenen Maße verlängert, bietet die Schnittform für die Hälfte der Pelerine, die zweimal zuzuschneiden ist, und zwar so, daß der Gewebefaden des Stoffes längs des vorderen Randes liegt. In den Halsausschnitt der Pelerine fügt man den mit Umlegekragen versehenen Stehkragen, denjenigen des Mantels faßt man mit Schrägstreif ein. Die Blusenärmel sind in 18 cm weite Bündchen zu fassen.

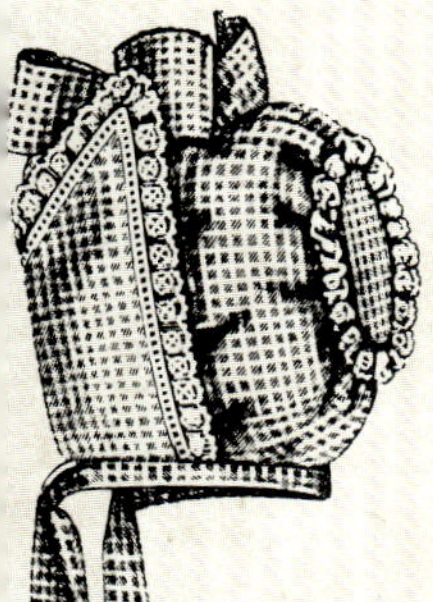

39. Hütchen aus Waschstoff. Schnitt: XVII auf der Vorderseite des Schnittblattes I.

41. Hemd für einjährige Mädchen. Schnitt: XV auf der Vorderseite des Schnittblattes I. Erford. für $^1/_2$ Dtzd.: 2,75 m Stoff, 6,50 m schmale Stickerei, 2,10 m breite Stickerei.

42. Elegantes Hemd für kleine Mädchen. Schnitt: XV auf der Vorderseite des Schnittbl. I. Erford. für 1 Stück: 0,40 m Shirting, 0,30 m Einsatz, 1,80 m Spitze.

43. Hemd mit Achselschluß für 1—2jährige Kinder. Schnitt und Beschreibung: XVI auf der Vorders. des Schnittbl. I. Erford. für $^1/_2$ Dtzd.: 4 m Madapolam, 8,25 m Languette.

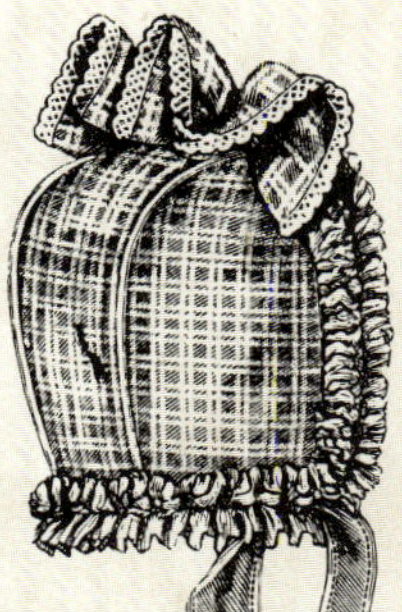

40. Hütchen aus Waschstoff. Schnitt: XXIII auf der Vorders. d. Schnittbl. I.

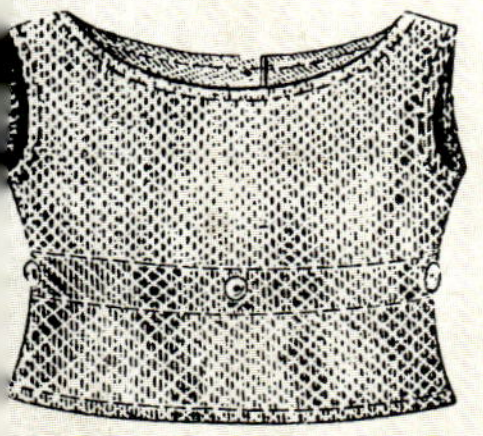

44. Leibchen für kleine Kinder. S. Schnitt: XXII auf der Vorders. d. Schnittblattes I. Erforderlich für $^1/_4$ Dtzd.: 1 m Piquee.

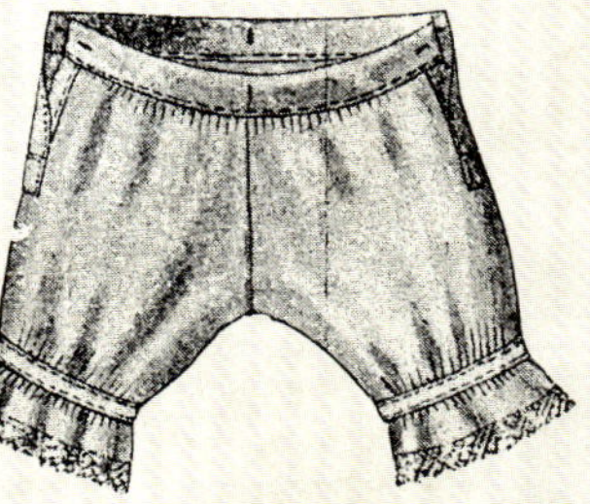

45. Springhöschen für kleine Kinder. Schnitt: XX auf der Vorders. des Schnittblattes I. Erforderlich für $^1/_2$ Dtzd.: 4 m Stoff, 5 m Spitze.

46. Jäckchen für kleine Kinder. Verwendbarer Schnitt: VI auf d. Vorderseite des Schnittbl. I. Erforderl.: 1,10 m Flanell, 1,60 m Languette.

47. Hemd mit Achselschluß für kleine Kinder. Verwendbarer Schnitt: XV auf der Vorders. des Schnittbl. I. Erf. für $^1/_2$ Dtzd.: 2,75 m Stoff, 18 m Stickerei, 2,75 m Einsatz.

48. Leibchen mit Unterrock für 1—2jährige Kinder. Schnitt: XXII auf der Vorders. des Schnittbl. I. Erforderlich für 2 Stück: 1,25 m Piquee.

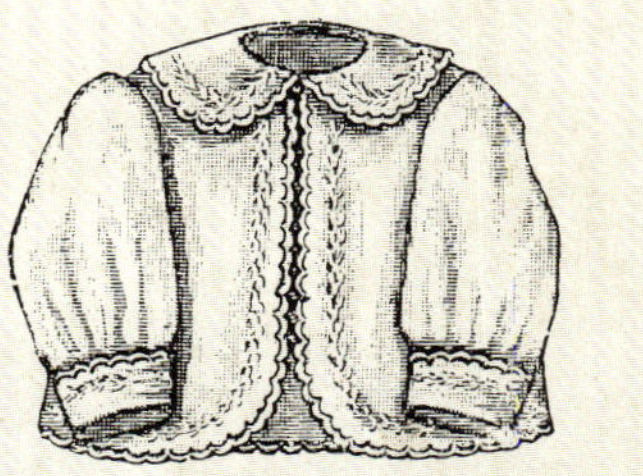

49. Ueberziehjäckchen für kleine Kinder. Verwendb. Schnitt: XXI auf der Vorders. des Schnittbl. I. Erforderlich: 0,75 m Flanell.

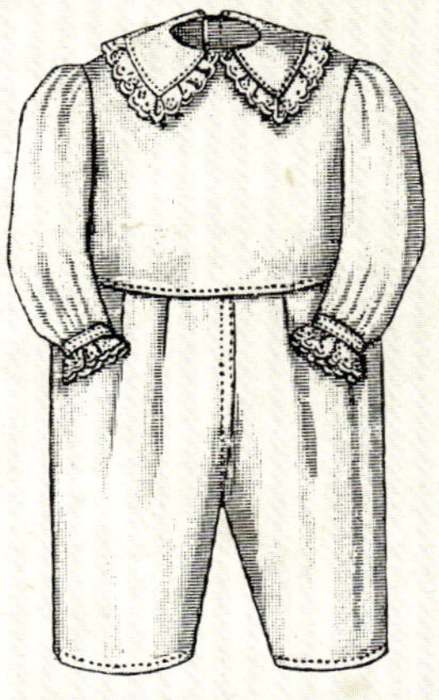

50. Nachthöschen für kleine Kinder. S. auch Abb. 51 u. 52. Erford. für $^1/_4$ Dtzd.: 4,80 m Barchent.

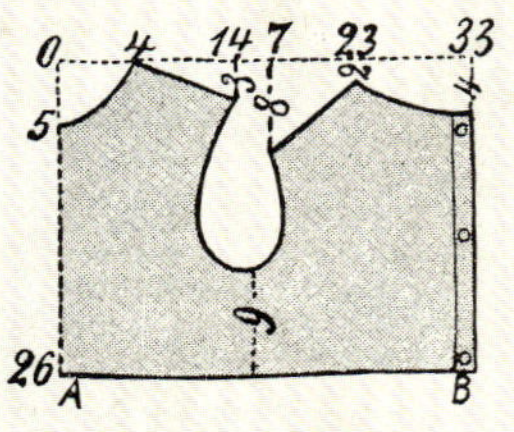

51. Schnitt (Hälfte) zum Leibchen des Nachthöschens, Abb. 50.

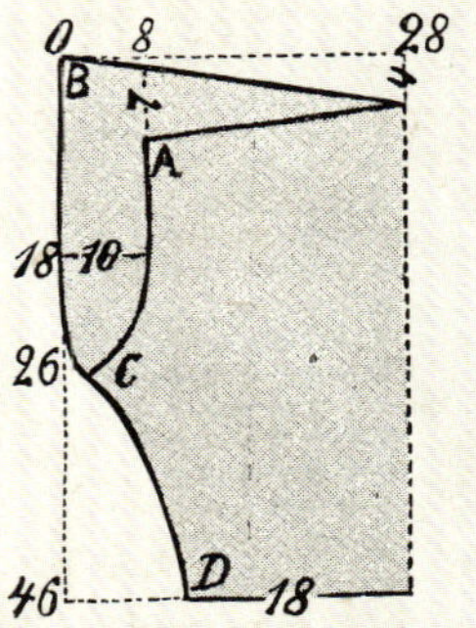

52. Schnitt zum Beinkleid des Nachthöschens, Abb. 50.

53. Nachthemdchen mit Passe für kleine Kinder. Schnitt u. Beschreib.: XIV auf der Vorderseite des Schnittbl. I. Erf. für $^1/_4$ Dtzd.: 4 m weißer Köperbarchent, 2,50 m Trimming.

54. Nachtröckchen für 1-2jähr. Kinder. Schnitt u. Beschreibung: V auf der Rückseite des Schnittblattes IV. Erf.: 1,40 m Piquee.

41—54. Wäsche für Kinder von 1—3 Jahren.

Nachdem man, je nach der Jahreszeit, im 10ten bis 13ten Monat die Kinder aus dem langen Kleide entläßt, verändert sich notgedrungen die Kleidung; es treten die kurzen Röcke und die Höschen in ihre Rechte. Wir lassen eine Anzahl praktischer Vorlagen folgen.

41. Hemd für einjährige Mädchen. Schnitt: XV auf der Vorderseite des Schnittblattes I.

Das nach Fig. 24 zu schneidende Hemd (die Linie für den vorderen Ausschnitt ist zu beachten) ist aus einem Shirting gearbeitet und mit schmaler Stickerei am Hals- und Aermelrand besetzt. Es schließt im Rücken, wozu ein 12 cm langer Schlitz einzuschneiden ist. Die Stickerei um den Halsausschnitt ist bei unserem Modell unter Stickereieinsatz angenäht, durch dessen Löcher ein schmales Bändchen gezogen ist; vorn faßt man beim Ansatz desselben zugleich einen 25 cm langen, 2 cm breiten Stickereistreifen mit.

42. Elegantes Hemd für kleine Mädchen. Schnitt: XV auf der Vorderseite des Schnittblattes I.

Das Hemd ist aus feinstem Shirting gearbeitet und mit Spitzen garniert. Man schneidet sowohl den Vorderteil wie Rücken mit Stoffbruch längs der mit „Mitte" bezeichneten Linie nach Fig. 24 zu, dem Rücken wird ein 12 cm langer Schlitz eingeschnitten. Der Vorderteil wird an eine Passe aus Spitze mit Banddurchzug gekraust, wozu Fig. 25 die Grundform bietet. Die Passe kann auch aus doppeltem Stoff hergestellt werden.

43. Beschreibung siehe auf dem Schnittblatt.

44. Leibchen für kleine Kinder. Verwendbarer Schnitt: XXII auf der Vorderseite des Schnittblattes I.

Für das aus Piquee gefertigte Leibchen kann man den Schnitt verkleinern oder vergrößern, je nach Alter und Stärke des Kindes. Man steppt schräg geschnittene Shirtingstreifen allen Rändern unter; außerdem wird innen im Gürtelschluß noch ein Band oder Stoffstreifen festgenäht und rechtsseitig je ein Knopf in vorderer Mitte und an den Seiten angebracht, die zur Aufnahme der Röckchen dienen. Die Seitennähte können unten zu kleinem Schlitz offen bleiben.

45. Springhöschen für 1—2jährige Kinder. Schnitt: XX auf der Vorderseite des Schnittblattes I.

Das mit Seitenschlitz versehene Beinkleid schneidet man nach Fig. 34 unter Berücksichtigung der Linie für den vorderen Beinkleidausschnitt zweimal zu. Durch Ausführung der Nähte von 45 bis 47 gestaltet man beide Teile zu Beinlingen, die man den gleichlautenden Zahlen gemäß durch Nähte untereinander verbindet. Der untere Rand wird auf 28 cm Weite zwischen ein schmales Bündchen aus doppeltem Stoff gekraust, das einen 3 cm breiten, mit Spitze besetzten Volant aufnimmt. Man steppt den oberen, leicht faltig gehaltenen Rand jeder Beinkleidhälfte zwischen die doppelte Stofflage eines mit Knopflöchern zu versehenden, $2^1/_2$ cm breiten Bündchens.

46. Jäckchen für kleine Kinder. Verwendb. Schnitt: VI auf der Vorders. d. Schnittbl. I.

Das Jäckchen läßt sich in Barchent, Flanell oder Negligeestoff arbeiten. Schnitt VI kann, in allen Teilen etwas weiter gehalten, zur Herstellung benutzt werden. Man schneidet die Vorderpasse im ganzen, ebenso den daran gekräuselten, losen Vorderteil und den Rücken zweimal nach Fig. 10 zu. Man fügt ihn durch Naht auf der Achsel und unter dem Arm an den Vorderteil, der hintere Rand, welcher offen bleibt, wird gesäumt. Die Aermelchen, nach Fig. 11 zweimal zugeschnitten, kräuselt man vor der Hand ein und besetzt sie mit den glatten, 16 cm weiten, an beiden Rändern ausgebogten Bündchen. Auf die vordere Mitte näht man einen ebensolchen Streifen. Fadengerades Halsbündchen.

47. Hemd mit Achselschluß für kleine Kinder. Verwendb. Schnitt: XV auf der Vorderseite des Schnittbl. I.

Dieses Hemdchen von allereinfachster Schnittart, vorn wie im Rücken völlig gleich, wird auf den Achseln durch farbiges Seidenband geschlossen. Jeder Rumpfteil wird im Mittelbruch in doppelter Stofflage zugeschnitten und oben eingereiht. Den eckigen Halsausschnitt umgrenzt ein schmaler Stickereieinsatz mit Stickereikante.

48. Leibchen mit Unterrock für 1—2jährige Kinder. Schnitt: XXII auf der Vorderseite des Schnittblattes I.

Das Röckchen mit langem, etwas über die Hüften gehendem Leibchen kann aus leichtem Piquee oder Shirting gearbeitet werden. Am vorteilhaftesten ist es, wenn man gleich zwei Unterröckchen zuschneidet, da die nach oben um 4 cm geschrägte, 20 cm lange Vorderbahn nur die halbe Stoffbreite, also 40 cm gebraucht. Die fadengerade Hinterbahn ist 60 bis 70 cm weit, sie erhält in hinterer Mitte einen 10 cm langen Schlitz. Languettenabschluß am unteren Rand. Nach Fig. 39 und 40 ist das Leibchen zu schneiden und im Rücken mit Knopfschluß einzurichten. Ein schmaler Shirtingstreifen ist den Armlöchern und dem Halsrand untergesteppt und deckt auch die Ansatznaht des faltig angenähten Röckchens.

49. Ueberziehjäckchen f. kleine Kinder. Schnitt: XXI a. Vorders. d. Schnittbl. I.

Das einfache, lose Jäckchen aus elfenbeinweißem Flanell ist mit weißer Seide zu languettieren und 3 cm breit dahinter mit Grätenstich zu besticken. Die Vorderteile rundet man unten etwas ab; für den Blusenärmel ist Fig. 10 auf der Rückseite des Schnittblattes IV zu benutzen. 18 cm weites Bündchen.

50. Nachthöschen für kleine Kinder. S. die kleinen Schnitte Abb. 51 u. 52.

Das praktische Nachthöschen aus weißem Barchent ist mit schmaler Stickerei an dem Umlegekragen und den Blusenärmeln geputzt. Das Leibchen knöpft im Rücken etwas übereinanderschlagend, seine Maße bestimmt Abb. 51. Für die Beinkleider schneidet man nach Abb. 52 zwei Teile je mit Stoffbruch längs der gepunkteten Linie zu, formt einen jeden durch Ausführung der Naht C—D zu Beinling und sichert die Ausschnittränder mit untergesteppten Schrägstreif. Der obere Rand der Beinlinge ist in Falten zu legen und dem Leibchen von A—B anzunähen, bei Punkt A läßt man die Beinkleider 2 cm breit übereinandertreten, damit sie vorn gut zusammenschließen.

53 u. 54. Beschreibungen siehe auf dem Schnittblatt.

55. Tragkleid. Verwendb. Schnitt: VIII auf der Rückf. des Schnittbl. IV.

56. Tragkleid mit Smocksnäherei. Erf.: 1,70 m Flanell.

57. Hohes Tragkleid. Schnitt: VIII auf der Rückf. des Schnittblattes IV. Erf.: 2,75 m Stoff.

58. Gesticktes Tragkleid. Schnitt: VII auf der Rückseite des Schnittblattes IV.

55. Tragkleid.

Das niedliche Kleidchen aus weißem Batist ist mit einem im Rücken knöpfenden Leibchen und daran gekraustem, 70 cm langen, 1,50 m weiten Rock gearbeitet, welchen über dem breiten Saum ein Stickereibördchen putzt. Gleiches Bördchen durchschneidet das Leibchen senkrecht und wagerecht; der Rücken ist in Längsfältchen abgenäht. Der ringsum gehende Volant ist 5 cm breit, 1,10 m weit. Die Puffärmel hält man innen durch Bänder hoch, Stickerei besetzt Hals- und Aermelrand. Obengenannter Schnitt kann als Anhalt zur Nachfertigung des Kleides dienen.

56. Tragkleid mit Smocksnäherei.

Der Rumpf des Kleidchens ist mit Saumzugabe 80 cm lang, 1,60 m weit und für die Armlöcher 4 cm tief ausgehöhlt. Achselstreifen von 3 cm Breite verbinden Vorder- und Rückenhälfte, deren erstere in ein 17 cm langes, deren letztere in zwei je 9 cm lange Bündchen gekräuselt sind. Für das kleine Puffärmelchen gebraucht man ein 50 cm langes, 15 cm breites Stück, das für den unteren Aermelausschnitt ausgerundet, am oberen Rande auf das Maß des Armloches eingereiht wird. Stickereikäntchen an Halsausschnitt und Aermeln. Den Gürtel ersetzt Smocksnäherei; man hat dazu den Stoff in mehreren Reihen einzukräuseln und die Faltenlage sehr egal einzuhalten. Alsdann überfängt man die Falten mit Zierstichen aus starker, passender Seide u. entfernt zum Schluß die Reihfäden.

57. Hohes Tragkleid. Schnitt: VIII auf der Rückseite des Schnittblattes IV.

Das hinten offene Kleidchen kann aus Barchent, Piquee, Flanell oder Wollstoff gefertigt werden; in letzterem Falle würde man es abfüttern. Die Hauptteile bestehen aus fadengeraden Stoffbahnen, welche oben am Halse 5 cm hoch durch Smocks eingezogen werden. Erst nach Fertigstellung der Smocksnäherei gibt man dem Halsausschnitt, dem Armloch und dem Seitenrande die durch die kleinen Schnittzeichnungen, Fig. 21 u. 22, vorgeschriebene Form; ein 100 cm langer, gestickter Volant grenzt die Smocks nach unten ein. Die geraden Blusenärmelchen haben 22 cm Länge, 26 cm Weite; man reiht sie mit Köpfchen vor der Hand zweimal ab.

58. Gesticktes Tragkleid. Schnitt: VII auf der Rückseite des Schnittblattes IV.

Der Rock des aus Stickereistoff gefertigten Kleidchens ist 65 cm lang u. 2 m weit und schließt unten mit einem 10 cm breiten Stickereivolant ab. Das im Rücken schließende Leibchen schneidet man nach Fig. 19 aus einem Stück zu und kräuselt es in vorderer Mitte oben und unten, wie auf dem Schnitt vorgezeichnet, auf 5 cm ein. Dieser latzartige Teil wird an jeder Seite von einem Stickereiansatz begrenzt, der dem Leibchen fest aufgenäht ist. Ueber den Aermel aus Stickerei (s. die Schnittform Fig. 20) geht ein zweiter Stickereivolant, dessen Ansatz farbiges, an den Endpunkten zu Rosette geordnetes Band deckt. Schmale Stickerei am Halsausschnitt. Gürtel mit Schleife.

59—63. Häubchen, Hemd und Jäckchen, Latz und Schuhe.

64. Taufkleid. Verwendb. Schnitt: VII auf der Rückseite des Schnittblattes IV.

Für die Schuhe s. Fig. 50 auf der Vorders. des Schnittbl. I.

59—63. Verschiedene Kleidungsstücke für ein kleines Kind.

Das Häubchen besteht aus farbiger leichter Seide, blau für Knaben, rosa für Mädchen, und ist mit Valenciennesspitzen und Bandröllchen und -rosetten geputzt; das Hemdchen, nach Schnitt IV, Vorders. d. Schnittblatt I zu schneiden, ist vorn mit einem aus Säumchen und Spitze zusammengesetzten Latz garniert, das elegante Jäckchen hat einen breiten runden Spitzenkoller und kann nach Schnitt VII desselben Schnittblatts gefertigt werden. Das hübsche runde Kragenlätzchen ist in Art der Abb. 20 u. 21 mit Unterlage gefertigt; für die Schuhchen aus Piquee ist der Schnitt Fig. 50 auf der Vorders. Schnittbl. I maßgebend.

64. Reiches Taufkleid.

Das reizende Kleid aus weißem, klarem Batist ist mit Stickerei und Valencienneseinsätzen geschmückt. Der fadengerade Rock hat 80 cm Länge, 1,75 m Weite; ihn begrenzt ein breiter Stickereivolant, der sich am Halsrande wiederholt. Das Leibchen ist gekräuselt, schließt hinten u. hat Puffärmel. Gürtelschleifen.

65—67. Wickelkissenbezug und zwei Wagendecken.

Der Bezug des 45/61 cm großen Polsters ist 3 cm vom Rande mit Stickereieinsatz versehen, welcher gleichwie auch der Stickereivolant, unter schmalem Schrägstreif aufgenäht ist. Am oberen Teil des Bezuges grenzen zwei Stickereieinsätze Ecken zu feinsten Säumchen von abgenähtem Stoff. — Die elegante auch als Taufdecke zu benutzende Decke, Abb. 66 besteht aus vier $6^1/_2$ cm breiten abgesäumten Batist und drei 9 cm breiten Stickereistreifen. Der 4,25 m weite Stickereivolant ist unter Lochbördchen befestigt, das hellblaue Durchzugsbändchen an den Ecken zu Schleife gebunden. Größe der Decke: 52/64; gleich große Unterdecke aus hellblauem Satin. — Die Wagendecke, Abb. 67, aus Ripspiquee hat 44 zu 60 cm Größe, ringsum einen breiten, 3,40 m weiten Stickereivolant, welcher unter Besatzbördchen aufgenäht ist, und 9 cm vom Rande $2^1/_2$ cm breiten Stickereieinsatz.

68. Korbbettchen.

Das Körbchen ist innen mit Stoff bezogen und sein feststehender Schirm mit farbiger Seide verkleidet. Von ebensolcher ist die Decke hergestellt, oben und unten mit einem Spitzenstreifen besetzt u. an den Rändern mit zwei Stoffvolants garniert, die ein Medaillonbändchen als Besatz zeigen. Ein Volant und Schleifen vervollständigen das Bettchen.

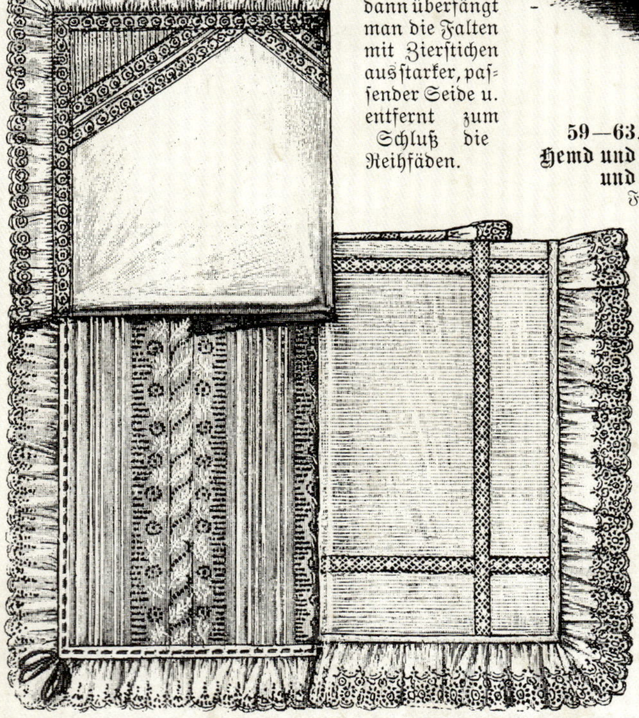

65. Wickelkissenbezug. 66. Elegante Wagendecke.

67. Wagendecke aus Ripspiquee.

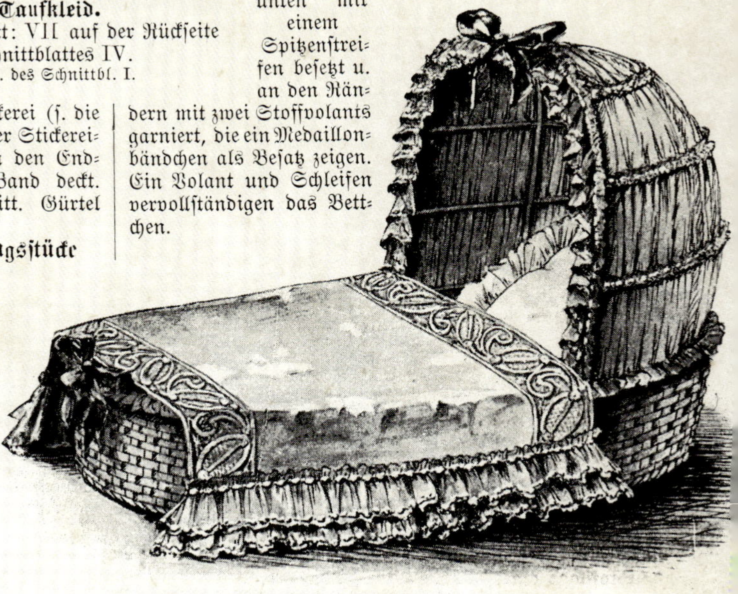

68. Korbbettchen.

2. Wäsche für Mädchen und Knaben.

Allgemeines.

Mit den auf Seite 13 bis 17 abgebildeten und beschriebenen Modellen und den dazu gehörigen Schnitten finden alle Altersstufen der Kinder und alle Wäschestücke in erprobt praktischen Formen Berücksichtigung.

Wir teilten die Mädchenwäsche ein in die Stufen von 3 bis 6, 5 bis 8 und 9 bis 12 Jahren und nahmen das durchschnittliche Mittelmaß bei Aufzeichnung der Schnitte an; es verbleibt den Frauen, welche die Schnittmuster benutzen, übrig, die Größe des betreffenden Kindes mit dem von uns angegebenen Längenmaßen zu vergleichen, um nötigenfalls hier eine geringe Aenderung vorzunehmen. Bei den Weitenmaßen wird irgendwelche Abweichung nicht zu befürchten sein, da sehr schlank gewachsene Kinder kaum je zugleich breiter sind als andere ihres Alters. Bei Berechnung eines größeren oder geringeren Längenmaßes für ein Hemd vergesse man nicht, daß der Zuschlag doppelt — für Vorder- und Hinterrumpf — genommen werden muß, die Hauptmaße nennen wir unter „Stoffberechnung" weiterhin.

Da Kinder rasch wachsen, ist es nicht geraten, ihnen zurzeit viele Wäsche zu machen, man erneuere lieber eher, damit die Größen den sich entwickelnden Gliedmaßen entsprechen; ist Nachwuchs vorhanden, so ändert dies die Sachlage, und besonders ist für solchen Fall die Anwendung nur kräftiger Stoffe zu empfehlen, um von der einmal notwendigen Mühe der Anfertigung auch möglichst lange Nutzen zu haben.

Ein Aushilfsmittel gegen das Herauswachsen der Kinder aus den Wäschestücken bieten Säume (Auflegen, Stufen), die man sowohl unten in Hemdrümpfen wie in Beinlängen und um den Sitz des Beinkleides herum sehr gut anbringen kann, und die zur Hälfte oder ganz ausgelassen dem Wachsen der Kinder folgen. Durch diese Fürsorge läßt sich ein Wäschestück leicht ein bis zwei Jahre länger passend erhalten; bei Knabenhemden mit langen Aermeln und bei Nachtjacken wie Nachthemden ist die Einlage von Säumen in Rumpf und Aermeln gleicherweise zu empfehlen.

Mädchenwäsche. S. Seite 14 u. 15.

Das Tragen von Beinkleidern ist bei Mädchen jetzt allgemein Sitte, in den Städten wenigstens; man nimmt sie für kleine Mädchen meist in geschlossener Form und in der hinteren Hälfte zum Hoch- und Herabknöpfen eingerichtet, größeren Kindern gibt man die mit Abb. 9 der S. 15 vorgeführte, hinten offene Form, die jedoch — falls man geschlossenes Beinkleid vorzieht — so gearbeitet werden kann wie Abb. 2 und 5. Da fast alle kleinen Mädchen jetzt das Hemd im Beinkleid tragen, so sollte es nicht zu lang gemacht werden, weil die unnötige Länge nur das Beinkleid angreift und doch den Zweck des Wärmens nicht erreicht, sondern nur überflüssige Falten ergibt. Wird das Hemd über dem Beinkleid oder ohne ein solches getragen, so wärmt seine größere Länge gut, und man sollte es bis über die Knie herabreichend berechnen.

Das Leibchen der kleinen Mädchen pflegt man bei erstgenannter Folge der Kleidung mit zwei Reihen Knöpfen zu besetzen, deren untere außer den Strumpfbändern nur das Beinkleid trägt, das im Vorderbündchen und Hinterbündchen Knopflöcher erhält, deren obere die Röcke aufnimmt; bei den hinten durch Band geschlossenen Beinkleidern ist nur eine Reihe Knöpfe auf dem Leibchen nötig. Die gesundheitlich zu befürwortenden mit Schnureinlage gesteiften Leibchen (s. Abb. 10) sind auch bequem bei der Wäsche; bei Unterröcken mit Leibchen, gleich Abb. 14, 16 und 18, wird diese nur selten notwendig, da die Leibchen die Stelle von Schonern vertreten.

An dieser Stelle mag der Strumpfträger aus Gummi Erwähnung geschehen, welche sich gleichfalls an Stelle der früher üblichen Strumpfbänder fast überall eingebürgert haben; sie werden im Zusammenhang mit Strümpfen „englischer" Länge, die bis über das Knie hinauf reichen, getragen, sind oben am Leibchen festgeknöpft und fassen mit Klammer in den Strumpfrand. Die kleinen Mädchen ziehen also erst Strümpfe an, dann Hemd und Leibchen, klammern die Strümpfe fest, ziehen das Beinkleid über und lassen dann die Röcke und das Kleid folgen. An dieser Reihenfolge ändert sich im Lauf der Jahre nichts, während, wie wir weiter unten sehen werden, bei den Knaben zwischen dem 8ten bis 10ten Jahre eine merkliche Umwandlung in der Tracht der Unterkleidung sich vollzieht.

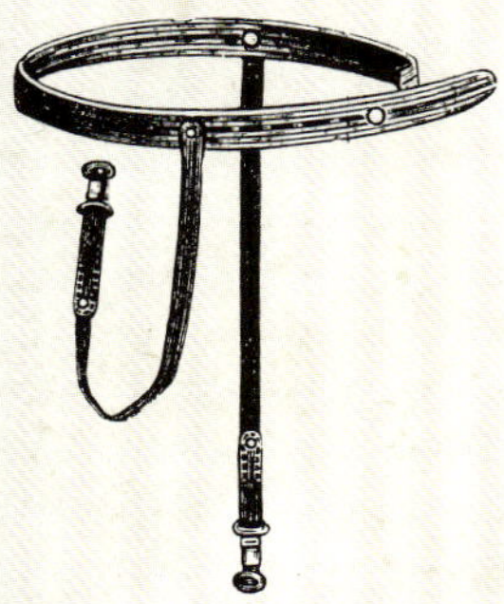

Ein Strumpfhalter mit Gürtel, in allen einzelnen Teilen zum Knöpfen eingerichtet.

Knabenwäsche. S. Seite 16 u. 17.

Die **Hemdenform** bei Knaben ist vom ersten „Jungenhemd" an schon für Beinkleid passend hergerichtet, was man von unseren Frauenhemden und auch denen für kleine Mädchen nicht sagen kann; sie ist an den Seiten gespalten und teilt sich daher bequem, auch ist sie vernünftig kurz, so daß unnötige krause Falten unterbleiben. Da einige Mütter die kleinen Knaben oft noch ausgeschnitten oder doch mit tiefherzförmig offenen Blusen gehen lassen, so sind ausgeschnittene Hemden für Knaben bis zu 6, 7 Jahren viel gebräuchlich; jedenfalls bleiben selbst bei hohen Hemden die Aermel meist noch halblang.

Ein äußerst einfach herzustellendes Hemd, insbesondere für Matrosenanzüge berechnet, die keinen Halskragen zulassen, führen wir hierneben in Abbildung und mit Schnittmaßen vor; seine einfache Machart wird durch die Unterschriften genügend erklärt. Wir verweisen auch auf die Hemden Abb. 16 und 20 auf S. 17. In den Jahren wo der Knabe das Beinkleid mit Seitenschluß verläßt, tritt das hohe, dem Herrenhemd ähnliche Hemd mit langen Aermeln in seine Rechte.

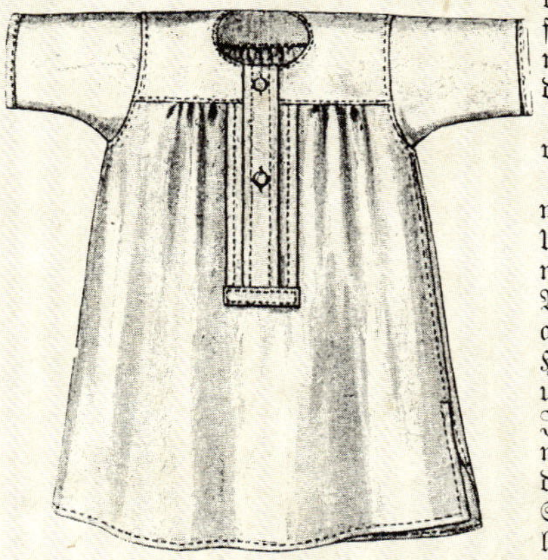

Halbhohes Knabenhemd. S. Schnitt hierunter. Das einfache Hemd hat einen doppelten fadengeraden Koller, an den gerade Rumpfteile gesetzt sind, und etwas gerundete Aermel. Da es ohne Halsbündchen ist, paßt es für Blusen ohne Stehkragen.

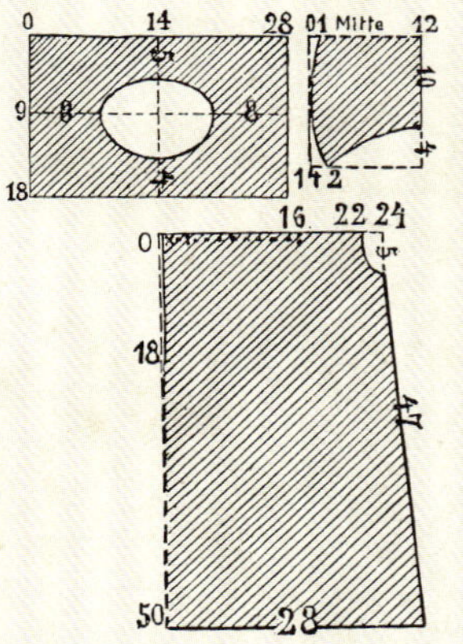

Schnitt zu dem halbhohen Knabenhemd. Die fast geraden Rumpfteile sind, unten seitwärts geschlitzt und oben eingereiht, zwischen die doppelte Stofflage des Kollers gesetzt, aus dem man den Halsausschnitt — mehr oder weniger tief — herausschneidet. Vorn schneidet man einen Schlitz ein und berandet ihn mit Saumstreif.

An Beinkleidern gibt man den Knaben während der ersten Altersstufe (3 bis 7 Jahre) entweder Trikotunterzeug, das unter dem Hemd getragen wird, oder Nessel- oder Barchenthöschen mit Leibchen, die über das Hemd gezogen werden und das Anknöpfen kurzer weißer Höschen unter Kleidchen zulassen, oder über welche hinüber man, sobald der Knabe Tuchhosen trägt, diese nebst dem daran befindlichen Leibchen zieht. Das Höschen, welches wir mit Abb. 5 auf S. 17 vorführen, klappt hoch, man kann es jedoch sehr gut hinten offen lassen und gleich fest an das Leibchen arbeiten; es ist dies bequemer für die Kinder.

So lange die kleinen Knaben kurze Kniebeinkleider mit Seitenschluß tragen, gibt man ihnen Strümpfe mit englischer Länge, die — gleich wie die hierneben erwähnten Strümpfe der kleinen Mädchen — mittels Gummiträger an das Leibchen geknöpft werden. Mit dem langen Beinkleid und den hohen Jacken ändert sich die ganze Tracht der Knaben; die Strümpfe weichen den Socken, das Unterbeinkleid, siehe Abb. 7 u. 8 S. 17, wird lang und deckt das Bein, das Hemd, siehe Abb. 10 u. 11 S. 17, steigt mit Bündchen hoch an den Hals, und die Aermel verlängern sich bis herab zum Handgelenk. Das Leibchen wird durch die Tragriemen ersetzt, der Schluß der Beinkleider von den Seiten fort nach vorn gelegt. Auch Kragen und Stulpen treten nun in ihre Rechte, und wie das „erste Höschen" dem Kinde ein riesiger Fortschritt schien, so bildet das „erste Vorhemd" nicht minder entscheidenden Beweis der Entwicklung für den Knaben.

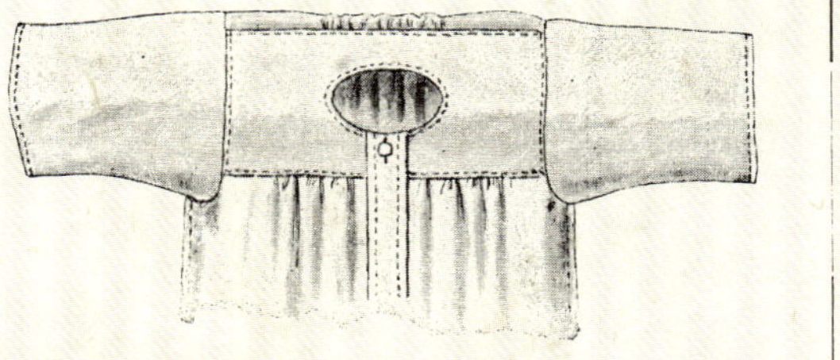

Ansicht des geraden Kollers zum halbhohen Knabenhemd. S. die beiden Abb. hierüber.

Die praktische Einrichtung, daß Manschetten, Kragen und Vorhemd zum beliebigen Um- und Ablegen selbständig gefertigt sind, birgt für das Reinhalten der Wäsche einen schätzenswerten Vorteil; auch findet man sich dadurch in den Stand versetzt, die richtigen Halsweiten, ohne durchgreifende Aenderungen an den Hemden selbst, tragen zu lassen, man richte nur von vornherein das Bündchen der Knabenhemden weit genug ein und hefte vier ganz schmale Fältchen ab, von denen man nach Bedarf je zwei und zwei zwecks Erweiterung lostrennt. Hierdurch und unter Beachtung der oben schon erwähnten Verlängerungsmittel der Aermel kann man die Nutzbarkeit eines Hemdes, selbst bei raschem Wachsen des Knaben, ganz merklich hinausdehnen.

Das **Anfertigen der Kinderwäsche** bietet nichts besonderes, und wir dürfen wohl annehmen, daß den genauen Beschreibungen der einzelnen Stücke nicht viel hinzugefügt zu werden braucht. Einige spezielle Punkte wollen wir berühren. Alle solche Säume, die für späteres Auslassen berechnet sind, dürfen nicht mit der Maschine genäht werden, sondern fordern flotte Stiche mit der Hand. Die Reihenfolge der Nähte ist die bei Frauen- und Herrenhemden aufgeführte.

Zum Vergleichen der Größe des Kindes mit dem gewählten Schnitt nimmt man folgende Maße:

Für ein Hemd: die Oberweite und die Länge, von der Achselhöhe bis über das Knie.
" " Beinkleid: Seitenlänge und Gürtelweite.
" " Nachthemd: 1) Oberweite, 2) Brust- und Rückenbreite an der engsten Stelle, 3) Länge von der Achselhöhe bis zum Knöchel hinab.

Für die Stoffberechnung diene folgendes:

Bei Hemden für Alter I gebraucht man zu 1/2 Dtzd. je 1 mal die Länge des Hemdes; dann 4 mal die Länge für die Keile und zirka 60 cm für die Aermel usw.

Für Alter II wird das Hemd aus einer Breite geschnitten, ohne Keile. Aermel und Bündchen fallen ab davon.

Alter III wird berechnet wie die großen Hemden, 2 mal die Länge, die seitwärts abgeschnittenen Teile benutzt man zu Aermeln, Passen und Keilen.

Bei Nachthemden für Alter III: 2 mal die Länge des Hemdes und 1 mal die Länge für die Aermel (kleiner Keil muß dann eingesetzt werden). Von 14 Jahren an rechnet man 2 mal die Armlänge. Nahtbreiten knapp 1 cm, gewöhnliche Saumbreiten 3 cm.

Beim **Zuschneiden** befolgt man die für Wäsche überhaupt geltende Regel, Hauptteile zuerst, und zwar alle (einhalb oder ein Dutzend) zuzuschneiden, danach gleich alle zweitgrößten und so der Reihenfolge nach. Man lasse sich nicht verleiten, den Querfaden des Stoffes als Längsrichtung zu nehmen, wozu die Breite des Gewebes bisweilen versucht, besonders nicht bei den Aermeln, und schneide Gürtel und Halsbündchen stets der Länge nach im Längsfaden, also gleichlaufend mit der Webekante.

Kragen und **Stulpen,** auch Vorhemden, arbeitet man aus dreifachem Stoff: aus Leinen für die Oberseite, Steifleinen als Einlage (sogen. Triplüre) und Shirting als Futter. Die Einlage hat nur ganz knapp das Maß des Schnittmusters; der Auflage ist reichlicher, dem Futter knapper Einschlag zuzugeben. Am Außenrande näht man Oberstoff und Futter verkehrt zusammen, stürzt sie, schiebt die Einlage ein, reiht alle 3 Lagen fest aufeinander und steppt dicht an den Außenrändern entlang. Kragen faßt man dann zwischen ein Bündchen, Vorhemden setzt man in den Hemdrumpf oder stattet sie nach den Abb. auf der Rückseite des Schnittbl. IV mit Seitenstreif aus Shirting sowie mit Halsbund und Knopflochplatte aus, Serviteurs, auch Stulpen, steppt man ringsherum ab.

Die **Unterkleidung der Knaben** wird seit den letzten Jahrzehnten durchschnittlich wärmer gehalten, als dies früher der Fall war; fast allgemein ist es geworden, die Knaben vom frühesten Alter an noch unter dem Hemde ein Unterjäckchen, unter dem Beinbleid ein Unterhöschen tragen zu lassen. Diese speziell im Hinblick auf Wärme, bezw. auf Hautausdünstung und -reibung gefertigte Unterkleidung wird in der verschiedensten Weise hergestellt, je nachdem ärztliche Gutachten der einen oder der anderen Richtung dabei bestimmend mitwirken. Die wollene Wirkware — so angenehm sie ist — bietet den Nachteil des Einlaufens, welchem auch Flanell ausgesetzt ist, die baumwollene Unterkleidung (siehe die hierüberstehenden Abb.) hingegen vereinigt die gewünschte Anreizung der Haut durch ihre kernige Masche, begünstigt die Ausdünstung, läuft keine Gefahr, in der Wäsche zu schrumpfen, und reinigt sich leicht. Wir halten sie für kräftige Kinder für die beste; zarten Kindern wird man Merino (Halbwolle) oder Wollunterzeug geben.

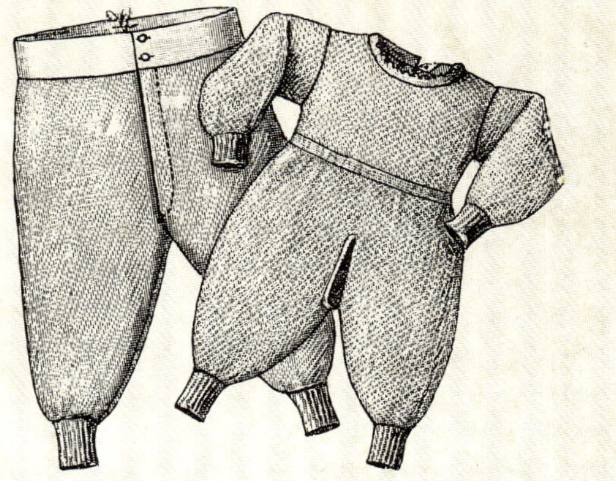

Baumwollenes Beinkleid für kleine Knaben. **Baumwollenes Beinkleid mit Leibchen für kleine Knaben.**

Wäsche für Mädchen von 3—12 Jahren.

1. Bündchenhemd mit Achselschluß f. 3—6jähr. Mädchen.

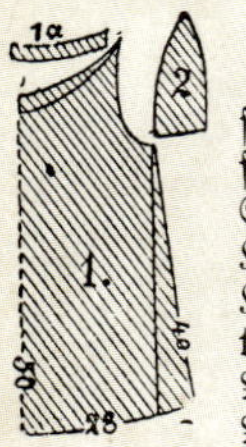

Schnitt: I auf der Rückſ. des Schnittbl. I.

Das Hemd aus Leinen ist im Bündchen sowie an den mit passend geschnittenen Stoffstreifen belegten Aermelrändern durch beide Stofflagen auslanguettiert. Macht man es aus Hemdentuch, so benutzt man Stickerei oder Häkelei als Besatz. Man schneidet jeden Rumpfteil aus halber Stoffbreite und gibt ihm durch Ansetzen der Seitenkeile die nötige Breite. Die Aermelchen setzt man mit flacher Naht ein, Vorder- und Hinterrumpf werden jeder oben eingereiht und zwischen das doppelte, rundliche Bündchen gesteppt.

2. Beinkleid mit Seitenschluß für 3—6jähr. Mädchen.

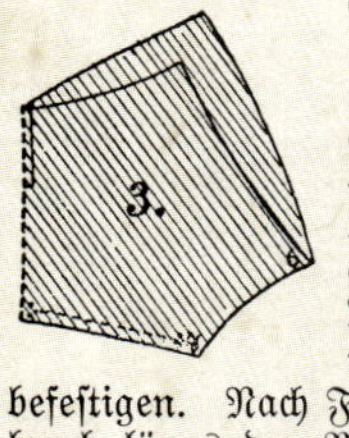

Schnitt: II auf der Rückſ. des Schnittbl. I.

Das Beinkleid, aus Hemdentuch, Köper oder Barchent gefertigt, ist unten mit einem 32 cm weiten Einsatz und einem 4—5 cm hohen, krausen Stickereistreif besetzt; Vorder- wie Hinterhälfte haben ein 4 cm hohes, doppeltes Bündchen, in der Mitte wie hinten mit Knopflöchern versehen, die das Beinkleid an das Leibchen befestigen. Nach Fig. 3 schneidet man zwei Teile mit Stoffbruch längs der Mitte zu, unter Berücksichtigung der Linie für den vorderen Beinkleidausschnitt. Alsdann führt man in jedem Beinling die Naht von 6 bis 7 und den seitlichen Einschnitt aus. Dieser wird am vorderen Rande gesäumt und erhält am hinteren Rande einen $5^1/_2$ cm breiten Streifen als Saum angesetzt. Nachdem man beide Beinkleidhälften durch Naht von vorderer bis hinterer Gürtelmitte vereinigt hat, setzt man die Bündchen auf und bringt die Garnitur an.

3. Nachtröckchen für 3—6jähr. Mädchen.

Schnitt: III auf der Rückseite des Schnittblattes I.

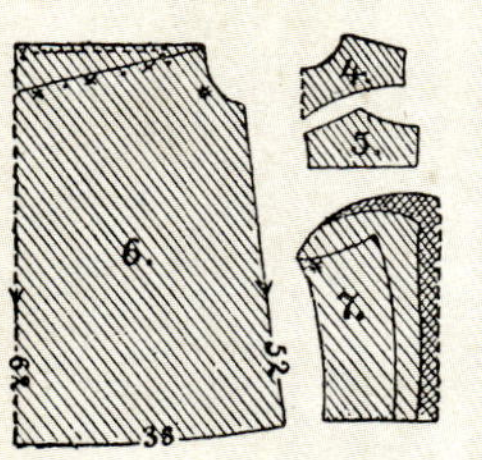

Für das aus Barchent oder Piquee zu fertigende und im Rücken schließende Nachtröckchen schneidet man die Passe aus doppeltem Stoff nach Fig. 4 und 5 zu und bereitet den Hauptteil nach Fig. 6. Dieser ist in der Pfeilrichtung auf die angegebenen Maße zu verlängern. Seine oberen Ränder werden für den Vorderteil gefaltet, für den Rücken eingereiht zwischen die doppelte Stofflage der Passe genäht. Hinten macht man einen 20 cm langen Schlitz. Mit Fig. 7 geben wir den in Blusenform gehaltenen Aermelschnitt und zeichnen darauf mit feiner Linie einen Ellbogenärmel vor. Ersterer ist im allgemeinen vorzuziehen, bei dicken Stoffen dagegen, wie Barchent, ist letzterer zu benutzen. Der Aermel wird so eingesetzt, daß die innere Aermelnaht mit dem ✱ des Vorderteiles zusammentrifft. Der Blusenärmel ist am unteren Rande in ein 18 cm weites Bündchen einzureihen und mit einem Stickereistreifchen zu versehen. Stickerei umgibt den Halsausschnitt.

4. Bündchenhemd mit Vorderschluß f. 5—8jähr. Mädchen.

Schnitt: IV auf der Rückſ. des Schnittbl. I.

Man schneidet für dies aus Hemdentuch gefertigte Hemd die Rumpfteile mit Stoffbruch auf den Achseln und längs der vorderen und hinteren Mitte zu, wozu man den Stoff der Länge nach zusammenlegt. Nachdem man das Halsloch ausgeschnitten hat, wird der 14 cm lange Schlitz dem Vorderteil eingeschnitten; dem linken Schlitzrande setzt man eine 3 cm breite Untertrittsleiste an, den rechten besteppt man mit dem $2^1/_2$ cm breiten Bündchen, das im Zusammenhang mit dem Halsbündchen mit Stickerei garniert wird. Das Bündchen, fadengerade, hat 80 cm Länge und 1 cm Höhe; der obere Rand des Rumpfes wird, nachdem er zwischen den : eingereiht worden, zwischen seine doppelte Stofflage gesetzt. Den Aermel, durch Naht geschlossen und am Rande mit Stickerei versehen, setzt man des gleichlautenden Zahlen folgend ins Armloch.

5. Beinkleid mit Seitenschluß für 5—8jähr. Mädchen.

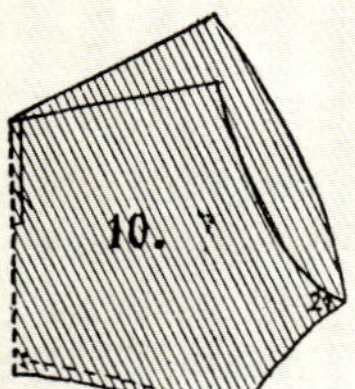

Schnitt: V auf der Rückſ. des Schnittbl. I.

Das aus Hemdentuch gefertigte Beinkleid ist mit Stickerei besetzt. Zu seiner Nachfertigung schneidet man nach Fig. 10 zwei Teile mit Stoffbruch längs der Mitte zu, wobei die Linie für die vordere Beinkleidhälfte zu berücksichtigen ist. Durch Naht von 21 bis 22 gestaltet man sie zu Beinlingen, und durch Naht von der vorderen bis zur hinteren Gürtelmitte verbindet man beide Beinkleidteile miteinander. An den Seiten führt man die vorgezeichneten Einschnitte aus. Diesen Schlitzrändern werden in der vorderen Hälfte 2 cm breite Stoffstreifen auf, in der hinteren Hälfte 3 cm breite Uebertrittleisten angesetzt. Die eingereihten oberen Ränder sind zwischen die doppelte Stofflage 4 cm breiter Bündchen zu nähen, von welchen das vordere 34, das hintere 37 cm Länge hat, und die mit Knopflöchern in der Mitte und an den Enden versehen sind. Die unteren Beinkleidränder sind mit 3 cm breitem, 34 cm weitem Stickereibündchen und 50 cm weitem Volant besetzt.

6. Nachthemd mit Passe für 5—8jährige Mädchen.

Schnitt: VI auf der Rückseite des Schnittblattes I.

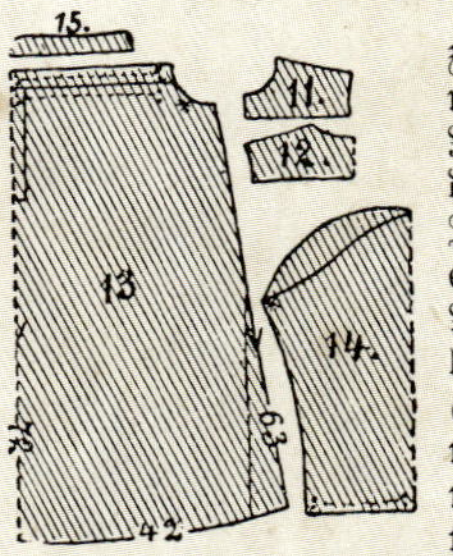

Die nebenstehende kleine Schnittzeichnung gibt die Maße an, auf welche die Schnittmuster für die Rumpfteile des Hemdes in Richtung der Pfeile zu vervollständigen sind. Je nach Breite des gewählten Stoffes erreicht man die untere Weite durch Ansetzen von mehr oder weniger breiten Seitenkeilen. Zwischen die aus doppeltem Stoff nach Fig. 11 u. 12 zugeschnittenen Passenteile näht man die oben eingereihten Rumpfteile, führt in dem vorderen den bezeichneten Schlitzeinschnitt aus und vereinigt alle Teile auf den Achseln und unter den Armen. Der Schlitzrand der linken Seite erhält einen $3^1/_2$ cm breiten, nach der Außenseite umzusteppenden Streifen als Saum angesetzt, derjenige der rechten Seite wird umgebogen und mit einem 2 cm breiten, mit Stickerei besetzten Bündchen bedeckt, das auch über die Passe bis in den Halsausschnitt geht. Diesen nimmt das Bündchen, Fig. 15, aus doppeltem Stoff auf. Der Blusenärmel, Fig. 14, wird durch Naht geschlossen, am unteren Rande eingereiht, zwischen die doppelte Stofflage eines 3 cm breiten Bündchens gefaßt und oben leicht vorgehalten dem Armloch eingenäht.

7. Hemd mit schnebbiger Passe für 9—12jähr. Mädchen.

Schnitt: VII auf der Rückſ. des Schnittbl. I.

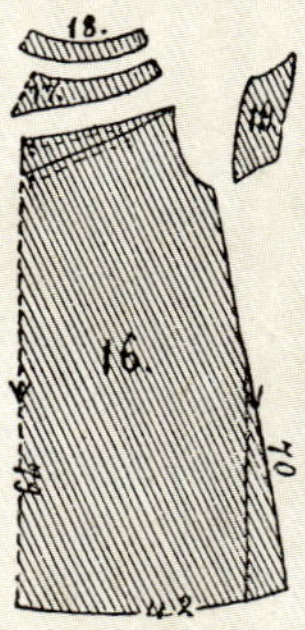

Zur Herstellung dieses mit Passe versehenen und mit Stickereikäntchen gezierten Hemdes schneidet man unter Berücksichtigung der Linie für den vorderen Halsausschnitt beide Rumpfteile nach Fig. 16, mit Stoffbruch längs der Mitte, zu und erreicht die vorgeschriebene untere Weite durch Ansetzen von Seitenkeilen. Nach Fig. 19 werden die Aermel je in zwei Teilen zugeschnitten, die man durch Naht unter dem Arm vereinigt und dann den gleichlautenden Zahlen gemäß mit den zusammengenähten Rumpfteilen verbindet. Den oberen Rand der letzteren kraust man nach Angabe ein und näht nun das Hemd entsprechend den gleichlautenden Ziffern zwischen die doppelten Stofflagen der nach Fig. 17 u. 18 vorbereiteten Vorder- und Rückenpassen. Stickereistreifen garnieren Halsausschnitt und Aermelrand. Knöpfe und Knopflöcher vermitteln den Achselschluß.

8. Nachthemd für 9—12jährige Mädchen.

Schnitt: VIII auf der Rückseite des Schnittblattes I.

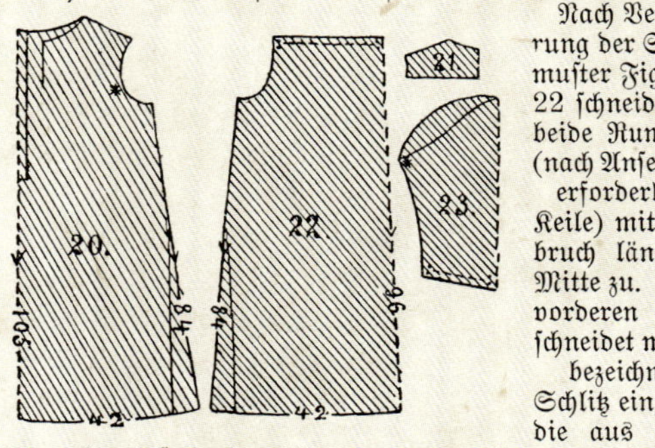

Nach Verlängerung der Schnittmuster Fig. 20 u. 22 schneidet man beide Rumpfteile (nach Ansetzen der erforderlichen Keile) mit Stoffbruch längs der Mitte zu. In den vorderen Rumpf schneidet man den bezeichneten Schlitz ein, steppt die aus je vier Säumchen bestehenden Fältchengruppen bis zum Schlitzende ab und rundet dann erst den Halsausschnitt, der für die Grundform angegebenen Linie auf Fig. 20 folgend, aus. Der linke Schlitzrand erhält einen 3 cm breiten, untertretenden Saum angesetzt, den rechten versieht man mit einem 3 cm breiten, mit Stickerei berandeten Streifen. Die Rückenpasse, Fig. 21, bereitet man aus doppeltem Stoff und kraust den hinteren Rumpfteil dazwischen. Nach Ausführung der Seiten- und Achselnähte setzt man das fadengerade, 3 cm breite Halsbündchen auf und fertigt den Blusenärmel nach Fig. 23. Er wird, vor der Hand eingereiht, zwischen das mit Stickerei versehene, 3 cm breite, 20 cm weite Bündchen gefaßt.

9. Offenes Beinkleid für 9—12jährige Mädchen.

Schnitt: IX auf der Rückſ. d. Schnittbl. I.

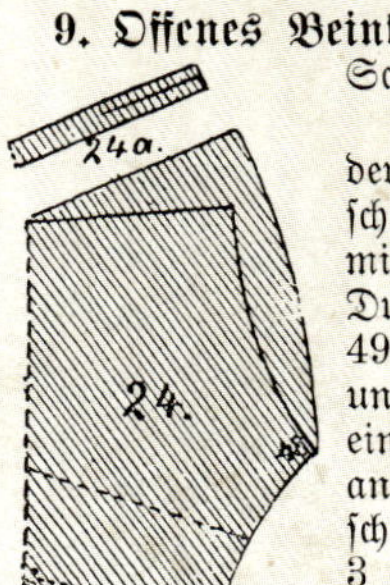

Man schneidet unter Berücksichtigung der Linie für den vorderen Beinkleidausschnitt nach Fig. 24 beide Beinkleidteile mit Stoffbruch längs der „Mitte" zu. Durch Ausführung der Nähte von 48 bis 49 gestaltet man sie zu Beinlingen. Den unteren Rand reiht man auf 24 cm Weite ein und versieht ihn mit Stickereieinsatz, an den sich die leicht gezogene Stickerei schließt. Vorn näht man beide Beinlinge 3 cm lang zusammen und kraust den oberen Rand derselben nach Angabe zwischen die doppelte Stofflage des Bündchens, Fig. 24a. Dieses wird hinten zu Zugsaum abgesteppt. Man kann das Beinkleid auch an den Seiten zu Schlitz einschneiden, unter dem Körper durch Naht schließen und oben in 4 cm breite Bündchen reihen.

10. Leibchen für 3—4jährige Mädchen.

Schnitt: X auf der Rückseite des Schnittblattes I.

Das hinten geschnürte aus Drell gefertigte Leibchen hat nur eine Naht unter dem Arm, die flach aufeinander gesteppt wird. Man schneidet den Vorderteil, Fig. 25, mit Stoffbruch in vorderer Mitte nur einmal, den Rücken, Fig. 26, zweimal zu. Dessen hintere Ränder erhalten Metallösen zum Schnürschluß und je 2 Fischbeinstäbe, die durch einen aufgesteppten Stoffstreifen festgehalten werden. 3—4 cm breite Stoffstreifen, die rechtsseitig aufgesteppt werden, fassen zwischen jeder Steppstichreihe eine Schnur als Einlage mit. Band faßt den oberen und unteren Rand ein. Die $2^1/_2$ cm breiten, 20 cm langen Achselbänder aus doppeltem Stoff werden bei ✱ dem Rücken angenäht und den Vorderteilen bei ✱ aufgeknöpft.

11. Leibchen für 4—6jährige Mädchen.

Schnitt: XI auf der Rückseite des Schnittblattes I.

Das mit Brust- und Hüftzwickeln gearbeitete Leibchen aus Drell schließt hinten durch Schnüren; den oberen mit Band eingefaßten Rand ziert ein Stickereikäntchen. 4 cm breite, aufgesteppte Stoffstreifen dienen zur Aufnahme von Schnur, welche, dicht nebeneinander liegend eingesteppt, dem Leibchen die nötige Steifheit gibt.

12. Korsett für 7—9jährige Mädchen.

Schnitt: XII auf der Rückseite des Schnittblattes I.

Der Schnitt für dieses aus Drell gefertigte, mit vorderem Schluß versehene Korsett ist im Rücken besonders hoch und gibt daher dem Körper gute Stütze. Für die an den bezeichneten Stellen aufzunehmenden Fischbeinstäbe und Schnureinlagen werden Stoffstreifen aufgesteppt, wie die allgemeine Beschreibung auf dem Schnittblatt erklärt.

13. Korsett für 9—12jährige Mädchen.

Schnitt: XIII auf der Rückseite des Schnittblattes I.

Dieses vorn mit weicher Mechanik schließende Korsett aus Drell hat hinten Schnürschluß. Den Linien auf unserem Schnitte folgend besteppt man es rechtsseitig mit 4 cm breiten Stoffstreifen, die die zum Steifen nötigen Einlagen aufnehmen.

15. Röckchen mit breiter Passe für 3—6jährige Mädchen.

Schnitt: XV auf der Rückseite des Schnittblattes I.

Man fertigt den Rock nach Belieben aus Shirting oder Negligeestoff und berandet ihn mit Stickerei oder mit Trimming, auch Spitze. Er besteht aus dem fadengeraden, 150 cm weiten, 20 cm langen Hauptteil; vorn wird er glatt, hinten in flache Falten geordnet, zwischen die doppelte Stofflage der nach Fig. 45 hergerichteten Passe gesetzt. Er hat einen 7 cm langen Schlitz.

16. Leibchen mit Unterrock für 5—8jährige Mädchen.

Schnitt: X auf der Rückseite des Schnittblattes IV.

Als Material kann Barchent, Piquee oder Croisee benutzt werden. Das Leibchen, nach obigem Schnitt mit Rückenschluß gearbeitet, wird an Arm- und Halsrand mit untergesteppten Shirtingstreifen gesichert. An seinen unteren Rand näht man das Röckchen, vorn und an den Seiten nur wenig und hinten dicht in Falten gekräuselt, an. Es beansprucht zwei Stoffbreiten von 40—45 cm Länge; von der einen werden seitwärts die 26/16 cm breiten Seitenbahnen abgeschnitten, die verbleibende Mitte ergibt die 48/28 cm breite Vorderbahn. Die Hinterbahn behält volle Stoffbreite, für 5—6jährige Mädchen schneidet man sie 20 cm enger. Languettenschluß am unteren Rande.

17. Unterrock für 5—8jährige Mädchen.

Das im Modell aus Piquee gefertige Röckchen hat am unteren Rande Languettenabschluß und besteht aus 4 Bahnen von 35—45 cm Länge. Die vordere hat 22 cm untere, 13 cm obere Weite zur Hälfte. Jede Seitenbahn ist von 24 auf 18 cm Weite nach oben geschrägt. Die fadengerade Hinterbahn ist 40 cm breit und erhält einen 15 cm langen Schlitz. Ein 3 cm breites Shirtingbündchen nimmt die Vorderbahn glatt, Seiten- und Hinterbahn eingefaltet auf.

18. Unterrock mit Leibchen für 5—8jährige Mädchen.

Schnitt: XVI auf der Rückseite des Schnittblattes I.

Das Röckchen ist aus gestreiftem Negligeestoff gefertigt und mit Stickerei garniert. Das Leibchen ist in etwas geschweifter Form gearbeitet. Man schneidet dafür mit Stoffbruch längs der vorderen Mitte den Vorderteil, Fig. 46, einmal, Seitenteil und Rücken nach Fig. 47 und 48 je zweimal zu, näht die Teile zusammen und sichert Hals und Armausschnitt durch Untersteppen eines Schrägstreifens. Einen geraden Streifen von 4 cm Breite setzt man den hinteren Rändern zur Aufnahme von Knöpfen und Knopflöchern unter. Das fadengerade Röckchen schneidet man 1,50 m weit, 40—45 cm lang; die Säumchen beanspruchen davon 5 cm. Man besetzt es unten mit der Stickerei und kraust es oben an den Leibchenrand; seinen Ansatz deckt ein schmaler Schrägstreifen.

19—23. S. die Beschreibungen auf der Rückseite des Schnittblattes I.

24 u. 24a. S. die Beschreibung auf nebenstehender Seite.

1. 2. 3.

1. Hemd mit Achselschluß für 3—6jährige Mädchen. Schnitt: I auf der Rückseite des Schnittblattes I. Erforderlich für 1/2 Dtzd.: 5,50—8 m Stoff: 8,50—9,50 m Languette.
2. Beinkleid mit Seitenschluß für 3—6jähr. Mädchen. Schnitt: II auf der Rückseite des Schnittblattes I. Erforderlich für 1/2 Dtzd: 5—7 m Stoff; 5—6 m Stickerei; 4,50—5 m Stickereieinsatz.
3. Nachtröckchen für 3—6jährige Mädchen. Schnitt: III auf der Rückseite des Schnittblattes I. Erforderlich für 1/2 Dtzd.: 12—15 m Piquee; 9—12 m Stickerei.

Wäsche für Mädchen von 3—12 Jahren.

S. auch die Abb. auf Seite 36, 37 u. 38.

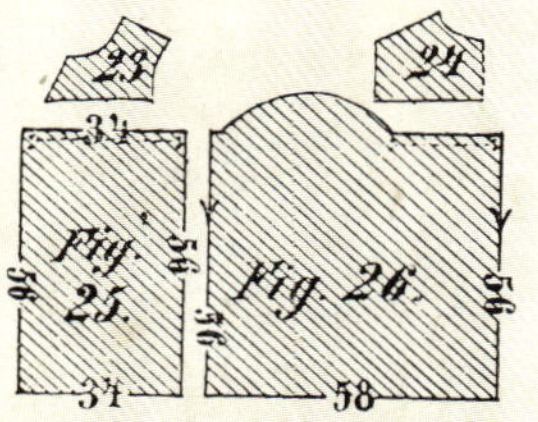

24 a. Verkl. Schnitt mit Maßen zum Frisiermantel, Abb. 24.

4. 5. 6.

4. Hemd für 5—8jähr. Mädchen. Schnitt: IV auf der Rückseite des Schnittblattes I. Erforderl. für 1/2 Dtzd.: 7,50—10 m Stoff: 10—12 m Stickerei.
5. Beinkleid mit Seitenschluß für 5—8jähr. Mädchen. Schnitt: V auf der Rückseite des Schnittbl. I. Erf. für 1/2 Dtzd: 7—9 m Stoff; 5,50—6,50 m Stickerei; 5—5,50 m Stickereieinsatz.
6. Nachthemd mit Passe für 5—8jähr. Mädchen. Schnitt: VI a. d. Rücks. d. Schnittbl. I. Erford. für 1/2 Dtzd: 10—14 m Stoff; 9—11 m Stickerei.

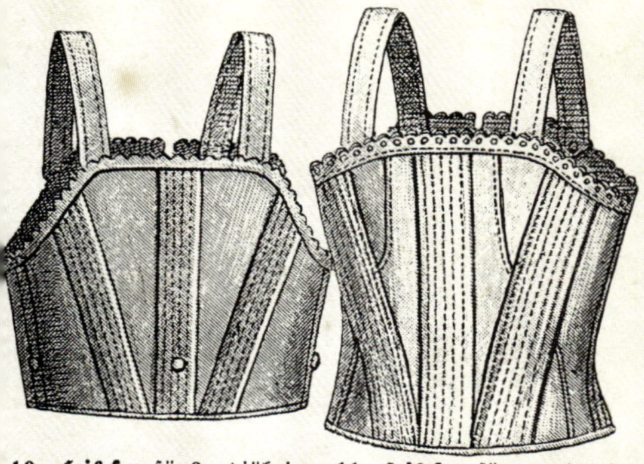

10. Leibchen für 3—4jährige Mädchen. Schnitt: X auf der Rückseite des Schnittblattes I. Erf.: 20 cm Drell.

11. Leibchen für 4—6jährige Mädchen. Schnitt: XI auf der Rückseite des Schnittblattes I. Erf.: 35 cm Drell.

7. Hemd mit schnebbiger Passe für 9—12jähr. Mädchen. Schnitt: VII auf der Rücks. des Schnittblattes I. Erf. für 1/2 Dtzd.: 10—13 m Stoff; 11,50—14 m Stickerei.
8. Nachthemd für 9—12jähr. Mädchen. Schnitt: VIII auf der Rückseite des Schnittblattes I. Erf. für 1/2 Dtzd.: 15—19 m Stoff; 11—14 m Stickerei.

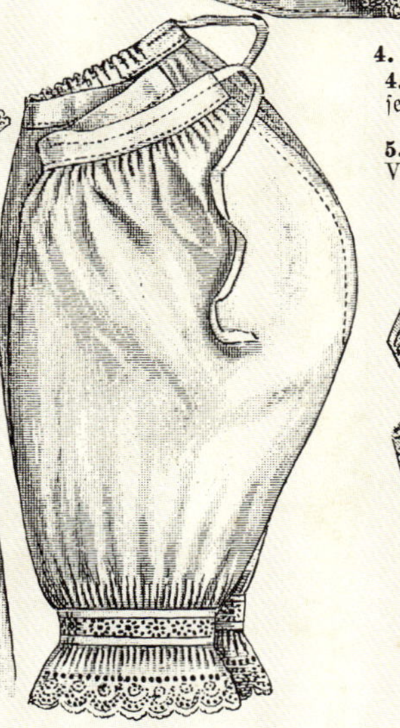

9. Offenes Beinkleid f. 9—12jähr. Mädchen. Schnitt: IX auf der Rückseite des Schnittblattes I. Erforderlich für 1/2 Dtzd.: 9—11 m Stoff; 6—7 m Stickerei; 5—6 m Stickereieinsatz.

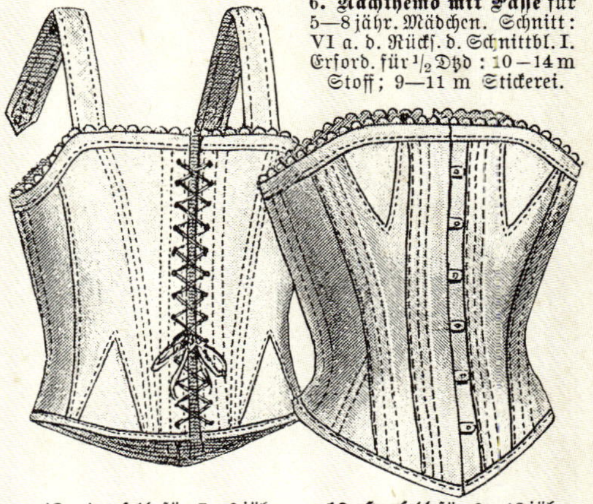

12. Korsett für 7—9jähr. Mädchen. Schnitt: XII auf der Rücks. des Schnittbl. I. Erforderl.: 35 cm Drell.

13. Korsett für 9—12jähr. Mädchen. Schnitt: XIII auf der Rücks. des Schnittbl. I. Erforderl.: 40 cm Drell.

24. Frisiermantel für 9—12jähr. Mädchen. Schnitt: IX auf der Rücks. des Schnittblattes IV.

Mittelfädiger Madapolam u. 8 cm breite Stickerei dienten zur Herstellung des hübschen Mantels. Man arbeitet die Passenteile aus doppeltem Stoff u. steppt zwischen die unteren Ränder d. Hauptteil. Dieser besteht aus 4 fadengeraden, durch Nähte verbundenen Teilen, von denen 2 nach Fig. 25 zugeschnittene an die vordere Passe treten, 2 nach Fig. 26 hergestellte an ihrer gewölbten Stelle an die Achsel der Passe treffen u. mit ihren oberen, geraden, eingereihten Rändern an die Rückenpasse sich schließen. Zum Durchschlüpfen der Arme läßt man in der vordern Verbindungsnaht einen 20 cm langen Schlitz, der gesäumt und mit Stickerei besetzt wird. diese umgibt den mit Schrägstreif eingefaßten Halsausschnitt und ist als Volant der Abb. gemäß rings um die Passe garniert.

14. Unterrock mit Leibchen für 3—6jähr. Mädchen. Schnitt u. Beschr.: XIV auf der Rückseite des Schnittblattes I. Erf. für 1/4 Dtzd.: 2,50—3,75 m Piquee: 3,75—4,50 m Languette.

15. Röckchen mit breiter Passe für 3—6jähr. Mädchen. Schnitt: XV auf der Rücks. d. Schnittbl. I. Erf.: für 1/4 Dtzd.: 1,75—2,50 m Barchent; 5—6 m Stickerei.

14 a. Rückansicht zu Abb. 14.

16. Leibchen m. Unterrock f. 5-8jähr. Mädch. Schnitt: X a. d. Rücks. d. Schnittbl. IV. Erf.: 1,15—1,50 m Stoff; 2,30—2,50 m Languette.

17. Unterrock aus Piquee mit Languettenabschluß für 5—8jähr. Mädchen.

18. Leibchen mit Unterrock für 5—8jährige Mädchen, aus gestreiftem Satin, unten mit Stickerei berandet. Schnitt: XVI auf d. Rücks. d. Schnittbl. I.

9. Fristerkragen für —12jährige Mädchen. Schnitt u. Beschr.: XVIII auf d. Rücks. d. Schnittblattes I. Erforderl. für 1/2 Dtzd.: 1,25 m Stoff.

20. Nachtjacke für 9 bis 12jähr. Mädchen. Schnitt und Beschr.: XIX auf der Rücks. des Schnittbl. I. Erf. für 1/2 Dtzd.: 10,50 m Stoff; 10 m Stickerei.

21—23. Wäsche für 7—9jähr. Mädchen. S. die Beschreib. auf Rücks. des Schnittbl. I u. Fig. 54 daselbst.

24. Fristermantel für 9—12jähr. Mädchen. Schnitt: IX auf der Rücks. des Schnittbl. IV. S. Abb. 24 a und die Beschreibung weiter oben auf dieser Seite.
Erforderlich: 1,90 m Stoff; 3,25 m Stickerei.

Wäsche für Knaben von 12–14 Jahren.

1. Ausgeschnittenes Hemd für 2–3 jähr. Knaben. Schnitt: I auf der Vorders. des Schnittblattes II.

Das am vorderen Rumpfteil unten gerundete Hemd aus Madapolam hat Stickerei an Halsbündchen und Aermelrändern. Man schneidet beide Rumpfteile mit Stoffbruch längs der mit „Mitte“ bezeichneten Linie nach Fig. 1 zu, bringt den Schlitz an, besetzt ihn und schließt das Hemd durch die Seiten- und Achselnähte. Ein gerades, 1 cm breites, 52 cm weites Bündchen nimmt den oben eingereihten Rumpf auf.

2. Hohes Hemd für 3–5 jährige Knaben. Schnitt: II auf d. Vorders. d. Schnittbl. II.

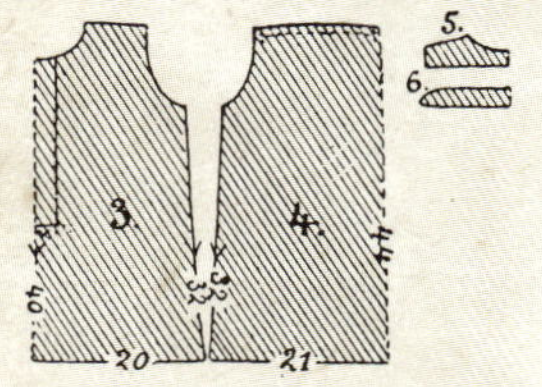

Das einfache Hemd kann aus Hemdentuch oder Leinen gefertigt werden. Die Schnittmuster Fig. 3 und 4 sind vor dem Zuschneiden auf das angegebene Maß zu verlängern. Man versieht den Vorderteil mit Schlitz und darunter mit Falte; zwischen die doppelte Stofflage der Passe kraust man den Rücken und näht nun das Hemd den gleichlautenden Zahlen gemäß zusammen. Die Seitennähte beider Rumpfteile behalten unten einen 8 cm langen Schlitz, den man mit beschürztem Riegel sichert. Das Halsbündchen aus doppeltem Stoff ist $^1/_2$ cm vom oberen Rande abzusteppen. Für den kurzen Aermel ist auf Fig. 11 mit feiner Linie die Schnittform gegeben. Durch Naht unter dem Arm geschlossen, wird er mit einem auf die rechte Seite geschlagenen Saum versehen.

3. Hemd m. kurzen Aermeln f. 5–7 jähr. Knaben. Schnitt: III auf der Vorders. des Schnittblattes II.

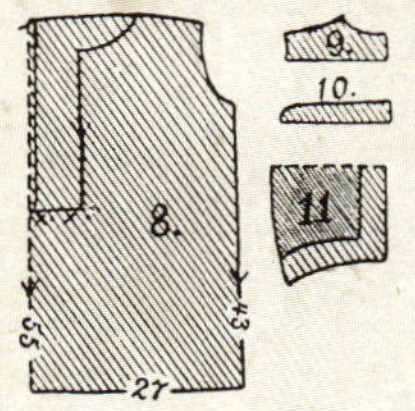

Für dieses aus Madapolam gefertigte Hemd ist im vorderen Rumpfteile erst nach dem Absteppen der Längsfältchen der Halsausschnitt der Grundform entsprechend auszuschneiden. Beim Zuschneiden des Rückens bediene man sich der Fig. 34, auf welcher mit feiner Linie die Schnittform für denselben angegeben ist. Säumchen im Vorderteil $^1/_2$, obere Mittelfalte $2^1/_2$ cm breit; sie werden durch den 8 cm langen, $1^1/_2$ cm hohen Riegel festgesteppt.

4. Ausgeschnittenes Hemd f. 4–7 jähr. Knaben. Schnitt: IV auf der Vorders. des Schnittblattes II.

Dieses Hemd ist hauptsächlich für Knaben bestimmt, deren Kleidung den Hals frei läßt, es enthebt der Mühe des lästigen Um- oder Einschlagens, welches bei hohen Hemden notwendig ist. Mit Stoffbruch längs der Mitte schneidet man nach Fig. 12 beide Rumpfteile zu, die Linie für den vorderen Ausschnitt berücksichtigend. Ein gerader, 68 cm langer, ausgebogter Streif wird dem leicht eingehaltenen Ausschnitt untergesteppt. Von besonderer Machart ist der gutsitzende Aermel, dem nach Ausführung der Naht ein im schrägen Stoffbruch geschnittener Keil (Fig. 14) von 24–25 angesetzt wird. Dann näht man den Aermel von 23–27 ins Armloch.

5. Leibchen mit Beinkleid für 3–6 jähr. Knaben. Schnitt: V auf d. Vorders. d. Schnittbl. II.

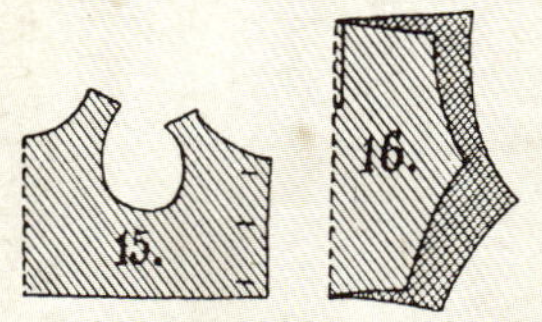

Unser Modell war aus Barchent gefertigt, man kann auch Madapolam, kräftiges Leinen oder Nessel dazu verwenden. Das hinten knöpfende Leibchen kann Futter erhalten oder ohne solches bleiben und an den Rändern innen mit Schrägstreifen aus Shirting besetzt werden; ein solcher verdeckt auch den Ansatz der in ihrer vorderen Hälfte einzunähenden Beinkleider. Diese schneidet man nach Fig. 16 zweimal aus doppelt gelegtem Stoff zu, formt sie durch Naht von 34 bis 35 zu Beinlingen und näht sie dann von hinterer nach vorderer Gürtelmitte, unter Berücksichtigung einer kleinen vorderen Oeffnung, zusammen. An den Seiten werden die Schlitze eingeschnitten, die man säumt und durch beschürzten Riegel unten sichert. Ein fadengerades, mit 3 Knopflöchern versehenes Bündchen nimmt die hintere Hälfte des Beinkleides auf. Das Beinkleid kann auch an den Seiten geschlossen bleiben und hinten offen sein.

6 u. 7. Leibchen u. Unterbeinkleid f. 7–9 jähr. Knaben. Schnitt: VI auf der Vorders. des Schnittblattes II.

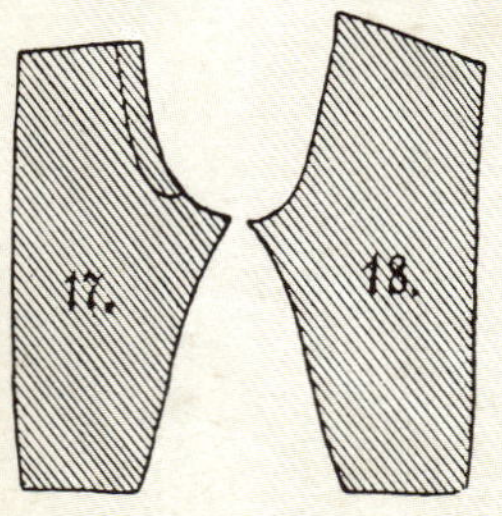

Das aus doppeltem Stoff hergestellte Leibchen ist an den Rändern abgesteppt und knöpft im Rücken. Der untere Rand wird für die Knöpfe mit Band untersteppt. Das aus kräftigem Leinen gefertigte Beinkleid schneidet man nach Fig. 17 u. 18 je zweimal zu, vereinigt diese Teile gemäß den gleichlautenden Zahlen durch Nähte zu Beinlingen und dann durch Ausführung der hinteren Naht von Zahl 27 bis 29 miteinander. Den unteren Rand untersteppt man mit schmalen Stoffstreifen, breitere Streifen sichern die vorderen Ränder. Ein gerader, 4 cm breiter, 32 cm weiter, hinten mit Schnürlöchern versehener Bund aus doppeltem Stoff faßt jeden der Beinlinge oben ein, die zuvor hinten eingereiht, an der Seite zu kleiner Falte gelegt werden.

8. Unterbeinkleid für 11–14 jähr. Knaben. Schnitt: VII auf der Vorders. des Schnittblattes II.

Das mit geschweifter Passe aus kräftigem Leinen oder Barchent zu arbeitende Beinkleid ist an seinen unteren Rändern mit Bandschluß eingerichtet. Nachdem man die Fig. 19 durch den Umbruch vervollständigt hat, schneidet man beide Beinkleidteile zweimal nach derselben zu, formt sie durch Ausführung der Seiten- und inneren Naht zu Beinlingen und verbindet diese dann von 42 über 43 bis zu 44 untereinander. Die vorderen Ränder untersteppt man mit Saumstreifen. Der obere Rand wird in seiner vorderen Hälfte in eine, in seiner hinteren aber in drei Falten gelegt und zwischen die aus doppeltem Stoff nach Fig. 20 hergerichtete Passe genäht. Diese erhält vorn Knopf-, hinten Schnürschluß und außerdem obenauf seitlich 2 Bandspangen zum Durchführen der Tragriemen. Die unteren Beinkleidränder sichert man mit untergesteppten Schrägstreifen.

10. Oberhemd m. gerundetem Einsatz f. 9-11 jähr. Knaben. Schnitt: VIII auf d. Vorders. d. Schnittbl. II.

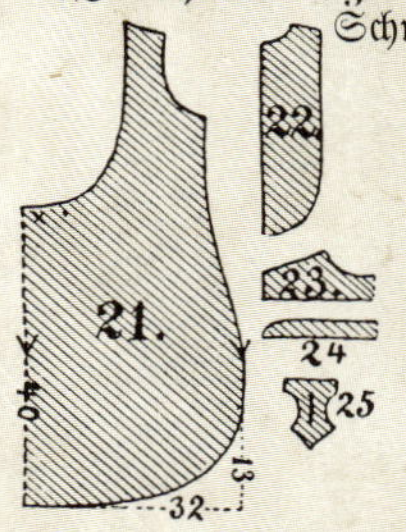

Für das aus Madapolam gefertigte, am vorderen Rumpfteile unten gerundete Hemd arbeitet man den zweimal zuzuschneidenden Einsatz, Fig. 22, aus feinem Leinen mit starker Einlage und Futter. Für den Vorderteil dient Fig. 21, für den Rücken die auf Fig. 29 angegebene feine Linie. Beide Teile hat man, den Maßen der kleinen Schnittzeichnung folgend, zu vervollständigen und dann mit Stoffbruch längs der mit „Mitte“ bezeichneten Linie zuzuschneiden. Nach Legung der Falte im Vorderteil näht man den Einsatz von 47 bis 49 ein und deckt die kleine Quernaht mit einem schmalen Stoffstreifen, der auch die Knopfspange, Fig. 25, aus doppeltem Stoff befestigt. Zwischen die doppelte Stofflage der Rückenpasse kraust man den oberen Rand des Rückens und verbindet hierauf das Hemd den gleichlautenden Zahlen gemäß durch die Nähte. Das Halsbündchen, vorn mit Knopflöchern ausgestattet, ist aus doppeltem Stoff zu bereiten und dem Halsausschnitt aufzusetzen. Der im Stoffbruch nach Fig. 30 zuzuschneidende Aermel (s. die feine Linie auf Fig. 30) erhält in der unteren Hälfte den bezeichneten Schlitzeinschnitt und wird, vor der Hand eingereiht, zwischen ein 4 cm breites Bündchen genäht. Den Schlitzrändern werden Saumstreifen angesteppt.

11. Oberhemd mit eckigem Einsatz für 12–14 jähr. Knaben. Schnitt: IX auf der Vorders. des Schnittblattes II.

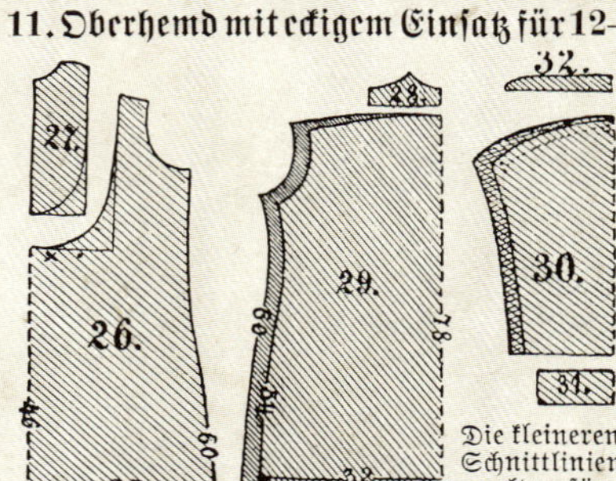

Die kleineren Schnittlinien gelten für Abb. 10.

Für dieses aus Madapolam gefertigte Hemd schneidet man Vorderteil u. Einsatz nach Fig. 26 u. 27 zu, letzteren in Leinen, Einlage und Futter. Den oben eingekrausten Rücken steppt man zwischen die doppelte Stofflage der Passe, Fig. 28; nachdem man Vorderteil und Einsatz zusammengenäht hat, schließt man das Hemd durch die Seiten- und Achselnähte. Für Aermel, Hals- und Aermelbündchen dienen die Fig. 30–32.

12. Nachthemd für 8–10 jährige Knaben. Schnitt: X auf d. Vorders. d. Schnittbl. II.

Die innere Schnittlinie auf Fig. 34 gilt f. Abb. 3.

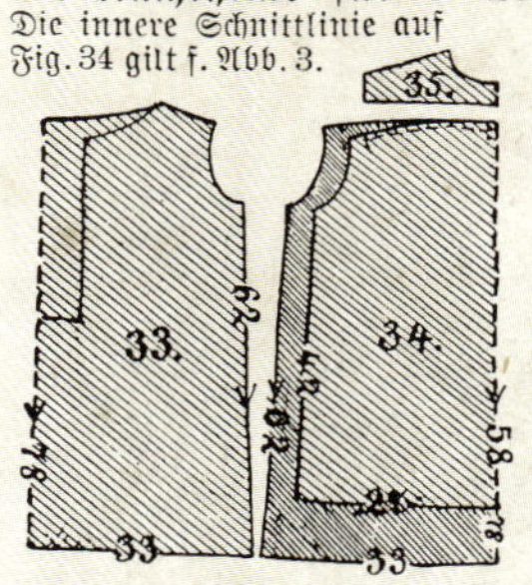

Fältchenverzierung im Vorderteil, schmale Stickereistreifen um Hals- und Aermelrand ergeben den Ausputz. Vorderer und hinterer Rumpfteil werden nach Fig. 33 und 34 mit Stoffbruch längs der mit „Mitte“ bezeichneten Linie zugeschnitten, nachdem man sie auf die Maße der kleinen Schnittzeichnung vervollständigt hat. Vorn schneidet man den Schlitz ein, steppt die Fältchen 10 cm lang fest und schneidet dann der Grundform entsprechend den Halsausschnitt zu. Die Rückenpasse, Fig. 35, bereitet man aus doppeltem Stoff und kraust den hinteren Rumpfteil dazwischen. Nach Ausführung der Seiten- und Achselnähte setzt man ein 2 cm breites, gerades Halsbündchen auf und fertigt den vor der Hand in ein schmales Bündchen zu reihenden Aermel nach der feinen Linie auf Fig. 43.

13. Nachthemd im Bauernschnitt f. 10–13 jähr. Knaben. Schnitt: XI auf der Vorders. des Schnittblattes II.

Zur Herstellung dieses aus fadengeraden Teilen gearbeiteten Hemdes war kräftiges Leinen benutzt. Es schneidet sich vorteilhaft zu, da Aermel, Rückenpasse und Bündchen von der Breite des Stoffes abfallen. Nach Verlängerung der Fig. 36 auf die angegebenen Maße schneidet man den Rumpf in einem Stück mit Stoffbruch auf der Achsel und längs der mit „Mitte“ bezeichneten Linie zu.

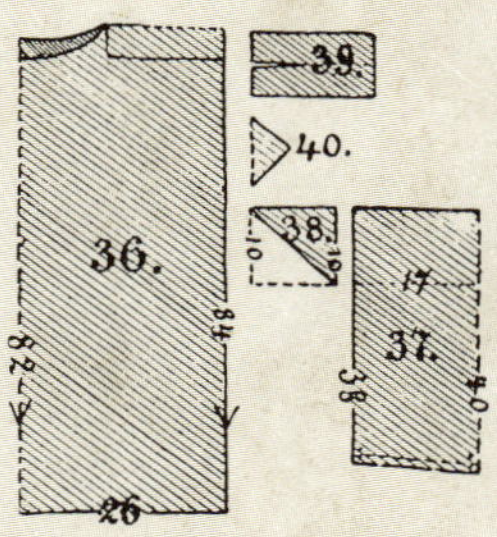

Vom Halsloch aus schneidet man den vorderen Schlitz ein, besetzt den linken Stoffrand mit einer 4 cm breiten Mittelfalte und versieht den rechten Rand mit 2 cm breitem untertretenden Saum. Man deckt unten die rauhen Saumränder mit schmalen Stoffstreifen und schließt das Hemd durch die Seitennähte von Zahl 77 an bis auf einen 8 cm langen, durch Riegel gesicherten Schlitz. Die Achseln besteppt man mit den fadengeraden Achselteilen, Fig. 39, und schneidet dann durch beide Stofflagen den Schlitz bis zur Zahl 80 ein. Den Zwickel steppt man in einer Hälfte von 80 bis 81 und 80 bis 82 auf und säumt die andere Hälfte innen gegen. Rücken und Vorderteil sowie den im schrägen Stoffbruch aufzuschneidenden Zwickel kraust man auf das mit Fig. 32 gegebene Maß des Bündchens ein. Für die geraden Teile des Aermels und Aermelkeiles dienen die Schnittübersichten Fig. 37 u. 38. Man führt die innere Aermelnaht von unten beginnend aus und setzt den Keil ein, dann näht man den Aermel mit Kappnaht von unten ab glatt in das Armloch und kraust den Ueberschuß der Weite auf der Achsel ein. Der untere Aermelrand wird mit geradem Bündchen besetzt.

14. Nachthemd für 8–12 jährige Knaben. Schnitt: XII Vorders. d. Schnittbl. II.

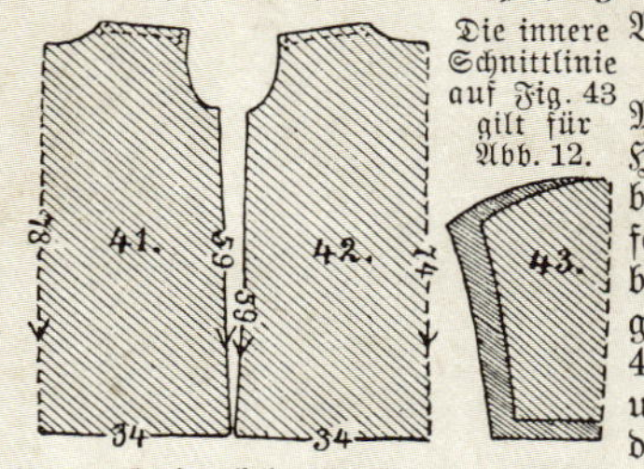

Die innere Schnittlinie auf Fig. 43 gilt für Abb. 12.

Der Ausputz des aus Madapolam gefertigten Hemdes besteht aus 4 cm breiten roten Kattunstreifen, die unter schmalem bestickten Bördchen aufgenäht sind. Fig. 41 und 42 geben den vorderen und hinteren Rumpfteil, die man nach Angabe auf das erforderliche Maß zu verlängern hat. Den Schlitz im Vorderteil besetzt man, führt die Seitennähte aus, reiht die Achseln auf 12 cm Länge ein und besetzt sie innen mit einem glatten, obenauf mit dem farbigen Achselstreifen. Für den vor der Hand einzureihenden Blusenärmel dient Fig. 43. Fadengerades Aermel- und Halsbündchen.

15. Halbhohes Hemd für 2–4 jährige Knaben.

Das ganz gerade, 44 cm lange und 42 cm breite, an den Seiten unten geschlitzte Hemd ist mit Stoffbruch auf den Achseln geschnitten. Der vordere Schlitz sowie der Halsrand, welcher vorn und hinten etwas einzureihen ist, wird in ein 1 cm breites Bündchen gefaßt; gerade Aermel.

16. Halbhohes Hemd für 5–7 jährige Knaben.

Verwendb. Schnitt: III auf der Vorders. des Schnittbl. II.

Der gerade, nur für das Arm- und Halsloch ausgeschweifte Rumpf kann nach Fig. 8 zugeschnitten werden, jedoch ist die Passe, Fig. 9, etwas breiter zu machen und das Halsloch tiefer auszuhöhlen. Dies geschieht, nachdem der Vorderteil in Fältchen abgesteppt und mit Mittelfalte besetzt ist.

17. Hohes, gerades Knabenhemd.

Das einfache Hemd mit geradem Halsbund ist für aufknöpfbare Kragen einzurichten und kann nach den Größenverhältnissen der Schnitte II, III, X auf Schnittbl. II für die verschiedenen Altersstufen gearbeitet werden. Den Vorderrumpf verkürzt man um 3 cm gegen den Hinterrumpf, neben dem Schlitz näht man je 2 Falten und steppt die Schaufalte auf, die man durch Spange sichert. Beim Aermel liegt der Stoffbruch vorn, die gerundete Naht am Ellbogen.

18–18b. Nachthose für 6–8 jährige Knaben.

Das Modell aus gerauhtem Barchent hat einen von Spitzchen berandeten Umlegekragen. Das Leibchen, aus einem Stück hergestellt, und die nach Schnitt Abb. 18a zweimal je mit Stoffbruch längs der gepunkteten Linie zugeschnittenen Beinkleider werden vereinigt, die Ausschnittränder mittels Schrägstreifs aus Shirting oder Band gesichert. Den vorderen Rand läßt man ca. 2 cm breit übereinandertreten. Der untere Rand der Beinlinge und des nach den Maßen der Abb. 18b aus einem Stück zugeschnittenen Aermels sind 2 bezw. 1 cm breit zu säumen.

19. Nachtkittel für 3–5 jährige Knaben.

Bei dem hinten schließenden Piqueekittel ist die eckige Passe mit Shirting gefüttert; Umlegekragen und Aermelbündchen sind mit Spitze geputzt.

20. Halbhohes Hemd m. langen Aermeln f. größere Knaben.

Das Hemd unterscheidet sich von dem der Abb. 17 durch tieferen Halsausschnitt; das dort Gesagte hat auch hier Gültigkeit. Die Aermel haben Bruch am Ellbogen, schräge Naht vorn.

21. Oberhemd für 12–14 jährige Knaben.

Für dieses aus Madapolam gefertigte, mit gesticktem Einsatz versehene Hemd muß bei Benutzung genannten Schnittes die für Vorderteil und Einsatz auf Fig. 26 u. 27 mit feiner Linie angegebene rundliche Form berücksichtigt werden.

Wäsche für Knaben von 2 bis 14 Jahren.

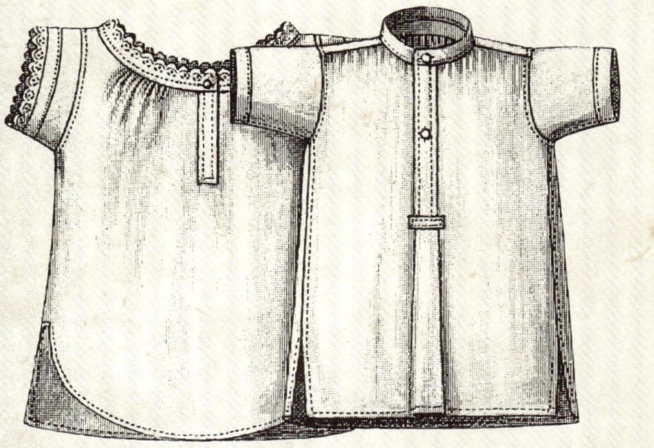

1. Ausgeschnittenes Hemd mit Vorderschluß für 2- bis 3jähr. Knaben. Schnitt: I auf der Vorders. des Schnittbl. II. Erf. für 1/2 Dtzd.: 3,50 m Stoff; 6,50 m Stickerei.

2. Hohes Hemd mit kurzen Aermeln für 3—5jährige Knaben. Schnitt: II auf der Vorderseite des Schnittbl. II. Erf. für 1/2 Dtzd.: 4—5 m Hemdentuch.

5. Leibchen mit Beinkleid für 3—6jährige Knaben. Schnitt: V auf Vorders. d. Schnittbl. II. Erf. für 4 Stück: 3,75—4,50 m Barchent.

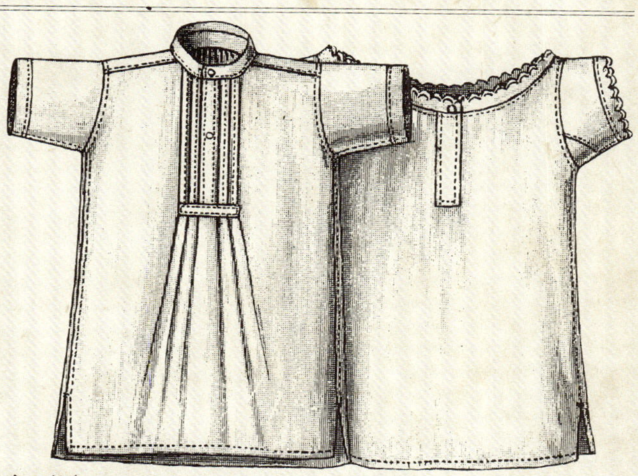

3. Hemd mit kurzen Aermeln für 5—7jähr. Knaben. Schnitt: III auf der Vorders. d. Schnittblattes II. Erford. für 1/2 Dtzd.: 4,50 bis 5,50 m Stoff.

4. Ausgeschnittenes Hemd für 4—7jährige Knaben. Schnitt: IV auf der Vorders. d. Schnittbl. II. Erf. für 1/2 Dtzd.: 5—6 m Stoff; 7,50 m Stickereikäntchen.

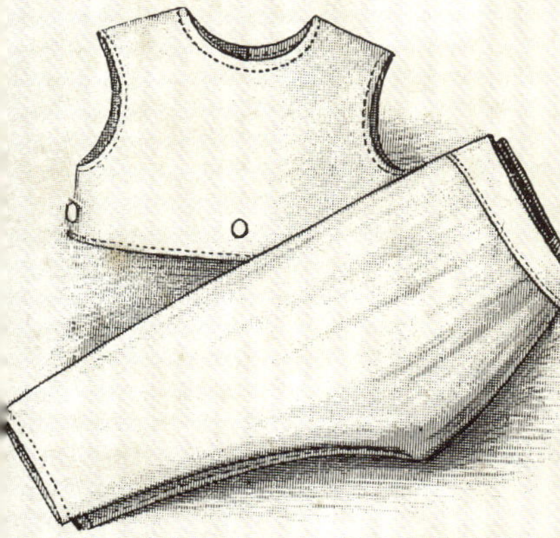

6 u. 7. Leibchen und Unterbeinkleid für 7—9jährige Knaben. Schnitt zum Beinkleid: VI auf der Vorderseite des Schnittblattes II.

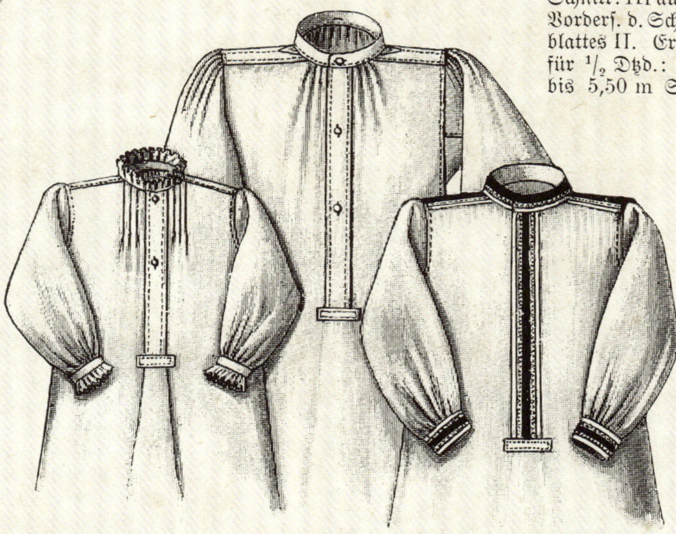

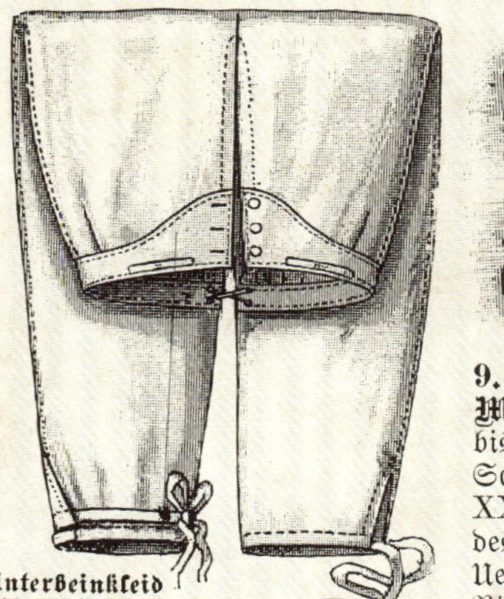

8. Unterbeinkleid für 11—14jährige Knaben. Schnitt: VII auf der Vorderseite des Schnittbl. II. Erford. für 1/4 Dtzd.: 3,75 bis 4,50 m derbes Leinen.

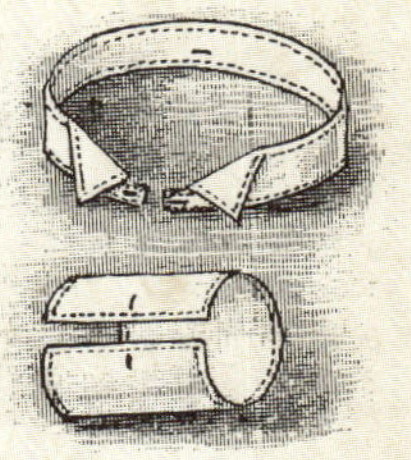

9. Stehkragen und Manschette für 12- bis 14jähr. Knaben. Schnitte: XIX und XX auf der Vorders. des Schnittblattes II. Ueber Machart s. das Nähere auf Seite 13.

12. Nachthemd für 8—10jährige Knaben. Schnitt: X auf der Vorderseite des Schnittblattes II. Erforderlich für 1/2 Dtzd.: 10 bis 12 m Stoff; 7 m Stickerei.

13. Nachthemd im Bauernschnitt für 10—13jähr. Knaben. Schnitt: XI auf d. Vorders. d. Schnittbl. II. Erforderlich für 1/2 Dtzd.: 9,60—11 m Leinen.

14. Nachthemd in russischer Art für 8—12jährige Knaben. Schnitt: XII auf der Vorders. d. Schnittbl. II. Erf. für 1/2 Dtzd.: 14,50 m Stoff; 0,75 m roter Kattun; 10,50 m Bördchen.

10. Oberhemd mit gerundetem Einsatz für 9—11jähr. Knaben. Schnitt: VIII auf der Vorders. d. Schnittbl. II. Erford. für 1/2 Dtzd.: 9—11 m Stoff.

11. Oberhemd mit eckigem Einsatz für 12—14jähr. Knaben. Schnitt: IX auf der Vorderseite des Schnittblattes II. Erf. für 1/2 Dtzd.: 11,50—12 m Stoff.

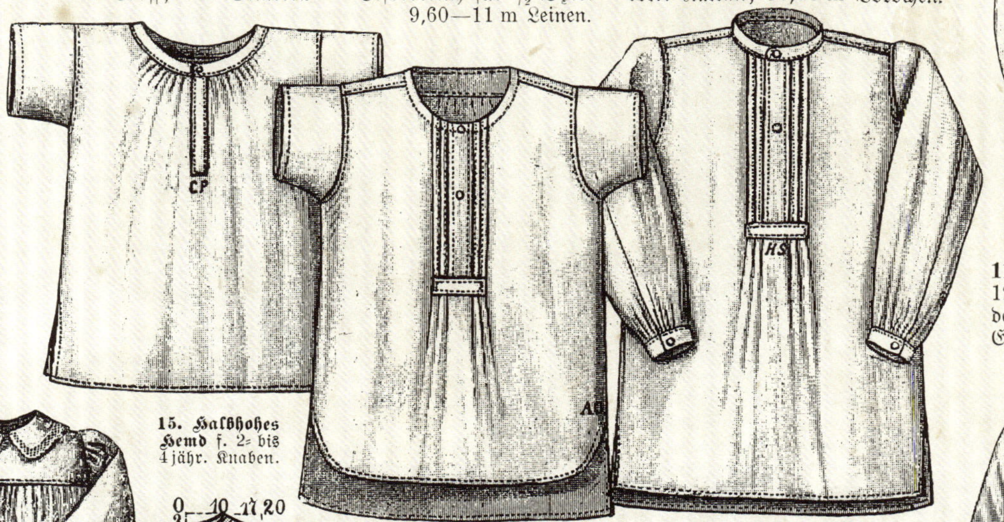

16. Halbhohes Hemd für 5—7jährige Knaben. S. Schnitt: III auf der Vorderseite des Schnittblattes II.

17. Hohes gerades Knabenhemd, passend für alle Altersstufen. S. die Schnitte: II, III und X auf der Vorderseite des Schnittblattes II.

18—18b. Nachthose mit Rückenschluß für 6—8jährige Knaben.

19. Nachtkittel für 3—5jährige Kinder. Verwendb. Schnitt: III auf der Rücks. des Schnittbl. I.

15. Halbhohes Hemd f. 2- bis 4jähr. Knaben.

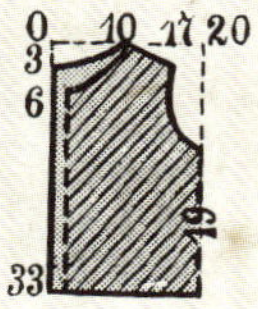

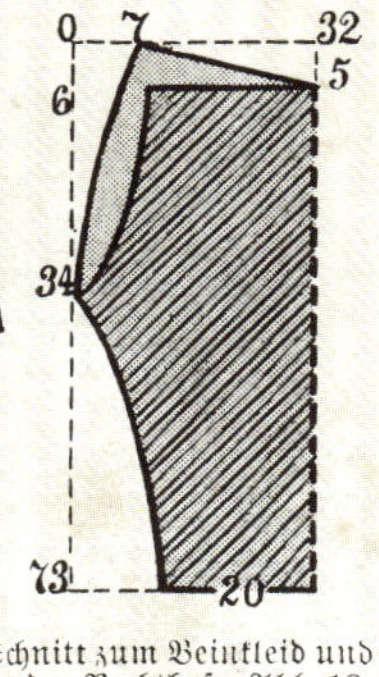

18a. Schnitt zum Beinkleid und Leibchen der Nachthose, Abb. 18. S. auch Abb. 18b.

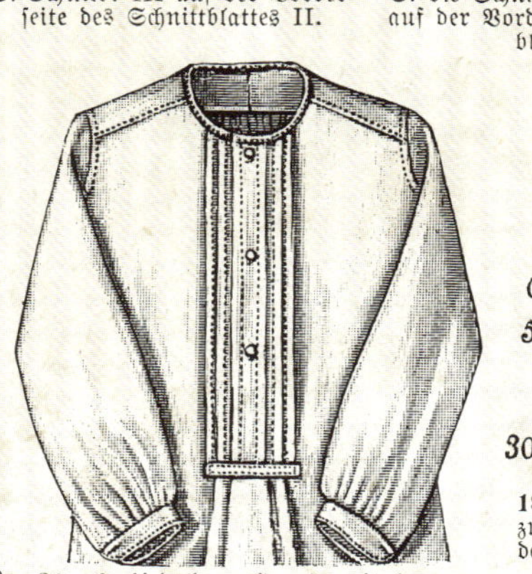

20. Halbhohes Hemd mit langen Aermeln für größere Knaben.

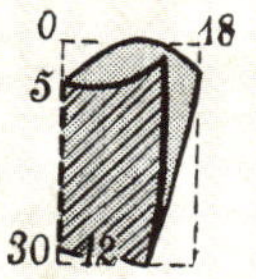

18b. Schnitt zum Aermel der Nachthose, Abb. 18. S. auch Abb. 18a.

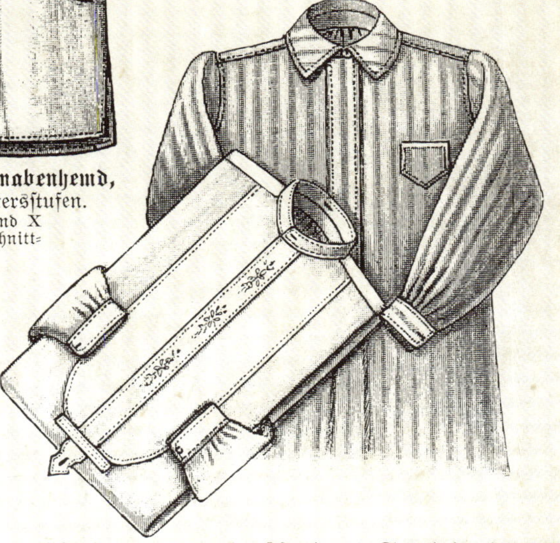

21. Oberhemd für 12- bis 14jährige Knaben. Verwendbarer Schnitt: IX auf der Vorderseite des Schnittblattes II. Erf. für 1/2 Dtzd.: 12 bis 12,75 m Stoff.

22. Lawn-Tennishemd aus gestreiftem Flanell; nach Schnitt X od. XII a. d. Vorders. des Schnittbl. II zu arbeiten. Erf. für 1/2 Dtzd.: 6,50—7,50 m Flanell, 110—130 cm breit.

3. Wäsche für junge Mädchen von 14—17 Jahren.

Der Uebergang vom Kinde zur vollerwachsenen Jungfrau vollzieht sich so allmählich, daß man nicht wohl eine bestimmte Grenze zwischen den Stufen ziehen kann, und dennoch erweist sich die Umwandlung als eine so eingreifende, daß eine Rücksichtnahme auf die Uebergangszeit geboten ist. Nachdem die Gliedmaßen des Kindes sich in den Jahren bis zum dreizehnten, vierzehnten gelängt haben, beginnt der junge Körper sich „zu setzen", die Glieder runden sich, Brust und Hüften werden stärker, und demzufolge passen die früheren Kleidungsstücke nicht mehr, sie beengen und werden auch bald beginnen zu reißen. Dann ist der Zeitpunkt da, für erweiterte Wäsche zu sorgen; man fertige jedoch nur wenig davon zurzeit, da mutmaßlich der Körper sich noch mehr entwickelt. Die auf nebenstehender Seite vorgeführten Modelle sind für diese Altersstufe als praktisch und hübsch erprobt; die weniger allgemein gebrauchten Formen, geschlossenes Beinkleid und Hemdhose, sind auf S. 30 u. 33 dargestellt. Unsere Schnitte vergleiche man sicherheitshalber vor dem Zuschneiden mit den Maßen des betreffenden jungen Mädchens, wie wir dies auf Seite 23 angeben.

1. Hemd mit Achselschluß für 14—17jährige Mädchen.

Schnitt: I auf der Rückseite des Schnittblattes II.

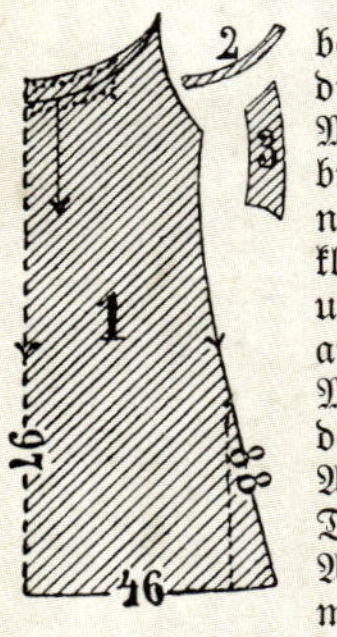

Das aus kräftigem Madapolam gearbeitete Hemd ist um den Halsausschnitt und die Aermelränder mit Trimmingspitze besetzt. Man schneidet beide Rumpfteile mit Stoffbruch längs der vorderen und hinteren Mitte nach Fig. 1 zu, nachdem man dieselbe der kleinen Schnittzeichnung gemäß verlängert und den Stoff durch Ansetzen der Keile auf das untere Weitenmaß verbreitert hat. Man führt die Seitennähte aus und setzt den nach Fig. 3 je zweimal zu schneidenden Aermel mit Kappnaht von 1 bis 3 ein. Dann werden Vorderteil und Rücken nach Angabe am Halse eingereiht und im Verein mit dem Aermel zwischen die doppelte Stofflage des runden Bündchens, Fig. 2, gesteppt. Dieses ist für den Rücken so viel enger zu schneiden, wie die feine Linie auf Fig. 2 es zeigt. Knopfschluß auf der Achsel.

2. Hemd mit eckigem Ausschnitt für 14—17 jähr. Mädchen.

Schnitt: II auf der Rücks. des Schnittbl. II.

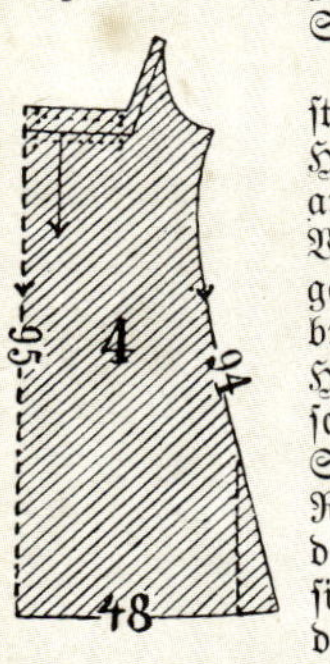

Feiner Madapolam diente zur Herstellung, Stickerei zur Garnitur des hübschen Hemdes. Letztere wird unter Besatzbördchen aufgesteppt, durch dessen Löcher für den Vorderteil farbige, an den Ecken zu Schleifen gebundene Bändchen geleitet sind. Die breite Stickerei ist nur für den vorderen Halsausschnitt verwendet, den hinteren Ausschnitt und die Aermelränder begrenzt schmale Stickerei. Nach Fig. 4 schneidet man beide Rumpfteile mit Stoffbruch längs der vorderen und hinteren Mitte zu, nachdem man sie der kleinen Schnittzeichnung gemäß auf das erforderliche Längen- und Weitenmaß vervollständigt hat. Für letzteres hat man kleine Keile anzusetzen. Nach Ausführung der Seitennähte kraust man den oberen Rand des Vorderteils auf 20, denjenigen des Rückens auf 16 cm Weite ein und garniert das Hemd mit Stickerei, die auch durch gehäkelte Spitze ersetzt werden kann.

3. Beinkleid mit runder Passe für 14—17 jähr. Mädchen.

Schnitt: IV auf der Rückseite des Schnittblattes II.

Aus mittelfädigem Hemdentuch ist das unten abgeeckte Beinkleid gearbeitet, das hier mit einer 6 cm breiten Stickerei garniert ist. Statt dieser kann auch gehäkelte Spitze oder ein Stoffvolant mit Handlanguette angebracht werden. Nachdem man die Fig. 7 durch den Umbruch vervollständigt hat, schneidet man die Beinlinge unter Berücksichtigung der Linie für den vorderen Beinausschnitt mit Stoffbruch längs der mit „Mitte" bezeichneten Linie zweimal zu. Durch Naht von 15 bis 16 schließt man jeden Beinling, untersteppt die Ränder des Beinkleidausschnittes mit schmalen Streifen und vereinigt die Beinlinge vorn durch kurze Naht überwendlich. Die Passe, Fig. 8, schneidet man aus doppeltem Stoff, vereinigt sie an ihrem oberen Rande durch verstürzte und nochmals durchsteppte Naht, steppt hinten den Zugsaum ab und näht die Beinkleider den gleichlautenden Zahlen gemäß vorn glatt, hinten eingereiht dazwischen. Den unteren Beinkleidrand besetzt man mit der 1 m weiten Stickerei, die an der geschlitzten Seite abgeschrägt wird. Der Schnitt ist auch für geschlossenes Beinkleid verwendbar, mit Seitenschlitz.

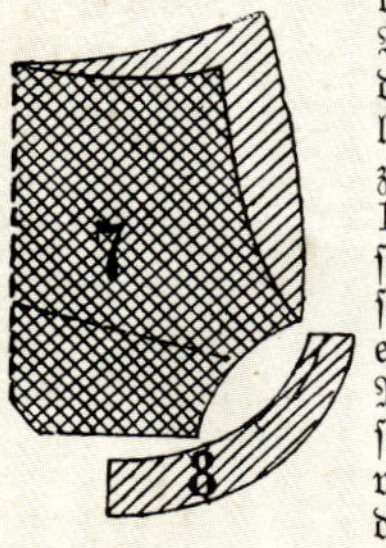

4. Beinkleid mit Vorderpasse für 14—17 jähr. Mädchen.

Schnitt: III auf der Rückseite des Schnittblattes II.

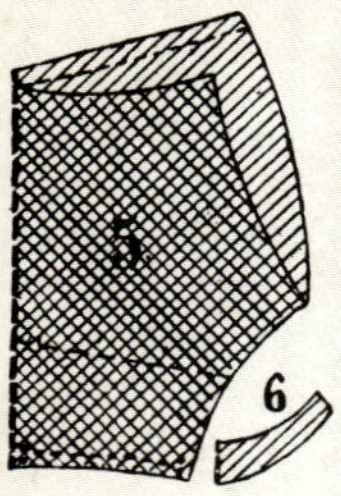

Das mit Stickereivolant verzierte Beinkleid aus kräftigem Madapolam ist von einfacher Machart, es kann in beliebigen Stoffen gearbeitet, auch mit mehrfach gesäumtem Stoffvolant ausgestattet werden. Für seine Herstellung dient Fig. 5, die man vor dem Zuschneiden zu vervollständigen und dann unter Berücksichtigung der Linie für den vorderen Beinkleidteil zweimal in Stoff nachzuschneiden hat. Man näht jeden Beinling von 9 bis 10 zusammen, untersteppt die Ausschnitte mit schmalen Stoffstreifen und vereinigt beide Beinlinge vorn durch kurze Naht. Man faßt den oberen Rand der kürzeren Beinkleidhälfte zwischen die doppelte Stofflage der Passe, Fig. 6; den hinteren, höheren Rand steppt man zu Zugsaum um und führt Bindebänder hindurch. Den 6 cm hohen, 62 cm weiten Volant kraust man auf 41 cm ein und deckt den Ansatz mit $2^1/_2$ cm breitem Stoffbündchen.

5 u. 6. Zwei Untertaillen für 14jährige Mädchen.

Die anliegende Untertaille, Abb. 5, ist aus Chiffon, ohne Aermel und mit viereckigem Ausschnitt gearbeitet. Sie knöpft vorn mit feinen Zwirnknöpfen. Die Vorderteile sind in 5 schmale Quersäumchen gesteppt, glatte Stickereistreifen umgeben, unter Grätenbördchen aufgesetzt, Ausschnitt und Armlöcher. — Die praktische Untertaille, Abb. 6, wird nach Schnitt XVIII auf der Rücks. des Schnittbl. II am besten aus 100 cm breitem Stoff zugeschnitten, von dem man für 3 Stück 1,80 m gebraucht. Auf der Brusthöhe sind die Vorderteile eingekraust, sie schließen durch Knopfspange. Stickerei umrandet die kurzen Aermel und den Halsausschnitt.

7—10. Hemd, Beinkleid, Nachthemd und Unterrock für 14—17jährige Mädchen.

Hemd und Beinkleid aus mittelfeinem Hemdentuch sind mit haltbarer Maschinenstickerei geputzt, die auch durch Häkelspitze ersetzt werden kann. Das Hemd hat eckigen Ausschnitt und kann nach einem der Schnitte II oder XVII auf der Rücks. des Schnittbl. II gearbeitet werden, man schneidet den Ausschnitt des vorderen Rumpfes nur etwas höher zu. Die Stickerei an Hals- und Aermelrand ist unter Besatzbördchen angenäht. Erf. für 6 Hemden: 13,20 m Stoff; je 10 m Stickerei und Bördchen. — Das Beinkleid ist mit 3 Säumchen und glatt angesetzter Stickerei geziert, man kann es nach Schnitt IV auf der Rückseite des Schnittblattes II zuschneiden, aber länger im Bein und am unteren Rande nicht abgeeckt. Für die Säumchen gibt man $2^1/_2$ cm Stoff zu. Erf. für $^1/_2$ Dtzd.: 10,50 m Stoff; 6 m Besatz. — Das Nachthemd, Abb. 9, aus starkfädigem Hemdentuch, ist mit schöner, in doppeltem Stoff ausgeführter Handstickerei an der Schaufalte, dem breiten Kragen und den breiten Aermelansätzen geschmückt. Zu jeder Seite der Mittelfalte laufen 4 Säume, das Halsloch ist herzförmig ausgeschnitten. Die Machart ist die unter Abb. 15 beschriebene. Erf. für 3 Hemden: 10,50 m Stoff. — Der Anstandsrock, Abb. 10, aus gerauhtem Piquee erfordert an Stoff 2 Rocklängen. Die eine bildet die gerade, 80 cm breite Hinterbahn, aus der zweiten gewinnt man seitwärts je eine 25/15 cm breite, schräge Seiten- und die 50/30 cm breite Vorderbahn. Die doppelte Passe ist aus Shirting nach Fig. 8 zuzuschneiden. Der mit Shirtingstreif unterheftete, gut ausgeglichene Rand ist auslanguettiert.

11. Frisiermantel mit geschlitzten Aermeln für junge Mädchen.

Schnitt: XIII auf der Rückseite des Schnittblattes IV.

Unser Modell war aus feinfädigem Hemdentuch hergestellt und mit Stickerei besetzt. Unter Benutzung des oben genannten Schnittes, der für eine schlanke Figur entsprechend enger gehalten werden muß, ist die Herstellung des Mantels nicht schwer. Die Fältchengruppen im Vorderteil werden bis unten festgesteppt. Ein 12 cm breiter, 2,15 m weiter Volant umgibt den unteren Rand. Die Stickerei ist unter Besatzbördchen angenäht. Die Schnittform des Aermels ist auf Fig. 34 mit feiner Linie abgegrenzt. Man hat nur die kurze Naht von 50 bis 52 auszuführen und die Außenränder mit einem Stickereivolant zu besetzen.

12. Frisiermantel für junge Mädchen.

Der aus Batist oder feinem Madapolam gearbeitete Mantel hat keine Aermel, an deren Stelle treten lang herabfallende, dolmanähnliche Teile, die aus fadengeraden, 75 cm weiten Stücken geschnitten werden; diese haben ihre größeste Länge auf der Höhe der Aermelkugel und flachen sich von da am oberen Rande nach vorn und hinten, der Stickereipasse folgend, ab. Die Stickerei kann auf- oder auch klar eingesetzt werden. Ein farbiges Band umschließt lose die Taille. Zum Zuschneiden des Mantels benutze man Schnitt XIX auf der Rückseite des Schnittblattes III.

13. Nachthemd mit Säumchenpasse.

Verwendb. Schnitt: VI auf der Rücks. des Schnittbl. II.

Bei Benutzung des genannten Schnittes ist nötig, den Vorderteil in sein·r oberen Hälfte um Passenbreite kürzer und die Passe selbst nach der für die Grundform angegebenen Linie zuzuschneiden. Dabei sind für die drei Säumchengruppen 7 cm Stoff in der Länge zuzugeben, das Futter der Passe bleibt glatt. Auch der Umlegekragen und die Aermelbündchen zeigen Säumchen; die Garnitur des feinen Madapolamhemdes besteht aus kraus angesetzten, farbig gestickten Languettenstreifen.

14. Nachtjacke mit Umlegekragen.

S. Schnitt: V auf der Rückseite des Schnittblattes II.

An der hübschen Jacke aus Chiffon machen die in doppeltem Stoff handgestickten breiten Stulpen und Kragen den Hauptschmuck aus; Säume zieren außerdem den Vorderteil, der mit Knopfspange schließt. Die Schnittbeschreibung der Abb. 18 ist auch für dieses Modell maßgebend.

15. Nachthemd für 14—17jährige Mädchen.

Schnitt: VI auf der Rückseite des Schnittblattes II.

Das aus mittelfädigem Hemdentuch, im Rücken mit Passe gearbeitete Nachthemd hat vorn Fältchenverzierung und Languettenstickerei, die auch durch gehäkeltes Spitzchen ersetzt werden kann. Unser Schnitt gibt eine gute grundlegende Form. Vor dem Zuschneiden hat man die Rumpfteile unter Zuhilfenahme der kleinen Schnittzeichnung auf die hier angegebenen Längen- und Weitenmaße zu vervollständigen und zu diesem Zweck den Stoff durch Ansetzen von Keilen zu verbreitern. Im Vorderteil schneidet man den Schlitz ein, steppt nach Angabe die Längsfältchen ab und rundet dann gemäß der Grundform den Halsausschnitt aus. Der linke Schlitzrand erhält einen Saumstreifen für die Knöpfe, dem rechten wird eine $4^1/_2$ cm breite, auslanguettierte Mittelfalte aufgesteppt. Den oberen Rand des Rückens kraust man zwischen die Passe aus doppeltem Stoff, Fig. 14, und schließt das Hemd durch Ausführung der Seiten- und Achselnähte. Der Blusenärmel, Fig. 15, wird, vor der Hand eingereiht, zwischen die doppelte Stofflage eines 22 cm weiten, 4 cm breiten Bündchens gesteppt. Umlegekragen aus doppeltem Stoff.

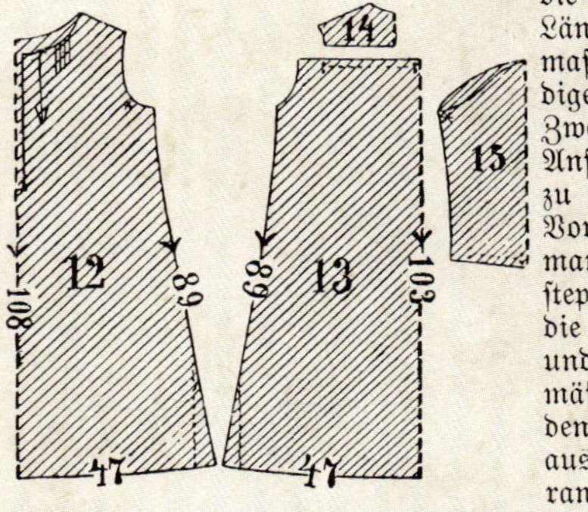

16. Einfaches Hemd für 14—17jährige Mädchen.

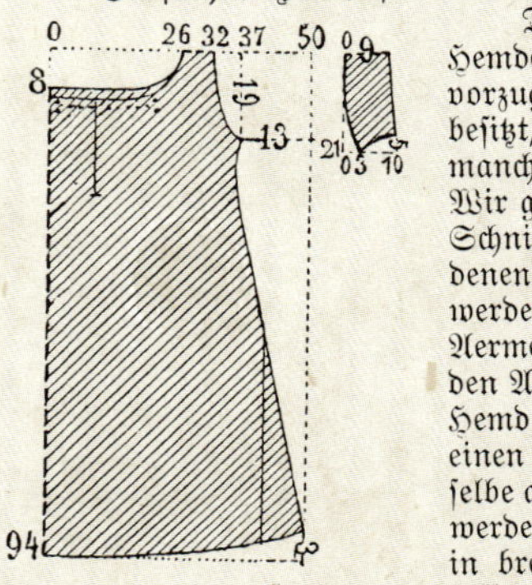

Die Schnittform dieses Hemdes wird von vielen bevorzugt, weil sie lange Aermel besitzt, die besonders im Winter manchem unentbehrlich sind. Wir geben mit nebenstehendem Schnitt die genauen Maße, nach denen dieses Hemd zugeschnitten werden kann. Rumpfteile wie Aermel sind mit Stoffbruch auf den Achseln zu schneiden. Das Hemd hat in vorderer Mitte einen Schlitz, doch könnte derselbe auch seitwärts eingerichtet werden. Die Schlitzränder sind in breite, der Halsrand ist in schmale Bündchenstreifen zu fassen und mit Stickerei oder Spitze zu besetzen. Beliebiger Stoff kann zur Herstellung dienen.

17. Hemd mit schnebbiger Passe f. 14—17 jähr. Mädchen.

Schnitt: II auf der Vorderseite des Schnittblattes V.

Das mit Knopfschluß auf der Achsel versehene Hemd ist mit Stickerei verziert, die fortlaufend um Hals- und Armlochränder geführt ist. Die nach Fig. 2 zugeschnittenen Rumpfteile schließt man durch die Seitennähte und setzt ihnen den aus 2 Teilen bestehenden, unter dem Arm durch Naht verbundenen Aermel an. Dann steppt man die nach Angabe einzureihenden oberen Ränder zwischen die doppelte Stofflage der Passenteile, Fig. 4 u. 5.

18. Nachtjacke mit Fältchenverzierung für 14—17jährige Mädchen.

Schnitt: V auf der Rückseite des Schnittblattes II.

Negligeestoff oder Hemdentuch kann zur Anfertigung der hübschen Jacke dienen, deren Stickerei unter schmalem Besatzbördchen angenäht ist. Vor dem Zuschneiden hat man den Rücken auf die angegebenen Maße zu verlängern, wozu der vollständig gegebene Vorderteil die genaue Länge der Seitennaht gibt. Man schneidet den Vorderteil, Fig. 9, zweimal, den Rücken, Fig. 10, einmal zu. Nach dem Absteppen der vier Längsfältchen im Vorderteil näht man die Jacke zusammen und rundet dann der Grundform entsprechend den Halsausschnitt endgültig aus. Diesen faßt ein schmaler Schrägstreif ein. Den Ellbogenärmel schneidet man nach Fig. 11 zu, reiht ihn nach Ausführung der Naht unten auf 22 cm Weite ein und faßt hier unter dem $3^1/_2$ cm breiten Bündchen den 36 cm weiten Stickereivolant mit.

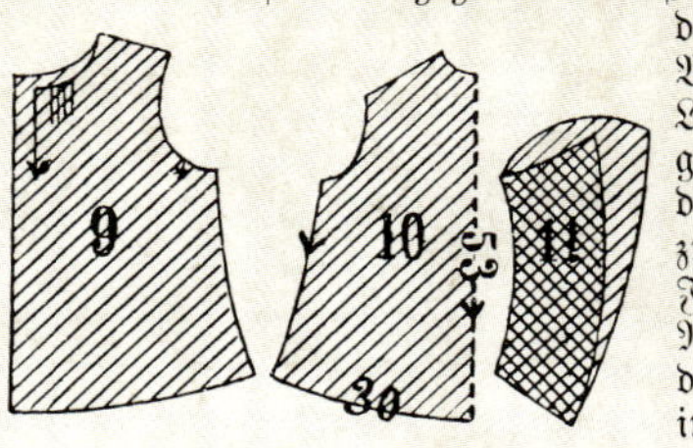

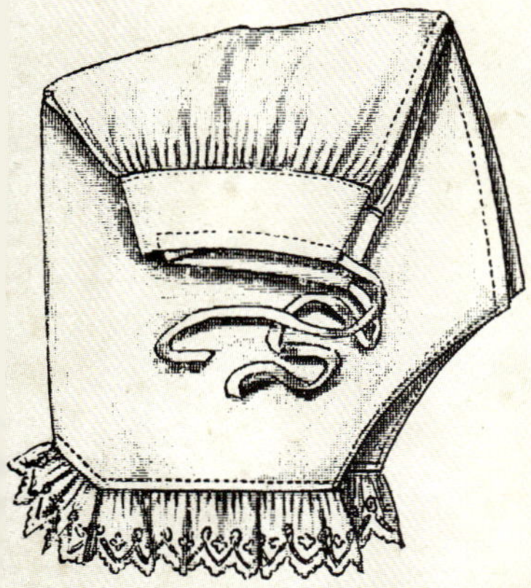

3. **Beinkleid mit runder Passe.** Schnitt: IV auf der Rücks. des Schnittbl. II. Erf. für 1/2 Dtzd: 11,25 m Madapolam; 12,30 m Stickerei.

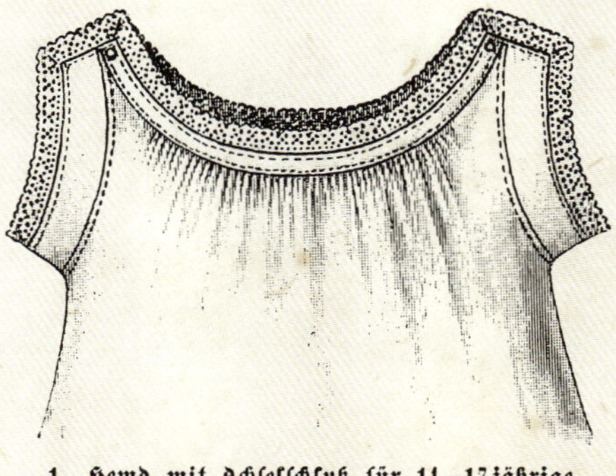

1. **Hemd mit Achselschluß für 14—17 jährige Mädchen.** Schnitt: I auf der Rückseite des Schnittblattes II. Erforderlich für 1/2 Dtzd.: 13,75 m Madapolam; 13,50 m Spitze.

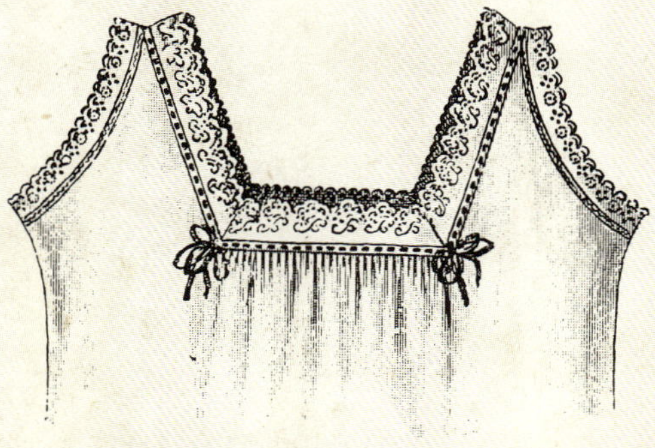

2. **Hemd mit eckigem Ausschnitt.** Schnitt: II auf der Rückseite des Schnittblattes II. Erforderlich für 1/2 Dtzd.: 13,25 m Madapolam; 4 m breite, 9,75 m schmale Stickerei. 10 m Besatzbördchen.

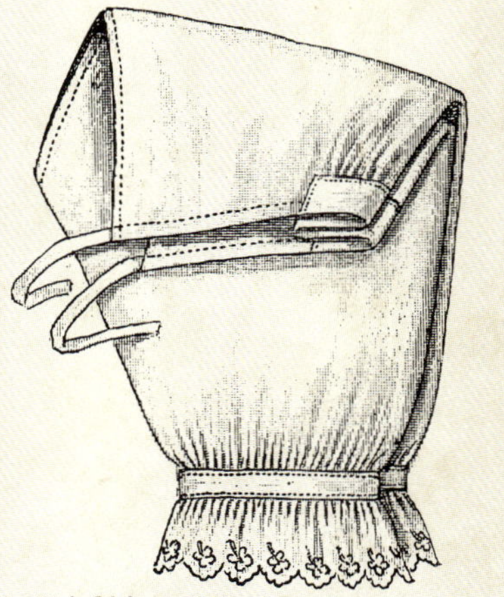

4. **Beinkleid mit Vorderpasse.** Schnitt: III auf der Rückseite des Schnittblattes II. Erforderl. für 1/2 Dtzd.: 11,25 m Madapolam; 7,50 m Stickerei.

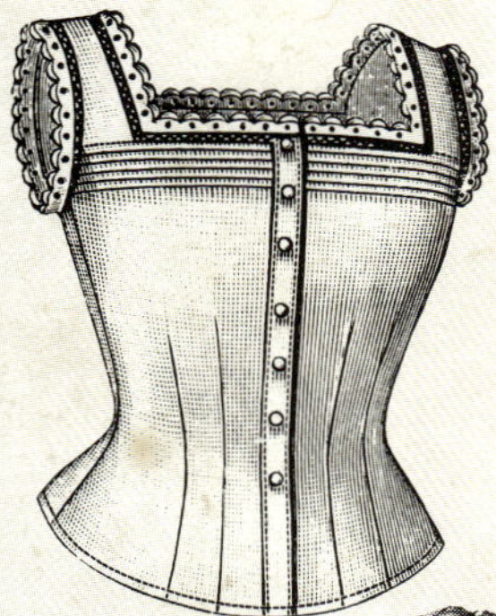

5. **Anliegende Untertaille für junge Mädchen.**

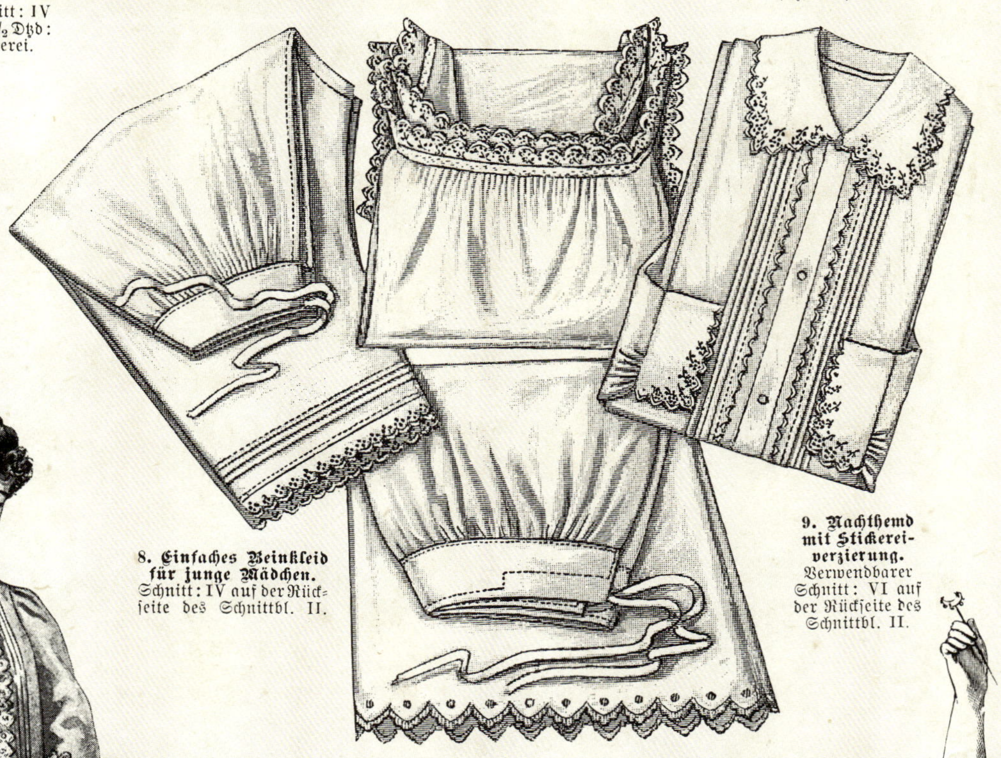

8. **Einfaches Beinkleid für junge Mädchen.** Schnitt: IV auf der Rückseite des Schnittbl. II.

9. **Nachthemd mit Stickereiverzierung.** Verwendbarer Schnitt: VI auf der Rückseite des Schnittbl. II.

7. **Hemd mit eckigem Ausschnitt.**

10. **Anstandsrock für junge Mädchen.**

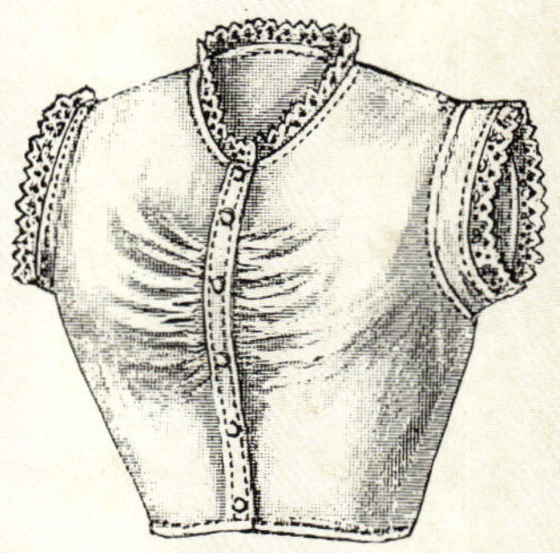

6. **Untertaille für junge Mädchen.** Schnitt: XVIII auf der Rückseite des Schnittblattes II.

11. **Frisiermantel mit geschlitzten Aermeln für junge Mädchen.** Schnitt: XIII auf der Rückseite des Schnittbl. IV. Erf.: 3,25 m Stoff; 4,60 m Stickerei; 3 m Besatzborde.

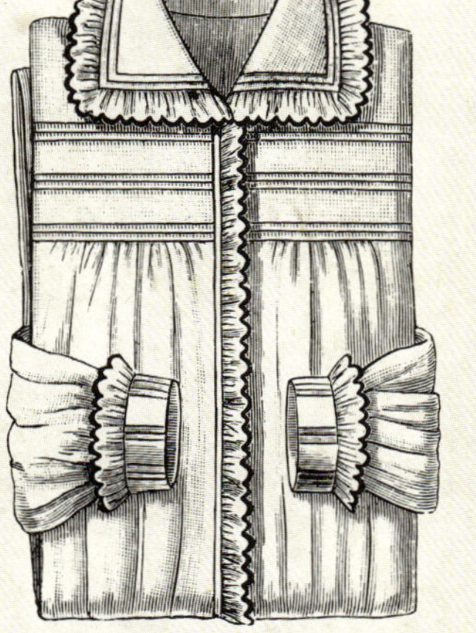

13. **Nachthemd mit Säumchenpasse.** Verwendbarer Schnitt: VI auf der Rückseite des Schnittblattes II.

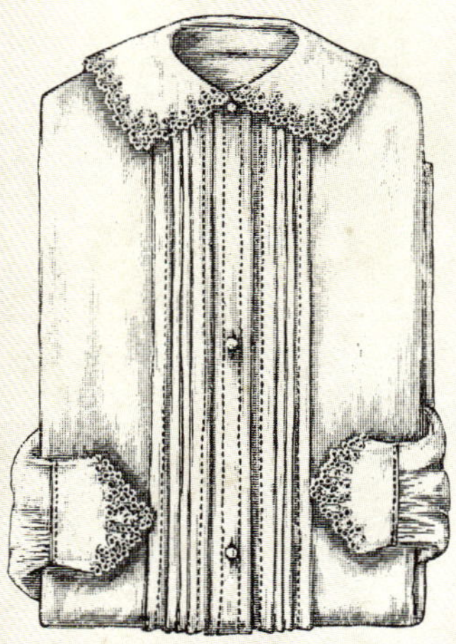

14. **Nachtjacke mit Umlegekragen.** Schnitt: V auf der Rückseite des Schnittblattes II.

12. **Frisiermantel für junge Mädchen.** Verwendbarer Schnitt: XIX auf der Rückseite des Schnittblattes III.

15. **Nachthemd mit Fältchen und Languettenbesatz.** Schnitt: VI auf der Rückseite des Schnittblattes II. Erforderlich für 1/4 Dtzd.: 9,75 m Madapolam; 6 m Languette.

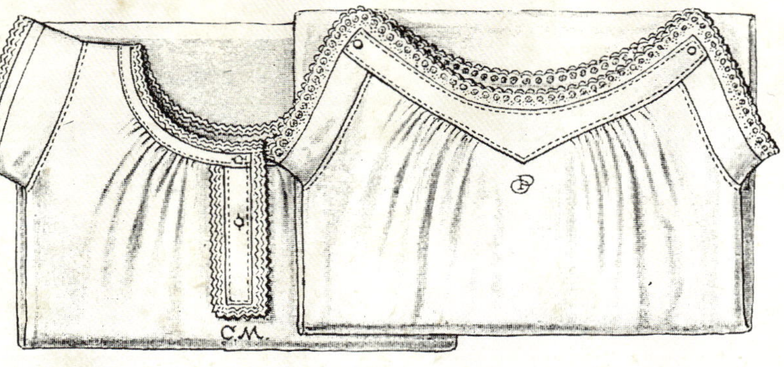

16. **Einfaches Hemd für 14—17 jährige Mädchen.** Siehe die kleine Schnittzeichnung bei der Beschreibung

17. **Hemd mit schnebbiger Passe für 14—17 jährige Mädchen.** Schnitt: II auf der Vorderseite des Schnittblattes V.

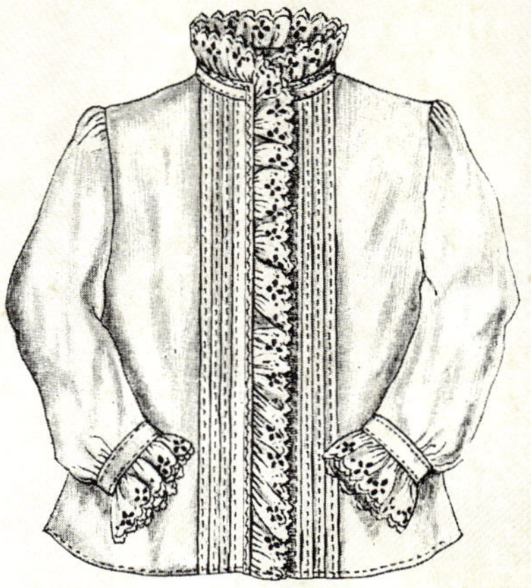

18. **Nachtjacke mit Fältchenverzierung.** Schnitt: V auf der Rückseite des Schnittblattes II. Erforderlich für 1/4 Dtzd.: 6 m Negligeestoff; 11,50 m Stickerei.

4. Wäsche für junge Leute.

Für die jungen Männer ist es geraten, in den Jahren, wo der Körper sich noch in die Länge wie in die Breite dehnt, keine großen Vorräte an Wäsche anzuschaffen, denn es hängt der gute Sitz und auch die Haltbarkeit in großem Maße davon ab, ob die Stücke richtig passen. — Die Lebensverhältnisse des Einzelnen bestimmen seine Tracht; es sind bei vielen jungen Leuten z. B. ganz einfache Hemden aus Barchent oder derbem weißen Baumwollstoff in Gebrauch, die entweder gar nicht sichtbar werden und nur oben einen weißen Kragen aufgeknöpft erhalten, oder über die man ein Vorhemd, wie Abb. 24 und 25 sie zeigen, anlegt, das durch den aufgeknöpften Kragen festen Sitz erhält.

Für bessere Tracht wird im allgemeinen das Hemd mit gesteifter Brust genommen, wie Abb. 8 oder 16; die elegante Herrenwelt hat Hemden, an denen Kragen und Manschetten fest angearbeitet sind. Nach neuester Mode wird die Brust dieser Hemden fast gar nicht gesteift.

Warme Unterhemden, in der Art der Jägerschen, die hoch an den Hals gehen, und auf welche Kragen und Manschetten geknöpft werden, haben viele Anhänger gefunden und machen das weiße Hemd ganz entbehrlich; viele junge Leute jedoch ziehen bei Unterjacken halblange Aermel vor oder wählen die nicht hoch hinaufreichenden Jacken und tragen darüber weiße Hemden.

Für Unterbeinkleider bewerben sich Leinen, Baumwollgewebe, Barchent und die verschiedenen Wirkwaren um die Gunst; das Verzeichnis guter Stoffe am Schluß des Buches erleichtert eine praktische Wahl; am haltbarsten sind Stoffbeinkleider.

Der Schnitt der Kragen und Manschetten wechselt mit der Mode; stets aber fertigt man diese Stücke in dreifacher Stofflage, wie die betreffenden Beschreibungen dies lehren.

1. Unterjacke für junge Leute.

Schnitt: XI auf der Rückseite des Schnittblattes II.

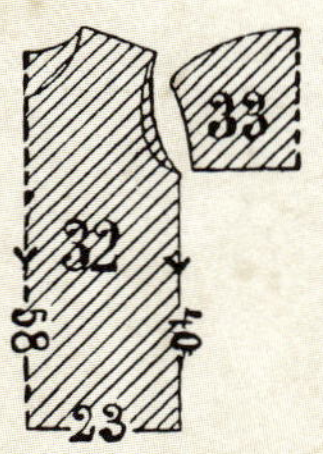

Diese Jacke ist von einfachster Schnittform und kann aus warmen, weichen Stoffen oder Trikotgewebe angefertigt werden. Vorderteil und Rücken werden nach der auf die angegebenen Maße zu verlängernden Fig. 32, mit Stoffbruch längs der mit „Mitte" bezeichneten Linie zugeschnitten. Zu berücksichtigen sind dabei noch die Linien für Hals- und Armausschnitt des Vorderteiles. Seiten- und Achselnähte vereinigen beide Schnitteile; im Vorderteil schneidet man einen 23 cm langen Schlitz ein, besteppt seine Ränder mit Saumstreif und richtet Knopfschluß ein. Nach Fig. 33 schneidet man den Aermel, schließt ihn durch Naht und setzt ihn so ein, daß dieselbe mit der Naht unter dem Arm zusammentrifft.

2. Unterbeinkleid für junge Leute.

Schnitt: IX auf der Rückseite des Schnittblattes II.

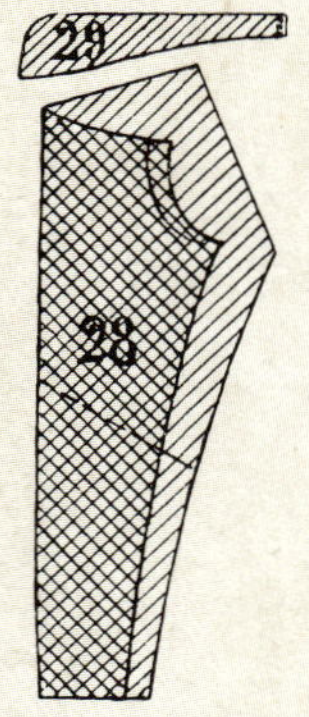

Für dieses Beinkleid ist Köperstoff benutzt worden und zu seinen unteren Rändern gestrickte Ansätze, die den festen Anschluß vermitteln. Wir geben unseren Schnitt absichtlich in genügender Länge, damit er auch für Beinkleider ohne Ansätze paßt. Man schneidet nach Fig. 28 unter Berücksichtigung der Linie für den Umbruch und den vorderen Beinkleidteil je zwei Teile zu, vereinigt durch Nähte von 70 bis 71 und von 73 bis unten hin je einen vorderen und hinteren Beinkleidteil und dann beide Beinkleidhälften untereinander von 69 über 70 bis 75. Den vorderen Schlitzrändern werden $2^1/_2$ cm breite Stoffstreifen untergesteppt, die kleinen hinteren Schlitzränder werden gesäumt. Man faßt den oberen Rand der Beinkleider vorn glatt, hinten eingereiht zwischen die doppelte Stofflage der Passe, Fig. 29. Diese erhält hinten je zwei Schnürlöcher und vorn obenauf zwei 10 cm lange aufgesteppte Bänder, die zum Durchführen der Tragbänder bestimmt sind. Den unteren, leicht vorgehaltenen Beinkleidrändern sind, wie ersichtlich, die gestrickten Ansätze angenäht, die man strumpfartig ringsumgehend mit wechselnd einer rechten und einer linken Masche arbeitet.

3. Unterjacke mit Seitenschluß für junge Leute.

Schnitt: X auf der Rückseite des Schnittblattes II.

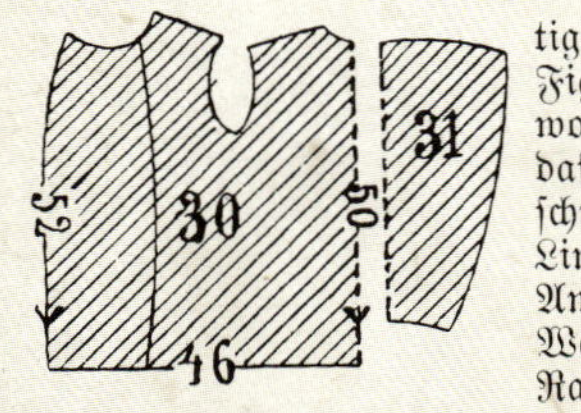

Die aus Köperflanell gefertigte Jacke schneidet man nach Fig. 30 in einem Stück zu, wobei aber zu berücksichtigen ist, daß der rechte Vorderteil so viel schmäler ist, als wie die feine Linie auf Fig. 30 es angibt. Am linken Vorderteil wird der Aermel halber vom vorderen Rande ab bis zur feinen Linie reichend ein Stoffteil aufgesteppt und Knopfschluß angebracht. Durch Ausführung der Achselnähte schließt man die Jacke. Der Aermel wird mit Stoffbruch längs der mit „Mitte" bezeichneten Linie zugeschnitten und so der Jacke eingenäht, daß seine Naht längs des Ellbogens herläuft. Vorn faßt ihn ein fadengerades Stoffbündchen ein, das mit Knopf und Knopfloch versehen ist. Den unteren Rand sowie den Halsrand untersteppt man mit Köperband.

4 u. 5. Sporthemden für junge Leute.

Bei Spiel und Sport pflegen die jungen Leute meist die Jacken abzulegen, und aus praktischen und gesundheitlichen Gründen sind Hemden aus Flanell, lose geschlagenem Oxfordstoff oder Trikot den Leinen- oder Shirtinghemden vorzuziehen. Unsere in einfachster Schnittform gehaltenen Modelle haben breite Umlegekragen, der bei dem quergestreiften Trikothemd, Abb. 4, durch einen Knopf aufknöpft, und seidene Schnur mit Quasten als Zier. Im Gürtelschluß werden einige Knöpfe aufgesetzt, auf welche der Hosenbund knöpft; man steppe hier, vom Armloch ausgehend, einen senkrecht laufenden Stoffstreif unter, welcher dem Knopf Halt gibt und das Beinkleid tragen hilft. Eine große Brusttasche wird häufig aufgesteppt und erweist sich zur Aufnahme des Taschentuchs als sehr praktisch.

6. Turnhemd f. junge Leute. S. d. Schnittzeichnung, Abb. 6 a.

Dieses praktische Turnhemd, das jede weitere Bekleidung des Oberkörpers entbehrlich macht, ist in seinem unteren Teile in Art der Schwimmhosen geschnitten. Durch das dadurch bedingte feste Anliegen am Körper wird das bei kräftigen Turnbewegungen unvermeidliche Herausrutschen des Hemdes aus dem Beinkleid vermieden. Der nach unten zu verlängerte und mit dem Ansatzteil versehene Rücken knöpft dem kürzeren Vorderteile (s. die feine Linie auf dem Schnitt) quer auf, des weiteren wird das Hemd auf der linken Schulter geschlossen. Unser Modell aus weißem Trikot hatte enge gewebte Aermelansätze. Es läßt sich auch aus Flanell fertigen, doch empfiehlt es sich auch hier, die Ansätze der Aermel zu stricken. Die Turnerzeichen sind mit rotem Garne eingestickt.

7. Nachthemd mit Faltenverzierung für junge Leute.

Schnitt: VIII auf der Rückf. des Schnittbl. II.

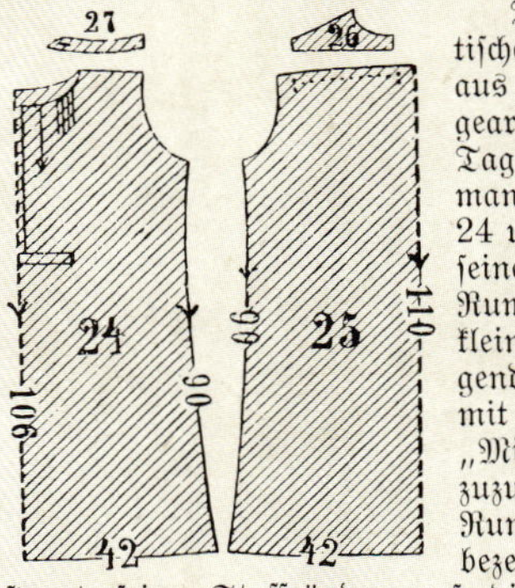

Das gut aussehende, praktische Nachthemd war im Modell aus mittelfähigem Madapolam gearbeitet. Es kann auch als Taghemd benutzt werden, wenn man Vorhemden, wie mit Abb. 24 und 25 gezeigt, trägt. Zu seiner Herstellung hat man die Rumpfteile Fig. 24 und 25, der kleinen Schnittzeichnung folgend, zu verlängern und dann mit Stoffbruch längs der mit „Mitte" bezeichneten Linien zuzuschneiden. Im vorderen Rumpfteil schneidet man den bezeichneten Schlitz ein und steppt seine Stoffränder auf die rechte Seite zu 3 cm breitem Saum um, der mit den Knöpfen und Knopflöchern versehen wird. Ihn begrenzen je zwei knapp 1 cm breite Falten, die bis zum Schlitzende festgesteppt werden und dann ausspringen. Ein schmaler Stoffstreifen hält sie nieder und verdeckt auch den Steppansatz, zum Saumumschlag notwendig gewesenen Quereinschnitt. Nachdem man nach Angabe den Rücken zwischen die doppelte Stofflage der Passe Fig. 26 gekraust hat, führt man die Achsel- und Seitennähte aus. Für den Aermel benutze man die Fig. 21, die um 1 cm weiter und länger geschnitten werden muß. Ein 3 cm breites, fadengerades und 24 cm weites Bündchen nimmt den vor der Hand eingereihten Aermel auf, der den bezeichneten Schlitzeinschnitt erhalten hat; angesetzte Saumstreifen begrenzen seine Ränder. Den der Grundform gemäß ausgerundeten Halsausschnitt besetzt man mit dem Bündchen Fig. 27.

8. Oberhemd mit Rückenschluß für junge Leute.

Schnitt: VII auf der Rückf. des Schnittbl. II.

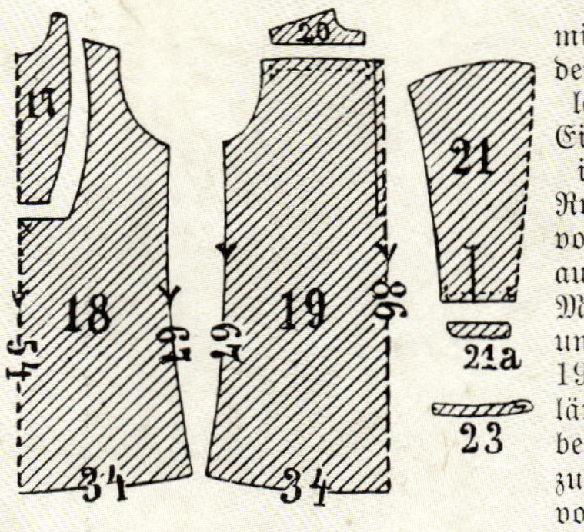

Unser Modell aus mittelfähigem Hemdentuch hat einen leinenen gestickten Einsatz und schließt im Rücken. Die Rumpfteile hat man vor dem Zuschneiden auf die angegebenen Maße zu verlängern und nach Fig. 18 und 19 mit Stoffbruch längs der mit „Mitte" bezeichneten Linien zuzuschneiden. Im vorderen Rumpfteile legt man die Falte ✕ 1 auf ● 1 und näht den aus Leinen, Einlage und Shirtingfutter hergestellten Einsatz den gleichlautenden Zahlen gemäß ein. Die kleine Quernaht deckt man mit einem schmalen Stoffstreifen, der gleichzeitig die Knopfpatte Fig. 22 aufnimmt. Im Rücken schneidet man den Schlitz ein und sichert seine Ränder mittels untergesteppter Saumstreifen. Man kraust den oberen Rand zwischen die doppelte Stofflage der Passenteile Fig. 20 und schließt das Hemd durch Ausführung der Achsel- und Seitennähte; bei letzteren läßt man einen 10 cm langen Schlitz, den man mit einem beschürzten Riegel sichert. Fig. 21 bietet die Schnittform für den Aermel, der den bezeichneten Schlitz erhält und vor der Hand eingereiht zwischen das Bündchen aus doppeltem Stoff gefaßt wird. Das Stehbündchen Fig. 23 nimmt den Halsausschnitt des Hemdes auf.

9—12. Vier Einsätze für Oberhemden.

Diese Einsätze sind sämtlich aus feinstem Leinen gefertigt und erhalten ihren Zierat teils durch Weißstickerei, teils durch abgesteppte breite und feine Falten. Abb. 10 a oben auf Seite 21 zeigt ein gesticktes Blümchen mit Knopfloch, das für derartige Einsätze dient und leicht nachzusticken ist. Weiterhin im Buche lehren wir in kurzen Beschreibungen, begleitet von Abbildungen, die Hauptsachen der Weißstickerei.

13. Elegantes Nachthemd für junge Leute.

Verwendb. Schnitt: VIII auf der Rückf. des Schnittbl. II.

Wie aus der Abbildung hervorgeht, ist dieses aus feinem Madapolam gearbeitete Nachthemd durch Fältchenverzierung und gestickte Besatzborde sehr elegant gehalten. Um den Hals läuft eine dicke, mit Quasten endigende Seidenschnur in hellblauer Farbe. Zur Herstellung des Hemdes, das selbstverständlich auch in einfacherem Material nachgearbeitet werden kann, ist obengenannter Schnitt zu benutzen; für die Fältchengruppen im Vorderteil hat man aber für jede Seite 4 cm zuzugeben. Im übrigen bleibt die Machart wie die unter Abb. 7 beschriebene, nur sind die Aermelbündchen etwas breiter einzurichten und ist ein Umlegekragen zu schneiden, wozu Schnitt XIII auf der Rückseite des Schnittblattes II genügenden Anhalt bietet.

14. Nachthemd mit Bordenbesatz.

Verwendb. Schnitt: VIII auf der Rückseite des Schnittblattes II.

Aus kräftigem Hemdentuch ist das mit Umlegekragen und Brusttasche ausgestattete Nachthemd gefertigt, Besatzbördchen ergibt seinen Ausputz. Man kann dieses auch ganz weglassen oder auch durch glatte farbige oder mit Kreuzstich bestickte Bördchen ersetzen. Jedenfalls ist die Schnittform die allereinfachste; beim Zuschneiden des Vorderteils fällt die Zugabe für die Säumchen bei Fig. 24 weg. Die breite mit Knopflöchern versehene Mittelfalte wird dem linken Vorderteil verstürzt angesetzt und auf die rechte Seite aufgesteppt. Für die Schnittform des Umlegekragens benutzt man die Fig. 35 und 36 desselben Schnittblattes und lese zur näheren Erklärung des Schnittes die Beschreibung zu Abb. 7 durch.

15 u. 16. Zwei Oberhemden für junge Leute.

Verwendb. Schnitt: VII auf der Rückf. des Schnittbl. II.

Beide aus kräftigem Madapolam gearbeiteten Hemden haben breite gerundete Einsatzteile, ersteres ist mit Vorder-, letzteres mit Rückenschluß eingerichtet. Obengenannter Schnitt ist unter Berücksichtigung der zu verändernden Schnittform für die Einsatzteile gut verwendbar. Bei Abb. 15 besteht der Einsatz aus Piquee, er ist ohne Einlage gearbeitet, mit $2^1/_2$ cm breiter Oberfalte, die von ebenso breiten Säumen begleitet wird, ausgestattet; er bleibt weich. Das Hemd Abb. 16 hat gesteiften Einsatz aus Leinen, welcher in der Mittelfalte in zwei dichten Reihen durchsteppt ist.

17—23. Manschetten, Umlege- und Stehkragen für junge Herren.

Schnitte: XII, XIII und XIV, Schnittblatt II.

Alle diese Gegenstände schneidet man in feinem Leinen, starker Einlage (Triplüre) und Shirtingfutter zu; ratsam ist es, die Einlage vorher zu brühen, da sie meistens bedeutend mehr einläuft als Leinen und Shirtingfutter. Für die Manschette Abb. 17 gibt Fig. 34 die Hälfte. Bei dem Umlegekragen Abb. 18 schneidet man das Halsbündchen, Fig. 35, ohne Einlage aus doppeltem Shirtingfutter zu und faßt den Kragen, Fig. 36, an den mit Zahlen bezeichneten Stellen zwischen dasselbe. Fig. 37 und 38 dienen zur Herstellung der Stehkragen Abb. 19 u. 20, die man gleich der Manschette, Fig. 34, $^1/_2$ cm von den Außenrändern entfernt durchsteppt und mit Knopflöchern versieht. Neu ist der aus hohem Stehkragen und gleich breitem Umlegeteil bestehende Kragen, Abb. 21, ebenso der glatte Stehkragen, Abb. 22, der vorn beliebig umgebogen werden kann. Schmale Form mit nur einem Knopfloch weist die Manschette, Abb. 23, auf.

24 u. 25. Zwei einfache Vorhemden.

Das Tragen von Vorhemdem erweist sich in vielen Fällen als sehr praktisch, wir geben mit unseren Abbildungen zwei verschiedene gangbare, beliebte Formen. Die Vorhemden knöpfen oben inmitten des gerundeten Bündchens mit dem Kragen fest, bei Abb. 25 unten mit der Knopfpatte auf den Knopf der Unterbeinkleider. Das Vorhemd, Abb. 24, aus weißem Batist mit Shirtingfutter zeigt je $2^1/_2$ cm breite Säume, inmitten einen Perlmutterknopf. Seitlich befinden sich Bandösen, durch welche die Tragriemen geführt werden. Das Vorhemd, Abb. 25, ist aus Piquee und Einlagestoff gearbeitet und an den Seiten mit Shirtingteilen verbreitert, über welche oben Bandspangen für die Tragriemen greifen. Es ist zum Gegensatz von Abb. 24 gesteift. Als verwendb. Schnitt nennen wir Fig. 17 auf der Rückf. des Schnittbl. II.

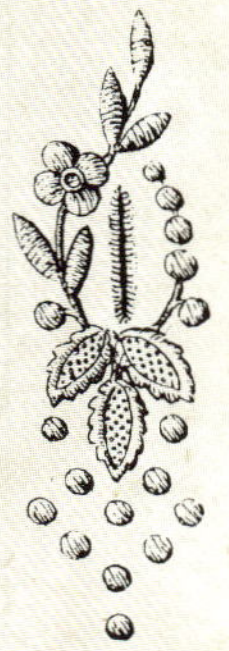

Gesticktes Knopfloch zu Einsätzen gleich Abb. 9 u. 10.

1. Unterjacke für junge Leute. Schnitt: XI auf der Rücks. des Schnittbl. II. Erf.: 1,85 m Flanell.

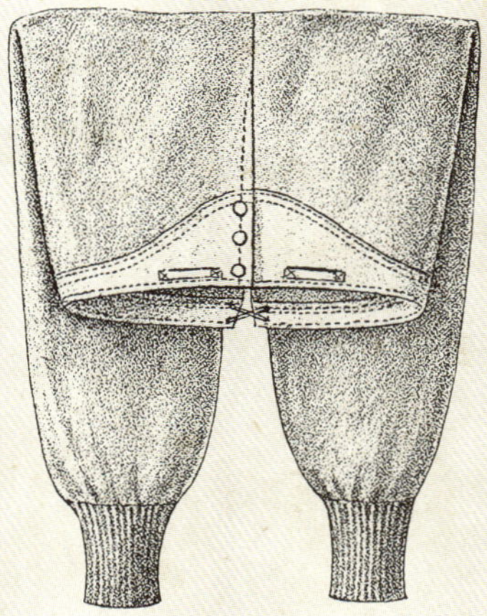

2. Unterbeinkleid für junge Leute. Schnitt: IX auf der Rücks. des Schnittbl. II. Erforderlich: 2,50 m Köperbarchent.

3. Unterjacke m. Seitenschluß für junge Leute. Schnitt: X auf der Rücks. des Schnittblattes II. Erforderlich: 1,40 m Köperflanell.

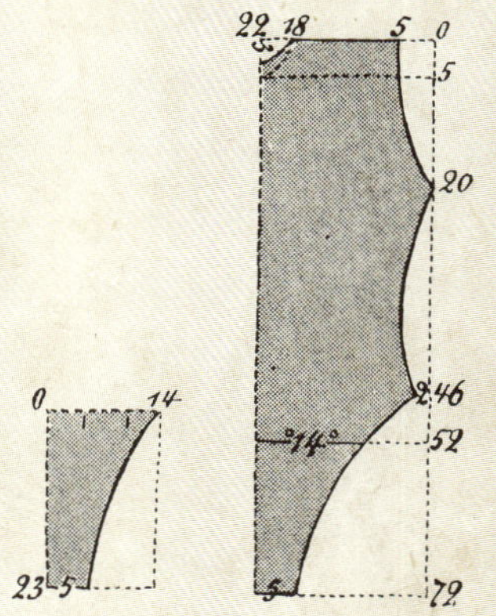

Ansatzteil. Hauptteil.

6a. Verkl. Schnitt (Hälfte) zum Turnhemd, Abb. 6.

7. Nachthemd m. Faltenverzierung für junge Leute. Schnitt: VIII auf der Rückseite des Schnittblattes II. Erforderlich für $^1/_4$ Dtzd.: 9 m Madapolam.

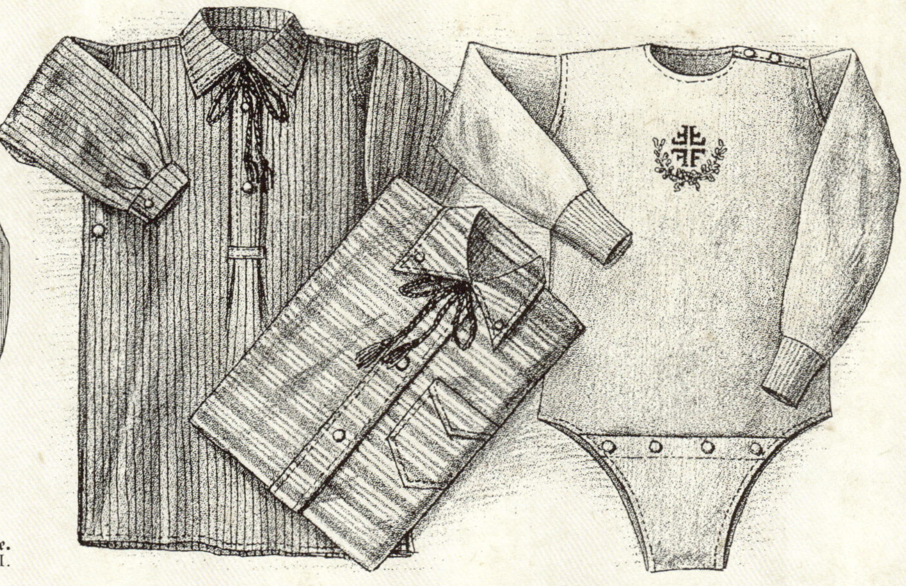

4. Sporthemd aus Flanell oder Barchent. Verwendb. Schnitt: VIII auf der Rückseite des Schnittblattes II.

5. Trikothemd. Verw. Schnitt: VIII auf der Rücks. des Schnittbl. II.

6. Turnhemd für junge Leute. S. den Schnitt Abb. 6a.

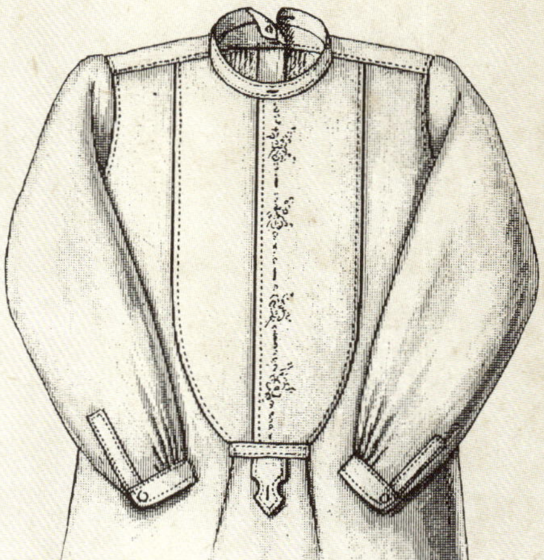

8. Oberhemd mit Rückenschluß für junge Leute. Schnitt: VII auf der Rückseite des Schnittbl. II. Erforderlich für $^1/_2$ Dtzd.: 17,50 m Madapolam.

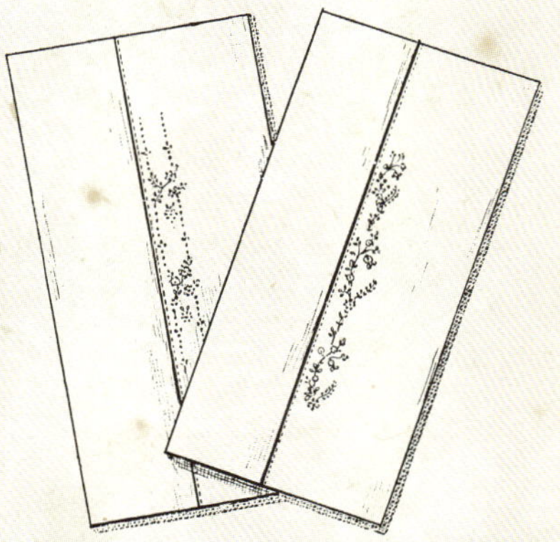

9. Gestickter Einsatz für Oberhemden. **10. Gestickter Einsatz für Oberhemden.**

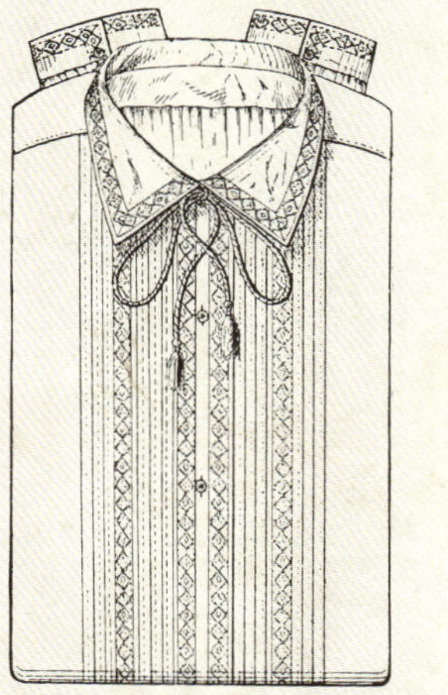

13. Elegantes Nachthemd für junge Leute. Verwendb. Schnitt: VIII auf der Rückseite des Schnittblattes II.

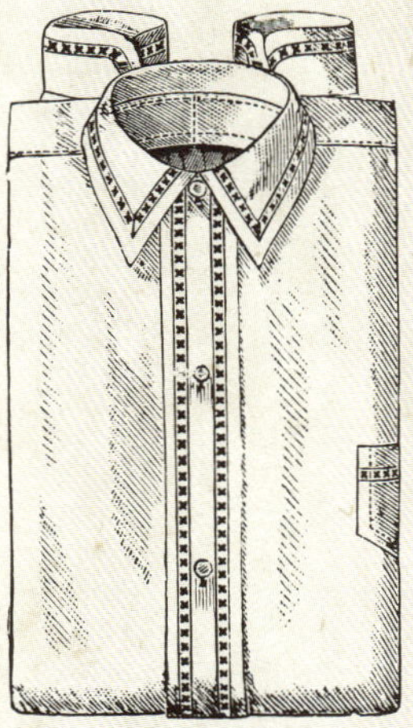

14. Nachthemd mit Bordenbesatz. Verwendbarer Schnitt: VIII auf der Rückseite des Schnittblattes II.

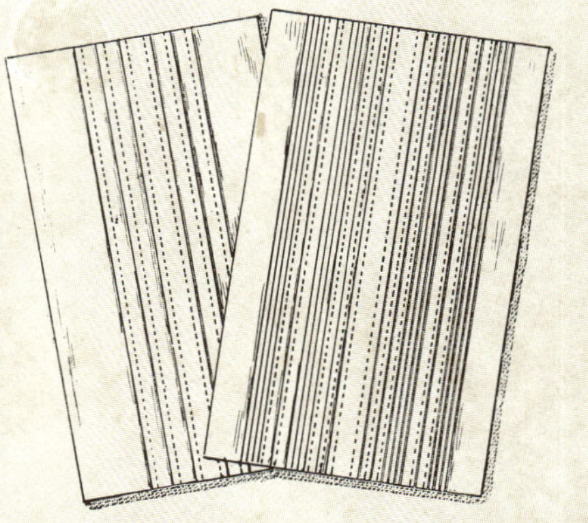

11. Einsatz mit Säumchenschmuck für Oberhemden. **12. Einsatz mit reichem Säumchenschmuck für Oberhemden.**

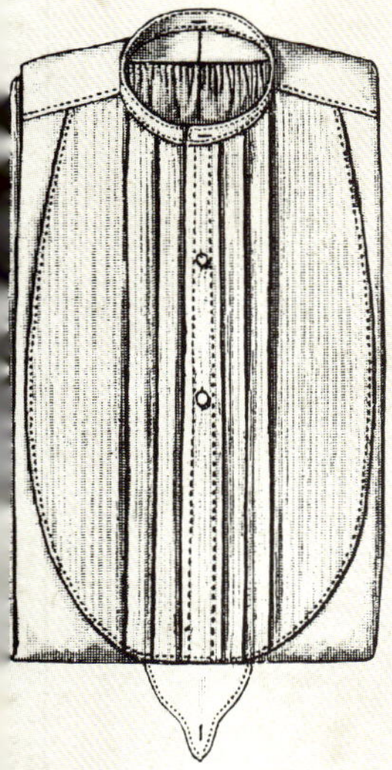

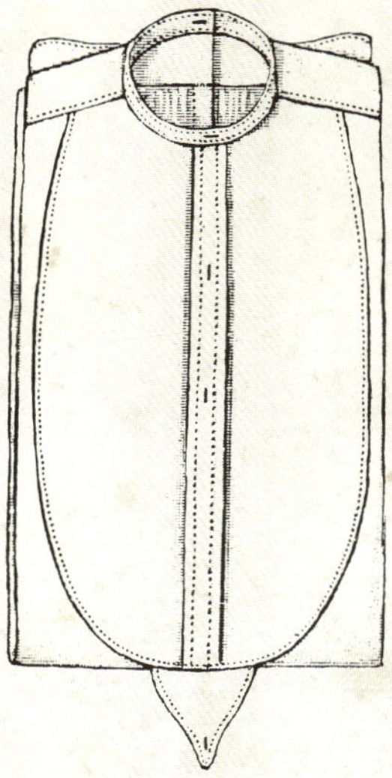

15. Oberhemd mit Piquee-Einsatz. **16. Einfaches Oberhemd.** Verwendb. Schnitt: VII auf der Rückseite des Schnittblattes II.

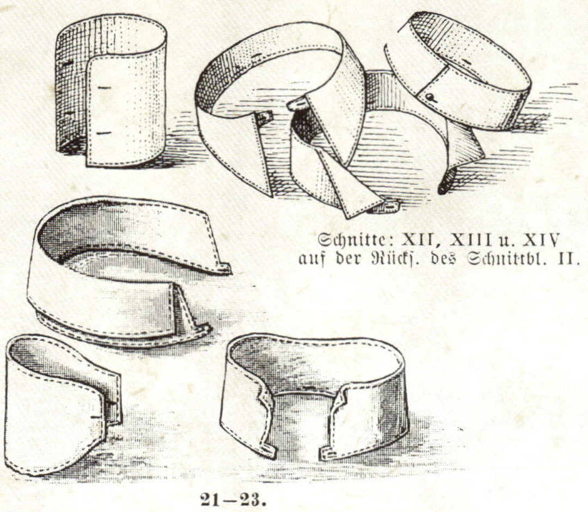

Schnitte: XII, XIII u. XIV auf der Rücks. des Schnittbl. II.

21—23.

17—23. Manschetten, Umlege- und Stehkragen für junge Leute.

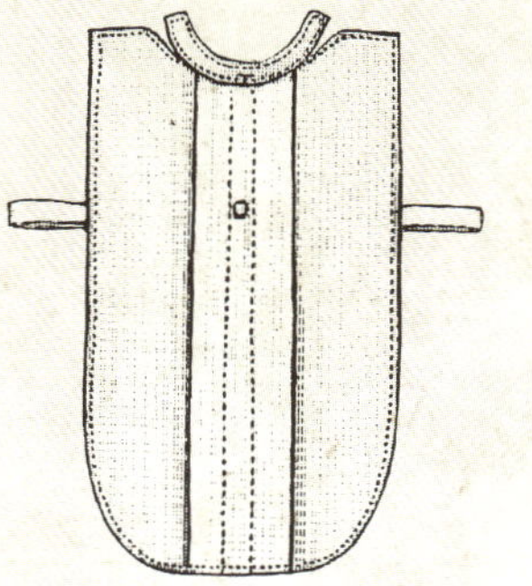

24. Weiches Vorhemd mit Bandösen. Verwendb. Schnitt: Fig. 17 auf der Rücks. d. Schnittblattes II.

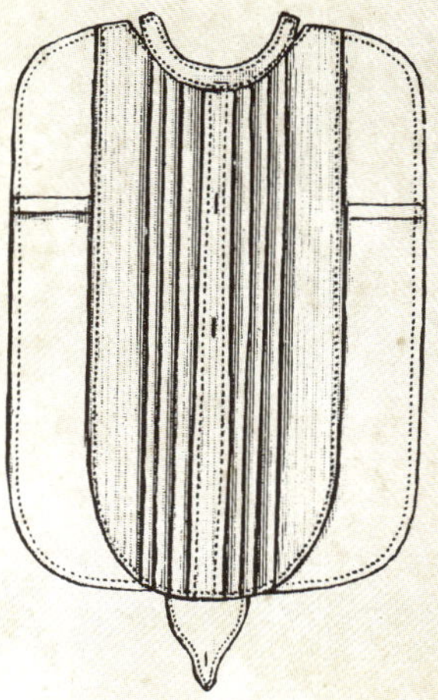

25. Gesteiftes Vorhemd mit gerundetem Einsatzteil.

5. Frauenwäsche.

Ehe wir uns mit der modernen Frauenwäsche beschäftigen, wollen wir einen Rückblick halten auf die Tracht der vor uns stehenden Generationen, um die Umwandlung zu verstehen, die sich in unserer Kleidung, auch der Wäsche, zwar langsam, aber doch entschieden vollzieht.

Das Frauengewand, sei es das untere oder das obere, ist bei den meisten Völkern eines, das den Unterkörper lose umhängt. Auch bei uns war bis vor zwei bis drei Generationen keine andere Kleidung als die rockartige (schoßartige) in Gebrauch, ja bei unserem Landvolk ist sie es noch. Wir haben auch in keinem der genau geführten Register über die Aussteuern hoher Frauen der früheren Jahrhunderte irgendwie Spuren von Kleidungsstücken für Frauen gefunden, die dieser Form widersprächen, und gewissenhafte Trachtenforscher können über Beinkleider für Frauen nur bei einigen orientalischen Völkern und den Lappländern berichten.

Aus diesen alten Zeiten stammt das ziemlich weite, lose herabfallende Hemd, das bei besserer Ausstattung um den Saum herum, der rockartig ausfiel, geziert war, ja bei unserem westlichen Nachbarvolke noch jetzt oft mit Spitzen und Volants besetzt ist. Damals hatte dies bis über die Kniee herabhängende Hemd Grund und Zweck, denn es gab den darüber befindlichen Röcken Halt und dem Körper — zumal da es meistens aus kräftigem Leinen war — Schutz; auch jetzt noch dient dieses altmodische Hemd, zu dem wir hierunten die Maße der fadengeraden Stücke geben, den Landfrauen, deren meiste noch nicht das Beinkleid angenommen haben.

Anfang des vor. Jahrhunderts kam die Mode des Beinkleides für Frauen auf, und das Beinkleid ward damals wie noch etwa ein Menschenalter weiter — so wie jetzt Trikot — unter dem Hemde getragen, welches nach wie vor, seiner ursprünglichen Bestimmung getreu, rockartig herabfiel. Zuerst als „Modesache" getragen, fertigte man das Beinkleid, ähnlich wie dies in früheren Jahrhunderten mit Hemdsärmeln geschah, mit anknöpfbaren, reichgezierten Beinlingen, die ziemlich weit herabhingen und beim Heben der Röcke sichtbar wurden, bei Kindern aber stets dem Kleide vorschauten. Die Beinkleider selbst waren kurz, weit und, für Wäsche praktisch, oben mit Zugsaum gearbeitet; auf dem breiten Saum befand sich die Schnür- oder Knöpfvorrichtung für die ebenfalls weiten, fadengeraden Beinlinge. Einfache Leute machten diese von Tuch.

Nach und nach verschob sich das Verhältnis; die Aerzte erkannten es als Segen, daß der Unterkörper der Frauen warm gehalten werde, und so streiften diese denn das Beinkleid über das Hemd, dabei nicht bedenkend, daß der weite, rockartige Schnitt desselben dafür wenig geeignet sei. Notorisch leiden sowohl ein langes, krauses faltiges Hemd wie auch das Beinkleid bei der Reihenfolge, in der die Frauen es jetzt tragen, weit mehr als bei umgekehrter Reihenfolge und auch mehr als Hemd und Beinkleid der Männer, welche für einander passend gearbeitet sind, alle unnötige Stoffmenge meiden und glatt sitzen.

Die Unterkleidung bei uns Frauen befindet sich eben zurzeit in einem Uebergang, der sich wohl langsam, aber doch sicher nach und nach auf praktische Weise lösen wird, indem auch wir unsere Hemden auf bequemere, fürs Beinkleid passendere Länge reduzieren, oder zu dem aus Hemd und Beinkleid bestehenden Wäschestück greifen werden, wie es auf Seite 33 abgebildet ist und den neuesten Bestrebungen der Reform der Frauenkleidung entspricht. Ueber die Langsamkeit dieser Umwälzung werden wir uns nicht wundern, wenn wir bedenken, daß es vieler, vieler Generationen bedurfte, ehe die Männerwelt das Beinkleid annahm, und wie es Jahrhunderte währte, bis es sich zu dem einfachen, praktischen Stücke gestaltete, das es jetzt darstellt.

Die Anschauung, daß der Frauenkörper auch von unten recht warm gehalten werden soll, hat gewiß Berechtigung, zumal für die nach stundenlanger sitzender Lebensweise in warmen Zimmern gezwungenen Mädchen und Frauen, die dann beim Hinausgehen sich in der kalten Luft erkälten. Immerhin erfreuen sich Bauernmädel, die nichts weniger als sich warm kleiden, einer derben Gesundheit, und auch unsere Großmütter und Elternmütter, die keine Beinkleider kannten, durften noch nicht so viel klagen, wie die jetzige Frauengeneration dies leider tut; es muß deshalb jeder prüfen, was ihm not tut, und mit Umsicht seine Wahl treffen. Mit den Bildern der Seiten 24 bis 35 bieten wir zahlreiche moderne Formen von Frauenwäsche; sie alle weichen mehr oder minder ab von der alten einfachen Grundform, die, für Leinwand und Handarbeit, sowie für Rollen, nicht für Plätten berechnet, mehr auf Dauerhaftigkeit und Nützlichkeit abzielte als auf Zierlichkeit und Schmuck. Wenngleich gewiß die Mehrzahl der Leserinnen den hübscheren modernen Hemden zuneigen wird, wollen wir der Vollständigkeit wegen doch die allereinfachsten Hemdformen, wie sie für Landmädchen und bescheidene Hausfrauen noch im Gebrauch sind, hier unten lehren und erklären.

Das einfache fadengerade Hemd aus Leinen. Dies Hemd wird für Mädchen hergestellt, so wie wir es zeigen, also oben geschlossen, Frauen versehen es oben in vorderer Mitte mit Brustschlitz. Man braucht für das Hemd 2,50 m Leinen von 84 cm Breite. Davon schneidet man für den Rumpf 2,32 m ab und an der linken Webekante dieses Stückes her einen 16 cm breiten Streifen, der für die verschiedenen Spickel oder Gehren und Keile dient. Den Rumpf legt man zusammen, sodaß der Mittelquerbruch oben auf der Achsel liegt, und schneidet nun aus den Abfallstreifen

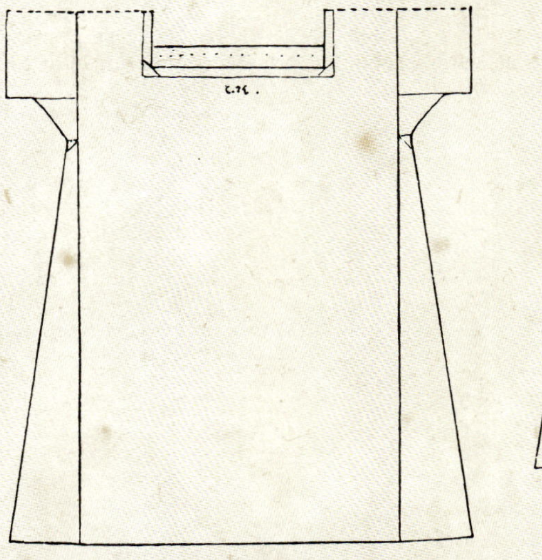

Einfaches gerades weites Frauenhemd.
(S. die Schnitteile hierneben.)

die Seitenkeile (Gehren, Spickel), wie wir dies vorführen. Auf dem mit Buchstabe b bezeichneten Teil erklären wir, wie aus einem 16 cm breiten, 92 cm langen Stück durch Schrägung je die zwei Teile für einen Spickel entstehen. Man setzt je zwei dieser Stücke gerade an gerade zusammen, sodaß ihre schrägen Ränder später an die geraden Seitenränder des Rumpfes treffen. Diese Machart verhindert das Längen und Zipfeln an den Seiten. Die Aermel, siehe das mit c bezeichnete Stück, schneidet man nach angegebenem Maß quer über den Stoff hinüber, sie halten dann besser, setzt ihnen einen Viereckteil, d, ein und säumt sie. Auf den unteren Zipfel des Keils d, unter dem Arm, säumt man die abgestumpfte Spitze des langen Spickels b. Nachdem dies geschehen, führt man in einem Zuge die langen Seitennähte aus, welche Aermel nebst Spickel mit dem Rumpf verbinden.

Der fadengerade ausgeschnittene Halsausschnitt wird an den vier Ecken $1^1/_2$ cm tief schräg eingeschnitten und nach außen gebogen. Die an den Ecken fehlenden Dreieckteilchen werden je zu zwei aus den kleinen Vierecken e geschnitten und als Zwickel angesetzt. Man steppt den Saum am Halse und den Aermeln ab; viele Bäuerinnen arbeiten hier Lochsaum. Den unteren Rand säumt man im gewöhnlichen Saumstich.

Die Beschreibung nimmt die Anfertigung eines einzelnen Hemdes an; sollen mehrere gemacht werden, so steckt man die Rumpflängen erst ab und schneidet an der ganzen Länge her die Seitenstreifen für die Gehren in einem Stück ab, ehe man den Stoff für die Rumpfe durchschneidet. — Das Hemd kann mit Brustschlitz gemacht

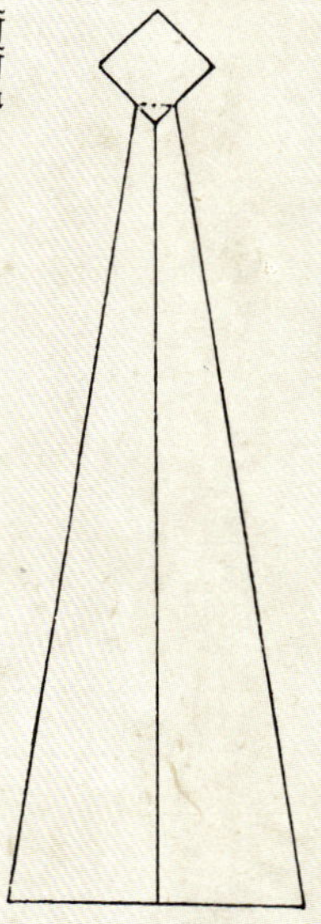

Seitenspickel für das Hemd,
aus zwei schrägen Keilen zusammengesetzt.

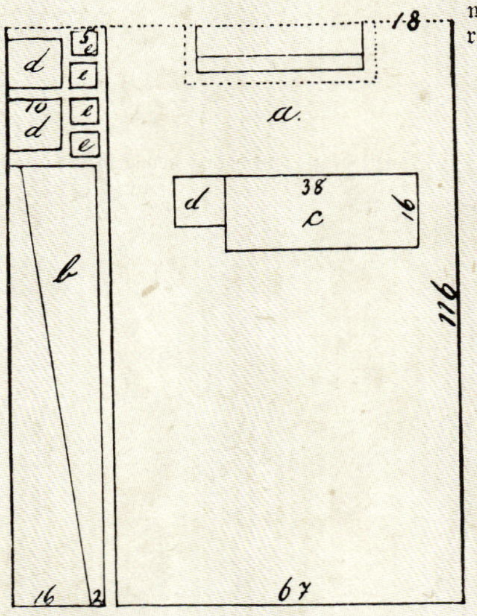

Schnitteile für ein weites Frauenhemd aus fadengeraden Stücken.
(S. die Abb. links hierneben.)
a. Rumpfteil. b. Seitenteile für den Spickel. c. Aermel. d. Aermelkeile. e. Vier kleine Quadrate für die Ecken des Halssaumes.

werden, den man 18 cm lang herrichtet und mit Saumstreifen besetzt.

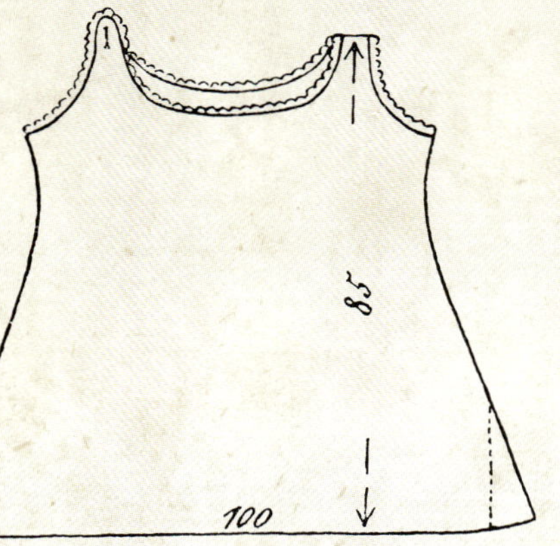

Kurzes, praktisches Hemd, bei Strümpfen großer Länge zu tragen.

Kurzes Hemd. Die Strümpfe sogenannter „englischer Länge" reichen bis zum halben Oberbein hinauf und werden durch Strumpfträger straff gehalten; es genügt daher eine Länge des Hemdes, die bis an die Strümpfe geht. Dies praktische Hemd bietet den Vorteil, keine Falten zu machen und doch den Unterleib völlig warm zu umschließen. Es läßt sich oben in jeder beliebigen modernen Hemdenform arbeiten, und alle unsere Schnitte können dafür verwendet werden, wenn man nur nicht versäumt, die trotz der geringeren Länge vorhandene untere Weite zu beachten.

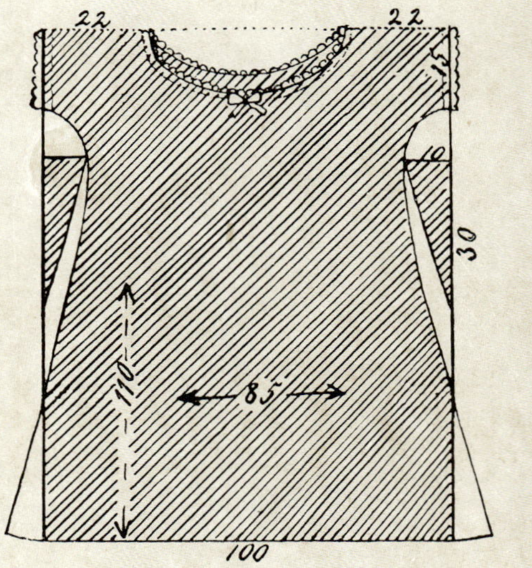

Einfachstes, rasch zu arbeitendes Hemd.

Einfachste Hemdenform, aus Dowlas, Barchent oder dergl. Dieses Hemd ist so rasch zu fertigen und so sparsam im Stoffverbrauch wie kein anderes und empfiehlt sich für jeden, der wenig Zeit zur Verfügung hat; außerdem legt es sich für Mangeln ganz glatt und flach und bedarf kaum des Bestreichens durch das Plätteisen. Seine Abnutzung beginnt zuerst auf den Achseln, die man aber durch rechtzeitig unter- oder aufgesetzte Achselstücke mit leichter Mühe für lange Zeit hin bessert. Man braucht zu dem Hemde nur zweimal die Rumpflänge und Saumzugabe; unter dem Arme fallen, durch die Höhlung, die kurzen Keile ab, die man, Webekante an Webekante, mit dem Rumpfe verbindet, wonach man die Seitennähte von unten bis zum Aermelrande ausführt. Säume um Aermel und unteren Rand (beim Aermel ist hierfür ein Stoffstreifen unterzusetzen) und ein dem Halsloch untergestepptes Band, das einen Zugsaum aufnimmt, beenden die geringe Arbeit dieses Hemdes. Man achte darauf, daß die spitzen Ecken der Zwickel unten etwas abgestumpft werden müssen, damit sie nicht zipfeln, und daß die Naht nicht mit zu straffem Faden gearbeitet, noch gereckt werden darf. Frauen machen am Halsausschnitt vorn einen Schlitz, der mit Ansatzstreifen zu versehen ist. Den Besatz wähle man nach Belieben; Trimming oder Handlanguette sind zu empfehlen.

Moderne Wäschegegenstände für Frauen.

Nachdem wir eingehend den Entwicklungsgang der Frauenunterkleidung betrachtet haben, wenden wir unser Interesse der Kleidung zu, die jetzt — und wohl noch auf ein Menschenalter hinaus — als die von den bessern Kreisen Deutschlands angenommene gilt, und der fast alle unsere Abbildungen gewidmet sind.

Das Hauptmerkmal bei den Schnitten aller modernen Wäsche ist, daß gerade Nähte fast nirgends mehr vorkommen, sondern alle Teile, an den Seiten, am Halse, am Armloch gerundet, geschweift — sozusagen auf Fasson geschnitten sind; ferner, daß die Fältchen und Kräuseln, die festen Bündchen und Passen sowie die verschiedenen Garnierungen fast durchgehend das Flachlegen und Mangeln der Wäsche verbieten und oftmals ein leichtes Stärken, jedenfalls aber sorgsames Plätten erfordern. Die Ansprüche an die Arbeitskraft der Hausfrau sind also in Richtung der Behandlung der Wäsche in demselben Maße gewachsen, wie sie durch Erleichterung des Nähens mittels Maschine vermindert waren.

Zur Anfertigung der modernen Frauenwäsche finden wohl häufig noch Leinen und Batist, in den meisten Fällen jedoch baumwollene Stoffe Anwendung, welche nach neuerer Anschauung, weil wärmer und bei weichem, feinem Faden weniger kostspielig, vorgezogen werden. Nur in den Schulen wird noch das systematische Zuschneiden eines ganz mit der Hand und nach dem Faden zu nähenden Hemdes gelehrt, das freilich die beste Uebung im Weißnähen gewährt, und dessen Erlernung nie verloren ist; im täglichen Leben dienen Schnittmuster verschiedener Form und die Nähmaschine der Herstellung der Wäsche. Jedoch auch hier bleiben Ordnung, systematisches Vorgehen und saubere Arbeit unerläßlich! Meist fertigt man bei Wäsche mehrere Stücke gleicher Art und fährt hierbei auch besser; man schneidet alsdann gleich hintereinander die nötige Anzahl der größesten Stücke ab (z. B. 6 oder 12 Hemdenrümpfe, 6 oder 12 Beinlingpaare), alsdann die notwendige Zahl der zweitgroßen Teile (Keile, Aermel, Passen) usw. Jede Sorte für sich heftet man durch Reihstich zusammen, damit kein Teilchen verloren geht. Man richte sich beim Zuschneiden immer nach dem zuerstgeschnittenen Stück eines Dutzends, weil sich leicht nach und nach kleine Aenderungen einschleichen, welche zu Fehlern anwachsen können.

In gleicher Weise verfährt man bei dem Nähen mit Maschine: man macht also nicht ein Hemd erst ganz fertig, sondern arbeitet erst alle Kappnähte, dann alle Säume gleicher Breite, alle Stüfchen, alle Stepplinien, alle Knopflöcher.

Das Maschinennähen verlangt, wie schon an anderer Stelle gesagt ist, große Aufmerksamkeit; die Stiche müssen wie Perlen aneinander gereiht sein, die Säumchen schnurgerade laufen. Wenn auch der Gewebefaden nicht maßgebend ist, so soll doch die Stichlinie wie am Lineal gezogen sein. Gute Maschinen haben hierfür praktische Einrichtungen; als Hilfe bei feinem Stoff erprobten wir das Unterlegen eines feinen Blattes Papier, das die Zähne des Greifers weiterschiebt, ohne einzuziehen und in den Stichfaden zu haken. Bei Baumwollstoffen meide man das Ausstreichen der Säume mit der Nähnadel, wodurch das Gewebe leicht brüchig wird, an Beginn und Schluß der Nähte verknote man die Fäden und streiche sie ein.

Von den Schnittmustern und dem Messen.

Bei Herstellung unserer Schnittmuster haben wir für jeden Gegenstand drei Normalgrößen gegeben; also 1. für schlanke, 2. für mittelstarke, 3. für starke Figuren je Hemd, Beinkleid, Nachthemd, und außerdem alle sonstig üblichen Schnittformen, als lose und anliegende Nachtjacke, Untertaillen, Rockpassen. — Es ist somit genug Wahl geboten, um Aenderungen in den Größen unnötig zu machen. Zur Sicherheit jedoch vergleiche man, ehe man ein gewähltes Schnittmuster benutzt, die Hauptmaße; es sind dies:

a) Bei Hemden die Länge und der Schulterumfang. Ein zu langes und weites Hemd sitzt unbequem und schlecht, und ein zu enges vernutzt sich doppelt rasch. Die etwa notwendigen Aenderungen des Schnittes nimmt man überall in der Mitte des betreffenden Schnitteils — sowohl in der Länge wie Weite vor: man schneidet also nicht etwa den Hemdenrumpf nur unten nach Bedarf kürzer, sonst würde er dort nicht unbedeutend enger werden, sondern nimmt in der Mitte der Länge nach Bedarf heraus und läßt die Seitenlinien etwas schräger laufen. Etwa nötige Ab- oder Zunahme des Halsbündchens oder der Passe nimmt man in hinterer oder vorderer Mitte und auf der Achsel vor. Unsere drei als Grundformen für Hemden angenommenen Modelle sind die kleidsamsten für die entsprechenden Größen der Frauengestalten.

Besondere Begünstigung findet der Achselverschluß, der aus verschiedenen Gründen praktisch ist, so bei Damen, die viel in Gesellschaft gehen, um die Achseln über dem Korsett zurückzuschlagen, und bei jungen Müttern, die nähren. Letztere können aber auch einfache Schnürhemden oder Hemden mit genügend langem Vorderschlitz benutzen, welche die Achsel und den Oberarm bedeckt halten können.

b) Bei Beinkleidern messe man die Seitenlänge nach und den Hüftumfang. Mehr als bei Hemden ist bei den Beinkleidern auf passenden Schnitt zu achten; man scheue die Mühe nicht, eventuell erst ein Probestück zu fertigen, weil die Haltbarkeit der Beinkleider sehr abhängig ist von richtigem Schnitt. Ist z. B. bei einer Gestalt ein starker Sitz vorhanden, so muß die Hinterhälfte des Beinkleids mehr erhöht werden, sonst strammt beim Hinsetzen der Stoff von hier bis nach dem Knie hin und scheuert das Beinkleid durch. Für starken Sitz empfiehlt sich auch die Form von Schnitt VIII Schnittbl. V. Auch darf kein Verschieben des Hüftpunktes stattfinden, also die Vorderpasse muß genau das richtige Maß haben, damit der fadengerade Stoffbruch des Beinlings auf Hüftmitte senkrecht herabhängt. — Bei jungen Frauen ist es ja natürlich nicht zu vermeiden, daß dieser Punkt sich zuzeiten aus seiner richtigen Lage verschiebt; diese kurzen Monate aber strengen die Wäsche nicht übermäßig an; immerhin müssen junge Frauen sich Beinkleider mit Zugsaum halten, die im Gurt weiter gemacht werden können, und von vornherein ein halbes Dutzend mit breiteren, weiteren Vorderpassen einrichten. Abb. 11, Schnitt IX auf Schnittblatt III empfiehlt sich dafür. — Wer vorzieht, Beinkleider mit festem Bündchen statt mit Zugsaum zu tragen, hat darauf zu achten, daß das Bündchen genügend um die Taille schließt, da andernfalls der Beinkleidschlitz offen steht, was zu Erkältungen Anlaß gibt. Dieser Gefahr wehrt gänzlich das mit Abb. 64 auf S. 30 dargestellte Beinkleid ab.

c) Bei Hemdhosen sind alle 4 Maße, Länge, Schulterumfang, Seitenlänge und Hüftumfang zu nehmen und zu vergleichen; am sichersten ist es, ein Probestück zu heften, ehe man mehrere Stücke zuschneidet.

d) Bei Nachthemden sind außer Länge und Schulterweite noch Halsweite und Armlänge der Figur mit dem Schnittmuster in Vergleich zu ziehen. Maßverschiedenheiten werden auch hier in der Mitte ausgeglichen. Die von uns für die drei Normalgrößen gewählten Formen haben sich gerade für die angenommenen Figuren als kleidsam erwiesen, so die Passe, Abb. 6, für starke Gestalten.

e) Bei Nachtjacken sind in erster Linie die Maße Oberweite, Aermellänge und Halsweite zu berücksichtigen, und demgemäß sind die Schnitteile, wiederum auf ihrer Mitte, länger oder kürzer zu machen. Es ist ratsam, für Krankheiten und Wochenbetten weite Jacken mit losem Rücken zu besorgen, wozu Schnitt XVII auf Schnittbl. III, ev. in der Achsel etwas verschmälert, dienen kann und Abb. 52 u. 54 auf S. 29 insbesondere zu empfehlen sind.

f) Auch bei Röcken ist das Maßvergleichen nicht zu versäumen, zumal bei Flanell- und Barchentröcken, die einlaufen. Die obere Weite der Bahnen darf nicht zu eng sein, weil sonst entweder der Schlitz offen steht oder der Rock sich hochschiebt, was die Hüften noch stärker erscheinen macht als einige Stoffzugabe. Die Weite muß den Umfang des Körpers auf stärkster Stelle um die Hälfte des Maßes überschreiten und wird durch Falten eingebracht.

Frisiermäntel, welche stets so lose sitzen müssen, daß sie überall beim Heben der Arme nachgeben, passen, im durchschnittlichen Mittelmaß gearbeitet, jeder Figur; ein Vergleichen der Halsweiten könnte indes nicht schaden. Man gibt diesen Kleidungsstücken gemeiniglich recht weite Aermel, die zurückfallen, wenn man den Arm hebt, oder bringt nur Oeffnungen für den Arm an.

Korsetts haben wir auch so weit in das Bereich unseres Buches gezogen, wie ihre Herstellung keinen Anspruch auf Spezialkenntnisse macht. Wohl kann man für junge Mädchen, schlanke Frauen, auch für die morgendliche Haustracht selbst Mieder fertigen, die zugleich wärmen und den Körper stützen, indes die Ausarbeitung der steifen, durch die jeweilige Mode vielfach abgeänderten Korsetts fordert fachgemäß geschulte Kräfte.

Beschreibungen der auf Seite 24 und 25 abgebildeten Wäschegegenstände für Frauen.

1. Hemd mit Achselschluß. Schnitt für schlanke Gestalten: I auf der Vorderseite des Schnittblattes III.

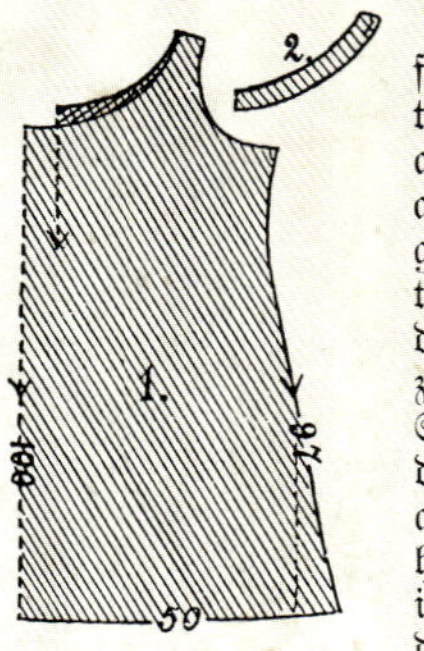

Dieses aus feinem Madapolam gefertigte Hemd ist im vorderen Rumpfteile zu zwei Gruppen von je 12 Fältchen abgesteppt und um Hals- und Armausschnitt von schmaler Stickerei begrenzt. Man schneidet beide Rumpfteile, mit Stoffbruch längs der vorderen und hinteren Mitte, nach Fig. 1 zu, nachdem man dieselbe der kleinen Schnittzeichnung gemäß verlängert und durch Ansetzen der Keile den Rumpf auf das untere Weitenmaß verbreitert hat. Nach Ausführung der Zierfältchen im Vorderteil schließt man das Hemd durch die Seitennähte, kraust den oberen Rand des Rückens auf 45 cm Weite ein und steppt die Stickerei am Halsausschnitt und Aermelrand sauber von der linken Seite gegen. Rechtsseitig besetzt man den vorderen Halsausschnitt mit dem mit Zierstich versehenen Bündchen, Fig. 2, den Rücken und die Aermelränder dagegen mit einer $^{1}/_{2}$ cm breiten Blende.

2. Hemd mit spitzer Passe und Achselschluß. Schnitt für mittelstarke Gestalten: II auf der Vorderseite des Schnittblattes III.

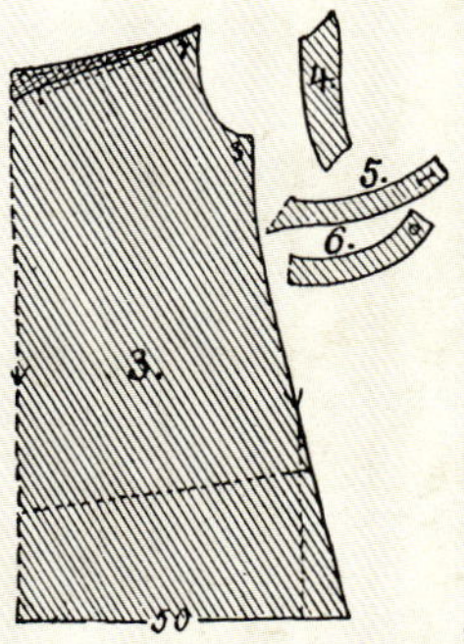

Das Hemd kann aus Hemdentuch oder Leinen gearbeitet werden, Passe und Aermel, Fig. 4—6, schließen mit Languetten ab, die in die doppelte Stofflage gestickt sind. Bei dem Aermel hat man dafür seiner Form folgend einen Stoffstreifen aufzusteppen. Nach Vervollständigung der Fig. 3 durch den Umbruch schneidet man nach dieser den vorderen und hinteren Rumpfteil, mit Stoffbruch längs der Mitte, zu. Für das untere Weitenmaß setzt man dem Rumpf die erforderlichen Keile ein. Man führt die Seitennähte aus und setzt den nach Fig. 4 zweimal zu schneidenden Aermel mit Kappnaht von 3 bis 7 ein. Dann reiht man nach Angabe Vorderteil und Rücken am Halse ein und steppt sie im Verein mit dem Aermel gemäß den gleichlautenden Zahlen zwischen die doppelten Stofflagen der Passen, Fig. 5 und 6. Knopfschluß auf der Achsel.

3. Hemd mit Vorderschluß und gestickter Passe. Schnitt für starke Figuren: III auf der Vorderseite des Schnittbl. III.

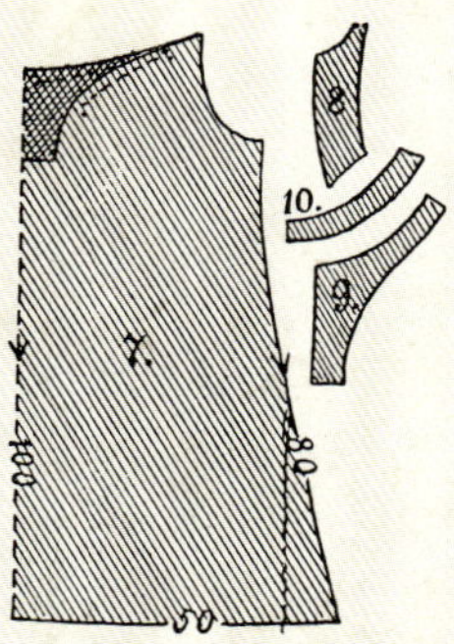

Aus kräftigem Hemdentuch war unser einfaches praktisches Modell gefertigt. Die Stickerei, für welche das Muster auf Fig. 9 vorgezeichnet, ist in doppeltem Stoff gearbeitet. Languetten bilden den Abschluß am Halsausschnitt und Aermelrand. Fig. 7 bietet die Schnittform für beide Rumpfteile. Vor dem Zuschneiden hat man nach Angabe die Schnitteile zu verlängern (s. nebenstehende Schnittzeichnung); der Rumpf ist durch Ansetzen der erforderlichen Keile zu verbreitern. Man schließt das Hemd durch Ausführung der Seitennähte und setzt den auf der Achsel im Stoffbruch geschnittenen Aermel, Fig. 8, mit Kappnaht an. Der obere Rand von Rücken und Vorderteil wird eingereiht und mit den Aermeln zwischen die zuvor auf der Achsel mittels Naht vereinigten Passenteile, Fig. 9 und 10, gesteppt. 2 Knöpfe und Knopflöcher vermitteln den Schluß des Hemdes in vorderer Mittte.

4 u. 4a. Nachthemd mit Fältchenverzierung. Schnitt für schlanke Gestalten: IV auf der Vorders. des Schnittbl. III.

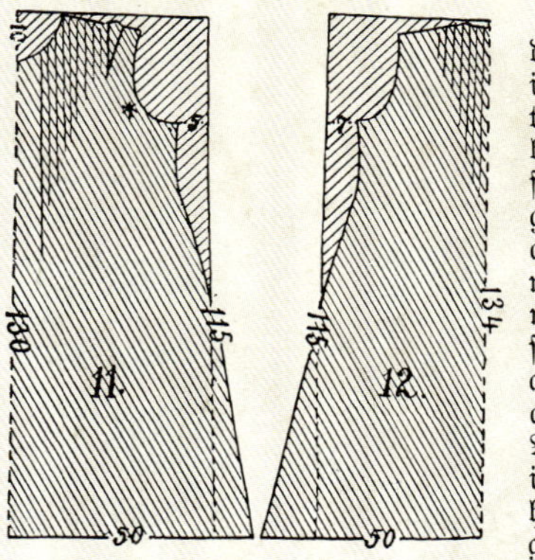

Die Ausstattung dieses Nachthemdes ist einfach und praktisch und wirkt dabei elegant; die zu feinsten Fältchen abgenähten Vorderteile ahmen Einsatzteile nach; dieselbe Garnierung wiederholt sich in ähnlicher Weise auf dem Rücken, wie aus der Rückansicht Abb. 4a zu erkennen ist. Unser Schnitt erhält durch den vorgeschriebenen, auf der Schulter anzubringenden Abnäher einen besonders guten Sitz, diese sogenannte Hilfsfalte verschwindet unter dem letzten Zierfältchen. Vor dem Zuschneiden hat man für die Fältchen beim Vorderteil 9, beim Rücken 8 cm in der Weite zuzugeben und die Rumpfteile zur unteren Weite durch Ansetzen von Keilen zu verbreitern. Erst nach Ausführung der Fältchen schneidet man Vorderteil und Rücken nach Fig. 11 und 12 endgültig zu. (S. die Schnittübersicht hierüber.) Im vorderen Rumpfteile schneidet man den 40 cm langen Schlitz ein und versieht seine Ränder mit Saumstreifen. Man schließt das Hemd durch die Achsel- und Seitennähte und benutzt zum Aermelschnitt die Fig. 23, die ohne Nahtzugabe, aber am unteren Rande 4 cm länger zuzuschneiden ist. Hier sowie 8 cm höher wird der Aermel eingereiht und daselbst mit Besatzbördchen besteppt, das auch den Ansatz der das Hemd zierenden Stickerei deckt. Dieselbe hat 5 cm Breite in dem Teile, der um den Hals und am Vorderrande hergeht; der Aermelvolant schrägt von 10 auf 4 cm ab. Fadengerades schmales Halsbündchen.

5 u. 6. Nachthemden.

S. die Beschreibungen auf der Vorders. des Schnittbl. III.

1. **Hemd m. Achselschluß.** Schnitt für schlanke Gestalten: I auf der Vorders. des Schnittbl. III. Erf. für 1/2 Dtzd.: 16 m Stoff; 10 m Stickerei.

2. **Hemd mit spitzer Passe u. Achselschluß.** Schnitt für mittelstarke Gestalten: II auf der Vorders. des Schnittbl. III. Erford. für 1/2 Dtzd.: 12,50 m Stoff; 16 m Languette

3. **Hemd mit Vorderschluß.** Schnitt für starke Figuren: III auf der Vorderseite des Schnittblattes III. Erforderlich für 1/2 Dtzd.: 16 m Stoff; 12 m Languette.

12. **Nahtlose Untertaille.** Schnitt: XV auf der Rückseite des Schnittblattes III. Erforderlich zu 2 Taillen: 1,25 m Stoff; 5 m Spitze.

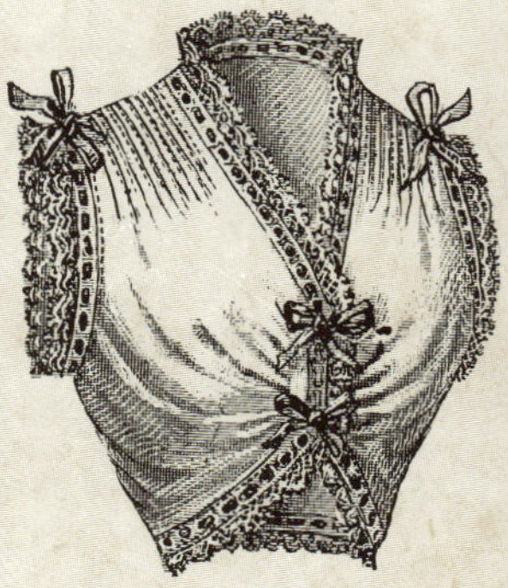

13. **Elegante Untertaille.** Erf. zu einer Taille: 0,40 m Stoff von 100 cm Breite: 3,10 m Stickerei. Verwendbarer Schnitt: XVIII auf der Rückseite des Schnittblattes II.

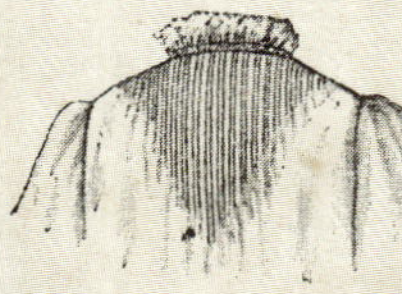

4a.

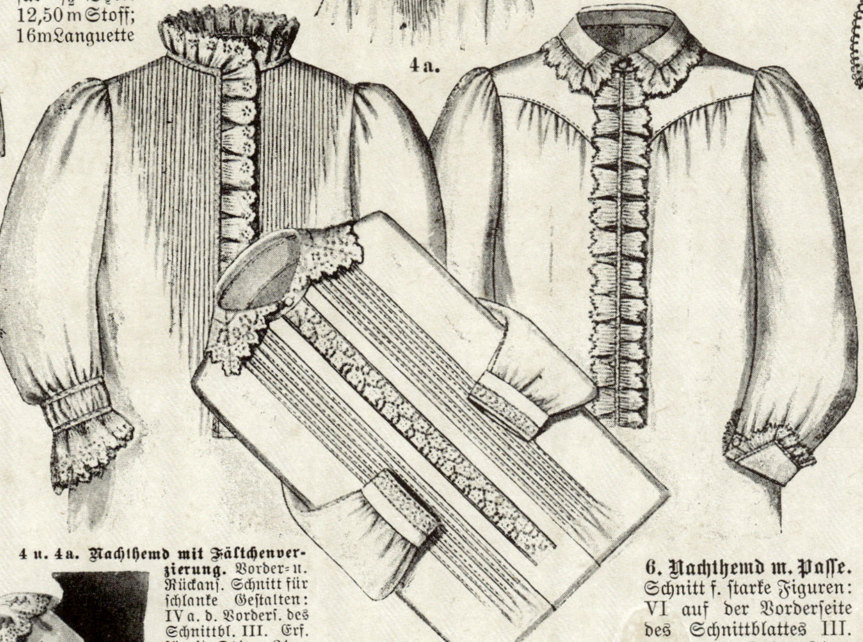

4 u. 4a. **Nachthemd mit Fältchenverzierung.** Vorder- u. Rückans. Schnitt für schlanke Gestalten: IV a. d. Vorders. des Schnittbl. III. Erf. für 1/2 Dtzd.: 24 m Stoff; 12 m Stickerei.

5. **Nachthemd mit Seitenschluß.** Schnitt für mittelstarke Gestalten: V auf der Vorderseite des Schnittbl. III. Erforderlich für 1/2 Dtzd.: 24 m Stoff; 4 m Stickerei; 6,25 m Einsatz.

6. **Nachthemd m. Passe.** Schnitt f. starke Figuren: VI auf der Vorderseite des Schnittblattes III. Erf. für 1/2 Dtzd.: 24 m Stoff; 12 m Stickerei. Beschreibung siehe auf der Vorders. des Schnittblattes III.

Beschreibungen siehe auf der Vorderseite des Schnittblattes III.

16. **Untertaille mit rundem Ausschnitt.** Schnitt für schlanke Gestalten: XIV auf der Rücks. des Schnittbl. III. Erforderlich zu einer Taille: 1 m Stoff.

7a. **Rückansicht zu Abb. 7.**

8. **Elegante Morgenjacke.** Erforderlich: 4 m Chiffon; 3 m Stickerei; 2 m Einsatz. Verwendb. Schnitt: XVIII auf der Rückseite des Schnittblattes III.

7. **Frisierjacke.** Schnitt: XVIII auf der Rückseite des Schnittblattes III. Erforderlich: 4 m Stoff; 2,65 m Stickereieinsatz; 4 m Stickerei.

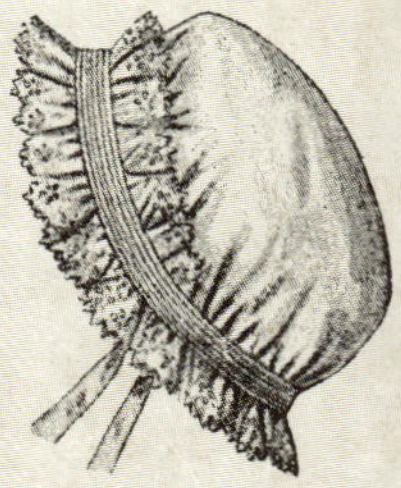

19. **Nachthaube mit Stickereibesatz.** Schnitt: XI auf der Vorderseite des Schnittblattes III. Erforderlich für 1/2 Dtzd.: 2 m Perkal; 7 m Stickerei.

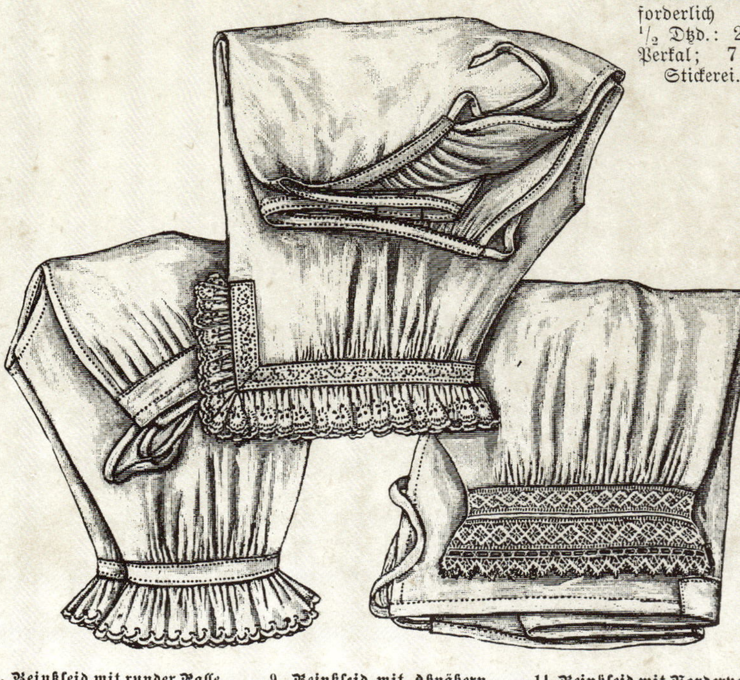

10. **Beinkleid mit runder Passe.** Schnitt für starke Figuren: VIII auf der Vorderseite des Schnittblattes III. Erf. für 1/2 Dtzd.: 12 m Stoff; 9 m Stickerei.

9. **Beinkleid mit Abnähern.** Schnitt für schlanke Gestalten: VII auf der Vorders. des Schnittbl. III. Erf. f. 1/2 Dtzd.: 12 m feiner Shirting; 13,80 m Stickerei; 8,50 m Einsatz.

11. **Beinkleid mit Vorderpasse.** Schnitt f. mittelstarke Gestalten: IX auf der Vorderseite des Schnittblattes III. Erforderlich für 1/2 Dtzd.: 12 m Stoff.

Die Beschreibungen siehe auf Seite 23, 26 und 27.

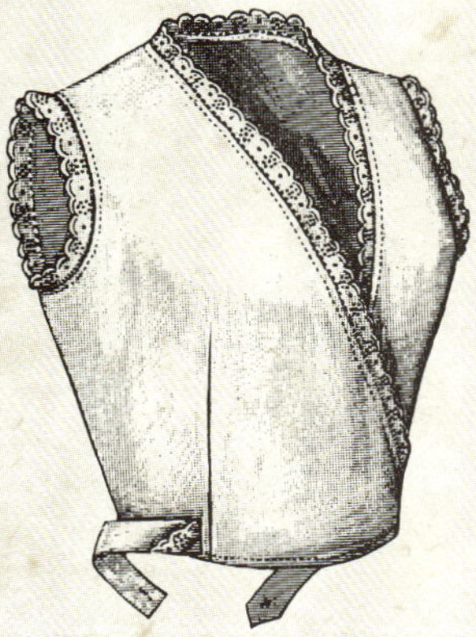

14. **Untertaille in Tuchform.** Verwendb. Schnitt: XV a. d. Rücks. des Schnittbl. III. Erf. für 2 Stück: 1,25 m Stoff von 63 cm Breite; 4,50 m Stickerei.

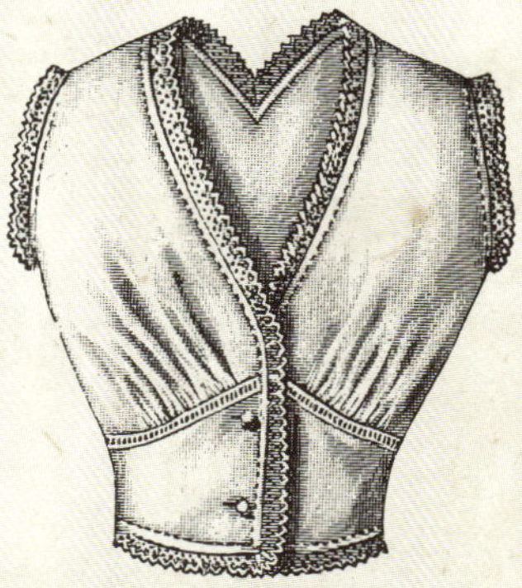

15. **Untertaille mit Miedergürtel.** Schnitt: XXI auf der Rückseite des Schnittblattes III.

23. **Elegantes Hemd mit blusigem Einsatz.** Siehe den nebenstehenden Schnitt, Abb. 23 a.

24. **Elegantes Hemd mit gesticktem Latz.** Siehe den kleinen Schnitt Abbildung 24 a hierüber.

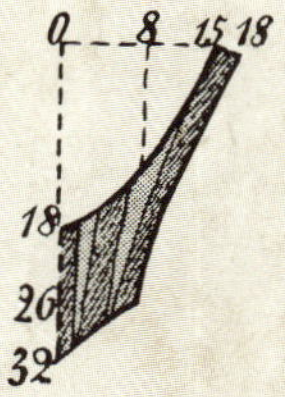

24 a. Schnittübersicht (Hälfte) zum gestickten Latz des Hemdes, Abb. 24.

17. **Hemd mit flachem Ausschnitt.** Verwendbarer Schnitt: XII auf der Vorderseite des Schnittblattes III.

18. **Hemd mit Achselschluß.**

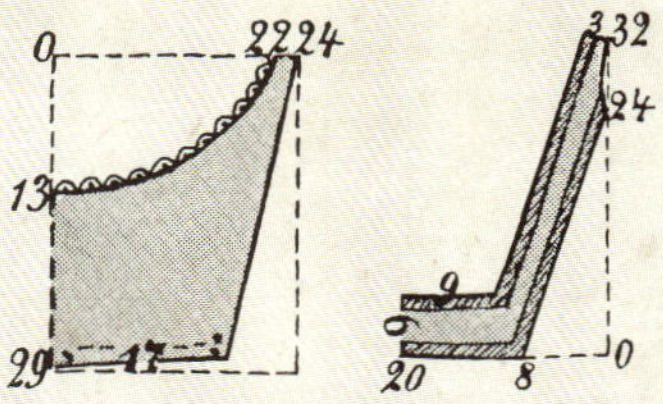

23 a. Schnittübersicht (Hälfte) zu Brusteinsatz und Verbindungsstreif von Abb. 23.

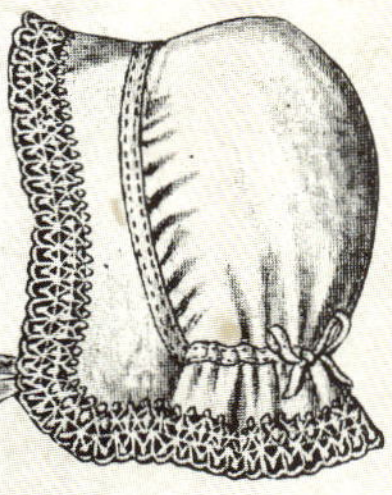

20. **Nachthaube mit Passe.** Schnitt: X auf der Vorderseite des Schnittblattes III. Erford. für 1/2 Dtzd.: 2 m Perkal.

25 a. Rückansicht zu Abb. 25.

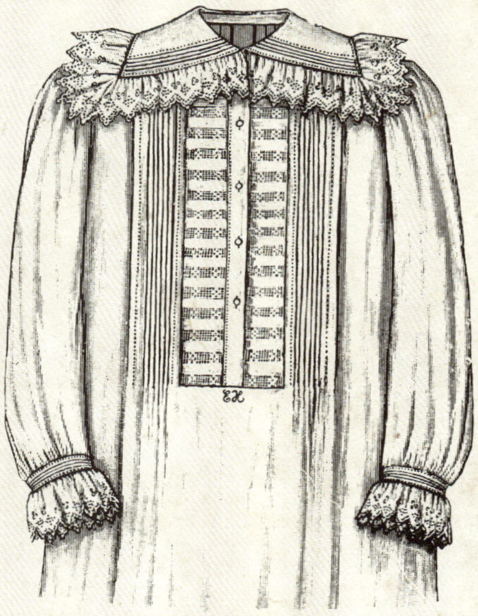

25. **Nachthemd mit breitem Umlegekragen.** Verwendbarer Schnitt: IV oder V auf der Vorders. des Schnittblattes III. Erford. für 1/2 Dtzd.: 24 m Stoff; 13 m Stickerei. S. auch hierneben Abb. 25 a.

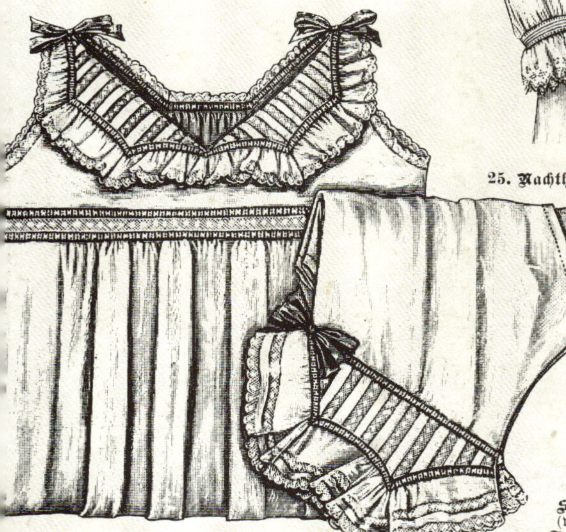

21 u. 22. **Elegantes Hemd und Beinkleid mit Spitzenbesatz.**

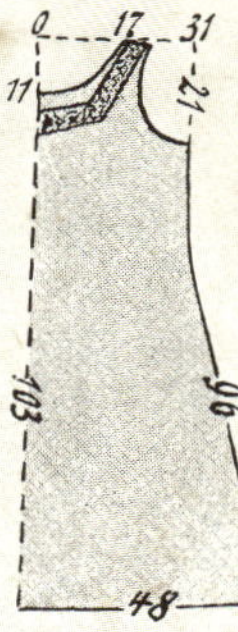

26 a. Schnitt (vierter Teil) **des Hemdes, Abb. 26.**

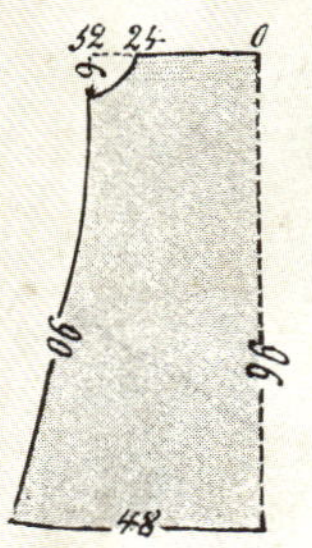

28 a. Schnitt (vierter Teil) **des Hemdes, Abb. 28.**

26 u. 27. **Hemd mit spitzem Ausschnitt und Beinkleid mit Säumchen.** Siehe die Schnitte: Abb. 26 a dieser Seite und IX auf der Vorderseite des Schnittbl. V.

28 u. 29. **Elegantes Hemd und Beinkleid mit Spitzenbesatz.** Siehe die Schnitte: Abb. 28 a dieser Seite u. XVIII auf der Rückseite des Schnittblattes IV.

Die Beschreibungen siehe auf Seite 23, 26 und 27.

7 u. 7a. Frisierjacke.

Schnitt: XVIII auf der Rückseite des Schnittblattes III.

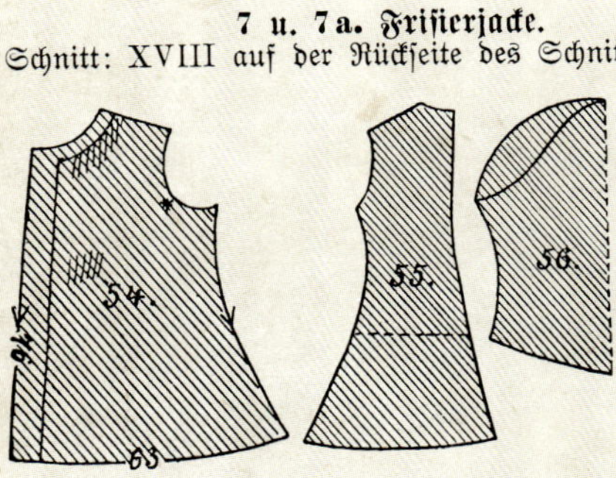

Erf.: 4 m Stoff; 2,75 m Stickereieinsatz, 2,50 m Stickerei. Zu der hübschen, vorn knöpfenden, im Rücken halbanliegenden Jacke ist feiner Perkal genommen, farbiges Seidenband hält die losen Vorderteile zusammen und ergibt die Halsschleife. Ihren unteren Rand schließt ein 20 cm hoher, 3,40 m weiter Volant ab, welcher am Rande mit 3 Fältchen und 2 cm breitem Saume versehen ist. Zur Herstellung der Jacke hat man Vorderteil und Rücken sowie den Aermel zweimal zu schneiden. Jeden Vorderteil legt man, das Maß der Grundform erreichend, in kleinere Falten, die im Gürtel lose ausspringen. Dann bereitet man die aus Stickereieinsätzen gebildete kleine herzförmige Passe, setzt sie auf den Vorderteil und schneidet nach Ausführung der verbindenden Naht den Stoff darunter fort. Ihre Ansatznaht wird durch den in den Hals tretenden Schulterkragen, Fig. 56a, verdeckt. Den halbweiten Aermel schneidet man aus doppelt gelegtem Stoff zu und reiht ihn am oberen gewölbten Rande nach Bedarf ein, unter dem Arm schließt er sich glatt ins Armloch. Der Stickereivolant ist 92 cm weit, 8 bezw. 4½ cm breit.

8. Elegante Morgenjacke.

Verwendbarer Schnitt: XVIII auf der Rückseite des Schnittblattes III.

Die hübsche Morgenjacke aus feinem Chiffon schließt unten mit 15 cm breitem, 3,50 m weitem Volant ab, den am Rande ein 2 cm breiter Saum und darüber drei feine Säumchen zieren. Ihr verdeckter Knopfschluß liegt auf der linken Schulter und von da an der Seite entlang, weshalb der rechte Vorderteil entsprechend breit zuzuschneiden ist. Er tritt, in 3 Quetschfalten gelegt, an einen spitzen, mit Stickereieinsatz durchzogenen Latzteil, welchen ein 8 cm breiter, 1,10 m weiter Stickereivolant begrenzt. Hals- und 24 cm weites Aermelbündchen bestehen aus Stickereieinsatz und sind je mit 45 cm weitem Stickereivolant garniert. Rosa Seidenband putzt die Jacke, es wird durch den Zugsaum des unbesetzten Rückens gezogen und vorn zu Schleife gebunden.

9. Beinkleid mit Abnähern. Schnitt für schlanke Gestalten: VII auf der Vorderseite des Schnittblattes III.

Aus feinem Madapolam ist das unten geschlitzte Beinkleid gearbeitet. Einsatz und reiche Stickerei bilden seinen Ausputz. Nachdem man die Fig. 26 durch den Umbruch vervollständigt hat, schneidet man das Beinkleid unter Berücksichtigung der Linie für den vorderen Beinkleidausschnitt, mit Stoffbruch längs der mit „Mitte" bezeichneten Linie zweimal zu. Durch Naht gestaltet man jeden Teil zu Beinling, dessen unterer Rand, nach Einschneiden des Seitenschlitzes, auf 40 cm eingereiht und mit dem Einsatz

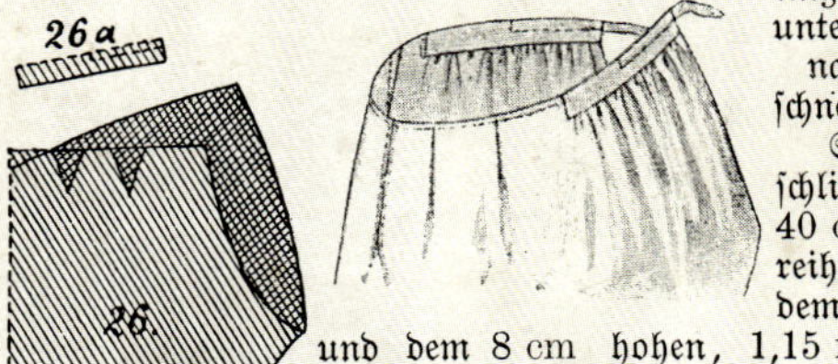

und dem 8 cm hohen, 1,15 m weiten Stickereivolant besetzt wird. Man untersteppt die Ausschnittränder mit einem Saumstreifen und verbindet dann beide Beine vorn durch 10 cm lange Naht. Am oberen Rande führt man in vorderer Hälfte die auf nebenstehender Abbildung vorgezeichneten beiden Abnäher aus und setzt einen schmalen schrägen Saum gegen. Die hintere Hälfte wird eingereiht zwischen die doppelte Stofflage des geraden Bündchens, Fig. 26a, gesteppt, das man mit Zugsaum versieht.

10. Beinkleid mit runder Passe. Schnitt für starke Gestalten: VIII auf der Vorderseite des Schnittblattes III.

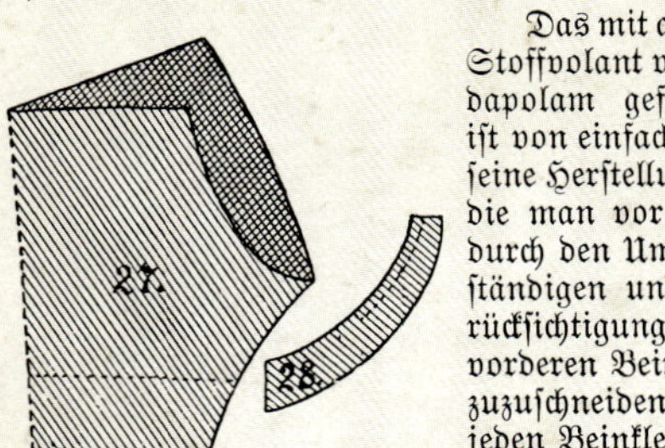

Das mit auslanguettiertem Stoffvolant verzierte, aus Madapolam gefertigte Beinkleid ist von einfacher Machart. Für seine Herstellung dient Fig. 27, die man vor dem Zuschneiden durch den Umbruch zu vervollständigen und dann unter Berücksichtigung der Linie für den vorderen Beinkleidteil zweimal zuzuschneiden hat. Man näht jeden Beinkleidteil von 57 bis 58 zusammen, untersteppt die Ränder des Beinkleidausschnittes und vereinigt die Beinlinge vorn durch kurze Naht mittels überwendlicher Stiche. Die nach hinten schmäler werdende Passe, Fig. 28, schneidet man aus doppeltem Stoff, steppt sie hinten zu Zugsaum ab und näht die Beinkleider, den gleichlautenden Zahlen gemäß, vorn glatt, hinten eingereiht dazwischen. Auf 48 cm Weite kraust man die unteren Beinkleidränder ein und garniert sie nach Art der Abb. mit dem 8 cm hohen, 75 cm weiten Volant.

11. Beinkleid mit Vorderpasse. Schnitt für mittelstarke Gestalten: IX auf der Vorderseite des Schnittblattes III.

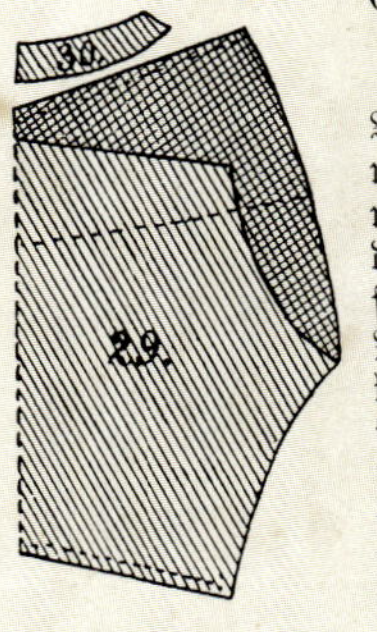

Zu dem mit Häkelarbeit versehenen Beinkleid aus kräftigem Stoff geben wir das Schnittmuster mit Fig. 29, bei welcher der Umschlag und die Linie für den vorderen Beinkleidteil zu berücksichtigen sind. Nach Ausführung der Nähte faßt man den oberen Rand der kürzeren vorderen Beinkleidhälfte zwischen die doppelte Stofflage der Passe, Fig. 30, den hinteren höheren Rand steppt man zu Zugsaum um (s. die Bruchlinie) und führt Bindebänder hindurch. Man kraust das Beinkleid am unteren Rande auf 48 cm Weite ein und verziert es mit Einsatz und Spitze aus Häkelarbeit oder Stickerei. Jeder Volant hat 75 cm Weite.

12. Nahtlose Untertaille.

Schnitt: XV auf der Rücks. des Schnittbl. III.

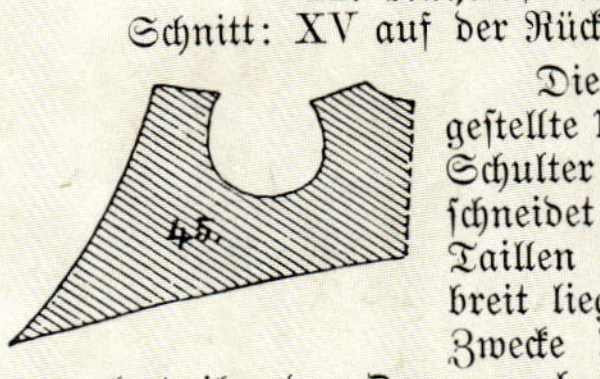

Die praktische aus Cambric hergestellte Untertaille ist nur auf der Schulter mit Naht versehen. Man schneidet am vorteilhaftesten stets zwei Taillen zu, da der Stoff 93 cm breit liegt. Man breitet zu diesem Zwecke den Stoff (1,25 m) ganz aus, legt ihn der Quere nach zusammen (93 breit, 62½ lang) und schneidet nun beide Untertaillen zu, indem man den Stoffbruch längs der mit „Mitte" bezeichneten Linie legt. Alsdann hat man nur die Achseln mit Saumnaht zu verbinden, alle Ränder zu languettieren, den unteren Rand zu säumen.

13. Elegante Untertaille.

Verwendb. Schnitt: XVIII auf der Rücks. des Schnittbl. II.

Zu dieser aus einem Stück hergestellten und nur durch Achselnaht geformten Untertaille diente feinfädiger Batistchiffon. Von der Schulter an ist er in schmale senkrechte Fältchen gesteppt, welche ausspringend die nötige Brustweite ergeben. Die Taille schließt durch zwei Leinenknöpfe, die durch Bandschleifen verdeckt werden. Alle ihre Ränder gleichwie die Armlöcher faßt Stickerei mit Bändchendurchzug ein. Auf der Schulter ist das Bändchen zu Schleife geknüpft.

14. Untertaille in Tuchform.

Verwendb. Schnitt: XV auf der Rückseite des Schnittbl. III.

Die aus feinem Shirting hergestellte Untertaille legt sich tuchartig um den Körper und erweist sich wegen ihrer einfachen Schnittform als äußerst praktisch bei der Wäsche. Sie erhält außer den Brustabnähern nur Nähte auf der Achsel, den Schluß vermitteln gürtelartige, 4 cm breite, 56 cm lange, im Rücken knöpfende Stoffspangen, die in ein Spitze auslaufenden Vorderteilen angenäht werden. Die Spange der linken Leibchenhälfte wird durch ein neben dem Brustabnäher der rechten Leibchenhälfte befindliches Knopfloch geführt.

15. Untertaille mit Miedergürtel.

Schnitt: XXI auf der Rückseite des Schnittbl. III.

Unser hübsches Modell aus feinem Shirting ist mit 3 cm breiter Stickerei geputzt. Man schneidet den Rücken aus einem Stück, den Vorderteil zweimal und reiht ihn am unteren Rande auf das Maß des Miedergürtels ein, für welchen der Stoff doppelt genommen wird. Dann schließt man die Taille durch Ausführung der Nähte auf der Achsel und unter den Arme. Die Verbindung von Hauptteil und Gürtel übernimmt an diesem Modell ein schmaler Stickereieinsatz, welcher verfallen oder durch ein aufgesetztes Börtchen ersetzt werden kann. Knopfschluß.

16. Untertaille mit rundem Ausschnitt. Schnitt: XIV auf der Rücks. des Schnittbl. III. Oberweite: 44 cm.

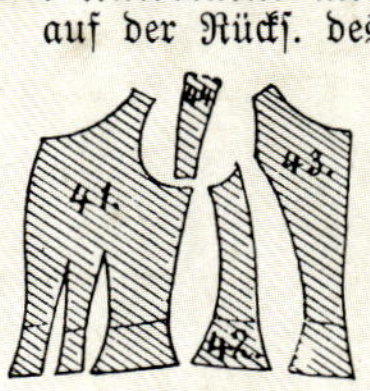

Unser aus Madapolam gefertigtes Modell ist mit Stickerei geputzt, die entweder gleich in den Stoff gestickt oder angesetzt wird; in ersterem Falle legt man beim Sticken ein schmales feines Band unter. Nachdem man die Fig. 41 bis 43 zweimal zugeschnitten hat, näht man sie, entsprechend den gleichlautenden Zahlen, zusammen. Den im Stoffbruch zu schneidenden Aermel, Fig. 44, schließt man durch Naht und setzt ihn so ein, daß dieselbe auf den Stern des Vorderteils trifft.

17. Hemd mit flachem Ausschnitt.

Verwendb. Schnitt: XII auf der Vorders. des Schnittbl. III.

Sehr feiner Madapolam war für dieses Hemd benutzt, dessen schöne, reiche Lochstickerei in den Hemdrumpf eingestickt war. Seine flache Form eignet sich für volle Gestalten gut; es schließt auf der Achsel. Farbiger Banddurchzug.

18. Hemd mit Achselschluß.

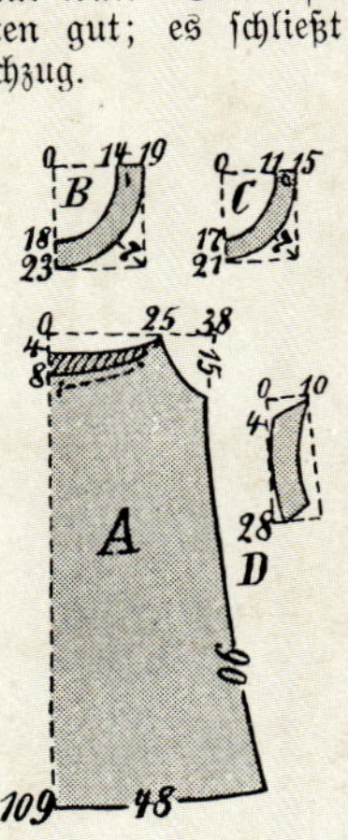

Das aus kräftigem Hemdentuch hergestellte Hemd hat kurze Aermel, die in die schmale Passe münden. Die Stickerei ist, auch bei den Aermeln, in doppeltem Stoff ausgeführt. Man schneidet das Hemd nach nebenstehender Schnittzeichnung zu, und zwar die Rumpfteile nach A je einmal, wie ersichtlich den vorderen mit etwas tieferem Halsausschnitt. Nachdem man den nach D in 2 Teilen zuzuschneidenden und unter dem Arme durch Naht geschlossenen Aermel an die zusammengenähten Rumpfteile gesetzt hat, steppt man das am Halsausschnitt eingereihte Hemd zwischen die doppelte Stofflage der Passenteile B und C. Knopfschluß auf der Achsel.

19. Nachthaube mit Stickereibesatz. Schnitt: XI auf der Vorderseite des Schnittblattes III.

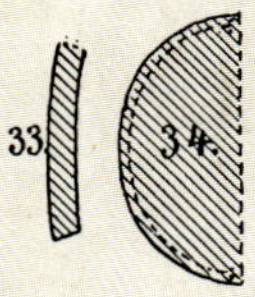

Die in Netzform gearbeitete Haube wird für den Boden nach Fig. 34 einmal mit Stoffbruch längs der Mitte zugeschnitten und am Rande auf das Maß des Bündchens, Fig. 33, eingereiht und mit diesem verbunden. Man garniert die Haube unserer Abbildung gemäß mit Stickerei und deckt deren Ansatz mit einem Besatzbördchen oder einem zu Fältchen abgenähten Streifen.

20. Nachthaube mit Passe. Schnitt: X auf der Vorderseite des Schnittblattes III.

Feines Leinen oder Batist und geklöppeltes Spitzchen dienten zur Herstellung der Haube, für die man die Passe, Fig. 31, mit Stoffbruch längs der oberen Mitte zuschneidet. Man setzt den in einem Stück nach Fig. 32 geschnittenen, mit Zug zu versehenden Boden, von 72 bis 73 durch Rollsaum eingezogen, an die Passe und führt noch die kleine Naht von 73 bis 74 aus. Man ziert den äußeren Rand mit der Fuß an Fuß gesetzten Spitze. Die Schnittform eignet sich für ältere Frauen.

21 u. 22. Hemd und Beinkleid.

Zur Nachfertigung dieser beiden eleganten, für Brautwäsche passenden Gegenstände empfehlen sich nur feine Stoffe, wie Batist, Chiffon oder Seide. Unsere Modelle waren mit Valenciennesspitze und 1 cm breitem Spitzen- und Stickereieinsatz geputzt. Das vorn mit kurzen Miederteilen gearbeitete Hemd ist für die angesetzten Aufschläge von Spitzeneinsätzen durchzogen und von 4 cm breitem, 1,70 m weitem spitzenbesetzten Volant umgeben, welcher unter Stickereikäntchen befestigt ist. Solches ziert nebst Spitzeneinsatz den Miederteil, dessen Schnittform sowie die der Aufschläge nebenstehende kleine Zeichnung erklärt; bei letzterem trifft die mit Null bezeichnete Ecke auf vordere Mitte. Die Stickereikäntchen am Ansatz des eingereihten, oben 72 cm weiten geraden Rumpfes und um den Halsausschnitt des Rückens. Spitze hier und am Armloch, seidene Schleifen auf der Schulter. Man gebraucht zu einem Hemde 2,50 m Stoff; 3,50 m Spitze; 2,10 m Einsatz; 2,50 m Spitzenkäntchen.

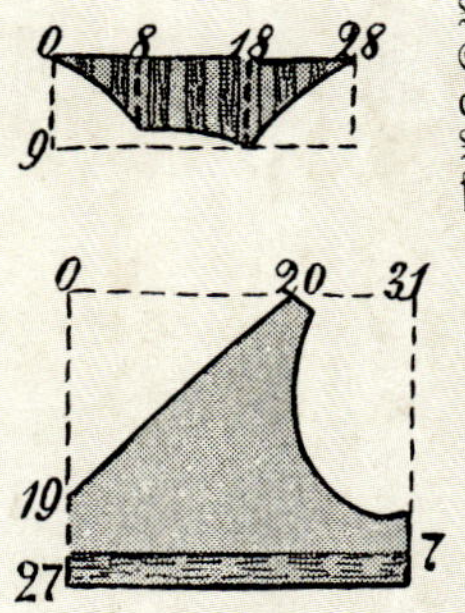

21 a. Schnittübersicht zu Miederteil und Aufschlag

Das Beinkleid, in der Vorderhälfte nach dem Knie zu scharf abgeschrägt, erhält hier den nach nebenstehendem Schnitt herzurichtenden Ansatzteil, bei dem die mit Null bezeichnete Ecke auf den höchsten Ausschnittspunkt trifft. Die Rückenhälfte hat gleiche Form, aber ohne Einsätze, nur mit dem Volant. Erf. für ein Paar: 2 m Stoff; 3 m Spitze; 5 m Einsatz; 2,80 m Stickereikäntchen.

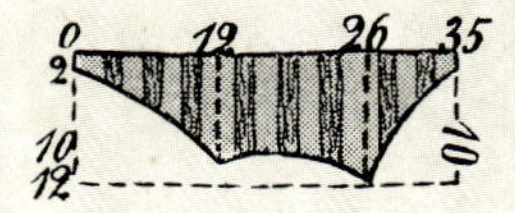

Ansatzteil zum Beinkleid.

23 u. 23a. Elegantes Hemd mit blusigem Einsatz.

Die Machart des Hemdes ahmt die Empireform nach und steht vollen Gestalten sehr gut. Der grundlegende Schnitt gleicht der Abb. 26a auf S. 25, die Maße des Brusteinsatzes und Verbindungsstreifens sind mit der kleinen Schnittübersicht Abb. 23a gegeben. Man bringt den unteren Rand des Brusteinsatzes durch feine, 5 cm hohe Fältchen auf 18 cm Breite und fügt ihn dann an den schmalen eckigen, von schmalstem Stickereibördchen berandeten Verbindungsstreifen; den vorderen Rumpfteil hat man entsprechend dem Brustlatz auszuschneiden. Die obere Weite des Brustteils wird durch farbiges, durch die Löcher der Stickerei geführtes Seidenband zusammengehalten. Zwischen den Fältchen läuft ein Zierstich entlang. Das Hemd hat keine Schlußvorrichtung.

24 u. 24a. Elegantes Hemd mit gesticktem Latz.

Bei diesem aus feinem Madapolam gearbeiteten, auf der Achsel schließenden Hemde ist die tief herunterreichende schnebbige Passe beachtenswert. Abb. 24a gibt ihre Maße. Sie ist von 5 klar eingesetzten Stickereieinsätzen durchschnitten, deren äußerste sich bis zur Achsel hinaufziehen. Ein zierliches Grätenstichbördchen berandet die Passe und den Einsatz; Stickerei um Hals und Aermelrand. Die Rumpfteile können nach den Maßen der Abb. 26a auf Seite 25 zugeschnitten werden, unter Berücksichtigung der zu verändernden Ausschnittform für den Vorderteil.

25. Nachthemd mit breitem Umlegekragen.

S. Rückans. Abb. 25a. Verwendb. Schnitte: IV u. V auf der Vorderseite des Schnittblattes III.

Zur Herstellung des hübschen Hemdes diente mittelstarkes Hemdentuch und $6^1/_2$ cm breite Stickerei, welche Umlegekragen u. Aermelbündchen kraus besetzt. Für den neben den Fältchengruppen des Vorderteils befindlichen Einsatz ist ein Stickereistoff benutzt, welcher für unser Hemd $4^1/_2$ cm Breite hat und in der Querrichtung genommen ist. Bei diesem Besatzstoff wechseln $1^1/_2$ cm breite, klare und dichte Streifen ab, er dient ausschließlich zu Garniturzwecken und wird entweder wie bei diesem Nachthemd in ganzer Fläche oder als Besatzstreif zur Deckung oder Verbindung von Nähten verwendet. In letzterem Falle schneidet man ihn in den dichten Streifen durch. Der Stoff liegt in 4 m Länge verschieden breit, er wird reihenweise berechnet. Das Hemd schließt vorn sichtbar, je 4 feinste Säumchen sind auf dem Aermelbündchen und an dem breiten Umlegekragen vorn querüber angebracht.

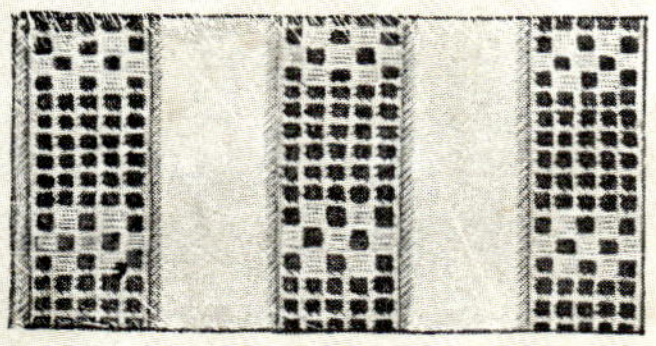

Besatzstoff zu Abb. 25.

26 u. 27. Hemd mit spitzem Ausschnitt und Beinkleid mit Säumchen.

S. die Schnitte Abb. 26a auf S. 25 und IX auf der Vorderseite des Schnittbl. V.

Das Hemd hat Achselschluß und spitzeckigen Ausschnitt und liegt über der Brust faltenlos an. Seine Schnittform erklärt Abb. 26a. Es ist um Hals- und Aermelrand mit Stickerei besetzt, der vordere Ausschnitt außerdem mit 3 cm breitem Stickereieinsatz. — Das Beinkleid zeigt einfache praktische Ausstattung mit feinsten Säumen. Es ist mit Seitenschluß gearbeitet und nach obengenanntem Schnitt zu arbeiten. Das Knie behält durch die Kürze des Schnittes freien Spielraum und wird nur durch den 10 cm hohen, 90 cm weiten Volant gedeckt. Trotzdem das Beinkleid Seitenschluß hat, bleibt es unter dem Körper offen, die Beinlinge werden nur vorn und hinten mit kurzer Naht vereinigt und Vorder- und Rückenhälften dann in schmale Passen gefaßt. Bei der vorderen Hälfte engen Abnäher oder Kräuseln die Weite ein, die Passe ist hier etwas schnebbig; die hintere Beinkleidhälfte ist an eine runde Passe gekräuselt, die seitwärts mit Knopflöchern versehen wird und auf die vordere Passe knöpft.

28 u. 29. Hemd und Beinkleid mit Spitzenbesatz.

S. die Schnitte: Abb. 28a Seite 25 und XVIII auf der Rücks. des Schnittbl. IV.

Hemd und Beinkleid sind aus feinstem Hemdentuch gearbeitet und mit Banddurchzug und Valenciennesspitze geputzt. Das oben gerade abschneidende Hemd hat keine Aermel, Achselbänder mit Knopfschluß ersetzen sie. Für ausgeschnittene Leibchen können sie heruntergeschlagen werden. Eine gerade Säumchenpasse nimmt den Vorderteil des Hemdes auf, während der Rücken eingereiht wird. Das Beinkleid ist in eine runde, hinten mit Zug eingerichtete Passe gefaßt; die kurzen, seitlich abgerundeten Beinlinge schließen mit 12 cm hohem, 1 m weitem Spitzenvolant ab.

30. Hemd mit geschweifter Passe.

Schnitt: XV auf der Rücks. des Schnittbl. IV.

Das aus kräftigem Madapolam gearbeitete Hemd ist mit Languetten, die in den doppelten Stoff der Passe gestickt sind, geziert; an ihre Stelle könnte auch Häkelspitze oder Stickerei treten. Die Passenteile schließen auf der Achsel. Die Rumpfteile, Fig. 39 u. 40, sind auf die angegebenen Maße zu verlängern (s. die Schnittzeichnung hierneben), und ihre Weite ist durch Ansetzen von Keilen zu erzielen. Beide Teile werden einmal zugeschnitten und durch die Seitennähte verbunden. Die mit aufgestepptem Saum abschließenden Aermel werden, Naht auf Naht, ins Armloch eingenäht. Der übrige Teil des Aermels faßt, gleich den oben nach Angabe einzureihenden Rumpfteilen, zwischen die doppelte Stofflage der Passe, die an ihren Außenrändern von zwei Steppstichreihen begrenzt ist. Das Hemd sieht bei gediegener Machart recht gut aus und sitzt vorzüglich.

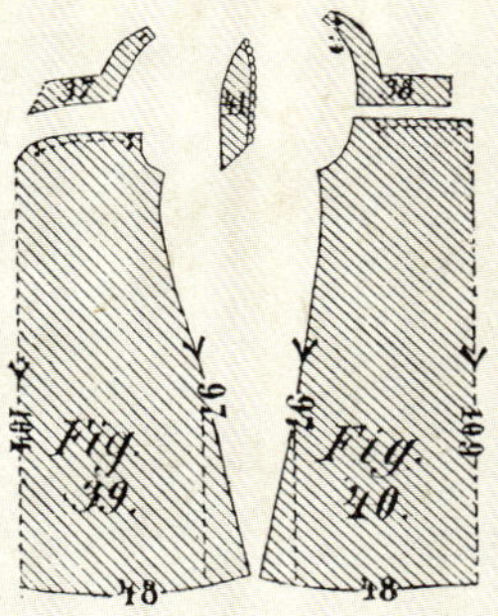

31. Hemd mit Achselschluß und langen Aermeln.

Das aus kräftigem Madapolam gefertigte Hemd hat mäßig tiefen Ausschnitt und ziemlich lange Aermel, die im Verein mit der Passe auf der Schulter zuknöpfen. Die Stickerei begrenzt fortlaufend Hals- und Aermelränder. Zur Selbstanfertigung ist nebenstehender Schnitt zu benutzen; man schneidet den Vorderrumpf nach A einmal aus doppeltgelegtem Stoff zu, den Rücken gleichfalls, jedoch etwas enger und am oberen Rande weniger tief. Für den Aermel schneidet man nach D zwei Teile, die man unter dem Arme durch das aus einem Stück zugeschnittene Keilchen so verbindet (E gibt die Hälfte der Schnittform), daß unter dem Arm der schräge Bruch des Stoffes liegt. Die oberen Aermelränder sind mit Saumstreif zu besetzen und mit Knopfschluß einzurichten. Die Passenteile B und C aus doppeltem Stoff nehmen die oben eingereihten Rumpfteile auf.

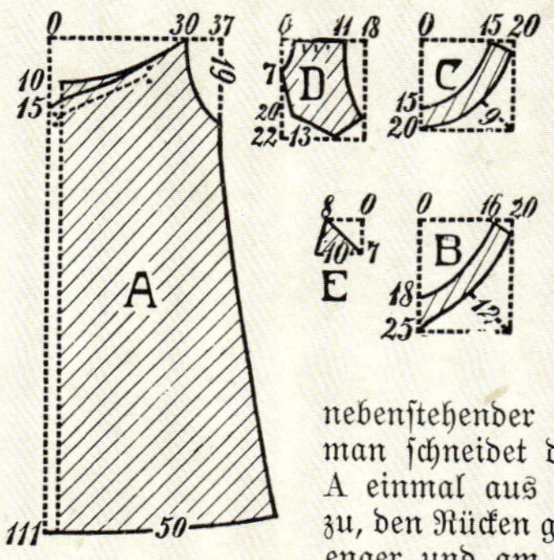

32. Ballhemd.

Dieses für Ball- und Gesellschaftszwecke wohlgeeignete Hemd zeichnet sich durch einfachste Machart, aber sehr feines Material aus: Batist, 5 cm breite Valenciennesspitze und 3 cm breite Durchzugsstickerei. Als Schnitt dient Abb. 28a auf Seite 25. Wie ersichtlich ist das Hemd ohne Achseln gearbeitet, an Stelle derselben treten schmale seidene Bindebänder, die bei schmalachseligen ausgeschnittenen Kleidern auch gelöst werden können. Vorderteil und Rücken sind oben auf je 36 cm ganze Breite eingereiht, ersterer mit der Durchzugsstickerei besetzt, letzterer mit Schrägstreif eingefaßt, ebenso ist dem Armlochrand ein Schrägstreif untergeheftet. Die 2 m weite Spitze läuft um Hals- und Armlochrand.

33. Hemd mit eckigem Ausschnitt und reichem Stickereibesatz.

Schnitt u. Beschreib. XVII auf der Rücks. des Schnittbl. II.

34. Hemd mit rundem Ausschnitt.

Schnitt: XIV auf der Rücks. des Schnittbl. IV.

Das in einfacher Schnittform gearbeitete Hemd ist um Hals- und Aermelrand mit Languette und Bindlochstickerei geziert, die in den doppelten Stoff gearbeitet sind, zu welchem Zweck zuvor ein in passender Form geschnittener Stoffteil untergesteppt ist. Nach obengenanntem Schnitt findet die Herstellung keine Schwierigkeit. Man hat nur vor dem Zuschneiden der Rumpfteile die Fig. 35 u. 36 bei 84 cm unterer Breite auf 93 cm Seitenlänge zu bringen. Das Hemd schließt auf der Achsel mittels Knopfes, farbiges Seidenband ist durch die Löcher der Stickerei geführt.

35. Elegantes Hemd mit spitzem Ausschnitt.

Schnitt u. Beschreib. XVI auf der Rücks. des Schnittbl. II.

36. Halbhohes Hemd mit Seitenschluß.

Schnitt: XVI auf der Rückseite des Schnittblattes IV.

Aus feinem Hemdentuch ist dieses mit Languettenstickerei garnierte Hemd gearbeitet. Es hat einen nur mäßig tiefen Ausschnitt und ziemlich lange Aermel, erscheint daher für die kältere Jahreszeit geeignet. Man schneidet beide auf der Achsel durch Naht verbundenen Hauptteile nach Fig. 42 und 43 (s. die Schnittzeichnung hierneben), mit Stoffbruch längs der vorderen und hinteren Mitte, je einmal zu und rundet erst den Halsausschnitt der Grundform entsprechend ab, wenn die Fältchen des Vorderteils genäht sind. Dann erst wird der Seitenschlitz, wie bezeichnet, eingeschnitten und werden seine Ränder mit Saumstreif versehen. Die Fältchen sind, vorn einen $1^1/_2$ cm freien Raum lassend, daselbst 8, an den Seiten 7 cm lang festgesteppt. Der Aermel, durch Naht von 69 bis 70 geschlossen, trifft mit derselben beim Einsetzen in das Armloch mit dem auf Fig. 42 befindlichen Aermelstern zusammen.

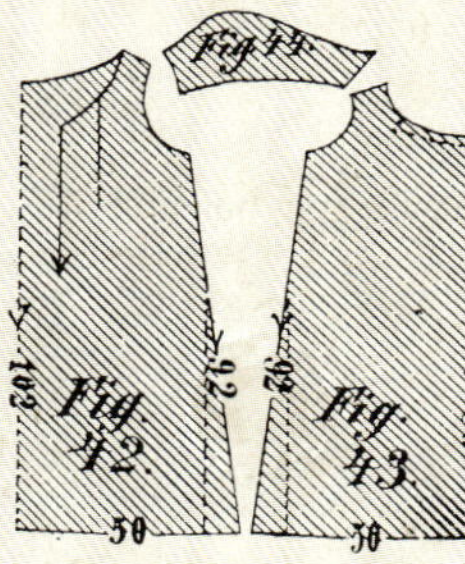

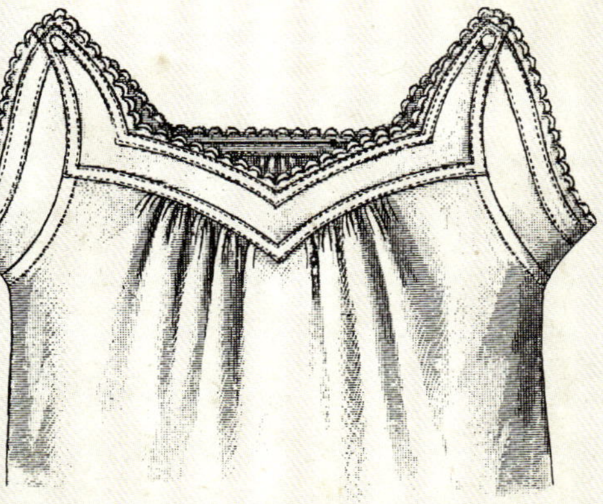

30. Hemd mit geschweifter Passe und Languettenstickerei. Schnitt: XV auf der Rückseite des Schnittblattes IV.

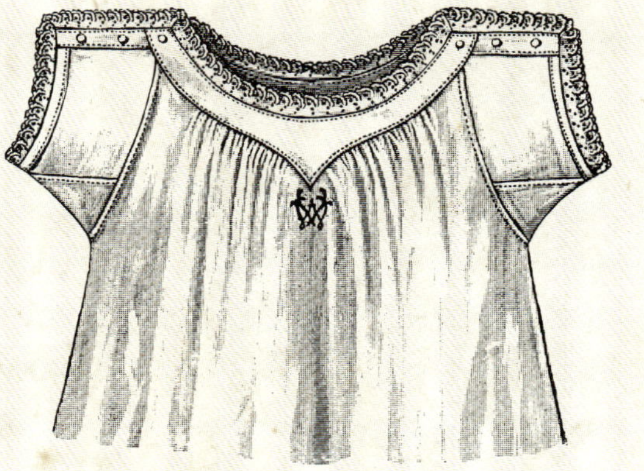

31. Hemd mit Achselschluß und langen Aermeln.

32. Ballhemd; s. den Schnitt Abb. 28a auf S. 25.

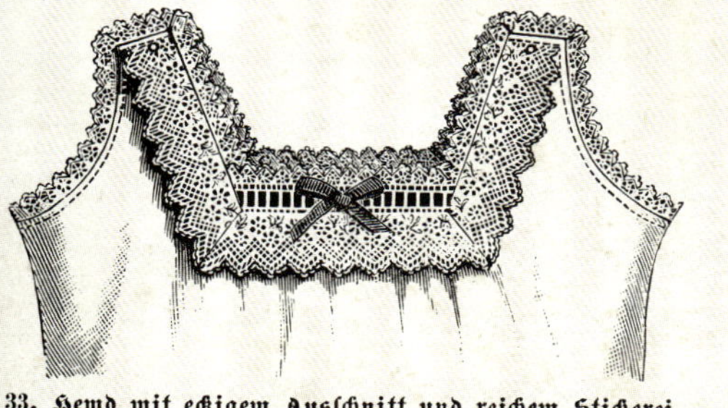

33. Hemd mit eckigem Ausschnitt und reichem Stickereibesatz. Schnitt und Beschreibung: XVII auf der Rückseite des Schnittblattes II.

34. Hemd mit rundem Ausschnitt. Schnitt: XIV auf der Rückseite der Schnittblattes IV.

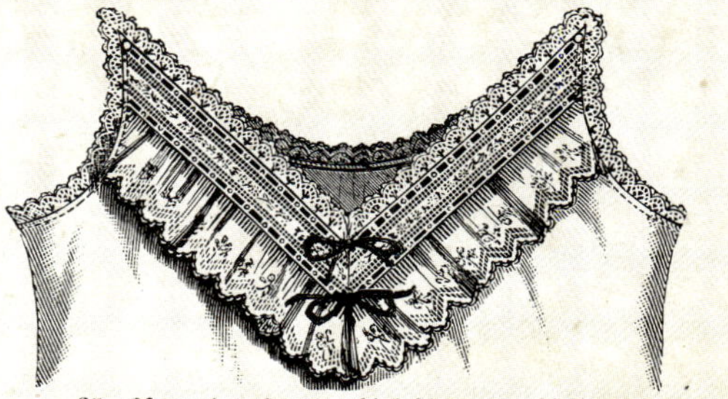

35. Elegantes Hemd mit spitzem Ausschnitt. Schnitt und Beschreibung: XVI auf der Rückseite des Schnittblattes II.

37 u. 37a. Einfaches Hemd.
Schnitt: XII auf der Vorderseite des Schnittbl. III.

Das rings geschlossene Hemd ist an seinen Ausschnitträndern mit breiter, genau der Schnittform folgender Stoffblende unterlegt, welche den Stickereibesatz mitfaßt. Das Untersteppen dieses Streifs bedarf großer Genauigkeit. Wie Abb. 37a zeigt, sind vier kleine zu umschürzende Löchlein angebracht, durch die ein farbiges Band gezogen wird, das man zu Schleife bindet, um dadurch das Hemd vorn hochzuraffen und der Brust Raum zu schaffen.

36. Halbhohes Hemd mit Seitenschluß. Schnitt: XVI auf der Rückseite des Schnittbl. IV.

37. Einfaches Hemd. S. auch Abb. 37a. Schnitt: XII auf der Vorderseite des Schnittbl. III.

man die Fig. 47, statt mit geschweifter Naht, mit Stoffbruch längs der hinteren Mitte zu. Vor dem Zuschneiden hat man den Vorderteil auf die angegebenen Maße zu verlängern, wozu der mit Umbruch gegebene Rücken die genaue Seitenlänge gibt. Für die 6 auf knapp 1/4 cm Breite aufzusteppenden Fältchen im Vorderteil hat man längs des vorderen Randes 3 1/2 cm Stoff zuzugeben. Nach dem Absteppen der Fältchen näht man die Jacke zusammen und rundet dann erst den Halsausschnitt aus. Diesen faßt ein mit Umlegekragen versehenes Bündchen ein. Den Blusenärmel reiht man vor der Hand in ein 4 cm breites, 22 cm weites Bündchen aus doppeltem Stoff; Umlegekragen und Aermelaufschlag sind der Abb. gemäß mit kleinen Säumchen und Stickerei zu zieren, letzteres besetzt auch beide Seiten der aufgesteppten Knopfleiste. — Die Jacke, Abb. 44, ist vorn wie auch im Rücken mit Passe gearbeitet, an welche die losen Hauptteile gekräuselt sind. Die Vorderpasse ist querüber von zwei gestickten, klar eingenähten Einsätzen und zwei Gruppen feiner Fältchen durchschnitten; ein Stickereivolant verdeckt den vorderen Knopfschluß, besetzt die vor der Hand in schmales Bündchen gefaßten Blusenärmel und ergibt die Halskrause. Als Schnitt kann XVII auf der Rückseite des Schnittbl. III dienen; die Passenteile sind nach Fig. 48 u. 49 zu schneiden, die losen Hauptteile desgleichen, man hat aber zu beachten, daß sie oben um Passenbreite kürzer und längs des vorderen und hinteren Randes für die Kräuseln weiter zu halten sind.

39 u. 40. Zwei Taghemden.
S. auch Abb. 38. Schnitte: III u. IV auf der Vorders. des Schnittbl. V.

Das erste Hemd aus feinem Madapolam ist mit schöner Lochstickerei geschmückt, deren Muster auf dem Schnitt aufgezeichnet ist. Man schneidet nach der nach Angabe verlängerten Fig. 6 Vorderteil und Rücken je aus dem Ganzen zu, schließt die Seitennähte, bringt auf dem Vorderteil die Stickerei, an Hals- und Armlochrändern die Languetten an. Letztere stickt man in doppeltem Stoff, wozu man ein schmales feines Band unterlegt, für den Achselschluß steppt man kleine Stoffteile unter. — Für das Hemd mit Vorderschluß, Abb. 40, schneidet man Vorderteil und Rücken nach Fig. 7 mit Stoffbruch längs der mit „Mitte" bezeichneten Linie je einmal zu. Abb. 38 zeigt, daß, nachdem der Schlitz im Vorderteil eingeschnitten und nach rechts und links ein kleiner Quereinschnitt gemacht ist, der Stoff zu Saum umgeschlagen und dann ✕ auf ● zu Falte gelegt wird. Man näht die Säumchen, setzt den Stickereieinsatz an, steppt die Falte unten querüber fest und schließt hierauf Achsel- und Seitennähte. Der Rücken wird auf 25 cm Weite eingereiht. Die Stickerei geht um Hals- und Armlochränder.

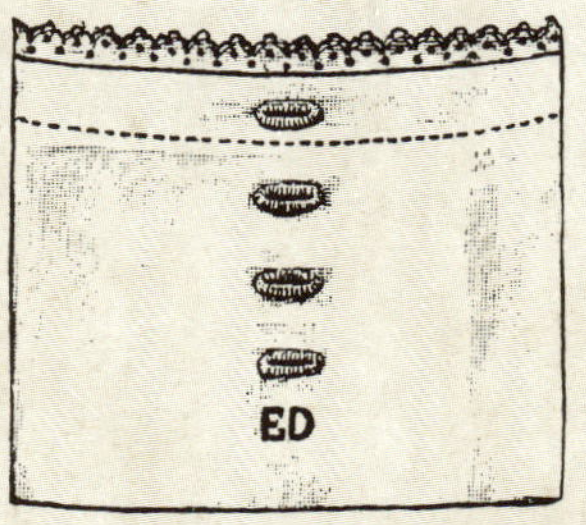

37a. Knopflöcher im vorderen Rumpfteil des Hemdes, Abb. 37.

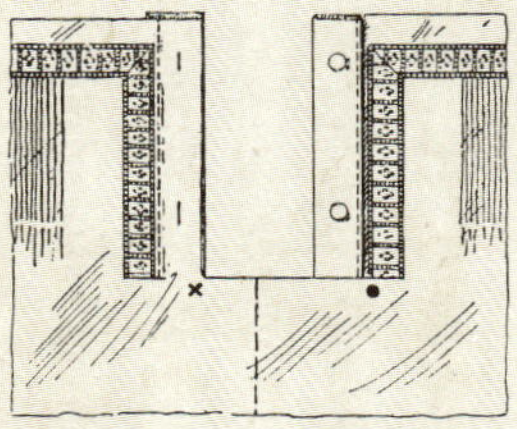

38. Das Umbiegen der Schlitzränder zum Hemde, Abb. 40.

45. Nachthemd mit Seitenschluß.
Verwendb. Schnitt: V auf der Vorderseite des Schnittblattes III.

Das hübsche, aus feinem Madapolam gefertigte Hemd ist für den breiten rechten Vorderteil mit 4 je 3 cm breiten Stickereieinsätzen geputzt, die unten spangenartig ausgehen und durch 3 Gruppen von je 4 Fältchen getrennt werden. Dem schmalen linken Vorderteil wird für den verdeckten Knopfschluß ein Saumstreif an-, dem rechten einer untergesetzt. Aus Einsatz bestehen Kragen- u. Aermelbündchen, beide Teile mit Stickereivolant geziert.

46. Einfaches Nachthemd.
Verwendb. Schnitt: VI auf der Vorderseite des Schnittblattes III.

Das Nachthemd aus kräftigem Hemdentuch ist mit Languettenstickerei, die in doppelter Stofflage ausgeführt ist, besetzt. Es ist vorn und im Rücken mit geraden Passenteilen gearbeitet, zu welchen der Stoff doppelt zu nehmen ist. Man beachte beim Zuschneiden nach obengenanntem Schnitt, daß der obere Rand der Rumpfteile gerade abschließen muß. Durch Stepplinien sind die aufgesetzte Knopfpatte, Aermelbündchen, Halsbündchen und der Ansatz der Passenteile geziert.

41 u. 42. Zwei Nachthemden mit Stickereibesatz.
S. die Rückansicht Abb. 41a u. 42a. Verwendb. Schnitte: IV u. V auf der Vorderseite des Schnittblattes III.

Aus mittelstarkem Madapolam hergestellt, erweisen sich diese Nachthemden sowohl in Machart wie Ausstattung als sehr praktisch. Bei beiden ist die sie zierende Stickerei in doppelter Stofflage ausgeführt (s. die Garniturteile auf S. 47). Der Vorderteil des ersten Hemdes ist in 2 Gruppen von je 3 Quersäumen abgenäht, und der Stoff hierfür ist beim Zuschneiden zuzugeben. Im Rücken, s. Abb. 41a, hat das Hemd eine Passe. — Für das Nachthemd, Abb. 42, sind die Vorderteile in je 4 Längssäumchen, der Rücken in je drei 15 cm lange Fältchen abgenäht und der vordere Knopfschluß verdeckt unter der gestickten Patte angebracht. Geschweifte bestickte Aufschläge verdecken die breiten, geraden Aermelbündchen.

43 u. 44. Zwei Nachtjacken.
S. die Schnitte: XVI und XVII auf der Rückseite des Schnittbl. III.

Die hübschen Vorlagen können aus beliebigen Stoffen, sei es feines Hemdentuch, Negligeestoff, Satin oder Köper, hergestellt werden. Mit Berücksichtigung dessen, daß die Jacken auch als Morgenjacken getragen werden können, sind unsere Schnitte reichlich lang gehalten, durch Ansetzen eines Volants können die Modelle bei Bedarf dann noch verlängert werden. Die erste Jacke, Abb. 43, ist nach Schnitt XVI zu arbeiten, die kleine Rückansicht Abb. 43a zeigt die Jacke im Rücken ganz lose, in diesem Falle schneidet

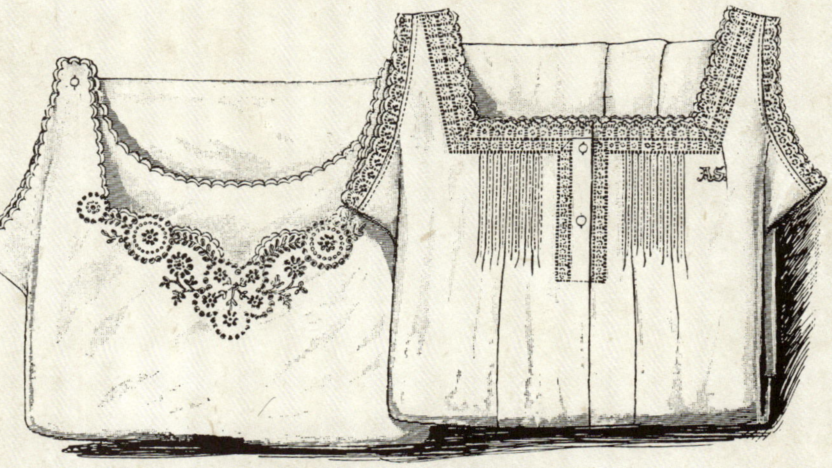

39. Hemd mit Handstickerei. Schnitt: III auf der Vorderseite des Schnittblattes V.

40. Hemd mit Vorderschluß. S. Abb. 38 und Schnitt: IV auf der Vorders. des Schnittbl. V.

47 u. 48. Zwei Nacht- und Morgenjacken.
S. Schnitt: XVII auf Rücks. d. Schnittbl. III.

Unser Schnitt Fig. 48 gibt die einfache Form eines Vorderteiles mit angeschnittenem Vordersaum, den man ✕ auf ● 1 legend nach oben zur Schaufalte umsteppt. Will man die 5 Gruppen von je 2 Fältchen wie bei Abb. 47 arbeiten, so muß man 5 cm Stoff am vorderen Rande zugeben und Achsellinie u. Halsloch erst endgültig ausgleichen, nachdem die Fältchen genäht sind. Bei dem auch als Morgenjacke zu benutzenden Modell, Abb. 48, ist der 2 cm breite Stickereieinsatz dem runden Koller klar eingenäht. An ihn schließen

41. Nachthemd mit Quersäumen. Verwendb. Schnitt: IV auf der Vorders.. des Schnittbl. III.

42. Nachthemd mit Stickereibesatz. Verwendb. Schnitt: V auf der Vorders. des Schnittbl. III.

41a. Rückansicht zu Abb. 41. **42a. Rückansicht zu Abb. 42.**

44a. Rückansicht zu Abb. 44. **43a. Rückansicht zu Abb. 43.**

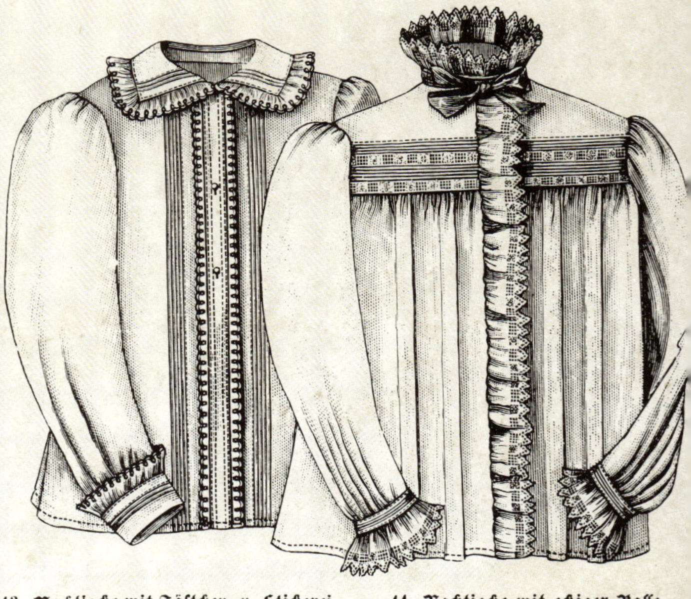

43. Nachtjacke mit Fältchen- u. Stickereiverzierung. Schnitt für schlanke Gestalten: XVI auf der Rückseite des Schnittbl. III.

44. Nachtjacke mit eckiger Passe. Verwendb. Schnitt: XVII auf der Rücks. des Schnittbl. III.

sich die eingereihten losen Vorderteile, der Rücken ist gerade, mit 3 cm breiter Quetschfalte, die bis zum Halsloch reicht. Den vorderen Knopfschluß übernimmt eine in Säumchen abgesteppte Patte. Stickereivolant am geraden Halsbündchen; auf dem fadengeraden 6 cm breiten Aermelbündchen. ist der Einsatz in Ecke aufsteigend angebracht.

49. Einfacher Frisierkragen.
S. den Schnitt, Abb. 49 a.

Der im Rundschnitt gehaltene praktische Kragen ist aus kräftigem Madapolam hergestellt. Man schneidet nach Abb. 49 a zwei Teile, die man längs des hinteren schrägen Randes zusammennäht. Vorn liegt der Stoff im geraden Fadenlauf, man setzt ihm hier und am unteren Rande einen $4^1/_2$ cm breiten Schrägstreif gegen. Vorderer Knopfschluß; Umlegekragen aus doppeltem Stoff, mit 90 cm weitem Stickereivolant garniert.

50 u. 50 a. Elegante Morgenjacke.

Die Jacke kann auch zum Frisieren getragen werden. Sie ist aus Batist gearbeitet und zierlich mit An- und Einsätzen aus Stickerei geputzt. Die Einsätze durchschneiden den von Stickerei umgebenen Matrosenkragen, beranden die zu Längsfältchen abgenähte schnebbige Passe und besetzen Halskragen und Aermelbündchen. Vorn lose, ist die Jacke im Rücken halbanliegend, ihren unteren Rand säumt man $1^1/_2$ cm breit um und setzt einen 18 cm breiten, mit 3 Säumchen ausgestatteten Volant von 2,50 m Weite an. Der Schluß liegt seitwärts.

51, 51 a u. b. Frisiermantel in Pelerinenform. Schnitt: XIX auf Rücks. d. Schnittbl. III.

Der lose, aus Madapolam gearbeitete, mit Stickerei besetzte Frisiermantel hat keine selbständigen Aermel, sondern nur Einschnitte zum Durchführen der Arme. Den unteren Rand zieren 5 cm über dem Randsaum vier ganz schmale Säume. Der Mantel besteht aus der aus doppeltem Stoff herzurichtenden Passe, dem aus drei fadengeraden Stoffbahnen zusammengesetzten, nach Fig. 58 am oberen Rande auszuschneidenden Hauptteile und dem fadengeraden Stehbündchen. Für den Hauptteil gibt Fig. 58 nur den vierten Teil, der entsprechend der kleinen Schnittzeichnung Abb. 51 a zuvor vervollständigt werden muß. Rücken wie Vorderteile legt man den ✕ und ● 3 bis 6 folgend in vier der Mitte zustrebende flache Falten; die Aermelkugel kräuselt man ein und setzt nun die Passe auf. In die Tiefe der letzten vorderen Falte des Hauptteils schneidet man den 28 cm langen Armschlitz ein und besetzt ihn mit der etwas vorgehaltenen Stickerei. Unterhalb der Garnierung des vorderen Randes befinden sich angesetzte Saumstreifen für Knopf und Knopflöcher, das Halsbündchen ziert ein 90 cm langer Stickereistreif.

45. **Nachthemd mit Seitenschluß.** Verwendb. Schnitt: V auf der Vorders. des Schnittbl. III.

47. **Lose Nacht- oder Morgenjacke mit Stickereibesatz für starke Figuren.** Schnitt: XVII auf der Rücks. des Schnittbl. III.

48. **Nacht- oder Morgenjacke mit rundem Koller.**

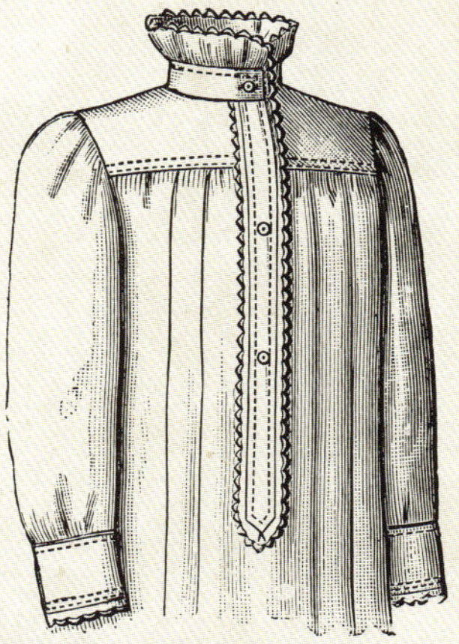
46. **Einfaches Nachthemd.** Verwendb. Schnitt: VI auf der Vorderseite des Schnittblattes III.

49. **Einfacher Frisierkragen.** S. den Schnitt, Abb. 49 a.

50. **Elegante Morgenjacke.** S. die Rückans. Abb. 50 a.

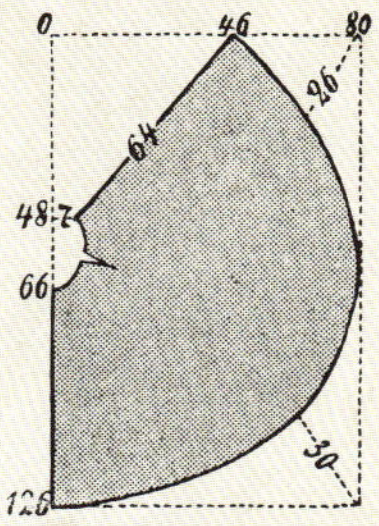

49 a. **Verkleinerter Schnitt mit Maßen zum Frisierkragen,** Abb. 49.

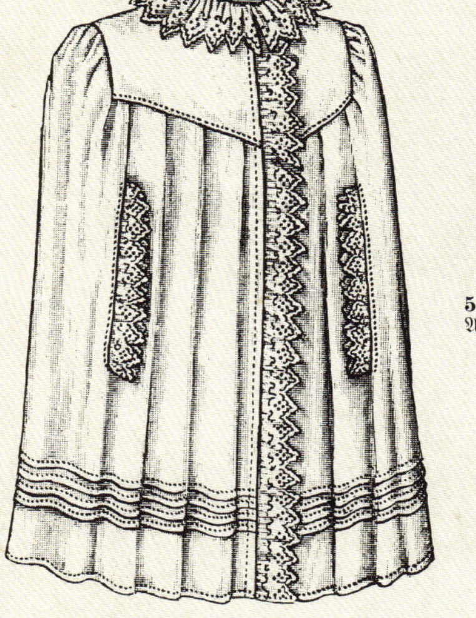
51. **Frisiermantel in Pelerinenform.** Siehe Abb. 51 a u. b. Schnitt: XIX Rücks. Schnittbl. III.

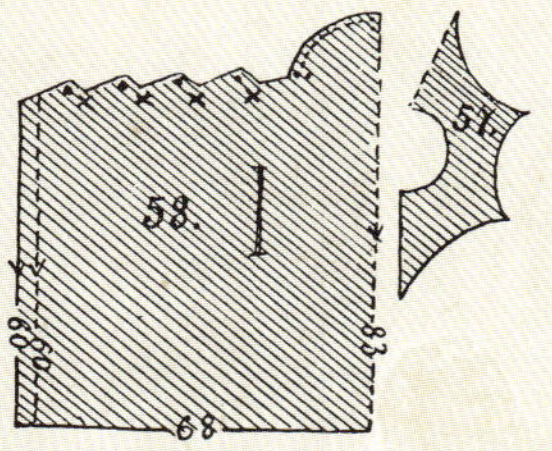

51 a. **Schnitt zum Frisiermantel,** Abb. 51. Vierter Teil. Schnitt: XIX auf Schnittbl. III.

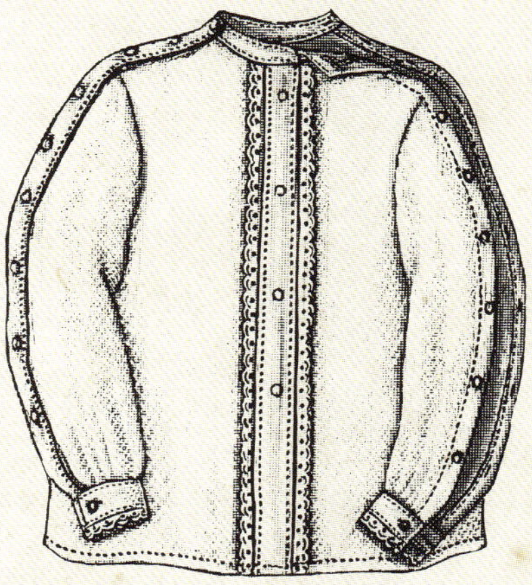
52. **Jacke für Kranke** mit Knopfschluß auf Achseln und Aermeln. S. auch Abb. 53.

50 a u. 51 b. Rückansichten zu Abb. 50 u. 51.

54. **Bequeme Jacke für Genesende.** Verwendbarer Schnitt: XVII auf der Rücks. des Schnittbl. III.

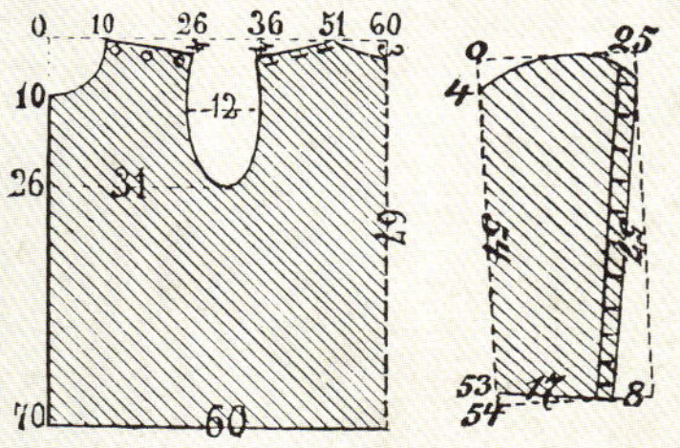

53. **Verkleinerter Schnitt mit Maßen zur Krankenjacke,** Abb. 52.

52. Jacke für Kranke.
S. Abb. 53.

Die aus beliebigem Stoff zu fertigende Jacke hat Knopfschluß vorn, auf den Achseln und auf den Aermeln und ist ihrer praktischen Machart wegen für Kranke sehr bequem an- und abzulegen. Die Schnittübersicht Abb. 53 erklärt mit Zahlen die einfach zuzuschneidende Form für Hauptteil und Aermel, die beide aus je einem Stück zugeschnitten werden. Man setzt die Aermel so ein, daß die offenen Ränder oben auf dem Arm liegen. In Verbindung mit den Achseln steppt man den Aermelrändern 3 cm breite Stoffstreifen unter und richtet die Knopfvorrichtung her. Den Halsausschnitt versieht man mit schmalem fadengeraden, den unteren eingereihten Aermelrand mit einem 4 cm breiten, mit Stickerei besetzten Bündchen. Längs des vorderen Randes 4 cm breiter, von Stickerei berandeter Streifen. Als passende Stoffe nennen wir Flanell, Piquee oder kräftiges Hemdentuch; diese Stoffe liegen 80 cm breit, man gebraucht 2 m davon und 1,75 m Stickerei.

54. Bequeme Jacke für Genesende.
Verwendb. Schnitt: XVII auf der Rückseite des Schnittblattes III.

Die für Zeiten des Unpäßlichseins sehr zu empfehlende, aus Kaschmir oder Flanell zu fertigende Jacke erhält Futter aus Halbseide. Sie wärmt, sitzt lose und kann im Bett wie außerhalb desselben zu jedem beliebigen Rock getragen werden. In den leicht gerundeten Vorderteilen befinden sich Taschen; dieselben sind so groß geschnitten, daß sie bis in den vorderen Rand treten, was sie hindert, sich zu ziehen. Den Aermel faßt vor der Hand ein Bündchen zusammen, die Volantgarnitur ringsum ist auslanguettiert und mit Punkten bestickt. Zur Herstellung der Jacke gebraucht man 2,50 m Stoff von 80 cm Breite und 7 m Stickereistreif. Verarbeitet man Kaschmir, so benötigt man nur 1,50 m Stoff, man gibt der Jacke dann aber leichtes Shirting- oder Seidenfutter.

55 u. 56. Zwei Rückenschützer.
S. auch den Schnitt Abb. 57.

Manche Personen bedürfen eines besonderen wärmenden Schutzes für den Rücken oder den am Ausschnitt des Hemdes freibleibenden Teil des Halses. Diese werden unsere beiden Modelle freudig aufnehmen. Man arbeitet sie aus Flanell oder Barchent, in ersterem Falle mit Grätenstich bestickt, in letzterem mit schmalem Band eingefaßt. Der Rückenschützer, Abb. 55, wird unter dem Korsett getragen und bedarf deshalb keiner weiteren Befestigung als des vorderen Knopfschlusses. Man schneidet

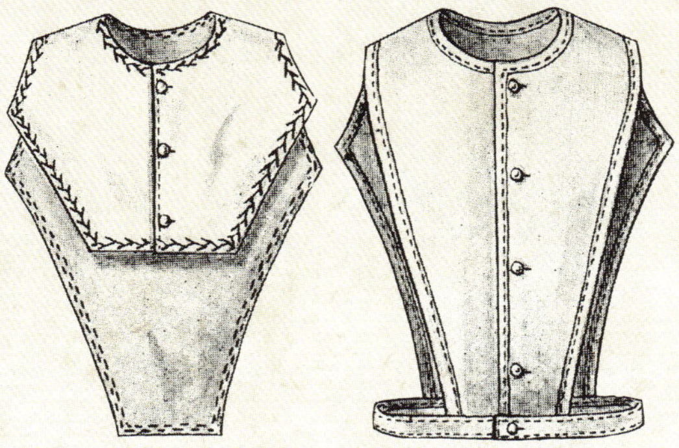
55 u. 56. **Zwei Rückenschützer;** s. d. Schnitt, Abb. 57.

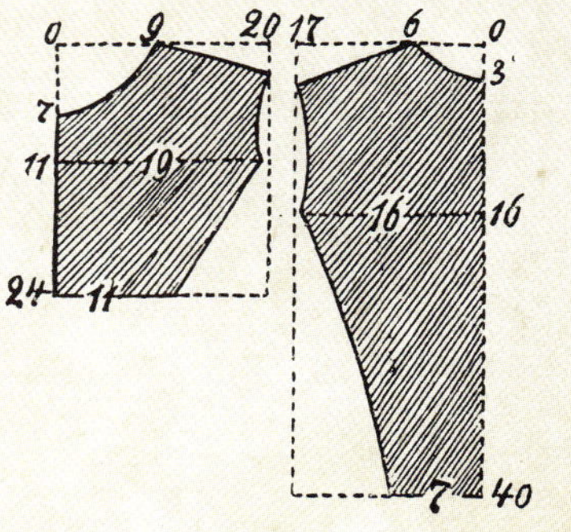

57. **Verkl. Schnitt zum Rückenschützer,** Abb. 55.

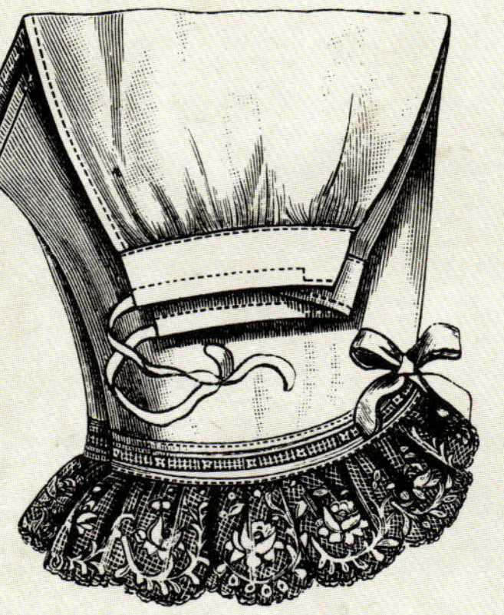

58. Beinkleid mit abgerundeten Ecken. Schnitt: XVIII auf der Rückseite des Schnittblattes IV.

59. Beinkleid mit Bündchen und reichgesticktem Volant. Verwendb. Schnitt: VII auf Schnittblatt III.

60. Beinkleid mit abgerundeten Ecken. S. Schnitt: XVIII auf der Rückseite des Schnittblattes IV.

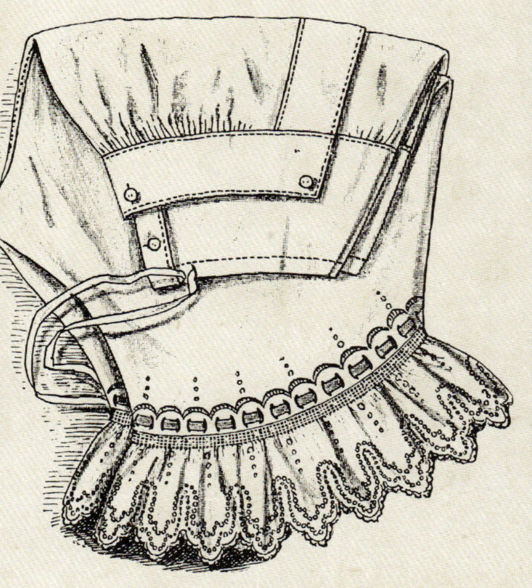

61. Weites Beinkleid. Verwendb. Schnitt: VIII auf Schnittblatt V.

62. Beinkleid mit großer Schrittschweifung. Schnitt: XVII auf der Rückseite des Schnittblattes IV.

ihn nach den Maßen der Abb. 57 zu, die auch für den Rückenschützer Abb. 56 benutzt werden können; hier schneidet man den Vorderteil aber schmal auslaufend bis zum Gürtel herabreichend zu. Da dieser Schützer über dem Korsett getragen wird, so hält man ihn im Gürtel mittels schmalen Streifs fest.

58—61. Verschiedene elegante Beinkleider.

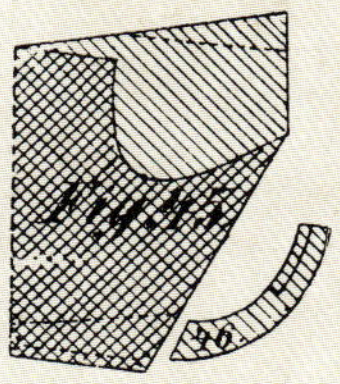

Zu den hier vorgeführten Modellen kann die zum Teil reiche und elegante Ausstattung auch durch einfacheres Material ersetzt werden, Häkelspitze und -passen, Stoffvolants und selbstgefertigte Stickereien können hier Anwendung finden. Das an den Seiten gerundete Beinkleid, Abb. 58, ist für Normalfiguren berechnet. Schnitt XVIII auf der Rückseite des Schnittblattes IV gibt den naturgroßen Schnitt dafür. Der 16 cm breite, 1 m weite Spitzenvolant wird unter Besatzbördchen festgesteppt. — Das am Knie ausgeschnittene Beinkleid, Abb. 59, putzt ein 8 cm breiter, 1 m weiter Volant, welchen ein in Säumchen abgenähter Bündchenstreif aufnimmt. Das Beinkleid reicht oben bis in den Gürtel und wird vorn durch zwei Abnäher anliegend gemacht. — Das oben mit runder Passe nebst Zugsaum gefertigte Beinkleid, Abb. 60, schließt unten mit 83 cm weitem, 11, bzw. 5 cm breitem Stickereivolant ab. Derselbe ist in seinem oberen Teile in Gruppen von je 3 feinsten Fältchen abgenäht. Locheinsatz mit Banddurchzug vermittelt den Ansatz, nachdem der untere Beinkleidrand auf 54 cm Weite eingereiht worden. — Das Beinkleid, Abb. 61, zeichnet sich durch Kürze der Hauptteile aus, es hat dagegen eine breite Passe und einen breiten Ansatzvolant. Wenn man sich bei seiner Anfertigung nach Schnitt VIII des Schnittblattes V richtet, so hat man die Passe, Fig. 16, fast doppelt so breit zu schneiden, die Beinlinge, Fig. 15, oben entsprechend und unten außerdem gut handbreit kürzer zu stellen und nach dem Knie zu auszurunden. Ein 1 m weiter, 10 cm hoher Stickereivolant wird einem Durchbrucheinsatz angekräuselt und dieser glatt an den Beinlingsrand gesetzt. In den Beinlingsrand sind Schlitzchen einlanguettiert, durch die ein Band geht, darüber befindet sich eine leichte in den Stoff gearbeitete Stickerei.

62. Beinkleid mit großer Schrittschweifung.

Schnitt: XVII auf der Rückseite des Schnittblattes IV.

Wie schon Abbildung und kleine Schnittzeichnung zeigen, weicht die Schnittform von der gewöhnlichen etwas ab, und zwar liegt die Veränderung an dem bedeutend schärfer gerundeten Ausschnitt der vorderen Beinkleidhälfte. Beide Beinkleidhälften sind unter Berücksichtigung der Linie für den vorderen Ausschnitt nach der vorher durch den Umbruch vervollständigten Fig. 45 zuzuschneiden. Will man die 7 Säumchen am unteren Rande ausführen, so gibt man beim Zuschneiden dafür 7 cm Stoff zu. Ein 65 cm weiter Stickereivolant ziert den unteren Rand des Beinkleids. Unterzusteppende $1^1/_2$ cm breite Streifen machen alle Außenränder sauber. Der obere Beinkleidrand ist zwischen die mit Zugsaum eingereihte Passe zu steppen.

63 u. 63a. Beinkleid aus einem Stück gearbeitet.

Schnitt: XIX auf der Rücks. des Schnittbl. IV.

Dieses Beinkleid schließt vorn und hat, wie obenstehende ausgebreitete Ansicht zeigt, eine ganz besondere Schnittform, die sowohl die Herstellung des Beinkleids als auch das Waschen und Plätten äußerst einfach macht. Das Beinkleid wird aus einem Stück zugeschnitten, und zwar legt man den Stoff an der mit „Mitte und Stoffbruch" bezeichneten Linie zum Bruch. Durch Naht von 79 bis 80 formt man die Beinlinge, die an ihrem unteren Rande mit Stickerei besetzt und darüberher mit einem Streifen für das vor der Wäsche loszubindende Zugband besteppt werden. Die vorderen Ausschnittränder untersteppt man mit Saumstreif, den hinten rockartig herabhängenden Teil säumt man; er schützt — weil ganz geschlossen — gegen Erkältung des Rückens.

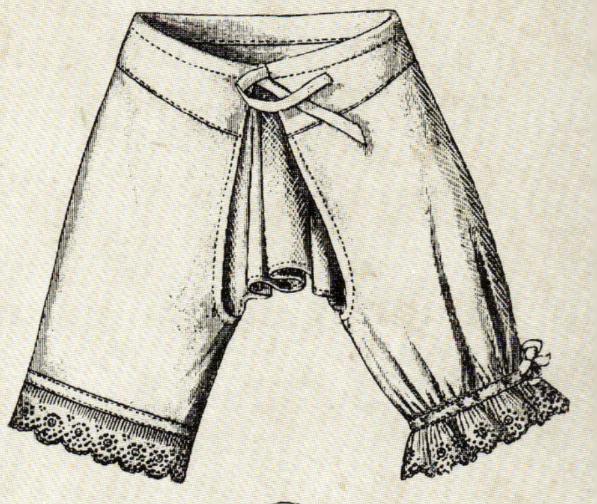

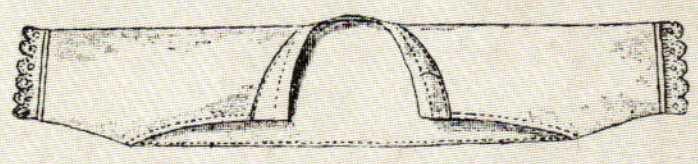

63 u. 63a. Beinkleid aus einem Stück gearbeitet. Schnitt: XIX auf der Rückseite des Schnittbl. IV.

64. Beinkleid mit übereinandertretendem Schluß.

Schnitt für mittelstarke Gestalten: VII auf Schnittblatt V.

Das Beinkleid ist durch seine besondere Schnittform denen zu empfehlen, die sich vor Zugluft schützen müssen; dabei ist es für Viele bequemer als die ganz geschlossenen Reformbeinkleider. Man hat die Fig. 14 u. 14a längs der Durchschnittslinie von G—H aneinanderzubringen und schneidet nach dem so gewonnenen Schnittmuster zwei Teile unter Beachtung der Linie für den vorderen Ausschnitt zu; ein jeder Teil wird durch Naht von 29—30 zu Beinling geschlossen. An der Seite schneidet man den bezeichneten Schlitz ein, faßt seine Ränder mit Saumstreifen ein und reiht den unteren Beinlingrand in 3/44 cm große Stoffbündchen mit 6/65 cm großem Stickereivolant. Nachdem man die Ausschnittränder der Beinlinge gesäumt hat, reiht man die oberen Ränder nach Bedarf ein; um den taschenartig ineinander greifenden Verschluß zu erreichen, legt man die beiden vorderen und die beiden hinteren Beinkleidteile kreuzweise übereinander. Dabei muß der linke vordere auf den rechten vorderen Teil treten, der rechte hintere auf den linken hinteren Teil. Dann steppt man jede Beinkleidhälfte in ein 3/40 cm großes Stoffbündchen mit Knopflöchern an den Seiten. Erford. für 3 Beinkleider: 5,50 m Stoff von 100 cm Breite, 4 m Stickerei.

64. Beinkleid mit übereinandertretendem Schluß. Schnitt für mittelstarke Gestalten: VII auf d. Vorderf. des Schnittbl. V.

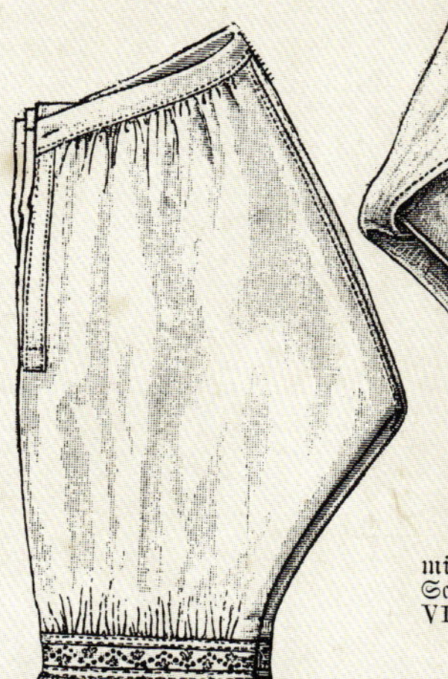

65. Geschlossenes Beinkleid mit Seitenschluß. Schnitt für 14-17jähr. Mädchen: VI auf Schnittblatt V. Erford. für 3 Paar: 5,50 m Stoff; 3,75 m Stickerei; 2,60 m Einsatz.

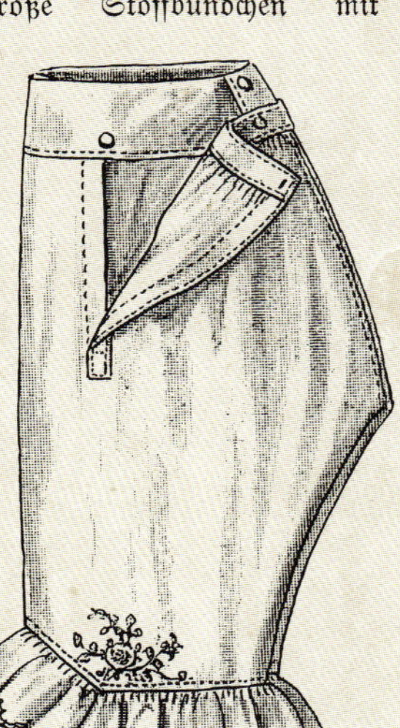

66. Geschlossenes Beinkleid mit hinterer Klappe. Schnitt für stärkere Gestalten: VIII auf Schnittbl. V. Erf. für 3 Paar: 6 m Stoff; 3,75 m Stickerei.

67 u. 68. Offenes Beinkleid mit Seitenschluß. Schnitt: IX auf der Vorderseite des Schnittbl. V. Erforderlich für 3 Paar: 6 m Stoff.

65. Geschlossenes Beinkleid mit Seitenschluß.

Schnitt für 14—17jährige Mädchen: VI auf Schnittblatt V.

Das Beinkleid ist aus mittelstarkem Madapolam gefertigt und mit Stickerei ausgestattet. Nach der durch den Umbruch vervollständigten Fig. 13 schneidet man, mit Stoffbruch längs der mit „Mitte" bezeichneten Linie, zwei Teile zu, formt jeden durch Naht von 25—26 zu Beinling und näht dann beide Beinlinge von vorderer bis hinterer Gürtelmitte über Zahl 25 zusammen. An der Seite wird der bezeichnete Schlitz eingeschnitten, den man mit $2^1/_2$ cm breiten Saumstreifen einfaßt. Die vordere, oben eingereihte Beinkleidhälfte steppt man in einen 32 cm weiten, die hintere in einen 36 cm weiten fadengeraden Bund. Die unteren Beinkleidränder faßt man in 40 cm weite Stickerei- oder Stoffbündchen mit 6 60 cm großem Volant.

66. Geschlossenes Beinkleid mit hinterer Klappe.

Schnitt für stärkere Gestalten: VIII auf Schnittblatt V.

Das Beinkleid kann aus Madapolam oder grauem Leinen gearbeitet werden. Nach der durch den Umbruch vervollständigten Fig. 15 schneidet man 2 Teile mit Stoffbruch längs der mit „Mitte" bezeichneten Linie zu, schließt einen jeden durch Naht von 32—33 zu Beinling und näht beide Beinlinge von 35 über 32 bis 36 zusammen. Dann schneidet man in jedem Beinling den in der hinteren Hälfte liegenden Schlitz nach Angabe ein und besetzt seine Ränder mit Saumstreifen. Die Passe und das Bündchen arbeitet man aus doppeltem Stoff, erstere nimmt von 36 bis 37 die vordere Beinkleidhälfte auf und bleibt hinten lose, das Bündchen faßt die hintere eingereihte Hälfte auf. Das Bündchen erhält 3 Knopflöcher, denen 3 Knöpfe auf der Passe entsprechen.

67 u. 68. Offenes Beinkleid mit Seitenschluß.

Schnitt: IX auf Schnittblatt V.

Das Beinkleid ist mit gesticktem Rundvolant ausgestattet, seine Beinlinge treten oben, vorn und hinten, etwa 5 cm übereinander. Mit Fig. 17 u. 17a, die längs der Durchschnittslinie von J, K, L aneinander zu setzen sind, geben wir den ausgebreiteten Schnitt eines Beinlings, den man von 38 bis 39 schließt und an den Ausschnitträndern mit Saumstreifen besetzt. Man schneidet an der Seite den bezeichneten Schlitz ein und berandet seine Ränder mit 2 cm breitem Saumstreifen. Die vordere Hälfte jedes Beinlings macht man oben durch den Abnäher anliegend und durch Untersetzen eines Schrägstreifens sauber, die hintere Hälfte reiht man und faßt beide 5 cm übereinandergelegt in ein 2/38 cm großes Stoffbündchen. Dieses wird zum Teil für Zugsaum abgesteppt und an den Seiten mit Knopflöchern versehen. Den Rundvolant kann man nach Fig. 19 zuschneiden, er ist unter Lochkäntchen dem Beinling angenäht.

73–78. Gute Leibwäsche mit Stickereibesatz.

69–72. Untertaille und drei Unterröcke.

Diese Stücke sind fein und doch praktisch geputzt; bei der Untertaille macht Stickerei in den Vorderteilen den Ausputz aus, Halsausschnitt und Armlöcher sind languettiert, Banddurchzug vermittelt oben den Anschluß. Ein gerader Gürtelbund, der noch mit Zug versehen ist, verbindet das Leibchen mit dem etwas runden Schoß. Der Anstandsrock, Abb. 70, hat einschließlich der Säume vorn 76, hinten 80 cm Länge, die Vorderbahn ist unten 40, oben 9 cm breit, jede Seitenbahn unten 80, oben 37 cm. Sie ist etwas rund geschnitten und hat zwei Abnäher und hinten 16 cm langen Zugsaum. Der gestickte Volant mißt 12/275 cm. — Die beiden Unterröcke, Abb. 71 u. 72, haben je eine Vorderbahn von 32/13 cm Breite u. 92 cm Länge, 2 Seitenbahnen von 30/15 cm Breite, nur am hinteren Rande geschrägt, und eine gerade Hinterbahn, 74 cm breit, 94 cm lang. Der aufgesetzte Volant hat, bei Abb. 71, 35/250 cm Größe, ihm ist ein 15/400 cm großer Stickereistreif an-, ein ebensolcher aufgesetzt; darüber 2 mal Einsatz und 3 Säumchen. Bei Abb. 72 ist der obere, von 16 Spitzeneinsätzen durchschnittene Volantteil 22/280 cm groß, ein schmaler Stickereistreif verbindet ihn mit dem mit 3 Säumchen verzierten 8/400 cm großen gekrausten Stoffteil, an dessen unteren Rand die 12/600 cm große Spitze gekräuselt ist. Man braucht für jeden dieser Röcke 3 m Perkal und 1 m Batist für den Volant.

79. Elegantes Nachthemd.

73–78. Gute Leibwäsche.

Modern in der Machart, hübsch und haltbar in der Ausstattung stellen sich diese Modelle als empfehlenswert dar. Das erste Taghemd, das Nachthemd und das Beinkleid zeichnen sich durch ihre hochmoderne Schnittform aus, das zweite Taghemd, die Nachtjacke und die Untertaille haben die altbekannten und bewährten Fassons bewahrt; alle sind mit Handstickerei garniert.

79–81. Hochelegante Leibwäsche.

Die Handstickerei an diesen drei Stücken gab ihnen im Verein mit dem feinen Material — weicher Seidenbatist und Valenciennesspitzen — und der ganz modernen Schnittform — einen hohen Wert. Die dicht aneinandergereihten Blüten der Stickerei, welche die Ränder bildeten, hatten Tülleinlage, die Schleifen, welche die feinen Plattstichzweige zu halten scheinen, bestanden aus Valenciennesеinsatz. Weißes Band, bei dem Nachthemd durch den breiten Einsatz, bei Hemd und Beinkleid durch in den Grundstoff genähte Schlitze gezogen, gab der Garnitur etwas besonders festliches.

Das vorn und im Rücken spitz ausgeschnittene Nachthemd hat kurze, auf der Achsel ausgeschnittene Aermel mit Ansatzvolant; ein solcher, etwas schmaler sitzt am unteren Rande. Das Taghemd wird über den Kopf angezogen, die Fältchen vorn sind nur eingeplättet, das Beinkleid hat Seitenschluß, Fältchen und Stickerei nur in der Vorderhälfte. Es ist unter dem Körper offen und hat in dem hinteren geraden Bunde noch Zugband.

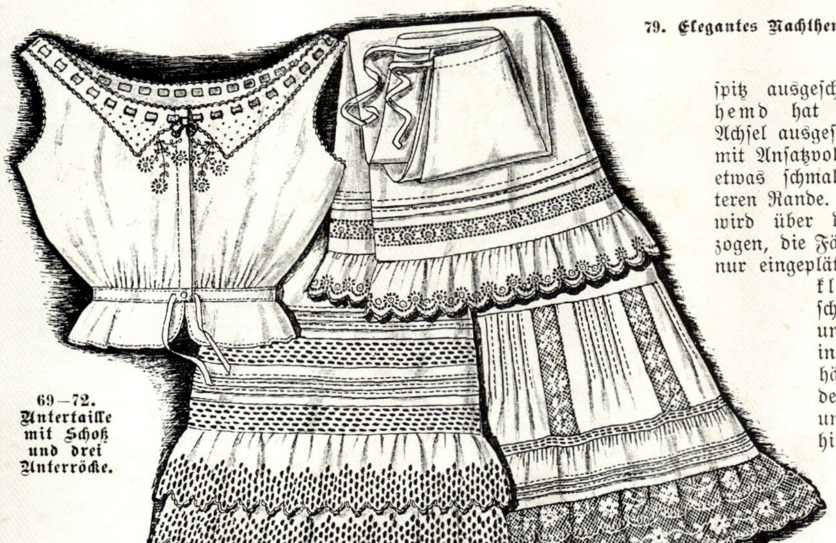

69–72. Untertaille mit Schoß und drei Unterröcke.

80 u. 81. Elegantes Hemd und Beinkleid.

82. Nachtjacke m. breitem Umlegekragen. Verwendb. Schnitte: XVI u. XVII auf der Rückf. d. Schnittbl. III.

83. Eckig ausgeschnitt. Nachthemd. Schnitt: V auf der Vorderseite des Schnittbl. V. Erf. für 3 Stück: 10,50 m Hemdentuch; 4,50 m Stickerei; 3,60 m Einsatz; 5 m Durchzugseinsatz; 7,50 m Band.

84. Nachthemd mit spitzem Ausschnitt. Verwendb. Schnitt: VI auf d. Vorderseite des Schnittbl. III.

85—87. Nachthemd, Taghemd u. Beinkleid in gleicher Ausstattung.

88—93. Reich garnierte Frauenwäsche.

2 Taghemden, 2 Beinkleider, 1 Nachthemd und 1 Untertaille.

82. Nachtjacke mit Stickereikragen.

Verwendb. Schnitte: XVI und XVII auf der Rückseite des Schnittbl. III.

Zu der praktischen Nachtjacke aus Madapolam können obengenannte Schnitte und zu dem in doppeltem Stoff gestickten Umlegekragen eine der Kragengarnituren auf S. 47 dienen. Der Vorderteil ist in drei Gruppen feinster Fältchen abgesteppt, die auf Brusthöhe ausspringen, und für die man beim Zuschneiden $2^1/_2$ cm Stoff längs des vorderen Randes zugeben muß. Die dem rechten Vorderteil aufgesetzte Oberfalte ist 4 cm breit und gleich dem 5/35 cm großen Volant des Aermels mit Languette berandet.

83. Eckig ausgeschnittenes Nachthemd.

Schnitt: V auf der Vorderseite des Schnittblatts V.

Die eckige, ausgeschnittene Passe dieses Hemdes ist aus zwei Stickereieinsätzen und Stickerei als Abschluß zusammengestellt, ein Seidenband wird durch den oberen Abschluß und das schmale, 22 cm weite Stickereibündchen am Blusenärmel geführt. Vorderteil und Rücken werden mit Stoffbruch längs der „Mitte" je einmal zugeschnitten und durch Achsel- und Seitennähte verbunden. Beim Vorderteil schneidet man den Seitenschlitz ein, berandet seine Ränder mit Saumstreifen und setzt dem rechten einen mit Knopflöchern versehenen Streifen für den verdeckten Knopfschluß unter. Die Ausschnittränder sind auf das Maß der Passenteile einzureihen, für welche Fig. 10 und 11 die Grundform bieten. Blusenärmel aus einem Stück.

84. Nachthemd mit spitzem Ausschnitt.

Das vorn und im Rücken mit breiter Passe gearbeitete Hemd kann nach Schnitt VI auf der Vorderseite des Schnittblattes III gearbeitet werden, aber die Passe spitz ausgeschnitten, unten schräg geschnitten und mit zwei Säumchengruppen versehen; der Vorderteil am oberen Rande auch nicht gerundet, sondern geschrägt. Den vorderen Knopfschluß deckt, den schmalen Umlegekragen berandet ein breiter, ausgebogter Volant, beide unter Grätenstichbördchen befestigt — Aermelbündchen mit Säumen und Volant.

85—87. Nachthemd, Taghemd und Beinkleid in gleicher Ausstattung.

Diese elegante, als Brautwäsche geeignete Garnitur aus feinstem Batist ist mit Spitzen und Stickereikanten und -einsätzen geschmückt. Das eckig ausgeschnittene und mit nur halblangen Aermeln versehene Nachthemd — sogen. Sommerhemd — hat vorn einen Latzteil aus feingesäumtem Stoff mit eingefügter Stickereiblume, durch schmalen Locheinsatz ist er mit dem eingekräuselten vorderen Rumpf verbunden. Achselstücke aus Spitze und schmalem Stickereieinsatz, welche von einem breiten Stickereistreifen umschlossen sind, treten bis an den Latz. Der Stickereistreif geht um den ganzen Ausschnitt, den zackige Stickerei und Spitze nach innen zu begrenzen. An den Aermeln Einsätze und Spitze, auch Säume in dem Volant. — Das Taghemd wiederholt die Anordnung von Latz und Achselstücken es hat keine Aermel. Bei dem Beinkleid sind die Hauptteile ungemein kurz, unten 80 cm weit, die Beinlingsnaht mißt nur 10 cm. Durch den breiten, seinerseits durch Ansatzvolant noch vergrößerten Garniturvolant wächst das Längenmaß an der Seite auf 65 cm. Der obere Teil des Volants ist 15/120, der Ansatz 10/180 cm groß. Die Besatzteile sind die obengenannten.

88—93. Reichgarnierte Frauenwäsche.

Die hübschen Wäschestücke dieser Gruppe sind aus feinfädigem Madapolam hergestellt; man rechnet für ein Taghemd 2,20 m, für ein Nachthemd 3,35 m, für ein Beinkleid je nach der Länge und Weite 1,60—2 m und für eine Untertaille 1 m Stoff. Das links liegende Hemd mit eckigem Ausschnitt und Achselschluß ist im Vorderrumpf mit fünf 10 cm lang gesteppten Fältchengruppen ausgestattet, im Rücken eingereiht. Hals- und Armlochränder sind mit Schlingenlanguette geschmückt, die unter schmalen Stoffstreifen aufgesteppt ist; als Schnitt kann IV auf der Vorderseite des Schnittbl. V dienen. — Das rund ausgeschnittene Hemd, Abb. 89, hat eine breite, aus Stickereistoff hergestellte Passe, an welche der vordere Rumpf gereiht ist; der hintere Rumpf ist am Halse eingereiht. Stickerei begleitet Hals- und Armlochränder. Man schneidet das Hemd nach Schnitt XIV auf der Vorderseite des Schnittblatts IV zu, und zwar die Passe nach dem oberen Teile der Fig. 35 und den vorderen, verkürzten Rumpf oben 64, unten 108 cm breit. — Das Nachthemd schließt verborgen an der linken Seite, es hat einen kleinen Latz aus Stickereinsatz und Stoffstreifen und ist von den Schultern an in Säumchen genäht, die auf der Brust ausspringen. Als Grundform kann Schnitt V auf der Vorderseite des Schnittblatts III benutzt werden, den dreiviertellangen Aermel näht man 5 cm vom Rande in 9 feinste Fältchen ab und berandet ihn mit Stickerei. Zum Stehkragen näht man den Stoff in Quersäumchen ab. — Das links liegende Beinkleid ist dem Hemd, Abbildung 89, entsprechend mit breitem, ausgebogtem Stickereiteil und einem Stickereivolant ausgestattet, beide sind unter Stickereieinsatz befestigt. Die Machart mit Seitenschluß gleicht der des Schnitts IX auf der Vorderseite des Schnittblatts V. — Das rechts liegende Beinkleid kann nach beliebiger Schnittform gearbeitet werden, die Ausstattung der unten gerade abschließenden Beinlinge besteht aus einem breiten, an den Seiten hochsteigenden Stoffbesatz und glattem Stickereistreifen. Die rund ausgeschnittene Untertaille hat kurze Puffärmel, sie ist mit Spitze und zwei Einsätzen geputzt, die beim Aermel der Länge nach laufen. Dieser selbst verlangt ein 48 cm weites, 13/6 cm hohes geschrägtes Stück; als Schnittform kann sowohl XIII als XIV auf der Vorderseite des Schnittblatts III dienen, bei ersterem Schnitt ist der runde Ausschnitt etwas tiefer, bei letzterem etwas höher zu halten; im übrigen ist es stets am besten, die Ausschnittlinie auf dem Körper nochmals genau festzuhalten. Man kann den vorderen Knopfschluß der Untertaille auch so einrichten, daß er unter einer schmalen besonders aufgesetzten Saumfalte verborgen liegt. Dies ist vorteilhaft bei futterlosen durchsichtigen Blusen.

Hemdhosen.

Noch schwieriger herzustellen als die auf den vorigen Seiten beschriebenen eleganten Wäschestücke für Frauen sind die hier abgebildeten Modelle. Sie verbinden Hemd und Beinkleid und müssen für jede Figur nach Maß gearbeitet werden; im Tragen sind sie leicht und lassen die Gestalt schlank erscheinen. Bei reicher Ausstattung beanspruchen sie beim Plätten viel Mühe, bei einfacher Machart bedeuten sie eine gewisse Erleichterung.

94. Hemdhose mit hinterer Schlußklappe. S. Abb. 94 a. Schnitt: XXV auf der Rücks. des Schnittbl. III.

99. Hemdhose mit Vorderschluß. Verwendb. Schnitt: XXV auf d. Rücks. d. Schnittbl. III.

94 u. 94a. Hemdhose mit hinterer Schlußklappe.

Schnitt: XXV auf der Rückseite des Schnittbl. III.

Erf.: 3,50 m Stoff; 3,60 m Einsatz; 2 m breite, 1,90 m schmale Stickerei. Die aus mittelstarkem Hemdentuch gearbeitete Hemdhose ist um Hals- und Aermelrand mit schmaler Stickerei verziert, die auf den Vorderteilen von 2 cm breitem Stickereieinsatz begleitet und in hübsch geschweifter Linie durchschnitten wird. Gleicher Einsatz berandet die eckige Passe des Beinlings, an welche sich ein 7 cm breiter, 1 m weiter Stickereivolant schließt. Wie aus der Rückansicht ersichtlich, schlägt die hintere, in einen 43 cm weiten Knopfbund gereihte Beinkleidhälfte hinauf und knöpft auf den in gebogter Linie ausgehöhlten Rücken. Zur Nachfertigung der Hemdhose hat man die Fig. 82 und 82a für den Hauptteil zunächst längs der Durchschnittslinie A—B zu vereinigen. Den so vervollständigten Schnitt breitet man, wie Fig. 82b zeigt, auseinander und schneidet hiernach beide Teile zu. Nachdem man den Rücken zweimal zugeschnitten und diese Teile durch Naht in hinterer Mitte vereinigt hat, näht man ihn von 89—90

95. Hemdhose mit Vorderschluß. Schnitt: Fig. 28 u. XIII auf der Vorders. des Schnittbl. V.

96. Hemdhose mit Achselschluß. S. Schnitt: XII auf Schnittbl. V.

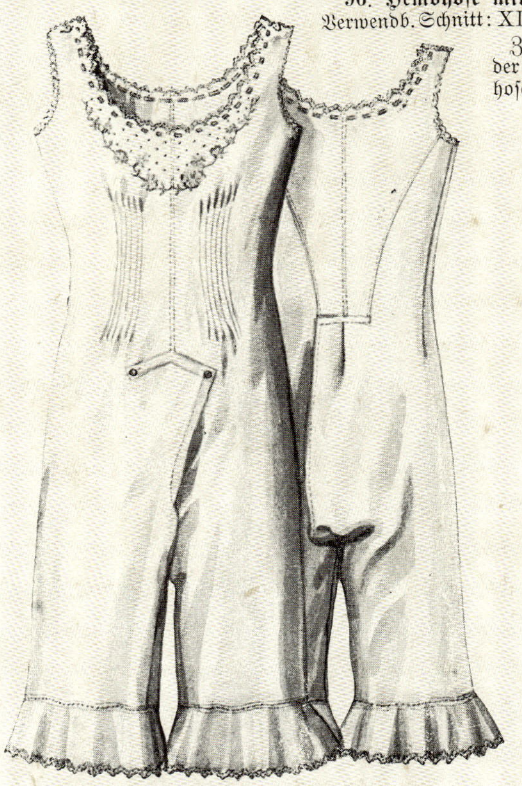

97. Hemdhose mit Stickerei. Schnitt und Beschreibung: X auf der Vorderseite des Schnittbl. V.

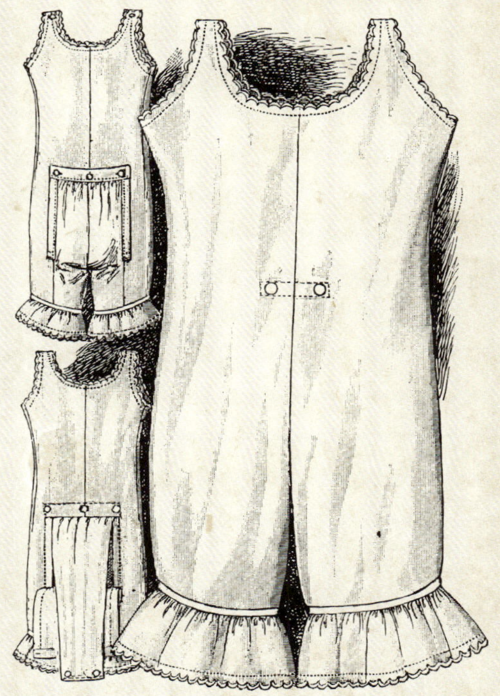

100. Hemdhose mit Achselschluß. Schnitt und Beschreibung: XII auf der Vorderseite des Schnittbl. V.

an den Vorderteil, wobei es notwendig wird, zuvor den bezeichneten, 22 cm langen Seitenschlitz einzuschneiden. Derselbe wird für die hintere Beinkleidhälfte mit 3 cm breitem Bündchen besetzt. Im Vorderteil sind die Brustabnäher auszuführen und die vorderen Ränder mit Saumstreif für den Knopfschluß zu besetzen. Durch Naht von 92 bis 93 formt man den Beinling, von 91—92 fügt man die Vorderteile aneinander. Die unten eingereihten Beinkleidränder werden in die eckige Passe, Fig. 84, gereiht. Der geschweifte untere Rand des Rückens ist mit Saumstreif zu besetzen und mit Knöpfen auszustatten.

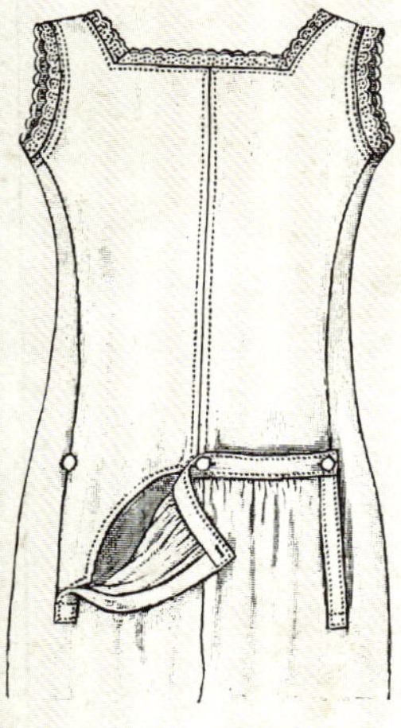

94a. Rückansicht zu Abb. 94.

95. Hemdhose mit Vorderschluß.

Schnitt: Fig. 28 u. XIII auf der Vorders. des Schnittbl. V.

Das Modell aus kräftigem Hemdentuch ist mit 2 cm breiter derber Spitze besetzt, und zu seiner Herstellung kann Schnitt XIII auf dem Schnittblatt V benutzt werden; feine Linien geben auf diesem Schnitt die kleinen Veränderungen für dieses Modell an. So ist von dem unteren, dem Vorderschluß quer überstehenden Teil an in gerader Linie bis zum Halsausschnitt aufsteigend Stoff zuzugeben, ferner der Abnäher unter dem Arme unberücksichtigt zu lassen und dagegen beim Armloch des Rückens und am hinteren Rande wie bezeichnet Stoff zuzugeben. Für die drei Säume und den breiten Randsaum unten am Beinling gibt man 5 cm Stoff zu, setzt nach ihrer Ausführung die Spitze an und schließt hierauf erst die Beinlingsnaht. Saumschrägstreifen werden den Ausschnitträndern der Beinlinge im Verein mit den vorderen Rändern untergesetzt und letztere zum Knöpfen eingerichtet. Am Halsrand befestigt man die Spitze und bringt im untergesetzten Streifen einen Zugsaum an. Den Aermel arbeitet man aus dem Ganzen nach Fig. 28 und setzt die Spitze unter Saumstreifen an.

96. Hemdhose mit Achselschluß.

Verwendb. Schnitt: XII auf Schnittbl. V.

Zur Nachfertigung der hübschen Hemdhose kann obengenannter Schnitt dienen, von welchem man den Sauberkeitsstreifen fortlassen kann. Den oberen Rand des Rückens schneidet man 2 cm höher, als der Schnitt es angibt, und den Vorderteil bestickt man mit Lochstickerei; für die Languetten, auch am Aermel, legt man feines Band unter. Die unten abgeeckten Beinlinge besetzt man mit 10/100 cm großem Stickereivolant.

98. Unterleibchen mit Rockbeinkleid. Schnitt u. Beschreib.: XI auf d. Vorders. d. Schnittbl. V.

99. Hemdhose mit Vorderschluß.

Verwendb. Schnitt: XXV auf der Rückseite des Schnittbl. III.

Erf.: 3,50 m Stoff; 2 m breite, 1,80 m schmale Stickerei. Die unter dem Körper geschlossene Hemdhose aus Shirting kann nach obengenanntem Schnitt und dessen Beschreibung gefertigt werden. Sie ist mit Stickerei besetzt, die unter 1 und 2 cm breiten Stoffstreifen befestigt und nur an den Beinlingen kraus gehalten ist. Der eckige Ausschnitt des Vorderteils wird an jeder Seite durch Einreihen um 2 cm verengt.

101. Hemdhose für 13—15jährige Mädchen. Schnitt u. Beschreibung: XIII auf Schnittbl. V.

Wäschestücke für besondere Zeiten.

In bestimmten Zeiten sind Vorrichtungen zum Schutz gegen Erkältung und zur Schonung der Leib- und Bettwäsche von großem Nutzen; wir stellen sie hier zusammen. Zunächst ist es eine Anzahl Monatsbinden, welche sämtlich den Vorzug leichter Anfertigung und besonders denjenigen leichter Wiederherstellung bei und nach der Wäsche haben. Sie können zum Teil aus alten Stoffen gemacht werden, wie jeder Haushalt solche bietet, und sind je weicher um so besser. Noch gute Stücke von Hemdrümpfen, Bettlaken, altem Tischzeug lassen sich dafür verwerten, und zwar ist Leinengespinst vorzuziehen, da seine Reinigung leichter vor sich geht. Jedoch auch aus neuen, weichen und lose geschlagenen Stoffen, die große Auffaugungsfähigkeit besitzen, lassen Binden sich mit Vorteil herstellen, z. B. aus Diaper.

Zarten Frauen wird die für kalte Witterung sehr empfehlenswerte Leibbinde, Abb. 107, gute Dienste leisten, und Frauen, welche, der Reformtracht huldigend, geschlossene Stoffbeinkleider tragen, haben an dem ganz einfachen Shirtingbeinkleid, Abb. 109, ein vorzügliches Schutz- und Schonungsmittel, während der praktische einzuknöpfende Streif, Abb. 108, nur Schonung des Reformbeinkleides bezweckt. Beide Stücke sind zum Einknöpfen in das Stoffbeinkleid eingerichtet.

In Zeiten vor und nach der Geburt eines Kindes können Frauen durch Umstecken eines großen, zum Dreieck zusammengeschlagenen weißen Tuches dem Körper wohltuenden Halt geben. Der schräge Bruch kommt nach unten; die Zipfel werden hinten straff übereinandergelegt, mit Sicherheitsnadeln festgesteckt, den Mittelzipfel schlägt man nach Bedarf ein und befestigt ihn vorn noch mit einer dritten Nadel.

Bettunterlagen, wie Abb. 110 u. 111, dienen zeitweise zur Schonung der Matratzen; in Wochenbetten sind sie unentbehrlich.

102—106. Monatsbinden. 102 u. 102a. Diese Binde besteht aus einem 42 cm großen Tuch, an zwei Ecken mit Band und Oese versehen; man faltet sie in schräger Richtung 4fach zusammen. — 103 u. 103a zeigen eine einfache Binde. Sie wird aus einem doppeltgelegten, an einer Ecke abgestumpften, rings durch Naht geschlossenen 42 cm großen Teil dadurch gebildet, daß man die Ecken a u. b nach innen steckt. Bänder sind nach Vorbild anzubringen. — Die Binde, Abb. 104, 104a u. b, besteht aus Gürtel mit Spangen und dem anzuknöpfenden Bindenteil. Auch hier sind die Einlagen nicht fest eingenäht, sondern werden vor Gebrauch erst durch Falten und Einstecken hineingebracht. Ein Stück Stoff von 55 cm Breite und 42 cm Höhe wird 20 cm vom oberen Rand an den Seiten 15 cm tief eingeschlitzt. Dann schlägt man den oberen Rand herab, sodaß a auf a trifft (s. Abb. 104a), und näht vom Einschnittende in Rundung die Kurzseiten des doppelten Teils aneinander. Man stürzt den genähten Teil um und säumt den verbleibenden Schlitz sowie die Ränder des eckigen Teils, welcher bei dem Gebrauch der Binde, siehe die punktierte Linie auf Abb. 104a, zuerst von beiden Seiten, dann von unten zusammenzulegen und in den offenstehenden Schlitz zu stecken ist. — Zur Wäsche werden diese Binden natürlich auseinandergefaltet. — Abb. 105 zeigt eine Binde in Dreieckform, deren oberer, in hinterer Mitte zu vier kleinen Falten festgenähter Rand 85 cm mißt, bei 65 cm Länge jedes Seitenrandes. Die kleine aufzuknöpfende Einlage ist, etwa 30 cm lang, 10 cm breit, aus mehrfach aufeinander gelegten Stoffteilen gefertigt und mit Steppreihen durchschrägt. — Die Binde, Abb. 106 u. 106a, ist in Form einer Windelhose gearbeitet und mit einer einzubindenden und deshalb wechselbaren Einlage versehen. Sie empfiehlt sich ihrer Größe wegen für den Winter. Die Einlage ist 36 cm lang und 15 cm breit, aus mehrfacher Stofflage zusammengefügt oder mit Watte gefüttert und quadratförmig durchsteppt; die Watte wäscht sich gut. Der Hauptteil ist aus einfacher Stofflage gearbeitet, beim Modell Köper, und mit den notwendigen Knöpfen und Knopflöchern versehen.

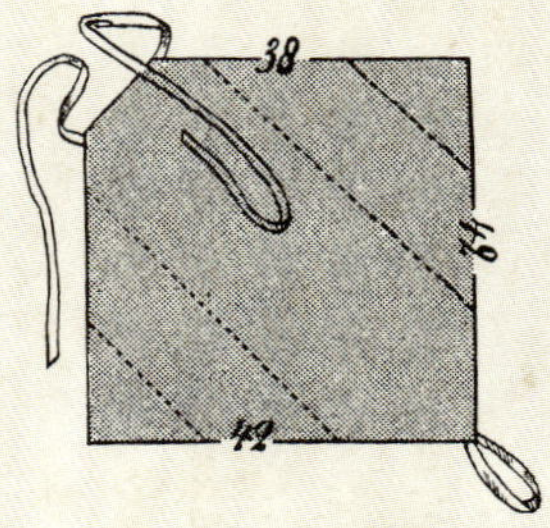

102a. Schnitt zur Binde, Abb. 102.

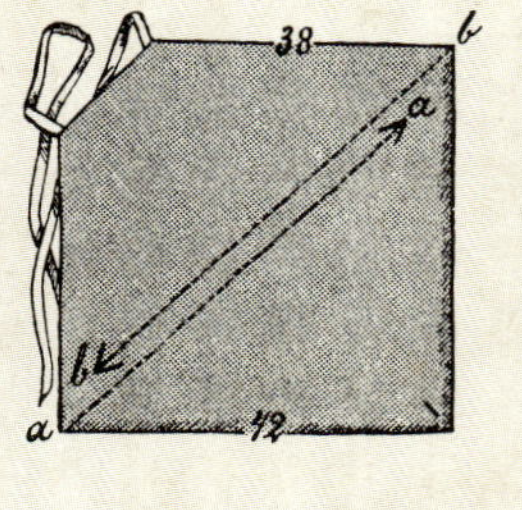

103a. Schnitt zur Einsteckbinde, Abb. 103.

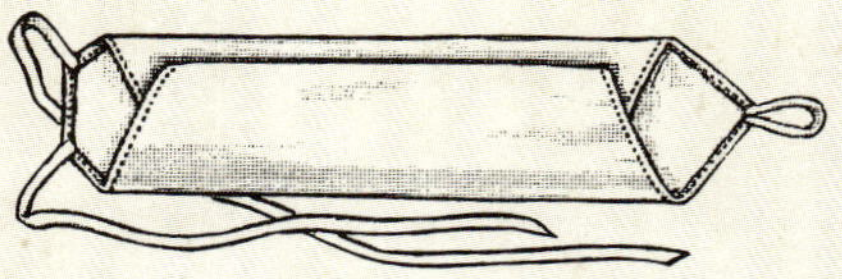
102. Einfache Binde. S. Abb. 102a.

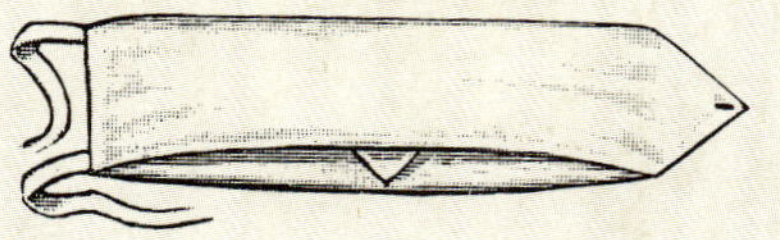
103. Einsteckbinde in doppelter Lage. S. Abb. 103a.

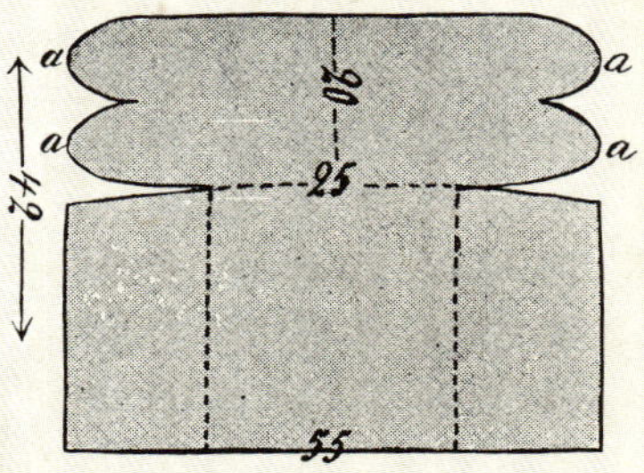

104a. Schnitt zu Abb. 104.

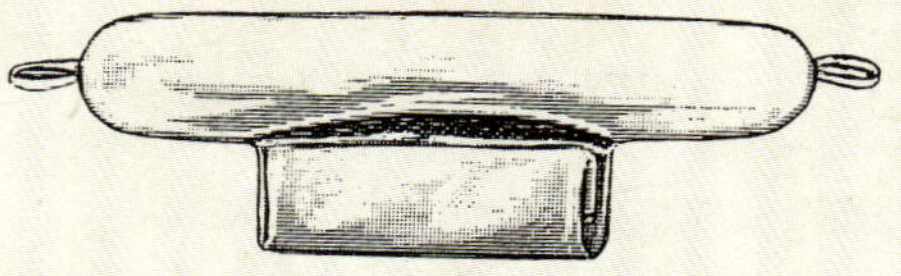
104. Binde an Gürtel zu tragen. S. Abb. 104a u. 104b.

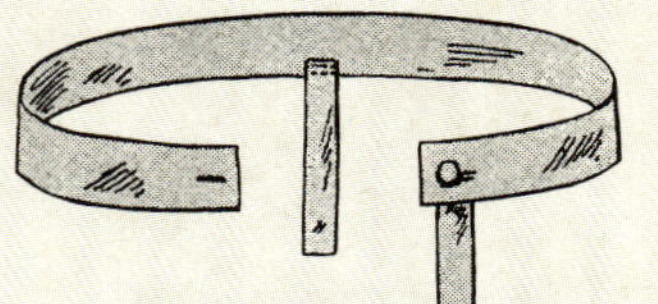
104b. Gürtel zur Binde, Abb. 104

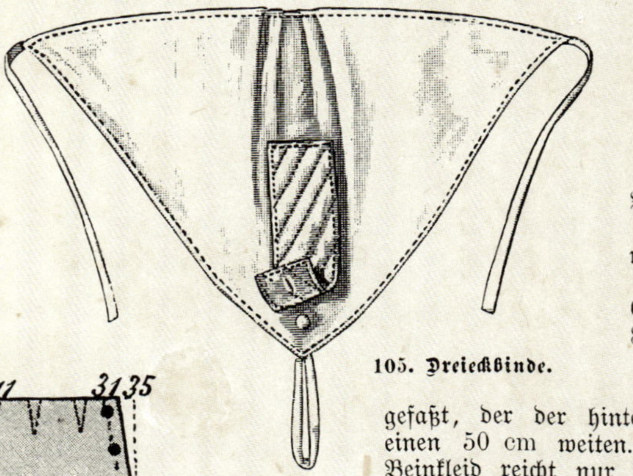
105. Dreieckbinde.

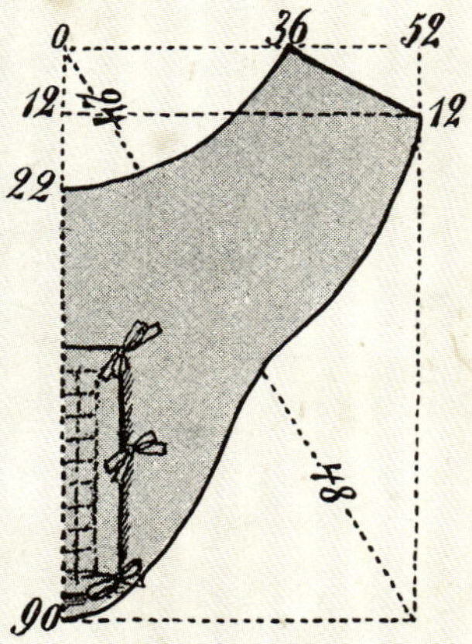

106a. Schnitt zur Binde (Hälfte) Abb. 106.

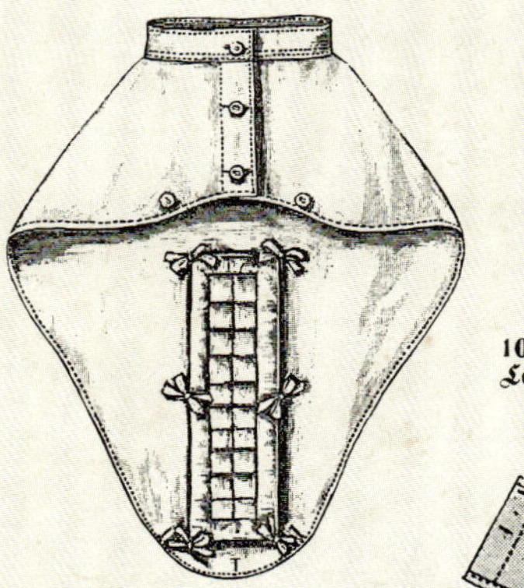
106. Binde mit Einlageteil. Siehe den Schnitt, Abb. 106a.

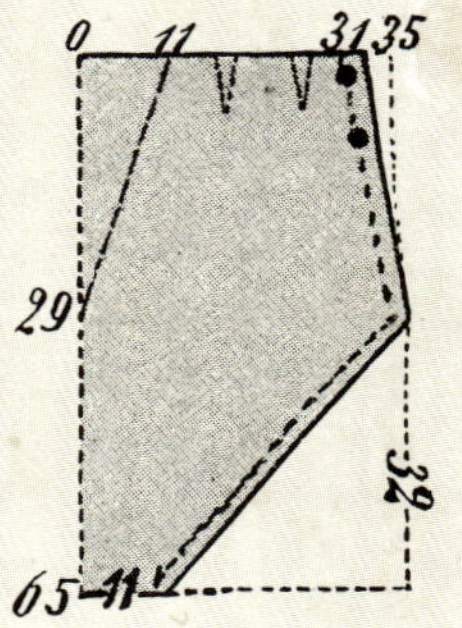

107a. Schnitt zum Hauptteil der Leibbinde, Abb. 107. (Hälfte.)

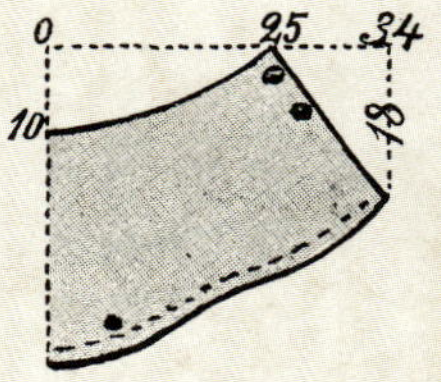

107b. Schnitt zur Passe der Leibbinde, Abb. 107. (Hälfte.)

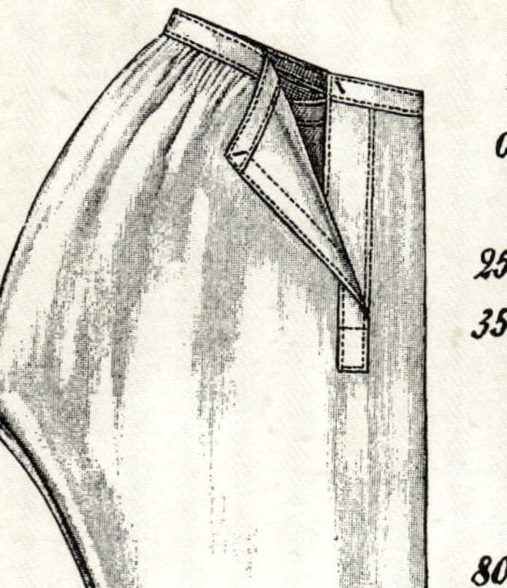
109. Schutzbeinkleid, in Reformhose zu knöpfen.

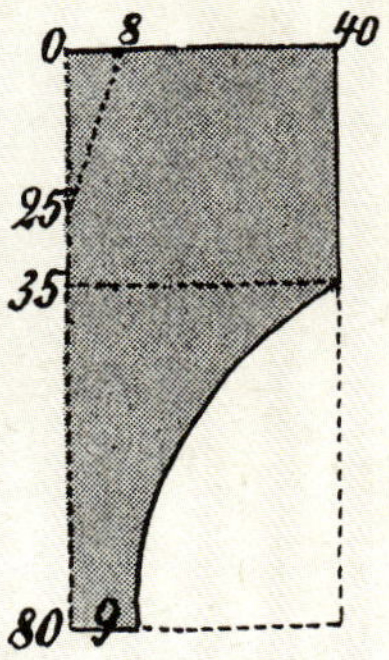

108a. Schnitt (Hälfte) zum Sauberkeitsstreif, Abb. 108.

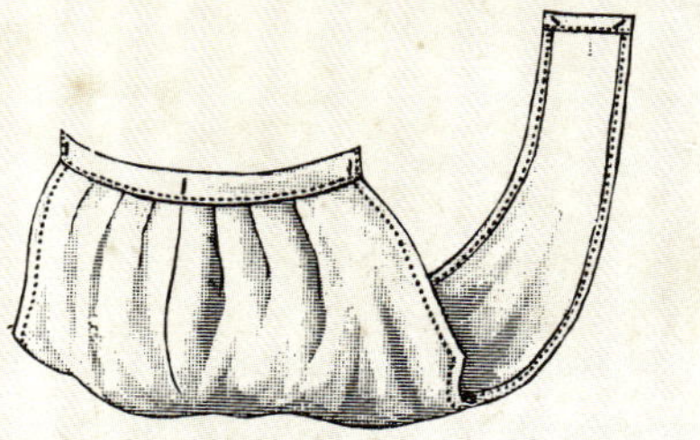
108. Sauberkeitsstreif in Reformbeinkleider. Siehe Abb. 108a.

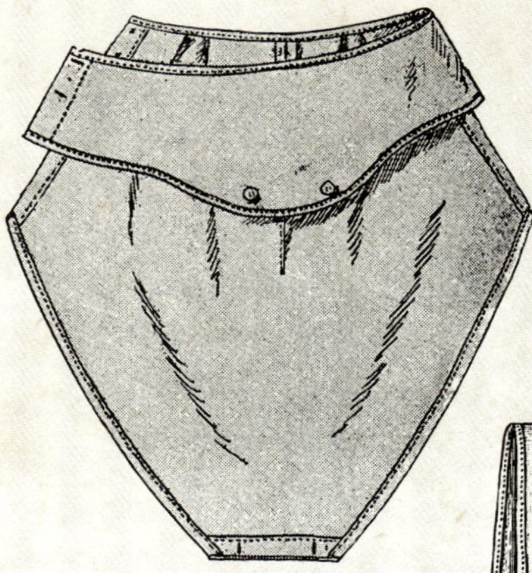
107. Leibbinde. Siehe Abb. 107a u. 107b.

107, 107a u. b. Leibbinde.

Als Schutz gegen Kälte aus Flanell gefertigt, kann diese Binde aber auch aus weißen waschbaren Stoffen gemacht werden. Sie besteht aus der geschweiften, vorn 22 cm langen Vorderpasse mit Seitenschluß und dem Hauptteil, Abb. 107a. Ein breiter Abnäher in hinterer Mitte, s. die punktierte Linie auf Abb. 107a, und zwei kleine Abnäher engen den Hauptteil nach Erfordernis ein, man faßt ihn mit schmalem Schrägstreif ein. Die Knopflöcher am Hauptteil greifen nach vorn über die Knöpfe an der Vorderpasse.

108 u. 108a. Sauberkeitsstreif für Reformbeinkleider.

Der nach Abb. 108a zuzuschneidende Schutzstreif aus kräftigem Madapolam wird an seinem breiten oberen Rande durch Abnäher und Falten auf 42 cm Breite gebracht und in einen 5 cm breiten Bund gesteppt. Dieser, gleich dem schmal auslaufenden vorderen Ende, erhält Knopflöcher zum Befestigen des Streifs in das Beinkleid.

109. Schutzbeinkleid, in Reformhose zu knöpfen.

Das kurze, ganz einfache Shirtingbeinkleid erhält seinen Seitenschlitz ziemlich weit nach hinten (8 cm hinter der mit „Mitte und Stoffbruch" bezeichneten Linie der Fig. 27, Schnitt VIII, Vorderseite des Schnittblattes III). Die Schlitzränder werden hinten mit Saumstreif, vorn mit breitem Untertritt versehen, der obere Rand der Vorderhälfte wird in einen 60 bis 80 cm weiten Bund gefaßt, der der hinteren in einen 50 cm weiten. Das Beinkleid reicht nur bis an die Passe, beziehungsweise an die hintere Klappe der Reformhose, hat sich daher in seiner Fasson und mit den Knopflöchern nach jener zu richten.

110 u. 111. Zwei Bettunterlagen.

Die erste besteht aus weichem, flausähnlichem weißen Stoff, Molleton, in doppelter Stofflage und ist ringsum mit Band eingefaßt. Da der Stoff 130 cm breit liegt, so gebraucht man nur 65 cm. Die zweite Unterlage, 50/80 cm groß, besteht aus einer Einlage von wattiertem und durchstepptem Leinen und einer gleich großen, mit Schlitz versehenen Schutzkappe aus dickem Stoff. Die Schlitzenden sichert man mit beschürztem Riegel.

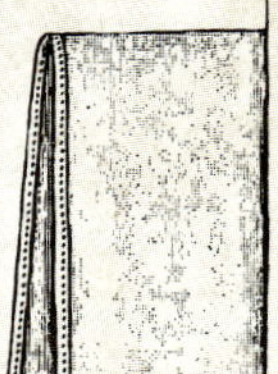
110. Bettunterlage aus Molleton.

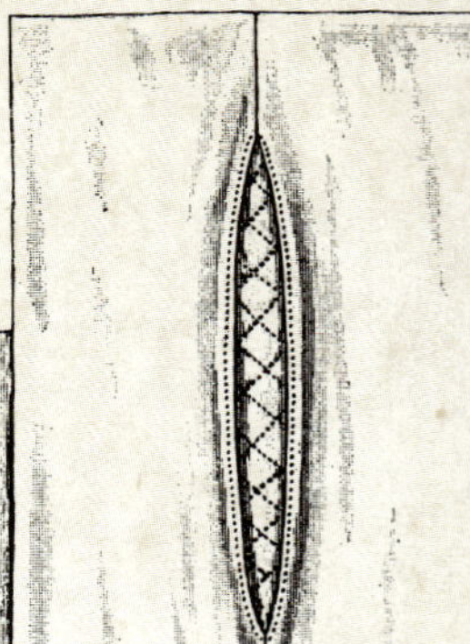
111. Betteinlage mit Schutzkappe.

Unterröcke für Frauen.

Soweit die Unterröcke zum Wäschebestand gehören, sind sie der Mode wenig unterworfen, und gute, einfach ausgestattete Flanell- und Barchentröcke, sowie solide weiße Unterröcke überdauern alle Modelaunen und sind zu allen Zeiten nötig. Es ist Brauch, einen kurzen Flanellrock zur Wärme, oder einen meist mit Volant besetzten Waschrock als „Anstandsrock" zu tragen; beide bleiben dem Auge verborgen und zählen mit zur Leibwäsche. Darüber kommt, je nach Jahreszeit und Witterung, der weiße oder ein farbiger Unterrock, der beim Heben des Kleides sichtbar wird und mehr oder weniger der Mode nachgeht. Diese Rockfolge erleidet im Sommer dahin eine Aenderung, daß dann der unterste Rock oft fortbleibt; bei Damen, welche der Reformtracht ergeben sind, ersetzt das Beinkleid oft den unteren Rock. Bei den nachfolgenden Modellen ist dem guten Aussehen ebenso wie der gediegenen Ausstattung Rechnung getragen, geeignete Stoffe führt die Liste am Schluß des Buches auf.

112. Unterrock aus Flanell.

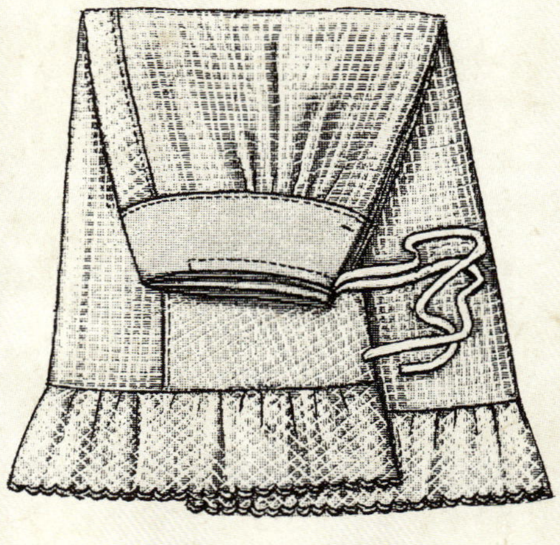

113. Unterrock aus Piquee.

114. Unterrock aus Barchent.

112–114. Drei Unterröcke.

Schnitt: XXII auf der Rücks. d. Schnittbl. III.

Man schneidet die Rockteile nach den Maßen der Fig. 69–71 zu, Vorder- und Hinterbahn mit Stoffbruch längs der gepunkteten Linie. Seiten- u. Vorderbahn werden glatt, die Hinterbahn eingereiht in den Bund gefaßt.

Für starke Frauen muß das obere Maß der Bahnen weiter genommen werden als für Durchschnittsfiguren, deshalb messe man die Figur um den stärksten Teil des Körpers bei der Bewegung des Niedersitzens und richte danach den Schnitt ein. Gute Maßverhältnisse bietet sowohl obengenannter Schnitt als auch Abb. 115. Flanell- wie Barchentröcke werden sowohl ganz weiß als auch farbig mit gleichfarbigem oder abstechendem Besatz gefertigt. — 112. Der Flanellrock ist nach Schnitt XXII, da er ohne Passe ist, oben jedoch um Handbreite länger zu schneiden; man faßt ihn, nachdem Vorder- und Seitenbahn durch Abnäher etwas verengt sind, in einen fadengeraden, 4 cm breiten Bund mit Zugsaum. Unten schließt der Rock mit Bogenlanguette, in Wolle oder Seide ausgeführt, ab. — 113. Der weiße Piqueerock hat einen 10 cm breiten, 2,35 m weiten, languettierten Volant, den man verstürzt annäht, und dessen Naht man mit Shirtingstreif deckt. Oben faßt man den Rock in eine doppelte Shirtingpasse, zu der Fig. 68 oder 28 des Schnittbl. III geeignete Schnittformen bieten, letztere für stärkere Figuren. — 114. Hellblauer, weiß gemusterter Barchent ist für diesen Rock benutzt, den Rand begrenzt eine 9 cm breite, leicht vorgehaltene derbe Klöppelspitze. Die Rockbahnen sind nach Schnitt XXII, aber oben 6 cm länger zuzuschneiden, Vorder- u. Seitenbahn werden durch Abnäher passend gemacht und links 4 cm breit mit Shirting besetzt. Die eingekräuselte Hinterbahn faßt man in einen fadengeraden, 3½ cm breiten, je 22 cm weiten Bund, welcher Zugsaum erhält.

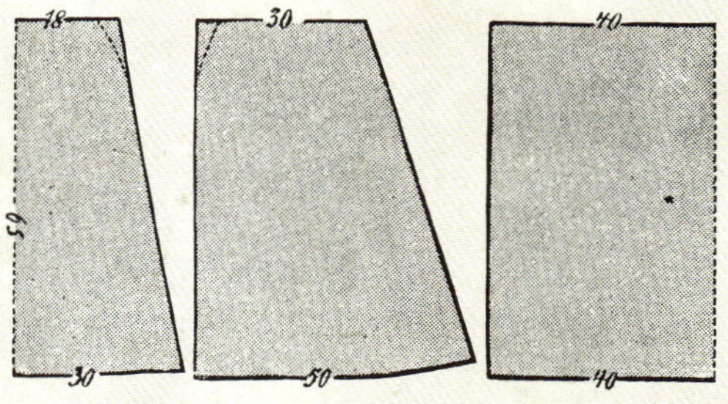

115. Maße für einen Flanell- oder Barchentrock für starke Frauen. (S. Abb. 116.)

116. Rock nebst breiter Passe für starke Frauen. S. Schnitte Abb. 115 u. 116a.

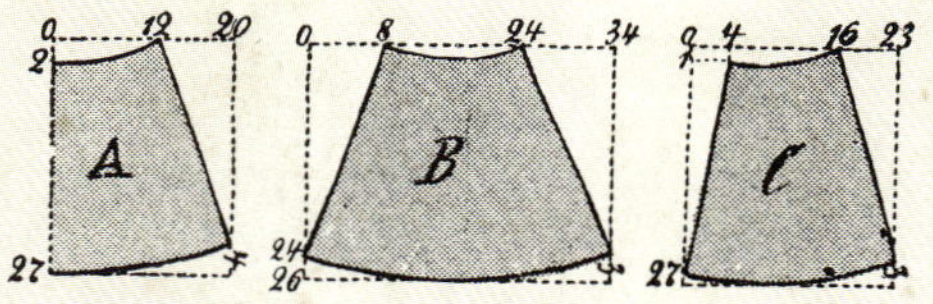

116a. Schnitt zur breiten Passe des Rockes, Abb. 116

116. Rock nebst breiter Passe für starke Frauen.

S. die Schnitte: Abb. 115 u. 116a.

Starken Damen ist es darum zu tun, daß ihre Unterkleidung möglichst wenig aufträgt; dafür empfiehlt sich dieser Rock mit breiter Passe. Auf ihre untere Hälfte. sind in gleichmäßigen Abständen zwei Reihen Knöpfe genäht, die zur Aufnahme der etwas kürzer als gewöhnlich zuzuschneidenden Röcke bestimmt sind. Die Röcke werden mit 3 cm breitem geraden Bund versehen, in welchen man die Knopflöcher bringt. Die Passe war bei unserm Modell aus doppeltem Stoff gearbeitet, ihr oberer und unterer Rand war zweimal abgesteppt. Da die Passe sich genau der Körperform anlegen soll und die Figuren sehr verschieden sind, so ist ein Proben auf dem Körper unerläßlich. Man schneidet nach dem Schnitt Abb. 116a je zwei Teile in doppeltem Stoff zu. Abb. 116 zeigt einen Flanellrock mit Languettenabschluß für die untere Knopfreihe berechnet; er ist entsprechend kurz zuzuschneiden, seine obere Weite richtet sich nach der des unteren Passenrandes. Unser Schnitt, Abb. 115, giebt die Maße für einen Rock in gewöhnlicher Länge für starke Figuren, die punktierten Linien bedeuten Abnäher, bzw. ein Abrunden auf den Hüften.

118–120. Drei Unterröcke.

Schnitte: XXII u. XXIII auf der Rückseite des Schnittbl. III.

118. Der Flanellrock ist unten mit Seide bestickt, oben mit breitem Bund ausgestattet und nach Schnitt XXII zu arbeiten; man schneidet ihn aus 1,30 m Flanell, den Bund aus 0,50 m Köper. — 119. Den Unterrock aus gerauhtem Köper begrenzt ein 10/220 cm großer gestickter Volant, man gebraucht 1,75 m Köper und benutzt Schnitt XXII. Die Vorderbahn bleibt glatt, Seiten- und Hinterbahn, um Bündchenbreite verkürzt, fassen in ein gerades Bündchen. — 120. Dem mit rundem Bund nach Schnitt XXIII oben etwas verkürzt und nach Fig. 28 oder 68 Schnittbl. III herzustellenden Shirtingrock ist ein 25 cm breiter, 1,75 m weiter Stickereivolant aufgesetzt, der Rock ist darüber in 3 feine Säumchen genäht. Innen setzt man einen Stoßsaum gegen, die Rocklänge richtet sich nach der betreffenden Figur, zu unserem Schnitt sind 2,50 m Shirting nötig.

121. Eleganter Unterrock.

S. Schnitt: XIV auf Schnittblatt V oder XXIII auf Schnittbl. III.

Erf.: 4 m Shirting, 3,25 m Stickerei. Dem nach oben genanntem Schnitt zu arbeitenden Rock ist ein 10/360 cm großer Stoßvolant an- und ein 27/325 cm großer Stickereivolant aufgesetzt. Letzterer u. der Rock über dem Volant sind mit drei Säumchengruppen geschmückt. Oben ist der Rock durch Hüftabnäher und hintere Falte oder Einreihen passend gemacht und ein Schrägstreifen als Bund untergesteppt.

117. Unterrock mit Rundvolants. Schnitt und Beschreibung: XIV auf der Vorderseite des Schnittbl. V.

118–120. Drei Unterröcke. Schnitte: XXII u. XXIII auf der Rückseite des Schnittblattes III.

121. Eleganter Unterrock.

Unterröcke und Schürzen für Kinder.

Man wähle für die hier vorgeführten Gegenstände nur Stoffe, die durch ihr Gewebe und ihre Farbe wiederholten Wäschen kein Hindernis entgegenstellen; ob man sie weiß oder farbig nimmt, wird von Nebenumständen abhängen. Die dargestellten Formen sind typisch für die genannten Altersstufen und praktisch für die Wäsche, außerdem so einfach gewählt, daß eine geringe Vergrößerung oder Verkleinerung ohne Mühe vorgenommen werden kann.

1 u. 2. Röcke für kleine Kinder.

Das unten ausgebogte Röckchen kann man aus Barchent, Flanell oder Piquee anfertigen. Vorteilhaft ist es, gleich zwei Röckchen zu schneiden, da die Vorderbahn nur eine halbe Stoffbreite beansprucht. Länge: 23 cm, Vorderbahn unten 40—42 cm breit, nach oben an jeder Seite um 4 cm geschrägt. Fadengerade Hinterbahn: 70 cm breit. Fadengerader, 2 cm breiter, mit Knopflöchern ausgestatteter Bund. — Das zweite Röckchen aus Shirting kann man mit Stickerei, Spitze oder Trimming besetzen; für Randsaum und Säumchen sind 6 cm zuzugeben. Die Maße sind: An beiden Seiten geschrägte Vorderbahn 42/34 cm. Gerade Hinterbahn: 70 cm breit, Länge des fertigen Rockes 27 cm. Glatter, 2 cm breiter Bund mit Knopflöchern; man muß hinten dichter einreihen als seitlich und vorn.

1. Flanellröckchen. 2. Shirtingröckchen.

3—5. Drei Unterröcke f. 9—11 jähr. Mädchen.

S. Abb. 3a u. Schnitt XX auf der Rückseite des Schnittblattes. I.

3. Der Rock aus weißem oder farbigem Flanell ist unten mit Wolle ausgebogt, oben in ein fadengerades Shirtingbündchen gefaßt. Man schneidet ihn nach den Maßen der Abb. 3a zu und steppt die Ränder entweder als Kappnaht flach aufeinander oder näht sie, auf der Rückseite ausgestrichen, mit Hexenstich nieder. — 4. Für diesen Rock gilt gleichfalls Schnitt Abb. 3a, man fertigt ihn entweder aus Barchent oder Piquee, unser Modellrock ist unten auslanguettiert. — 5. Der Shirtingrock ist unten mit einem Volant von Stoff besetzt, der in zwei Säumchen abgenäht und mit Stickereiansatz versehen ist. Das gerade Bündchen, 70 cm weit, hat Zugsaum. Man schneidet den Rock nach der zwischen den Schnitten stehenden Zeichnung XX folgendermaßen zu: Aus einer zur Hälfte zusammengelegten Stoffbreite schneidet man die Vorderbahn und wendet die abfallenden Stücke um, sodaß sie die Seitenbahnen ergeben, die mit ihrem geraden Rande an den schrägen Rand der Vorderbahn treffen. Eine volle Stoffbreite dient als Hinterbahn.

3—5. Flanell-, Barchent- und Shirtingrock für Mädchen. S. Abb. 3a und Schnitt XX, Rückf. d. Schnittbl. I.

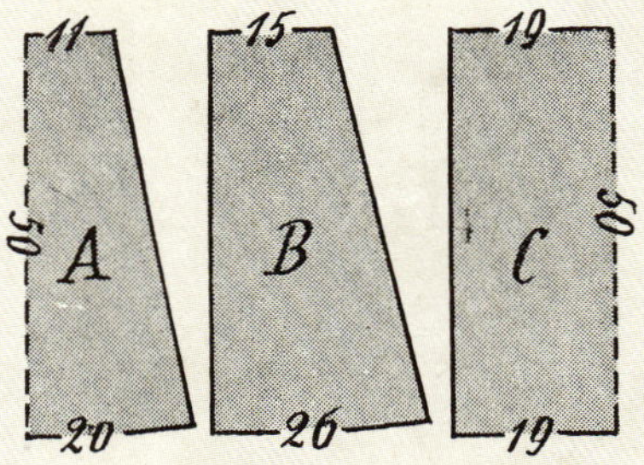

3a. Schnitt zu Abb. 3 u. 4.

6. Kittelschürze für 3—5 jährige Kinder.

Schnitt: XXVI auf Schnittblatt V.

6. Kittelschürze für 3—5 jähr. Kinder. Schnitt: XXVI auf Schnittbl. V.

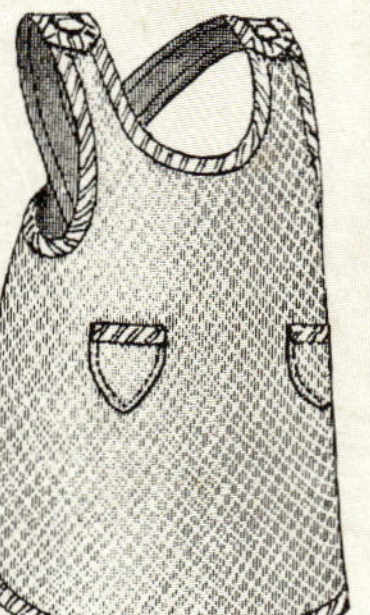

7. Schurz für Knaben; s. Abb. 7a.

Den Rumpf schneidet man nach Fig. 57 für Vorderteil und Rücken gleich groß und je aus einem Stück zu: den Rücken versieht man in der Mitte mit Schlitz oder schneidet ihn durch. Die Passe stellt man aus dem Hauptstoff nach Fig. 55 u. 56 her, deckt sie mit Garniturstoff und setzt den Hängerteil unter Blende auf. Der Aermel wird vorn in ein 4/16 cm großes Bündchen gefaßt; rechts aufgesteppte Tasche, und 4 cm breiter Besatzstreifen am unteren Rande. Erf.: 1,65 m Stoff; 0,30 m Garniturstoff.

7 u. 7a. Schurz für 5—7 jähr. Knaben.

Erf.: 0,85 m Stoff; 0,20 m Besatzstoff.

Der aus grauem Fischerleinen hergestellte Schurz ist mit Schrägstreifen aus blau-weißem Madapolam an allen Rändern besetzt. Er wird nach Abb. 7a aus doppelt gelegtem Stoff im Ganzen zugeschnitten und auf den Achseln mit Knopf, an den kreuzenden Schurzenden mit Knopfloch versehen; die Taschen werden aufgesteppt. Dieser Schnitt muß erst in Papier geschnitten und dem Kinde angemessen werden, da die Stellung der Achsel- und Schurzenden sich nach Größe und Figur des Kindes richten muß.

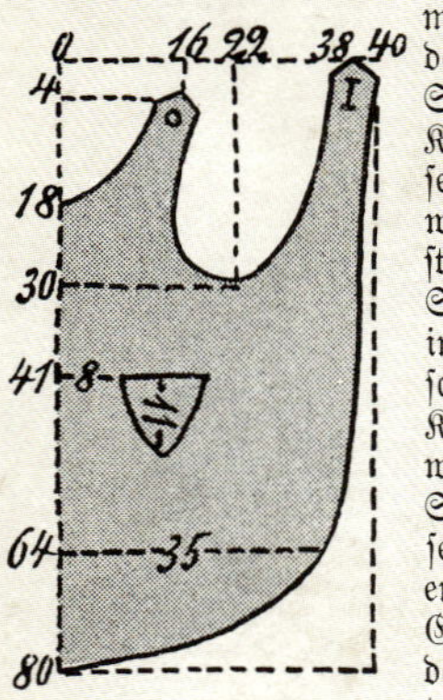

7a. Schnitt zu Abb. 7.

8 u. 8a. Ausgeschnittene Schürze für 4—6 jähr. Mädchen.

Die Schürze ist nach Abb. 8a in vierfacher Stofflage aus einem Stück herzustellen. Ihren oberen Rand kraust man für die vordere Hälfte in ein 26 cm, für jede Rückenhälfte in ein 12 cm langes, je 5 cm breites, doppeltes Bündchen. Ebenso breite, 34 cm lange, abgespitzte Streifen bilden die Achseln, sie treten vorn und hinten 3 cm lang auf den Hauptteil über und decken den Ansatz der Schultervolants, die 7 cm Breite, 50 cm Länge haben. Man braucht 1,30 m Stoff.

9. Schürze für 8—10 jährige Mädchen.

Schnitt: XXVII auf Schnittblatt V. Erf.: 1,60 m Stoff.

Die Schürze aus blau-weiß gestreiftem Satin hat einen hinten schließenden, runden, dunkelblauen Schulterkragen. Zwei Blenden aus Schürzenstoff besetzen den Kragen und befestigen zugleich den 9 62 cm großen Schrägvolant. Man schneidet den Vorderteil nach Fig. 58 einmal und setzt an jeder Seite eine Seitenbahn an, die nach Fig. 59, mit geradem Fadenlauf am hinteren Rande, zugeschnitten wird. In der Seitennaht stoßen die schrägen Ränder aneinander. 1 cm breite Blenden aus dunkelblauem Stoff als Ausputz. Der Schürzenrumpf schließt durch 3/43 cm große Bindebänder. Der Schrägvolant am unteren Rande mißt 11/110 cm.

10. Reformschürze für 6—8 jährige Mädchen.

Schnitt: XXVIII auf Schnittblatt V.

Erf.: 1,60 m Stoff; je 60 cm von schmaler Stickerei und Einsatz; 1,40 m breite Stickerei. Man schneidet für die niedliche Schürze aus weißem Batist nach Fig. 61 einen Teil zu, besetzt ihn oben passenartig mit dem Einsatz und dem Stickereivolant und unten mit einem 10/240 cm großen Schrägvolant, der unter Blende befestigt wird. Man säumt die Armhöhlung, setzt an den Achseln 6/40 cm große Achselbänder und unten 6/50 cm große Bindebänder an.

11. Hängerschürze für 4—6 jährige Mädchen.

Schnitt: XXIX auf Schnittblatt V.
Erforderlich: 1,30 m Stoff.

Das Schürzchen aus hochrotem Köper ist mit blau vorgestoßenen Blenden und buntgestickten Achselstreifen geputzt. Man schneidet den Hauptteil nach Fig. 57 in 35 cm Länge zu und setzt ihm unten einen 10/170 cm großen Volant an. Für den Oberteil der Vorderpasse näht man den Stoff zackig in Säumchen ab und schneidet ihn und die Rückenpasse nach Fig. 55 u. 56, aber unten etwas verändert, zu. (S. die feinen Linien auf dem Schnitt.) Der Hauptteil wird oben eingereiht, die Armlöcher säumt man, und die Rückenpasse richtet man zum Knöpfen ein. Der nach Fig. 62 zugeschnittene Achselvolant wird verstürzt aufgenäht.

12. Hängerschürze für 10—12 jähr. Mädchen.

Schnitt: XXX auf Schnittbl. V. Erf.: 2,25 m Stoff, 3,50 m Blende.

Der Ausputz der grauen blaugepunkteten Schürze besteht in dunkelblauen, $1^1/_2$ cm breiten Blenden, die vorn eine zackenartige Passe abgrenzen. Nach Fig. 63 schneidet man zwei Teile zu, von denen der eine für den Vorderteil am Halse etwas tiefer ausgeschnitten, der andere für den Rücken der Länge nach aufgeschnitten wird. Man näht die Teile an den geschrägten Seiten zusammen, bringt den Blendenbesatz nach Vorschrift an und schließt die Achseln. Das Armloch wird gesäumt, der Schultervolant an seinem geraden Rande eingereiht und verstürzt aufgenäht. Knopfschluß im oberen Teile des Rückens, gerader, 15/225 cm großer Volant am unteren Rande. Den Halsrand faßt man mit 1 cm breitem, blau vorgestoßenem Streifen ein.

8. Ausgeschnittene Schürze; s. Abb. 8a.

9. Schürze für 8—10 jähr. Mädchen. Schnitt: XXVII auf Schnittbl. V.

10. Reformschürze für 6—8 jährige Mädchen. Schnitt: XXVIII auf Schnittbl. V.

11. Hängerschürze f. 4—6 jähr. Mädchen. Schnitt: XXIX auf Schnittl. V.

12. Hängerschürze f. 10—12 jähr. Mädchen. Schnitt: XXX auf Schnittblatt V.

8a. Schnitt (vierter Teil) zur Schürze Abb. 8.

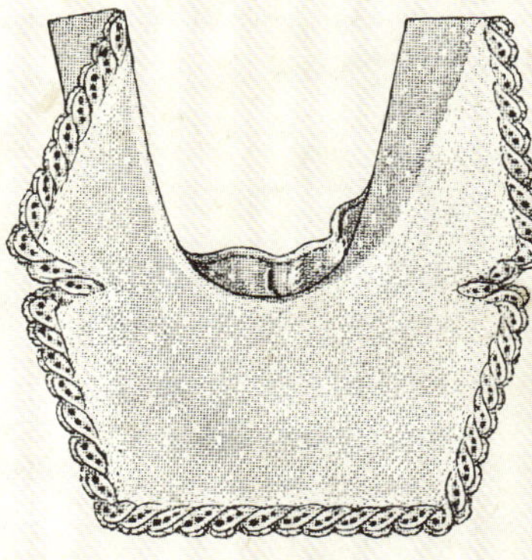

1. Matrosenkragen für Kinder. Schnitt: XVI auf Schnittblatt V.

2. Umlegekragen aus Leinen. Schnitt: Fig. 33 auf der Vorderseite des Schnittblattes V. 3. Gestickter Schulterkragen. Schnitt u. Mustervorl.: XVII auf Schnittblatt V.

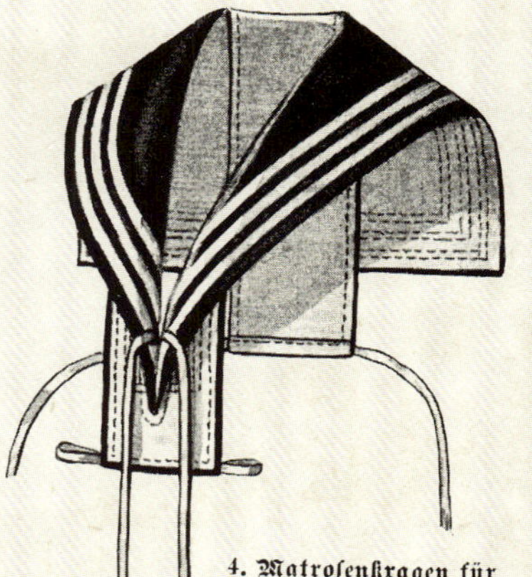

4. Matrosenkragen für Kinder. Schnitt: XV auf Schnittblatt V.

1. Matrosenkragen für Kinder.

Schnitt: XVI auf Schnittblatt V.

Der aus beliebigen Waschstoffen mit oder ohne Futter nachzufertigende Kragen ist beim Modell mit Stickerei geschmückt; man erhält aus 50 cm Stoff von 80 cm Breite zwei Kragen. Der Hauptteil ist aus dem Ganzen nach Fig. 32, das Knopfbündchen aus doppeltem Stoff nach Fig. 32a zuzuschneiden, man näht es von 74 – 75 in den Halsrand. Der Bruchlinie auf dem Schnitt folgend biegt man den Kragen um.

2. Umlegekragen für Kinder. Schnitt: Fig. 33 auf der Vorderseite des Schnittblattes V.

Man stellt den Kragen aus Leinen, Einlage und Shirting her, näht diese Teile an den Außenrändern von links zusammen, stürzt dann um und führt $^1/_2$ cm hinter den Rändern eine Stepplinie her. Den Halsrand faßt man in ein $1^1/_2$ cm breites Bündchen aus doppeltem Shirting, mit Knopflöchern vorn und in hinterer Mitte.

3. Gestickter Schulterkragen für Kinder. Schnitt: XVII auf Schnittblatt V.

Der aus einem Stück nach Fig. 34 in derbem weißen Leinen zuzuschneidende Kragen ist mit Lochstickerei und am Rande mit Languetten geziert. Das Muster dazu befindet sich auf dem Schnitt; man kann zur Herstellung des Kragens auch Batist oder Mull nehmen.

4. Matrosenkragen für Kinder.

Schnitt: XV auf der Vorderseite des Schnittbl. V.

Der Kragen ist aus dunkelblauem Drell gearbeitet, mit Shirting gefüttert und dreimal mit weißem Shirtingband besetzt, von dem man einschließlich der Bindebänder 8 m für jeden Kragen gebraucht. Man schneidet am besten gleich zwei Kragen zu und hat dazu 50 cm von jeder Stoffart nötig. Nach Fig. 30 schneidet man je einen

5. Bluse für 8—10 jährige Mädchen. S. Abb. 5a.

6. Bluse für 6–8 jährige Knaben. S. Abb. 6a.

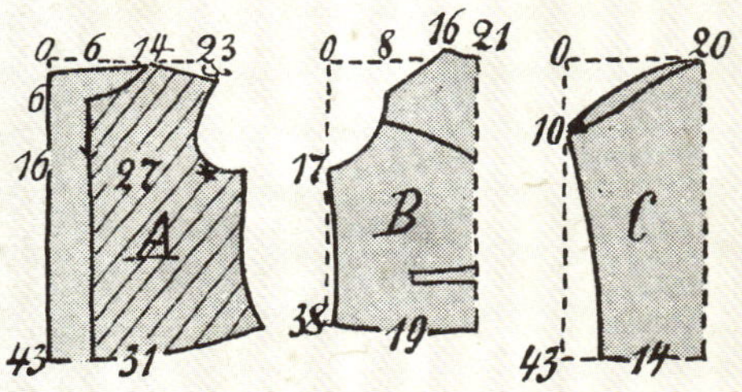

5a. Schnitt zur Bluse für 8—10 jähr. Mädchen, Abb. 5.

Teil aus Drell und Shirting zu, schlitzt an der Bruchlinie nahezu in ganzer Länge den Stoff auf, führt die Naht in hinterer Kragenmitte von 70—71 aus und steppt dann alle Außenränder aufeinander und das Band auf. Den Rückenlatz arbeitet man nur aus Shirting, setzt ihn in den Halsrand und versieht ihn gleich dem Kragen mit den Bändern; der kleine Vorderlatz wird durch Einbiegen der Kragenenden gebildet.

5 u. 5a. Waschbluse für 8–10 jähr. Mädchen.

Erf.: 1,50 m Stoff. Die Bluse ist im Vorderteil zu 12 feinen Längsfältchen abgenäht, im Rücken mit spitzer Passe besetzt und mit Zugsaum eingerichtet. Man schneidet den Vorderteil zweimal, den Rücken aus doppelt gelegtem Stoff einmal nach den Maßen der Abb. 5a zu, der schraffierte Teil auf Fig. A gibt die Grundform an. Dem vorderen Rand des linken Vorderteils wird eine schmale Knopfleiste angesetzt, dem rechten eine 4 cm breite Knopflochpatte aufgesteppt; dem Rücken steppt man den passenartigen Teil auf. Der Stehkragen und die 6 cm breiten, 19 cm weiten Aermelbündchen bereitet man aus doppeltem Stoff, den Aermel läßt man vorn zu 5 cm langem Schlitz offen, dessen Ränder Saumstreif einfaßt.

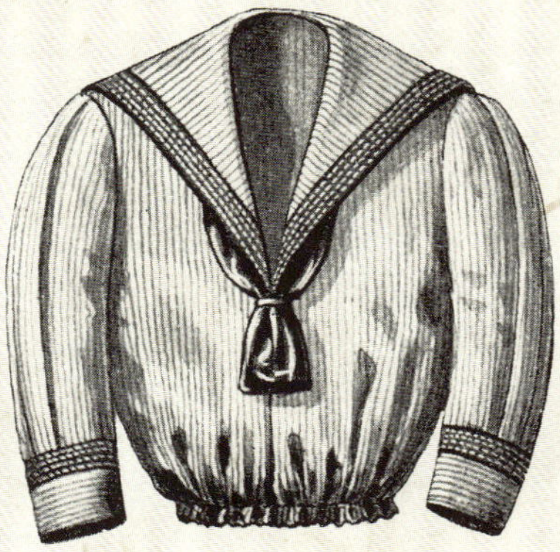

7. Bluse für 8—10 jährige Kinder. Schnitt: XXXVII auf Schnittblatt V.

8. Bluse für 10—12 jährige Kinder. Schnitt: XXXVIII auf Schnittblatt V.

6 u. 6a. Bluse für 6—8 jährige Knaben.

Erforderlich: 2 m Stoff.

Die aus weißgestreiftem Kattun gefertigte Bluse kann als leichte Sommertracht zu beliebigen Beinkleidern, die man der Bluse im Gürtel aufknöpft, getragen werden. Nach den Maßen der Fig. A u. B (s. Abb. 6a), deren doppelt schraffierter Teil die Grundform zeigt, schneidet man den Vorderteil zwei-, den Rücken einmal zu. Der linke Vorderteil ist in zwei Quetschfalten gelegt, der rechte dagegen nur in eine und dann zu breitem Saum eingeschlagen, auf dem Knöpfe angebracht werden. Dem linken Vorderteil wird eine Knopflochleiste untergesteppt, und obenauf werden Perlmutterknöpfe zum Zierat aufgenäht. Die Quetschfalten, in ihrer Tiefe von oben bis unten durchsteppt, werden durch den im Gürtelschluß aufgesteppten, $3^1/_2$ cm breiten Streif glatt niedergehalten, neun Knopflöcher sind hier anzubringen. Man schneidet den Aermel aus einem Stück nach C der Abb. 5a zu, aber 3 cm kürzer und ohne Nahtzugabe, vorn läßt man die Naht 7 cm lang offen. Umlegekragen u. 7/22 cm großes Aermelbündchen aus doppeltem Stoff.

7. Bluse für 8–10 jähr. Kinder.

Schnitt: XXXVII auf Schnittbl. V. Erf.: 1,50 m Stoff von 80 cm Breite.

Die aus beliebigen Waschstoffen zu fertigende, für Mädchen und Knaben passende Bluse bestand im Modell aus blauweiß gestreiftem Kattun und dunkelblauen, weiß durchsteppten Besatzstreifen am Matrosenkragen und den Aermelaufschlägen; blauer Shlips aus einem geraden, zu Schlinge abgebundenen Stück. Die beiden Vorderteile näht man an den aus dem Ganzen zugeschnittenen Rücken, säumt den linken bis zum Aufschlag um, setzt ihm für den Schluß einen Knopflochstreifen unter und versieht den rechten Vorderrand mit Knöpfen. Der untere Rand wird für den durchzuführenden Gummizug gesäumt. Man setzt nun den aus Einlage und Stoff zugeschnittenen Kragen Fig. 84 von 5 bis 6 ins Halsloch und bekleidet ihn nebst den als Aufschlag umbiegenden Ecken der Vorderteile in einem Stück mit Stoff; der Besatzstreif wird aufgesteppt. Der aus einem Stück zugeschnittene Aermel wird der Länge nach einmal gesteppt und in Quetschfalte gelegt, dann vorn bis zum Schlitz zusammengenäht und mit dem Aufschlag aus doppeltem Stoff besetzt (siehe die feine Linie auf Fig. 83). Er wird so eingenäht, daß die Naht auf den * des Vorderteils trifft.

8. Bluse für 10–12 jährige Kinder.

Schnitt: XXXVIII auf Schnittblatt V.

Erf.: 1,75 m Stoff von 70—80 cm Breite. Die Bluse aus grauem Leinen ist mit rotem Einfaß am Umlegekragen und den Säumen geputzt; bei letzteren

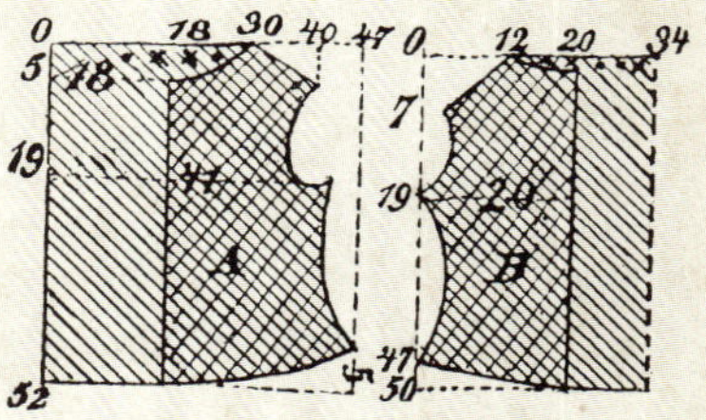

6a. Schnitt zur Knabenbluse, Abb. 6.

endigt er in kleinen gestickten Dreiecken. Die Vorderteile sind zunächst in 3 Falten abzusteppen und dann der Linie für die Grundform gemäß am Halsloch auszuschneiden, man bringt vorn Knopfschluß an und setzt dem linken Vorderteil eine 4 cm breite Oberfalte auf. Nachdem man Vorderteile und Rücken zusammengenäht hat, setzt man den aus doppeltem Stoff herzustellenden Umlegekragen ins Halsloch und säumt den untern Rand für den Gummizug. Bei dem nach Fig. 83 unten 2—3 cm länger zuzuschneidenden Aermel macht man die Quetschfalte oben breiter, unten schmäler und bringt daneben noch eine 10 cm hohe Falte an. Schlitz zum Knöpfen.

9 u. 10. Zwei einfache Blusen nebst Rückansichten. Schnitt: XXIV auf Schnittbl. III.

Zu beiden Blusen paßt obengenannter Schnitt als Grundform, für die Falten ist Stoff zuzugeben. Dies geschieht beim Vorderteil längs des vorderen Randes, beim Rücken längs der Mitte, bezw. des Stoffbruches und richtet sich in der Breite nach der Menge und Tiefe der Falten. Zu der Bluse Abb. 9 sind die Vorderteile zu je zwei 2 cm breiten Falten abgesteppt, den vorderen Knopfschluß deckt ein 6 cm breiter Streif. Nachdem man den Rücken in je zwei 2 cm breite, flache Falten gelegt hat, besteppt man ihn haltbarkeitshalber mit einem spitzen Kollerstück und richtet ihn mit Zugsaum ein. Den aus einem Stück zugeschnittenen Aermel läßt man vorn zu 11 cm langem Schlitz offen und reiht ihn in ein 6—8 cm breites, 24 cm weites Bündchen. Fig. 80 u. 81 geben die Schnittformen für Halsbündchen und Stehkragen, welch letzterer mit Einlage zu arbeiten ist. — Zur Bluse Abb. 10 war jeder Vorderteil in eine $4^1/_2$ cm breite Quetschfalte gelegt, die längs ihrer Tiefe festgesteppt ist. Eine gleich breite, aufgesetzte Falte verbirgt den Knopfschluß; der Rücken ist in eine 5 cm breite Quetschfalte gelegt. Aermel und Zugsaum sind wie bei der Bluse Abb. 9 zu arbeiten. Der Stehkragen ist zur Ecke abgespitzt. Erf.: 3-3,50 m Stoff von 80 cm Breite.

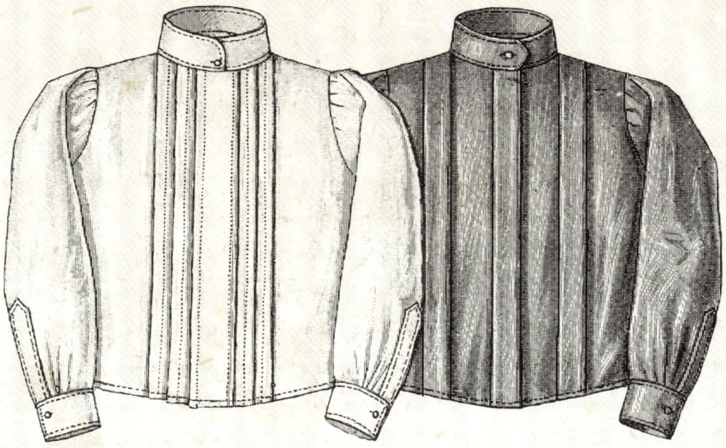

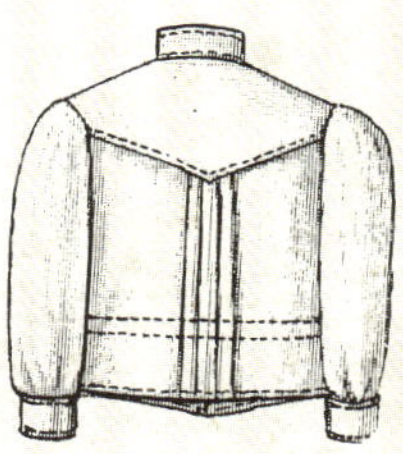

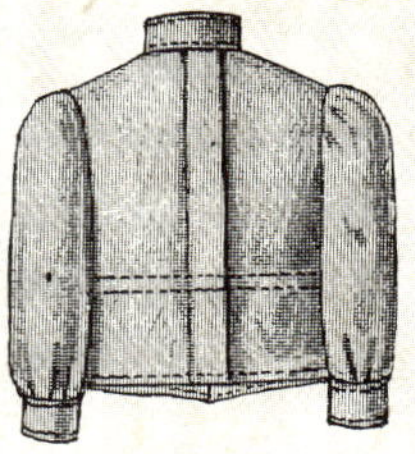

9 u. 10. Zwei einfache Blusen. Schnitt: XXIV auf der Rückseite des Schnittblattes III.

Badeanzüge für Kinder und Erwachsene.

Zur Anfertigung von Badeanzügen nimmt man Köper, kräftige Kattune, Barchent und auch Cheviot. Die erstgenannten Waschstoffe liegen 72—80 cm, der Wollstoff liegt 100—110 cm breit. Die hier abgebildeten Anzüge zeigen die einfachsten gebräuchlichsten Formen.

1. Badeanzug für 8—10jährige Mädchen.

Schnitt: XXXI auf Schnittbl. V.

Zu dem einfachen Badeanzuge gebraucht man 1,75 m gepunkteten Kattun und 5 m weißes Leinenband als Besatz der Passe, Aermel, Beinlinge und des Gürtels. Nach der nach Angabe verlängerten Fig. 66 schneidet man mit Stoffbruch an der Seite 2 Teile zu, deren jeden man durch Naht von 49 an zu Beinling formt. Beide Teile näht man vom vorderen oberen Rande über Zahl 49 unter dem Körper her bis zum hinteren oberen Rande zusammen und steppt dann die oben eingereihten Ränder zwischen die doppelte Stofflage der Passen, die man nach Fig. 65 und, wie bezeichnet, für den Rücken etwas enger zuschneidet. Für den Aermel schneidet man 2 Teile nach Fig. 67, vereinigt sie durch Naht unter dem Arme und setzt den Aermel ins Armloch des Haupt- und Passenteiles. Man richtet auf der Achsel Knopfschluß ein und steppt die Borden auf. Den aufzusteppenden Bündchenstreifen des eingereihten Beinlings, s. Abb. 8, nimmt man 2/32 cm groß. Fadengerader Gürtel.

1. Badeanzug für 8—10jährige Mädchen. Schnitt: XXXI auf der Rückseite des Schnittblattes V.

2. Badeanzug für 10—12jährige Mädchen.

Schnitt: XXXII auf Schnittblatt V. Erforderlich: 2,25 m Perkal, je 30 cm glatter und weißer Köper als Besatz. Der auf der Schulter knöpfende Badeanzug aus blau-weiß gestreiftem Stoff ist auf der glattblauen Passe mit weißer Auflagearbeit, an Gürtel, Aermeln und Beinlingen mit weißem, blau gesteppten Einfaß geputzt. An Stelle der Auflagearbeit kann man die Vorderpasse auch streifig mit weißen Blenden besetzen oder mit weißen Punkten besticken. Man hat den Hauptteil, Fig. 70, zunächst nach Angabe zu verlängern und danach dann 2 Teile mit Stoffbruch an der Seite zuzuschneiden. Jeden Teil formt man durch die kurze Beinnaht zu Beinling und näht dann beide Teile von 61 über 56 unter dem Körper her bis 58 zusammen. Hierauf reiht man die oberen Ränder ein, steppt sie zwischen die doppelte Stofflage der Passenteile und setzt hierauf den nach Fig. 71 aus 2 Teilen zusammengesetzten Aermel ein. Die Beinlinge, s. Abb. 8, reiht man 8 cm vom unteren Rande ab auf 38 cm Weite ein und besetzt sie mit 2 cm breitem Bündchen.

2. Badeanzug für 10—12jähr. Mädchen. Schnitt: XXXII auf der Rückseite des Schnittbl. V. 3. Badeanzug mit Schoß. Siehe den Schnitt Abb. 3a.

4. Badeanzug für schlanke Gestalten. Schnitt: XXXIII auf der Rückseite des Schnittbl. V. 5. Badeanzug mit Schoßbluse. Schnitt für stärkere Gestalten: XXXIV auf der Rückseite des Schnittbl. V.

3. Badeanzug mit Schoß.

S. den Schnitt Abb. 3a.

Erf.: 2,75 m Stoff, 0,40 m weißer Piquee, 0,60 m roter Zitz, 10 m weiße Schnur. Der herzförmig ausgeschnittene Badeanzug aus rotem, weißgepunktetem Barchent ist auf dem weißen Kragen mit rotem Zitz besetzt und auf diesem mit weißen Gitterstichen geschmückt, an den Aermeln und Beinlingen, auch am Schoß rot eingefaßt und mit weißer Schnur besetzt. Solche putzt auch den vorn schnebbigen Gürtel, der einen 20/130 cm großen fadengeraden Schoß aufnimmt. Der Anzug schließt vorn mit Knöpfen und kann für den Hauptteil nach Fig. 70 gearbeitet werden; für die Knöpfeinrichtung faßt man die vorderen Schlitzränder in 3 cm breite Stoffstreifen. Die oberen Ränder des Hauptteiles reiht man ein und steppt sie zwischen die doppelte Stofflage der Passenteile, die man nach A und B der Abb. 3a zuschneidet. Sie werden durch den Schulterkragen, den man nach C aus dem Ganzen zuschneidet, verdeckt; man näht ihn in den Halsrand. Für den aus dem Ganzen zuzuschneidenden Aermel dient Schnitt D auf Abb. 3a. Die unteren Beinkleidränder sind nach Abb. 8 zu Volant abzureihen und mit Bündchenstreifen zu besetzen.

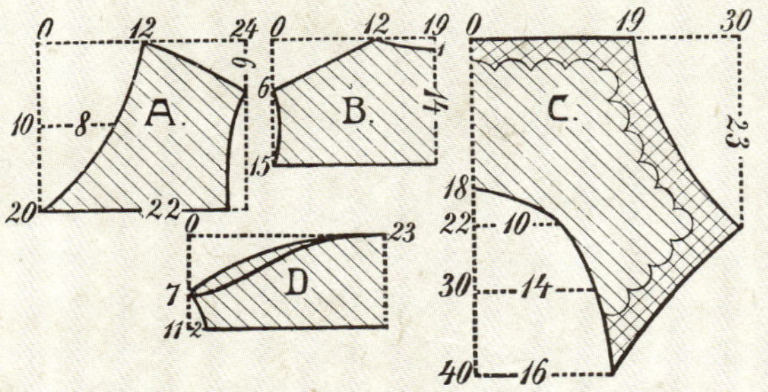

3a. Schnittübersicht zu Passe, Aermel und Kragen des Badeanzuges, Abb. 3.

4. Badeanzug für schlanke Gestalten.

Schnitt: XXXIII auf Rücks. V.

Erf.: 2,50 m Stoff, 13,50 m Litze, 1 m roter Köper. Der praktische Badeanzug aus weiß und rot gestreiftem Barchent hat eine bogige Passe, Aermelvolants, Bündchen und Gürtel aus rotem Köper mit weißem Litzenbesatz. Zu seiner Nachfertigung hat man zunächst Fig. 73 u. 73a längs der Durchschnittslinie zu vereinigen und danach zwei Teile, mit Stoffbruch längs der mit „Mitte" bezeichneten Linie, zuzuschneiden, unter Berücksichtigung der Linie für den vorderen Ausschnitt. Man schließt jeden Teil durch Naht zu Beinling und näht beide Teile vom oberen vorderen bis zum oberen hinteren Rande (von 69 über 67 bis 71) zusammen. Nach Fig. 72 schneidet man die Passe für Vorderteil und Rücken jede im Ganzen und aus doppelter Stofflage zu und setzt die eingereihten Ränder von Vorderteil und Rücken auf das Passenfutter, während die obere Stofflage der Passe in Bogen aufgesteppt wird. Man richtet die Passe mit Knopfschluß auf der Achsel ein und setzt dem Armloch den oben gespaltenen, nach Fig. 74 zweimal zu schneidenden und in Falten zu legenden Achselvolant ein. Die unteren Beinlingränder reiht man in 2 cm breite, 46 cm weite Bündchen, die man mit 10/80 cm großem Volant garniert.

5. Badeanzug mit Schoßbluse.

Schnitt für stärkere Gestalten: XXXIV auf Schnittblatt V.

Erf.: 4,50 m Stoff, 18 m Litze. Dieser Badeanzug aus dunkelblauem Köper ist mit 3 Reihen weißer, 1 cm breiter Litze besetzt und besteht aus Beinkleid und langem Kittel. Ersteres schneidet man nach Fig. 75 unter Berücksichtigung der Linie für den vorderen Ausschnitt zweimal mit Stoffbruch an der Seite zu, schließt einen jeden Teil durch Naht zu Beinling und näht dann beide Beinlinge von 80 über 78 bis 81 zusammen. An der Seite schneidet man den bezeichneten Schlitz ein, faßt seine Ränder in 2 cm breite Bündchenstreifen und die oberen in Falten gelegten Ränder in 4 cm breite Bündchen, mit Knopfschluß an der Seite. Die unteren Ränder säumt man 3 cm breit. Für den Kittel schneidet man den Rücken aus einem Stück, den Vorderteil nach Fig. 76, und zwar ist der linke Vorderteil, da der Kittel Seitenschluß hat, bedeutend schmäler zuzuschneiden; eine feine Linie auf Fig. 76 bezeichnet seine Größe. Man schließt Achsel- und Seitennähte und setzt dem Rande des rechten Vorderteiles einen $2\frac{1}{2}$ cm breiten Knopflochstreifen unter, dem linken Knöpfe auf. Im Gürtelschluß des Rückens bringt man einen aufgesteppten Streifen für Zugbänder an. Der Aermel ist aus dem Ganzen zuzuschneiden und an der Armkugel eingereiht; der gerade Gürtel aus doppeltem Stoff schließt mit 2 Knöpfen. Auf der Brust befindet sich ein Anker, den man mit weißem Garn in Plattstich einstickt; man findet dafür Vorlagen unter den bekannten Aulichschen Stickformen.

6. Hemd für Sonnenbäder. Schnitt: XXXV auf der Rückseite des Schnittblattes V. 7. Hemdhose für Sonnenbäder. Schnitt: XXXVI auf der Rückseite des Schnittbl. V.

6 u. 7. Hemd und Hemdhose für Sonnenbäder.

Schnitte: XXXV und XXXVI auf der Rückseite des Schnittblattes V.

Die für Sonnen- und Luftbäder gebräuchliche Bekleidung besteht entweder, wie unser Bild zeigt, aus einem einfachen Hemde oder aus solchem mit abgeteilten Beinlingen; letzteres ist in vielen Sanatorien Vorschrift. Als Gewebe sind luft- und lichtdurchlässige Stoffe gebräuchlich, also zartfarbige Batiste oder die leichten Gitterstoffe, wie Kongreß. Das Hemd Abb. 6 ist aus weißem, mit feinem blauen Muster bedruckten Batist gearbeitet; man schneidet nach Fig. 79 zwei Teile zu, näht sie an den Seiten zusammen und reiht den oberen Rand jedes Teiles in ein 4,35 cm großes Stoffbündchen, wobei man am Vorderteile einen 7/75 cm großen schrägen Stoffvolant mitfaßt. Die Achselbänder aus Stoff sind 5/50 cm groß. Die Hemdhose Abb. 7 ist aus kongreßstoffähnlichem Gewebe gearbeitet und mit bunt gewebtem Bördchen besetzt. Man fertigt sie nach obengenanntem Schnitt XXXVI folgendermaßen an: Nach den Maßen der Fig. 80 schneidet man zwei Teile zu und formt jeden durch die geschweifte Naht zu Beinling. Hierauf näht man beide Teile vom vorderen oberen Rande, unter dem Körper her, bis zum hinteren oberen Rande aneinander und reiht die oberen Ränder in je 4/35 cm große Bündchen. An den Achseln setzt man 4/10 cm große Streifen aus doppeltem Stoff an, die man im Verein mit den vorderen und hinteren Bündchen mit Borde besetzt. An die Streifen schließen sich die 4/40 cm großen Achselbänder, welche das Kleidungsstück zusammenhalten.

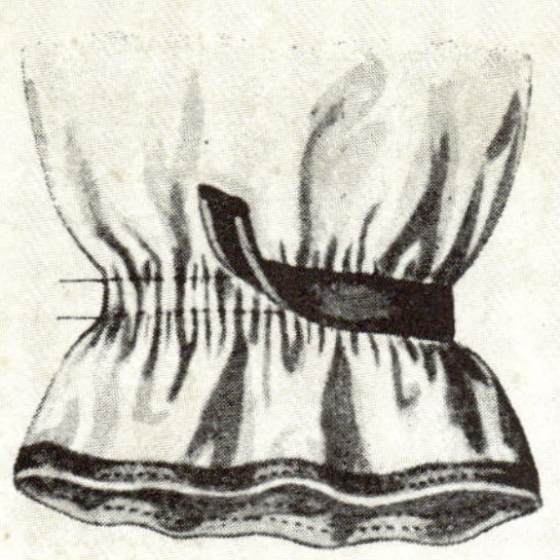

8. Das Einreihen eines Beinlings zu Volant für Badeanzüge. S. Abb. 1—3.

6. Wäsche für Männer.

Man muß bei der Männerkleidung wie bei der Frauenkleidung zwei gesonderte Gruppen in Betracht ziehen, und zwar die einfache Tracht des Volkes und die Tracht der Herrenwelt. Bei der ersten dient das Hemd als Unterkleidung, die je nach Beschäftigung und Jahreszeit unter Rock, Bluse oder Kittel verborgen ist und nur, nach abgelegtem Oberkleid, gelegentlich bei der Arbeit zur Schau kommt; bei der zweiten spielt die Wäsche — insonderheit das Hemd — eine ganz andere Rolle; es ist nicht Unterkleidung, sondern Schmuck und Zier und beansprucht aus diesem Grunde in hohem Maße sorgsame Behandlung bei Anfertigung und Erhaltung. Da wo das Hemd den Platz der Oberkleidung annimmt, schützt den Oberkörper noch ein Unterhemd oder eine Unterjacke aus warmen Geweben, der Unterkörper aber wird fast bei allen männlichen Personen durch Unterbeinkleider vor Kälte geschützt.

Wir erklären in Nachstehendem die Anfertigung der allereinfachsten Wäschestücke nur durch kleine Schnittzeichnungen. Unser Hauptaugenmerk richten wir auf die in Städten übliche Wäsche der Herren, zu der wir für Oberhemden und Beinkleider Grundschnitte in drei Größen geben, außerdem Nachthemden, Vorhemden, Kragen und Manschetten; eine besondere Besprechung widmen wir dem gewirkten Unterzeug, das sich mehr und mehr verallgemeinert. Die verschiedenen zur Verwendung kommenden Stoffe sind in dem Verzeichnis am Schluß des Buches übersichtlich geordnet.

Das einfache Männerhemd — aus kräftigem Leinen, farbigem Baumwollstoff oder blauem Flanell hergestellt — wird aus fadengeraden Stücken gearbeitet und je nach Landessitte mit Stehbund oder Klappkragen, einfachen Aermelbündchen oder Manschette, ja auch wohl ganz ohne solche gefertigt; zierlicher Hohlsaum schmückt bei den Bauernhemden oft Halskragen und Vorderfalten. Wir zeigen das einfache Manneshemd hier unten in seinen einzelnen Teilen; Beruf, Gewohnheit, Landesbrauch bestimmen das Nähere; im Westen Deutschlands z. B. hat der Bauer derbe Leinenhemden, im Osten ist das blaue Flanellhemd Brauch, der Soldat trägt das buntgemusterte Rohnesselhemd mit gekeiltem Aermel, und in der Schweiz werden vielfach Hemden mit offenen Aermeln getragen; für alle diese Zwecke aber ist der Schnitt, wie hier unten vorgeführt, verwendbar. Da dies Hemd lose sitzt, sind besondere Maßberücksichtigungen kaum zu nehmen, immerhin befolge man nachstehende Regeln und vergleiche mit dem Schnitt des Normalhemdes die vier einfachen, an der Figur genommenen Maße, die auch jeder Mann an sich selbst nehmen kann, bei etwaig brieflicher Bestellung, und die den Sitz sichern.

1. Halsweite, knapp um den Hals genommen: s. unten.
2. Handgelenkweite.
3. Rumpflänge vom höchsten Achselpunkt bis zum Knie, wobei man nach Belieben beide Rumpfteile um 10 bis 12 cm kürzer oder auch nur den vorderen 5 cm kürzer als den hinteren nehmen kann.
4. Aermellänge, vom Armeinsatz außen, längs des gebogenen Armes bis zum Handgelenk.

Das Maß, knapp um den Hals gemessen, heißt „die genaue Halsweite"; sie wird stets erweitert a) um 2 cm, welche der Bequemlichkeit und des Einlaufens halber nötig sind, und b) um 3 cm oder so viel die Breite der vorderen Mittelfalte (auch Schaufalte genannt) beansprucht, weil hier der Bund doppelt liegt. Das Maß der genauen Halsweite und der 2 cm Zugabe wird im allgemeinen mit Halsweite benannt. (Für die Nähte wird $^1/_2$ cm zugegeben.)

Das Maß der „genauen Halsweite" dient als Anhalt für verschiedene andere Maßverhältnisse: so z. B. für die Brust- bzw. die vordere Schlitzlänge, welche ihr gleich genommen wird; außerdem für die Rumpfbreite, die man gerade doppelt so breit nimmt, und für die Breite des Brustteils bzw. Einsatzes oder Faltenpartie, die zwischen $^1/_2$ und $^2/_3$ der Halsweite beträgt.

Das Schulterstück berechnet man so lang wie die Hälfte des erweiterten Halsmaßes, seine Breite gleich $^2/_3$ seiner Länge.

Der Handgelenkweite fügt man 4–5 cm hinzu, um für Bündchen und Manschette bequemes Maß zu erhalten.

Weitere Grundregeln beim einfachen Hemde sind:
Armlochtiefe: $^1/_2$ der Rumpfbreite,
Höhe der Seitenschlitze: $^1/_4$ der Rumpflänge,
Länge des Aermelschlitzes: $^1/_2$ der Bündchenweite.
Ungekräuselte Strecke unten am Aermel: entsprechend dem ersten und letzten Viertel der Bündchenweite.

Die Form des vorderen Halsausschnitts wird erst bestimmt, nachdem die Falten oder Kräuseln für den Brustteil angebracht sind, und richtet sich nach dem Körperbau; beim Normalhemd ist die Halsausschnitthöhe 5 cm, bei gerader aufrechter Haltung 4—$4^1/_2$, bei vorgebeugter Haltung aber $5^1/_2$—6 cm. Durch Festhaltung dieser einfachen Zahlen und Beachtung des Halsweitenmaßes ergibt sich die Breite des Halsausschnittes.

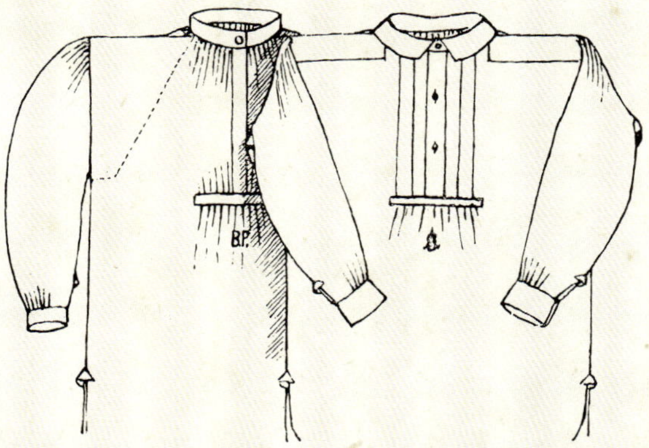

2. Arbeitshemd mit Achselfutter. 3. Einfaches Hemd mit Achselstück.

Man macht oft an Arbeiterhemden statt eines Achselteils ein Achselfutter, das längs des Armloches hergeht; auch die Form und Maße der Aermel werden verschieden genommen, wie Abb. 4 und 5 zeigen, und die Anordnung des Vorderteils wechselt in Kräuseln, Falten oder glattem Schlußsaum. Am Grundschnitt ändert dies aber nichts.

Unterbeinkleider.

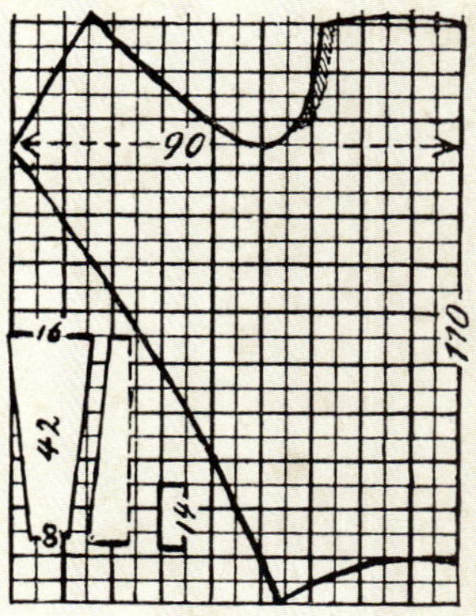

Die einfache Bevölkerung trägt vorwiegend Unterbeinkleider aus Barchent, Nessel oder Leinen mit geradem Bund. Schnitt VII auf der Vorders. d. Schnittbl. IV kann hierfür dienen, auch das hier mit Maßangabe vorgezeichnete einfache Muster, bei dem jedes Bein im ganzen geschnitten ist und die hintere Beinhälfte ganz im schrägen Faden geht, was sich für starke Körperbewegungen günstig erweist. Jedes Karo des Netzes bedeutet 5 cm. Die Langränder des Schnitteiles werden aneinandergenäht und laufen längs außen am Bein her; der kürzere Teil des Beinlings bleibt vorn.

Das Herrenhemd.

Durch seine Benennung „Oberhemd" wird es ganz richtig schon als oberes Kleidungsstück gekennzeichnet. Das vollkommene Oberhemd ist mit steifer Brust, mit Kragen und Manschetten im Zusammenhang gearbeitet und muß, um tadellos zu sitzen, genau nach Körpermaß gefertigt werden; es bietet die angenehmste, bequemste und eleganteste Tracht für Herren.

Weil das Gelingen ganz guten Sitzes aber recht schwer ist, außerdem das vollkommene Oberhemd im Gebrauch und besonders in der Wäsche sehr teuer wird, hat sich als Mittelding zwischen einfachem Hemd und elegantem Oberhemd das Hemd mit steifer Brust, aber ohne Kragen und Manschetten, eingebürgert; seine entschiedene Praktischkeit gibt ihm nach jeder Richtung hin Wert, besonders dadurch, daß Kragen und Manschetten, die am meisten angegriffen werden, mit Leichtigkeit — ohne das Hemd zu wechseln — frisch angelegt und jederzeit durch anders geformte und neu gekaufte modernere ersetzt werden können. Verschiedene nützliche Vorrichtungen, wie breit überschlagender Schluß vorn, Schluß im Rücken u. dergl., erhöhen die Bequemlichkeit und das gute Aussehen dieses Hemdes, und man versteht deshalb leicht, daß das Oberhemd mit anknöpfbaren Kragen und Stulpen die am meisten gebräuchliche Tracht ist. Nur die besser situierte Herrenwelt trägt das elegantere vollkommene Oberhemd.

Ein Mittelding zwischen beiden ist das Hemd mit festen Manschetten, bei dem also nur der Kragen abnehmbar ist; es wird in neuester Zeit in bunt wie in weiß gern getragen.

Das Herrenhemd, zu dem wir mit Schnitt I, II u. III vom Schnittbl. IV drei Grundschnitte für schlank, mittelstark und stark geben, ist einesteils durch die Brust und den Koller, andernteils durch ausgehöhltes Aermelloch und geschweifte Seitennaht der Figur angepaßt.

An den drei Grundschnitten und den hierunter vorgeführten kleinen Zeichnungen erkennen wir leicht den Grundsatz, welcher bei Einpassung des Brustteils befolgt werden muß, um die mehr oder weniger große Brust- und

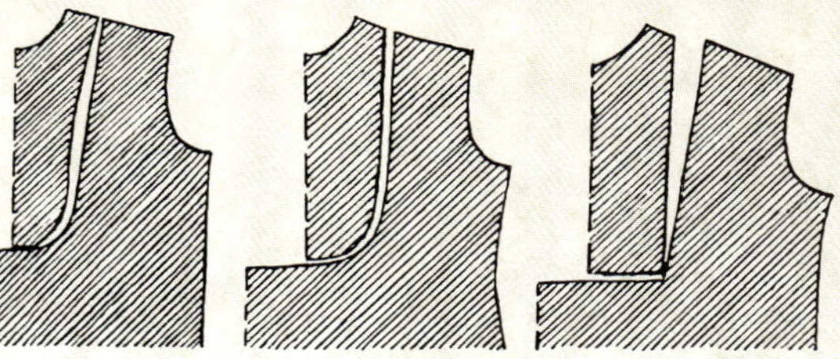

Schlank. Mittelstark. Stark.
Die Einpassung des Brustteils.

Bauchwölbung zu erzielen. Können bei mittelstark die Linien von Rumpfteil und Einsatz ziemlich parallel laufen, so wird bei schlank nötig, zwischen Rumpfteil und Brust einen Ausfall eintreten zu lassen, bei stark hingegen, die für den Bauch nötige Weite nach oben hin durch Anholen von Brust und Rumpf wieder verschwinden zu lassen.

Außerdem folgt natürlich der Ausschnitt des Rumpfes der für den Brusteinsatz gewählten Form, die man, im Anschluß an die Figur, für schlanke Herren schmaloval, für stärkere rundlicher oder ganz breit macht, und bei welcher vor allen Dingen der durch die Mode bestimmte Schnitt der Westen und Röcke mitspricht.

Einfaches Männerhemd aus 15 geraden Stücken nach obenstehender Anleitung zu schneiden. S. Abb. 1, 4—6.

Die Maße für untenstehendes einfaches und für Waschen und Rollen sehr praktisches Hemd sind auf Grund einer genauen Halsweite von 42 cm bei etwa 100 cm Länge folgendermaßen angenommen:

1. Rumpfteil: 84 cm breit, 200 cm lang, beliebig in der Vorderhälfte zu kürzen und zu runden.

2—5. Zwei Schulterstücke: 24 cm lang, 16 cm breit, zwei Schulterkeile: mit Einschlag 7 cm im Geviert.

6. Halsbündchen: 47 cm lang (42 + 2 + 3). S. die ob. Anleit.

7—12. Aermel, Aermelbündchen und Aermelkeil, s. Abb. 4.

13. Querspange am Schlitzende, 22—25 cm lang, $2^1/_2$ cm breit.

14. Keile für den Seitenschlitz, 5 cm im Geviert (je ein Quadrat ergibt zwei Keile).

15. Keile für den Aermelschlitz, 3 cm (je ein Quadrat ergibt zwei Keile).

Die Schulterkeile werden wie beim Knabenhemd, Beschreibung 13 auf S. 16, oben in die zuvor eingeschnittenen Schulterstücke gefügt und dann an ihrem schrägen Bruch aufgeschnitten und, einzeln eingezogen, dem Halsbündchen eingefügt.

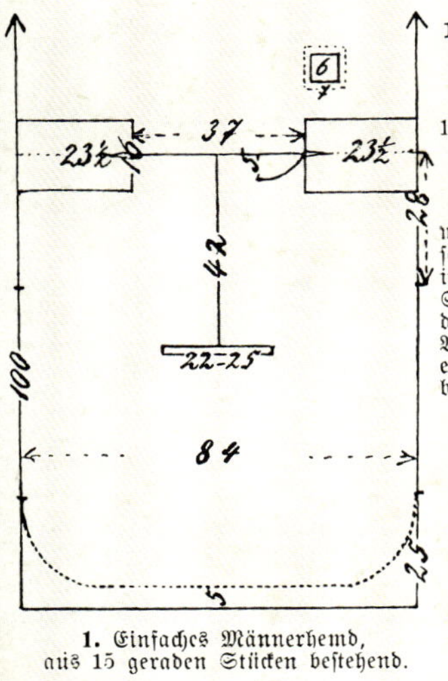

1. Einfaches Männerhemd, aus 15 geraden Stücken bestehend.

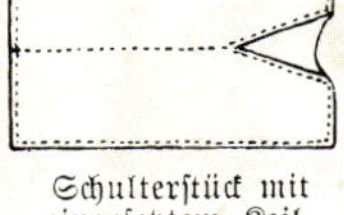

Schulterstück mit eingesetztem Keil.

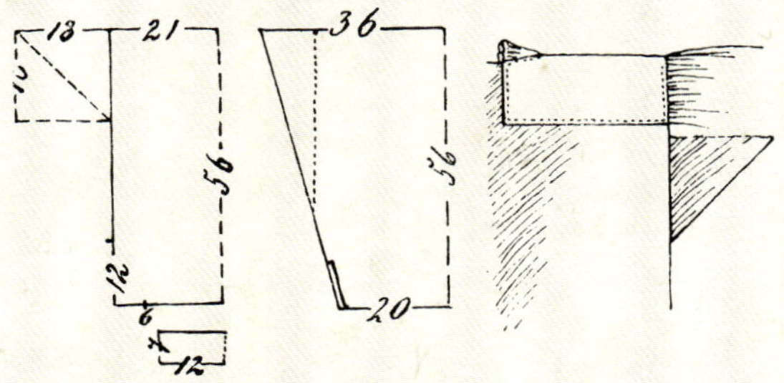

4. Fadengerade Teile zum Aermel, passend zum Hemd, Abb. 1 u. 3.
5. Geschrägter Aermel, passend für d. Hemd mit Schulterstück, Abb. 2.
6. Einsetzen des Aermels zum Hemd mit Schulterstück, Abb. 1 u. 3.

Aermel fertigt man entweder ganz gerade aus dem Hauptärmel und dem quadratförmigen Aermelkeil (Aermelraute), wie Abb. 4 diese (passend zum einfachen Manneshemd Abb. 1) mit Maßen gibt, oder man macht die Aermel geschrägt, in welchem Fall je nach Aermelweite Keile angesetzt werden müssen. Von der Naht unter dem Arm ausgehend, setzt man sie glatt an den Rumpf, bis zum Achselstück hinauf, wo man sie eingekräuselt zwischen die doppelte Stofflage desselben näht. Beim Achselfutter, wie das Hemd Abb. 2 es vorführt, kann die Kräuselung schon etwas tiefer — etwa 12 cm von Achselmitte — beginnen. Um dem einfachen Hemde bei besonderen Gelegenheiten ein „herrenmäßiges" Aussehen zu geben, werden selbständig gearbeitete Vorhemdchen (Abb. 9—10a, S. 41) und Kragen und Manschetten darüber angelegt. Sie gestatten verhältnismäßig leichtes Reinhalten und beliebiges Erneuern.

Die Anpassung der Achsel und des Rückens geschieht durch den Koller; zuerst beachte man, daß der Koller zum Teil auf der Achsel und zum Teil auf dem Rücken liegt.

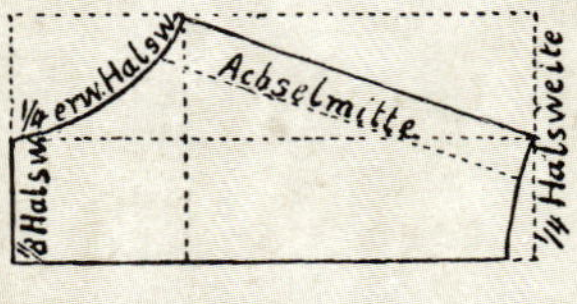

Rechteck für den Koller (ohne Nahtzugabe zu schneiden).

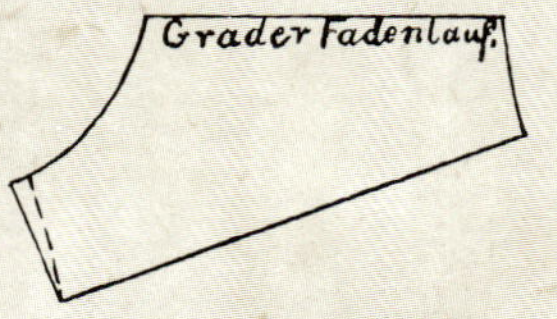

Lage des Kollers und Abschrägung auf der Mittelnaht.

Das Maß der Kollerbreite nimmt man daher hinten von Achselkugel zu Achselkugel; als höchste Höhe des Kollers gilt durchschnittlich 1/4 der Halsweite, als Höhe in hinterer Mitte und auf der Achsel 1/8 der genauen Halsweite.

Die Halsrundung zeichnet man frei ein, und zwar so tief, daß das angelegte Zentimetermaß 1/4 der erweiterten Halsweite ergibt. Soll das Hemd sehr genau gearbeitet werden, und ist für die Figur schwierig zu arbeiten, so beachte man, daß der Koller besser sitzt, wenn man seinen an den Vorderteil treffenden Rand fadengerade nimmt, dadurch gibt der schräge Fadenlauf der Dehnung der Achseln besser nach; auch erreicht man, zumal bei vornüber gebeugten Personen, im Rücken bessern Anschluß, wenn man die Mitte des Kollers nach oben ein wenig (1/2 cm) engt, was beides das zweite Bildchen angibt.

Die vordere Halsrundung beim Kollerhemd wird, in Anbetracht dessen, daß der Koller zum Teil auf die Vorderhälfte hinübergreift, bedeutend flacher als beim Achselhemd.

Aenderungen.

Nach diesen genauen Angaben ist Veränderung unserer Grundschnitte, wenn überhaupt notwendig, nicht schwer; Aenderungen, die an Rumpfweite oder -länge, an Kragenhöhe oder -weite erwünscht sind, nimmt man stets in der Mitte des betreffenden Teils vor, ändert also die Konturen nicht. Vorgesagtes gilt auch für die Nachthemden, deren einfache Form und loser Sitz Schwierigkeiten ausschließen.

Die drei Beinkleidschnitte auf Vorders. Schnittbl. IV, für schlanke, mittelstarke und starke Figuren, kontrolliert man hinsichtlich Länge, Gürtelweite und Sitzumfang mit den an der Figur genommenen Maßen; auch hier sind Aenderungen der Weite in der Mitte der Teile zu treffen, Aenderungen in der Länge jedoch verteilt auf das obere und untere Drittel, und zwar Verkürzungen durch Einschlagen des Musters, Verlängerungen durch Zwischenkleben von Streifen von je der Hälfte der Maßdifferenz; geringe Unterschiede fallen weniger in Betracht, da die aus Stoff gefertigten Unterbeinkleider nie ganz eng sitzen.

Beschreibungen der hier und auf Seite 41 abgebildeten Wäschegegenstände.

1—4. Steh-, Umlegekragen und Manschetten für Herren.

Schnitte: X—XII Vorders. und XXIII Rücks. Schnittbl. IV.

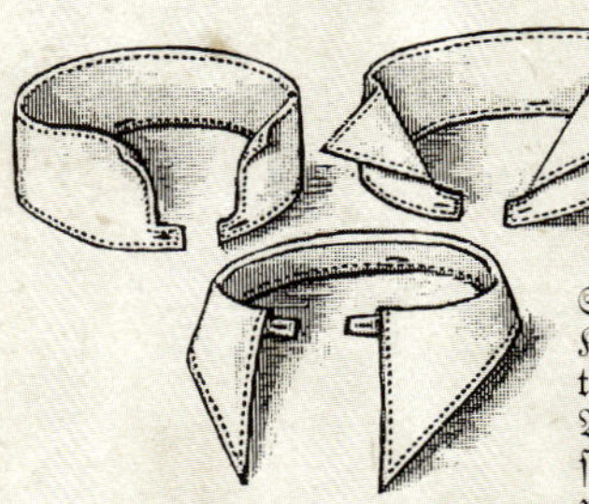
1—3. Steh- und Umlegekragen.

Alle diese Gegenstände schneidet man in feinem Leinen, starker Einlage (Triplüre, die vorher zu brühen ist) und Shirting als Futter zu. Kragen wie Manschetten werden 1/2 cm vom Außenrande entfernt durchsteppt und mit Knopflöchern versehen; die Manschette Abb. 4 kann man mit oder ohne Knopfspange herstellen. Zum Umlegekragen schneidet man das Halsbündchen ohne Einlage zu und faßt den Kragen an den mit Zahlen bezeichneten Stellen zwischen den unteren Rand.

5—5b. Steh- und Umlegekragen.

Die beiden Stehkragen zeichnen sich durch besondere Höhe aus, die 7 und 8 cm beträgt; man kann sie unter einiger Aenderung nach Schnitt XXIII auf der Rücks. d. Schnittbl. IV arbeiten. Der Umlegekragen ist für starke Herren bestimmt, weshalb das Bündchen vorn stark geschweift ist.

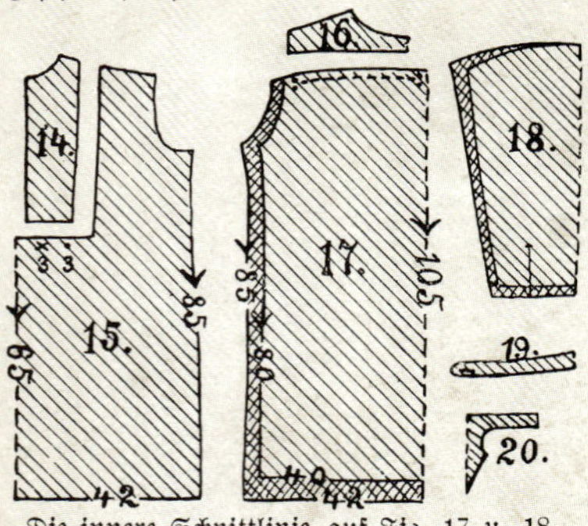

Die innere Schnittlinie auf Fig. 17 u. 18 gilt für Abb. 6.

6 u. 7. Beschreibungen s. auf der Vorders. des Schnittbl. IV. 8. Oberhemd mit eckigem Einsatz für starke Herren.

Schnitt III auf der Vorders. des Schnittbl. IV.

Dieses Hemd ist aus mittelfädigem Hemdentuch gearbeitet und schließt in vorderer Mitte ohne Knöpfe. Die rechte Seite des Einsatzes ist nach Fig. 14 am vorderen Rande 3 cm breiter zu schneiden, damit sie um dieses Maß untertreten und den selbständigen Schluß vermitteln kann. Vor Herstellung des Hemdes nach obengenanntem Schnitt lese man die Beschreibung zu Schnitt II durch. Zu erwähnen ist die mit dem Besatzstreifen in einem Stück geschnittene Knopfpatte, Fig. 20. Man kann die Aermel mit 3/25 cm großem Bündchen oder mit angesetzter Manschette versehen.

9 u. 9a. Zwei Vorhemden für Herren.

Verwendb. Schnitt IV auf der Vorders. des Schnittbl. IV.

Das gesteifte Vorhemd Abb. 9, aus feinem Leinen, ist mit kragenartigen Shirtingteilen gearbeitet. Sie treten vorn lose unter die kurze Achsel des Vorhemdes und sind nur mit dem Halsbündchen verbunden. Das Vorhemd Abb. 9a aus weißem gemusterten Batist hat in der Mitte 2 feine Längssäumchen, von je einer 2 1/2 cm breiten Quetschfalte begrenzt. Letztere sind längs ihrer Mitte durchsteppt. Unser Modell war ohne Einlage gearbeitet. 6 cm lange Bandschlingen an den Seiten.

10 u. 10a. Zwei Vorhemden für Herren.

Verwendb. Schnitt IV auf der Vorders. des Schnittbl. IV.

Beide Vorhemden sind aus feinem Leinen hergestellt, ersteres ist zwischen Fältchen mit Stickerei verziert, zu der man die Muster auf Seite 44 benutzen kann. Das zweite Vorhemd zeigt eine Mittelfalte mit zwei breiten Säumen an jeder Seite, unten eine Knopflochpatte. Obengenannter Schnitt ist unter entsprechender Veränderung verwendbar, auch können die Fig. 2, 5 und 14 Anhalt dazu geben. Die Leinenteile sind für die Falten größer als der Schnitt zuzuschneiden, man rechnet je nach Breite der Falte 1, 1 1/2 bis 2 cm.

11. Nachthemd für Herren.

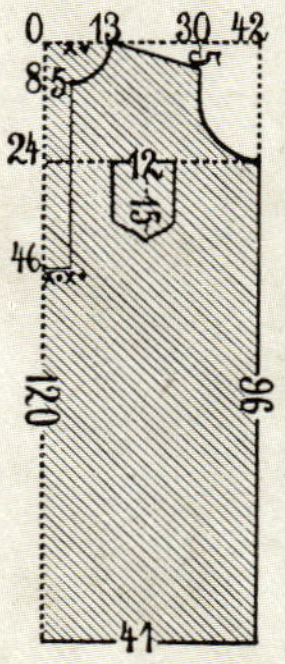

Das Hemd aus Madapolam ist mit blauweißem Perkal besetzt, der auch den 4 cm breiten Mittelstreif vorn zwischen den Falten ergibt. Man schneidet den Vorderrumpf nach nebenstehenden Maßen (Hals- und Armausschnitt auf dem Körper erprobend), Rücken und Rückenpasse nach Fig. 24 und 25 Vorderseite des Schnittblatts IV, den Aermel nach Fig. 18. Der Vorderrumpf wird an jeder Seite in eine Falte gelegt, dann eingeschnitten und zu Knopfschluß eingerichtet.

12. Nachthemd mit Blendenbesatz für mittelstarke Herren.

Schnitt: V auf d. Vorders. d. Schnittbl. IV.

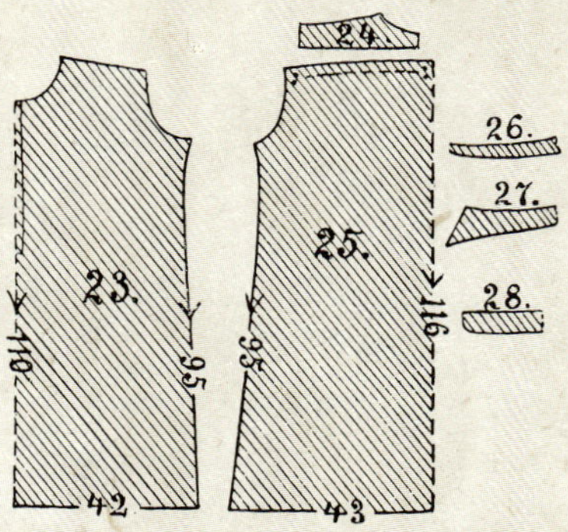

Der Ausputz des aus Madapolam gefertigten Hemdes besteht aus 3 cm breiten Blenden mit blauem Vorstoß, solcher auch am Kragen und Aermelbündchen. Vor dem Zuschneiden verlängert man Vorderteil und Rücken auf die angegebenen Maße und schneidet beide einmal zu. Im Vorderteil schneidet man den Schlitz ein, besetzt ihn an dem rechten Schlitzrande mit Knopflochstreif und steppt die 45 und 39 cm langen Blenden auf. Die Rückenpasse bereitet man aus doppeltem Stoff und kraust den Rücken dazwischen. Nach Ausführung der Seiten- und Achselnähte setzt man das mit dem Umlegekragen, Fig. 27, versehene Bündchen in den Halsausschnitt und fertigt den vor der Hand in ein 4 cm breites Bündchen zu reihenden Aermel nach der auf Fig. 18 mit feiner Linie angegebenen Schnittform.

13. Nachthemd in russischer Art.

Schnitt: VI auf der Vorders. des Schnittbl. IV.

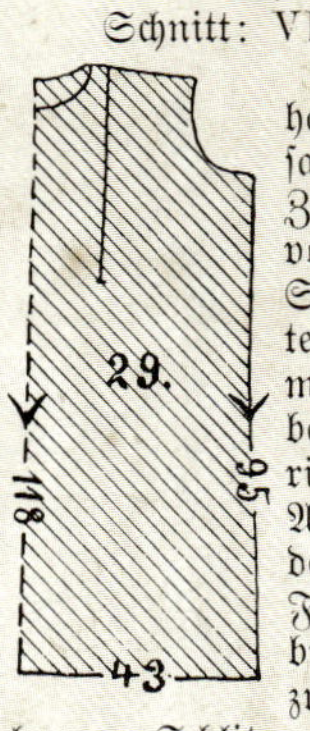

Das etwas zur Seite schließende Hemd hat zum Ausputz 4—5 cm breite farbige Besatzborden. Mit Fig. 29, die man vor dem Zuschneiden auf die angegebenen Maße zu vervollständigen hat, geben wir die einfache Schnittform für vorderen und hinteren Rumpfteil. In ersterem schneidet man rechts den mit feiner Linie bezeichneten Seitenschlitz ein, besetzt dessen Ränder mit Saumstreifen und richtet verborgenen Kopfschluß ein. Den Aermel schneidet man im Stoffbruch längs der mit „Mitte" bezeichneten Linie nach Fig. 11 zu, hat aber in der Weite Nahtbreite, am unteren Rande jedoch 5 cm zuzugeben. Er erhält an der Seite einen 10 cm langen Schlitz und Besatz mit Borde.

14 u. 15. Zwei Oberhemden.

Verwendb. Schnitte: I u. II auf der Vorders. d. Schnittbl. IV.

Zur Herstellung dieser Hemden sind Perkal, Zephir oder Oxford zu empfehlen; man kann auch weißen Stoff und die Einsätze aus Piquee oder Batist nehmen. Beide Hemden haben Vorderschluß und unten gerundete Brusteinsätze mit fest angearbeiteten Manschetten. Zu dem ersten Hemd ist der Brusteinsatz an jeder Seite in 2 in ihrer Tiefe abgesteppte Quetschfalten gelegt. Die flachere Mittelfalte ist längs ihrer Seitenbrüche festgesteppt. Für das zweite Hemd ist der fein gestreifte Oxfordstoff für den Brusteinsatz quer genommen und in drei je 3 cm breite Längsfalten gelegt; bei der den Knopfschluß übernehmenden Mittelfalte ist der Stoff in der Längsrichtung angebracht.

16 u. 16a. Einfaches Oberhemd mit Rückenschluß.

Verwendb. Schnitt: I auf der Vorders. des Schnittbl. IV.

Dieses aus kräftigem Hemdentuch gefertigte Hemd kann nach obengenanntem Schnitt gearbeitet werden, da seine Machart nur darin abweicht, daß der Einsatzteil unten eckig statt rund abschließt und deshalb unten etwas breiter geschnitten werden muß. Diese Form eignet sich besonders gut für Herren, welche Uniform tragen, man unterlegt in diesem Falle den Einsatzteil mit weniger dicker Einlage. Das Hemd kann mit festen Manschetten oder Aermelbündchen gearbeitet werden.

17. Unterbeinkleid für schlanke Herren.

Schnitt: VII auf der Vorders. des Schnittbl. IV.

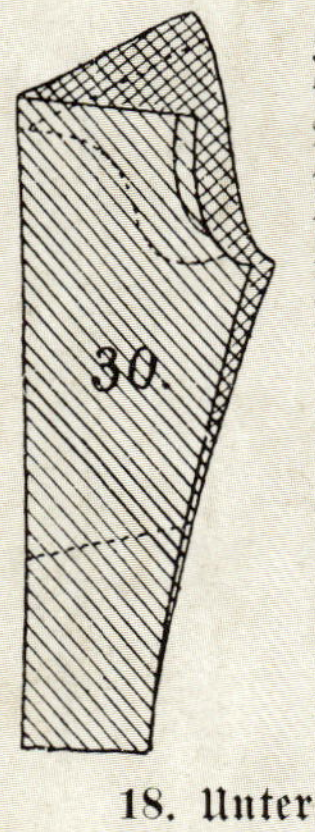

Dieses Beinkleid ist aus kräftigem Hemdentuch gearbeitet; zu seiner Herstellung schneidet man den vorderen und hinteren Beinkleidteil zweimal nach Fig. 30 zu, die man zuvor durch den Umbruch vervollständigt hat. Man schließt beide Beinkleidteile durch Nähte und verbindet sie durch Naht von 55 über 53 bis 52 untereinander; dem oberen Rande steppt man passenartig bis zur feinen Linie Stoff unter und setzt auch den vorderen Rändern, dem oberen Rande sowie den 10 cm langen seitlichen Schlitzrändern Stoffstreifen unter. Letztere versieht man mit Bindebändern. 18 cm lange Bänder werden dem oberen Passenrand aufgesteppt, die zum Durchleiten der Tragriemen bestimmt sind. Am hinteren Passenrand richtet man Schnürschluß ein.

18. Unterbeinkleid für mittelstarke Herren.

Schnitt: VIII auf der Vorders. des Schnittblattes IV.

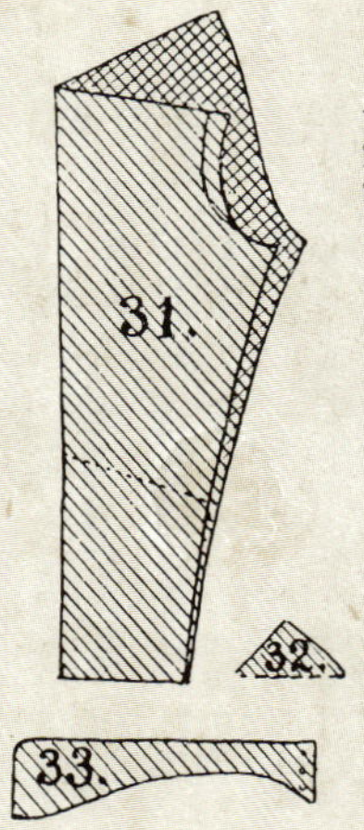

Zur Herstellung unseres sehr gut sitzenden Modells schneidet man beide Beinkleidteile nach ihrer Vervollständigung durch den Umbruch nach Fig. 31 zweimal zu, den kleinen Zwickel dagegen nach Fig. 32 nur einmal. Nachdem man jeden Beinkleidteil durch Naht geschlossen und dann beide hinten von 58 bis 55 vereinigt hat, setzt man im Schritt den viereckigen Zwickel ein. Den vorderen Schlitzrändern sind Stoffstreifen gegen zu setzen; der obere Rand des Beinkleides wird zwischen die doppelte Stofflage der ringsum zweimal abzusteppenden Passe, Fig. 33, genäht, welche vorn Knopf-, hinten Schnürschluß erhält. Auf die Passe werden Bandspangen gesteppt, den unteren Rand der Beinkleider umsäumt man, den 10 cm langen Schlitzrändern steppt man Stoffstreifen unter und näht ihnen Bindebänder an.

19. Leibbinde für Herren.

S. Abb. 19a u. 19b. Schnitt: XIII Vorders. Schnittbl. IV.

Man kann die Leibbinde aus wollenem Trikotgewebe oder Flanell arbeiten und den Stoff doppelt nehmen oder einfach. Nach Fig. 40 schneidet man den vorderen Teil im Ganzen einmal, nach Fig. 41 den hinteren Teil zweimal zu. Man verbindet diese Teile nach Ausführung der Abnäher, die nach der betreffenden Körperform zu richten sind, den gleichlautenden Zahlen gemäß untereinander, legt die Nähte flach und deckt sie mit weichem Band, das auch die Außenränder einfaßt. Die Gurtbänder sind 55 cm lang, 3 cm breit, das rechte wird durch den umschürzten Einschnitt (s. die feine Linie auf Fig. 41) des linken Seitenteils nach außen geführt und vorn mit dem linken Gurtende mittels Schnallenschlusses vereinigt. Die Befestigung der Schnalle lehrt Abb. 19b. Bandspange auf vorderer Mitte der Leibbinde.

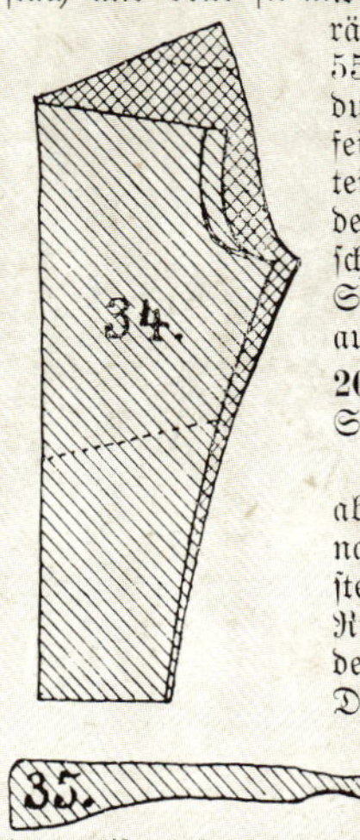

20. Unterbeinkleid für starke Herren.

Schnitt: IX auf Vorders. Schnittbl. IV.

Abb. 20 zeigt nur den oberen Randabschluß der Unterbeinkleider, aber genannter Schnitt gibt Anleitung zur Herstellung derselben. Die überstehenden Riegel werden mit Knopfloch versehen, denen Knöpfe auf der Passe entsprechen. Die vorderen und seitlichen Schlitzränder sowie der untere Rand der Beinkleider sind durch Untersteppen von Stoffstreifen zu sichern. 12 cm lange Bandspangen zum Durchleiten der Tragbänder sitzen auf der Passe.

4. Neue Manschette, geschlossen und offen dargestellt. Schnitt: X auf der Vorderseite des Schnittblattes IV.

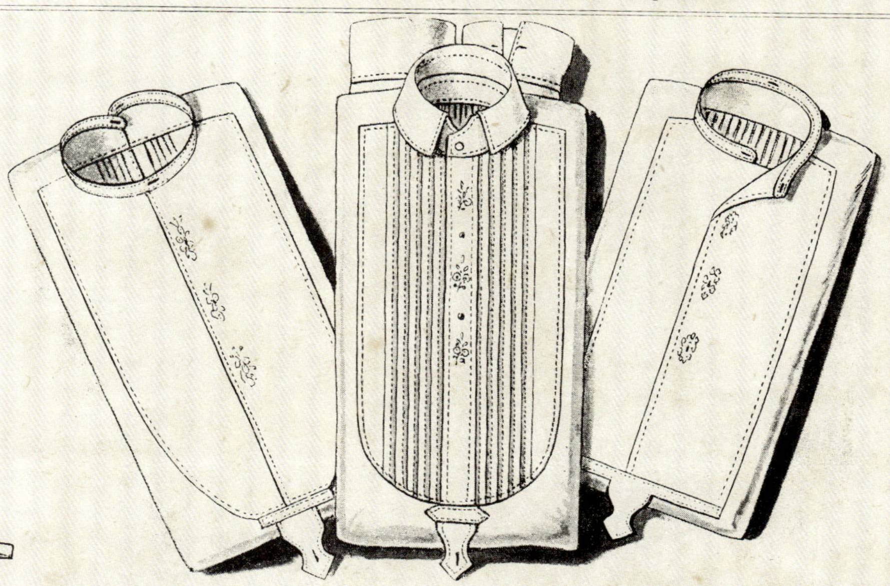

6. Oberhemd mit Rückenschluß für schlanke Herren. Schnitt und Beschreibung: I auf d. Vorderseite des Schnittbl. IV. Erforderl. für 1/2 Dtzd.: 17,50 m Madapolam.

7. Oberhemd mit Klappkragen u. Manschetten für mittelstarke Herren. Schnitt u Beschreibung: II auf der Vorders. des Schnittbl. IV. Erford. für 1/2 Dtzd.: 17,50 m Madapolam.

8. Oberhemd mit eckigem Einsatz für starke Herren. Schnitt: III auf der Vorders. des Schnittblattes IV. Erforderl. für 1/2 Dtzd.: 17,50 m Madapolam.

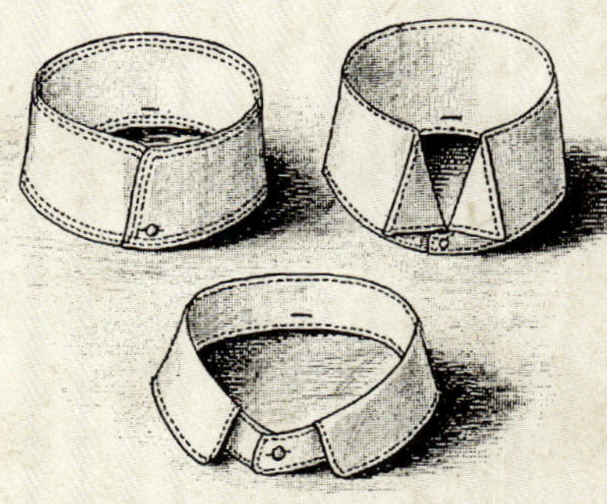

5—5 b. Neue Steh- und Umlegekragen für Herren.

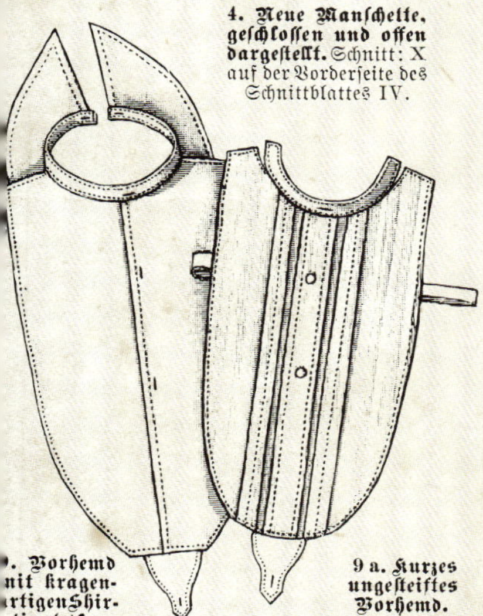

9. Vorhemd mit kragenartigen Shirtingteilen. **9 a. Kurzes ungesteiftes Vorhemd.** Verwendb. Schnitt: IV auf der Vorderseite des Schnittbl. IV.

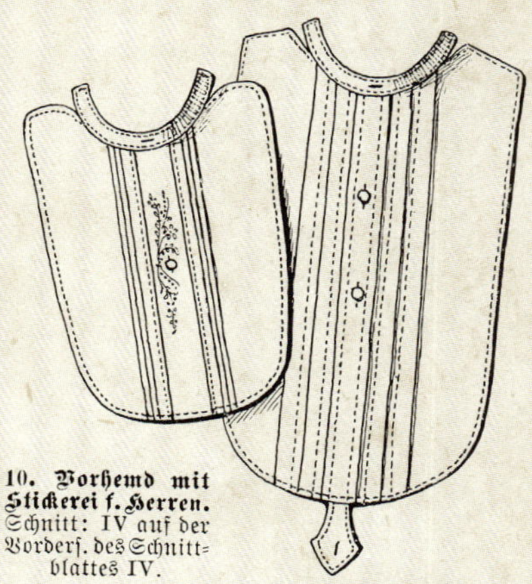

10. Vorhemd mit Stickerei f. Herren. Schnitt: IV auf der Vorders. des Schnittblattes IV.

10 a. Vorhemd mit Fältchenverzierung für Herren. Verwendbarer Schnitt: IV auf der Vorders. d. Schnittblattes IV.

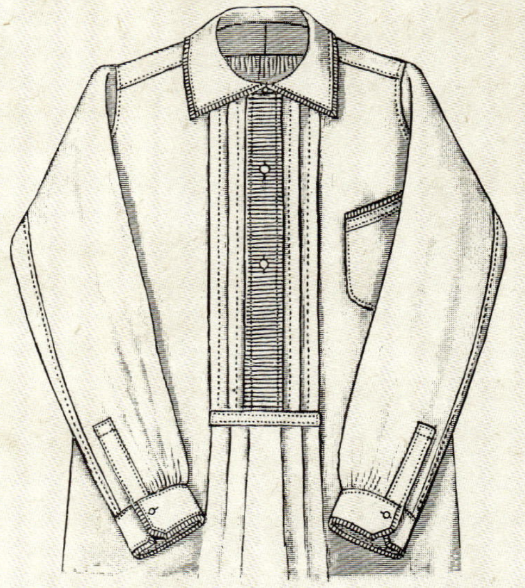

11. Nachthemd für Herren. Siehe die Schnittübersicht bei der Beschreibung auf nebenstehender Seite.

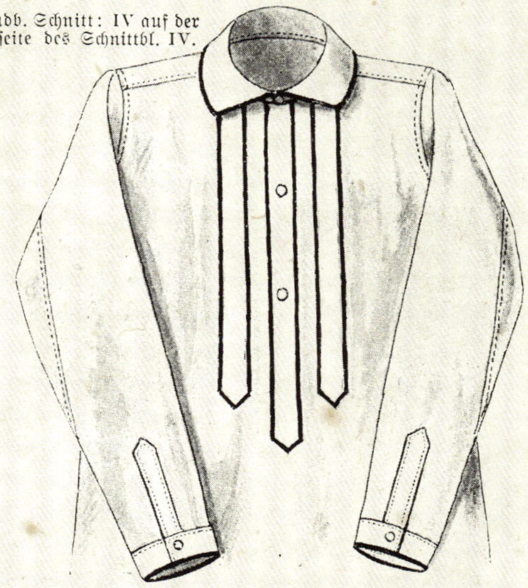

12. Nachthemd mit Blendenbesatz. Schnitt: V auf der Vorders. des Schnittbl. IV. Erford. für 1/4 Dtzd.: 10,50 m Madapolam.

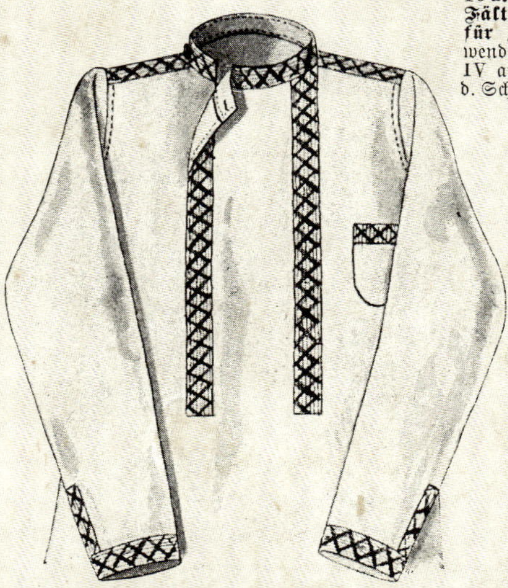

13. Nachthemd in russischer Art. Schnitt: VI auf der Vorderseite des Schnittbl. IV. Erforderlich für 1/4 Dtzd.: 10,50 m Madapolam; 2,25 m Besatz.

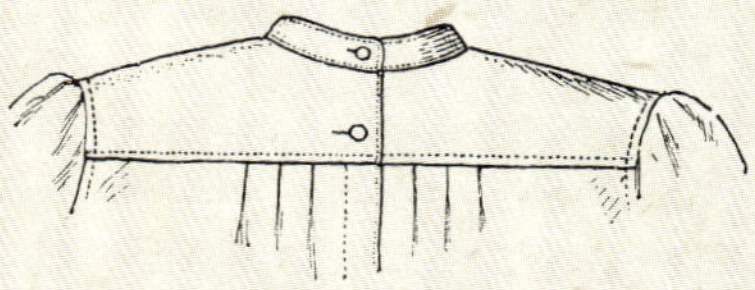

16 a. Rückenpasse zum Oberhemd, Abb. 16.

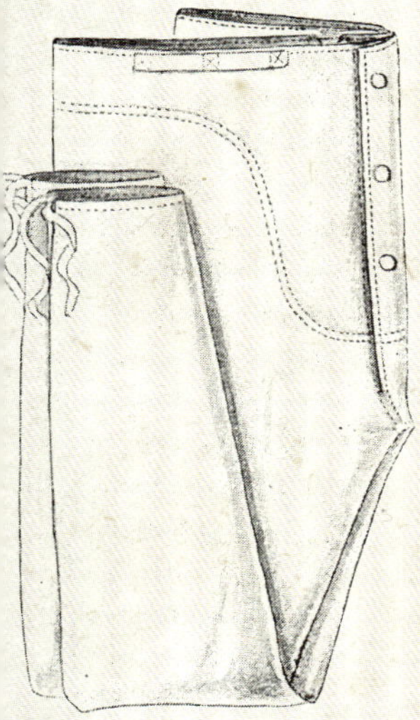

17. Unterbeinkleid für schlanke Herren. Schnitt: VII a. d. Vorders. d. Schnittbl. IV. Erford. für ein Paar: 2,30 m Hemdentuch.

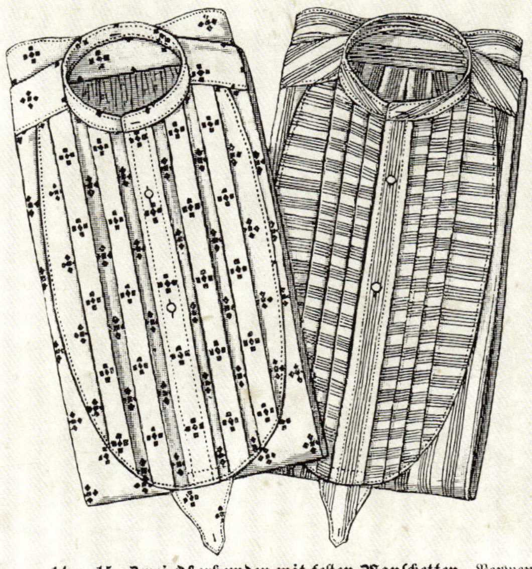

14 u. 15. Zwei Oberhemden mit festen Manschetten. Verwendb. Schnitte: I u. II auf der Vorderseite des Schnittblattes IV.

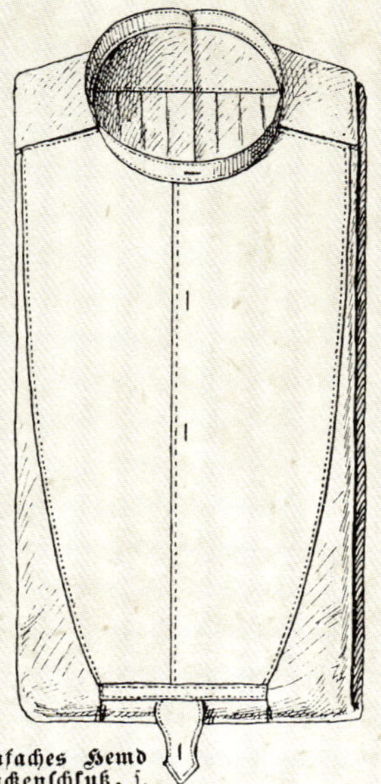

16. Einfaches Hemd mit Rückenschluß, s. Abb. 16 a. Schnitt: I a. d. Vorders. des Schnittblattes IV. Erf. für 1/2 Dtzd.: 19 m Hemdentuch.

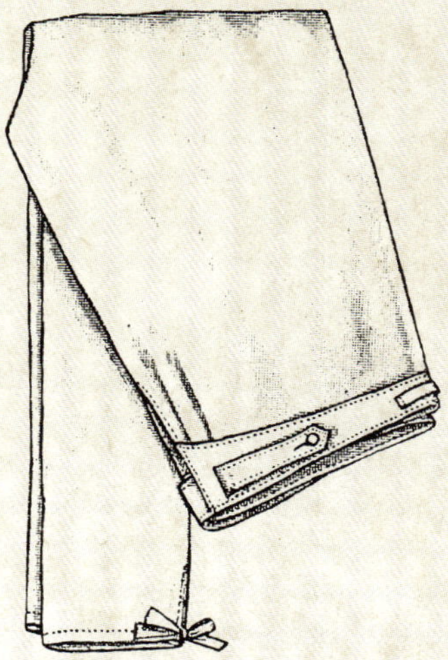

18. Unterbeinkleid für mittelstarke Herren. Schnitt: VIII auf der Vorders. d. Schnittbl. IV. Erforderl. für ein Paar: 2,30 m Hemdentuch.

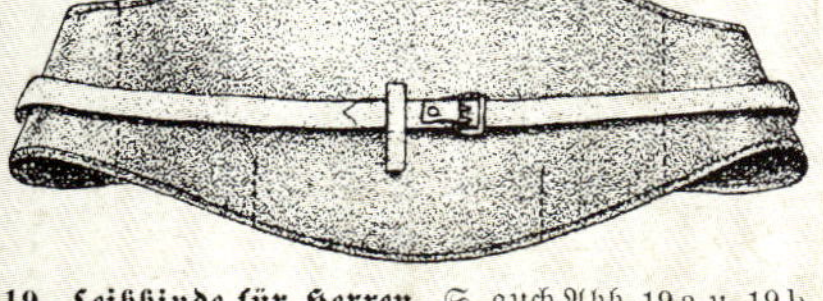

19. Leibbinde für Herren. S. auch Abb. 19 a u. 19 b. Schnitt: XIII auf der Vorderseite des Schnittbl. IV.

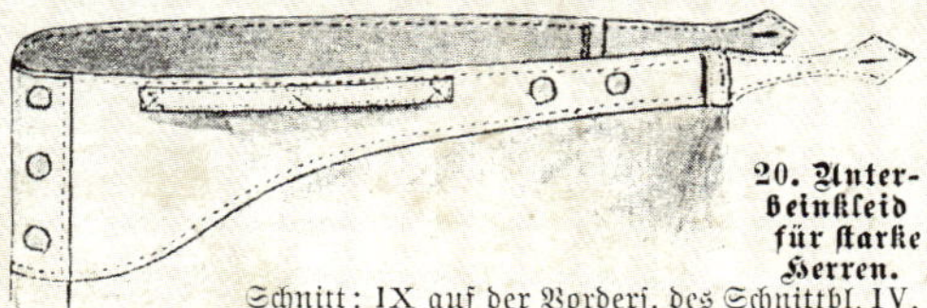

20. Unterbeinkleid für starke Herren. Schnitt: IX auf der Vorders. des Schnittbl. IV. Erforderlich für ein Paar: 2,80 m Leinen.

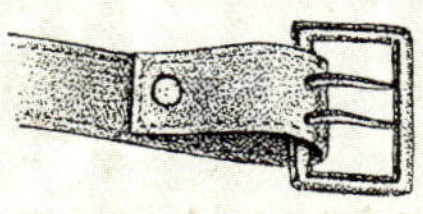

19 b. Befestigung der Schnalle am Gurtband zu Abb. 19.

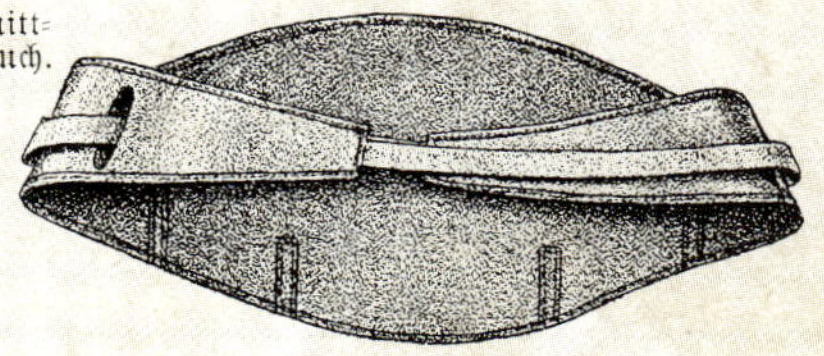

19 a. Rückansicht zu Abb. 19.

21. Jacke für Köche. S. Abb. 21 a. Schnitt: XX a. d. Rücks. d. Schnittbl. IV. Erf. für 2 Stück: 5,15 m Stoff.

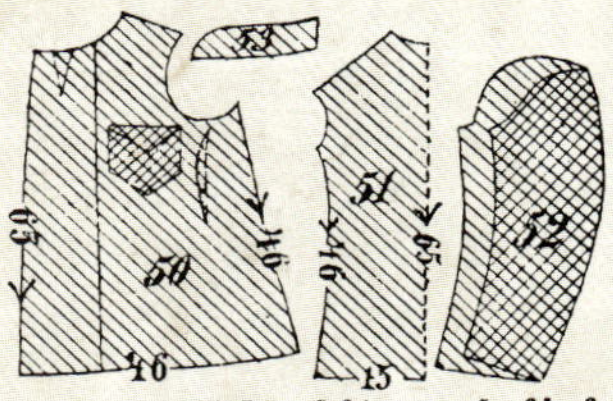

21 a. Schnittübersicht zur Kochjacke, Abb. 21.

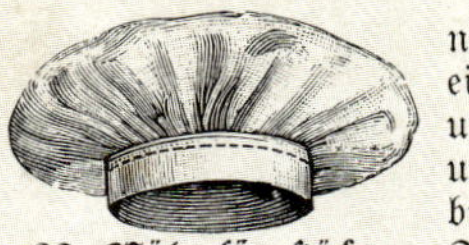

22. Mütze für Köche. Schnitt: XXI auf d. Rücks. des Schnittbl. IV. Erford. für 1 Stück: 55 cm Stoff.

21 u. 21 a. Jacke für Köche. Schnitt: XX auf der Rückseite des Schnittblattes IV.

Die aus Köper oder englischem Leder zu arbeitende Jacke hat doppelreihigen überschlagenden Knopfschluß. Beide Vorderteile werden gleich groß zugeschnitten und vorn bis zur feinen Linie mit einem Stoffteil untersteppt; die Naht längs des vorderen Randes muß etwas eingehalten werden, damit dieser nicht absteht. Unter dem Arm befindet sich ein Abnäher. Dem linken Vorderteil wird an bezeichneter Stelle die mit Aufschlag ausgestattete Tasche aufgesteppt. Die Verbindung von Vorderteil und Rücken erfolgt durch Kappnähte den gleichlautenden Zahlen gemäß. Für den Aermel schneidet man nach Fig. 52 zwei Teile, denen man nach ihrer Vereinigung vor der Hand einen 4 cm breiten Saumstreifen untersteppt; ein schmälerer sichert den unteren Rand der Jacke. Das Halsbündchen fertigt man aus doppeltem Stoff, es trifft von 87 bis 88 in den Halsausschnitt. Will man die Jacke mit Umlegekragen arbeiten, so benutze man den Schnitt Fig. 60 dafür.

22. Mütze für Köche.

Schnitt: XXI auf der Rückseite des Schnittblattes IV.

Die aus rundem Kopfteil und geradem Rande bestehende Mütze ist aus sogenanntem englischen Leder gearbeitet. Fig. 54 bestimmt die Maße für die Hälfte des Kopfteils, der, an seinem Außenrande eingereiht, zwischen die doppelte Stofflage eines 10 cm breiten, 53 cm langen Bündchens gesteppt wird. Die Verteilung der Falten hat ganz gleichmäßig zu erfolgen. Das Bündchen wird dann zur Hälfte gelegt und hochgeschlagen.

23. Kittel für Künstler.

Schnitt: XXII sowie Fig. 52 u. 60 auf d. Rücks. d. Schnittbl. IV.

Unser Modell, aus hellgrauem Leinen gefertigt, ist für Maler, Bildhauer, auch für Künstler bestimmt. Zum Nachfertigen desselben dienen obengenannte Schnitte, von denen Fig. 55 u. 56 für die aus doppeltem Stoff gearbeitete Passe zu benutzen und der sie umgebende Shawlkragen gleichfalls aus doppeltem Stoff nach Fig. 60 zuzuschneiden ist. Für letzteren muß der Stoff in schrägem Fadenlauf liegen, damit er gut sitzt. Man schneidet nach Fig. 60 für den Kragen 2 Teile, verbindet sie in hinterer Mitte durch Naht und näht sie von 94 bis 95 in den Halsausschnitt der Passenteile, die vorn, in Gemeinschaft mit dem Kragen, zurückzuschlagen sind. Die Hauptteile sind nach den hierunter stehenden Fig. 57 u. 58, aber 20—25 cm länger zuzuschneiden und der Aermel nach Fig. 52 herzustellen. Die geraden Taschen haben die Breite von 16 bzw. 15 cm u. 21 cm Höhe. Fadengerader Gürtel.

23. Kittel für Künstler. S. Schnitt: XXII, sowie Fig. 52 u. 60 auf Rücks. d. Schnittbl IV. Erford.: 3,50 m Stoff.

24. Operationsmantel für Aerzte. Schnitt: Fig. 59 und 61 auf der Rückseite des Schnittblattes IV. Erford.: 3,50 m Stoff.

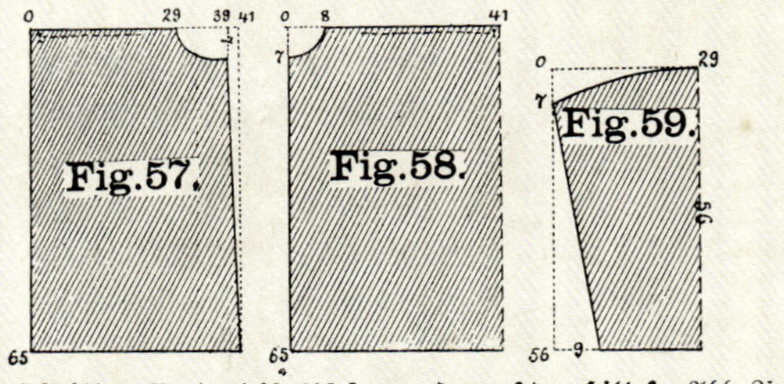

25 a. Schnitt zu Vorderteil, Rücken u. Aermel des Kittels, Abb. 25.

24. Operationsmantel für Aerzte.

Schnitt: Fig. 59 hierüber u. 61 auf Rückseite Schnittbl. IV.

Dieser aus Nessel oder Satin hergestellte Mantel bleibt im Rücken offen und schließt nur in der Passe mit 2 Knöpfen. Diese ist nach den Maßen der Fig. 61 aus doppeltem Stoff zuzuschneiden, und zwar in 3 Teilen. Der eine mit Stoffbruch für die vordere Mitte ergibt die Vorderpasse, die beiden anderen größeren Teile sind für die Rückenpasse bestimmt. Ein vorn 2, hinten 3 cm breites Bündchen umgibt den Halsausschnitt der Passe. Die beiden Rumpfteile werden 138 cm lang in ganzer Stoffbreite (84 cm) zugeschnitten. Um die notwendige untere Weite des Mantels zu erreichen, wird an jeder Seite des vorderen Rumpfteiles ein 116 cm langer, unten 20 cm breiter Keil angesetzt, dessen abgeschrägte Seite an den Rückenrumpf zu nähen ist. Der obere Rand der vereinigten Rumpfteile ist für jedes Armloch auf 15 cm Breite 13 cm tief auszuhöhlen und dann einzukrausen. Links auf der Brust, 5 cm vom Armloch und 5 cm von der Passe entfernt ist die 15 cm breite, 20 cm hohe Tasche aufzusteppen und linksseitig, zum Schutz vor dem Einreißen, ein Stoffteil unterzulegen. Das Gürtelband, 7 cm breit, 2,50 m lang, ist vorn 36 cm vom Halsausschnitt entfernt dem Rumpf zweimal aufgesteppt. Zum Zuschneiden des offenen Aermels benutze man die Fig. 59, schneide ihn aber 20 cm kürzer und säume ihn 3 cm breit um.

25. Kittel für Handwerker. S. Abb. 25 a. Schnitt: XXII auf Rücks. Schnittbl. IV. Erford.: 2,80 m Stoff.

26. Bluse f. Friseure, Tapezierer 2c. Schnitt: XXII Rücks. Schnittbl. IV u. Abb. 25 a hierneben. Erf.: 3 m Stoff.

25 u. 25 a. Kittel f. Handwerker. Schnitt: XXII auf Rückseite des Schnittbl. IV.

Dieser Kittel, aus blauem oder grauem Leinen gearbeitet, hat eine aus doppeltem Stoff gearbeitete Passe, zwischen deren untere Ränder die oben eingereihten Hauptteile gesteppt sind. Zum Zuschneiden letzterer dienen die nebenstehenden kleinen Schnittfiguren 57 u. 58; die Kräusellinien beginnen für Rücken und Vorderteil 5 cm vom Armloch entfernt. Für den Saum des vorderen Randes gibt man 3 cm zu, für denjenigen des unteren Randes nur 1 cm. Der einfache Aermel (s. hierneben Schnittfig. 59) wird vor der Hand in ein 4 1/2 cm breites, 26 cm weites, mit Knopf schließendes Bündchen aus doppeltem Stoff gereiht. Man näht den unten zu kleinem Schlitz offen bleibenden Aermel so ein, daß seine Naht mit der Verbindungsnaht von Vorderteil und Rücken zusammentrifft.

26. Bluse für Friseure, Tapezierer usw.

Schnitt: XXII auf der Rücks. des Schnittbl. IV u. Abb. 25 a.

Zu der aus weißem oder grauem Leinen herzustellenden Bluse kann obengenannter Schnitt verwendet werden. Die fadengeraden Blusenteile sind an eine Passe aus doppeltem Stoff gekräuselt und erhalten drei Taschen, von denen die Brusttasche 15/13, die Seitentasche 16/15 cm Größe besitzen. Ein fadengerader Gürtel, der in Rückenmitte festgesteppt ist, umschließt die losen Blusenteile. Man kann die Bluse auch mit dunkelblauem Madapolam verzieren, der an den Aufschlägen der Taschen sowie für Aermelbündchen u. Passe anzuwenden ist.

Unterzeug für Herren.

Das genähte Unterzeug ist naturgemäß bei den Männern, die nicht selbst die Herstellung besorgen können, rascher durch Wirkware ersetzt worden als bei Frauen; nicht nur der Arbeiterstand in großen Städten, bei dem der mitverdienenden Frau nicht Zeit zur Handarbeit bleibt, wendet sich mehr und mehr der Anschaffung fertiger, durch ihre Dehnbarkeit jedem passender Wirkware für die Unterkleidung zu, sondern auch bei der Landbevölkerung verschaffen sich die wollenen warmen Unterjacken nach und nach Ansehen.

In den Familien, wo Frauen und Töchter Zeit für Handarbeit übrig haben, wird die Anfertigung der sehr haltbaren Stoffunterbeinkleider noch betrieben, auch wohl die Herstellung von halb- oder kurzärmeligen Jacken, und die Stücke erweisen sich überall, wo die Zeit für die Anfertigung nicht berechnet zu werden braucht, als vorteilhaft durch niedrigen Anschaffungspreis und leichte Erhaltungsweise.

Bei dem gewirkten Unterzeug kommt sowohl Baumwolle wie Halbwolle, Wolle und Seide zur Anwendung.

Beliebt für die Sommerzeit sind b a u m w o l l e n e H e m d e n, Form Jägerhemd, also mit doppelter Brust, Achselschluß, Hals- und Aermelbündchen, passend dazu Unterbeinkleider; das eigenartige lose grobmaschige Gewebe nennt sich L a m e t t a; es hat sich infolge seines luftigen Gewebes äußerst beliebt gemacht; sein Material ist beigefarbene Baumwolle. Ebenfalls aus Baumwolle ist die „M a c o" benannte Ware, von welcher Jacken, Hemden und Beinkleider in ungebleichtem Ton zusammenpassen. Sie wird ihres billigen Preises halber von einfachen Leuten viel getragen, geht beim Waschen nicht ein und wird durch Schweißabsonderung beim Tragen nicht hart.

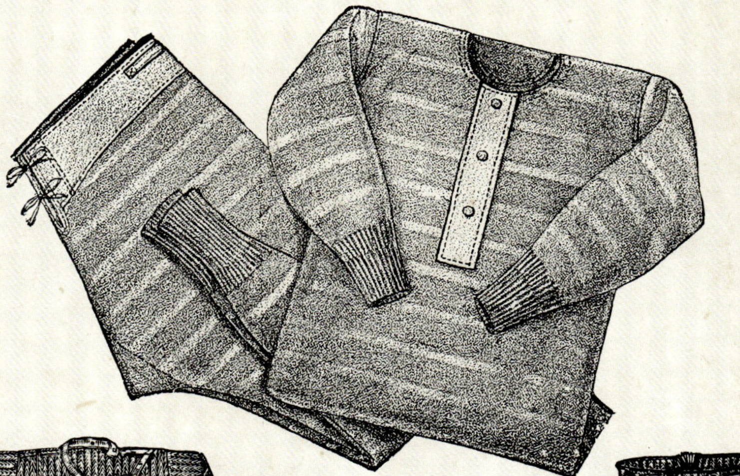

Unterbeinkleid und Unterjacke aus feinster Wolle in zarten Farben.

Bengers Normalhemd in Streichgarn und Kammgarn-Qualität.

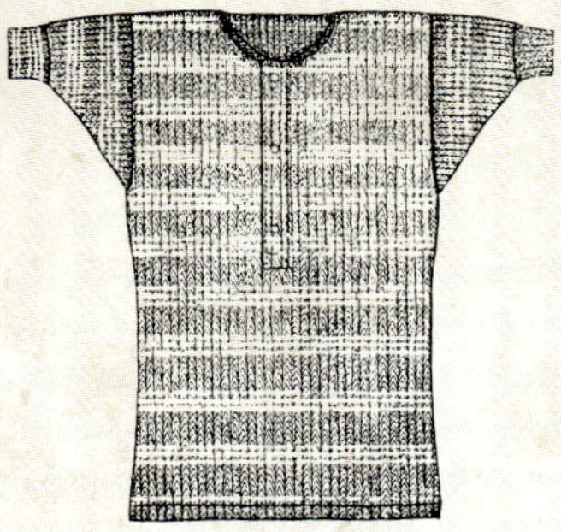

Maco-Unterjacke mit kurzen Aermeln.

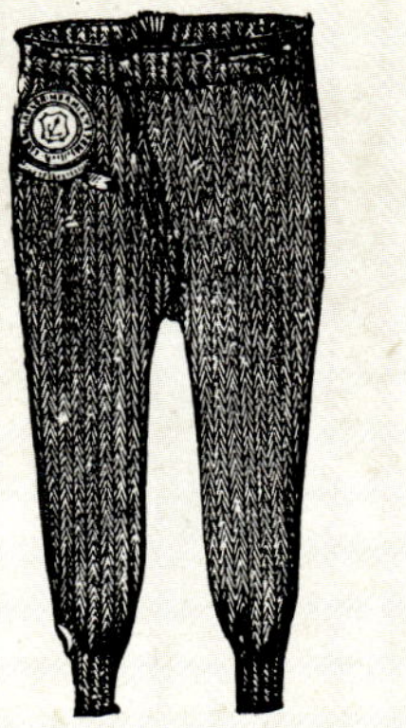

Unterbeinkleid in Trikotgewebe.

Durch Wärme und Weichheit sowie durch die Auffaugungsfähigkeit aller Hautausdünstungen empfiehlt sich reine Wolle, die in Kammgarnware für den Sommer, in Streichgarn für den Winter angepaßt ist und auch in diesen Hauptarten noch unterschiedliche Stärken hat. Diese mit Vorder- oder Seitenschluß gearbeiteten Hemden sind alle so eingerichtet, daß an ihre Bündchen gleich Kragen und Manschetten geknöpft werden können. Die Bündchen fertigt man aus Satinstreifen, um die große Dehnbarkeit auszuschließen.

Herren, die weiße Hemden tragen, begnügen sich mit Unterjacken, seien sie mit kurzen Aermeln oder mit langen. In diesen und dazu passenden Beinkleidern hat man viele Neuheiten, und die vornehme junge Herrenwelt sucht stets etwas darin, Unterzeug, dazugehörend Strümpfe, in feinen Farben und Mustern zu tragen, während die älteren Herrschaften die naturfarbene Seide als unübertrefflich rühmen. Seide ist als das eleganteste, angenehmste und für die Gesundheit zuträglichste Material zu bezeichnen, aber ihres Preises wegen den wenigsten Menschen zugänglich. Alle hier erwähnten Unterzeuge werden in 4 bis 5 verschiedenen Größen gewebt, und es ist weit wichtiger, als man gemeinhin denkt, die r i c h t i g e Größe zu kaufen. Gerade die Dehnbarkeit der Gewebe schließt die Gefahr in sich, daß zu kleine Ware genommen wird. Solche aber reißt, zumal da die Wäsche einläuft, sehr bald.

Schürzen für Frauen.

Zur Anfertigung von Hausschürzen verwendet man kräftige Stoffe in weiß, bunt u. gemustert; ihre Breite ist für einfarbige und bedruckte Stoffe 80 cm, für bunt gewebte 90 und 120 cm. Letztere sind links u. rechts gleich, also beiderseitig zu benutzen.

1—3. Drei einfache Schürzen ohne Latz.

Diese drei einfachen Schürzen sind aus 80 cm breitem Stoff gearbeitet. Zu der ersten dient ein fadengerades Stück von Stoffbreite, das man am oberen Rande durch Falten nach Belieben einengt und mit Bund versieht, den man vorn in Schnebbe abnäht. Man kann an Stelle der Falten auch Kräuselreihen mit oder ohne Köpfchenabschluß machen. Unten 10/100 cm großer ausgebogter Schrägvolant. — Die zweite Schürze setzt sich aus einer nach oben geschrägten 40/20 cm großen Vorderbahn und zwei 30/20 cm großen, an einer Seite geschrägten Seitenbahnen zusammen. Man schneidet alle Stoffbahnen aus einer Stoffbreite zu, rechnet für die Vorderbahn die mittlere Hälfte der Stoffbreite und schrägt sie an beiden Seiten so ab, daß die Seitenbahnen abfallen. Die Verbindung der Bahnen erfolgt an den geschrägten Seiten, ihre oberen Ränder sind in kleine flache Falten gelegt und in einen fadengeraden Bund gefaßt. — Die dritte Schürze besteht aus 5 Bahnen: der an beiden Seiten geschrägten Vorderbahn und vier an einer Seite geschrägten Seitenbahnen. Man rechnet als Stoffbedarf für diese Schürze zweimal die Länge, benutzt die eine derselben, wie bei Abb. 2 beschrieben, für Vorder- und erste Seitenbahnen und die zweite Länge für die beiden 30/20 cm großen äußeren Seitenbahnen, die Tasche und Bindebänder. Glatter Besatzstreifen am unteren Rande und aufgesteppte, bis in den Bund reichende Tasche. — Man kann diese Schürzen auch mit Latz arbeiten. S. Abb. 4.

1. Fadengerade Schürze m. Volant.

2. Schürze aus 3 Bahnen.

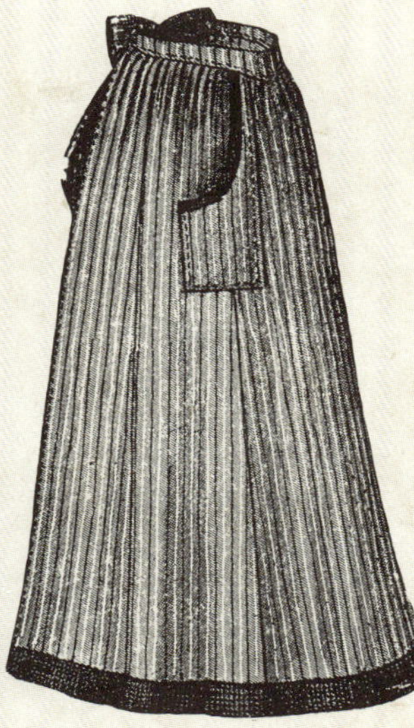

3. Breite Schürze aus 5 Bahnen.

4. Einfacher Latz.

Der aus einem Stück gearbeitete Latz paßt zu Schürzen gleich Abb. 1—3. Er ist oben mit Spitze oder Stickerei zu besetzen und unten einzureihen. Die aufgeknöpften Achselbänder haben 5/60 cm Größe.

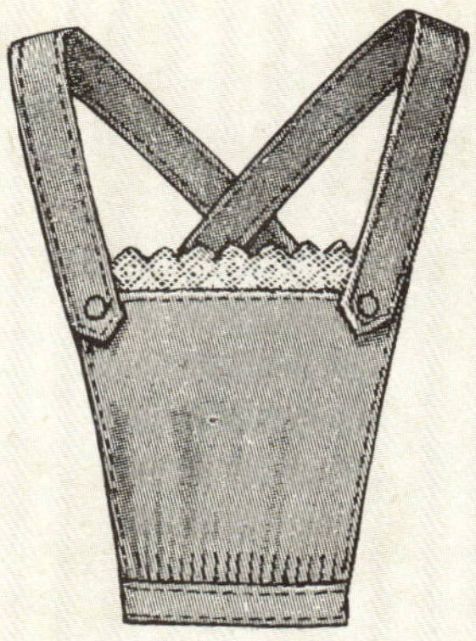

4. Gerader Latz zu Schürzen gleich Abb. 1—3.

5. Hausschürze.

Schnitt: XVIII auf Schnittbl. V.

Erf.: 3 m Stoff von 90—100 cm Breite zu 2 Schürzen. Die reichlich bis um die Hüften reichende Schürze aus dunkelblauem Stoff schließt hinten mit Bändern. Bevor man zuschneidet, vergleiche man das eigene Hüftenmaß mit dem Schnitte. Die Vorderbahn wird einmal, die Seitenbahn zweimal zugeschnitten, will man die vier Säumchen am Rande der Vorderbahn ausführen, so muß man den Stoff dafür zugeben und sie steppen, bevor man die Seitenbahn annäht. Da Säumchen in der Rundung sehr schwierig zu nähen sind, so mag man lieber Litze oder Blende aufsetzen. Der Hüftabnäher an der Seitenbahn muß an der Figur geprobt werden, gegebenenfalls macht man zwei kleine Abnäher an Stelle eines großen Abnähers. Alle Ränder werden gesäumt, dem oberen Rande wird ein Schrägstreif untergesetzt. Es ist vorteilhaft, stets zwei Schürzen zu arbeiten.

5. Hausschürze. 6. Servierschürze.
Schnitt: XVIII auf der Rückseite des Schnittblattes V.

6. Servierschürze.

Erf.: 1,25 m Stoff von 105 cm Breite.

Man kann diese Schürze aus beliebigen Waschstoffen nacharbeiten, beim Modell bestand sie aus kräftigem, weißen Dowlas. Sie hat einen fadengeraden, 90/105 cm großen Hauptteil, der 7 cm vom unteren Rande einen 8 cm breiten Stickereieinsatz und darüber drei Säume zeigt. Die 13 cm große Tasche steppt man auf, sie mündet als schmaler Streifen in den miederartigen Bund. Dieser besteht aus einfacher Stofflage, ist vorn, woselbst er in Langsäumchen gesteppt ist, 16 cm, hinten 4 cm hoch und ringsum von Stickerei berandet, die unter Besatzbördchen befestigt ist.

10. Einfache Hängerschürze.

Die Schürze aus dunkelrotem Körper ist für die Hauptteile nach Fig. 48 zuzuschneiden, vorn bis über das Leibchen hinab in drei, hinten in je eine Quetschfalte abzusteppen und oben durch fadengerade, 7 cm breite Passenteile, über die Schultern durch 4 cm breite Achselspangen zu verbinden. Rotweißes Bördchen dient als Ausputz. Erforderlich: 3,60 m Stoff; 1,60 m Bördchen.

7. Hausschürze aus einem Stück. Schnitt u. Beschreibung: XIX auf Schnittblatt V.
8. Schürze mit langen Aermeln Schnitt u. Beschreibung: XX auf Schnittblatt V.

9. Schürze mit Passe. Schnitt u. Beschreibung: XXI auf Schnittblatt V.
10. Hängerschürze.

11. Kleidschürze. Schnitt u. Beschreibung: XXII auf Schnittbl. V.
12. Kleidschürze ohne Aermel. Schnitt u. Beschreibung: XXIII auf Schnittbl. V.

13. Latzschürze. Schnitt u. Beschreib.: XXIV auf Schnittbl. V.
14. Hängerschürze. Schnitt u. Beschreibung: XXV auf Schnittbl. V.

E. Vom Verzieren der Wäsche.

Wenn wir uns vergegenwärtigen, daß nicht der Trieb, sich zu wärmen und zu schützen, sondern der, sich zu schmücken, den Menschen dazu gebracht hat, Kleider anzulegen, die sich von den allerbescheidensten Anfängen immer komplizierter und künstlerischer gestaltet haben, da werden wir, die Gewalt dieses Triebes anerkennend, uns nicht darüber wundern, daß Schmuck und Verzierung an unseren Kleidungsstücken solch hervorragenden Platz einnehmen, und daß es keinen einzigen Teil unserer Kleidung gibt, den wir nicht noch zu verzieren suchten.

Auch die Wäsche entzieht sich dem nicht, ja wir alle empfinden es als in besonderer Weise lobenswert, wenn dieser Teil der Kleidung, der Prunken und Prahlen nach außen hin gar nicht zuläßt, mit Geschmack und Feinsinn geputzt wird.

Der gediegenste Schmuck ist die in den Stoff des Gegenstandes eingearbeitete Stickerei; Languettenbogen, Bindlöcher, Plattstich; beliebt auch sind ein- und angesetzte Stickereikanten, Spitzen, feingefältelte Stoffteile, Puffen, Stoffvolants und derlei. — Unerwähnt darf auch nicht der sehr beliebte Ausputz mit Häkelarbeit bleiben. Zu all diesem folgen auf nachstehenden Seiten zahlreiche Vorlagen.

Daß auch die Herrenwäsche die Verzierungen nicht entbehren mag, beweist ein Teil der hübschen Stickereien, die wir unten auf dieser Seite vorführen.

1. Vom Sticken.

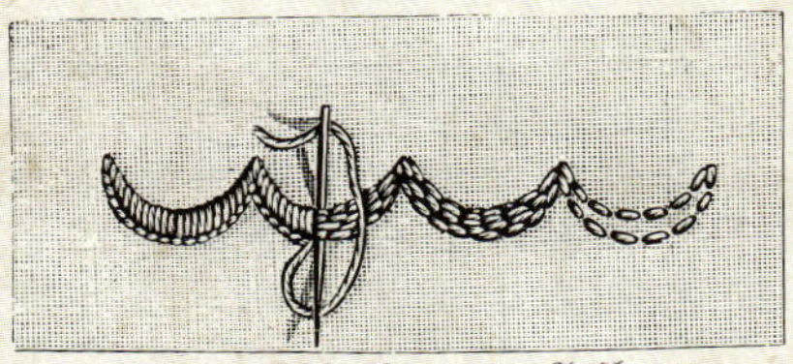

1. Beschlingstich: Languette, Ausbogen.

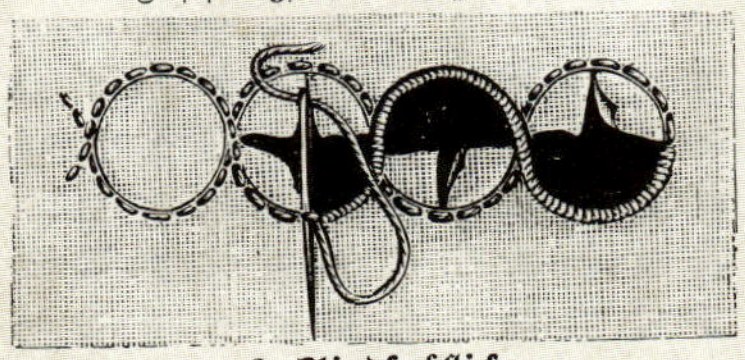

2. Bindlochstich; als Kettenbindlöcher vorgeführt.

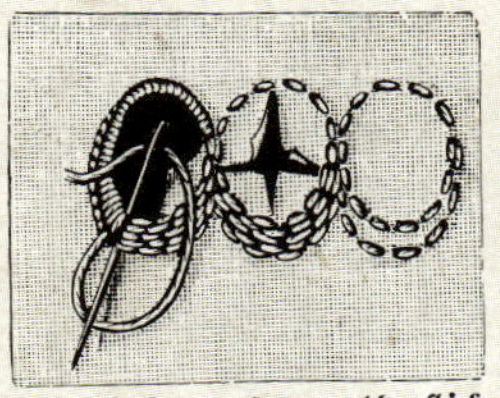

3. Bindloch- u. Languettenstich.

Mit kurzen Worten wollen wir die Grundzüge des Stickens durchnehmen, indem wir die drei hauptsächlichen Stickstiche durch Bild erläutern; es sind dies 1. der Beschlingstich (das Beschlingen, Languettieren), welcher im Durchschleifen des Fadens besteht und einen kettenartigen Rand liefert; 2. der Bindlochstich, welcher in einfachem Umwinden einer durch Reihstiche markierten Linie besteht und gleichfalls völlige Sicherung der Lochkonturen bietet. Man arbeitet ihn beliebig von rechts nach links oder von links nach rechts, stets jedoch erst nach kleinstichigem Vorziehen. Die Löcherstickerei, welche auch ovale und Einzelkreise umfaßt, wird unter dem Namen **„englische Stickerei"**, auch Madeirastickerei begriffen. Languetten bilden meist ihren Abschluß.

Ihr entgegen steht die **„französische Stickerei"**, der Plattstich mit seinen Begleitstichen. Vorbedingung ist auch hier ein sorgsames Vorziehen, ohne welches ein regelmäßiges Arbeiten völlig ausgeschlossen ist. Das Vorziehen besteht zuerst in einem Umziehen der Musterkonturen mit kleinen Vorstichen, ebenso wie wir dies bei dem Beschlingstich und Bindlochstich schon zeigten. Es genügt aber nicht ein einmaliges Umziehen, sondern man kann erst eine stichfeste Kontur erhalten, wenn eine zweite Stichreihe, und zwar ganz regelmäßig versetzt gegen die erste, angebracht wird. Außerdem unterlegt man noch die Stickerei, und zwar bei runden Punkten am praktischsten in der mit Abb. 4 vorgeführten Weise, indem man, oben und unten einen kleinen Stich machend, den Faden lose über die Fläche legt, wodurch er von selbst sich der Rundung weich einfügt. Das Sticken erfolgt nun in der entgegengesetzten Richtung, und zwar werden die Stiche dicht nebeneinander gelegt und ganz nahe der gezogenen Linie ein- bezw. ausgestochen.

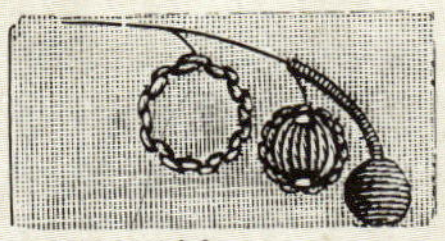

4. Plattstich; vorgezogen, unterlegt und gestickt.

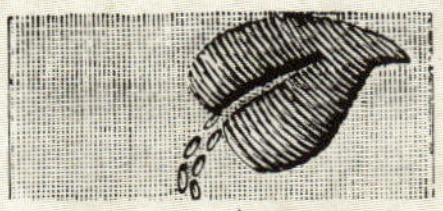

5. Geteilter Plattstich.

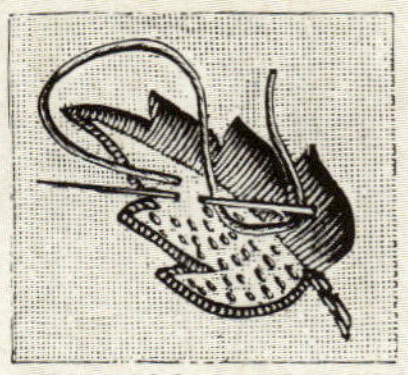

6. Plattstich u. Steppstich.

Bei Musterformen, welche so breit sind, daß das gute Gelingen des Stiches nicht gesichert erscheint, zieht man den geteilten Plattstich vor. Wir zeigen ihn mit Abb. 5. Das Vorziehen berücksichtigt von vornherein diese Teilung, und auch beim Unterlegen hat man die Trennungslinie frei zu halten. Bei der französischen Stickerei sucht man Schattierung der Blätter und dadurch Abwechselung in die Arbeit zu bringen, indem man bald dicht stickt, bald die Musterteile mit Stielstichen umrandet und mit einem feinen Steppstich füllt. Abb. 6 zeigt ein Rosenblatt in dieser Ausführung. Auch den Knötchenstich wendet man gern an, zumal an Herrenhemden, wo er scharf herausgebügelt wird, und benutzt dafür verhältnismäßig starken Faden. Wir stellen die dazu nötige Fadenbewegung hierneben dar, welche man, je nachdem die Knötchen höher oder flacher werden sollen, ein- oder mehrmal wiederholt. Bei 5—7facher Umwindung entsteht der sogenannte Wickelstich (Poststich).

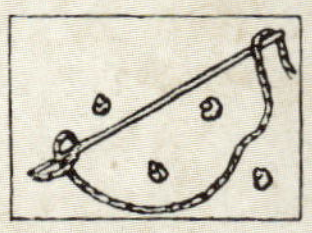

7. Knötchenstich.

8. Gerader Plattstich für Namen.

Auch beim Namensticken wird Plattstich angewandt. Man kann ihn nach Belieben gerade legen oder schräg. Bei Buchstaben in gotischer Schrift befürworten wir die gerade Lage des Stickfadens, wie Abb. 8 es zeigt, bei Buchstaben in Kursivschrift, wie Abbildung 9, empfiehlt sich eine etwas schrägere Lage des Stickfadens mehr, weil damit die Schweifungen leichter zu erreichen sind.

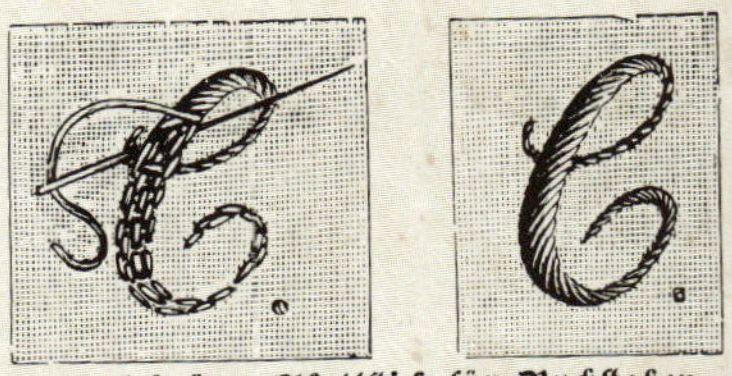

9. Schräger Plattstich für Buchstaben.

Mit den untenstehenden Abbildungen zeigen wir eine Anzahl hübscher, leichter Bordüren, verwendbar für Wäsche, sowie eine Partie Verzierungen für Herrenhemden.

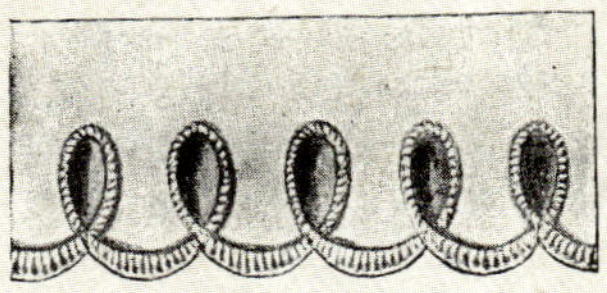

10. Stickereikäntchen.

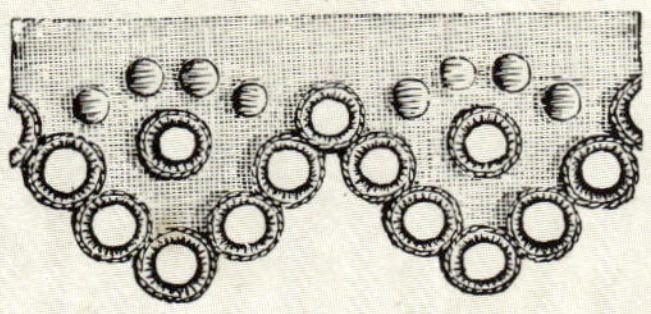

11. Stickereikante.

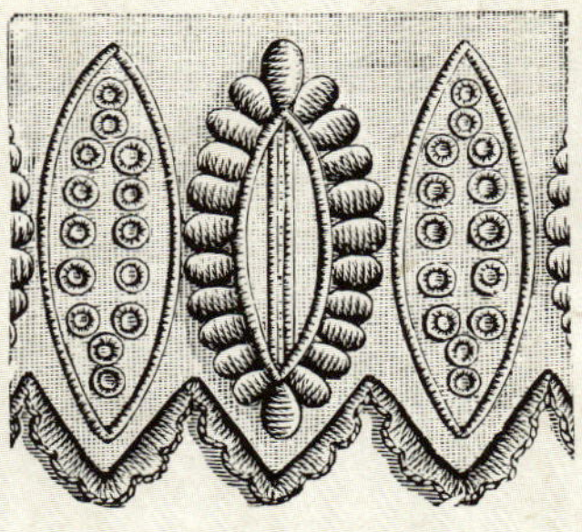

13. Breite Stickereikante.

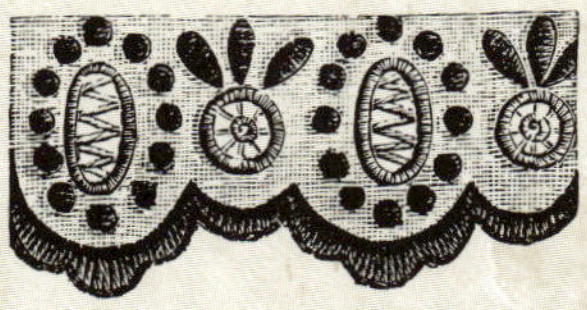

14. Stickereikante mit Spitzenstich.

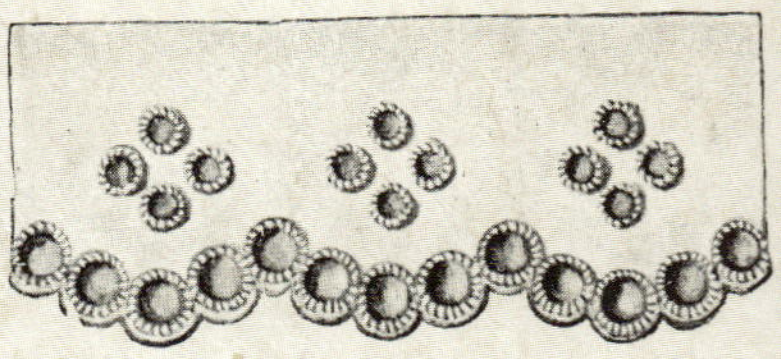

16. Stickereikäntchen.

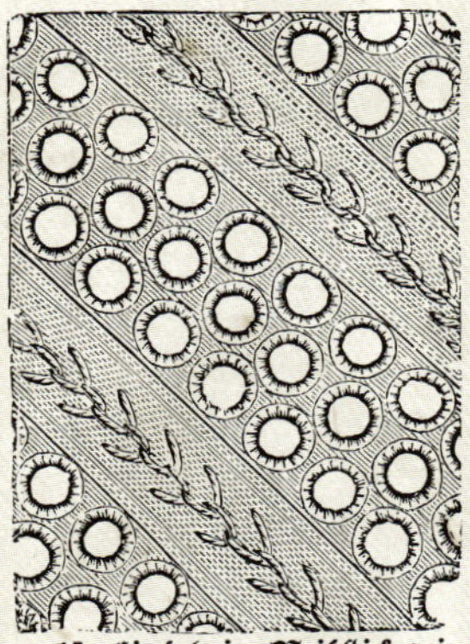

17. Einsatz in Weißstickerei.

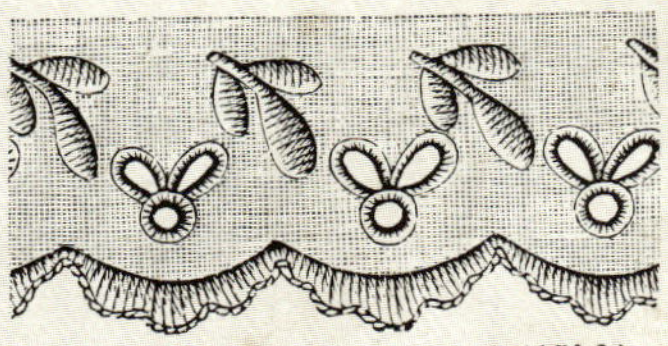

12. Stickereikäntchen in Plattstich.

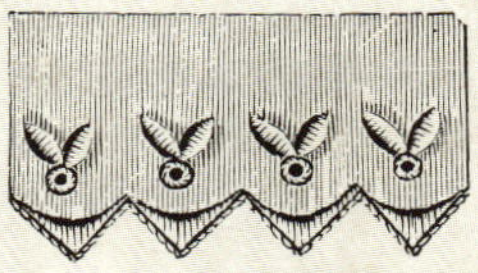

15. Stickereikäntchen.

27. Einsatz in Weißstickerei.

19. Knopfloch zu Herrenhemden.

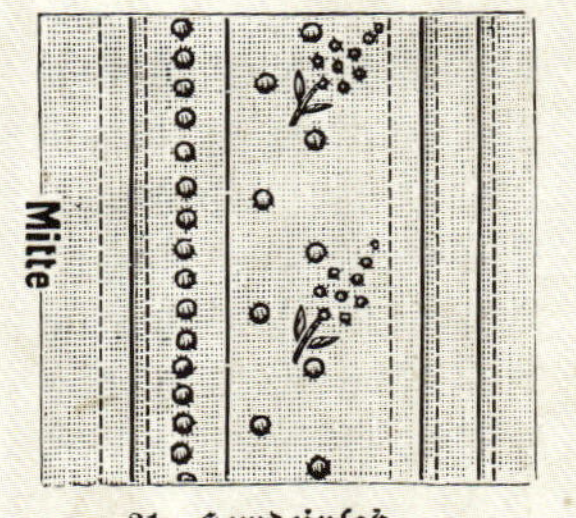

21. Hemdeinsatz mit Knötchenstickerei.

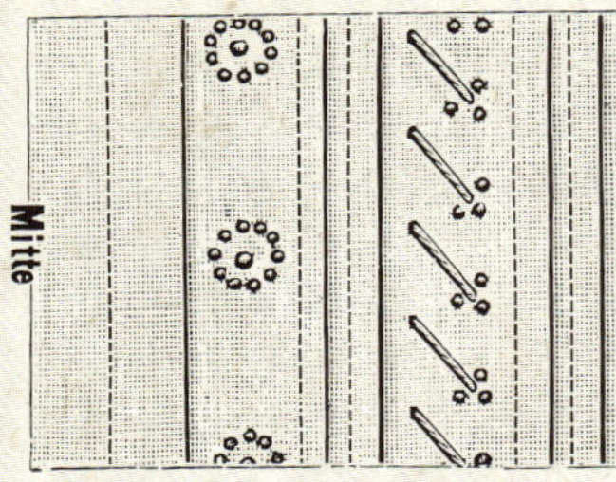

22. Hemdeinsatz mit Knötchenstickerei und Fältchenverzierung.

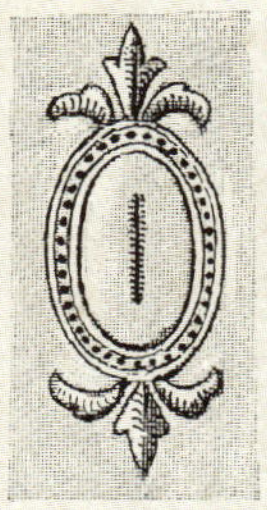

25. Knopfloch zu Herrenhemden.

18. Einsatz mit Blumen in Plattstichstickerei für Herrenhemden.

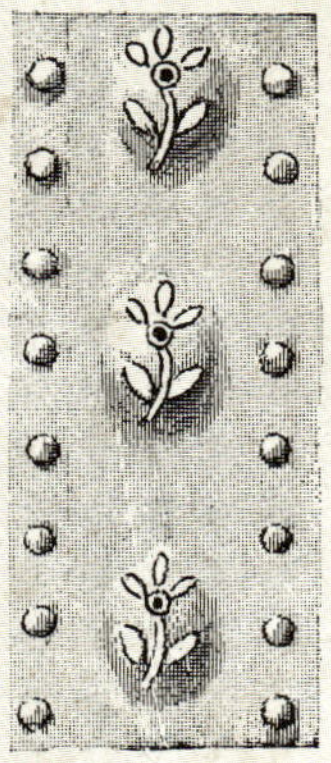

20. Grundmuster für Herrenhemden.

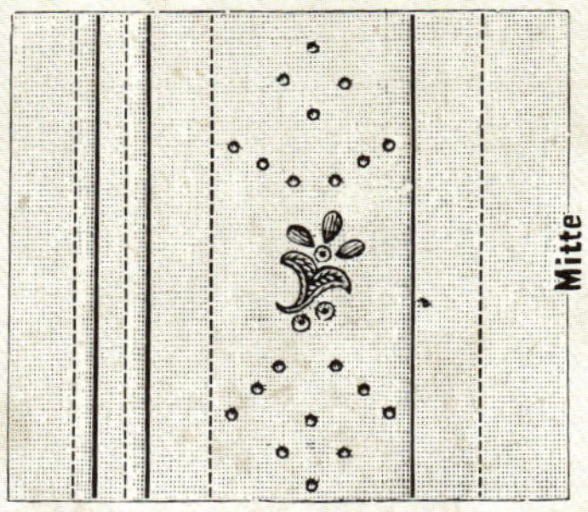

23. Hemdeinsatz mit Knötchenstickerei und Schnureinlage.

24. Stickerei für Mittelfalte eines Hemdeinsatzes.

26. Grundmuster für Herrenhemden.

28. Einsatz mit gestickten Käntchen und Blumen in Plattstichstickerei für Herrenhemden.

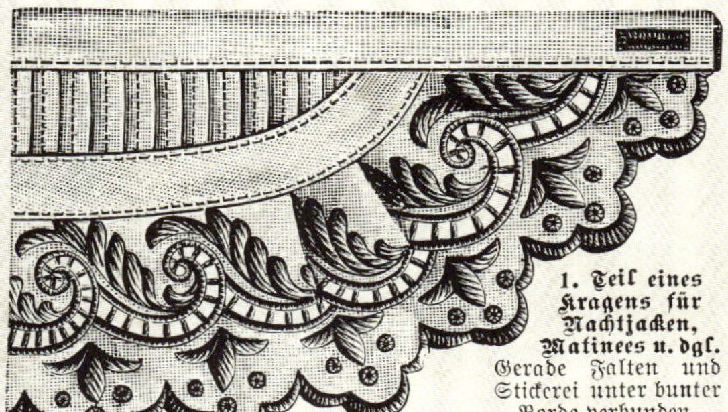

1. Teil eines Kragens für Nachtjacken, Matinees u. dgl. Gerade Falten und Stickerei unter bunter Borde verbunden.

Kragen und Aermelbesatz usw. benutzt werden, stellt man in großen Flächen her und schneidet daraus die Garniturteile zu; will man einen einzelnen Garniturteil fertigen, so muß man ein Papiermuster schneiden, nach welchem man die Anordnung der einzelnen Besatzteile regelt.

Bei Benutzung der Maschine werden in den meisten Fällen die rauhen Ränder unter aufgesteppten Blenden, Bändchen oder Bördchen, die als Nahtdecker dienen, verborgen, neuerdings werden diese Besatzteile aber auch ohne sichtbare Naht eingesetzt, was Abb. 23—25 lehren. Bei Handarbeit, die natürlich höher gewertet wird als Maschinennäherei, tritt die überwendliche Naht, der Rollsaum und die Wirbelnaht in ihre Rechte. Einsätze, welche glatten Stoffteilen eingefügt werden sollen, heftet man auf den Stoff, näht sie überwendlich auf (s. Abb. 4), schneidet danach den Stoff in der Mitte darunter auf und säumt die rauhen Ränder um. Bessere Spitzen setzt man überwendlich an (s. Abb. 5), auch gute Stickereien sollte man an ihrem oberen Rande mit Rollsaum sauber machen, sie zugleich dabei einreihen (s. Abb. 3) und dann überwendlich ansetzen; das Abtrennen, entweder zum Zweck der Erneuerung oder, bei vorzüglichem Material, zum Zweck anderweitiger Verwendung, wird dadurch leicht gemacht, während es bei der Arbeitsart, welche gewöhnlich angewandt wird und aus einer zweireihigen Maschinennaht besteht, fast völlig ausgeschlossen ist.

An den Bildern dieser Seiten führen wir ziemlich alle gebräuchlichen Verzierungsweisen vor, wie sie in beliebigen Besatzteilen an der Leibwäsche angebracht zu werden

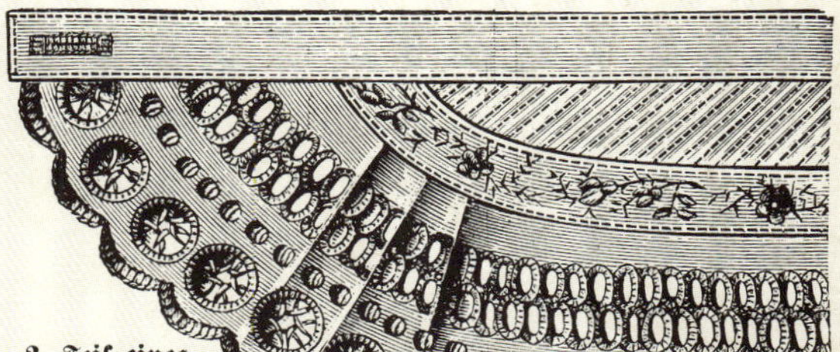

2. Teil eines Kragens für Nachtjacken, Matinees u. dgl. Schräge Falten u. Stickerei unter bunter Borde verbunden.

2. Zusammengesetzte Verzierungen.

Gar mannigfach sind die fertigen Besatzteile, aus denen man die Verzierungen der Wäsche zusammensetzt. Da gibt's schmale und breite Einsätze und Kanten in echter und gewebter Spitze, ebensolche in Weißstickerei, schmale Bändchen verschiedenster Art und Breite als Nahtdecker, klare Bördchen usw. usw.; sie alle werden in Zusammenstellung mit Säumen, Falten, Kräuseln und Puffen in abwechslungsvollster Weise zum Ausputz der Wäsche gebraucht.

Das Nähen dieser feinen Wäsche fordert die größeste Genauigkeit; beim Handnähen feine, regelmäßige Stiche, bei Maschinenarbeit feinste Nadel und Garn Nr. 70 und 100. Das Einritzen der Fältchen mittels Nadel ist zu vermeiden, weil der Gewebefaden dabei leidet, dennoch muß alles nach dem Faden gearbeitet sein.

In Fältchen abgesäumte Besatzteile, wie sie zu Passen,

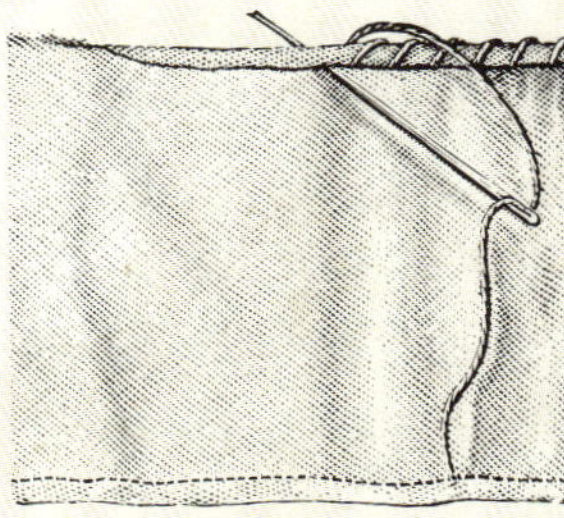

3. Stoffvolant, durch Rollsaum eingezogen.

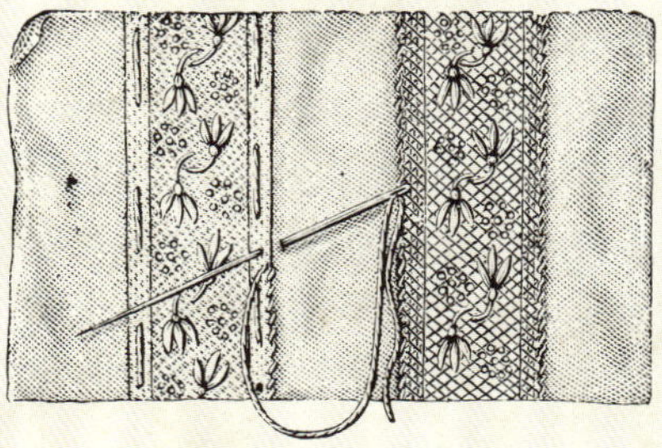

4. Das Einsetzen von Spitzeneinsatz mittels überwendlicher Stiche.

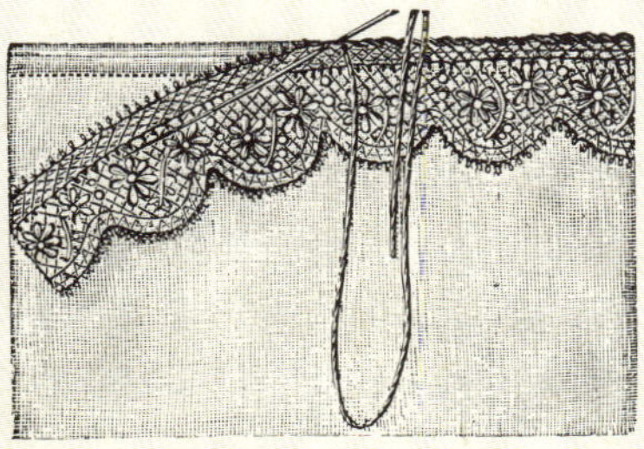

5. Das Ansetzen einer Spitze mittels überwendlicher Stiche.

6. Gewebte schmale Spitze.

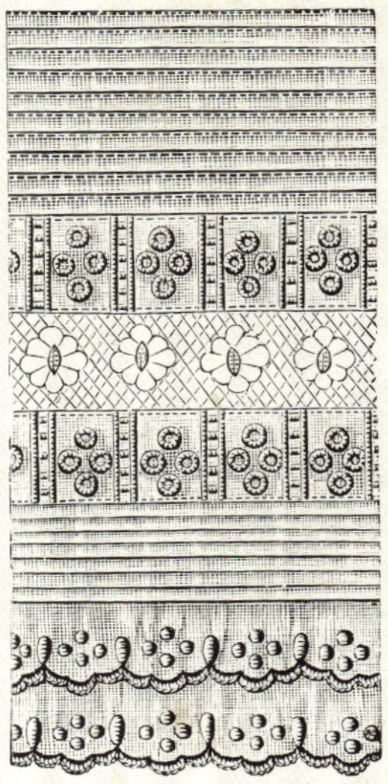

7. Besatz aus durchbrochenen Stickerei- und Spitzeneinsätzen, Faltenteilen und Stickereikäntchen.

8. Besatz aus Stoffpuffe, von Spitzeneinsatz durchschnitten, Faltenteilen und spitzenbesetztem Volant. Alle wagerechten Vereinigungsnähte sind mit Stoffblenden verdeckt. S. auch Abb. 4 u. 5.

9. Besatz aus Stoffpuffe, bestickten Einsätzen und Valenciennes; alle Nähte sind mit Stoffblenden besteppt.

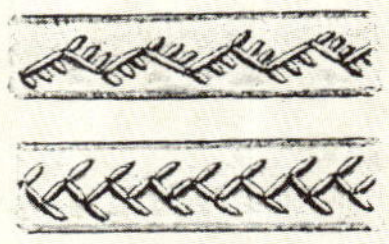

10. Zwei Bördchen als Nahtdecker. S. Abb. 12 u. 13.

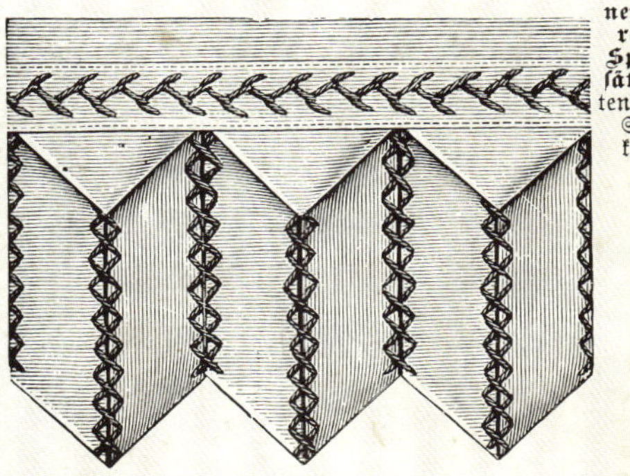

11. Besatz aus Leinenband, verwendbar für Unterröcke. Das Band wird hin und her gehend aneinander gelegt und durch Kreuzstiche in starkem Garn zu Zacken verbunden. Die oberen Spitzen kippt man nach außen um und erhält dadurch die kurzen oberen Zäckchen. Mit Nahtbördchen oder Stoffblende steppt man den Besatz an.

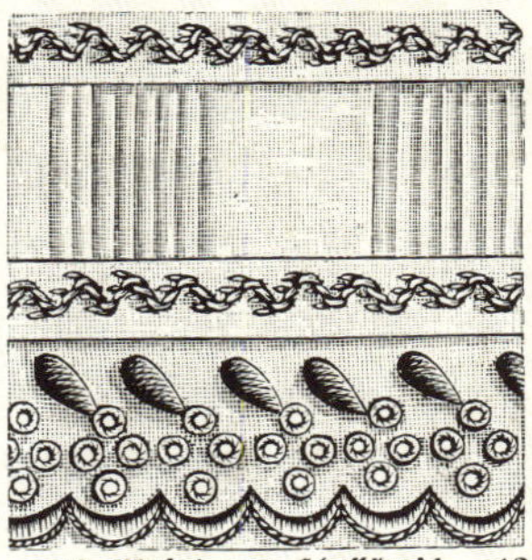

12. Besatz aus Stoffstreif m. Faltengruppen, Stickereikäntchen und Nahtdecker. S. Abb. 10.

13. Besatz aus doppeltem Stoff mit Steppreihen über Einlage eines starken Baumwollfadens, Stickerei und Nahtdecker. S. Abb. 10.

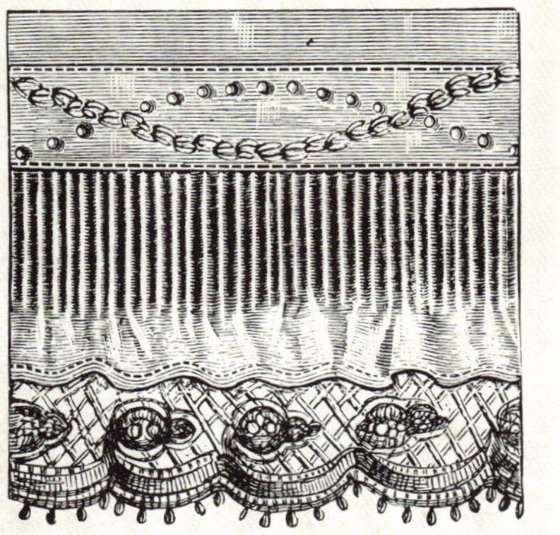

14. Stoffvolant mit untergesteppter Spitze, in Wäschefältchen geordnet, unter Stoffblende mit Zierstichen angesetzt.

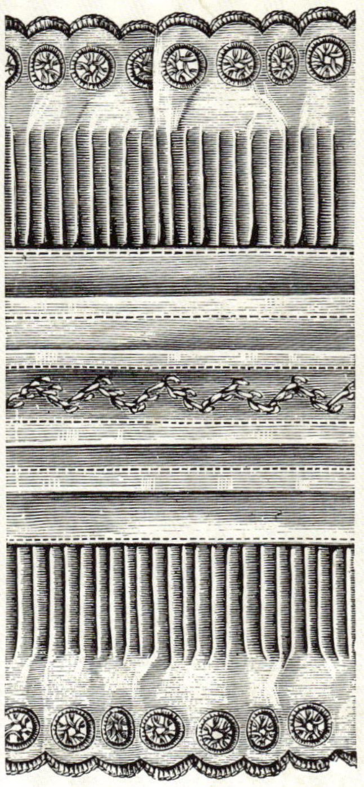

15. Schaufaltengarnierung für Nachthemden, Jacken oder Frisiermäntel.

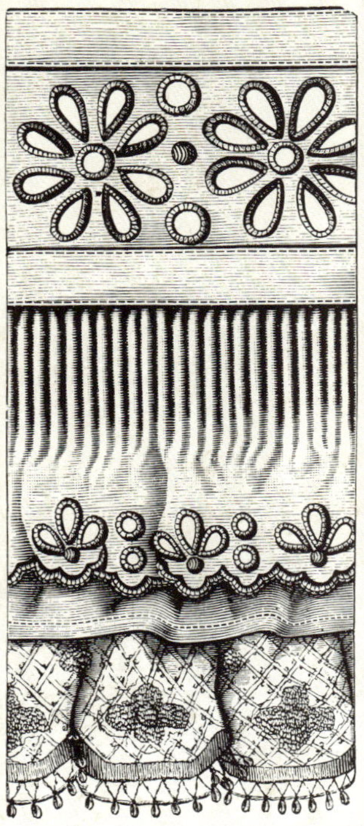

16. Besatz für einen Unterrock; Volant mit Spitzenansatz, Stickereistreifen und =einsatz. Blenden, als Nahtdecker.

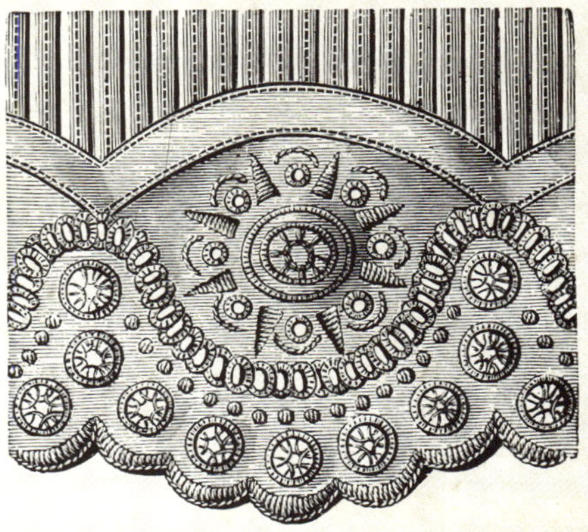

17. Besatz für offene Beinkleider, Steckkissen u. dgl. Faltenstreif, in Bogenlinie von Stickerei begrenzt. Glatte Blende als Nahtdecker.

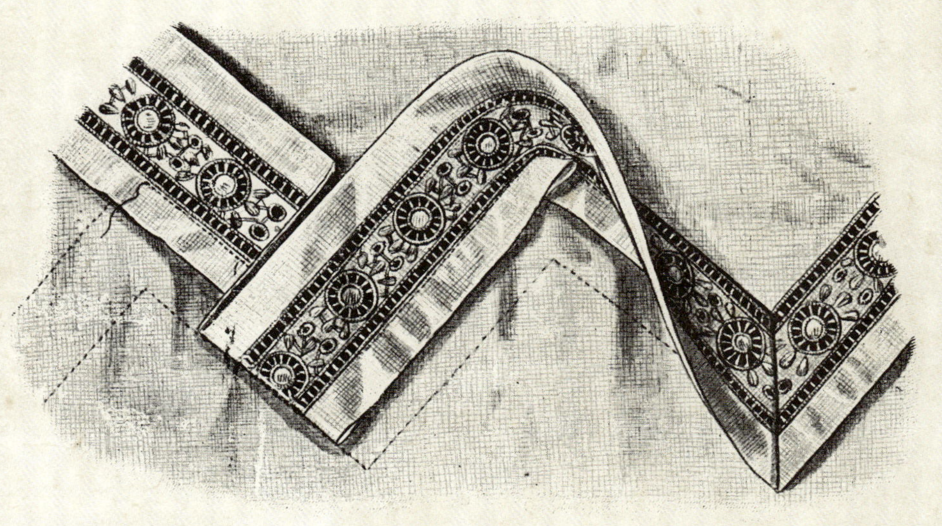

18. **Das Knicken und Legen der Ecken und das Aufheften des oberen Randes des Einsatzes.** S. Abb. 19—22.

pflegen. Da sind wagerechte und senkrechte Fältchen, Puffen, Blenden, Zierbördchen sowie Einsätze und gezogene Ansatzkanten gezeigt, und damit ist reiche Anregung gegeben, wenn man es liebt, selbständig anzuordnen und zusammenzustellen.

Die Abbildungen 18—22 lehren insbesondere das Einsetzen von Stickereistreifen in Stoff, meist pflegt man die Stickereinsätze mit der Maschine sichtbar aufzusteppen, dann den Stoff darunter fortzuschneiden und die Nähte links sauber zu machen, jetzt zieht man es oft vor, sie einzusetzen, sodaß eine Naht nicht sichtbar wird, und zwar geschieht dies mit Vorliebe dann, wenn die Einsätze durchbrochene Ränder haben. Wir wählen zu unserer Darstellung eine einfache Zackenform als Mittelding zwischen der glatten, geraden Linie und verwickelteren Mustern.

Eigentlich sprechen die nebenstehenden Bilder für sich selbst; einiges jedoch sei ihnen noch im Wort hinzugefügt.

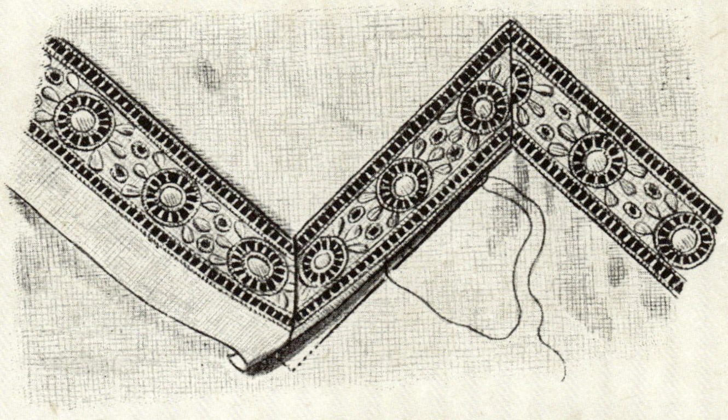

19. **Das Herabschlagen des Einsatzes und Umbiegen sowie Festheften des unteren Randes des Einsatzes.** S. Abb. 18, 20—22.

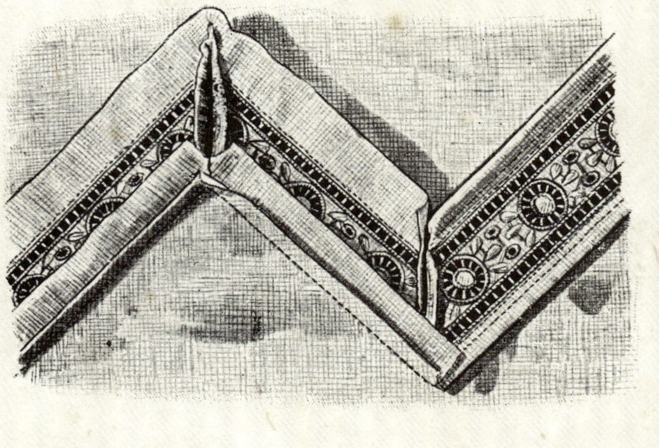

21. **Das Übersäumen des Einsatzrandes über den knappbeschnittenen Grundstoff.** Kehrseite der Arbeit. S. Abb. 18—20 u. 22.

22. **Das Beschürzen der rauhen Stoffränder an den Zackennähten des Einsatzes.** S. Abb. 18—21.

Man zeichnet zuerst das zu nähende Muster an der betreffenden Stelle auf den Stoff, dann heftet man den Einsatz, mit seiner rechten (oberen) Seite auf den Stoff gelegt, dem Muster folgend auf, mit dem oberen Rande beginnend. Siehe Abb. 18. Daß das sehr akkurat zu geschehen hat, ist selbstverständlich; der Einsatz darf sich nicht verschieben, darf nicht strammen und nicht beuteln. Bei dem Zackenmuster kann man die für die untere Zackenspitze nötige Falte gleich beim Heften der ersten Reihe mit abheften, die Falte bei der oberen Zackenspitze kann man erst bei der zweiten Heftreihe legen. Den oberen Rand kann man jetzt schon steppen oder erst später, nachdem man den Stoff hinter dem Einsatz aufgeschnitten hat.

Abb. 19 zeigt, wie der untere Einsatzrand umgeschlagen und hohl aufgeheftet wird. Dann dreht man die Arbeit, siehe Abb. 20, schneidet den Grundstoff längs der Mitte der Zacken auf, klappt ihn auseinander, steppt die Zackenfalten ab, schneidet den überflüssigen Stoff in den Zackenfalten weg und steppt nun Stoff und Einsatz längs der Reihlinien aneinander. Nachdem man alsdann den Grundstoff schmal abgeschnitten hat, säumt man den Einsatz darüber, s. Abb. 21 und 22, und beschürzt zuletzt das Rauhe der Faltennähte mit Languetten; dies geschieht von der linken Seite der Arbeit aus, es ist obenauf also keinerlei Naht zu sehen. Unsere Abbildungen sind beträchtlich verkleinert, die Zacken waren 6 cm lang an jeder Seite, die Stickerei ohne Nebenstoff $1^3/_4$, im ganzen $3^1/_2$ cm breit.

23. **Einsatz, mit der Zickzackmaschine aufgenäht.**

24. **Spitze, mit der zum Sticken eingerichteten Nähmaschine aufgesetzt.**

Mit den nun folgenden Bildern 23—25 wenden wir uns der Technik zu, welche bei der neuen Art des Einnähens von Spitzen zur Anwendung kommt. In den Wäscheateliers hat man dazu eine Spezialmaschine, welche einen Zickzackstich arbeitet, der hin und her gehend über die Spitzenkante greift und diese auf den Stoff festnäht. Abb. 23 zeigt diesen Stich. Aber auch mit der Nähmaschine läßt sich diese Arbeitsart ausführen. Dazu ist erforderlich, daß man seine Nähmaschine zum „Sticken" einrichtet, d. h. daß man Stoffdrücker und Stoffschieber entfernt oder letzteren durch eine höhere Stichplatte unwirksam macht. Sodann muß man sich üben, den Stoff unter der Nadel in regelmäßigem Zickzackgang weiter zu führen. Dieser Zickzackgang faßt hin und her über die Spitzenränder durch den Stoff und ergibt eine so vollständige Sicherung, daß nachher unter der Spitze das Grundgewebe einfach abgeschnitten werden kann. Es ist an dieser Stelle nicht möglich, auf alle Schwierigkeiten und Feinheiten bei Behandlung der Nähmachine für freie Stichführung einzugehen (Sticken an Stelle von Nähen), wir verweisen dieserhalb auf das in unserem Verlage erschienene Buch „Das Sticken mit der Nähmaschine", Preis 1,60 ℳ; jedenfalls dürfte es jedem klar sein, daß, wer seine Maschine vielseitig ausnutzen will, auch ihre Behandlung zum Sticken erlernen sollte.

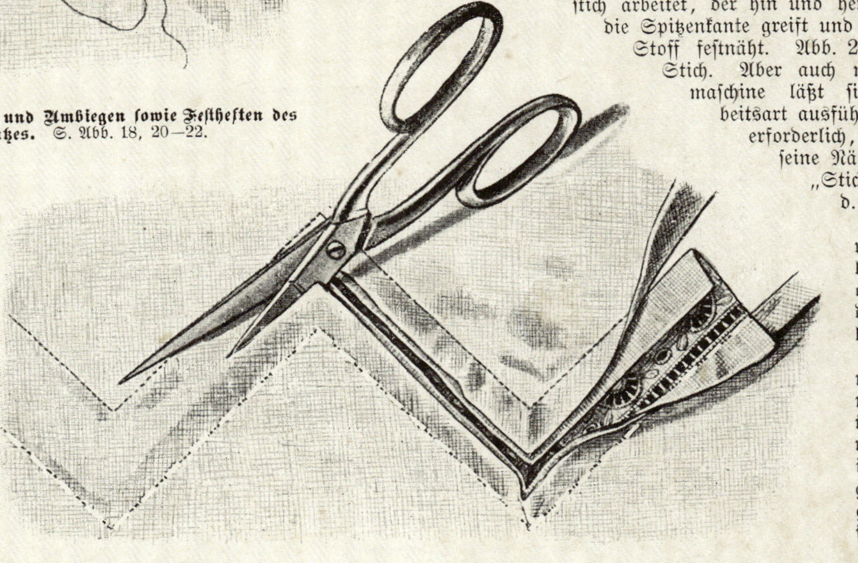

20. **Das Aufschneiden des Grundstoffes hinter dem Einsatz.** S. Abb. 18, 19, 21 u. 22.

In bezug auf die Arbeitsart der hier vorgeführten Modelle sei folgendes erwähnt: Man bezeichnet zuerst auf dem Stoff die Linien, welchen der Besatz folgen soll (meist wird es genügen, den Stoff zu kniffen, bei geschwungenen Mustern wäre natürlich eine Vorzeichnung nötig), dann heftet man die Spitzen auf, und zuletzt vollführt man das Festnähen. Man lerne erst die geraden Ränder gut arbeiten, siehe Abbildung 24, und versuche dann auch die Bogenränder, siehe Abbildung 25. Bei allen ist darauf zu achten, daß die den Spitzen eigenen, gleich neben der Außenkante laufenden schmalen klaren Rändchen nicht verdeckt werden dürfen durch den Stich.

25. **Spitze, mit der zum Sticken eingerichteten Nähmaschine aufgesetzt.**

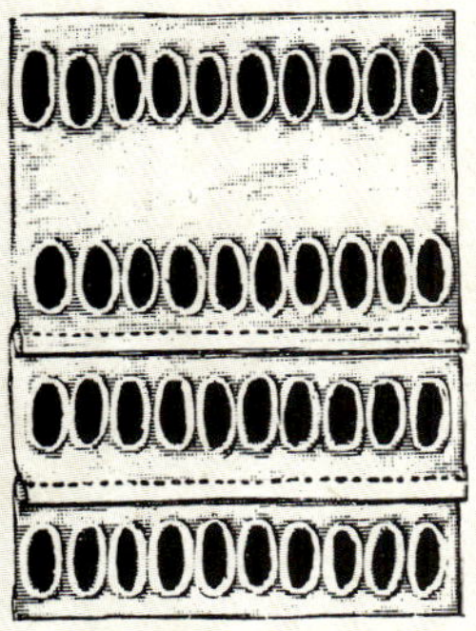

26. Löcherstickerei.
Meterware. Die Löcher können zu Durchzug gebraucht werden.

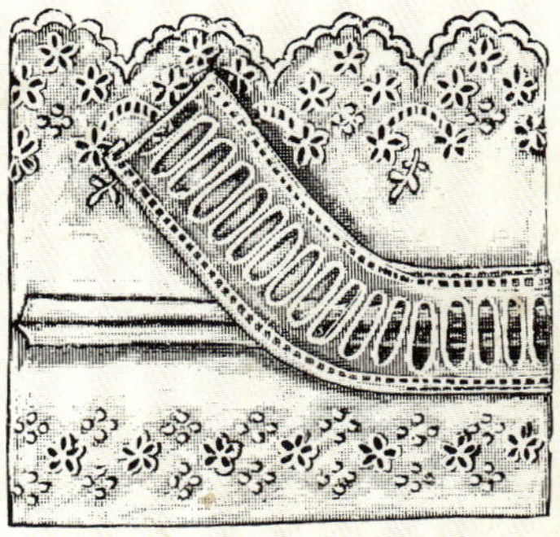

27. Das Verbergen von Nähten unter Durchzugstickerei.

28. Einsatz und Säumchen mit Grätenstich.

29. Das Verbergen von Stickereinähten mit Banddurchzug.

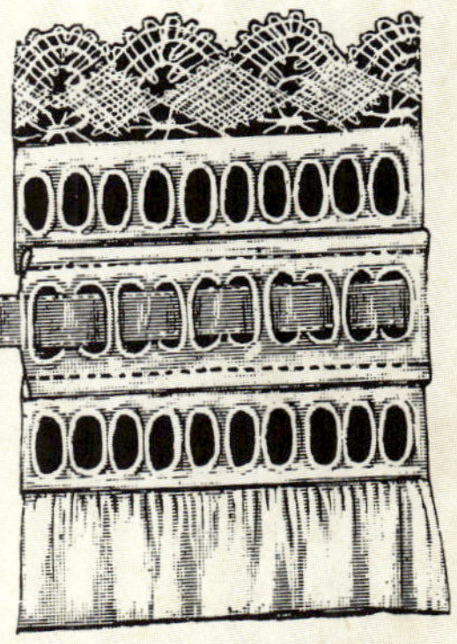

30. Durchzugstickerei mit Band und Spitze,
als Hemdpasse zu verwenden.

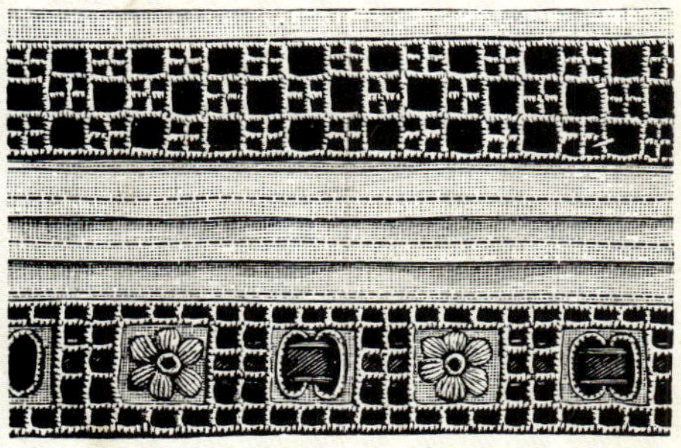

31. Garnitur für ein Taghemd.

33 u. 34. Zwei elegante Beinkleidgarnituren

32. Garnitur für ein Taghemd.

Den Durchbruchstickereien wie sie die Stickmaschine jetzt verhältnismäßig billig liefert, widmen wir mehrere Abbildungen, z. B. 26, 27 u. 29—31. Diese Stickereien sind in bestimmt bemessenen Zwischenräumen über die ganze Stofflänge geführt; es hängt demnach vom Belieben ab, ob man sie als Einzelbesatz oder, im Zusammenhang gelassen, als breiteren Garniturteil benutzen will. Durch Legung von Falten oder Säumen läßt sich der Abstand zwischen den Löcherreihen vermindern, durch Einführen von Durchzugsband noch ein weiterer Ausputz hervorbringen; gern benutzt man diese Stickereiteile, um die Ansatznähte bei eleganten Wäschestücken zu decken, und führt dann ein schmales farbiges Seidenband hindurch. Man kauft die Stickereien nach dem Meter der Stickerei gerechnet, also nicht nach Stoffbreite, sondern danach, wie viel Meter Stickerei in dem betreffenden Stück sind. — Die vorgeführten Bilder erklären genugsam die Anfertigung der Besätze; ihre Verwendung findet beliebig auch an anderen als den dargestellten Wäschestücken statt, ja es wird einer geschickten Wäschenäherin besondere Freude bereiten, selbständige Zusammenstellungen zu erdenken und sie auf ihre persönliche Art anzubringen. Zu diesem Zwecke sei auch auf selbst zu fertigende Besatzteile wie gehäkelte Spitzen, Hardangerstreifen, Handstickerei und anderes hingewiesen.

35. Garnitur für ein Beinkleid.

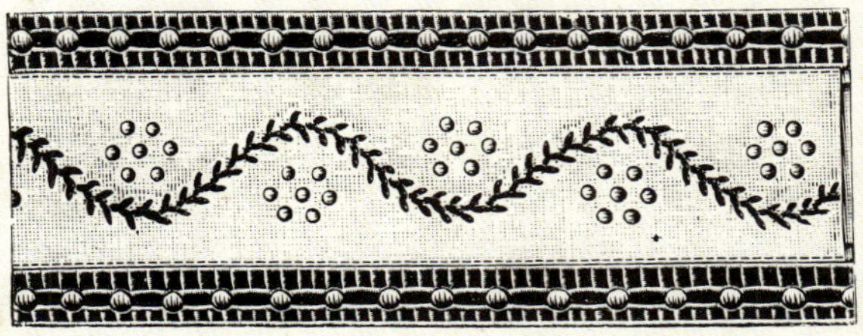

37. Bestickter und von Stickereistoff begrenzter Besatzstreif.
Die Wellenlinie zeigt Aststich, die Punkte Plattstich.

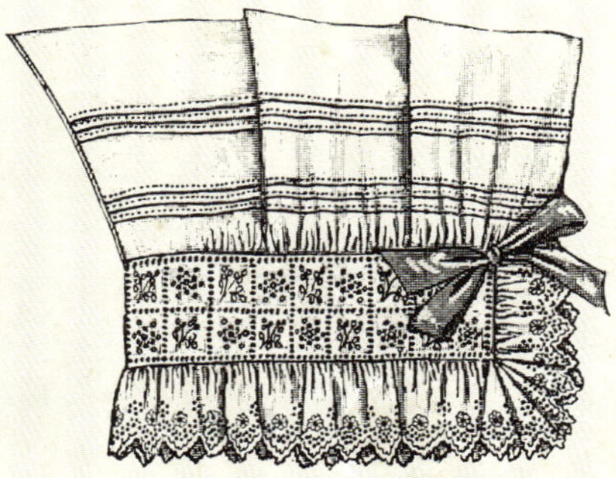

36. Garnitur für ein Beinkleid.

Handgestickte Garnituren für Taghemden, Nachthemden und Nachtjacken.

Die Abb. 38—43 zeigen fertiggestickte Garniturteile für Taghemden, Nachthemden und Nachtjacken; diese Teile sind in doppeltem Stoff gestickt. Sie erweisen sich als höchst praktisch, da ihr Preis ein mäßiger ist, und zu Ausführung so reicher Stickereien die wenigsten Frauen noch Zeit finden.

38. Gestickte Garnitur für ein Taghemd mit Vorderschluß.

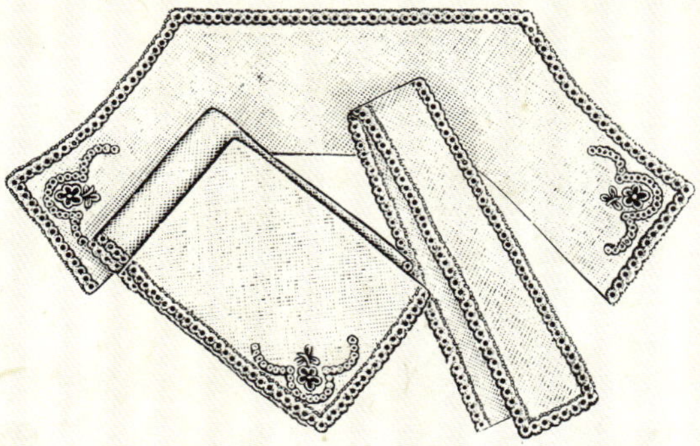

39. Garnitur für Nachthemden oder Nachtjacken.

40. Garnitur für ein Taghemd mit Achselschluß.

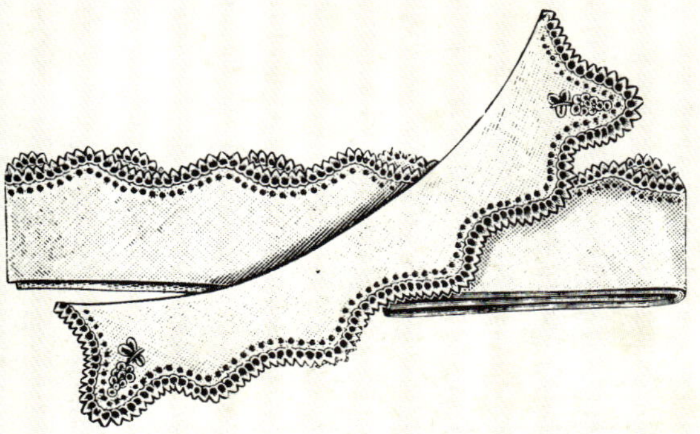

41. Garnitur für Nachthemden oder Nachtjacken.

42. Garnitur für Nachthemden oder Nachtjacken.

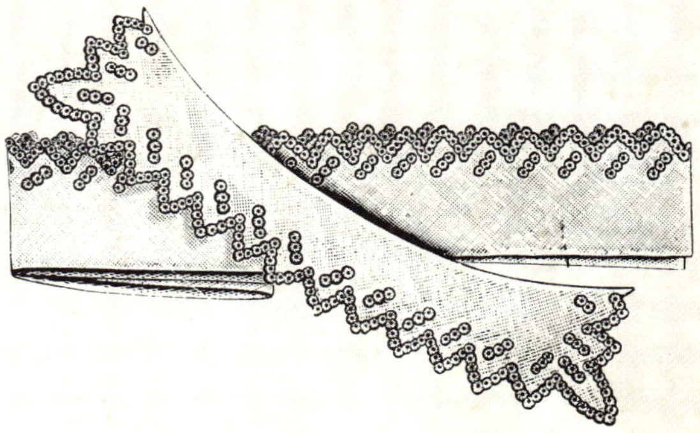

43. Garnitur für Nachthemden oder Nachtjacken.

3. Häkelmuster zur Verzierung der Leibwäsche.

1. Schmales Spitzchen, in Längsreihen zu häkeln, verwendbar für Schürzen, Röckchen und derlei.

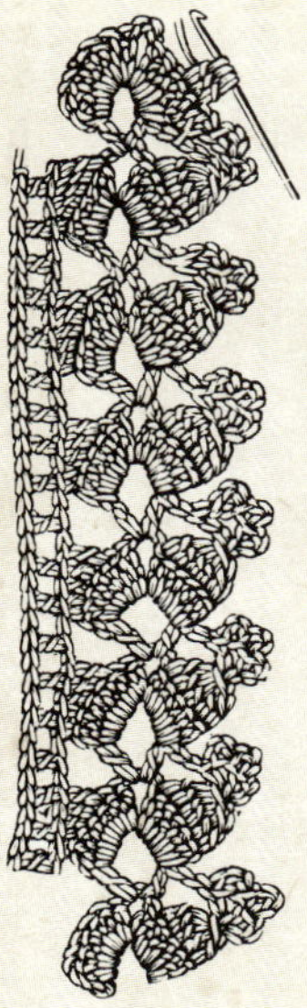

2. Schmale Spitze, quer zu häkeln; verwendbar für Kinderwäsche.

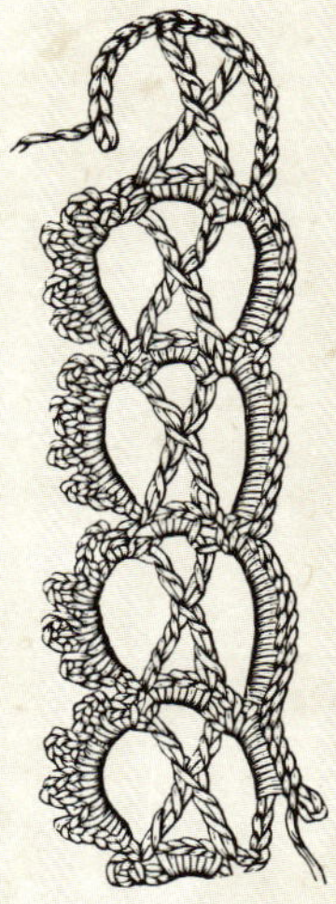

3. Schmale Spitze, quer zu häkeln; verwendbar für Kinderwäsche.

6. Hemdenpasse, s. Abb. 10. Der Vorderteil hat 18, der Rückenteil 17 und jeder Aermel 21 Karos, deren letztes (beim Aermel) mit seiner Endecke an die Seite des ersten Karos schließt, wodurch die für die Aermelform erforderliche Schrägung unter dem Arm hervorgebracht wird. Jedes Karo beginnt in der Mitte.

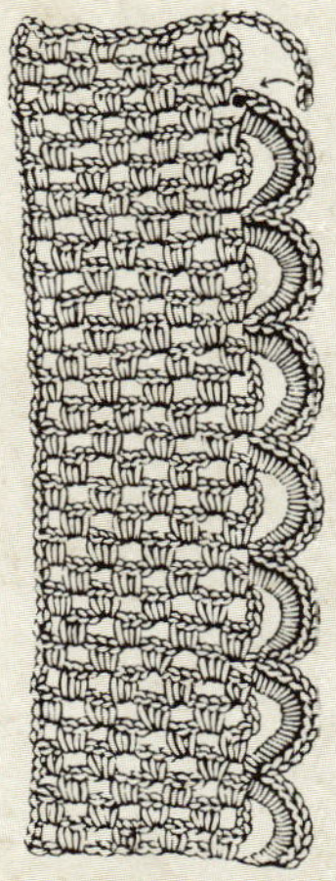

4. Schmales Spitzchen, quer zu häkeln. Imitation der Eternellespitze. Verwendbar für Kinderwäsche.

5. Schmale, quer zu häkelnde Spitze; verwendbar für Schürzen und derlei.

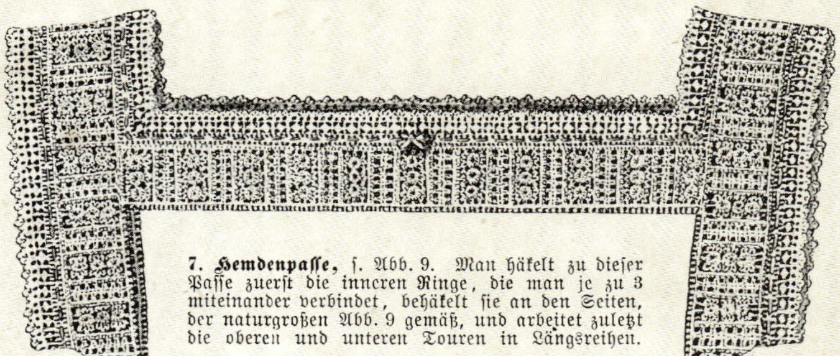

7. Hemdenpasse, s. Abb. 9. Man häkelt zu dieser Passe zuerst die inneren Ringe, die man je zu 3 miteinander verbindet, behäkelt sie an den Seiten, der naturgroßen Abb. 9 gemäß, und arbeitet zuletzt die oberen und unteren Touren in Längsreihen.

8. Hemdenpasse, s. Abb. 11. Diese Passe häkelt man in Längsreihen, und zwar in je 35 cm Länge für Vorderteil und Rücken, in 43 cm Länge für jeden Aermel. Hier muß die Endreihe des Aermels an den Seitenrand vom Anfang genäht werden. Das Muster richtet sich nach Abbildung und Beschreibung 11.

9. Naturgroßes Muster zu der Hemdenpasse Abb. 7.

10. Naturgroßes Muster zu der Hemdenpasse Abb. 6.

11. Naturgroßes Muster zu der Hemdenpasse Abb. 8.
1te R.: 6 Lftm. * 7 Lftm., und auf deren 6te bis 1ste: 1 f. M., 1 h. St., 2 St., 1 h. St., 1 f. M. Vom * einmal wiederholen und dann vom Beginn der R. fortlaufend wiederholen. Die **2te R.** wird an die untere Stelle der Anfangsreihe gearbeitet. Auf die 6 Anfangsm.: 1 f. M., 1 h. St., 2 St., 1 h. St. u. 1 f. M. 2 Blättchen entsprechend den in erster Reihe beschriebenen und ihnen gegenüberstehend. Die **3te** bis **8te R.** führt man längs beider Seiten des Sternchenmusters her, sie sind, wie alle übrigen Reihen, aus der naturgroßen Zeichnung zu ersehen.

12. Herzförmige Hemdenpasse in Häkelarbeit, s. Abb. 13.

Man beginnt jeden Ring mit 12 Lftm. und behäkelt diese mit 24 f. M. Nachdem man einen genügenden Vorrat solcher Ringe hat, führt man die Außentour herum und verbindet dabei die Ringe untereinander. 12 f. M. auf 12 f. M. des Ringes, dabei greift man durch beide Kettenglieder; 1 Picot von 5 Lftm. und 1 f. M. auf deren erste; einen neuen Ring nehmen und fortlaufend wiederholen, bis eine Reihe von der nötigen Länge aneinander sitzt; jetzt behäkelt man die zweite Hälfte und schleift bei der nächsten Ringreihe an die vorige Reihe. Die Spitze ist aus der naturgroßen Abb. 13 leicht zu erkennen.

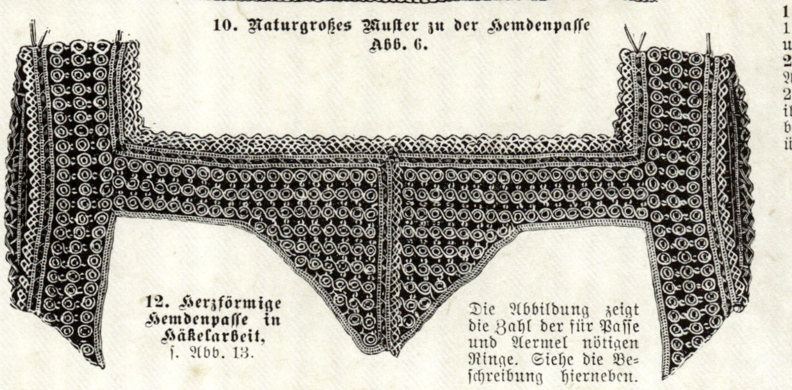

12. Herzförmige Hemdenpasse in Häkelarbeit, s. Abb. 13.

Die Abbildung zeigt die Zahl der für Passe und Aermel nötigen Ringe. Siehe die Beschreibung hierneben.

13. Ringe und Spitze zu Abb. 12.

14. Gehäkelte Beinkleidgarnitur, s. Abb. 15. Der aus 14 Sternen bestehende Ansatz ist mit Garn Nr. 60 gearbeitet. Nach Fertigstellung eines Sternes wird der 2te bei seiner letzten Reihe mit 2 Pic. an 2 Pic. des ersten angeschleift. Nachdem alle Sterne gehäkelt sind, werden als oberer Abschluß 10 R. gearbeitet. Man beginnt jeden Stern mit einem Ring von 15 Lftm.

15. Naturgroßes Muster zur Beinkleidgarnitur Abb. 14.

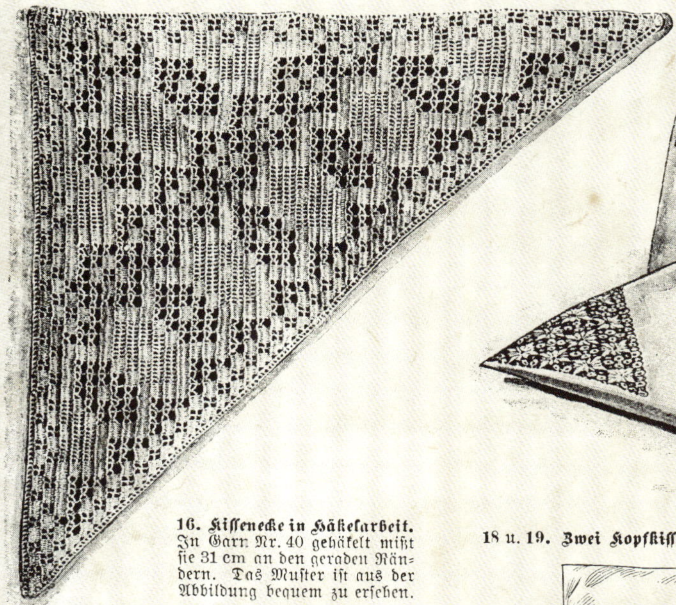

16. Kissenecke in Häkelarbeit. In Garn Nr. 40 gehäkelt mißt sie 31 cm an den geraden Rändern. Das Muster ist aus der Abbildung bequem zu ersehen.

18 u. 19. Zwei Kopfkissen mit gehäkelten Ecken. S. Abb. 16, 17, auch das Muster Abb. 20.

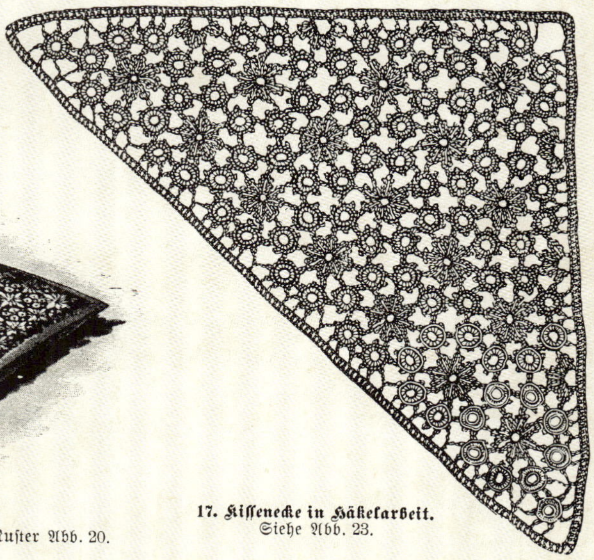

17. Kissenecke in Häkelarbeit. Siehe Abb. 23.

20. Naturgroßes Muster zu Abb. 18 u. 19. Jeder Stern beginnt in der Mitte; es kommen zumeist Lftm., die durch f. M. verdeckt sind, vor, und Picots.

21. Zwei Kissen mit Hardangerarbeit.

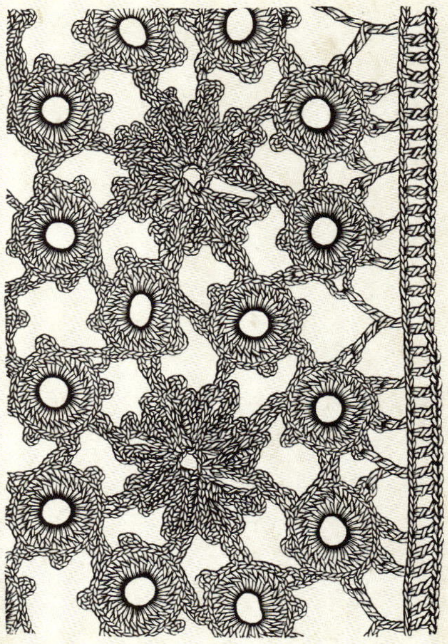

23. Naturgroßes Muster zu Abb. 17. Jedes Rädchen dieses Musters wird in der Mitte angefangen. Man verbindet deren 8 zu einem Kreis und füllt diesen mit einem achtstrahligen Stern, jeder Strahl aus 5 Picots bestehend.

22. Prunkkissen mit gehäkeltem Zwischensatz und Schleifenverzierung.

24. Breite Spitze für Bettwäsche. Man beginnt die Blattfigur mit einem Ring von 12 Lftm., den man dicht mit f. M. behäkelt. Die vier Seitenblätter sind alle gleichmäßig zu arbeiten. Man schlägt für jedes 18 Lftm. an, behäkelt deren 16te bis 1ste mit 1 f. M., 1 h. St., 2 St., 8 Doppelst., 2 St. und 2 f. M., schleift an den Ring und wendet. Feste Maschen, anschleifen und wenden; auch die nächste Tour besteht aus f. M., jedes nächste Blättchen schleift mit 4 f. M. an das vorige an; das Mittelblatt ist 2 M. kürzer. Der übrige Gang der Häkelarbeit ist aus der Abbildung leicht zu ersehen.

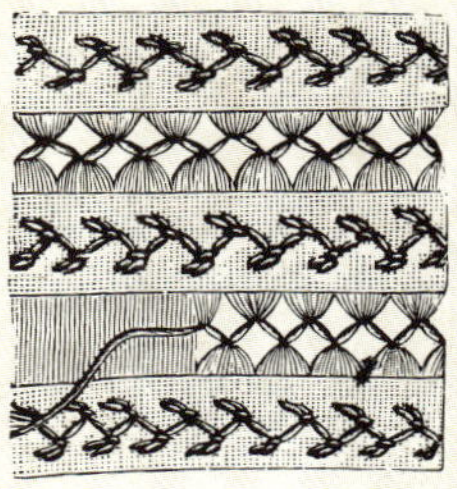

25. Hohlsaum, verwendbar für Wäschegegenstände.

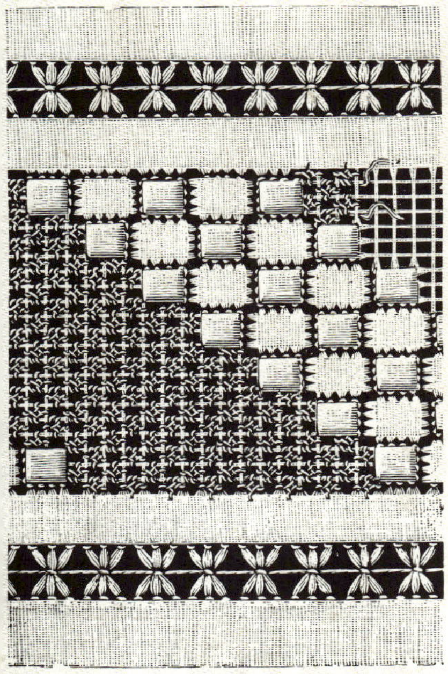

26. Breite Hohlnahtstickerei zur Verzierung von Kopfkissen und Oberleintüchern, s. die Ausführung Abb. 27.

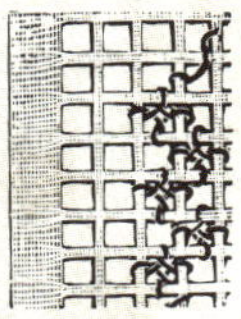

27. Stichausführung zu Abb. 26.

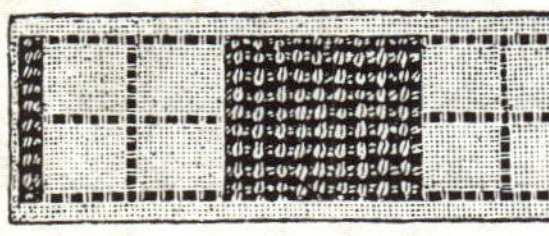

28. Hohlnahtstickerei zur Verzierung für Wäschegegenstände.

29. Hohlnahtspitze in Leinwand.

F. Vom Zeichnen der Wäsche.

Siehe auch die Alphabete, Buchstaben und Monogramme auf den Seiten 67 bis 75.

Die letzte Stufe bei Anfertigung der Wäsche, sozusagen der Schlußstein, ist das Zeichnen derselben. Das geschieht in der verschiedensten Art, oft mit kunstvoller Stickerei und schön geschwungenen Lettern oder auch ganz einfach als Einzelbuchstabe, bald als reiches Monogramm, bald im gewöhnlichen Kreuz-, Gitter- oder Steppstich mit rotem Garn oder auch in feiner Stickerei mit weißem Garn oder mit Seide. Der Gegenstand und seine feinere oder gröbere Beschaffenheit müssen für die Wahl der Schrift und der Stickweise ausschlaggebend sein.

Durch die Vorlagen auf S. 67—75 geben wir Material an die Hand zum Wählen, durch die Bilder dieser Seite unterstützen wir den erklärenden Text.

Das der Wäsche eingestickte Zeichen ist sowohl der Ordnung als des Schmuckes halber da. Wer mehr auf das erste Gewicht legt, zeichnet einfach die Anfangsbuchstaben des Vor- und Zunamens des Besitzers und setzt Nummern darunter, welche angeben, wieviel Stück der gleichen Art vorhanden sind. Als Zeichengarn empfiehlt sich hierfür das mit türkischem Rot gefärbte, welches in der Wäsche am besten die Farbe hält. Praktisch ist es, vor dem Zeichnen den Faden durch Essig zu ziehen. Man zeichnet gemeiniglich Leib-, Bett- und Tischwäsche mit 2 Buchstaben, bei Kinder- und Küchenwäsche genügt auch ein Buchstabe. Solch ein einfaches Zeichen erhält seinen Platz in derjenigen Ecke des Wäschestückes, bei der sich links die Webekante herzieht und der Saum unten liegt. Soll das Zeichen dem Gegenstande zum Schmucke gereichen, so wählt man gern die Form des Monogramms oder gezierte Buchstaben. Sie haben ihren Platz bei Taghemden vorn am Ausschnitt, bei Nachthemden unter der Schaufalte oder auf der linken Brust, bei Beinkleidern am linken Bund, bei Nachtjacken läßt man sie meist ganz weg oder gibt ihnen den Stand am Halsbund, auch unten in der Ecke neben dem Saum des linken Vorderteiles. Bei Tischzeug und Taschentüchern setzt man Buchstaben oder Monogramm schräg in die vorbeschriebene linke Ecke, bei Deckbett u. Kissenbezügen in die Mitte über den Saum.

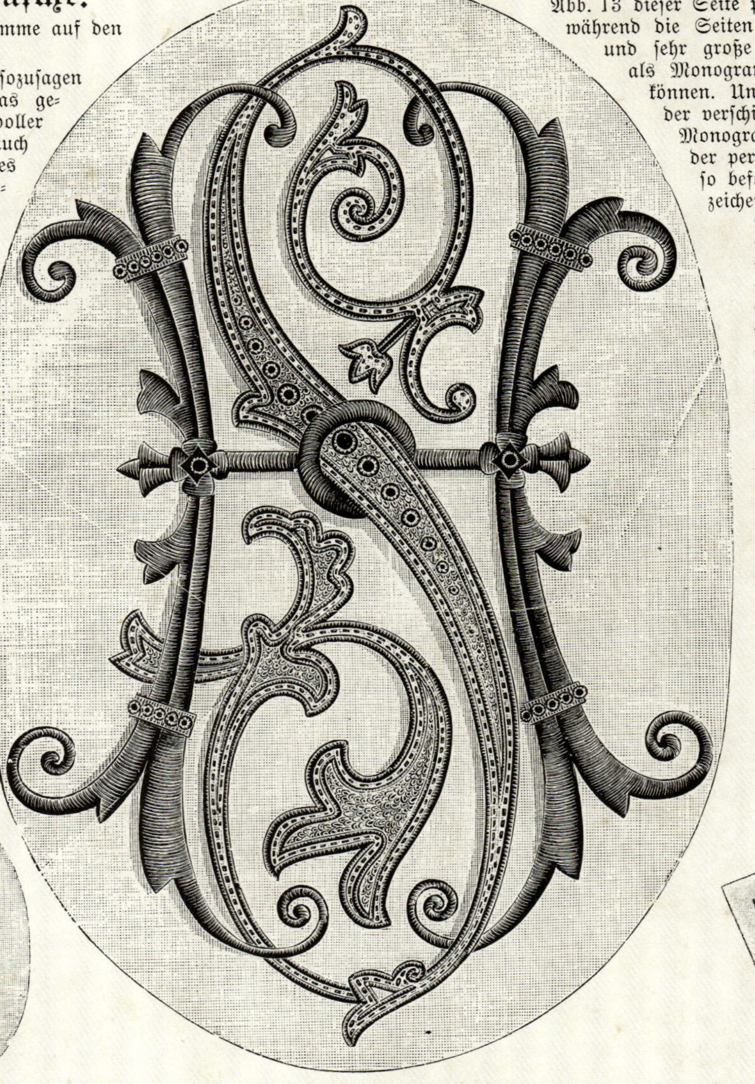

10. Prachtmonogramm für Bettwäsche u. dgl.

Für Taschentücher und Leibwäsche bieten die kleineren Lettern Abb. 13 dieser Seite passendes Maß, für Tischzeug die der Seite 70, während die Seiten 68 und 69 geeignete Größen für Bettwäsche und sehr große Tischgedecke angeben, welche beliebig sowohl als Monogramme wie als Einzelbuchstaben benutzt werden können. Unsere in den früheren Kapiteln gebrachten Bilder der verschiedenen Wäschegattungen zeigen die Plätze, wo Monogramme und Buchstaben hinzustellen sind; darf der persönliche Geschmack hierbei mitbestimmend wirken, so befolge man doch stets die Regel, daß das Merkzeichen bei der geplätteten Wäsche obenauf liegen soll. — Geschmack bekundet wird auch, wenn man die Größe des Zeichens nicht übertreibt; wohl dürfen Schaustücke, z. B. Bettpolster, Spreiten u. derlei, einen kunstvollen Namenszug aufweisen, wie z. B. Abb. 10 dieser Seite einen solchen vorführt, andererseits sticke man Kindersachen wieder mit kleinen Lettern, wie Abb. 11 und 12 solche bieten, und benutze für einfaches Küchenzeug Kreuzstichbuchstaben. Zum guten Aussehen der gestickten Buchstaben, besonders aber zur Deutlichkeit der Monogramme trägt es bei, wenn man die Buchstaben verschieden behandelt; mit den Bildchen 1 bis 9 geben wir hierzu Anleitung. Bei Abb. 1 ist der eine Buchstabe mit hellerem Faden gestickt als der andere, bei Abb. 2 der Hauptbuchstabe im Plattstich, der Nebenbuchstabe im Stielstich mit Steppfüllung. Bei Abb. 3 ist der mit Stielstich umrandete Buchstabe mit Knötchen gefüllt. Die für diese drei Vorlagen gebrauchten Sticharten lehrten wir schon auf Seite 44; wir fügen ihnen noch einige hübsche Arten hinzu, in denen man eine gute Wirkung auch ganz einfacher Musterformen erzielen kann. Die unter den Bildchen angegebenen Unterschriften dürften genügende Erklärung geben.

1. Monogramm; ganz in Plattstich, in zwei Farben gestickt.

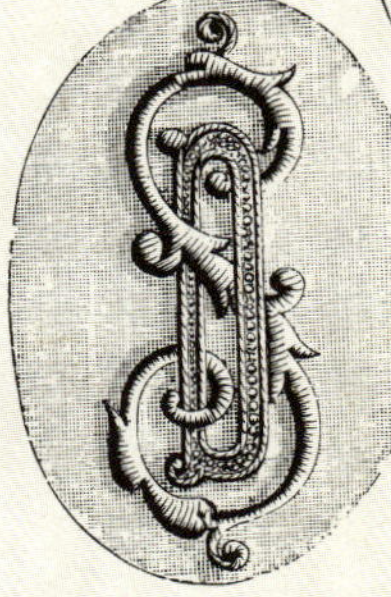

2. Monogramm; Plattstich, Stiel- und Steppstich.

16. Aufhängebänder, gewebte Einzelbuchstaben und Doppelbuchstaben zum Zeichnen der Wäsche.

3. Monogramm; Plattstich, Stiel- und Knötchenstich.

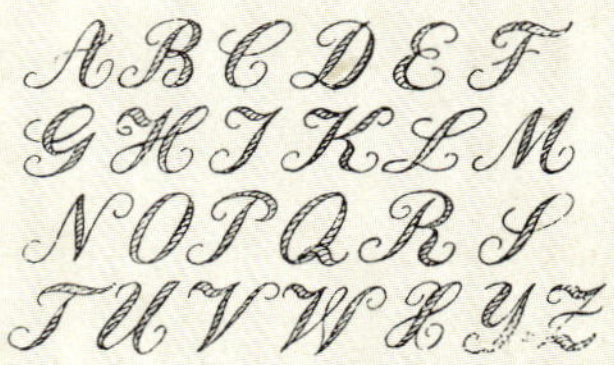

11. Alphabet für Kleinkinderwäsche.

Zur größeren Bequemlichkeit der Hausfrauen sind auch gewebte Buchstaben im Handel nicht nur als Einzelbuchstaben, wie die mittelste Tafel unserer Abb. 16 sie zeigt, sondern auch gleich als Doppelbuchstaben, für Vor- und Zunamen, sowohl in gotischer wie Kursivschrift, in kleinerem und größerem Format. Auch fehlen nicht die dazu passenden Zahlen. Diese bandartig aneinander hängenden Buchstaben werden den betreffenden Gegenständen mit Saumstichen einfach aufgenäht. Ebenfalls als praktisch zu empfehlen sind Bänder, in welche gleich die Bezeichnung des Wäschestückes eingewirkt oder eingestickt ist, wie Abb. 16 und 17 dies vorführen. Zur Erziehung der Dienstboten sowohl wie zur allgemeinen Ordnung tragen diese nicht teuren Vorrichtungen entschieden bei; an dem Handtuch, Abb. 17, und dem Küchentuch, Abb. 18, zeigen wir sie angewandt. Man kauft diese eingewebten Wäschezeichen in einschlägigen Geschäften.

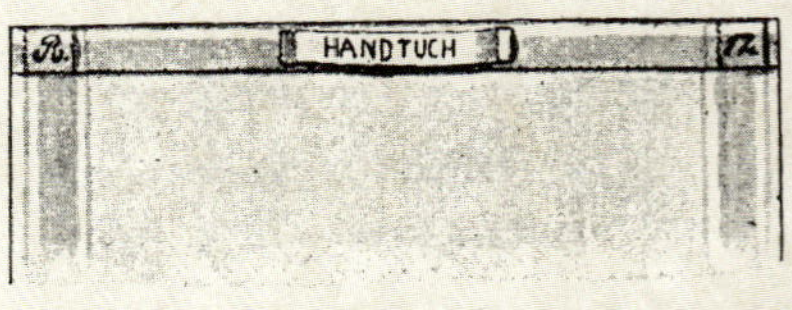

17. Handtuch mit Aufhängeband, Buchstaben und Zahl besetzt.

18. Küchentuch mit eingewebtem Buchstaben besetzt.

4. Stickart des Buchstabens S, Abb. 7. Schrägstich, umrandet von Stielstich und mit Grätenstich geziert.

5. Stickart des Buchstabens T, Abb. 8. Schrägstich, umrandet von Stielstich und mit Steppstich geziert.

6. Stickart des Buchstabens W, Abb. 9. Steppstich in weißem Garn mit hindurchgewundenem farbigem Faden.

7. Buchstabe S; s. Abb. 4.

8. Buchstabe T; s. Abb. 5.

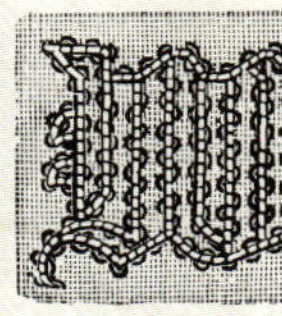

9. Buchstabe W; s. Abb. 6.

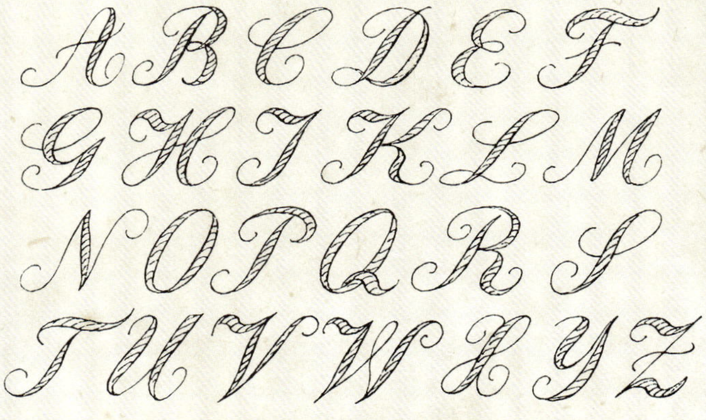

12. Alphabet für Kinderwäsche.

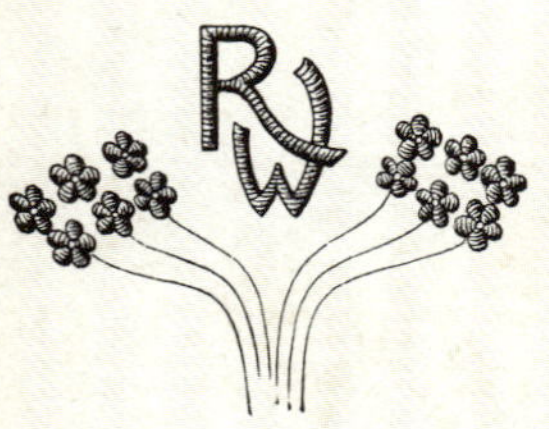

14. Vignette für Taschentücher

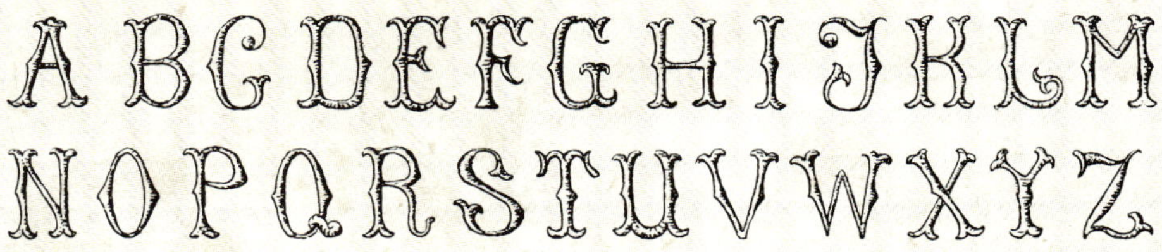

13. Alphabet für Leibwäsche.

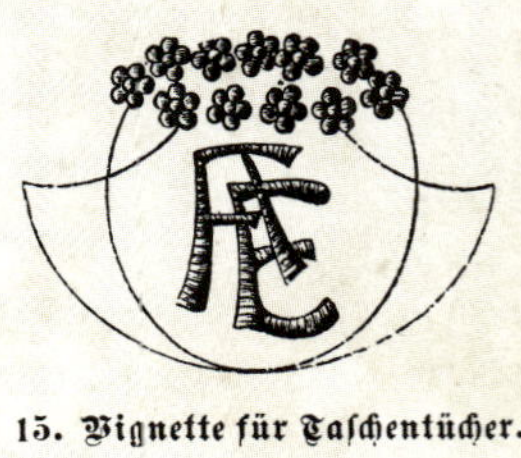

15. Vignette für Taschentücher.

Dritte Abteilung. Die Erhaltung.

Der in einem Haushalt vorhandene Wäschevorrat muß mit Umsicht behandelt werden, wenn er auf lange Jahre hin erhalten bleiben soll. Freilich leidet die Wäsche nicht annähernd so sehr im Gebrauch wie diejenigen Kleidungsstücke, die außen getragen werden und der Reibung, dem Staube und allen Witterungseinflüssen ausgesetzt sind, noch stellt sie die Anforderung an häufiges Erneuern und Umändern, wie dies unsere der Mode unterworfene Kleidertracht tut, andererseits jedoch beansprucht sie die stete Aufmerksamkeit der Hausfrau durch die regelmäßig wiederkehrende Reinigung, der sie unterzogen werden muß. Wohl liegen ganze Partien von Wäsche jahrelang ungebraucht im Schreine und werden nur von der sorgsamen Hausfrau von Zeit zu Zeit in andere Falten gelegt, aber allwöchentlich auch sind Körbe voll gebrauchter Wäsche da, die gereinigt, durchgesehen und ausgebessert werden müssen. Die Erhaltung der Wäsche erstreckt sich daher auf die drei Punkte: das Aufbewahren, das Reinigen und das Ausbessern.

Widmet eine Hausfrau diesen drei Stücken die gebührende Aufmerksamkeit, so wird Haltbarkeit und langjähriges Ausdauern der Wäsche ihr wohlverdienter Lohn sein.

A. Vom Aufbewahren.

Den Truhen unserer Altvorderen, die den Reichtum der Hausfrauen bargen, ist der Schrank, Schrein, der Laden, das Spind gefolgt. Wie viel häuslicher Sinn, wie viele weibliche Tugenden und — wie viel Poesie verkörpert sich im Wäscheschrank. Wer fühlte nicht den Wert der emsig in bescheidener Stille schaffenden Hausfrau beim Anblick eines wohlgeordeten Wäschevorrats, wer empfände nicht den Hauch der Poesie, dem unser Schiller die schönen Worte leiht:

„Sie füllet mit Schätzen die duftenden Laden
Und dreht um die schnurrende Spindel den Faden
Und sammelt im reinlich geglätteten Schrein
Die schimmernde Wolle, den schneeichten Lein."

Ja, „duftend" sei der Laden, in dem die Hausfrau die Wäsche bewahrt, deshalb lege sie Sträuße von Lavendel in die Börte oder fülle getrocknete Rosenblätter in feine Mullbeutelchen, die zwischen die Wäsche gelegt werden, oder fertige zierliche Säckchen, die an farbigen Bändern bündelweis innen an die Schrankwände gehängt werden und mit getrockneten Veilchen oder mit Waldmeister gefüllt sein können. Einheitlichkeit des Duftes ist vorzuziehen, deshalb mische sie die Würzen nicht für den gleichen Schrank.

1. Wäscheschrank mit spitzenbesetzten Tüchern belegt.

Auch „reinlich geglättet" will unser Dichter den Schrein, und jede Hausfrau wird auch dafür sorgen, wenngleich sie über das glatte Fach noch eine Leinendecke breitet, die mit ihrem bestickten oder spitzenbesetzten Vorderrand leicht über das Brett herabhängt. Auf dieser sauberen Unterlage nun ruhen die Packs mit Wäsche, jede Sorte für sich dutzendweise gehäuft und mit Band umschlossen: die Handtücher lang gefaltet, die Servietten quadratisch, ganze Gedecke auf eine passend große weiße Kartonunterlage gelegt, Tisch- und Mundtücher aufeinander. Kreuzweis geführtes farbiges Band hält ein Schild, auf dem die Bezeichnung des Gedecks und seine Tücherzahl vermerkt sind. Stickt man den erstgenannten Wäschebändern die Bezeichnung ein: „Handtücher", „Rosengedeck" usw., oder kauft man für sie Wäschebänder mit eingewebten Namen oder solche mit verstellbarem Verschluß, so erhalten andererseits die Schilder eine Aufschrift derart: „Zwiebelmuster, 1 Tischtuch, 12 Mundtücher", oder „Taufgedeck, 1 großes, 2 kleine Tischtücher, 24 Mundtücher", oder „Urgroßmutters Gedeck 1789" u. dergl.

2. Behälter für Gedecke.

Gleichartigkeit der Farbe, sowohl in Bändern wie Stickerei, auch bei den Spreiten, wird vom guten Geschmack geboten, und zwar empfehlen sich das waschechte Rot und Blau naturgemäß für diesen Zweck am meisten. Der Schrank für die Haus-, Bett- und Tischwäsche findet meistens in einem Vorraum seinen Platz, während man die laufend gebrauchte Leibwäsche im Schlafzimmer aufzubewahren pflegt. Da sind dann Bänder zu wählen, die zur Zimmereinrichtung passen, ebenso wie man für die Wäsche von Kindern, vorzüglich für die Erstlingswäsche, besondere kleine Schränke zu haben und alle Wäschepäckchen mit lichtblauen Bändchen zusammenzubinden pflegt.

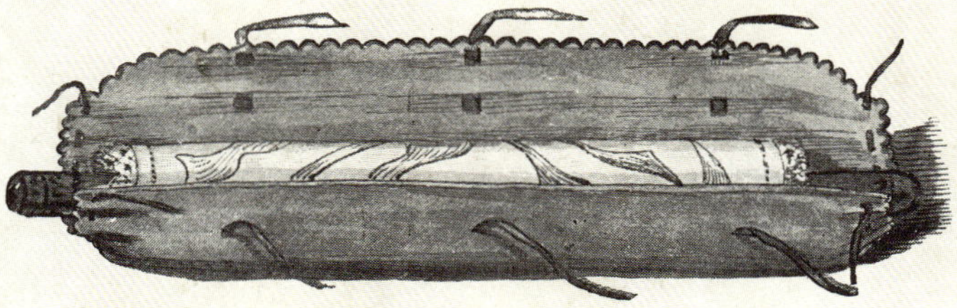

3. Läuferrolle und Hülle.

Sei der Schrank nun groß oder klein, einfacher oder eleganter, so besteht doch das Haupterfordernis darin, daß er gut schließt, also Schutz vor Staub, Ruß und Insekten gewährt. Die Wäsche verlangt einen trockenen Standort, wenn sie nicht Moderflecke erhalten soll, die später schwer oder gar nicht wieder zu entfernen sind. Die gebräuchlichsten Schränke sind die ein- oder zweitürigen, mit vier bis fünf Querbrettern versehenen. Ein Schubfach unten im Schranke anbringen zu lassen, ist immer ratsam. Als ganz besonders geeignet zu Wäscheschränken haben sich die Umzugs-, Brand- oder Etagenschränke erwiesen. Dieselben bestehen aus drei übereinanderstehenden Schrankteilen, welche an ihren Schmalseiten mit Eisen- oder Messinggriffen zum Auf- und Abheben und an der langen Vorderseite mit zwei Türflügeln versehen sind. Man hat in Fällen von Feuersgefahr nur die einzelnen Teile abzuheben und braucht nichts auszupacken. Ganz unten legt man Gardinen und sonstige größere Teile hin. Als praktisch erweist sich, unterhalb eines oder zwei der Schrankborte ein Brett anbringen zu lassen zum Ausziehen, um auf demselben Wäsche umlegen zu können. Wünscht man zu diesem Zweck nur ein Brett zu haben, läßt man's am besten nicht in der Mitte des Bortes, sondern so zur Seite anbringen, daß man es vor dem Schrank links bequem zur Hand hat, während bei zwei Brettern an jeder Seite des Schrankes eines seinen Platz findet. Ein Auszugsbrett in der Mitte des Schrankes hat sich als unbequem erwiesen.

4. Schrankspreiten mit Stickerei.

Die Ordnung und Unterbringung der Wäsche geschieht etwa in folgender Reihe. In die zwei oberen Fächer kommen die seltener in Gebrauch genommenen Stücke und die Tischwäsche, in das dritte Fach die Bettwäsche, in das vierte Handtücher und die übrige Küchen- und Hausstandswäsche.

Im Innern der Schranktür bringe man ein Verzeichnis des Wäschebestandes an und verzeichne durch Ausstreichen oder Anmerken gewissenhaft, was eingegangen oder neubeschafft werden muß.

Ein allzu großer Wäschevorrat ist nicht praktisch; es empfiehlt sich vielmehr, Eingehendes von Zeit zu Zeit zu ersetzen. Die Wäsche wird vom langen Liegen brüchig und gelb. Selten Gebrauchtes muß durch Umfalten in andere Lage gebracht oder ungestärkt aufgerollt werden. Besonders gute Gedecke oder gestickte Deckchen sammelt man wohl in einen Behälter, wie Abb. 2 ihn halb geschlossen darstellt, schöne Läufer rollt man auf eine hierfür bestimmte Rolle, s. Abb. 3, und fertigt für sie eine Hülle mit Bandverschluß, wie diese Abbildung sie vorführt.

Jegliche neue Wäsche muß vor dem Gebrauch erst gewaschen werden, damit die Appretur herausgebracht wird. Nach jeder Wäsche erhalten die frischgewaschenen Gegenstände ihren Platz zu unterst, der neue Bedarf wird oben abgehoben, und so kommen alle Sachen gleichmäßig in Gebrauch, und ein Vergilben ist nicht zu befürchten.

Sehr netten Schmuck des Wäscheschrankes geben gehäkelte oder gestickte, mit sinnigen Sprüchen versehene, an Spreiten gesetzte Wäscheschrankstreifen, die von dem auf das Brett gebreiteten und der Größe desselben genau angepaßten Leinenstück über den Fachrand herabhängen; man kann die Sprüche aufgezeichnet kaufen oder unseren Kreuzstichalphabeten entnehmen. Große Spreiten mit Monogramm in der Mitte und gleichfalls mit Besatz am vorderen Rande schützen oft noch die Wäsche in den einzelnen Fächern; auch sichert man die Wäsche vor Staub wohl durch einen im Schrankinnern angebrachten Vorhang.

Als Aufbewahrungsort der schmutzigen Wäsche empfiehlt sich für feinere Gegenstände ein aus waschbarem Stoff gefertigter Wäschebeutel; gröbere Wäsche legt man in Waschkörbe oder hängt sie über Wäscheleinen. Liegen zwischen den Wäscheterminen Wochen oder Monate, so hat man nötig, die Wäsche öfter nachzusehen, zu wenden und zu lüften, auch gegen Mäuse zu schützen.

5. Gedeck auf Kartonunterlage mit Schild.

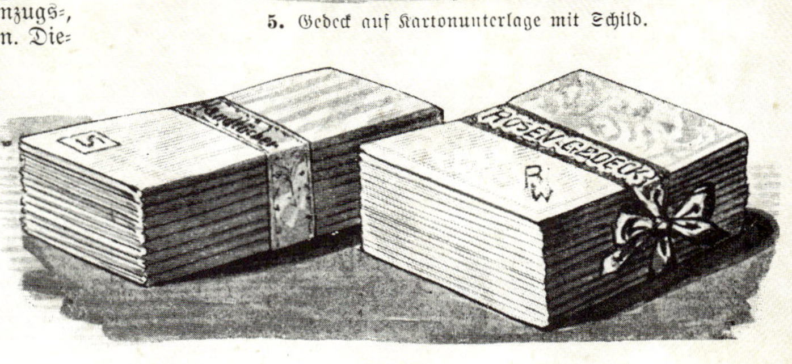

6. Handtücher und Servietten mit Wäschebändern.

B. Vom Waschen.

Das Reinigen der Stoffe mit Wasser ist ein uraltes Verfahren; wir alle wissen von der Wäsche, welche die Nausikaa vornahm, indem sie die Wäschestücke mit den glatten Kieseln am Strande der See klopfte und dann spülte, wir alle lesen im Märchen von der Frau Holle von der fleißigen Jungfrau, die am Brunnen waschen ging, ja wir hörten alle von Völkern, die mit hölzernen Schlägeln die Wäsche schlugen, damit der Schmutz sich entferne. Der Zweck jedes Waschens ist ja eben, daß der Schmutz aus den Stücken vertrieben werde, und man erreicht dieses auf zwei Arten. Entweder dadurch, daß man den Schmutz unter Anwendung mechanischer Kraft auflockert und durch Wasser fortspült, oder dadurch, daß man ihn löst, um ihn dann fortzuspülen.

Die erste Methode, die der Gewalt, war die ursprüngliche und blieb die herrschende, bis Nachdenken und Ueberlegung die Hausfrauen einsehen ließ, daß sanfte Mittel dem rohen Reiben vorzuziehen seien, daß lösende Substanzen — nicht zu verwechseln mit beizenden — die Stofffaser weit weniger angreifen als die verschiedenen Arten der Reibung. Aus weiser Vereinigung beider Methoden, 1) dem Lösen der Schmutzteile und 2) dem Entfernen derselben durch Kochen, Schütteln, leichtes Reiben und Spülen, besteht eine vernünftige Wäsche.

Die Verschiedenheit der Beschmutzung der Wäsche fordert einerseits verschiedene Lösemittel, und andererseits wird durch die Art der Gewebefaser ein Unterschied in der Behandlung notwendig. Dies sind Gründe, die es genügend erklären, daß nicht eine Waschmethode für alle Wäsche paßt, und die uns zur Angabe vieler verschiedener Waschweisen veranlassen. Außerdem macht der Lebenszuschnitt der verschiedenen Hausstände dem einen unmöglich, was dem andern leicht ist, und auch diese Tatsache berücksichtigen wir, indem wir Anordnungen für kleine und große, für Hand- und Maschinen-Wäsche geben. Die Darlegung von mancherlei Waschmethoden soll die Leserinnen zur Wahl des für sie Geeigneten anregen.

Waschraum, Waschgeräte und Waschmittel.

Eine gute, geräumige Waschküche mit den notwendigen Einrichtungen versehen, erleichtert die Arbeit des Waschens ungemein; man findet sie in den besseren Häusern der großen Städte, besonders aber in feinen Villen jetzt oft in vollendeter Ausstattung. Da fehlt nichts; von der Wasserleitung, dem Herde, zwei Kesseln mit Abflußrohren, dem Gaskocher für Stärkebereitung, der Waschmaschine, dem großen Sandsteinbecken mit Zu- und Abfluß zum Spülen bis zu den verschiedenen Wannen und Bottichen, den Töpfen und Töpfchen für Stärke- und Blaubereitung, den Waschbrettern, Litermaßen und Kellen. In den neueren Mietshäusern liegt sie zumeist oben neben dem Trockenboden, in den Landhäusern auf flacher Erde, dem Bleich- und Trockenplatz nahe und verbunden mit der Roll- und Plättstube. Diese enthält die Wringmaschine, die Rolle, den großen Tisch zum Legen der Wäsche, einen kleineren Plättisch, die Plättbretter, die Eisen- und Rostetücher, die Wäschekörbe und alle Vorräte, in Porzellanbüchsen verwahrt, wie Stärke, Soda, Blaue, Borax usw. In solchen wohleingerichteten Räumen verliert selbst die „Große Wäsche" ihre Schrecken und wird zum Pläsier; leider stehen sie aber nicht jedem zu Gebote! Wie manche Hausfrau ist genötigt, in der Küche oder in der Badestube zu waschen, wie manche muß noch jeden Eimer Wasser tragen lassen, ja wochenlang erst sorgsam in Regenfässern einsammeln. Vielen auch fehlt der geräumige Trockenraum oder ist erst schwierig zu erreichen, das Legen muß im Eß- oder Kinderzimmer geschehen, das Plätten auch da oder in der Küche. Da gehört wahrlich Mut und Geduld dazu, die immer und immer wiederkehrende so erschwerte Arbeit ohne Klagen vorzunehmen. Möchten in dieser Beziehung bald überall bessere Zustände eingeführt werden, es wäre zum Wohl der ganzen Familie.

1. Waschtopf.

2. Waschmaschine.

6. Dreiwalzige Wäschemangel.

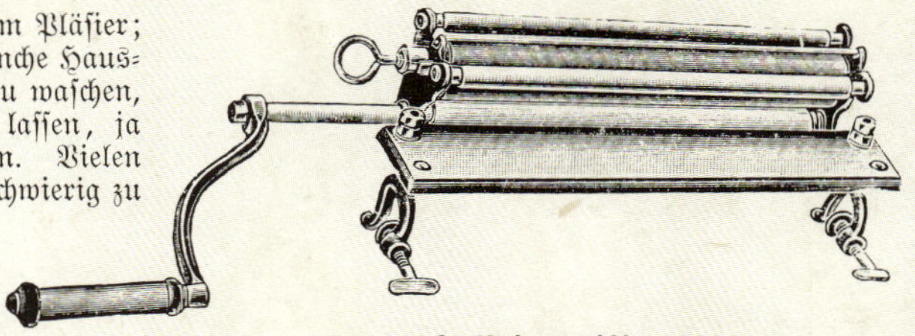

3. Wringmaschine.

Wir betrachten jetzt genauer die zur Wäsche nötigen Geräte. Zum Einstecken der Wäsche sind am besten tiefe, runde Zuber (Waschfässer, Tubben), da sie bei geringem Platzverbrauch sehr viele Wäsche in sich aufnehmen können. Zum Waschen selbst aber sind flache, ovale Wannen besser, weil sie die Uebersicht über den Inhalt erleichtern und Raum gewähren, um die ungewaschenen Teile links, die gewaschenen Teile rechts aufzuhäufen. Ihre Größe hängt davon ab, ob eine oder zwei Personen daran waschen sollen; sie sind mit hohen Beinen und dann mit Zapfen und Loch zum Ablaufenlassen des Wassers versehen, oder sie ruhen auf einem Waschbock in Kreuzform und sind klein genug, um gehoben werden zu können zwecks Ausgießens des Wassers. Beide Geräte sind aus Holz und müssen bei Nichtbenutzung, nach völliger Reinigung, in einem Raume aufbewahrt werden, wo das Holz nicht so stark eintrocknet, daß sich Ritzen ergeben. Je nach der Menge der Wäsche braucht man mehrere Gefäße zum Einstecken, Waschen und Spülen. Sollte bei länger andauernder trockener Witterung es sich ereignen, daß die Waschfässer Wasser durchlassen, so gieße man kochendes Wasser hinein, wodurch sich am raschesten die Ritzen verlieren. Waschfässer, Tubben und Zuber aus Eichenholz sind denen aus anderen Holzarten vorzuziehen, denn sie sind sehr haltbar; ein stark gearbeiteter eichener Zuber kann 20—25 Jahre im Haushalt dienen, ohne großer Reparaturen zu bedürfen. Die gleichen Gefäße aus amerikanischem Fichtenholz gearbeitet, sind billiger als die aus Buche, und man rühmt auch ihre Haltbarkeit, besonders wenn sie mit Oelfarbe und Eisenlack (für die Reifen) gestrichen sind. In neuester Zeit sind auch Zinkgefäße in Gebrauch gekommen, die zwar teuer, aber auch leichter sind; nur die beste Ware ist hier zu empfehlen.

Der Waschkessel aus Messing oder Kupfer oder der Waschtopf sind die Gefäße, in denen die Lauge, später die Wäsche auf das Feuer gebracht wird; auch ihre Größe hängt vom Bedarf ab. Es gehört zum Umrühren und Herausholen der heißen Wäsche eine Wäschegabel oder Wäschezange, große Holzlöffel und auf den Kessel ein Holzdeckel. Vorsicht ist zu üben darin, daß die Wäsche nicht an den Eisenhenkel des Waschkessels komme, wodurch Rostflecke entstehen würden.

4. Zweiwalzige Mangel.

5. Zweiwalzige Tischmangel.

Für kleine Wirtschaften sind Waschtöpfe sehr zu empfehlen; sie können bequem auf jedem Kochherd stehen, gewähren große Erleichterung bei dem ganzen Vorgang der Reinigung und sichern gegen das Ueberkochen der Lauge.

An Waschmaschinen gibt es eine große Anzahl verschiedener Systeme: die einen schaukeln, die andern drücken, noch andere reiben die Wäsche, jedes System aber wird von dem Erfinder natürlich als das beste gehalten und als solches empfohlen. Wir nennen unter anderen die Maschine „Frauenlob" mit sechsteiligem Quirlwerk, die nebenstehende Maschine mit schwimmendem Rippenboden, die Schnellwaschmaschine von Schaede, die Waschmaschine „Weltwunder" und ein billiger Waschapparat „Bräuers Waschmaschine". Neuerdings werden auch die Dampfwaschmaschinen sehr empfohlen, die, direkt auf dem Feuerloch stehend, die Wäsche zugleich kochen. Besondere dazu gehörige Oefchen erleichtern die Arbeit, sie sind aber nicht durchaus notwendig, da die Waschmaschine auch auf den Herd gestellt werden kann. Wir nennen von dieser Art die Schnelldampfwaschmaschine „Majutor" sowie Johns „Volldampf"-Waschmaschine.

Gegenüber diesen verschiedenen Systemen prüfe jede Hausfrau selbst oder suche vertrauenswürdige Geschäfte auf, die ihr raten. Jedenfalls erhält man bei allen Maschinen genaue Anweisung, welche Behandlung gerade das besondere System fordert.

Wringmaschinen weisen untereinander allerlei kleine Unterschiede auf, die von Laien kaum als solche erkannt werden; jede Hausfrau, auch die, welche keine Waschmaschine hat, sollte doch eine Wringmaschine halten, ihr hoher praktischer Wert für das glatte Wringen, also das Schonen des Fadens, für Sauberkeit und Bequemlichkeit ist unbestreitbar. Wer sich eine Wringmaschine anschafft, beachte, ob die Gummiwalzen auch stark und dick sind. Man gebe bei dieser Gelegenheit lieber einige Mark mehr aus, als eine billige Maschine kostet; die dünnen Gummiwalzen nützen nur zu bald ab.

Mangeln oder Rollen gibt es der verschiedensten Art, von den alten, mit dicken Steinen beschwerten Landrollen, an denen das Rollen schon für zwei eine schwere Arbeit darstellt, bis zu den leichtgehenden, von einem Menschen zu bewegenden englischen Drehrollen, die in Städten jetzt wohl überall verfügbar sind.

Für den Privathaushalt, besonders dort, wo Kleinkinderwäsche zu besorgen ist, oder wo die Hausfrau selbst oder ihre Vertreterin das Rollen leitet, sind Handrollen zum Mangeln der Wäsche zu empfehlen. Abb. 4 u. 5 zeigen zwei praktische Modelle. Bei richtiger Führung ersparen sie sehr viel Zeit, machen auch die Mangeltücher entbehrlich, welche man bei den großen Rollen zum Einschlagen der Wäsche braucht. Die Wäschemangel Abb. 6 unterscheidet sich von den beiden vorigen, die zweiwalzig sind, dadurch, daß sie drei Walzen hat und dadurch besser auf die Wäsche drückt. Das vorn herabhängende Brett kann hochgeschlagen werden und dient als Tisch. Bei Wahl einer Rolle hat man auf die Länge der Walzen zu achten.

Die zur Wäsche nötige Blaue halte man in sauberem Beutel in einem eigens dafür bestimmten weißen Porzellantopf, weil in diesem der Grad des Blaus am besten zu erkennen ist; für das Stärkekochen ist ein reichlich großer glasierter Topf zu nehmen; ein Löffel zum Umrühren und eine große irdene Schale zum Ausgießen der Stärke dürfen gleichfalls nicht fehlen; wo verschiedene Sorten Stärke zu bereiten sind, müssen die Geräte doppelt vorhanden sein.

Nach jeder Wäsche ist alles Geschirr, die Maschinen und der Waschraum aufs sauberste zu reinigen; der Waschkessel muß von innen blank geputzt und auch von außen besonders unterhalb und an den Seiten gehörig mit dickem Papier oder Stroh abgerieben werden, da der Ruß, welcher sich daran setzt, frißt. Wenn man Holz unter dem Waschkessel brennen kann, erhält man ihn viel länger in gutem Zustande als mit Kohlenbrand.

Natürlich muß auch der Waschherd bestens gesäubert werden; seine Feuerleitung in gutem Zug zu halten ist unbedingt nötig, abgelehmte Kessel verbrauchen unnötig viel Feuerung.

Für das Trocknen und später das Plätten sind wiederum mannigfache Geräte unentbehrlich. Zuerst die Trockenleinen und die Klammern; beides sauber zu bewahren, muß Hauptsorge sein. Für die Leine hat man praktische Wickler (s. Abb. 8), oder man macht sich einen Kasten gleich Abb. 9, dessen Boden einen Dorn erhält, auf den die Rolle gesteckt wird. Die Leine wickle man so auf, daß sie von innen loswickelt. Für die Klammern fertigt man einen Beutel ähnlich der Abb. 10, die Klammern selbst zeichnet man. Der zusammenklappbare Trockenständer für Zimmer und Küche empfiehlt sich besonders in Wirtschaften mit kleinen Kindern.

Von großer Nützlichkeit ist auch ein Spannrahmen zum Trocknen der Vorhänge; er schont das Gewebe und liefert mit leichter Mühe schöne glatte und nicht verzogene Gardinen. Man hat Spanner, bei denen die Vorhänge mit Zwecken, andere, bei denen sie mit zweizinkigen Spannadeln befestigt werden; beide sind gut und zu empfehlen.

Das Plätten, Bügeln fordert zuerst geeignete Eisen; auf dem Lande, besonders in großen Wirtschaften, wird noch immer das Stelleisen gebraucht, das nach Aussage der damit Vertrauten über jedes andere erhaben ist. (Siehe den Aufsatz über das Plätten S. 55.) Um es ohne Schaden zu gebrauchen, ist Uebung nötig.

Bolzenplätten von Stahl oder Messing haben ihrerseits in den Augen vieler den höchsten Wert; sie müssen trocken aufbewahrt werden, und man sollte vermeiden, daß ihr Boden Striche und Unebenheiten bekommt, was leicht geschieht, wenn die Mädchen das Eisen auf Sand oder Asche blank glätten wollen; hierfür darf nur feinstes Schmirgelpapier benutzt werden. Wenn ein Eisen Rost angesetzt hat, so reibe man es mit Petroleum ab. Als Bolzen sind nur solche aus Schmiedeeisen zu empfehlen. Bei großen Wäschestücken wirkt die Schwere des Bolzeneisens erleichternd auf die Arbeit, man sieht daher fast nur solche in allen größeren Plättanstalten. Zu empfehlen sind die hierüber abgebildeten Eisen. Die Anschaffung eines Glanzplätteisens ist für alle Wäschestücke, denen man ganz besonderen Glanz verleihen möchte, also vor allem für Herrenhemden, sehr anzuraten.

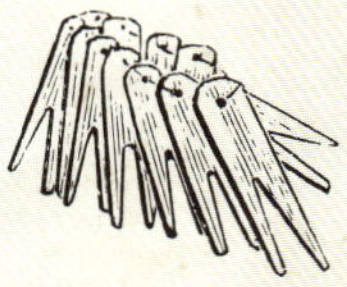
7. Holzklammer.

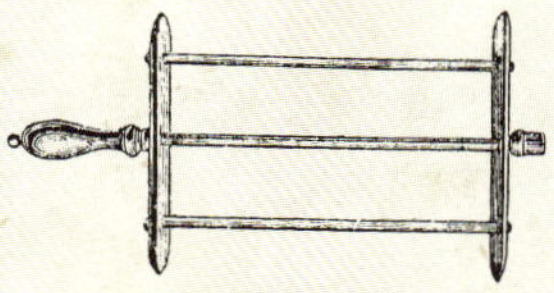
8. Leinenwickler.

9. Kasten für die Leinen.

10. Klammersack.

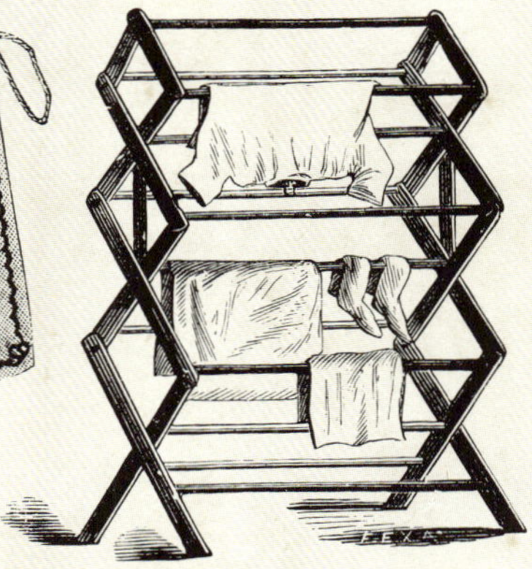
11. Wäschetrockner für das Zimmer.

12. Westfäl. Glanzbügeleisen.

13. Leipziger Plätteisen.

Modelle von Berndt, Lax & Co., Leipzig.

14. Gas-Plätte, neues System.

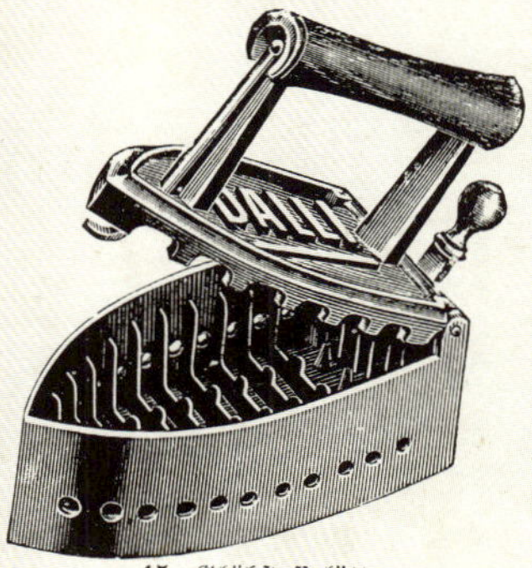
15. Glühstoffplätte.

Die Neuzeit hat auch mancherlei Eisen auf den Markt gebracht, die den Vorzug haben, sich rasch und ohne Herdfeuer notwendig zu machen, erhitzen zu lassen. Die Gasplätten und das elektrische Bügeleisen lassen sich natürlich nur da anwenden, wo die entsprechenden Leitungen vorhanden sind; da aber haben sie die unleugbarsten Vorteile. Zu den Gasplätten gehört ein kleiner Untersatz, der zwei Eisen, zum wechseln, erhitzt, die elektrischen Bügeleisen werden direkt mit der Leitung verbunden. — Dort, wo besagte Leitungen nicht vorhanden, erweist sich der Hausfrau eine Glühstoffplätte, wie die mit Abb. 15 vorgeführte Dalli oder ein Spiritusbügeleisen, wie die nächste Abb., als sehr praktisch, weil sie jederzeit in Brand gesetzt und an beliebigem Ort benutzt werden können; zumal auf Reisen, bei Schneiderei oder sonstiger gelegentlicher Plätterei sind sie sehr bequem, auch im Sommer der geringen Glut wegen, die sie verbreiten, höchst angenehm. Das Spiritusbügeleisen verbraucht nicht mehr als für 4 ₰ Spiritus in der Stunde. Man erhält genannte Eisen in den einschlägigen Geschäften.

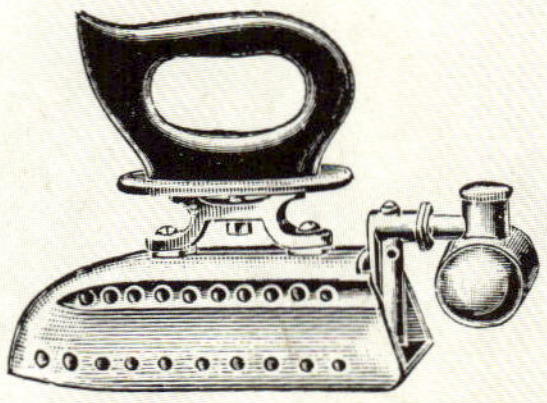
16. Kleines Spirituseisen.

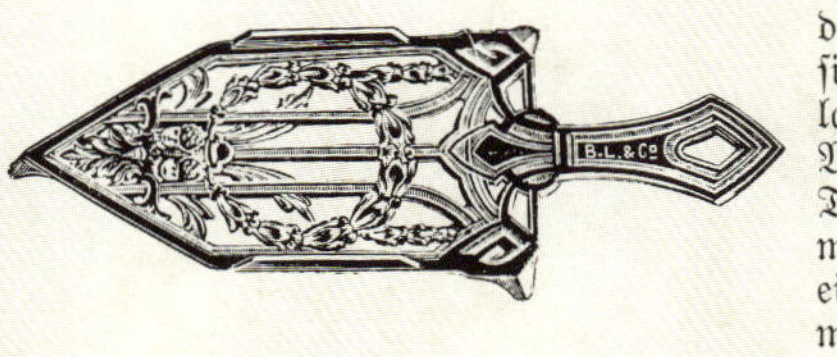

17. Plättfuß.

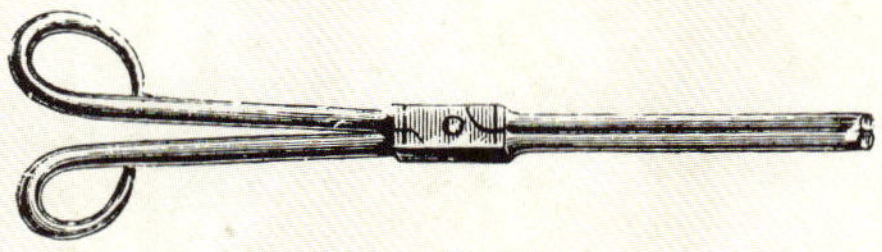
18. Einfache Tollschere.

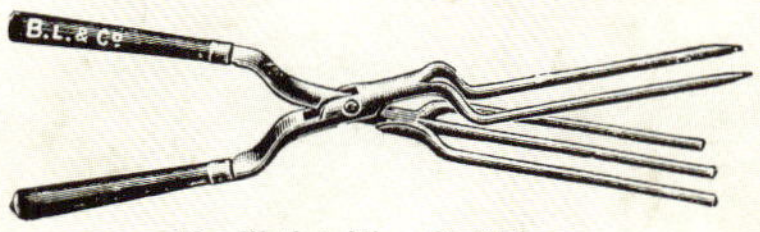

19. Mehrteilige Tollschere.

Bei den verschiedenen Plätteisen ist es die Gewohnheit, welche sie uns lieb macht, und ein jedes hat seine Vor- und Nachteile. Ebenso spricht die Gewohnheit das entscheidende Wort bei Benutzung der Plättroste, deren Ausstattung und Größe natürlich mit dem Eisen in Uebereinstimmung sein muß.

Hat man keinen ganz trockenen Raum zum Aufbewahren der Plätteisen, so reibe man sie mit Stearin oder Wachs ein und wickele sie in alte Wollstücke; wer recht viel Zeit und große Liebe zu seinem Haushalt hat, der richtet sich wohl Hüllen ein für seine Plätteisen.

Zum Ausbügeln der Puffen, Reihfalten und Kräuseln an Aermeln, Blusen usw. sind zuerst die jetzt allgemein gebräuchlichen Tollscheren zu nennen; man hat sie mit 2, auch mit 3 Teilen und erhitzt sie, indem man sie zwischen Bolzen und Eisen schiebt; sie sind in verschiedener Stärke im Handel.

20. Großes Plättbrett mit Bock.

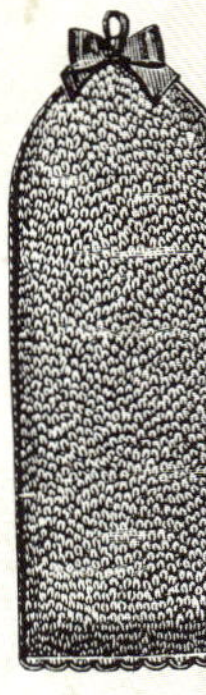
21. Eisenabreiber.

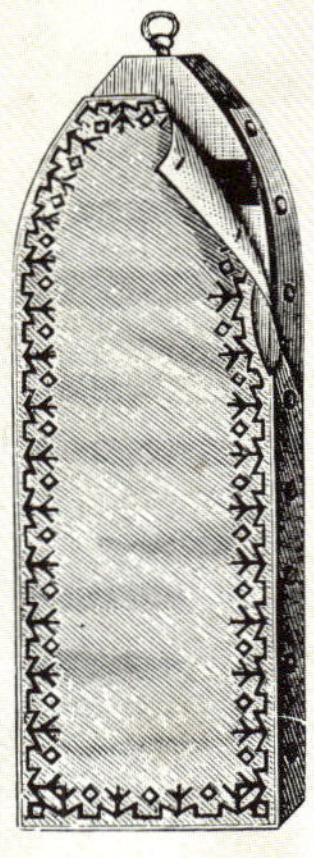
22. Kleines Zimmerplättbrett mit Kappe.

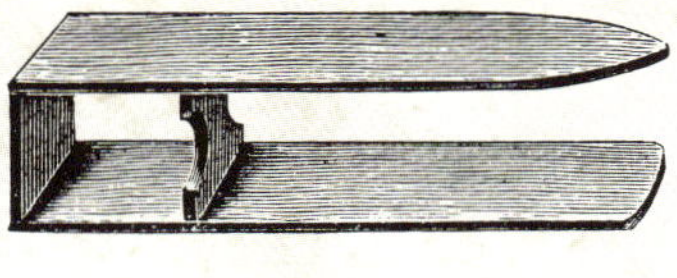
23. Aermelplättbrett.

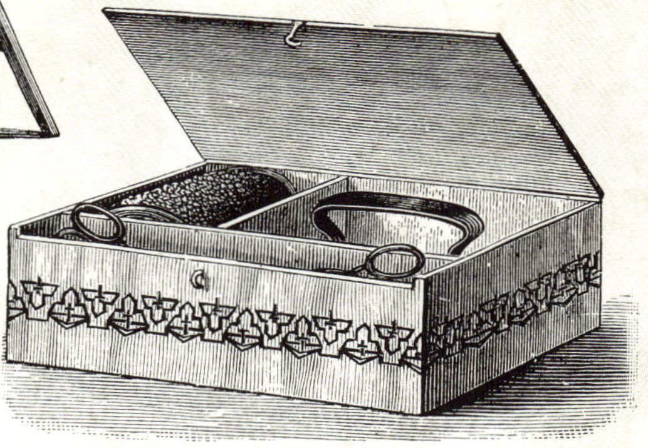
24. Kasten für Eisen, Brennscheren, Anfasser.

An Plättbrettern gibt's außer dem allgemein bekannten großen Brett noch kleinere gleicher Form und verschiedene für spezielle Zwecke. Viele der neuen Plättbretter haben an einem Ende ein aufgenageltes Blech zum Abstellen der Eisen. Praktisch ist das mit Bock versehene Brett, Abb. 20.

Zum Plätten der Herrenvorhemden hat man ganz harte, spiegelglatte Bretter, genau von der Form der Herrenbrustteile an den Hemden. Diese Bretter werden nicht mit Stoff bespannt, sondern bleiben hart. Auch Aermelplättbretter erhält man in größeren Haushaltungsgeschäften; sie haben bekanntlich einen Fuß, der den oberen freistehenden Bretteil hält, und sind neuerdings auch zum Zusammenlegen erhältlich, was Raumes halber seine Vorteile hat.

Eine sehr gleichmäßige, weiche Stofffläche (Fries oder Kalmuk) mit Ueberdecke von Leinen, die tadellos fest sitzen muß, ist zum Gelingen der Plättarbeit nötig.

Mit Abb. 21, 22 u. 24 wird eine Plätteinrichtung für Zimmer, zum Zwecke des Ausbügelns bei Schneiderei und Handarbeit, gezeigt. Sie besteht aus zierlichem durch passenden Bezug geschütztem Plättbrett, das oben mit Messingöse versehen wird, um irgendwo verborgen angehängt werden zu können, einem Eisenabplätter von grobem Rubberstoff, der gleich unter dem Brett seinen Platz finden kann, und einem Kasten passender Größe, der das kleine Eisen, die Tollscheren und einen Anfasser aufbewahrt. Graue Stoffe und hochroter Ausputz sind der ganzen Ausstattung gemein.

Das unentbehrlichste, wichtigste Waschmittel ist das Wasser. Zu bedauern sind die Orte, wo solches zum Waschen nicht tauglich oder nur mit vieler Mühe zu erlangen ist. Fluß-, Regen- oder sogenanntes Weichwasser löst die Seife gut auf, es schont das Zeug und die Hände, wogegen hartes eisenhaltiges Wasser untüchtig ist zur Wäsche; ist man jedoch darauf angewiesen, so koche man es ab, stelle es ruhig hin und gieße es sehr vorsichtig ab, vielleicht durch ein grobes Tuch, damit der Niederschlag zurückbleibt. Soda und Borax sind die Mittel, das Wasser weich zu machen; besonders letzterer ist ganz ausgezeichnet, da er völlig unschädlich ist und die Wäsche durchaus nicht angreift, was man von der Soda nicht behaupten kann. Man nimmt eine Hand voll Borax auf 30 Liter Wasser, er muß im Wasser kochen und wird danach durch ein Tuch geseiht und mit dem Waschwasser vermischt.

Das nächst wichtigste Waschmittel ist eine gute Seife; mit einer guten weißen Kernseife wird man immer zufrieden sein, während die gelbe Kernseife tüchtigen Nachspülens bedarf. Man kaufe lieber etwas bessere Seife, anstatt sich durch Billigkeit zu geringerer Sorte verführen zu lassen. Hat man im Winter über gelbes Aussehen der Wäsche zu klagen, füge man dem letzten Spülwasser Terpentin und Spiritus hinzu; man mische Terpentinöl mit Spiritus zu gleichen Teilen und gebe davon etwa einen Eßlöffel voll auf 70 Liter Wasser. Chlorbleiche möchten wir am liebsten ganz verbannen, doch mag es manche Verhältnisse geben, wo sie schwer zu entbehren ist. Während die Wäschearbeit auf dem Lande und in kleinen Städten fast ein Vergnügen zu nennen ist, zumal im Sommer bei guter Rasenbleiche und schönem freien Trocknen im Garten, wird sie in großen Städten, besonders in Fabrikorten unendlich erschwert. Schlechtes Wasser, Staub und Ruß sind Feinde guter Wäsche, und gerade durch die beiden letzteren wird schon die Leibwäsche während des Tragens verdorben, daß sie viel größerer Aufmerksamkeit bedarf, als man ihr unter günstigen Verhältnissen zuzuwenden braucht. Man wird dann, wenn Naturbleiche nicht zu erreichen ist, zur Kunstbleiche (s. weiter unten) greifen müssen. Solche erfordert die größeste Vorsicht. Soda und Chlor, diese beiden beliebten Bleichmittel, können bei unachtsamem Gebrauch mehr schaden als jahrelanges Benutzen der Wäsche; zu viel Soda vergilbt, Chlor zerfrißt die Wäsche.

Neben die allbekannten Hilfsmittel bei Wäsche

„Salmiakgeist“ und „Terpentinöl“ stellt sich das Petroleum, dessen lösende Wirkung ungemein groß, dessen Preis dabei so gering ist, daß jede Hausfrau es sich gewähren kann; Rezepte dazu folgen weiterhin. Auch Terpentin-Schmierseife und Petroleumbleichseife, in allen Drogenhandlungen kaufbar, werden vielfach zum Kochen der Wäsche benutzt, ebenso Wasserglas, welch letzteres jedoch in seiner Behandlung verschiedene Schwierigkeiten bietet und den Gewebefaden wie auch die Hände sehr spröde macht.

Die vielen verschiedenen Seifenpulver haben sich in den meisten Fällen bewährt, die Wäsche wird rein, und der Aufwand von Zeit und Geld ist verhältnismäßig gering. Die mit Seifenpulver behandelte Wäsche muß gründlichst und mehrfach gespült werden. Weitere Waschmittel nennen wir auf Seite 60 unter „Verschiedenes“. Gute Blaue, die eine klare Farbe abgibt, ist ebenfalls von großer Bedeutung für die Wäsche. Vorzügliches Material liefern die Vereinigten Ultramarinfabriken; es ist von leuchtendstem klarem Blau, wird in praktischen Packungen in allen besseren Kolonial- oder Spezereigeschäften verkauft, als Kugeln, in Säckchen oder auch in Blechbüchsen als Salben. Anleitung ist beigegeben. Zum Stärken genügt für einfache Sachen gewöhnliche Kartoffel- oder Weizenstärke, für feinere Stücke nehme man Reisstärke.

Die allgemeinen Vorgänge beim Waschen.

Es ist wirklich bedauerlich, daß viele tüchtige Hausfrauen die sich im Haushalt so häufig wiederholende Arbeit des Waschens mit Gleichgültigkeit behandeln. Gerade bei dieser Arbeit kann viel verdorben werden. Die Hausfrau muß beurteilen können, wieviel Seife und Stärke sie herzugeben hat, wieviel Zeit sie den mit der Wäsche beauftragten Personen lassen darf. Nachstehend gehen wir alle Vorgänge im einzelnen durch.

Vorbereitungen der Wäsche.

Zuerst ist für Wasser zu sorgen, denn Geizen mit Wasser wäre ein großer Verstoß bei der Wäsche; es bedarf da nochmal der Erwähnung, daß das Wasser in den verschiedenen Gegenden Deutschlands in seiner Beschaffenheit sehr voneinander abweicht. An dem gleichen Orte befinden sich oft zweierlei Quellen, von denen die eine sehr hartes, d. i. kalk-, salz- und eisenhaltiges Wasser liefert, und die andere sehr weiches, dem Regenwasser verwandtes, welches sich ausgezeichnet zur Wäsche eignet. An andern Stellen gibt's nur eine mittelweiche Quelle, die zugleich als Trink- und Waschwasser benutzt wird. Man hat nicht nötig, dem sehr weichen Wasser Lösemittel zum Waschen zuzusetzen, wogegen man bei hartem Wasser nicht ohne diese Hilfsmittel gut auskommen kann. Während die Sorge für Waschgeräte, Feuerung und Wasser dem Dienstmädchen übertragen wird, denke die Hausfrau über die zu kaufenden Waschmittel nach und bestimme deren Mengen, besorge auch das Aussuchen, Durchsehen, Zusammenreihen der Wäschestücke. Zerrissene Sachen sollten wenigstens zusammengeheftet werden, ehe sie in die Wäsche kommen, denn sonst dürften sie ganz verloren sein, Haken, welche sich einhängen könnten in andere Wäschestücke, sind mit Stoffteilen zu überheften. Wäschestücke, die gleichzeitig benutzt werden, z. B. Servietten und Tischtuch, sollten nicht vereinzelt in die Wäsche gegeben werden, da sie sonst leicht in der Färbung untereinander abweichen und den Eindruck des Ganzen beeinträchtigen. Man vermeide — was so oft geschieht —, die ausgesuchte Wäsche in Bettücher oder Bezüge zu stecken und darin forttragen zu lassen; die Last ist für die Hülle oft viel zu schwer und greift sie mehr an als der rechtmäßige Gebrauch. Hat man nicht grobe Leinensäcke, so benutze man die starken Mangeltücher und Körbe. Hausfrauen, die fremde Leute zum Waschen ins Haus nehmen oder nicht persönlich bei der Wäsche bleiben können, sollten die Wäschestücke aufschreiben. Unumgänglich ist dies, wenn die Wäsche aus dem Hause gegeben wird.

Das Einstecken und Waschen

ist je nach Anwendung von Hand- oder Maschinenwäsche verschieden und findet an andern Stellen so eingehende Beschreibung, daß wir hier darüber hinweggehen dürfen. Ueber das sogenannte Auskochen der Wäsche gehen die Meinungen sehr weit auseinander. Während in gar vielen Gegenden Deutschlands jegliches Wäschestück (außer Wolle und farbigen Stoffen) ausgekocht wird, kennt man diese Prozedur in andern Gegenden ganz und gar nicht. Die Hausfrauen sind entsetzt, davon zu hören, in der Meinung, daß die Wäsche durch das Kochen sehr leide. Jedenfalls ist das Auskochen bei feiner Wäsche ganz überflüssig, auch Küchenzeug, falls es nicht zu sehr angeschmutzt ist, läßt sich sehr gut rein und klar waschen ohne Kochen. Um nicht zu viel Arbeit davon zu haben, stecke man es 2—3 Tage vor der Wäsche in Seifenwasser, wasche es dann einmal aus diesem Wasser so rein es geht heraus, lasse es über Nacht in frischem Seifenwasser (etwa in Lauge von vorher gewaschener reinerer Wäsche) stehen und wasche es aus diesem Wasser anderentags völlig rein heraus. Im Herbst und Winter achte die Hausfrau besonders darauf, daß die Küchenwäsche gehörig rein gewaschen wird, da andernfalls die Winterwäsche mit der Zeit so wenig klar wird, daß kaum Frühlingsluft und Sonnenbleiche wieder Grund hinein zu bringen vermögen.

Das Bleichen der Wäsche.

Wir unterscheiden Natur- und Kunstbleiche; bei ersterer werden die Stoffe unter der direkten Einwirkung der Sonnenstrahlen heller, bei letzterer wird ein gleiches Ziel durch den Gebrauch von Chlor erreicht.

Bei der Natur- oder Rasenbleiche bringt man das reingewaschene Zeug unausgewrungen, mit dem darin haftenden Seifenwasser auf die Rasenfläche, welche weder erst eben abgemäht, noch mit Butterblumen besäet sein, ebensowenig aber zu hohes Gras haben darf. Ein Bleichplatz ist dann immer am günstigsten gelegen, wenn weder auf demselben noch in seiner Nähe sich Bäume befinden, da durch herabfallende Blüten im Frühling oder Blätter im Herbst sehr unangenehme Flecke in der Wäsche entstehen, die oft schwer zu vertilgen sind. Man legt die gleichartige Wäsche hübsch egal reihenweise nieder und läßt genügend Raum zwischen jeder Reihe, um dazwischen gehen zu können zum Begießen. Frauenhemden legt man, um den Platz auszunutzen, abwechselnd so, daß das untere Ende des einen Hemdes gegen das obere des andern stößt; feine Wäsche breitet man auf einem Bettlaken aus. Ist Regen in Aussicht, lege man die Wäschestücke nicht zu nahe an den Rasenrand, da von den Wegen leicht Schmutz auf dieselben spritzt. Bei trocknem Wetter muß für fleißiges Gießen mit klarem Wasser gesorgt werden, und ist hierbei Brunnenwasser meist dem weniger sauberen Regenwasser vorzuziehen; ebenso sorge man dafür, daß die Wäschestücke umgedreht werden, damit jede Seite ein- oder mehreremale dem Rasen zugekehrt ist. Bleichwäsche darf nicht trocken in der Sonne liegen. Die gebleichte Wäsche bedarf ganz besonders aufmerksamen Spülens, doch sollte man sich diese Mühe nicht verdrießen lassen, da die Wäsche auf keine Art so gründlich und unschädlich reine Weiße bekommt wie durch Rasenbleiche. Glücklich ist diejenige Hausfrau zu preisen bezüglich ihrer Wäsche, der ein schöner Bleichplatz zur Verfügung steht.

Dieselbe schöne Wirkung, welche die Sommerbleiche auf die Wäsche ausübt, hat das Frieren der Wäsche auf reinem Schnee und auf der Leine. Auch die gelblichste Winterwäsche wird dadurch weiß. Wer schönen Platz im Freien hat, mag es immer tun, denn solange die Wäsche auf der Leine festgefroren ist, ist sie vor Diebeshänden sicher. Nach und nach friert sie trocken und ist schneeweiß. Stärkewäsche darf aber nicht frieren, da die Stärke sich dadurch auf das Zeug setzt; man trocknet diese Wäsche im Winter am besten in geheizten Räumen möglichst rasch. Die getrocknete Wäsche sortiere man vor dem Einfeuchten in Roll- und Plättwäsche.

Die Kunst- oder chemische Bleiche fordert die schärfste Ueberwachung von seiten der Hausfrau; man braucht daher eine Lösung von 30 g Chlorkalk und 20 g Soda auf je 1 l Wasser. Der Chlorkalk muß mit etwas kaltem Wasser angerührt und aufgelöst werden, dann setzt man das kochende Wasser hinzu und zuletzt die gleichfalls gelöste Soda. Man rührt gut durcheinander, läßt mehrere Stunden stehen und gießt die klare Lösung durch einen dichten Stofflappen (Barchent oder Flanell). Die Rückstände sind sofort zu beseitigen, denn jedes Stückchen Chlor, das mit Stoff zusammenkäme, würde diesen zerfressen. Von der so erhaltenen Lösung gebraucht man $^1/_4$ l für jeden Eimer kalten Wassers (10 l). Man rührt beides gut um, steckt die zu bleichende Wäsche hinein und läßt sie 20 bis 0 Minuten darin. Dann wird wiederholt kalt gespült, heißes Wasser ist gechlorter Wäsche schädlich. Dem ersten kalten Spülwasser kann man auf jeden Eimer $^1/_8$ l Salmiakgeist, $^1/_4$ l Essig und 60 g unterschwefligsaures Natron zusetzen, was die schädlichen Folgen des Chlorbades ganz beseitigt; man läßt auch darin die Wäsche etwa 20—30 Minuten stehen. Dies nennt man ein Antichlorbad.

Chlorkalk bewahre man in verschlossener Glasbüchse in trockenem Raum.

Spülen, Blauen und Aufhängen der Wäsche.

Eine Hauptsache zum Gelingen der Wäsche, sodaß sie ganz klar und rein aussieht, ist das Spülen, es fordert reichliche Mengen mehrfach erneuerten Wassers. Die zu stärkende Wäsche legt man allein, sie wird durch geblaute Stärke gezogen und behandelt, wie auf S. 59 beschrieben. Viele Personen setzen auch für Tischzeug, Taschentücher und feinere Rollwäsche ein ganz wenig Stärke dem Blauwasser zu.

Das Blauen muß mit Vorsicht geschehen. Nachdem die Blaue in ein Beutelchen oder Läppchen gebunden (neuerdings kauft man die Blaue gleich in Säckchen), tut man dieses in einen Topf, gießt Wasser darauf, drückt den Blaubeutel und gießt von diesem stark blauen Wasser in den Behälter, worin das zu blauende Zeug behandelt werden soll. Es darf nur immer wenig Zeug auf einmal ins Blauwasser getan werden, damit keine blauen Flecke entstehen. Sollte jedoch das Blauwasser noch Seifenspuren zeigen, so muß man es, um eine klare Wäsche zu erhalten, erneuern. Jedenfalls blaue man nicht zu stark, beachte auch, daß nicht alle Stoffe das Blau gleichmäßig annehmen, und blaue deshalb die dicken Piquees und Barchente zuletzt. Das sehr starke Auswringen der Wäsche, besonders mit der Hand, ist schädlich; im Sommer kann man ruhig die Wäsche ziemlich naß aufhängen. Ehe sie in den Korb kommt, lege man ein reines Tuch in denselben, damit sie nicht anschmutze, und im übrigen verfahre man, wo angebracht, in der unter „Große Wäsche“ näher beschriebenen Weise. Die Zeugleine, welche stets vor Feuchtigkeit und Regen behütet werden muß, reibt man vor dem Aufhängen der Wäsche mit einem reinen Tuche, zur Vermeidung von Streifen, ab. Es ist beim Aufwickeln der Leine zu beachten, daß man sie von rechts nach links sich selbst entgegen wickelt, damit sie sich nicht auftrennt. Nie darf die Leine auf der Erde herziehen, und wird sie wieder abgenommen, so hat man sie sofort aufzuwickeln; Vorrichtungen dazu zeigten wir auf S. 53. Die Klammern sammle man sofort in einen Klammersack, suche genau nach, ob nicht einige auf der Erde liegen, und wasche etwaig angeschmutzte sogleich ab, da unreine Klammern sehr häßliche Flecke an der reinen Wäsche hervorbringen. Man zeichne die Klammern entweder durch eingeschriebene oder eingebrannte Buchstaben.

Beim Aufhängen der Wäsche bringe man alles Gleichartige zusammen in eine Reihe, hänge es auch in gleicher Weise auf, da dies hübscher aussieht. Man klammere nicht an den Stellen, an denen sich der Namenszug befindet, fest, hänge die Stücke auch nicht zu straff, sondern mehr lose auf. Eine große Hilfe beim Trocknen der Wäsche leistet der Wind, und man tut gut, falls es irgend einzurichten ist, die Leinen derartig zu ziehen, daß der Wind hinter oder gegen die Wäschestücke faßt. Man wird die Bemerkung machen, daß diese in der Hälfte der Zeit trocknen als solche, die in anderer Richtung hängen. Lange Holzstangen, am oberen Ende mit Querstäben versehen, dienen dazu, die Leine in die Höhe zu bringen, so daß die Wäsche lustig im Winde flattern kann. Um das Trocknen noch zu beschleunigen, hänge man ab und an um, d. h. das obere nach unten und umgekehrt. Wenn man die Wäsche von der Leine nimmt, lege man jedes Stück ganz schlicht gefaltet in den Korb, weil dies eine große Erleichterung für das spätere Einfeuchten und Legen der Wäsche ist. Bräunliche Streifen an den Wäschestücken nach dem Trocknen beweisen, daß die Trockenleinen schmutzig waren. Um sie zu reinigen, lege man sie in ein Waschfaß und gieße kaltes, nicht heißes Wasser, mit Soda oder Salmiak versetzt, darüber. Man reibe mit kräftigem Wollappen die Leinen nach einiger Zeit in diesem Wasser tüchtig rein, erneuere das Wasser, verfahre ebenso und spüle in frischem kalten Wasser die Leinen, bis es klar bleibt, nach. Darauf spanne man sie sogleich ganz straff auf, damit sie rasch trocknen. Da letzteres durchaus notwendig ist, wähle man zu dieser echt sommerlichen Arbeit einen schönen Sonnentag.

Einfeuchten, Legen, Rollen (Mangeln) der Wäsche.

Das Anfeuchten oder auch Einsprengen der Wäsche bezweckt, den durch das Trocknen starr gewordenen Gewebefaden dehnbar und geschmeidig zu machen, sodaß er sich ohne Schaden für den Stoff glatt ziehen läßt. Es geschehe einen Tag oder mindestens einen halben Tag vor dem Mangeln oder Plätten, damit die Wäsche Zeit zum Durchfeuchten hat. Einige Hausfrauen ziehen es vor, die Wäsche in halbnassem Zustande von der Leine zu nehmen, anstatt sie ganz trocken werden zu lassen, und ersparen sich dadurch das Einfeuchten. Im allgemeinen aber ist doch anzuraten, die Wäsche solange wie möglich der Luft und Sonne auszusetzen und die völlig trockenen Gegenstände sorgfältig und gleichmäßig anzufeuchten. Man tut dies entweder mittels einer ins Wasser getauchten Rute oder einer mit Wasser gefüllten Flasche, die man mit einem durchlöcherten Korken geschlossen hält, auch einfach durch Spritzen mit den Fingern, wodurch das Wasser in feinen Strahlen auf die Wäschestücke gleichmäßig verteilt wird. Das Legen ist die Vorbereitung entweder für das Mangeln (Rollen) oder für das Plätten (Bügeln) und wird in seiner Ausführung demgemäß anders gehandhabt. Man sortiere also zuerst Roll- und Plättwäsche.

Rollen, mangeln sollte man nur solche Stücke, die weder Stickereien, Krausen, Falten noch Knöpfe haben; unterläßt man diese Vorschrift, so verdirbt man seine Wäsche: die Stickereien werden erst schief und krumm festgerollt, und man muß sie nachher mit doppelter Mühe glatt plätten, die Knöpfe zerbrechen und drücken außerdem Löcher in die Stoffteile, auf welche sie zu liegen kommen; beides Schaden an Material und Zeitverlust. Gutes Legen und Rollen spart jedoch sehr an Plättmühe. Die flachen Stücke brauchen nach dem Rollen nicht mehr ganz auseinander genommen zu werden, sondern es genügt, wenn man die Säume und Namen mit dem Eisen ausstreicht und nur die Oberfläche nochmal überfährt. Stärkewäsche wird nicht gerollt.

Rollwäsche. Nachdem die Wäsche nach dem Einfeuchten gut durchgezogen ist, sucht man die gleichartigen Stücke zusammen: Hemden, Tischzeug usw. Da der Zweck des Rollens ist, die Stoffteile tunlichst glatt zu bekommen, so ist unnötiges Falten zu vermeiden.

Man kann die Wäsche sehr wohl so legen, daß Rolltücher entbehrlich sind; dazu nimmt man z. B. eine Serviette in ganzer Fläche und verteilt darauf etwa 6—8 Taschentücher, ebenfalls flach gelegt, tut eine zweite Serviette darauf und schlägt das Pack zusammen. Man hat dann eine bequeme Lage, passend für die Rolle. Ebenso verfährt man mit Küchenzeug und Staubtüchern. Bei **Rollhemden** legt man mit einem Quertuch den oberen Rumpfteil herab auf den unteren und packt 2 solcher Hemden verwendet aufeinander; sie ergeben dann gerade eine passende Lage, um auch ohne Rolltuch gerollt werden zu können. Handtücher faltet man einmal querüber, Tischtücher erst längs, dann nochmal quer usw.

Bei Benutzung von Rolltüchern zieht man meist vor, die Sachen etwas kleiner zu falten, was nachher beim Plätten wieder eine Erleichterung ist, stets müssen die Packs handliche Größe und nicht zu viel Dicke haben; im übrigen aber sprechen Landesbrauch und Gewohnheit hier das entscheidende Wort.

Bei jeder Rolle muß ein Tisch stehen, auf dem die Wäsche um die Hölzer geschlagen wird; am rascheſten geht die Arbeit vor sich, wenn einer rollt, der andere die Hölzer bewickelt; man zieht die Rolle zweimal über die Wäsche hin und her, und nachdem eine Lage der Länge nach gerollt worden, kann man sie noch einmal der Breite nach rollen. Ob dies nötig ist oder Ueberfluß erscheint, hängt von Nebenumständen ab. Steht keine Rolle zur Verfügung, so verfährt man mit den glatten Stücken wie mit Plättwäsche.

Plättwäsche, die zum größeren Teil gestärkt zu sein pflegt, wird, nachdem sie gleichmäßig gefeuchtet und gut durchzogen ist, unter Glattziehen und -streichen der Hauptteile mit Rücksicht auf ihre Gestalt vernünftig gelegt, fest eingerollt und zugedeckt fortgestellt, bis man ans Plätten geht. Sie darf nicht wieder antrocknen. Flache, eigentlich als Rollwäsche zu behandelnde Stücke kann man glatt gelegt (vielleicht unter Brett gepreßt), auch durch Plätten glatt bekommen, wenn es an einer Rolle fehlt. Weicher aber wird die Wäsche durchs Rollen.

Das Stärken.

Man koche die Stärke kurz vor dem Gebrauch, damit man sie, noch heiß, nach Bedarf mit Wasser verdünnen kann, was kalte Stärke nicht zuläßt.

Für feinere Wäsche, Oberhemden usw., löst man 1 Pfund Reisstärke mit 1 Liter Wasser auf, bringe 7 Liter Wasser zum Kochen, gieße die Stärke hinein und lasse sie mit aufkochen. Dann gieße man sie in Eimer und füge unter stetem Rühren noch 2 Liter kochendes Wasser nach.

Der Grad der Steifheit der Stärke ist dem Gegenstand entsprechend zu nehmen, man steckt zuerst die Gegenstände ein, die am steifsten werden sollen, und schüttet nach Bedarf Stärke nach. Weiteres s. unter „Große Wäsche" und unter „Feine Wäsche".

Man hat Stärke verschiedener Färbungen, die für Vorhänge und Kleider zu empfehlen sind, wie unter „Vorhänge zu waschen" näher beschrieben.

Das Plätten.

Saubere, weiche und doch faltenlose Unterlagen und gute heiße Eisen sind Bedingung zum Gelingen des Plättens. Die damit beschäftigte Person kleide sich an Armen und Hals leicht, weil die aufsteigende Hitze sonst quälend wird; sie achte darauf, daß die Platte, auf der sie bügelt, in richtiger Höhe angebracht sei, damit sie weder sich bücken noch die Arme zu hoch halten brauche. Zur Rechten stelle sie einen Stridden (Plättrost, Plättfuß) als Untersatz für das heiße Eisen, der allenfalls durch einen umgekehrten Blumentopf-Untersatz einen Stein oder Teller ersetzt werden kann, zur Linken habe sie einen Napf mit kaltem Wasser und einem reinen Läppchen, um bei Bedarf trocken gewordene Stellen nachfeuchten zu können. Als Plätteisen nehme jeder, was ihm am praktischsten erscheint; wir besprachen die verschiedenen Arten schon. In großen Wirtschaften sind Eisen, die man auf dem Herd im eisernen Bügeltopfe oder am Bügelöfchen erhitzt, beliebt, weil man keinen Staub und Ruß dabei zu befürchten hat, sie außerdem leichter sind als Bolzeneisen und die Arbeit schneller fördern. Wie heiß sie sein müssen, erprobt man nach dem Gefühl im Gesicht oder durch einen Tropfen Wasser, selbiger muß als Perle schnell davonfliegen. Einige Aufmerksamkeit wird bald lehren, wie heiß die Eisen sein müssen. Leinen sengt nicht so leicht wie Shirting, und geübte Büglerinnen können viel heißere Eisen brauchen als ungeübte. Mittels Stoffpolsters oder auf- und abnehmbarer Holzgriffe faßt man diese altmodischen Eisen an, die immer noch zahlreiche Anhänger haben. Beim Bügeln verteile man den Hauptdruck nach hinten zu, damit die Spitze unmerklich höher steht. Dadurch vermeidet man Risse bei alten und feinen Stoffen. Gebraucht man Bolzeneisen, so sorge man, daß das Einlegen der Plättbolzen vernünftig betrieben werde; diese Arbeit wird von den Dienstboten meistens mit dem größten Unverstande verrichtet. Es ist dabei zu beachten, daß die Bolten oder Bolzen stets auf ihre schmale Seite auf die Feuerroste womöglich gestellt und nicht auf die breite platt hingelegt werden. Das Glühende des Feuers häuft man darauf möglichst nahe an den Bolzen und legt dann erst die schwarzen Kohlen um die glühenden; auf diese Weise werden letztere bald erhitzt, während man andernfalls lange darauf zu warten hat, wobei viele kostbare Zeit unnütz vergeht. Ferner beachte man, daß die Plättende die Bolzen nicht zu heftig und unnötig erhitzt, wodurch sie absplittern. Wenn die Plättarbeit sich dem Ende naht, lasse man das Feuer rechtzeitig kleiner werden und entziehe die Bolzen der Glut beizeiten, anstatt sie zwecklos derselben auszusetzen, was von gedankenlosen Dienstboten meistens geschieht. Die elektrischen Eisen braucht man nur durch die Schnur mit der elektrischen Leitung in Verbindung zu bringen, sie erhitzen sich rasch. Muß man beim Plätten Tollscheren benutzen, so stecke man diese unter die Bolzen in das Plätteisen, um sie dort zu erhitzen, man probiere an einem alten Stück Zeug, ob sie heiß genug sind und auch nicht sengen. Wenn man die Tollscheren in die glühenden Kohlen steckt, werden sie meistens viel zu heiß und leiden auch zu sehr. Man halte sich beim Plätten einen sauberen Wachslappen bereit, mit dem man nach jedesmaligem Wechseln des Bolzens den Boden des Eisens bestreicht.

Grundsatz beim Plätten muß sein, zuerst die Stoffteile, soweit dies irgend möglich ist, zu glätten und trocken zu plätten, erst nachher werden Falten und Brüche eingeplättet. Das Eisen muß daher so tief es geht in Kräuseln und Falten hineindringen, um auch die verborgen liegenden Teile durch seine Hitze von Feuchtigkeit zu befreien. Bei hastigem Plätten dringt die Hitze des Eisens nicht genügend durch, um die vorhandene Feuchtigkeit zur Verdunstung zu bringen; der Stoff zieht sich, selbst wenn er zur Zeit des Darüberplättens glatt erscheint, nachher wieder kraus zusammen, und die noch darin befindliche Feuchtigkeit nimmt ihm den Glanz wieder. — Man muß deshalb ruhig plätten und den Wasserteilchen Zeit lassen zu verdampfen, dann erhält man schöne glatte Flächen. Natürlich halten dicke Stoffe die Feuchtigkeit fester als klare; danach hat sich also auch das Plätten zu richten; das selbe Eisen, welches für Piquee oder dickes Leinen gerade die rechte Hitze hätte, würde z. B. Mull, bei gleich langsamem Plätten, verbrennen. Hier ist Praxis und Erfahrung die beste Lehrmeisterin.

Da die rechte Hand das Eisen führt, fällt der linken das Amt zu, den Weg für das Eisen zu bereiten durch Wegstreichen aller Fältchen von der Stofffläche, Straffhalten des zu plättenden Stückes, das durch den Druck auf das Eisen in Gegenstrammung gehalten wird, Rücken und Biegen desselben usw. Alle diese Handgriffe wollen geübt sein, denn von ihrer richtigen und prompten Führung hängt das gleichmäßige Weitergleiten des Eisens ab, dessen Verharren auf derselben Stelle durch Brand noch größeren Schaden anrichten könnte, als derjenige ist, mal ein schlecht gebügeltes Wäschestück zu haben.

Ist nun der Gegenstand in den Einzelheiten glatt und trocken gebügelt, so legt man ihn in diejenige Form, die man für seine Aufbewahrung wünscht, wie der nachfolgende Absatz es lehrt. Wie Oberhemden, Stickereien und feine Wäsche geplättet werden, behandeln die weiteren Auffätze, welche man bei Bedarf durchlesen wolle.

Ist man mit Plätten fertig und sind die Bolzen kalt geworden, legt man sie mitsamt dem gut abgeriebenen Plätteisen an einen trockenen Ort, faltet Plättdecke und -laken hübsch zusammen und versieht das Plättbrett mit einem schützenden Bezuge.

Das Nachtrocknen der Wäsche.

Die ganz selbstverständliche Pflicht jeder Hausfrau, die Wäsche, ehe sie fortgelegt wird, nachzuzählen und mit den vor der Wäsche aufgestellten Zahlen zu vergleichen, bedarf wohl kaum einer Erwähnung. Ebenso muß man der geplätteten und zumal der gemangelten Wäsche Zeit lassen und ihr einen passenden Platz geben zum Nachtrocknen, Auslüften, damit sie ja nicht feucht in den Schrank kommt. Man weise schon während des Plättens den ausbesserungsbedürftigen Stücken besonderen Platz an und bessere sie möglichst bald aus. Die frischgewaschenen Gegenstände legt man dann später im Schrank zu unterst, damit jedes Wäschestück nach und nach in Gebrauch kommt, wie wir das unter „Aufbewahren" beschrieben haben.

Das Falten der Wäsche beim Plätten.

Findet schon vor dem Mangeln der Wäsche ein Legen derselben statt, so erzielt man damit nicht in allen Fällen diejenige Form der Wäschestücke, in welcher man sie aufbewahrt zu haben wünscht, und zumal alle die Stücke, welche nur geplättet, nicht gemangelt werden, warten nach dem Trockenbügeln noch des ordnungsmäßigen Zusammenlegens. Dasselbe kann nun sehr verschiedener Art sein, je nach der Machart und Ausstattung eines Wäschestückes und nach der Zeit, die an dessen Instandsetzung gewendet werden darf.

Die vielbeschäftigte Hausfrau wird stets die einfachste und am schnellsten abzumachende Art des Wäschelegens vorziehen, zumal wenn sie für Kinderchen, Mann und Dienstpersonal zu sorgen hat. Ordnung ist ihr einziger Wunsch, alles, was darüber geht mit Schmuck und Putz, wird ihr nur Last, vermehrt ihr nur die Bürde. So sehr sie solide gute Wäsche liebt, so sehr haßt sie die reichen Garnituren, Krausen und Spitzen daran, und so wichtig es ihr ist, daß kein Knopf fehle, kein Loch ungestopft bleibt, so gleichgültig ist es ihr, ob die Schaufalte sich etwas mehr oder weniger günstig präsentiert. Und sie hat Recht, denn der Schein darf ihr Nebensache sein, während Sauberkeit und Ordnung an sich schon ihre Kräfte aufs höchste anstrengen. Bei ihr, wie so oft im Leben, hat das Notwendige mehr Rechte als das Angenehme.

Anders liegt der Fall für Haushaltungen, in denen junge Töchter Zeit genug übrig haben, um auch auf dem Gebiet der Wäsche das Angenehme mit dem Nützlichen verbinden zu können, für Wäscherinnen, die gegen vollbezahlten Lohn die Verpflichtung haben, die Wäschestücke in hübscher Aufmachung abzuliefern, für Jungfern, zu deren Obliegenheiten es gehört, die Wäsche in Stand zu halten, und denen die Zeit ihrer Herrschaft dazu zu Gebote steht, für Wäschegeschäfte, welche den Hauptwert vieler ihrer Stücke: eine fein ersonnene, geschickt ausgeführte Garnierung nur durch gutes Legen zur Geltung bringen können. In Nachstehendem hoffen wir allen Teilen gerecht zu werden, indem wir getrennt das Legen (Falten) glatter Stücke, das Legen einfacher Leibwäsche, das Legen eleganter Wäsche behandeln.

a) Das Legen (Falten) glatter Stücke. Die durch das Mangeln schon vorhandenen Lagefalten werden nicht fortgestrichen, ja die Taschentücher sowie die Hauswäsche und alle gleichseitigen Tücher werden nur zum Teil geplättet, und zwar wie folgt: Die Hälfte des Tuches mit dem Namen wird zu unterst gelegt, die Säume zunächst der Plättenden. Ein hochgestickter Name wird von der Kehrseite herausgebügelt. Der Bruch 1, schon von der Rolle her vorhanden, wird gar nicht erst gelöst. Man plättet die jetzt obenaufliegende Fläche, legt Bruch 2, plättet wieder nur den obenaufliegenden Teil, legt Bruch 3, plättet wieder über, legt Bruch 4, plättet hier, dreht das Stück und fährt über das bisher unbeweglich liegen gebliebene Sechzehntel, das den Namen hat.

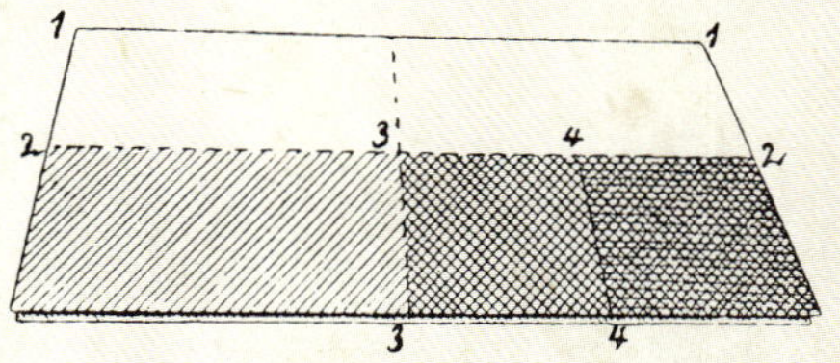

1. Plätten und Legen eines gleichseitigen Tuches (Taschentücher, Tellertücher usw.).

Handtücher werden folgendermaßen behandelt: Das schon vom Mangeln her querüber zur Hälfte gefaltete Tuch (s. Bruch 1) wird, die Namenseite nach unten, mit den Säumen zur Plätterin hergelegt. Man plättet die Fläche und führt Bruch 2 aus. Angenommen, der Name steht in der Mitte über dem Quersaum, so schlägt man jetzt die beiden Längsbrüche 4 und 3 und erhält somit ein längliches Viereck, steht der Name in der Ecke, so schlägt man erst Bruch 3, dann Bruch 4. Nach jedem Bruch wird übergeplättet.

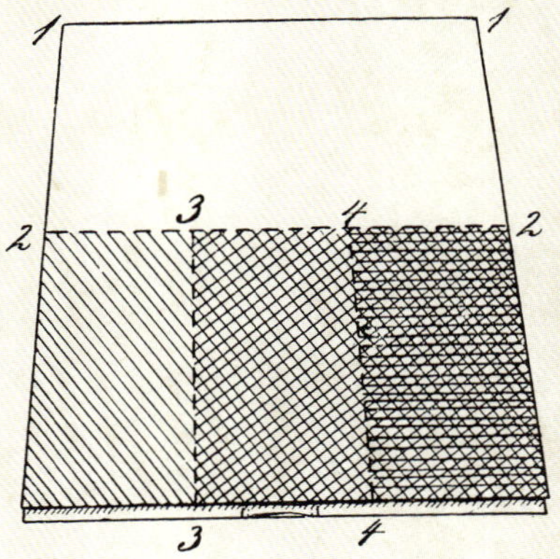

2. Plätten und Legen von Handtüchern.

Servietten legt man unter Berücksichtigung ihrer Größe und ihres Musters in 4 oder 3 Teile und sorgt, daß beim fertigen Stück der Name obenauf liege. Wenn sie nicht tadellos gerollt sind, müssen sie in ganzer Fläche übergeplättet werden. Für Tischtücher gilt das gleiche. Für 4fache Faltung dient das unter Abb. 1 vorgeführte Verfahren, für 3fache das mit Abb. 3 gezeigte. Die Reihenfolge der Brüche ist so angegeben, wie sie dann vor sich geht, wenn der Name in der Ecke steht; hat er in Seitenmitte seinen Platz, so dient Vorlage 2.

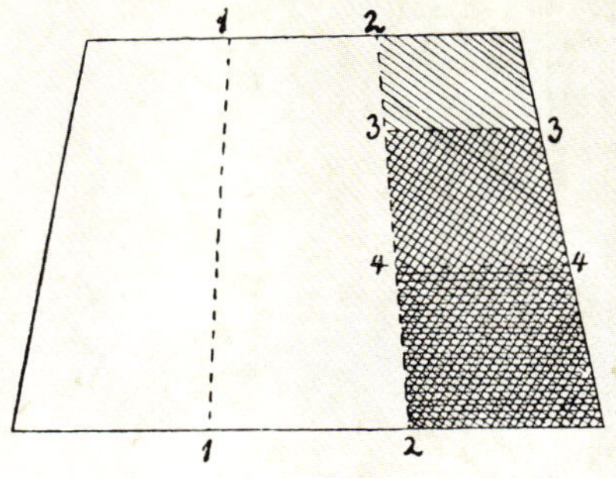

3. Plätten und dreiteiliges Legen von Servietten.

Auf weitere Einzelheiten einzugehen, dürfte bei der Einfachheit der glatten Stücke unnötig sein, doch beachte man, daß alle zuerst umgebogenen Teile etwas kleiner bemessen sein müssen als die Fläche, auf die sie schlagen, damit nicht die Ränder sich verschieben oder in der Mitte eine Falte entsteht.

Das Legen (Falten) der einfachen Leibwäsche.

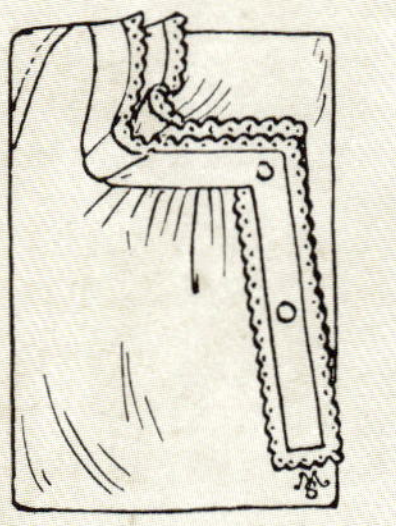

4. Einfach gelegtes Taghemd.

Hemden. Wenn die Hemden schon vom Rollen der Länge nach halb gelegt waren, Bruch 1, Abb. 5, lasse man diesen Bruch gelten, bügele jedoch die einzelnen Teile durchaus trocken. Die rechte Brusthälfte des Hemdes kommt auf den Plättisch, dann lege man den Längsbruch 2, Abb. 6, und danach die Querbrüche 3, 4 und 5. Man erhält damit die mit Abb. 4 vorgeführte Lage.

Kinderhemden können ebenso von vornherein in Längshälfte gelegt werden; man spart bei jedem Stück 2 bis 3 Brüche gegenüber dem weiterhin gelehrten Verfahren, und das fällt für die Hausfrau schon ins Gewicht.

Nachthemden werden der Länge nach zweimal gebrochen (s. Bruch 1 und 2 auf Abb. 8 u. 9); mit 3 ordnet man die Aermel wie dargestellt. Bruch 4 und 5 teilen die Länge in 3 Teile, sodaß sich das gefaltete Hemd präsentiert wie Abb. 7.

Nachtjacken legt man ebenso, doch verfällt bei ihnen der untere Bruch (4), da sie kurz sind.

Beinkleider werden gefaltet, wie mit Abb. 22 vorgeführt. Mit Kinderwäsche verfährt man durchweg ebenso, die Lagen werden entsprechend kleiner.

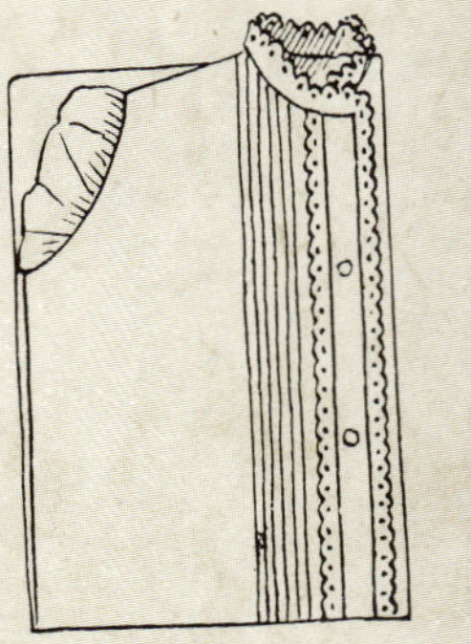

7. Einfach gelegtes Nachthemd.

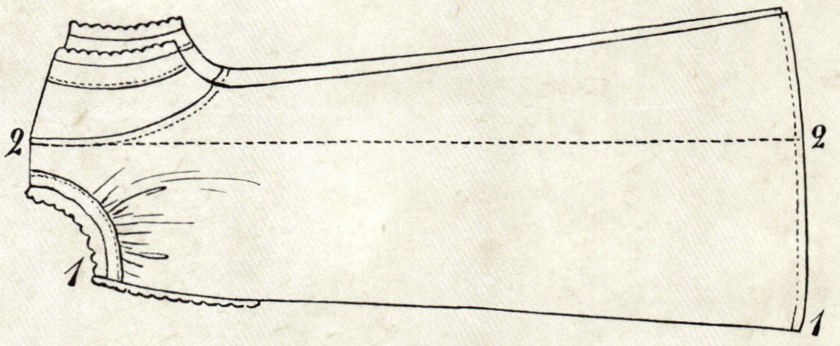

5. Taghemd, Langbrüche 1 u. 2.

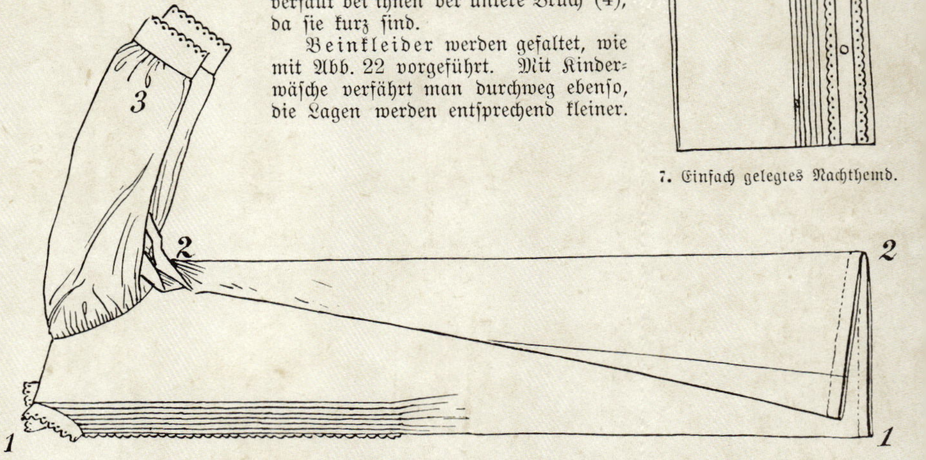

8. Nachthemd, Langbrüche 1 u. 2.

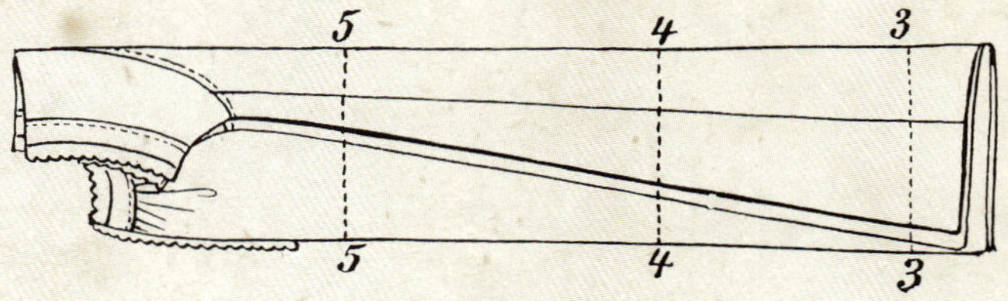

6. Taghemd, Querbrüche 3, 4 u. 5.

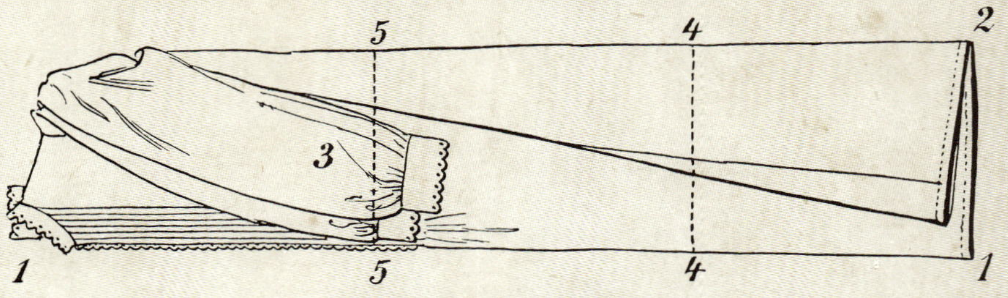

9. Nachthemd, Querbrüche 4 u. 5.

Das Legen (Falten) der besseren Wäsche.

Das wirkungsvolle Legen der Wäsche, wie es für elegante Stücke und besonders für jeden Geschäftsbetrieb, „Waschanstalten und Wäschegeschäfte", nötig ist, erfordert eine gewisse Geschicklichkeit, damit durch richtiges Falten und verständige Einteilung des Platzes alle Schönheiten der Garnitur zur vollen Geltung gebracht werden. Das Zentimetermaß ist hierbei von großer Hilfe und sollte nicht unbenutzt bleiben, denn es bietet die einzige Gewähr für eine akkurate Arbeit. Auch gewöhnt man sich leicht an den Gebrauch des Maßes und wird es nachher ungern entbehren.

Taghemden werden 28 cm breit, 36 cm hoch gelegt. Man legt sie mit der rechten Seite nach oben und mißt von der Mitte (oder der Schaufalte) aus 14 cm nach rechts und links ab und bezeichnet diese Stellen oben und unten am Hemd mit Stecknadeln. Jetzt wendet man das Hemd und führt von Stecknadel zu Stecknadel Bruch 1 und danach, zurückschlagend, Bruch 2 aus; s. Abb. 11 und 12, sowie Bruch 3 und 4 an der entgegengesetzten Seite, Abb. 13. Das Stück hat nun 28 cm Breite und Hemdlänge; man schlägt jetzt das Hemd unten mit Bruch 5 so weit um, daß nur 103 cm Länge bleibt, welche, wie Abb. 13 zeigt, durch Bruch 6 und 7 auf das vorgeschriebene Maß von 36 cm zusammengelegt wird. Man kann vorher vorn, je nach Ausstattung und Schnitt des Hemdes, zwei oder drei etwa 2 cm breite Quetschfalten oder auch je 2 oder 3 glatte Falten zu Seiten der Mittelgarnitur legen, wie dies bei den eleganten Hemden, Abb. 14 u. 15, vorgeführt wird.

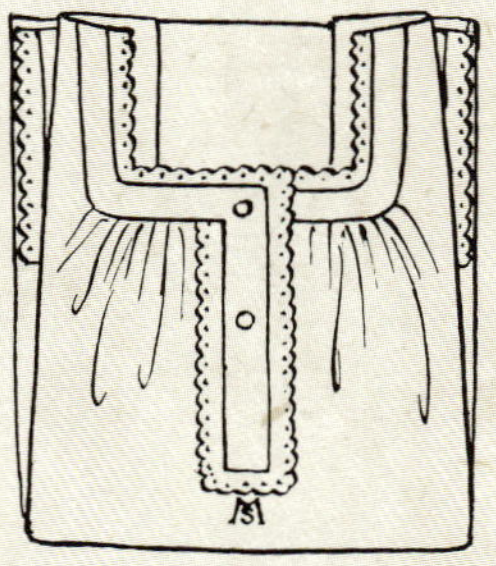

10. Fertig gelegtes Taghemd.

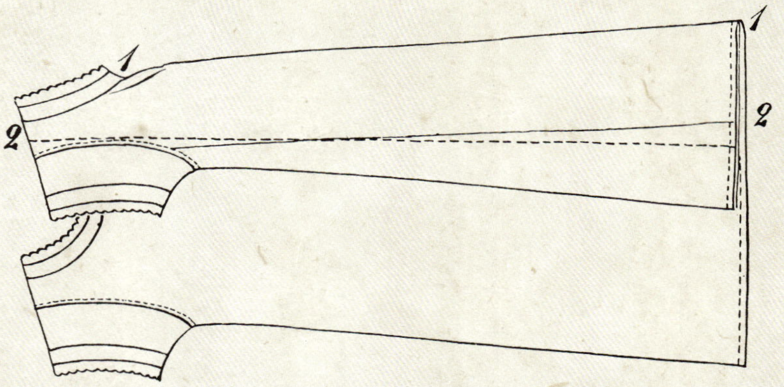

11. Taghemd. Erste Lage.

12. Taghemd. Zweite Lage.

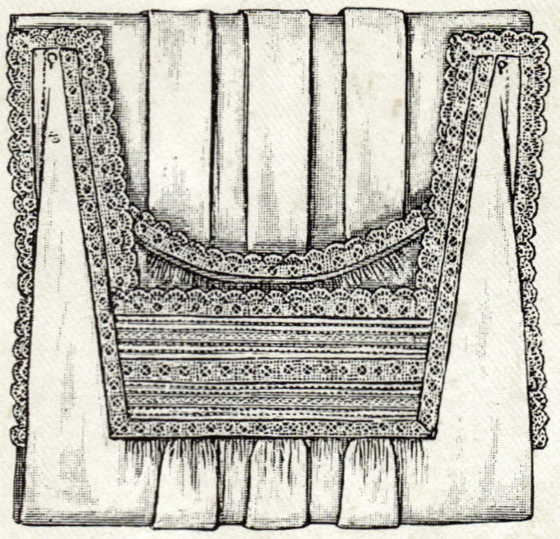

14. Fertig gelegtes Taghemd.
Der Rumpf ist in 3 Quetschfalten geordnet.

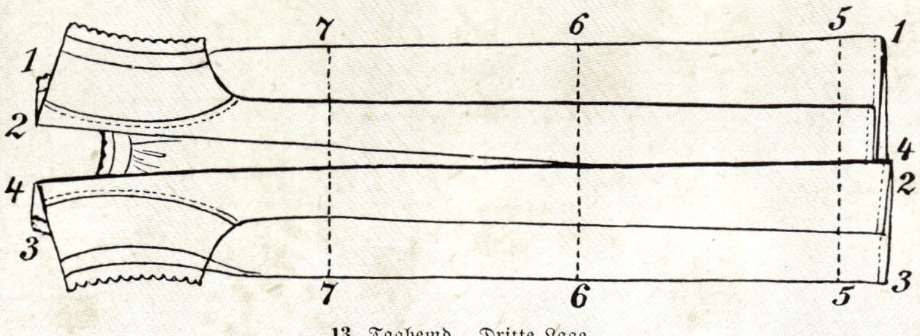

13. Taghemd. Dritte Lage.
Die zwei Langbrüche an jeder Seite sind gelegt; zu legen sind noch die Querbrüche 5, 6 u. 7.

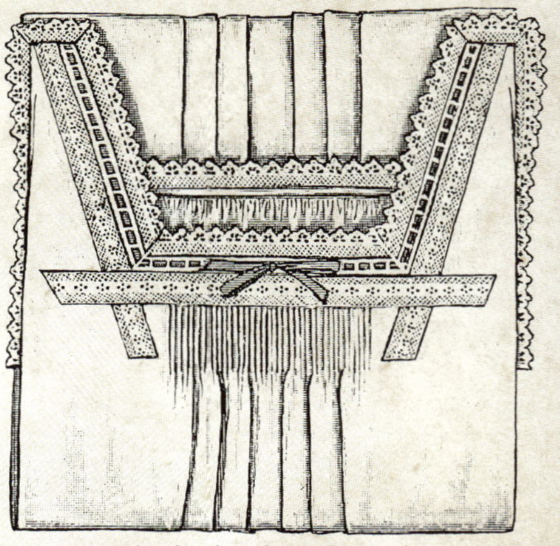

15. Fertig gelegtes Taghemd.
Der Rumpf ist an jeder Seite in 3 flache Falten gelegt.

Nachthemden legt man nach gleichem System, sie sollen fertig 28/45 cm groß liegen. Das Abstecken und das Legen der beiden Längenbrüche an jeder Seite geschieht wie bei den Hemden; die durch die langen Aermel bedingte Abweichung der Lage zeigen wir mit den Abbild. zur Nachtjacke. Zunächst legt man die Aermel lang, s. Abb. 16, dann macht man eine schräge Falte nach oben, s. die gebrochne Linie auf Abb. 17, sodaß die garnierten Aermelteile nach außen liegen wie bei Abb. 18; man biegt sie um das Hemd nach rechts zu. Jetzt mißt man vom Halse aus nach unten 45 cm ab, faltet das Hemd an dieser Stelle querüber und schlägt den nun den Hals überragenden unteren Teil des Hemdes soweit nach innen, daß der Rumpf genau mit dem Halse abschneidet.

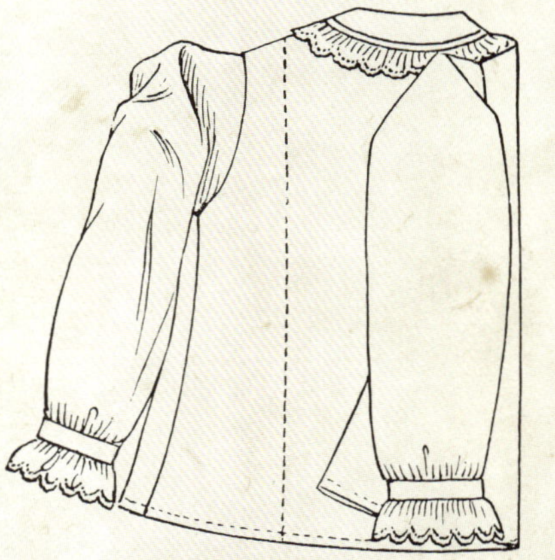

16. Nachtjacke. Erster Langbruch und Aermellage.

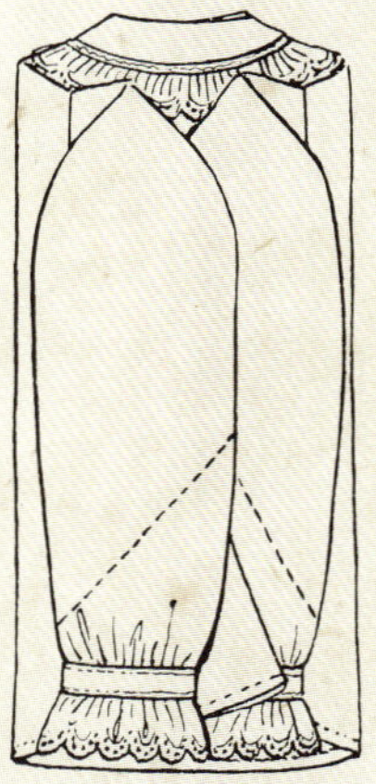

17. Zweite Hälfte gelegt.

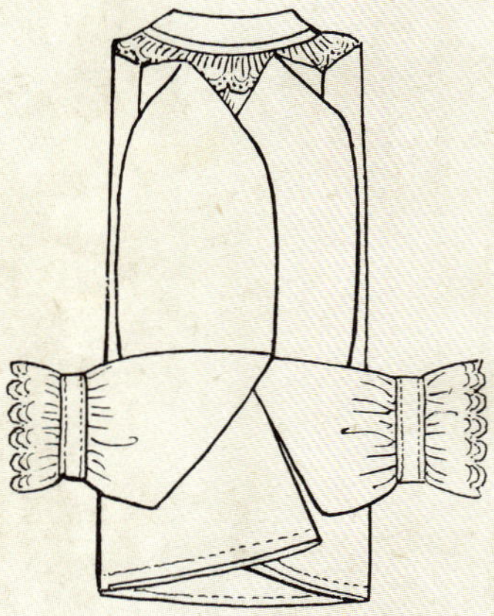

18. Das Umknicken der Aermel.

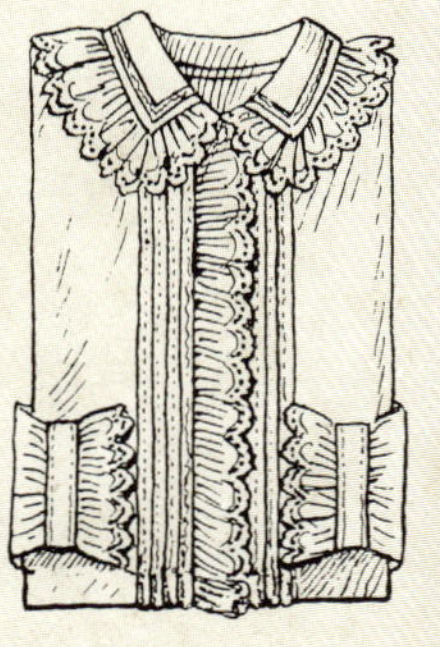

19. Fertig gelegte Nachtjacke oder Nachthemd.

Nachtjacken haben gelegt die gleiche Größe wie die Nachthemden; man schlägt unten nur so viel um, daß die Lage 45 cm bleibt; der kleine Umschlag wird mit einer Stecknadel, in der Mitte, von links festgesteckt.

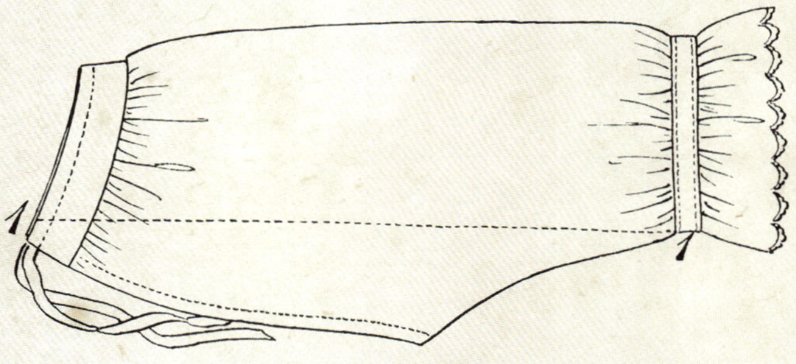

20. Beinkleid, der Länge nach zusammengelegt.

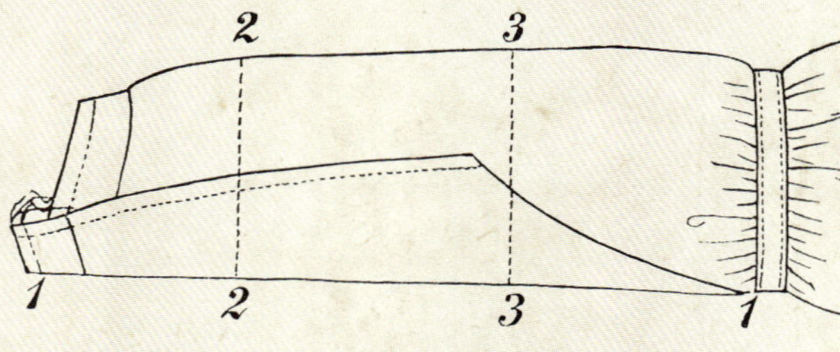

21. Beinkleid nach dem Längsbruch.

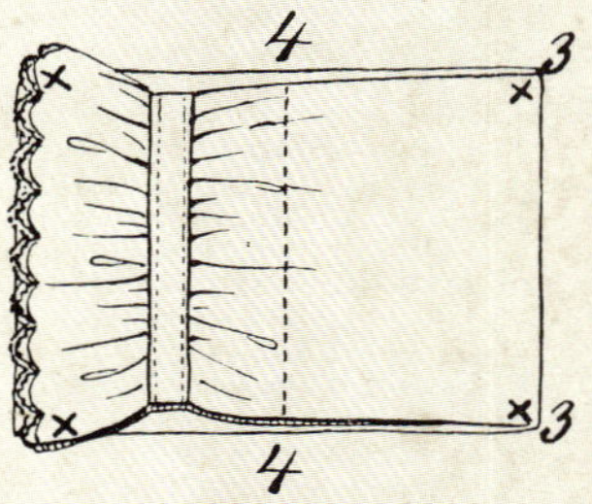

22. Beinkleid nach Querbruch 2 u. 3.

Beinkleider legt man zuerst der Länge nach genau aufeinander, die vordere Partie nach innen, dann bricht man die doppelten Beinlinge der Länge nach um, sodaß ein 18 cm breiter Streif entsteht; s. Bruch 1 auf Abb. 20 und Abb. 21. Die Bänder verbirgt man innen. Den oberen Teil bricht man nun um nahezu ein Drittel um (Bruch 2) und schlägt dann (Bruch 3) den unteren Rand darüber.

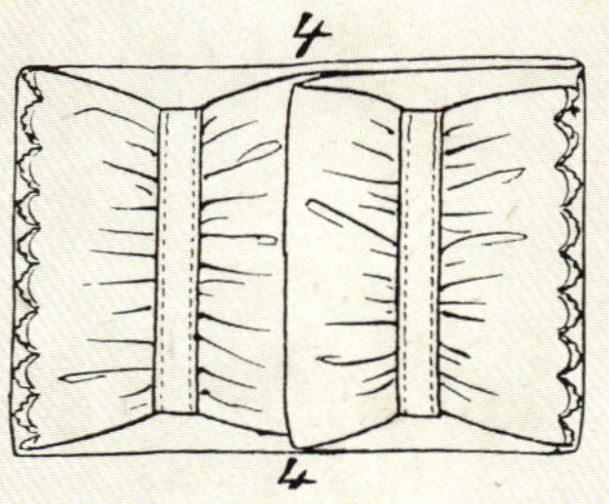

23. Beinkleid nach Bruch 4.

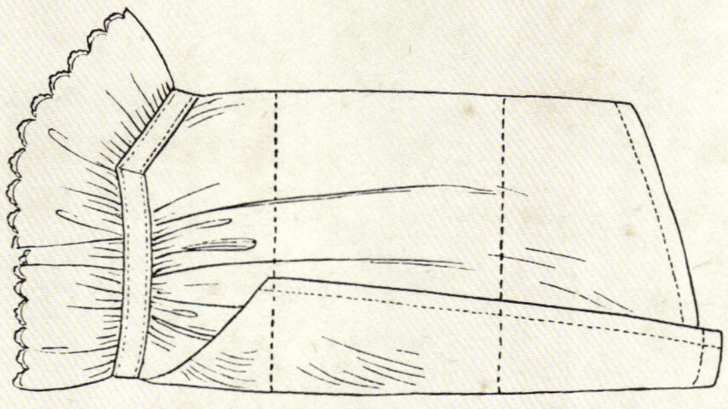

24. Kurzes Beinkleid, dreiteilig zu falten.

Jetzt hat man die Lage von Abb. 22; sie genügt für tägliche Wäsche. Hübscher aber wirkt die Garnitur, wenn man noch den oberen Beinling zur Hälfte zurückschlägt (sodaß ✕ auf ✕ träfe, s. Abb. 22 und 23). Die Garnitur deckt dann die ganze obere Fläche, und das Wäschestück gewinnt einen höchst gefälligen Anblick. Bei den weiten und kurzen modernen Beinkleidern, gleich Abb. 24, verbirgt die so geordnete Garnitur alle unteren Teile.

Das Legen der Herrenwäsche.

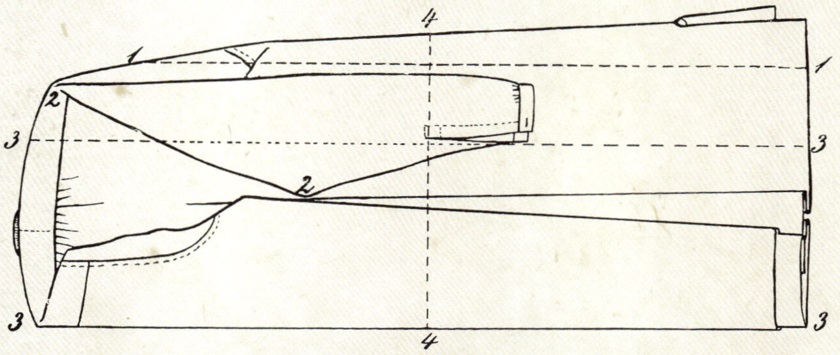

25. Herrenhemd ohne Stulpen. Langbrüche 1, 2 u. 3 u. Querbruch 4.

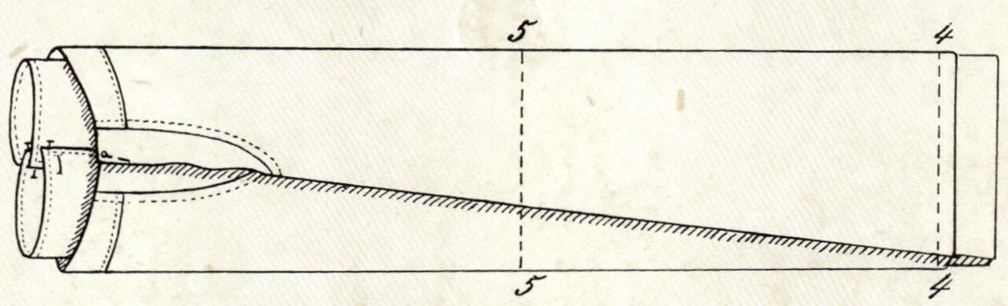

28. Herrenhemd mit Stulpen. Querbrüche 4 u. 5.

Das Legen der Herrenhemden erfolgt, nachdem alle Teile trocken und glatt gebügelt sind, und zwar in nachstehender Weise. Man breitet das gebügelte Hemd auf dem Bett aus und macht in den Vorderrumpf bis zum Einsatz und in den Rücken bis oben zur Passe so viele Längsfalten, daß die untere Rumpfweite mit der Brustweite von Armloch zu Armloch gleich erscheint. Den Einsatz schiebt man in der Mitte so weit übereinander, wie nach den Knopflöchern nötig ist. Man wendet das Hemd so, daß man den Rücken obenauf hat, und legt den Rumpf an jeder Seite der Länge nach um, s. Bruch 1 auf Abb. 25. Er hat dann etwas mehr als Passenbreite. Nachdem man jeden Aermel mit schrägem Bruch (2—2 auf Abb. 25) der Länge nach auf den Bruch 1 gelegt hat, führt man an jeder Seite den Längsbruch 3 aus, der das Hemd auf Einsatzbreite umschlägt. Ist das Hemd ohne Stulpen, so bricht man den Rumpf um, entweder nur einmal der Quere nach — Bruch 4—4 auf Abb. 25 — und steckt ihn fest, wie Abb. 26 zeigt, oder falls der untere Rand den Hals überragen würde, schlägt man ihn nochmals soweit ein, daß Halsausschnitt und eingebogter Teil oben genau miteinander abschneiden. Das fertige Hemd hat das Maß des Latzes und präsentiert sich von vorn, wie Abb. 15 auf S. 21.

Etwas anders behandelt man Hemden mit Stulpen. Dabei wird der Aermel nach Ausführung von Bruch 2 nochmals durch Bruch 2a (auf Abb. 27) so eingeschlagen, daß die Stulpe etwas über den Halsrand hinausragt. Es folgen dann die seitlichen Längsbrüche 3, worauf man die beiden Aermel, wie Abb. 28 zeigt, über den Stulpen mit Nadel zusammensteckt. Der Rumpf wird unterhalb des Latzes hochgeschlagen, Bruch 5, und dann der den Hals überragende untere Hemdrand so zwischen die Passe und Stulpen gebogen, Bruch 4, daß alles sauber eingesteckt ist und das Hemd eine völlig feste Lage hat. Es sieht dann aus wie die Hemden Abb. 14 u. 15 auf S. 41 und zeigt sich von hinten wie auf Abb. 29 hierneben.

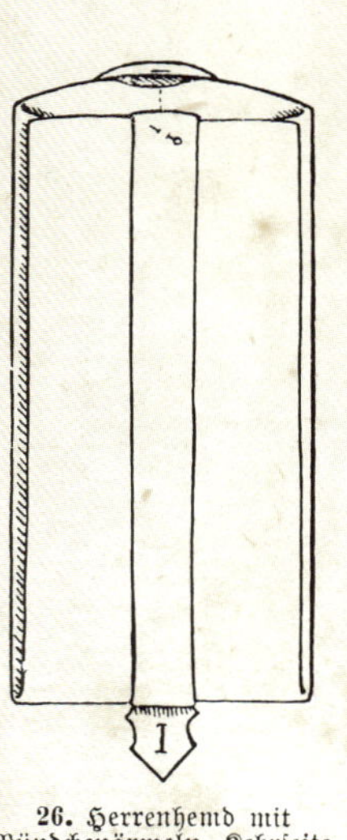

26. Herrenhemd mit Bündchenärmeln. Kehrseite.

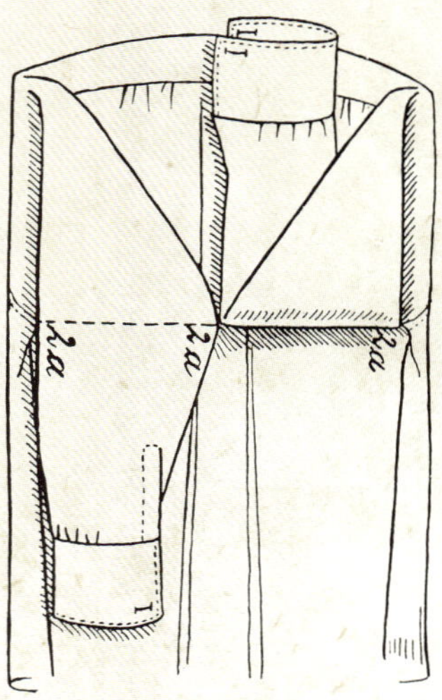

27. Das Falten der Aermel mit Stulpen.

29. Herrenhemd mit steifen Stulpen. Kehrseite.

Unterbeinkleider für Herren faltet man ganz entgegengesetzt zu Frauenbeinkleidern, wie die Bilder auf nächster Seite zeigen. Die Vorderhälfte nach außen, legt man beide Beinlinge aufeinander und biegt zufolge Bruch 1 die geschweift vorstehende Hinterrundung so nach innen zwischen die Beinlinge, daß die Buchstaben a der Abb. 30 aufeinander treffen. Die Spangen und den oben herausragenden Rand treibt man nach innen zwischen die Beinlinge, sodaß die Passe die obere Grenze bildet; sie nehmen darin eine höhere Lage ein. Durch Bruch 3, Abb. 31, wird die untere Beinlinghälfte hochgeschlagen, durch Bruch 4 wird das Beinkleid zu einem fast gleichseitigen Viereck geformt, das sehr ordentlich aussieht und sehr fest liegt.

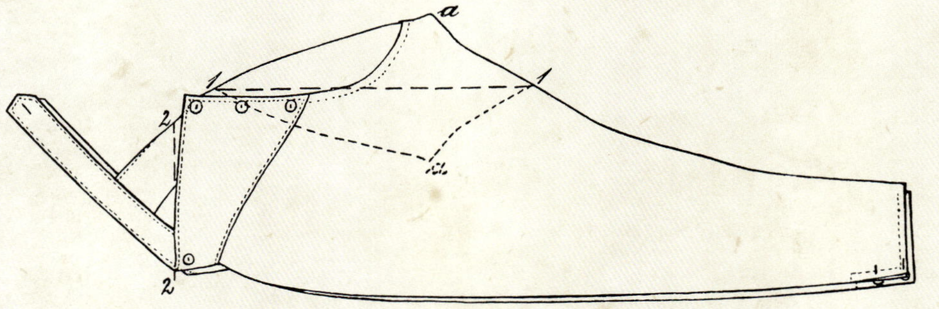

30. Herrenbeinkleid. Zur Hälfte zusammengelegt. Langbrüche 1 und 2.

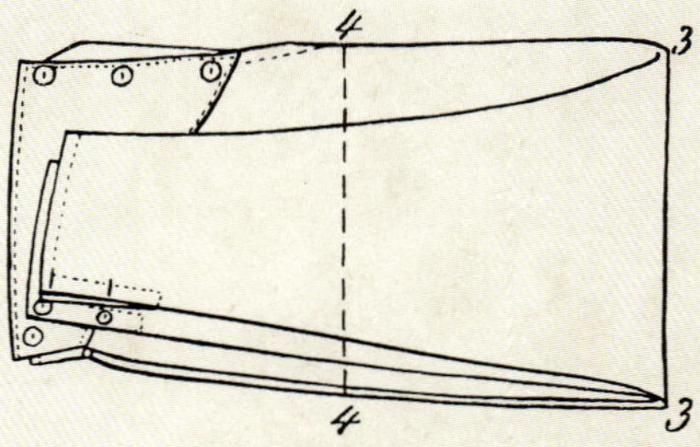

31. Herrenbeinkleid. Querbrüche 3 und 4.

Maße der fertig gelegten Kinderwäsche.

Kinderwäsche wird durchweg so gelegt, wie für erwachsene Personen beschrieben, nur verändert sich das Maß der fertigen Stücke nach ihrer Größe. Hausfrauen werden sich beim Legen dieser Stücke in erster Linie nach dem ihnen verfügbaren Platz in Schubfach oder Spind richten, Betriebe jedoch müssen sich an bestimmte allgemeine Vorschriften halten. Die folgenden Maße sind für Plättereien und Wäschegeschäfte angenommen.

Knabenhemden.
Länge 40 legt man 16 cm breit u. bis zu Ende der Schaufalte
„ 50 „ „ 18 „ „ „ „ „ „ „ „
„ 60 „ „ 20 „ „ „ „ „ „ „ „
„ 70 „ „ 22 „ „ „ „ „ „ „ „
„ 80—116 „ 24 „ „ „ „ „ „ „ „

Mädchenhemden.
Länge 40 und 50 legt man 18/25 cm groß
„ 60 bis 80 „ „ 28/32 „
„ 90 „ 110 „ „ 30/36 „

Bettwäsche. Deckenbezüge, welche 150/200 cm Größe haben, faltet man der Länge nach in 3 Teile, dann schrägt man das untere Ende 40 cm ein, halbiert dann die Länge einmal und noch einmal. Der fertig gelegte Bezug hat dann 40/50 cm Größe, und das am oberen Ende befindliche Monogramm kommt zur Geltung. — Oberbettbezüge, 110/130 cm groß, legt man in ebensolche Teile und hat auf günstige Lage des Namens zu achten. Bettücher von 250 cm Länge legt man der Länge nach 3teilig, dann der Breite nach ebenso und halbiert schließlich nochmals der Breite nach.

Große Wäsche mit der Waschmaschine.

Das nachfolgende Verfahren berücksichtigt besonders stark beschmutzte Wäsche, wie solche in Fabrikstädten, auch in manchen Gewerben unvermeidlich ist. Viele Einzelheiten, die schon unter dem vorigen Abschnitt zur Sprache gelangten, sind wiederholt worden, doch durften sie der Vollständigkeit wegen nicht übergangen werden.

Da zu großer Wäsche gemeiniglich Waschfrauen zugezogen werden, sei eine Mahnung an die Hausfrau hier eingeschoben. Ist vereinbart, daß die Waschfrauen das Essen bekommen, so ist es Pflicht der Hausfrau, dafür zu sorgen, daß es gut und kräftig zubereitet und reichlich bemessen sei. Derartige Leute geben viel auf gute Beköstigung, sie werden eher einen Tadel oder Verweis ruhig hinnehmen, als karge Mahlzeiten, und immer gern dort zu Diensten stehen, wo ihnen ihr gutes Recht zuteil wird. Bürdet die Hausfrau den Leuten zu viel Wäsche für kurze Zeit auf, wird sie selbst den Schaden davon haben, denn die Leute werden verdrossen und geben sich aus dem Grunde keine Mühe, ihre Arbeit gut zu verrichten. Eine erfahrene Hausfrau wird natürlich beurteilen können, wie viele Pfunde Seife und Stärke sie zur Besorgung der Wäsche herzugeben hat; Seife allein tut es freilich nicht bei der Wäsche, aber ein übertriebenes Sparen mit Seife seitens der Hausfrau ist ebenfalls verkehrt.

Das Einstecken. Am Tage vor der eigentlichen Wäsche sortiere man die schmutzige Wäsche in zwei Haufen, in die reinste und die schmutzigste. Zu der reinsten rechne man: Tischtücher, Mundtücher, Handtücher, Badetücher, Kragen, Manschetten, Vorhemden, weiße Schürzen und weiße Unterröcke.

Zu der schmutzigen Wäsche gehören: Leibwäsche, Bettzeug, Taschentücher; als letztes Küchentücher. Die reinste Wäsche weiche man zuerst ein, und zwar in der Waschmaschine. Man fülle 8 Eimer von je 10 Liter Regen- und Flußwasser in die Maschine, lasse 1 Eimer Regenwasser mit 1 Pfund gewöhnlicher Soda und 1/2 Pfund schwarzer Seife aufkochen und gieße dann diese Lauge zu dem Regenwasser in die Maschine. Das Ganze muß eben lauwarm sein, was man mit dem Ellbogen ausprobieren kann, ja nicht heißer, als derselbe gut verträgt. In diese Brühe weicht man nun Tisch-, Mund-, Hand- und Badetücher, weiße Schürzen und Röcke ein, indem man jedes Stück einzeln hübsch naß macht.

Kragen und Manschetten usw. schmiere man erst trocken mit Schmierseife an und weiche sie dann ebenfalls ein. Ist die Maschine voll, so lege man den Deckel lose darauf, wodurch sich die Lauge länger warm erhält und den Schmutz in der Wäsche leichter löst. Am nächsten Tage wird man staunen, wieviel Schmutz die Lauge in sich aufgenommen hat, und wie das Waschen dadurch erleichtert wird.

Für die schmutzige Wäsche, also Leib- und Bettwäsche, mache man in einem Fasse ebensolche Lauge zurecht und schmiere die Bündchen von Frauennachthemden, Nachtjacken, Mannshemden am Hals und Handgelenk trocken mit obiger Seife an; durch dies Verfahren weichen Schmutz und Schweißstreifen überraschend gut und schnell, insbesondere bei Arbeitshemden. Sehr, sehr schmutzige Wäsche, wie von Konditor-, Metzger- und Schlosserlehrlingen, bürste man nach dem Weichen kalt ab, bis der gröbste Schmutz davon ist, und behandele sie danach ebenso wie die Leibwäsche.

Erster Waschtag. Am Waschtage wird um 7 Uhr früh oder noch früher Feuer unter dem Waschkessel gemacht, welcher 100 Liter Inhalt hat.

1 Eimer Regenwasser mit 1 Pfund Soda und 1/2 Pfund bester Schmierseife wird zum Kochen gebracht, und dann werden 8 bis 9 Eimer kaltes Wasser dazu gefüllt. Unterdessen hat eine zweite Person die Wäsche aus der Maschine, also den reinsten Teil, mittels der Wringmaschine herausgewunden, die schmutzigen Stellen wieder mit Schmierseife angeseift und darauf in die lauwarme Seifenlösung in den Kessel getan. Bei einem Haushalte von 8 Personen und 14tägiger Wäsche gibt die Menge gerade einen Kessel voll. Man mache jedoch den Kessel nicht zu voll, sonst tritt das Wasser über dem eisernen Rande und verursacht so die lästigen Eisenflecke. Von dem Augenblick an, wo die Wäsche zu kochen beginnt, lasse man 20 Minuten tüchtig brodeln und kochen, stauche die überwallende Flüssigkeit mittels eines glatten und reinen Besenstiels herauf und hinunter, so verhütend, daß die Seifenbrühe auskocht.

Nach Verlauf der 20 Minuten nehme man Wäsche nebst Lauge in die wieder gereinigte Waschmaschine (das erste Einweichwasser benutze man zum Einweichen der Küchentücher wieder) und lasse sofort die gekochte Wäsche die Wringmaschine passieren. Der großen Hitze wegen bediene man sich eines dazu bestimmten Holzlöffels, um die heiße Wäsche bequem erreichen und in die Wringmaschine einführen zu können.

Sollten die Walzen sich nicht drehen, so hilft etwas darüber gegossenes kaltes Wasser dem Uebelstande ab. Bei fetter Lauge und großer Hitze kommt dies sehr oft vor, schadet aber dem Gummi nichts.

Ist alle Wäsche trocken ausgewunden, so sieht man sie gut und aufmerksam nach; man wird zwar nur sehr wenig finden, was des Anseifens wert wäre. Etwaige nicht ganz reine Stellen seift man mit bester weißer Kernseife an; was umgekehrt werden muß, z. B. die Unterröcke, dreht man auf die unrechte Seite um und lasse unterdessen wieder im Kessel 1 Eimer Regenwasser und 1/2 Pfund kleingeschnittener Kernseife und, bei Bedarf, 1/2 Pfund feingeschabter Bleichsoda unter gutem Umrühren zum tüchtigen Kochen kommen. Man fülle 8 bis 9 Eimer Regenwasser hinzu und lasse die Wäsche zum zweitenmale kochen, wieder 20 Minuten vom Kochen an gerechnet. Ist dieser Zeitpunkt gekommen, nimmt man abermals Wäsche und Lauge aus dem Kessel, tut sie teilweise in die Maschine, dreht sie etwa 25 mal darin herum, daß die Seife gut herausgeht, windet das Wasser aus und hat auf diese leichte, mühelose Weise eine schneeweiße und billige Wäsche, die in keiner Weise durch Reiben oder schädliche Substanzen angegriffen wurde. Also ohne reiben, ohne waschen, nur durch einweichen, anschmieren, auswringen und kochen, wird die Wäsche rein, wenn man es so macht, wie hier beschrieben ist.

Um etwa noch vorhandene gelbe Streifen verschwinden zu machen, koche man die feine Herrenwäsche, Kragen usw., für sich (gegebenenfalls auf dem Küchenherd in kleinem emailliertem Topfe) zum drittenmale mit 1/4 Pfund Kernseife und 1/8 Pfund Bleichsoda; beides wird feingeschabt und erst für sich aufgekocht, damit keine unaufgelösten Klümpchen im Wasser bleiben.

Bei Leib- und Bettwäsche ist ausdrücklich zu bemerken, daß blutfleckige Sachen nicht trocken angeschmiert werden dürfen; speziell diese Wäsche wird nach dem ersten Kochen in Teilen je 200 mal in der Maschine gedreht, ausgewunden, mit Kernseife angeschmiert, auf die innere Seite gekehrt, wieder nachgesehen und angeschmiert, in neue Kernseifen- und nötigenfalls Bleichsodalösung, die lauwarm sein soll, in den Kessel getan, gekocht und behandelt wie Tischwäsche usw.

Nachdem alles auf seine Reinheit geprüft und für gut befunden, kommt die jetzt reine Wäsche, wenn es sein kann, in ein Faß heißen Wassers, wenn nicht, in kaltes, und bleibt so lange liegen, bis man sie aufhängen will. Davor wird sie in frischem, klarem Wasser geschwenkt und gespült, bis alle Seife daraus verschwunden ist, und das Spülwasser klar erscheint; dann erst wird sie geblaut, was gewöhnlich am zweiten resp. dritten Tage geschieht, je nach Wetter und Umständen.

Die gewöhnlichen hellbunten Schürzen und Kleider können in der zweiten, aber nur warmen Lauge 1 Stunde weichen und werden aus dieser mit der Hand oder mit der Maschine, 200 mal gedreht, herausgewaschen; alles dunkelblaue Zeug wäscht man in derselben Lauge nach. Darauf macht man eine neue Lauge von Kernseife und etwas Salmiak und wäscht zum zweitenmale das helle zuerst, das dunkle zuletzt. Ist alles rein, kommt jedes für sich in klares Wasser, wird tüchtig gespült, geblaut und sofort aufgehängt und getrocknet. Läßt ein neuer Stoff viel Farbe, so stecke man ihn jetzt allein in einen Eimer Wasser, dem man Essig und Salz zusetzte, und lege ihn nicht auf anderes Zeug. Weiteres über das Waschen bunter Stoffe s. auf S. 62.

Wollwäsche behandle man einzeln; bleibt dazu nicht am ersten Waschtage Zeit, so lasse man sie zurück. Sie darf keinesfalls feucht liegen bleiben, sondern muß rasch zum Trocknen kommen.

Normaltrikot, weiße Flanellsachen, graue Strümpfe wasche man einzeln in einer lauen, schaumig geschlagenen Lauge aus 200 Gramm geschnittener, nicht sodahaltiger Seife, 4 Eßlöffel Borax und ebensoviel Salmiakgeist zu 4 Eimern Wasser. Man reibe nicht, sondern drücke und stauche mehr und wende jedes Stück von innen nach außen und umgekehrt. Man wiederhole das Waschen in reiner Seifenlauge, spüle in lauem Wasser oder gar nicht, klopfe die Stücke locker und hänge sie sofort zum Trocknen auf, jedoch nicht in die Sonne, noch an offenes Feuer, welche Wollwäsche hart machen. Gebügelt wird Wollwäsche nicht, höchstens gemangelt. Weißen Flanell glättet man wohl vorsichtig mit einem lauen Eisen.

Schwarze Strümpfe behandle man ebenso, doch stets ganz für sich allein, damit keine hellen Fasern daran haften bleiben. Nach dem Trocknen bürste man sie mit der Kleiderbürste rechts und links und ziehe den Füßling über; bei Socken darf das Bein nicht in die Breite gezogen werden.

Zweiter Waschtag. Am zweiten Waschtage fange man früh mit dem Spülen und Blauen an, damit die Wäsche noch am selbigen Tage trocken wird. Wenn das letzte Spülwasser völlig klar und ohne Seifenteilchen erscheint, fülle man die Waschmaschine mit 8 Eimern lauwarmen Wassers an und nehme zum Blauen bestes Ultramarinblau, lose in ein kleines Beutelchen gebunden. In einen hohen weißen Topf fülle man etwas Wasser, drücke den Blaubeutel verschiedentlich darin aus und vermische diese Lösung dann mit dem dazu bestimmten Wasser. Zur Probe des Farbentones nehme man etwas mit demselben Topfe heraus. Sieht man nun den Boden des Topfes gut durch das Wasser, wenn derselbe bis zum Rand gefüllt ist, so hat es gemeiniglich die richtige Färbung. Zu beachten ist, daß gelbe und rosa Sachen nicht geblaut werden, da sie davon einen unklaren Ton bekommen; man färbt sie bei Bedarf mit etwas Crèmefarbe.

Jedes Stück nehme man einzeln ins Blauwasser, schwenke es gehörig hin und her und winde es sofort aus, damit alles hübsch gleichmäßig wird und keine Blauflecke entstehen. Kopfkissenbezüge, Beutel, Ueberknöpfer taucht man einzeln ein, faßt alle vier Ecken zuerst an, windet sie leicht mit der Hand aus und läßt dann, wieder die Ecken zuerst nehmend, jedes Stück den Wringer passieren, möglichst fadengerade, die etwaigen Knöpfe in der Mitte nach innen gelegt; hierdurch vermeidet man die dunkelblauen, oft noch Seifenreste enthaltenden Stellen, wie eingehende Versuche ergeben haben. Die Drell-, Barchent- und Piqueesachen sowie Kräuselhandtücher, überhaupt alles dicke Zeug blaue man stets zuletzt. Das Wasser hat dann nur noch wenig Blau, gerade genug, um die erwähnten Stücke nicht zu verfärben, da diese viel mehr Wasser und Farbe annehmen als feine Stoffe.

Das Aufhängen und Trocknen. Bevor man die fertig geblaute Wäsche in die bestimmten Körbe tut, belege man diese mit reinen, eigens dazu gehörigen Korb- oder Mangeltüchern und achte darauf, ob Klammern und Leinen gehörig rein sind. Würde man beides außer acht lassen, so würde die Wäsche Weiden- und Loheflecke bekommen, die nicht wieder zu entfernen sind. Wenn es sein kann, hängt man die Wäsche am besten im Freien auf; jedoch muß sie schon vorher wieder richtig sortiert sein, in große und kleine Sorten, Leibwäsche usw., Handtücher, rauhe und glatte, Servietten usw. usw., alles gesondert beieinander.

Beim Aufhängen klammere man von Tüchern stets zwei Ecken aufeinander; zwei Handtücher, zwei Taschentücher oder zwei Servietten; die linke unrechte Seite liege oben auf der Leine; die Monogrammecke hänge unten; ferner werden die Tücher stets auf die Hälfte ihrer Breite zusammengeschoben, damit der Wind gut damit spielen kann. Man hängt also stets sämtliche Servietten, sämtliche Taschentücher, sämtliche rauhen und ebenso alle glatten Handtücher beieinander, ebenso die gestreiften, karierten und grauen Küchentücher.

Tischtücher, Laken, Ueberknöpfer schlägt man genau in der Mitte, der Länge nach über die Leine und streicht Selfkanten, Spitzen gleich schön aus; es erspart dies viel Mühe beim Falten und Legen nach dem Trocknen. Unterröcke hängt man gern in den spitzen Winkel zwischen zwei Leinen, in der Nähe der Pfähle und Haken oder aber an einer Leinenkreuzung. Man befestigt sie oben und unten an zwei Leinen viermal, d. h. am Gurt und am Saum. Beinkleider, Schürzen bindet man fest an den Bändern, Mannshosen klammert man fest unten am Saum. Hemden ebenfalls am Saum, eine Seite einfach, die andere doppelt, auch muß stets die linke Seite auswendig sein, bei jedem Stück. Nachthemden, Nachtjacken, Blusen kann man an der inneren, doppelt gefaßten Achselnaht klammern, sie behalten so einen besseren Sitz.

Die Strümpfe muß man, ehe dieselben aufgehängt werden, auflockern, d. h. man steckt beide Daumen in den Strumpf, und mit den Fingern beider Hände holt man zollweise den übrigen Teil nach den Daumen zu hin, bis zur Strumpfspitze. Die Spitze liegt dann in der Mitte obenauf; das Ganze sieht aus wie ein kleiner, runder, flacher Kuchen, Maulschelle genannt, man faßt dann nur die Spitze an und klammert gewöhnlich zwei Stück, den ersten vor und den zweiten hinter der Leine, an den Spitzen übereinandergelegt, fest; der übrige Teil hängt dann lose herunter und trocknet auf diese Weise viel besser. Viele Hausfrauen benutzen zum Trocknen der Wollsocken und Strümpfe flache Strumpfbretter.

Servietten, Tischtücher, Schürzen, Unterröcke, Decken stärke man gleichzeitig mit dem Blauen in schlank gekochtem Kartoffelmehl oder Hoffmannsstärke. Es genügt, davon ein halbes Pfund auf zwei Liter Wasser zu kochen und mit einem Eimer Blauwasser zu vermischen. Tischzeug erhält dann gerade die Steife von neuem Zeug. Ist die Wäsche trocken, so nimmt man sie der Reihe nach und ordnungsgemäß ab, faltet sie schön und glatt und legt sie in den Waschkorb, wohl zugedeckt und vor Staub bewahrt, bis man sie mangeln und bügeln will. Die Leine muß auch gleich abgenommen werden, da sie sonst von der Witterung und dem Staube leiden würde, ebenso die Klammern gesammelt und verwahrt. Es sei dies beiläufig erwähnt, da die Mädchen es zum Schaden der Herrschaft gern unterlassen.

Dritter und vierter Waschtag. Es gilt nun die Wäsche zu feuchten für das Mangeln; man sehe zuerst nach, ob schadhafte Sachen darunter sind, bessere solche gleich aus oder lege sie beiseite, wenn dies jetzt gleich zu zeitraubend wäre.

Alle kleinen viereckigen Tücher, Servietten, Handtücher feuchtet man mittels der Rute mit Wasser etwas an, zieht sie dann an den Saumseiten hübsch gerade, auch kreuzweise, legt Selfkante (Webekante) auf Selfkante glatt und gerade aufeinander und faltet nun den Mittelbruch auf die Selfkanten, damit jedes Stück vierfach gelegt durch die Mangel gehen kann. Dies trifft jedoch nur da zu, wo eine kleinere Mangel benutzt wird; muß man die große englische Drehrolle benutzen, so faltet man die Tücher nur einfach. Man mangele nur glatte Sachen, keinen Gegenstand, welcher Falten und Knöpfe hat; sie brechen und verderben die übrige Wäsche.

Bettücher usw. müssen von zwei Personen an den Saumenden angefaßt, ausgeschlagen und beide Webekanten aufeinandergelegt werden; danach streichen beide, sich entgegenkommend, die Kanten aus, fassen sehr fest an, schlagen viermal in doppelter Lage aus, ziehen über kreuz erst rechts, dann links ein paarmal hin und her, legen das Laken vierfach der Länge nach, fassen beide den Saumteil gleichzeitig kraus zusammen und recken (zocken) das Bettuch tüchtig hin und her aus und legen dann das betreffende Tuch der Länge und Quere nach zusammen.

Alle derben Reibehandtücher, auch die Kräuselhandtücher werden nicht gemangelt, nicht gebügelt, daher auch nicht eingefeuchtet; sie müssen rauh und hart bleiben. — Plättwäsche, darunter solche Leib- und Bettwäsche, die sich nicht flachlegen und rollen läßt, wendet man zuerst auf die rechte Seite, feuchtet ein, streicht Nähte und Säume aus, legt sie der Länge nach in Hälften und Viertel und rollt die Teile von unten her fest auf; fest in den Korb gelegt bleiben sie liegen bis zum nächsten Tage, um sie zu bügeln.

Die Stärkewäsche fordert noch eingehende Beachtung. Oberhemden, Kragen, Manschetten, Vorhemden, Serviteurs, feine Frisiermäntel werden roh gestärkt; und zwar macht man auf einfache und gute Weise die Stärke folgendermaßen zurecht: man nimmt drei kleine Handvoll, etwa 50 Gramm, Hoffmanns Reisstärke und löst diese in einer weißen tiefen Schüssel mit drei Tassenköpfen, gleich $^3/_4$ Ltr., kaltem Wasser vollständig auf, fügt dann einen Teelöffel voll feinen Borax, in etwas kochendem Wasser aufgelöst, hinzu. Letzterer verhütet die Blasenbildung beim Bügeln und macht auch schön steif. Die Stärke muß dünnflüssig, wie gute Milch sein.

Diese Masse reicht für etwa sechs Serviteurs, sechs Vorhemden, zwölf Kragen, vier bis sechs Paar Manschetten und zwei bis drei Deckchen für Brotkörbchen. Man wäscht nun jedes trockene Stück in dieser Stärke ordentlich durch, wringt aus und reibt die Stärke noch tüchtig in den Stoff hinein. Bleibt Stärke trotzdem obenauf liegen, die nicht eindringen will, so kann man schon daran merken, daß die Stärke zu dick ist. Man tut dann gut, noch eine Tasse kaltes Wasser zuzugießen. Es ist praktisch, die gestärkte Wäsche glatt durch die Wringmaschine auszuwinden, worauf sofort gebügelt werden kann. Man wickele alles gut und ordentlich in ein reines Tuch.

Von den zu stärkenden Herrenhemden fasse man Brust, Halsbündchen und Manschetten zusammen, tauche sie in die Stärke, reibe tüchtig und wringe aus, den übrigen Teil feuchte man gut mit Wasser ein und wickele fest ein. Wie beim Blauen nehmen die verschiedenen Stoffe auch die Stärke nicht in gleicher Weise an; durch Uebung wird man am besten das richtige Verhältnis herausfinden und auch die Erfahrung machen, daß alles Gestärkte bei großer Wärme steifer wird, als wenn es bei feuchter Witterung langsam trocknet.

Nachdem die Wäsche gut durchgelegen ist, geht man zum Plätten über, eine Arbeit, die mit aller Aufmerksamkeit und Sorgsamkeit vorzunehmen ist.

Beim Bügeln von Kragen usw. stelle man sich ein Geschirr mit kaltem Wasser und ein Schwämmchen an der rechten Seite des Bügelbretts zurecht, um etwa oben auf der Wäsche befindliche Stärketeilchen mit dem Schwämmchen abzureiben. Nimmt man einen Kragen zur Hand, so ziehe man ihn nach dem Faden nach allen Richtungen hin aus, nicht nach dem Schnitt; bügele erst links leicht über, dann rechts, wieder links und dann rechts; etwas fester aufdrückend verteilt man sich bildende Fältchen mit dem Daumennagel oder einem Falzbein und der Spitze des Eisens nach dem unteren oder oberen Rande zu, je nachdem dieselben sich am besten verteilen lassen.

Wenn trocken, feuchtet man die Oberfläche nochmals an und poliert mit kräftigem Druck des Eisens. Schließlich rändert man an der Steppnaht entlang mit der Spitze des Eisens und rundet den Kragen, erst von einer Ecke nach der Mitte zu, dann von der anderen entgegengesetzten Seite. In gleicher Weise bügelt man Manschetten, stets auf der linken Seite zuerst. Dann poliert und rändert man sie, rundet sie durch Ausziehen mit dem Eisen und steckt sie in einen dazu passenden reinen Milchtopf. Es ist geraten, zum Lernen erst an diesen beiden Gegenständen so lange zu üben, bis man es kann. S. auch die Abb. auf S. 61.

Bei offenen Vorhemden bügelt man zuerst den Kragen, dann die Brustteile, und zwar letztere gleich rechts, fadengerade, daß die Knopflochkanten gut gegeneinander passen. Danach wird das Untertuch gebügelt, dann werden Kragen oder Ecken umgebügelt, je nachdem, ob Steh- oder Umlegekragen daran ist, und zum Schluß gerundet. Die Halsbündchen der vorn geschlossenen Vorhemdchen werden erst links, dann rechts ganz steif gebügelt. Darauf bügle man erst die linke Hälfte, indem man das fertige Bündchen nach der linken Hand zu legt, immer mit der Spitze nach links im Bogen aufwärts bügelnd, und dann bearbeite man die rechte Seite von der Mitte aus ebenso. Ab und zu muß man trockene oder faltige Stellen wieder mit dem Schwamme anfeuchten. Bei einiger Geduld wird es bald gelingen. Sollte etwas leicht gelblich versengt sein, so kann man mit Wasser, in dem etwas Borax gelöst wird, oder mit Eau de Javelle den Schaden abwaschen, vergesse jedoch niemals, mit klarem Wasser gleich nachzureiben und erst trocknen zu lassen, da dieselbe Stelle sonst leicht wieder gelb wird.

Oberhemden und Westen aus Piqueestoffen mit erhabener Weißstickerei bügele man, nachdem sie hübsch gerade und in Fasson gezupft sind, erst leicht auf der rechten Seite, natürlich nachdem das Bündchen fertig gebügelt ist, und dann stets nur auf der linken Seite, bis sie steif und trocken geworden und die Stickerei gut herausgekommen ist.

Eine besondere Kunst ist das Bügeln von Oberhemden; bei diesen Stücken bügelt man erst die Passe von innen und dann außen, danach den halb zusammengelegten und etwas angefeuchteten hinteren Rumpf bis unter den Aermel und den Vorderschoßteil von unten bis zur Brust. Danach die entgegengesetzte Seite ebenso. Ist dies geschehen, bügele man die Aermel, sie in zwei gleiche Hälften legend, indem man die innere Naht zum Endpunkte nimmt, dann die Handbündchen, mit der linken Hand dehnend und gerade haltend, gleich von der rechten Seite, später auf der inneren Seite ganz trocken. Sind Manschetten angebracht, müssen diese erst links, dann rechts, wie oben erwähnt, gebügelt werden. Keinesfalls darf man sie von innen zu trocken bügeln, sie müssen beim Wenden noch recht feucht und dampfend sein; die linke Hand besorgt alles Dehnen und Ziehen, während die rechte bügelt. Wenn die Manschette trocken, rundet man sie und geht zum Halsbündchen oder Kragen über. Hierbei hat man folgendes streng zu beachten: 1. das Bündchen muß, so gut es geht, gehörig gedehnt und 2. trocken gebügelt werden. Geschieht dies nicht, so werden stets Differenzen in der Weite entstehen, und zwar wird der Bund meist zu eng werden und der Kragen zu lose sitzen.

Wer es ganz genau nimmt, dehne das Bündchen nach dem Zentimetermaße, und zwar ergibt sich die genaue Weite von der Mitte eines Knopflochs bis zur Mitte des anderen. Man bügele zuerst die Innenseite des Bündchens, und zwar nicht in einem Zuge, sondern indem die Linke das Bündchen festhält und stramm zieht, immer ruckweise, vielleicht 6—7 cm, je nachdem es trocknet, schnell oder langsam, und ebenso die andere Seite, bis es völlig steif ist.

An den Hemden festgenähte Kragen behandelt man fast ebenso wie das Bündchen; sie werden gezupft, gedehnt und glatt gestrichen. Stehkragen werden inwendig und Umlegekragen auswendig zuerst gebügelt. Nur dürfen letztere vor dem Wenden nicht ganz trocken sein, sondern werden feucht und dampfend, wie die Manschetten, fertig gebügelt. Darauf feuchte man sie nochmals an, lege eine Pappe unter und gebe ihnen durch kräftiges Auf- und Abbügeln, wobei man durch Druck des Oberkörpers mehr Gewicht auf das Eisen legt, lebhaften Glanz. Wenn man will, kann man die Kragen usw. rändern, wie oben erwähnt; nötig ist es jedoch nicht, und viele finden es nicht hübsch.

Jetzt gilt es die Rückenfalten des Hemdes ordnen. Mit der linken Hand faßt man die Passe, mit der rechten den unteren Saum in der Mitte an, zieht das Hemd auf dem Brett stramm an, und dann bilden sich gewöhnlich 4 bis 5 Stück 2 bis 8 cm tiefe Falten, die man mit den Fingern etwas ordnet und durch die geöffnete Brust von innen festbügelt, jedoch nicht mit zu heißem Eisen. Darauf ordnet man die Falten nach unten zu weiter, indem man den vorderen Schoßteil nach links oben hinaufschiebt.

Dann bügelt man den vorderen Schoßteil in 2 Falten glatt und geht nun zur Brust über. Zuerst lege man ein doppeltes Stück dicken Flanell (weiß) zwischen Rumpf und Brust, ziehe und streiche den Einsatz nach allen Richtungen gerade und achte darauf, daß die Knopflöcher und Ränder fadengerade übereinander liegen. Wenn man das Eisen unten am Chemisett aufsetzt, halte man mit dem Daumen der linken Hand das strammgezogene Chemisett am Halsknopfloch recht fest und bügele mit der Spitze am vorderen Rande entlang, vielleicht in vier Zügen, immer das Eisen nach rechts im Bogen führend, bis zum Halse, wo man ein wenig rasten kann, bis alles trocken ist.

Danach wird die linke Seite ebenso in entgegengesetzter Richtung behandelt. Zuletzt bügelt man noch die Eckchen an der Schulter, zwischen Kragen und Passe, man zieht am Halsbündchen stets sanft hin und her und bügelt ringsumher trocken. Hat sich irgendwo Stärke festgesetzt, oder ist sonst eine Stelle unversehens angeschmutzt worden, so reibt man diese Stellen mit feuchtem Schwamm und den Fingernägeln ab. Dann feuchte man die ganze Fläche nochmals an und bügle und poliere sozusagen diese Stelle mit Nachdruck des Oberkörpers ganz und gar trocken. Hat man leicht gesengt, so verfahre man wie hierneben erwähnt, oder bestreiche den Fleck mit einem Brei von Tonerde, Zucker, Stärke, Gummi und Wasser. Nach dem Trocknen hat man die Stelle wieder zu säubern. Diese Verfahren helfen nur da, wo der Brand die Gewebefasern noch nicht zerstört hat.

An der Knopflochseite ziehe man mit der Spitze des Eisens einen geraden Rand und drücke auch die Knopflöcher auseinander, damit beim Gebrauche die Knöpfe leicht hindurchgehen.

Hat man Stickerei auf der Hemdenbrust, so muß man dieselbe auf mit Shirting bedeckter Flanellunterlage von links aus bügeln, mit der Spitze des Eisens, wenn das Chemisett fertig gebügelt ist. Sind es nur Punkte oder Streublümchen, kann man sie ohne Eisen mit spitzem Schiefergriffel oder einer Stricknadel herausdrücken. Feine Fältchen und Falten werden mit einem Falzbein oder einer Stricknadel ausgestrichen.

Man lege das Hemd auf die Brust, Rücken oben, und bügle über; aber nicht auf die gebügelte Brust. Man ordne die Falten leicht und achte, daß die Seitennähte die Grenze bilden, und bügele bis ans Chemisett, wende das Hemd um, mit der linken Hand an der Schulterpasse rechts, mit der rechten die Falten und Saum doppelt fassend, und sehe zu, ob alle Falten in Ordnung sind. Das weitere Legen des Hemdes erklären die Abb. 25—29 auf Seite 57.

Auf die andern Abbildungen der Seiten 55—57 weisen wir auch im Hinblick auf das Legen und Falten der Leibwäsche und der flachstückigen Hauswäsche.

Alle Teile müssen, tunlich einzeln gelegt, ausdunsten, ehe sie in die Spinde gelegt werden. Gewarnt sei aber davor, diese dunstenden Stücke im Schlafzimmer zu haben. Sie verursachen Uebelbefinden und Kopfweh.

Häufiges Waschen in kleinen Haushaltungen.

In Familien, die aus wenigen Personen bestehen, und wo die Mittel nicht gestatten, ein Mädchen zu halten, ist es immer am praktischsten, die schmutzige Wäsche nicht zu sehr sich ansammeln zu lassen. Man tut gut, dort alle acht Tage zu waschen, indem man am Montag vormittag die Wäsche einsteckt und am Dienstag sie rein wäscht. Auch ist es sehr ratsam, falls genügend Raum vorhanden ist, die Wäsche schon am Sonnabend einzuweichen, da der Schmutz dann bis zum Montag längere Zeit hat, um sich zu lösen.

Auch in Haushaltungen, wo nur ein Dienstmädchen gehalten wird, und dieses die Wäsche ohne Hilfe einer Waschfrau zu besorgen verpflichtet ist, tut man gut, alle acht oder vierzehn Tage waschen zu lassen, da die Last dann nicht so groß ist und die Arbeit sich den übrigen besser anreiht, als bei selteneren Wäschen, die leicht mit größter Unruhe und Ungemütlichkeit verbunden sind. Ein fleißiges, kräftiges Dienstmädchen ist imstande, an einem Nachmittage die während der Zeit von acht Tagen gebrauchte Wäsche von vier erwachsenen Personen rein zu waschen, Bett- und Küchenwäsche inbegriffen, vorausgesetzt, daß frühzeitig eingeweicht ist. Diese kleineren Wäschen haben viele Vorzüge vor den größeren, dem Schmutz wird keine Zeit gelassen, sich in dem Zeug fest und fester zu setzen, er ist also auch leichter daraus zu entfernen als bei längerem Aufbewahren der schmutzigen Wäsche. Auch hat es die Hausfrau bei dem eigenen Dienstmädchen besser in der Hand, Neuerungen und Verbesserungen einzuführen, als wenn sie mit einer Waschfrau oder sogar mit mehreren dieser Leute zu tun hat. Das Mädchen, falls es einigermaßen verständig ist, wird sich über alles, was zur Erleichterung und zum rascheren Abwickeln dieser so oft sich wiederholenden, lästigen Arbeit dient, freuen, während Waschfrauen stets sehr besorgt sind, daß an ihrer Tätigkeit vielleicht ein halber oder sogar ein ganzer Tag abgespart werden könnte. Sie betrachten daher von vornherein jegliche Neuerung, die ihnen vorgeschlagen wird, mit Mißtrauen, sei es eine andere Art von Waschmaschine oder eine andere Art des Waschverfahrens. Oft sogar sind sie nicht dazu zu bewegen, einen Versuch nur damit zu machen, und es ist für die Hausfrau in den meisten Fällen sehr schwer, hier durchzudringen. Jedenfalls tut sie gut, wenn sie derartiger Hilfen nicht entraten kann, nicht alleweile Neues zu probieren, besonders wenn's nicht verbürgt ist, daß das Neue auch wirklich das Bessere zugleich ist. Hat sie sich aber von dem Vorteil der Neuerung überzeugt, ist es auch ihre Pflicht, sie mutig einzuführen, selbst auf die Gefahr hin, daß „die alte Kraft" ihr bei der Ausführung der Arbeit nicht mehr helfen will. Es wird sicher ein passender Ersatz gefunden werden, und das ganze Hauswesen wird sich besser dabei befinden, als wenn „alles beim alten" geblieben wäre. Ist keine Waschküche vorhanden und daher das Mädchen genötigt, in der Küche zu waschen, und zwar ohne Waschmaschine, empfiehlt sich sehr das Waschen mit Hilfe von Salmiakgeist und Terpentinspiritus nach untenstehendem Rezept.

Verschiedene Arten des Waschens.

1. Wäsche mit Salmiak und Terpentinspiritus.

Man schneidet $^5/_4$ Pfund der besten weißen Kernseife ganz fein oder nimmt statt dessen ebensoviel oder 1 Pfund sogenannter Scheuerseife, setzt sie in dem Kessel mit einem Eimer kalten Regenwassers aufs Feuer, bis die Seife sich völlig aufgelöst hat. Diese Lauge vermischt man alsdann mit noch drei Eimern kalten Regenwassers, sodaß sie lauwarm bleibt. Nun mischt man fünf große silberne Eßlöffel voll Terpentinspiritus und sechs ebensolche voll Salmiakgeist tüchtig unter diese Lauge. Man steckt die ganz trockene, schmutzige Wäsche in die Lauge, sodaß sie darin ganz durchweicht, und legt einige größere Wäschestücke, die nicht besonders schmutzig sind, zum Bedecken darauf, indem man sie an der Seite ordentlich feststeckt. Man steckt am Nachmittage vor dem Waschtage ein und wäscht am anderen Morgen gleich jedes einzelne Stück ganz rein aus der Lauge, nachdem man sich erst etwas Regenwasser erwärmt hat, um Lauge zum Herauswaschen zu haben; es darf aber, damit die Lauge kräftig genug bleibt, nur wenig Wasser sein. Jedes reingewaschene Stück wird nun in ein bereitstehendes Gefäß mit klarem, reinem Regenwasser geworfen, tüchtig darin gespült und danach in nochmals frischem Wasser zum zweitenmale gespült. Aus dem letzten Spülwasser legt man die Wäsche auf die Bleiche, womöglich am selben Abend, und gießt gleich tüchtig, damit sie nicht streifig wird. Kann man nicht bleichen, läßt man die Wäsche im letzten Spülwasser noch eine Weile ausziehen oder gießt auch kochendes klares Regenwasser darüber. Wäsche mit Blutflecken muß erst vorher rein ausgewaschen werden, die Flecke würden, in obige Mischung gesteckt, nie wieder aus dem Zeuge zu entfernen sein. Sollte die Küchenwäsche sehr schmutzig sein, muß sie ausgekocht werden, andernfalls und wenn gebleicht wird, ist es kaum nötig. Buntes Zeug sowie Wollsachen jeder Art lassen sich sehr schön in der schon einmal gebrauchten Lauge reinigen. — Vorstehendes Rezept ist für wenig beschmutzte Wäsche von vierzehn Tagen bis drei Wochen in kleinerem Haushalt berechnet; nach einiger Uebung wird man leicht das richtige Verhältnis herausfinden. Wie bei jeder anderen Waschart ist auch hier gehöriges Spülen eine Hauptsache und Rasenbleiche oder doch Trocknen in freier Luft und Sonne eine schöne Hilfe.

2. Leichte Wäsche mit Seifenpulver.

Erste Bedingung ist ein gutes Pulver. Sehr empfehlenswert ist Dr. Thompsons Seifenpulver, es enthält etwa 40 % Fett, nur einige 20 % Soda und 31 % Wasser, gehört also zu den erstklassigen Qualitäten. Man erhält es in allen besseren Seifenhandlungen. Die Behandlungsweise der Wäsche mit diesem Pulver befindet sich auf jedem Päckchen genau erklärt.

Auch das nachstehende Verfahren verursacht wenig Störung im Hause und ermöglicht, daß ein Mädchen allein eine Wäsche von etwa 200 Stück verschiedener Größe ohne Hilfe erledigen kann. Man mache eine Seifenlauge von $^1/_3$ Pfund weißer, feingeschnittener Seife und etwas Fettlaugenpulver auf je 20 Liter Wasser. Dann bringe man die Wäsche, mit der reinsten beginnend, langsam zum Kochen und lasse sie ungefähr 10 Minuten kochen; schöpfe alsdann die Wäsche und einen Teil der Lauge heraus in einen bereitstehenden Zuber, fülle den Kessel wieder mit frischer Lauge auf, wobei der zurückgebliebene Rest der ersten Lauge, nachdem er erkaltet ist, wieder benutzt werden kann, um dadurch Seife zu ersparen. Man lege die zweite Hälfte ein und fahre so fort, bis alles gekocht ist; zuletzt kommt die schmutzige Küchenwäsche. Nun kann das Mädchen gleich herauswaschen, besser jedoch ist es, die Wäsche über Nacht gut zugedeckt in der Lauge stehen zu lassen und am andern Tage herauszuwaschen. Es wird dann recht heißes Wasser darüber gegossen und abermals über Nacht stehen lassen; am andern Morgen wird herausgewrungen, in klarem, kaltem Wasser geschwenkt, gespült, geblaut und aufgehängt. Farbige Wäsche, deren Farbe nicht echt ist, darf man nicht mit kochen, sie wird nur aus der Lauge gewaschen.

3. Schnellwäsche ohne Kochen.

Man steckt die Wäsche kalt ein; jedes Stück wird aus dem kalten Wasser leicht ausgewrungen, eingeseift und in das Waschfaß gelegt, wobei man Gelegenheit hat, die besonders schmutzigen Stellen sowie etwaige Flecke zu sehen. Hierauf übergießt man alles mit warmem Wasser und läßt es bis zum anderen Tage stehen. Dem für die Küchenwäsche bestimmten Wasser kann man etwas Sodalösung zusetzen. Am anderen Tage macht man so viel Wasser heiß, daß die Seifenlauge warm wird, und wäscht nun mit guter Kernseife jedes Stück schön rein. Nach dem Auswringen tut man die Wäsche in das Waschfaß und übergießt sie mit kochendem Seifenwasser, worin man sie einige Stunden stehen läßt. Während diese Wäsche ruht, kann man die bunte und wollene Wäsche vornehmen, erstere wird möglichst rasch gewaschen und sogleich in kaltes Wasser gesteckt, letztere wäscht man unter einem Zusatz von Terpentinspiritus und Salmiakgeist, ohne gar zu viel zu reiben. Man spült die Wäsche in lauwarmem Wasser, bringt sie durch die Wringmaschine und trocknet sie möglichst rasch. Die nun abgekühlte weiße Wäsche wird hierauf nochmals durchgewaschen und, falls ein Bleichplatz vorhanden ist, sogleich fast unausgewrungen dorthin gelegt. Steht dieser nicht zur Verfügung, kommt die Wäsche nochmals in ein lauwarmes Seifenbad, aus welchem sie dann sehr sorgfältig ausgewrungen wird. Danach spült, blaut und stärkt man die Wäsche und hängt sie auf die Leine.

4. Schnellwäsche nach Karol Weil.

Man benutze Borax-Terpentin-Salmiak-Bleichseife; löse davon 250 Gramm in heißem Wasser auf und vermische es mit etwa 3 Eimern kalten Wassers. Man läßt die Wäsche darin über Nacht bei schwachem Feuer ziehen, wäscht heraus und kocht sie in einer neuen Lösung, die man aus ebenso viel Bleichseife auf 4—5 Eimer Wasser hergestellt hat. Spülen wie unter 1 gesagt.

5. Drei Vorschriften für Petroleumwäsche.

Bei Petroleumwäsche ist Trocknen an Luft und Sonne oder Bleichen unerläßlich; erst dadurch erlangt die Wäsche Klarheit und Weiße.

1. Stark beschmutzte Wäsche. Am Vorabend des zum Waschen bestimmten Tages schmiert man alle besonders schmutzigen Stellen der Wäsche tüchtig ein und legt sie, ihrer Zusammengehörigkeit nach, in verschiedene Gefäße, so viel lauwarmes Wasser darübergießend, daß es über der Wäsche steht. Am andern Morgen zündet man das Feuer an unter zwei mit Wasser angefüllten Kesseln, nachdem man in den einen das vorschriftsmäßige Quantum Petroleum (auf jeden Eimer Wasser drei Eßlöffel Petroleum) eingerührt hat. Um eine gute Mischung zu erhalten, ist es ratsam, die drei Löffel Petroleum jedem einzelnen Eimer Wasser zuzugeben, ehe man es in den Kessel gießt, damit das Oel sich besser verteilt. Hierauf arbeitet man so viel eingeweichte Wäsche durch die Wringmaschine, wie bequem in dem Kessel Platz findet, und läßt sie in dem mit Petroleum vermischten Wasser unter aufmerksamem Umrühren kochen. Man hat beim Wringen darauf zu achten, ob bei der Leibwäsche besonders streifige und schmutzige Stellen sind, die man nochmals mit Seife einzuschmieren und etwas zwischen den Händen zu reiben hat, ehe man sie zum Kochen in das Petroleumwasser wirft. Nachdem die Wäsche etwa eine halbe Stunde gekocht, tut man sie in ein sogenanntes Hochbein oder Zuber, welches auf Füßen steht und mit einem Loch am Boden zum Ablaufen des Wassers versehen ist. Man fängt das von der Wäsche ablaufende Wasser in einem untergeschobenen Gefäße auf und gießt es, falls es noch rein genug ist, wieder zum Kochen der nachfolgenden Wäsche in den Kessel zurück oder andernfalls in das Einweichewasser. Man schraubt die Wringmaschine an, läßt die Wäsche recht fest durch diese gehen, teils um das Petroleumwasser so viel wie möglich zu entfernen, und auch teils, um etwaige Flecke zu sehen und, wenn nötig, mit Eau de Javelle entfernen zu können, bevor die Wäsche in die Maschine kommt oder, wenn solche nicht zur Verfügung, mit den Händen durchgewaschen wird.

Nun wird das im zweiten Kessel zum Kochen gebrachte Wasser in die Waschmaschine gefüllt, und die vom Kochen kommende Wäsche wird darin nach und nach je fünf Minuten durchgewaschen. Feine Wäsche wird nur in der Maschine mit kochendem Wasser gespült. Nach dieser Behandlung wird die Wäsche rein sein und bedarf nur noch des Spülens, Wringens und Blauens, ehe man sie auf die Leine hängt. Während der Winterszeit ist es ratsam, die Wringmaschine so fest zu stellen, daß die Wäsche schon halb trocken aus derselben herauskommt, im Sommer aber kann man die Maschine weniger fest stellen und die Wäsche recht naß aufhängen, da sie im Freien auslaufen kann und auf der Leine bleicht.

2. Wenig schmutzige Wäsche. Die trockene schmutzige Wäsche wird in den Kessel gelegt und eimerweis kaltes Wasser darüber gegeben. Jedem Eimer Wasser setzt man $^1/_4$ Pfund feingeschnittene Kernseife und zwei bis drei Eßlöffel voll Petroleum, aber keine Soda zu. Nun bringt man diese Wäsche zum Kochen und läßt sie reichlich eine halbe Stunde wallen. Wenn man sie nach dieser Zeit aus dem Kessel nimmt, wird man erstaunt sein, eine vollständig reine Wäsche vor sich zu haben. Man hat dann nur noch nötig, sie durchzusehen nach etwaig vorhandenen Flecken. Grobe, sehr schmutzige Wäsche, wie Küchenhandtücher u. dgl., bedürfen einen Löffel Petroleum mehr. Man braucht die Wäsche nicht noch einmal zu waschen, sondern kann sie gleich noch einmal heiß abbrühen oder auch gleich kalt spülen und blauen, oder, um jeglichen Petroleumgeruch zu vermeiden, nochmals in eine schwache Seifenlauge tun und sie in derselben bewegen, auswringen, spülen und blauen. Es ist notwendig, das Petroleum jedem Eimer Wasser zuzusetzen und gut durchzurühren. Man kann auch das Petroleum vorher eine Weile in der Lauge kochen, der Geruch verflüchtigt sich, und die Wäsche soll dadurch schöner werden.

3. Feine Wäsche. Ein Eimer Wasser, $^1/_4$ Pfund Kernseife, zwei Eßlöffel Petroleum. Die Wäsche trocken in die kalte Lösung, darauf ins Kochen bringen und eine halbe Stunde kochen lassen. Beim Nachwaschen in frischem Seifenwasser läßt der Schmutz sich unschwer entfernen. Man verwendet die Petroleumlauge, in welcher das erste Zeug gewaschen wurde, zum Waschen des Küchenzeugs. Wir wiederholen, daß wenn Wäsche zwei- bis dreimal mit Petroleum behandelt ist, Bleichen unbedingt notwendig wird.

6. Waschen mittels automatischen Dampfwaschkessels

mit gelochtem Einsatz und mit verschiedenen heraufgehenden Röhren. Das Zeug wird tags vorher eingesteckt — natürlich nachdem es sortiert ward —, am besten in lauwarmem Wasser, welches, wenn es hart und kein Regenwasser ist, Boraxzusatz erhält; am Abend nimmt man die Wäsche aus dem Wasser, seift die schmutzigsten Stellen mit Kernseife gehörig ein auf einem Tische, ein Stück auf das andere legend, da hierdurch die Seife besser in den Stoff dringt. Am kommenden Morgen kommt die Wäsche in den Kessel, aber locker gelegt. Die Wäsche muß in kaltem Wasser langsam erwärmen, damit die Flecke nicht einbrennen. Man mache eine Lauge von Bleichsoda und feingeschnittener Kern- oder Salmiakseife. Ist die Wäsche warm geworden, kann man heißes Wasser nachtun. Man läßt die Wäsche eine halbe bis dreiviertel Stunden langsam kochen. Die Wäsche mitsamt dem Wasser wird nun herausgenommen und, wenn abgekühlt, gewaschen. Dies Waschen geht natürlich rasch und braucht nur noch wenig Seife.

7. Das Waschen in der selbsttätigen Dampfwaschmaschine.

Diese ist in drei verschiedenen Größen von 40—60 cm Durchmesser erhältlich. Es gibt dazu auch besondere Oefen, doch kann man den Herd ebensogut bei ihrem Gebrauch benutzen. Die eingeweichte Wäsche wird unter Terpentin- und Seifenzusatz in der Trommel recht gleichmäßig verteilt, darauf schließt man die Klappe, setzt den Kessel aufs Feuer, füllt ihn mit leichter Seifenlösung und genügendem Wasser bis unter den Rand und läßt die Wäsche etwa 20 Minuten kochen. Will man das Kochen einstellen, gießt man kaltes Wasser hinzu und nimmt die Wäsche mittels einer langen Holzstange, die am oberen Ende durch eine Feder zusammengehalten wird, heraus. So läßt man nach und nach alle Wäsche kochen und gießt beim jedesmaligen Herausnehmen Wasser mit Seifenlösung nach. Die Wäsche ist, wenn sie nicht gar zu schmutzig war, in den meisten Fällen so rein, daß sie kaum mehr des Nachwaschens bedarf.

8. Waschanleitung mit Salmiakwollwaschseife für Normalwollwäsche.

Man löse 1 Kilo Seife in 60 Liter lauwarmem Wasser (30—40° R) auf, indem man die Seife — in dünne Scheibchen geschnitten — dem Wasser zusetzt und einige Minuten umrührt, bis sie gelöst ist. In dies erhaltene Seifenbad weiche man die Wäsche ein und decke das Gefäß gut zu, weil die zusammengehaltene Wärme das Lösen des fetthaltigen Schweißes fördert. — Nach Ablauf von einer Stunde spüle man die Gegenstände tüchtig in dem Seifenbad, jedoch ohne zu reiben, und drücke die Wäsche mit der Hand oder Wringmaschine aus, worauf auch die schmutzigsten Stellen rein sind. Zur Entfernung der noch in der Wäsche zurückgebliebenen Seife spüle man sie in zwei lauwarmen Wassern nach. Jeder Zusatz von Soda, Fettlaugenmehl und anderen Surrogaten muß unterbleiben. Sehr zu empfehlen ist, die Wäsche in etwas feuchtem Zustande mit lauem Eisen zu plätten. Werden wollene Gegenstände nach vorstehender Vorschrift mit Salmiakwollwaschseife von Wilhelm Benger, Stuttgart, behandelt und wird alles Reiben und Bürsten vermieden, so bleibt Eingehen und Filzen beim Waschen bis auf ein Minimum beschränkt. Es ist strengstens darauf zu achten, daß die Seife vollständig im Wasser gelöst ist, ehe die Wäsche in das Seifenbad eingelegt wird, da ungelöste Seifenstückchen, mit der Wäsche zusammengebracht, der Wäsche schaden müssen.

Die feine Wäsche und das Glanzplätten.

In Familien, deren beschränkte Raumverhältnisse die Reinigung der großen Wäsche nicht gestatten, wird doch das sogenannte „Feine", also die Kragen und Manschetten, im Hause gewaschen, mindestens geplättet. Das ist um so mehr am Platze, als gerade diese Stücke unter den Händen der oft recht rücksichtslosen Wäscherinnen am meisten leiden und ihre Berechnung eine bedeutende Summe zu ergeben pflegt.

Ohne Zweifel würden sich noch weit mehr Hausfrauen mit dem Waschen und Plätten der feinen Wäsche befassen, wenn sie nicht von dem Vorurteil beherrscht wären, das Plätten, namentlich aber das „Glanzplätten", verlange besondere Vorrichtungen und Apparate, während es im Grunde nur auf sehr einfachem Verfahren und einiger Handgeschicklichkeit beruht.

Zu empfehlen ist folgendes kurze Waschverfahren:

In möglichst weichem Wasser löse man beste weiße Talgkernseife auf. Man schneidet zu diesem Zwecke hundert Gramm Seife in feine Scheibchen, gießt etwa einen Liter Wasser darauf und läßt sie auf dem Herde in einem großen Topfe oder Kessel von 5—6 Liter Inhalt kochen; wenn die Seife völlig aufgelöst ist, gießt man das Gefäß ³/₄ voll und legt die Wäsche (etwa ein Dtzd. Kragen und ebensoviel Manschetten) schmutzig hinein. Darauf läßt man sie, zuweilen umrührend und niederdrückend, langsam zum Kochen kommen. Nachdem sie ganz abgekühlt ist, drückt man die Wäsche aus der Seifenbrühe heraus und läßt währenddessen nochmals einen Topf voll Wasser kochend heiß werden, mit dem man die reine Wäsche aufbrüht und dann fest zudeckt. So bleibt dieselbe einige Stunden stehen. Aus diesem Wasser legt man sie möglichst auf die Bleiche, spült sie dann und trocknet im Freien. Das letztere ist unbedingt notwendig, soll die Wäsche nicht mit der Zeit einen gelben Schein annehmen. Das Bleichen mit Chlorkalk ist nur im Notfall gestattet, da es die Faser mürbe macht. Ein vorzügliches Bleichmittel, welches vielen unbekannt sein dürfte, besitzen wir im Winter in frisch gefallenem Schnee. Man gräbt dazu die Wäsche einfach in ein mit Schnee gefülltes Faß und läßt sie vielleicht über Nacht darin, dafür sorgend, daß das Gefäß mit der Wäsche kalt genug steht, damit der Schnee nicht unterdessen zu Wasser wird.

Beim Trocknen der feinen Wäsche gebrauche man die Vorsicht, je zwei Manschetten oder Kragen durch einen kräftigen Faden zu verbinden und so über die Leine zu hängen. Die Klammern lassen nicht selten einen Fleck am Zeuge zurück, der nicht Schmutz zu sein braucht, sondern häufig von dem meist harten Holze herrührt.

Ein wesentliches Erfordernis zum guten Gelingen des Plättens ist die gehörige Mischung der Stärke. In einem halben Liter Wasser von mindestens 60 Grad Wärme löst man zuerst einen knappen Kaffeelöffel voll Borax und ein wenig bestes Waschblau auf, darauf läßt man das Wasser etwas abkühlen und schüttet dann 125 g feine Reisstärke hinein. Diese löst sich in dem noch immer warmen Wasser viel besser auf als in kaltem und bewirkt eine gleichmäßige Verteilung, was bei dem feinen dichten Stoff der betreffenden Wäsche nicht unwesentlich ist. Mehr Borax werde keinesfalls genommen, da er die Gewebefaser brüchig macht.

In diese so vorbereitete Stärke taucht man die Manschetten und Kragen einzeln und drückt sie gut aus. Später, wenn die Stärke etwas zu dick werden sollte, gießt man noch etwas Wasser nach.

Die gestärkten Wäschestücke legt man flach — nachdem man sie noch gehörig durchgerieben hat — auf eine harte glatte Unterlage, die rechte Seite nach unten, und bestreicht sie, links derb aufdrückend, mit einem handgroßen Stück Stearin, die Falten dabei möglichst ausgleichend. Diese Manipulation erleichtert das Plätten, welches erst an dem andern Tag vorgenommen werden soll, ungemein. Die glatt zusammengelegte Wäsche wird in ein Tuch geschlagen und an einem kühlen Orte aufbewahrt; so hält sie sich mehrere Tage feucht und wird um so schöner.

Beim Plätten kommt es nicht wenig auf gutes Handwerkszeug: Plättglocke und Brett, an. Die erstere muß ziemlich schwer, sehr glatt und blank am Boden und mit festem bequemen Griff versehen sein. Messingglocken mit schmiedeeisernen Bolzen sind die besten, auf die Form kommt es nach unserer Erfahrung nicht an. Das Plättbrett muß

Das Abkanteln von Kragen und Stulpen.

Das Runden von Stulpen

eine starke Unterlage haben. Friesdecken genügen meistens nicht und sind sehr teuer. Viel billiger und zweckmäßiger erweist sich eine Unterlage von guter weißer Watte in doppelter Lage, die man mit Nägeln am Rande befestigt und mit einem dünnen festgenagelten Tuche gegen Verschiebung sichert. Beim Plätten der feinen Wäsche bedient man sich noch außerdem einer vollkommen sauberen Extraunterlage von möglichster Feinheit. Hierzu lassen sich alte abgewaschene Taschentücher recht gut verwenden.

Die Bolzen müssen in gleichmäßig starker Glut bis zum Rotglühen erhitzt werden. Dazu eignet sich ganz vorzüglich Steinkohlenkoks, zur Hälfte mit Braunkohlen gemischt. Auch Steinkohlen in Nußform mit gleichgroßen Braunkohlen geben gute Glut, die nur manchmal zu stark wird. Alle anderen Brennmaterialien sind nicht zuverlässig genug, ausgenommen Gas, das aber doch nur vereinzelt in Anwendung kommt. Die Plättglocken mit Holzkohlenfüllung erzeugen zu viel Staub, als daß sie bei feiner Wäsche, die noch eine besonders große Sauberkeit bedingt, mit Vorteil anzuwenden wären. Haben Messingglocken längere Zeit unbenützt gestanden, so empfiehlt es sich, sie mit einer Mischung von Kochsalz und Essig am Boden abzureiben, und ehe man sie auf die nasse Wäsche bringt, gehörig auf einem trockenen Stück abzuplätten.

Sind nun alle Vorbereitungen wie angegeben getroffen, so kann das Plätten der Kragen und Manschetten beginnen. Nehmen wir zuerst eine der letzteren und legen sie mit der linken Seite nach oben. Wir setzen die Glocke kühn auf die Mitte, mit der Spitze nach den Rändern zu fahrend. Ist die Manschette auf dieser Seite nahezu trocken, so wenden wir sie und streichen die rechte, nun heiß gewordene Seite recht sorgfältig und alle Fältchen ausgleichend mit Stearin. Damit bilden wir einen dünnen Ueberzug dieses Materials, welcher die Plättglocke leicht und sicher gleiten läßt und dem Stoffe zugleich Elastizität und Glanz gibt. Die winzigen Vertiefungen zwischen dem Fadengitter werden ausgefüllt, die Fläche erscheint glatt und eben und von höchster Feinheit. Nun markieren wir, mit der Spitze der Plättglocke leicht auf der Naht hinfahrend, den Rand. Noch etwas feucht wird die Manschette gerundet. Wir legen sie zu diesem Zwecke nochmals mit der rechten Seite nach unten, plätten von einer Schmalseite zur andern, dabei mit der linken Hand die Manschette hebend und sie über die Plättglocke biegend. Bis zum völligen Trocknen erhalten wir sie dann mittels Fadens in der gewünschten Lage.

Das Plätten von Stehkragen wird in gleicher, leicht zum Ziele führender Weise vorgenommen. Dasjenige von Umlegekragen verursacht etwas mehr Mühe und Aufmerksamkeit. Stets wird zuerst die linke Seite von Kragen und Bündchen geplättet, ehe wir die rechte mit Stearin bestreichen. Das Kanten hat vor dem Umlegen zu geschehen. Da wo der Kragen im Bruch liegt, darf das Bündchen nicht völlig trocken geplättet werden, der Kragen würde sonst an dieser Stelle brechen und nicht die gehörige Form annehmen. Beim Runden kommt dieser feuchte Rand überdies vortrefflich zustatten; er bewirkt, daß der Kragen scharf im Bruch liegt und trotz der vielfachen Stofflagen möglichst dünn erscheint.

Um ein handliches Stück Stearin zu erhalten, schmilzt man eine Kerze von der besten Sorte, gießt das Schmelzprodukt, nachdem man den Docht entfernt hat, in eine Obertasse, aus der man nach dem Erkalten das Stearin heraushebt. Man muß dazu die Obertasse ein wenig in heißes Wasser halten, damit der Rand weich wird.

Das beschriebene Verfahren liefert trotz aller Einfachheit ein vorzügliches Resultat. Das Plätten ist weniger Arbeit als Vergnügen, zumal es bei möglichster Schonung der Wäsche uns ganz bedeutende Ausgaben erspart.

Noch eine Art von Glanzplätten.

Zuerst sei erwähnt, daß viele elegante Herren keinen Glanz auf der Wäsche haben wollen, während andere wieder nur spiegelblanke Hemden verlangen.

Beim Glanzplätten lege man unter den zu plättenden Stoffteil eine Glanzpappe, um festen doch nicht spröden Untergrund zu haben.

Glanzstärke bereitet man aus 500 g feinster Weizenstärke und 20 g feingeriebenem Stearin, die man zusammen kocht.

Ein gut empfohlenes Material ist auch Silbernagels Patent-Glanz-Balsam, Berlin. Man erhält ihn in Packungen von 1,75 ℳ an bei G. A. Silbernagel, Berlin N. 31, Ackerstr. 136. Er dient als Zusatz zur rohen oder gekochten Stärke, befördert das Plätten und verhindert das Kleben der Stärke am Eisen sowie das Festsetzen der rohen Stärke am Boden des Gefäßes. Beim Rohstärken löse man 1 Pfd. Reisstärke in 4 Liter kaltem oder lauwarmem Wasser auf, brühe hierzu 1 bis 1¹/₂ Tafel Silbernagels Patent-Glanz-Balsam mit 2 Eßlöffel Borax zusammen in ca. ¹/₄ Liter heißem Wasser auf, rühre tüchtig um, lasse ein wenig abkühlen, gieße die Masse in die vorher aufgelöste rohe Stärke und rühre diese Mischung tüchtig um. Dann tauche man die trockenen Wäschestücke in diese Stärkemischung ein, drücke und reibe sie ordentlich durch, wringe aus, rolle das Stück Wäsche zusammen und lasse es ca. eine Viertelstunde liegen, damit die Stärke sich mit dem Stoff verbinden kann.

Danach lege man den betreffenden Gegenstand auf den Plättisch, streiche ihn glatt und fahre leicht mit einem nicht zu heißen Eisen einigemale hin und her, bis die Stärke bindet, dann plätte man mit starkem Druck in schnellem Tempo die Wäsche trocken.

Bei gekochter Stärke löse man nach obiger Anweisung Balsam und Borax zusammen auf, gieße, nachdem die Stärke gekocht ist, die Mischung hinein und rühre das Ganze gut um.

Anerkannt ist auch Hoffmanns Silberstärke (Marke „Mit der Katze"). Ueberall erhältlich und Vorschrift auf jedem Päckchen.

Vorhänge zu waschen.

Gardinen stäube man zuerst tüchtig aus und hefte sie mit langen Stichen ohne Knoten derartig vor dem Waschen zusammen, daß der mittlere Teil, welcher von der Sonne am meisten gelitten hat, von dem oberen und unteren bedeckt wird, lege sie abends in kaltes Wasser und am andern Morgen in warmes Seifenwasser, welches man dreimal erneuert und jedesmal heißer nimmt. Man bewegt die Gardinen nur darin hin und her, schlägt und preßt sie ein wenig, hat aber nicht nötig, sie zu reiben. Das reinere Seifenwasser benutzt man natürlich später noch für andere Wäsche. Man darf nicht auswringen, sondern nur flach gelegt ausdrücken. Man benötigt zum Steifen von vier Gardinenshawls ¹/₂ Pfd. Stärke und für jeden Shawl ein Stück Wachs von fast einem Taler Größe.

Man teile die Stärke in zwei Teile, damit die Gardinen gleichmäßig steif werden, und stärke sie, ohne sie zuvor zu trocknen. Man hänge sie im Sommer im Freien an einem windstillen Ort, im Winter auf einem sauberen Boden auf und klammere sie am äußeren, hinteren Saume an, damit sie nicht zusammenkleben, oder man breite sie über mehrere nebeneinander gespannte Leinen. Abends vor dem Plätten werden sie ziemlich naß eingesprengt, und vor dem Plätten ziehe man die Reihfäden sehr vorsichtig heraus. Durch das der Stärke zugesetzte Wachs gleitet das Plätteisen, ohne anzukleben, gut über die Gardinen hin.

Viele Frauen plätten die Gardinen gar nicht, sondern verfahren so: Nach dem Stärken werden sie ganz getrocknet, hierauf ziemlich stark eingespritzt und zusammengewickelt. Sind sie nach einigen Stunden oder andern Tags gleichmäßig feucht und weich, so legt man sie der Länge nach in die Hälfte, um ihnen die Breite der Wäschemangel zu geben, zieht, streicht und legt alles recht pünktlich und genau aufeinander, so, wie man sie fertig gebügelt haben möchte. So läßt man sie in die Mangel (Rollmaschine) einlaufen (der Stoff ist also nur doppelt) und rollt langsam und vorsichtig, damit sie nicht an den Walzen kleben bleiben. Nun werden sie gleich zum Trocknen an einen Ständer oder an ein Seil gehängt (bei letzterem ein Tuch untergelegt) und sind dann nach dem Trocknen steif, klar und gleichmäßig. Man trockne sie jedoch nicht im Freien, damit sie nicht rauh werden, sondern nur in geschlossenem Raum. Sie werden viel schöner und zarter als beim Bügeln, weil bei diesem oft einige Stellen rascher trocknen und dadurch weniger steif werden als feuchtere, und weil leicht einzelne glänzendere und mattere Teile je nach der Wärme des Eisens entstehen, was beim Rollen alles fortfällt, bei dem obendrein noch Zeit und Mühe erspart wird. Vorhänge mit Stickerei und erhabenen Teilen rolle man nicht.

Will man die Gardinen aber plätten, was stets zu zweien geschehen sollte, so sorge man für einen Tisch von der Breite der Vorhänge und lege vor jeder Plätterin Tücher auf den Boden, auf welchen Anfang und Ende der Vorhänge ruhen. Man plätte auf der linken Seite und beginne in der Mitte. Die geraden Kanten des Tisches müssen als Richtschnur zum Legen und Ziehen der Vorhänge dienen. Sollten trotz aller Vorsicht die Gardinen beim Aufhängen zipfeln, so feuchte man sie mit Spritze an und ziehe sie vorsichtig zurecht.

Wenn man Gardinen leicht färben will, so daß sie gelbweiß werden, so hat man dies vor dem Stärken zu tun. Dazu löse man ein Paketchen Cremepulver (für 10 ₰ beim Drogisten erhältlich) in etwa 5 Eimer recht heißen Wassers auf. Es reicht dies für vier Schleier (2 Fenster). Man teile jedoch das Gelbwasser in 4 gleiche Teile und färbe in je einem Teil einen Schleier unter ständigem Hin- und Herbewegen. Kommen alle Vorhänge zusammen in ein Gelbwasser oder gar nacheinander in das gleiche Wasser, so werden sie ganz ungleich in der Farbe, teils dunkel, teils hell. Man hängt sie sofort zum Trocknen auf, wenn möglich ziemlich wagerecht über mehrfach gezogenes Seil gelegt, damit das Gelbe gleichmäßig verteilt bleibt und sich mit dem Wasser nicht zu sehr nach unten zieht. Noch etwas feucht, stärkt man sie mit gekochter weißer Stärke, dieselbe ziemlich dick verwendend. Sehr zu empfehlen für Gardinenwäsche ist auch die fertig käufliche Cremestärke, die in mehreren Tönungen erhältlich ist. Weiter verdienen warme Empfehlung die Gardinenspanner; Anleitung wird beigegeben beim Kauf. Der Vorteil liegt in raschem Trocknen, Ersparen des Bügelns und großem Schonen des Gewebes. Die Spanner sind in Haushaltsgeschäften erhältlich.

Die Behandlung der Wäsche in besonderen Fällen.

1. Behandlung der Wäsche Kranker.

Bei ansteckenden Krankheiten darf die von Kranken sowie die im Krankenzimmer gebrauchte Wäsche nicht mit anderer Wäsche zusammen kommen, sondern muß, gesondert gehalten, nach ärztlicher Vorschrift behandelt werden. Ist man genötigt, die Krankenwäsche einer Waschanstalt zu übergeben, so hat man diese dahin zu unterrichten, daß sie die Wäsche von anderer getrennt läßt.

Das beste ist, bei ansteckenden Krankheiten die gebrauchte Wäsche sofort zu desinfizieren. Gewöhnlich empfiehlt der Arzt dafür Lysol, welches im Dunkeln aufzubewahren und vorsichtig zu handhaben ist. Man verfährt damit in folgender einfacher Weise. Auf je 1 Eimer Wasser gießt man $^1/_2$ Liter Lysol, rührt beides mit einem Holzlöffel gut durcheinander und deckt den Eimer zu. In diese Lösung steckt man sofort nach Gebrauch das Stück Wäsche ein, ohne es vorher viel zu bewegen, und läßt es gut untergetaucht 6 Stunden stehen. Ist der Eimer voll, so wird die Lösung ablaufen gelassen, frisches Wasser auf die Wäsche gegossen und 1 Stunde stehen gelassen; natürlich ist mittlerweile für das Krankenzimmer ein anderer Eimer hinzustellen. Bei leichten Erkrankungen, wie z. B. Schnupfen, stecke man die Wäsche sofort in eine scharfe Seifenlauge, welche in gewissem Maße desinfizierend wirkt. Auch das Auskochen solcher Wäsche, längere Rasenbleiche, gehöriges Durchfrieren auf der Leine während des Winters sind ebenfalls zu empfehlende Mittel, die man der Beruhigung halber einigemal wiederholen kann, ehe man die Wäsche in Gebrauch nimmt.

2. Wäsche von Wöchnerinnen.

Diese Wäsche muß sogleich nach dem Gebrauch gereinigt werden, indem man sie in lauwarmes Wasser steckt, gehörig mit Schmierseife einreibt und, nachdem sie gut gezogen hat, herauswäscht. Dieses erste Wasser gießt man sogleich fort und reinigt darauf die Wäsche in frischem Seifenwasser so lange und gründlich, bis sie ganz klar ist. Rasenbleiche sowie Durchfrierenlassen der Wäsche auf der Leine, oder wenn beides nicht möglich, Kochen der gereinigten Wäsche ist von großem Nutzen. Wird die Reinigung im eigenen Hause vorgenommen, und braucht man dabei fremde Leute, so ist darauf zu achten, daß keine andere Wäsche mit in dasselbe Wasser kommt.

3. Die Wäsche für kleine Kinder.

Der Verbrauch an Wäsche ist nie größer als während des ersten Lebensjahres eines Kindchens; nichts verursacht das leidige Wundwerden der Kleinen leichter als Naßliegen, nichts ist verkehrter als die Windeln nur zu trocknen, ohne sie vorher gewaschen zu haben. Häufiges Wechseln der Windeln und Unterlagen und jedesmaliges Waschen werde nicht versäumt. Jede Mutter sollte es sich sowie dem abwartenden Kindermädchen oder der Amme zur strengen Pflicht machen, daß jede naßgewordene Windel gleich in klares Wasser kommt. Jeden Tag nach dem Morgenbade werde das warme Wasser dann zum Auswaschen aller Tücher vom Tage vorher gebraucht. Hemdchen, Jäckchen, Steckkissen und alle Plättwäsche können je nach Bedarf an die Reihe kommen, die Windeln werden nur recht weich gerollt, wozu eine Handrolle höchst zweckdienlich ist, zumal das Fortgehen der Mädchen dadurch vermieden wird. An der Plättwäsche ist steifes Stärken ganz zu vermeiden.

Im Sommer werde womöglich im Freien getrocknet, für die Winterszeit ist ein sogenannter Zimmertrockner zu empfehlen; keinesfalls darf die Wäsche schlecht getrocknet wieder in Gebrauch kommen.

Verschiedenes.

1. Feine Stoffe zu waschen.

Das Waschen von Tüll und Spitzen fordert Vorsicht, alles Reiben ist dabei verboten, weil die Sachen dann jede Form verlieren würden. Man stäubt diese Teile zuvörderst aus und heftet sie dann entweder aufeinander und hierauf zwischen zwei feine Tücher, oder man wickelt sie um einen durchlöcherten Waschzylinder aus Porzellan, den man käuflich erhält, oder näht sie auf eine Flasche. Zu dem Zweck umnäht man eine starke Flasche mit einem Stoffteil, wickelt die Spitzen ganz flach und fest darum und heftet einen andern Stoffteil darüber, sodaß sich nichts verschieben kann. Man wäscht nun, nachdem man hat einweichen lassen, zwei- bis dreimal, spült, läßt in klarem Wasser ausziehen und danach trocknen; ist die Arbeit vorsichtig gemacht, so ist kein Plätten nötig. Echte Spitzen werden aufgesteckt getrocknet, dabei nadelt man sie längs des Außenrandes in Fasson auf und benutzt dafür Messingnadeln. Reich bestickte Batisttücher hefte man zwischen zwei ältere Tücher und wasche sie so.

2. Wolle und Seide zu waschen.

Bei jeder Art von Wäsche wollener oder halbwollener Kleider und anderer Sachen ist es rätlich, etwaige Flecke mit Fäden zu umziehen, um sie besser beim Waschen finden und behandeln zu können. Man bestreiche die Flecke mit Eigelb, was ihre Entfernung befördert.

Bei der Wäsche wollener Sachen darf man weder mit Seife noch mit Wasser sparen, auch muß man recht flink waschen und alles rasch fertig machen. Die Wollwäsche muß mehr gedrückt als gerieben werden, das Seifenwasser muß mittelheiß sein, auch das Spülwasser warm. Sehr schädlich würde das Aufstreichen von Seife auf wollene Sachen einwirken. Sind im warmen Spülwasser noch einige Seifenteile vorhanden, so ist dieses nicht nachteilig, die Sachen bleiben dadurch weicher. Genaue Anleitung zum Waschen wollenen Unterzeuges befindet sich auf Seite 61. Nach Wollwäsche darf nichts mehr gewaschen werden, da die dann im Wasser befindlichen Wollfasern sich den Wäschestücken anhängen. Beim Waschen buntwollener Strümpfe setze man dem Spülwasser etwas Alaun zu, wodurch die Farben sich halten.

Um das Einlaufen der wollenen Strümpfe zu hindern, sind Strumpfbretter sehr zu empfehlen, ebenso ist das häufige Umhängen von gestrickten Jacken, Tüchern und Unterröcken sowie das Zurechtziehen derselben, solange sie feucht sind, nützlich, damit sie wieder in die richtige Form kommen, sich nicht längen und nicht einschrumpfen.

Schwarze Woll- oder Seidenkleider, welche durch abwechselnd Regen und Staub fleckig geworden sind, reinigt man entweder, indem man den Stoff 24 Stunden in kaltes Regenwasser steckt, oder indem man auf 1 Eimer Wasser 1 kleine Obertasse Salmiak gießt und den Stoff 1 Stunde hineinlegt. In jedem Falle aber ist das vorherige Bezeichnen der Flecke mittels Umnähens mit weißen Fäden anzuraten, damit diese Stellen besonders vorgenommen werden. Hierauf spült man den Stoff, läßt ihn auslaufen und plättet ihn auf der Kehrseite gut.

Man kann den Stoff auch mit Panamarinde waschen. Man läßt diese 24 Stunden weichen, seiht sie durch ein Tuch, legt das Zeug 12 Stunden hinein, wäscht es und spült kräftig nach. Man rechnet etwa auf $^1/_4$ Pfd. Panamarinde 1 Liter Wasser.

Sind Kleider-Wollstoffe schon fuchsig geworden, so kann man die Farbe aufbessern durch Bürsten mit folgender Mischung: Seifenwurzel, Tischlerleim, Blauspäne, jedes zu 10 ₰ mit etwa 4 Liter Wasser einkochen lassen; hinterher muß man feucht plätten.

Seidene Waren wie neu zu waschen. Man nimmt Eidotter und streicht es wie Seife auf das Zeug, wäscht dasselbe mit lauem Wasser so lange, bis es rein ist, spült dann mit kaltem Wasser und läßt trocknen. Hernach nimmt man halb Gummi Tragant und halb Florsamen, weicht beides zusammen in einem Glase Wasser über Nacht ein, kocht es hierauf wie eine dünne Stärke und seiht es durch ein Tuch, worauf das Zeug durchgezogen wird, zuletzt hat man es zwischen zwei feinen Tüchern so lange zu rollen, bis es trocken ist.

Die Wäsche mit Ochsengalle, welche eigentlich schon etwas veraltet ist, mag hier auch Erwähnung finden; sie ist für farbige Wollstoffe zu empfehlen. Man rühre die Galle in einer Schale (etwa $^1/_2$ Liter auf 4—5 Liter Wasser) mit kochendem Wasser, bis dieses kalt geworden, wäscht nun die wollenen farbigen Gegenstände rasch darin und spült sie tüchtig nach. Sie werden im Schatten getrocknet und halbfeucht geplättet.

3. Das Waschen und Stärken farbiger Stoffe.

Gallseife sowie Panamarinde, welch letztere in Regenwasser aufgekocht, später durchgegeben und lauwarm zum Waschen benutzt wird, sind zum Waschen besserer farbiger Gegenstände immer zu empfehlen.

Jegliches farbige Zeug (auch die einfachsten Sachen) muß im Schatten und niemals im Sonnenschein getrocknet werden, da dieser die Farben auszieht. Bei empfindlichen Farben setze man dem Wasch- und Spülwasser etwas Salz oder Essig zu.

Für feinere bunte Wäsche, wie gestickte Deckchen, zartfarbige Schürzchen, wollene Kinderkleidchen usw., macht man eine Abkochung von Seifenholz. Für 20 ₰ Seifenholz wird mit ungefähr 15 Liter kochendem Wasser übergossen, tüchtig geschlagen und, wenn etwas erkaltet, durchgesiebt. In der erhaltenen Brühe werden obengenannte Sachen tüchtig gewaschen (ohne Seife), rein gespült und getrocknet oder eingeschlagen und feucht gebügelt. Die Gegenstände werden wie neu, selbst die allerempfindlichsten. Auch für seidene Wäschegegenstände zu empfehlen.

Buntstickereien lassen sich auch ausgezeichnet in Weizenkleie und in Kartoffelwasser waschen. Bei ersterem Verfahren nimmt man je nach Bedarf $^1/_4$ oder $^1/_2$ Pfd. Weizenkleie, die man einige Stunden im Wasser kochen läßt, worauf man die Brühe durch ein Tuch laufen und erkalten läßt. Man wäscht die Stickereien ein- bis zweimal durch und spült sie in klarem Wasser aufmerksam nach. Ein Steifen der Sachen wird fast unnötig, da durch die Kleie eine Art Steifheit schon entsteht.

Kattun- und Batistkleider erhalten in einer Abkochung von Weizenkleie, ohne Seife, und Spülen in kaltem Wasser mit etwas Leimzusatz ihre ganze Frische und Steife wieder; will man sie mit Kartoffeln waschen, so rechnet man auf ein Kleid 3—4 Liter Kartoffeln, schält, wäscht und reibt sie, verdünnt sie mit lauwarmem Wasser und wäscht ohne jede Seife das Kleid darin rein. Gehöriges Nachspülen ist zur Entfernung der vielen Kartoffelfasern notwendig.

Besonders gut auch ist die Wäsche mit Bohnenwasser für leichtere Sommerkleider; man nimmt hierzu 1 Pfd. weiße Bohnen auf etwa 5 Liter Wasser, kocht sie weich und wäscht in der Brühe das Kleid. Zum Spülen nimmt man lauwarmes Wasser, welchem man noch Borax hinzufügt, steift mit Gummi arabikum oder Gelatine und plättet feucht.

Zum Steifen heller Sommerkleider kann man sogenannten Kleiderleim nehmen, der in Drogerien zu haben ist; man benötigt für ein Kleid etwa 1 Tafel Leim, die man in $1^1/_2$ Liter Wasser unter fortwährendem Rühren kocht; auch ist Gelatine sehr gut, und Hausenblase besonders für Satin ganz ausgezeichnet, nur natürlich etwas teuerer. Von Gelatine nimmt man für 1 Kleid nur 15 Blatt, die man in 2 Liter Wasser auflöst.

Einfache dunkle Kleider steife man mit gewöhnlichem Tischlerleim. Ebenso kann man auch Kleider und farbige Schürzen in abgerahmter Milch steifen, in welche man sie taucht, sie danach ordentlich auswringt und trocknet. Man sprengt sie vor dem Plätten ein, wickelt sie fest zusammen und plättet wie gewöhnlich. Weiße Stoffe können jedoch nicht in Milch gesteift werden.

Bunte Kleider sollte man von der linken Seite steifen (also mit Gelatine oder Leim bestreichen) und plätten.

Farbigen Barchent zu waschen. Der wollige bunte Barchent behält sein sammetartiges Aussehen, wenn man ihn vorsichtig wäscht, gleich etwas in Fasson zieht und rasch und im Dunkeln trocknet. Er wird nicht gebügelt.

4. Das Waschen von Handschuhen.

Baumwollene Handschuhe sowie solche aus Zwirn ziehe man an und wasche sie in Seifenwasser, bis sie rein sind; das lauwarme Spülwasser erneuere man so lange, bis es völlig klar ist, wringe die Handschuhe mehrmals fest durch ein Tuch aus, schlage sie locker, ziehe sie über und lasse sie an der Luft trocknen. Verschiedenfarbige Handschuhe darf man nicht in dasselbe Wasser nehmen.

5. Das Waschen von Ledertüchern.

In vielen Haushaltungen werden zum Abputzen der Möbel die schönen weichen Ledertücher verwendet, welche bei ihrer Reinigung jedoch besonderer Aufmerksamkeit bedürfen. Man reibt die schmutzigen Ledertücher mit Seife ein und läßt sie an gleichmäßig warmer Stelle einen halben Tag im Wasser, worin Soda aufgelöst war, weichen. Hierauf spült man sie in diesem Wasser, bis sie möglichst rein sind, und tut sie in frisches Seifen- und Sodawasser, in welchem man sie bis zu völligem Reinsein spült. Dann drückt man sie fest aus, trocknet sie zwischen reinen Tüchern, hängt sie zu ganz raschem Trocknen auf, zieht und zupft sie in ihre ursprüngliche Form zurecht und bürstet sie zum Schluß gehörig auf beiden Seiten. Sie sind dann wieder wie neu und können, auf diese Weise vorsichtig behandelt, sehr lange Zeit dienen, während sie, falls sie Dienstboten überlassen werden, nach kurzem Gebrauch hart, schmutzig und brüchig, also völlig unbrauchbar in den Ecken liegen.

Fensterleder weicht man in lauwarmem, mit Salmiakgeist durchsetztem Wasser eine Viertelstunde ein, wäscht durch diese und dann durch eine zweite gleiche Mischung. Man zieht sie aus und trocknet im Schatten bei Zugluft.

6. Das Waschen von Korsetts.

Man entfernt Stäbe und Schnürlitze und bessert etwaige Schäden am Korsett aus. Das Reinigen geschieht mit einer mittelharten Bürste. Man stellt ein Gefäß mit lauwarmem Seifen-, ein anderes mit klarem kalten Wasser zurecht, nimmt zwei reine Tücher dazu und bürstet strichweise erst mit Seifenwasser, dann mit kaltem Wasser, worauf man mit dem Tuche trocken reibt. Wenn eine zweite Person das Korsett straff auf ein Brett oder den Tisch hält, geht die Arbeit rasch vor sich. Man hüte sich, das Korsett zu feucht zu machen, erneuere das Abwaschwasser oft und nehme nur reine Stellen des Tuches. Man trockene rasch und bügele über einem Tuch. Steifung erzielt man durch Bestreichen des Korsetts mit dünnem Stärkewasser während des Bügelns.

Von der Fleckenreinigung.

Wenn sich in der Wäsche Flecke befinden, entferne man sie baldmöglichst. Läßt man sie längere Zeit in den Wäschestücken haften und versucht dann erst, sie mit einem der verschiedenen Mittel daraus zu vertreiben, wird es leicht vorkommen, daß an Stelle der Flecke später Löcher zu finden sind. Nun wird meistens dem Mittel schuld gegeben, jedoch ist dieses verkehrt, denn viel wahrscheinlicher ist es, daß die Faser des Stoffes schon durch den Fleck sehr angegriffen war. Haupterfordernis beim Fleckeausmachen ist sorgsames öfteres Auswaschen mit frischem Wasser, damit keine Spur der dazu gebrauchten Chemikalien zurückbleibt, da dieselben meist eine zersetzende Wirkung ausüben.

Das mehrfach genannte Eau de Javelle kann man selbst bereiten, indem man 20 Teile Chlorkalk mit hundert Teilen Wasser verreibt und dazu 500 Teile Wasser tut, in welchem man 25 Teile kristallisiertes Soda aufgelöst hatte. Nach 24 Stunden abgießen und in dicht verschlossenem Glase im Dunkeln aufbewahren.

Ein anderes Fleckwasser stellt man her aus 30 g Chlor und 30 g Pottasche, die man mit 1 l Wasser anbrüht und durchgibt. Das Wasser ist in einer dunkeln Flasche aufzubewahren. Auf den Fleck etwa einen Teelöffel voll einreiben und gleich nachwaschen.

Weinflecke soll man vor dem Einlegen der Wäsche mit Butter einreiben und dann mit grüner Seife überstreichen. Aus cremefarbenen Stoffen, baumwollenen Kleidern, Schürzen und Decken, kann man frische Rotweinflecken durch Eintauchen in kaltes, darauf in heißes Wasser, Beträpfeln mit scharfem Essig und ordentliches Nachspülen entfernen. Bei weißer Wäsche nützt Zitronensaft und Bleichen (das Gießen darf nicht vergessen werden) in brennender Sonne. Aeltere Flecke reibt man mit einer Weinstein- und Wasserlösung so lange, bis sie fort sind, ein.

Flecke von rotem Wein oder Kirschen werden am besten durch Bleichwasser (eine Auflösung von oxydiert salzsaurem Kali in Wasser) vertilgt. Zuerst wäscht man das Zeug, soweit der Fleck reicht, mit reinem Wasser aus, dann vermengt man, nach Verhältnis der Größe des Flecks, ein Weinglas voll von dem Bleichwasser mit ebensoviel oder auch doppelt soviel reinem Flußwasser, taucht den befleckten Teil in diese Flüssigkeit und läßt ihn darin liegen. In Zeit von höchstens 24 Stunden, zuweilen auch früher, ist der Fleck gänzlich verschwunden, ohne die Wäsche im geringsten zu zerstören. Nach Entfernung des Flecks wird die Wäsche wie gewöhnlich gewaschen und getrocknet.

Teer, Wagenschmiere, Oelschwärze. Dergleichen Flecke bestreiche man sofort recht dick mit Talg oder Butter, sodaß sie ganz damit bedeckt sind. Nach ein bis zwei Tagen werden die Flecke mit Seife eingeschmiert und mit heißem Wasser ausgewaschen, bis sie völlig herausgegangen sind.

Hat man Rostflecke in der Wäsche, so warte man, bis sie auf der Bleiche liegt. Für 5 ₰ Kleesalz wird in einer Obertasse kochenden Wassers aufgelöst; damit reibe man die Stellen, lasse sie einige Minuten bleichen, bis der Fleck ganz verschwunden ist, und spüle den Gegenstand sofort in klarem Wasser ab. Bei diesem Verfahren leidet die Wäsche nicht.

Oder: Man feuchtet die Flecke mit kaltem Wasser an und reibt sie auf einem heißgemachten zinnernen Teller mit Sauerkleesalz ein; sobald sich die Flecke herausgezogen haben, welches sehr bald geschieht, wäscht man den Stoff sogleich rein aus, weil sonst die Wäsche leicht Schaden leiden könnte.

Auch kann man dergleichen Flecke mit Zitronensaft oder Saft von unreifen weißen Johannisbeeren einreiben und so eine Zeitlang liegen lassen, worauf das Ganze mit Wasser ausgewaschen wird.

Wenn man Weinstein in kochendem Wasser auflöst und die Flecke in kochende Auflösung taucht, so verschwinden sie. Man wäscht sogleich mit Wasser nach.

Ein weiteres absolut sicheres Mittel gegen Rostflecke besitzen wir in der Anwendung von Oxalsäure. Diese fordert als scharfes Gift doppelt vorsichtige Handhabung. Man feuchtet mit ihr den Fleck, reibt ihn sanft und spült und wäscht, bezw. kocht alsbald tüchtig aus.

Moderflecke entstehen, wenn die Wäsche feucht zusammengelegt wird; man entfernt sie, indem man die Stellen mit Butter bestreicht, diese einige Zeit darauf läßt und dann auf den Fleck mit Wasser angefeuchtete Pottasche bringt. Jetzt wäscht man die Sachen aus und läßt sie tüchtig bleichen.

Stockflecke aus Leinwand zu bringen. Man vermischt $^{1}/_{2}$ Lot Salmiak mit zwei Handvoll Salz, und nachdem es zu Pulver gestoßen, läßt man es in einem neuen Topfe mit 1 Liter Flußwasser eine halbe Stunde kochen. Dann breitet man die trockene Wäsche, in welcher sich die Stockflecke befinden, auf dem Rasen aus, benetzt die Flecke einigemal mit diesem Wasser, läßt an der Sonne trocknen und verfährt nachher auf die nämliche Art noch einigemal.

Obstflecke. Bei Weißzeug feuchte man die befleckten Stellen an und halte sie über einen angezündeten Schwefelfaden. Bei buntem Zeuge würde der Schwefel die Farben fortnehmen; bei solchem Stoff kann man sich bisweilen helfen, wenn man die Stellen sofort in süße Milch taucht.

Obstflecke verschwinden auch dann, wenn man die Wäsche zu der Zeit bleicht, wenn dieselbe Frucht wieder blüht; auch dieses Mittel ist bei bunten Stoffen nicht anwendbar.

Grasflecke entfernt man mit einer schwachen Lösung Zinnsalz. Sie muß sofort abgespült werden.

Tintenflecke entfernt man aus der Wäsche, indem man 20 g Weinstein und 15 g Alaunpulver in kochendem Wasser löst und noch heiß auf dieselbe bringt. Die Sachen leiden dadurch absolut nicht. Bei Gegenständen, die man nicht gern feucht behandeln will, nützt das Auflegen von Zitrone. Oft zieht der Zitronensaft den Fleck erst nach sechs bis acht Tagen fort, dennoch ist für dünne Gewebe, Spitzen u. dergl. das Mittel nicht zu verachten. Als jederzeit leicht erhältliches Milderungsmittel sei Milch genannt, die aber nur bei frischen Flecken wirkt. Übrigens bleibt festzustellen, ob der Fleck etwa von Kopiertinte herrührt, diese weicht bedeutend schwerer, oft überhaupt nicht. Das beste, was man bei ihr erreicht, ist, daß der Fleck vom Schwarz ins Braune übergeht. Bei Tintenflecken tut wiederum die obenerwähnte Oxalsäure beste und sicherste Dienste; man gebraucht sie, wie bei Rost angegeben ward.

Blutflecke weichen aus Seide und hellen Wollstoffen am leichtesten, wenn man angefeuchtete Weizenstärke darauf legt. Das Blut zieht in die Stärke, die man, wenn getrocknet, abstäubt.

Kakaoflecke entfernt man, indem Glyzerin und Eigelb vermengt und damit die Flecke eingerieben werden. Man wäscht mit heißem Wasser aus und plättet noch feucht die Stellen auf der linken Seite mit warmem Bügeleisen trocken.

Wachs-, Stearin- und Harzflecke müssen zuerst durch ein lösendes Mittel sozusagen geschmolzen werden. Bei waschbaren Stoffen genügt dafür Terpentin, bei solchen, die Wäsche nicht vertragen, muß man reinen Spiritus nehmen. Harz löst sich nur durch Spiritus. Man blättert zuerst, durch Streichen mit dem Fingernagel unter dem Stoff her, die oben auf demselben liegende Wachs- oder Stearinmasse ab und entfernt möglichst viel davon durch Schaben und Abblasen. Dann betupft man den Fleck so lange und eindringlich, bis die fettigen bezw. harzigen Teile sich lösen, und reibt die zwischen den Gewebefäden befindlichen Masseteilchen durch ein in Spiritus getauchtes Leinenläppchen tunlichst heraus. Spiritus macht keine Flecke, immerhin hat man für zarte Seidenstoffe ein noch feineres und höchst wirksames Mittel in der Eau de Cologne, ein noch besseres im Chloroform, welche alle genannten Materien sofort auflösen und ihre Entfernung leicht machen. Vorsicht ist bei Gebrauch des Chloroforms und der brennbaren Flüssigkeiten nötig.

Verschiedene Waschmittel und empfohlene Seifen.

Um nichts zu übersehen, stellen wir hier noch einige selbst zu bereitende Seifen und andere Waschmittel zusammen, die sich an anderer Stelle nicht wohl einfügen ließen.

Zwei Vorschriften zum Seifekochen im Haushalt.

1. Erforderlich: 10 Kilo Talg oder irgend ein anderes Tier- oder Pflanzenfett (Schweine-, Pferde-, Knochenfett, Tran, Palm-, Palmkern-, Oliven-, Kokosnuß-, Sesam-, Erdnuß-, Lein-, Rüb-, Baumwollsamenöl), 5 Kilo 40grädige, mit 6 Kilo Wasser verdünnte Aetznatronlauge, erhältlich durch Drogerien oder von Seifenfabriken. Man gibt Fett oder den vierten Teil der verdünnten Lauge in den Kessel, läßt gut durchkochen, bis inniger Verband eintritt; wenn nicht, so gibt man langsam etwas Wasser hinzu, bis sich Fett und Lauge zu einem dicken Brei verbunden haben. Ist dies geschehen, so gibt man unter stetem Kochen und beständigem Rühren die ganze Lauge langsam noch hinzu, wodurch dann ein klarer Leim entsteht. Die Seife darf sich, während die Lauge zugegeben wird, nicht trennen. Nun fügt man so viel Salz hinzu, bis sich die Seife trennt, d. h. der Ueberschuß von Wasser und Schmutzteilen sich ausscheidet. Man läßt die Seife 4—6 Stunden in gedecktem Kessel stehen, damit sich die Salzlauge absetzt, und schöpft dann die Seife sorgfältig in einen dichten Holzkasten zum Erkalten. Dabei muß sie gut zugedeckt sein, sonst wird sie rissig.

2. $1^{1}/_{2}$ Kilo Fett, $1^{1}/_{2}$ Kilo Aetznatron und 1 Liter Fluß- oder Regenwasser wird in einem großen Topf oder Kessel, der damit zur Hälfte angefüllt ist, zwei Stunden ununterbrochen gekocht. Mit einem kräftigen, breiten Rührscheit, Ruder, wird beständig umgerührt und etwas Regenwasser zum Zugießen bereit gestellt. Um das Ueberkochen der Lake zu verhüten, legt man einen Knüppel quer über den Kessel. Das Rühren ist nötig, weil die Masse sehr leicht anbrennt; ist dies Unheil aber einmal geschehen, so ist die Sache nicht wieder aufzubessern, ebensowenig, wie etwa angebranntes Fleisch, angebrannte Milch oder Suppe wieder genießbar zu machen ist. Nachdem die Seife ausgesalzen ist, gießt man sie durch grobes Leinen, am besten Scheuertuch, und läßt sie bis zum Erkalten stehen. Nun schneidet man mittels eines dünnen, kräftigen Bindfadens oder einer Darmsaite Riegel, wäscht sie in Flußwasser, trocknet ab und schneidet die Riegel in passende Stücke. Die zurückgebliebene Lauge kann man, sehr stark verdünnt, zum Scheuern benutzen.

3. Kartoffeln werden in Wasser zu einem Schleim gekocht; dieser wird auf das beschmutzte Zeug gestrichen, und das hierauf erfolgte Waschen reinigt die Wäsche wie die beste Seife, schont sie aber mehr, und es ist kein anderer Zusatz oder künstliches Verfahren dabei erforderlich. Auch gefrorene Kartoffeln können hierfür dienen. Sie werden mit Wasser übergossen, wodurch ein Schaum entsteht, der, ebenso wie das abgegossene Wasser, zum Reinigen seidener Stoffe geeignet ist, ohne die Farbe anzugreifen. — Auch wilde oder sogenannte Roßkastanien können geschält, gerieben und in Wasser eingeweicht werden, wobei sie eine seifenartige Eigenschaft aufweisen, die das Waschen und Bleichen der leinenen Wäsche erleichtert; auch kann man sie im ganzen in Wasser auskochen. Um Farnkraut, welches in manchen Gegenden reichlich wächst, als Seife zu gebrauchen, sammelt man eine Quantität desselben, läßt es gut trocknen und verbrennt es, doch so, daß man die Asche rein erhält. Dieselbe wird mit Seifenlauge angemacht und die Masse dann zu Kugeln in der Größe eines Apfels gebildet, die man an der Sonne trocknen läßt. Diese Kugeln dauern lange und sind als tägliche Stellvertreter der Seife zu benutzen. Die damit gereinigte Wäsche wird nicht nur schön weiß, sondern auch ins Blaue fallend und nimmt auch keinen übeln Geruch an, wie es zuweilen bei der gewöhnlichen Seife geschieht, wenn sie nicht sorgfältig wieder herausgespült wird.

Vom Bäuchen, Büken und Laugen.

In Landorten wird noch viel das Bäuchen der Wäsche angewandt. Dabei wird die Wäsche naß gemacht, in eine große Bütte, die am unteren Rande einen Spund zum Ablaufen des Wassers hat, gefüllt und einen ganzen Tag fortwährend mit kochender Aschenlauge übergossen. Die erkaltete Lauge wird unten abgelassen und wieder kochend gemacht. Nachher wird erst gewaschen. Bei dieser Waschart wird die Wäsche auch sehr rein, da aber dabei gebleicht werden muß, ist das Verfahren nur in Landgegenden anwendbar, wo Raum und Kräfte genügend zur Verfügung stehen.

Vom Schwefeln.

Damit die weiße Wollwäsche nicht gelblich werde, tut es not, sie dann und wann zu schwefeln. Man verfährt dabei folgendermaßen: Zuerst tut man in einen offenen Blechkasten den Schwefel und setzt ihn in einen Deckel- oder Reisekorb. In letzterem befestige man einige hölzerne Stäbe, auf welche die zu schwefelnde feuchte Wäsche gehängt wird. Nun brennt man den Schwefel an und macht den Korbdeckel zu. Nach einiger Zeit kann man die Wäsche herausnehmen und zum Trocknen aufhängen. Sie wird dann schön weiß sein.

C. Vom Ausbessern.

Das Tragen der Wäsche sowie das wiederholte Reinigen derselben nützt auch bei vernünftigster Behandlung den Gewebefaden der Wäschestücke ab und läßt schadhafte Stellen entstehen. Dieselben befinden sich stets an den Punkten, die am stärksten angeschmutzt waren und infolgedessen beim Waschen am kräftigsten in Angriff genommen werden mußten: ein Beweis für die in einem anderen Kapitel aufgestellte Behauptung, daß die rechtmäßige Benutzung unsere Wäsche weniger angreift als das Waschen.

Rechtzeitiges Ausbessern schiebt den Verlust manches Stückes auf ein Weilchen hinaus, es hindert rasche Vergrößerung der Schäden und legt Zeugnis ab für die Gewissenhaftigkeit der Hausfrau und für ihren Ordnungssinn. Von einer Frau, die zerrissenes Küchenzeug leidet, deren zum Trocknen aufgehängte Leibwäsche Löcher zeigt, die wohl gar Tischwäsche auflegt mit geschlitzten Stellen, wird niemand viel halten: der einfache Ordnungssinn verbietet dies; dennoch sei gewarnt vor dem unvernünftigen Flicken und Stopfen! Da glaubt manche Frau es sich schuldig zu sein, auch auf das älteste Stück noch Stunden der Arbeit zu verwenden, da dreht so manche den vernünftigen Spruch: „Ein Flicken schändet nicht" um und meint: „Jeder Flicken bringt Ehr." Nein, das tut er nicht, sondern es kann der vollendetste Musterstopf ein Fehler sein, das sparsamste Flicken eine Verschwendung, wenn nicht vernünftiges Maß dabei gehalten wird.

Aber nicht nur darauf kommt es an, ob der Stopf oder Flick feiner oder gröber auszuführen sei, sondern auch darauf, ob die Ausbesserung nicht überhaupt besser unterbliebe, um anderweitiger Verwendung Platz zu lassen. Wir teilen daher unser Thema ein in Stopfen, Flicken und Verwerten der beschädigten Wäschestücke.

Das Stopfen.

Gegenstände, die erst kleine Schäden aufweisen, stopft man; nur bei Tischzeug oder in dem Falle, daß besonders wertvolle Stücke durch Unglück ein Loch erhalten haben, stopft man auch größere Schäden. Im allgemeinen unterbleiben große Stopfe besser. Beim Stopfen halte man die Wäschegegenstände ausgebreitet gegen das Licht, um auch die nur dünn gewordenen Stellen sehen zu können. In diesen ziehe man mit feinem Faden und Stopfstichen auf und ab, wodurch man verhütet, daß alsbald Löcher entstehen.

Ein Stopf ist um so schöner, je unsichtbarer er nach der Beendigung ist. Um dies zu erreichen, muß man zum Stopfen Material nehmen, welches dem Gewebefaden gleicht; stets sei es weich, um sich an den Uebergangsstellen tunlichst dem Stoff einzuschmiegen. Eine feine lange Nadel dient zum Durchziehen.

Man stopft auf der linken Seite des Stopfes und muß bei größeren Stopfen den Stoff sehr glatt auf ein Stopfkissen oder Wachstuch spannen; bei kleinen Stopfen ist dies nicht nötig. Der Schaden wird stets rechtwinklig ausgeschnitten, und die Stichreihen sind auf allen Seiten einige Stiche tief in den Rand hineinzuarbeiten, auch wird beim Wenden je eine kleine Fadenschlinge stehen gelassen. Erst spannt man die senkrechten Fäden, alsdann durchzieht man

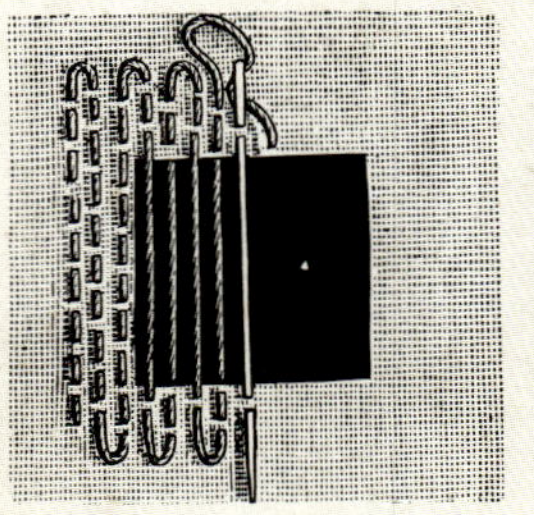

1. Das Vorziehen der Fäden beim Stopfen.

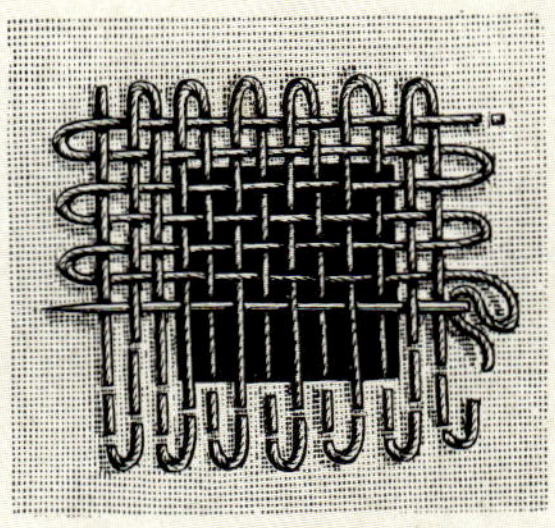

2. Das Durchziehen der Fäden beim gewöhnlichen Stopf.

sie wagerecht, wie unsere Abb. 1 und 2 dies im Groben vorführen, nur um die Bewegung klar darzustellen.

Je nach dem zu stopfenden Gewebe wird es nötig, Streifen, Karos oder Gewebemuster einzustopfen. Für letztere zeigen wir das Verfahren an einfachen Drillichmustern mit Abb. 3 u. 4, und es ist aus ihnen ersichtlich, daß die Musterbildung erst bei den Durchschußfäden vor sich geht, während bei den Langfäden nur am oberen und unteren Rande die Stiche dem Gewebeschlage folgen.

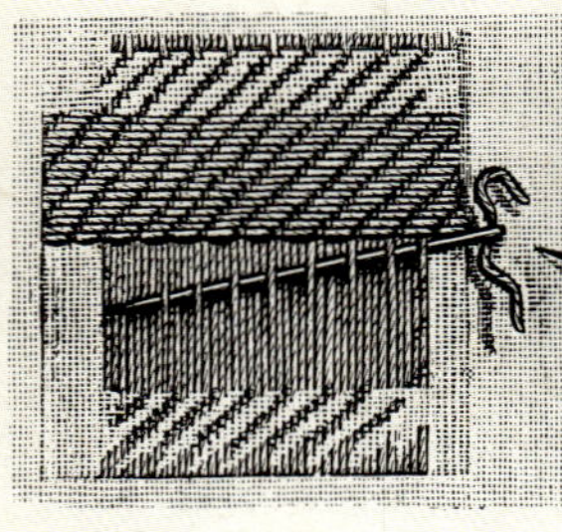

3. Drillichstopf.

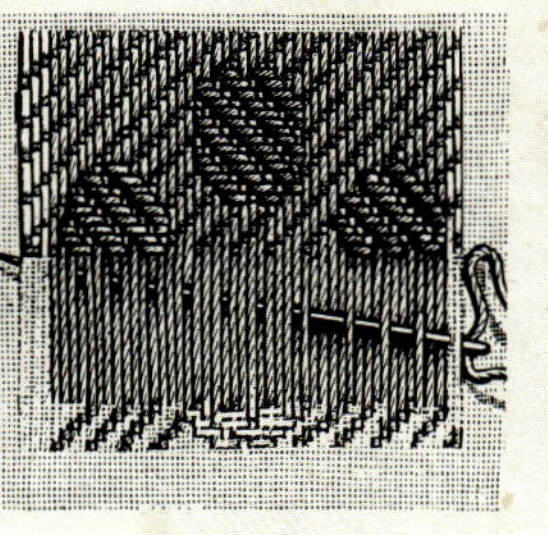

4. Gebildstopf.

Bei schwierigen Mustern ist es rätlich, sich auf Netzpapier die Folge der Musterlinien vorzuzeichnen, man macht dafür je einen Punkt in die auf die Nadel zu nehmenden Fäden, während man für alle unter der Nadel liegenden Fäden ein leeres Feld läßt.

Häufig zeigen Wäschestücke fadenscheinige Stellen, die noch nicht Löcher sind, diese durchzieht man mit feinem Faden möglichst ähnlich dem Gewebefaden, und zwar in der Richtung, welche die meisten gebrochenen oder doch dünnen Fäden aufweist. Oft auch sind Risse zu stopfen, welche bei Wäsche meistens die Winkelform annehmen; man schiebt dabei die Rißkanten aneinander, beginnt einige Stich unterhalb des Risses, geht bis zum Winkel und von da weiter. Keine der Kanten darf eingehalten werden, weil sonst die Stelle sich schief zieht und bald daneben wieder reißt. Neuerdings stopft man auch vorzüglich mit der Nähmaschine; besonders für Gardinen zu empfehlen.

Zwei Stopfe, die, wenngleich nicht allzuoft, dennoch in jedem Haushalt gelegentlich vorkommen, sind der Tüllstopf und der Strickstopf.

Ersterer, den wir mit Abb. 5 stark vergrößert darstellen, kann bei guten Spitzen große Dienste leisten; er wird in hin und her gehenden Reihen derartig gearbeitet, daß in der Hinreihe die Languette (bei welcher, wie ersichtlich, eine doppelte Drehung vorzunehmen ist) ausgeführt wird und bei der Rückreihe der bis dahin noch einfache obere Teil der Tüllmasche mit Faden umwickelt wird. Bei ihm, ebenso wie beim Strickstopf, wird zuerst eine rechtwinklige Oeffnung vorgesehen, und muß an den Seiten der Uebergang in das Gewebe sorgsam verborgen werden.

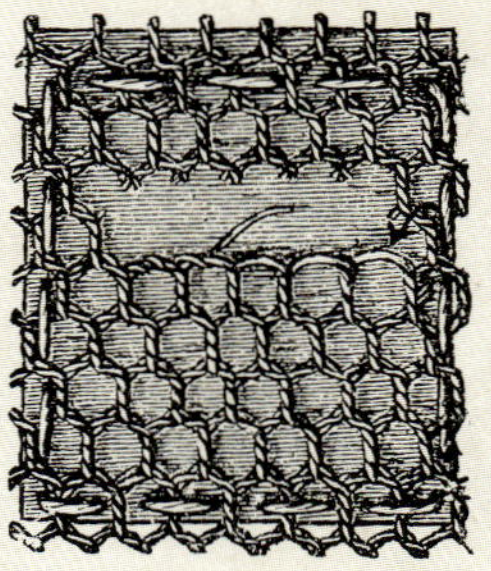

5. Tüllstopf.

Strickstopf wird man wohl nur in den seltenen Fällen anwenden, daß in einen gestrickten noch neuen Gegenstand ein Loch gekommen ist, oder bei Kinderstrümpfen am Knie, wo ein gewöhnlicher Stopf häßlich aussieht. Um für die Stopffäden einen Halt zu haben, zieht man, so wie Abb. 6 es zeigt, einen feinen, aber haltbaren Faden durch die unteren und oberen losgelösten Maschen; um

6. Strickstopf.

7. Strickstopf.

diese Haltefäden herum führt man nun hin und her gehend und seitwärts in die noch heilen Maschen, soweit wie nötig ist hinüberreichend, die Stopfbewegung aus. Deutlichkeitshalber zeichneten wir den Stopffaden auf Abb. 7 mit weißem Garn. Die Haltefäden kann man nachher entfernen.

Zu beachten ist, daß nie hartes Garn zum Stopfen genommen werden darf, und daß die Dichtigkeit der Stiche im Verhältnis zu dem Zustande des zu stopfenden Stückes stehen muß, sonst kann es leicht kommen, „daß der Schaden ärger wird denn zuvor".

Das Flicken (Einsetzen neuer Stücke).

Ueberall, wo ein Stopf nicht mehr wohlangebracht erscheint, greift man zum Hilfsmittel des Einsetzens eines Flickens; auch hierbei wird auf Gleichartigkeit des Materials zu achten sein, auf gleichen Fadenlauf, genau aneinander passendes Muster, wo solches vorhanden; auch hier schneidet man die schadhaften Stellen rechtwinklig aus dem Stoff heraus, und zwar bis über etwaige schwächere Ausläufer des Schadens hinaus. Denn schwache Kanten neben dem eingesetzten Flicken würden bald zu weiterem Reißen führen. Andere als rechtwinklige Form meidet man, weil sie nicht den nötigen Vorrat an Fäden bieten würde, um Haltbarkeit der Flicknaht zu sichern. Hat man Flicken anzubringen an Stellen, die von einer Naht durchschnitten werden, so trennt man diese ober- und unterhalb des Loches auf, flickt jede Hälfte gesondert und näht dann wieder zusammen; ebenso verfährt man da, wo der Flick im Saum endet.

Den einzusetzenden Flick muß man ringsum um doppelte Nahtbreite größer schneiden als das ausgeschnittene Loch, denn dieses selbst wird durch die Naht ringsum noch um eine Nahtbreite vergrößert.

Bei Wäsche setzt man große Flicken mit doppelter Naht ein. Man näht dabei jede Seite des Flickens vorsichtig und fadengerade an und achtet bei der vierten Seite darauf, daß ihre Stiche in der vierten Ecke genau mit der Stichreihe der ersten Seite zusammentreffen. In jeder Ecke kerbt man den Lochrand alsdann ein, damit er den überschlagenden Rändern des Flickens nachgibt.

Der einzusetzende Flicken liegt auf der Kehrseite des Gegenstandes und wird auch hier übergesäumt; die Naht darf nicht dick gerollt sein, muß gleichmäßige Breite haben, und der Flicken muß völlig glatt liegen. Damit er nicht einlaufe, wasche man ihn vorher, falls man überhaupt neuen Stoff nimmt, was auch nur unter Umständen angebracht scheint.

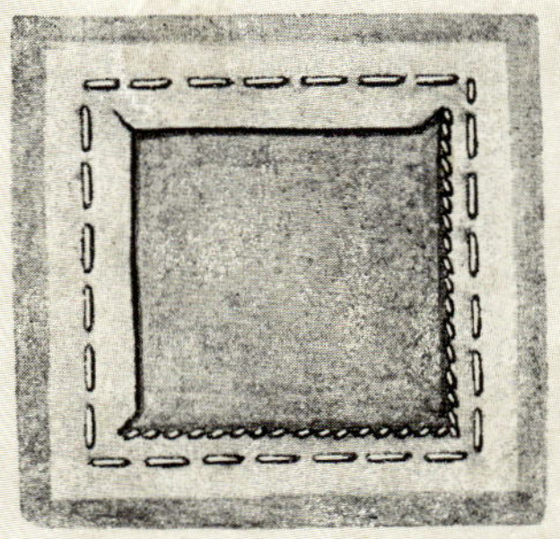

Flicken, von jeder Seite aufgesäumt.

Bei kleineren Flicken ist es ratsamer, das Ergänzungsstück flach aufzuheften und jeden Teil flach und mit feinen Saumstichen auf den anderen zu nähen. Bei guter Arbeit sieht der Flick sauber aus.

Solche Teile der Wäschestücke, die unterfüttert sind, flickt man mittels überwendlicher Naht, auch Flanell und Barchent. Diese letzteren bestickt man nachher

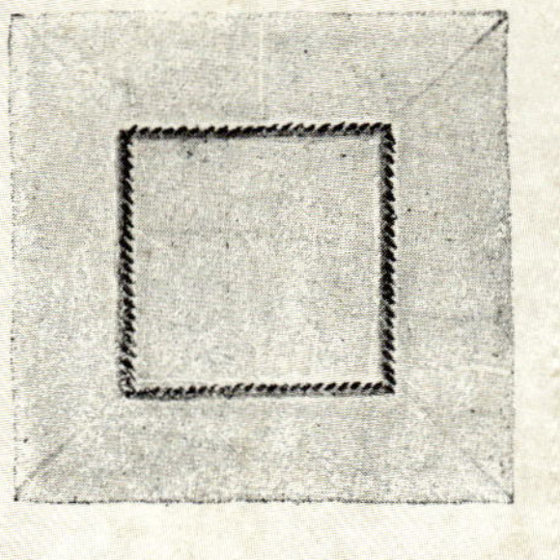

Flicken, mit überwendlicher Naht eingesetzt, Oberseite.

Rückseite eines Flickens mit überwendlicher Naht.

auf der Kehrseite längs der rauhen Ränder. Auch Löcher in Waschkleidern, feinen Schürzen und derlei sind am besten in dieser Art zu stopfen. Bei wollenem Unterzeug, besonders bei Beinkleidern, erweist sich das Untersetzen von großen Flicken, die mit sehr losen Saumstichen aufgenäht werden, als praktisch und rasch fördernd; bei Unterjacken kann man unter dem Arm, wo sie am allerersten schlecht werden, Rumpf und Aermel voneinander trennen und jedes ein Stückchen weit säumen. Sie bleiben da geschlitzt.

Das Verwerten älterer Wäschestücke.

Viele sogenannte sehr tüchtige Hausfrauen halten es für eine ihrer Hauptpflichten, Drell und Leinen bis zuletzt zu flicken und zu stopfen, sie bringen manche Stunde darauf zu, die sie besser anders anwenden könnten. Alte, mürbe Wäsche wird im Gebrauch viel eher kraus und unansehnlich und schmutzt auch rascher an als neue und starke, trotz rechtzeitigen Stopfens und Flickens, und so kommt doch der Augenblick, wo das Wäschestück nicht mehr als solches brauchbar erscheint. Dennoch erachtet eine gute Hausfrau es auch dann noch nicht als wertlos, sondern sie zaubert aus ihm noch manch nützlichen, ja unentbehrlichen Gegenstand hervor. Altes Leinen, alter Drell oder Damast ergeben die weichsten Binden, ferner die in Wochenbetten unentbehrlichen Stopftücher, dann für das Neugeborene die weichen Nabelläppchen und -binden und auch das erste Hemdchen. — Reste von Barchentjacken und -unterröcken dienen als Unterlagen in Wiege und Steckkissen,. größere Stücke Wirkware lassen sich noch für Jäckchen und Röckchen der Kleinen benutzen. Ja, wo Kindersegen ist oder erwartet wird, findet das Geringste noch Anwendung.

Aber auch in andern Verhältnissen wird eine gute Hausfrau jedes Stück bis zum Schluß ausnutzen. Es folgen hier nur einige Beispiele:

Bettlaken, die in der Mitte zerrissen, verwende man auf folgende Art: Man schneide der Länge nach einen Streifen heraus, und zwar so breit, wie das Laken schadhaft ist, nähe dann die zwei Hälften an den entgegengesetzten Langseiten wieder zusammen und säume das Laken an den äußeren Seiten. Durch dieses Verfahren halten die Bettlaken noch lange Zeit und sehen besser aus, als wenn man Flicken in der Mitte einsetzt. Natürlich werden sie etwas schmaler, bleiben aber gewöhnlich noch breit genug.

Von schadhaften **Deckbettbezügen** schneide man die besten Stücke heraus und verwende sie zu Kopfkissen- oder Kinderbettbezügen, während von großen Kissenbezügen oft noch kleine gemacht werden können. Bei Erneuerung von Matratzen wasche man den Drell, verwende die starken Stücke zur neuen Matratze, falls man diese von gleichem Stoff und derselben Farbe nimmt, andernfalls bewahre man sie für Kinderbetten oder kleinere Kissen auf. Auch können derartige Drellstücke zum Füttern von Kissen, Fußbänken, Fensterschürzen u. dgl. m. von größtem Nutzen sein.

Alte **Tischtücher** oder **Servietten** geben immer noch ganz prächtige Kinderservietten, die sich nicht selten durch ihre Gewebemuster dazu eignen, mit farbigen Zierstichen geschmückt zu werden. Auch Tassen- und Gläsertücher sind gut daraus herzustellen; besonders ergeben die altmodischen großen Servietten geteilt noch sehr brauchbare Handtücher.

Vereinzelte, noch gut erhaltene Servietten, die von alten Gedecken übrig geblieben sind und vielleicht außer ihrem einfach materiellen Wert noch einen lieben Erinnerungswert haben, kann man zu sehr hübschen Decken verarbeiten, indem man die Muster des Gewebes mit leichter Stickerei in waschechtem Material berandet; mehrere solcher Servietten guter Gedecke lassen sich durch Spitzeneinsatz zu größerer Decke vereinigen.

Alle leinenen Sachen, die man nicht mehr verwerten kann, bewahre man gut auf, da man oft altes Leinen sehr nötig braucht. Aus alten weißen baumwollenen Sachen schneide man das Beste zu Wischtüchern zurecht, säume diese mit Vorstichen und nähe einen Buchstaben darauf. Größere Leinenstücke sollten in erster Hand für Bezüge von Plättbrettern benutzt werden, denn keine Unterlage ist so gut für das Plätten wie feine oder doch ausgewaschene weiche Leinwand.

Rubberhandtücher geben, ringsum rot auslanguettiert, recht brauchbare Seifenlappen ab; man kann sie doppelt legen, falls das Gewebe schon ziemlich ausgewaschen ist.

Aus den besten Stücken alter **Buntwäsche** nähe man Säckchen in verschiedenen Größen, die zum Aufbewahren von Hülsenfrüchten, Dörrobst, Zwiebeln usw. zu gebrauchen sind. Größere Reste — natürlich nur haltbare — von bunten Waschstoffen lassen sich noch in Streifen oder Vierecken zu Bettdecken für Kinder verarbeiten; es haftet ihnen dann freilich weniger ein tatsächlicher als ein ideeller Wert an, der aber wohl imstande ist, sie uns doppelt lieb zu machen.

Abgewaschene, aber nicht zu mürbe **Leinen- und Kattunkleider** sowie Decken aller Art, die stark, aber nachgerade nicht mehr hübsch sind, kann man für wenig Geld beim Blaufärber blau färben lassen, sie können dann noch lange nützen.

Aeltere, aber schön gemusterte **Gardinenteile** geben für Kinderbetten, Toilette- oder kleine Nachttische noch sehr hübsche Bezüge und Besätze; die einfacheren liefern auch hochnutzbare Kappen für bessere Mäntel, Hüte und ähnliches, lassen sich auch zu Schutzhüllen über Lampen während des Hochsommers verbrauchen.

Alte Wollwäsche sammle man und lasse sie in einer Wollwarenfabrik zu Hauskleiderstoffen umarbeiten. Von gewebten Unterzeugen, die sich nicht mehr stopfen oder flicken lassen, verwende man die noch guten Stücke zum Ausbessern anderer Wäschestücke von gleicher Qualität und Farbe, oder man nähe sie, doppelt oder dreifach gelegt, in passende viereckige Stücke zu Abseifelappen, zum Topfanfassen oder zum Aus- und Abwaschen von Geschirren verschiedenster Art. Sie werden bei der Wäsche ordentlich mit ausgewaschen und ausgekocht und können so wirklich bis zum letzten Faden ausgenutzt werden.

Auch **alte gestrickte Strümpfe** sowie überhaupt gestrickte und gehäkelte Stücke: Bettdecken, Antimakassar usw. gehen — aufgereifelt — einer neuen Zukunft entgegen, wenn man sie zum Weber gibt, der unter Hinzunahme neuen Garnes gar nette, derbe Küchen- und Haushandtücher daraus herstellt.

Gewiß, nach solcher Umgestaltung kommt einer treu sorgenden Hausfrau wohl der Bibelspruch auf die Lippe: „Siehe, das Alte ist vergangen, und es ist alles neu geworden."

Strümpfe und Socken.

Da diese uns fast unentbehrlich gewordenen Gegenstände sich bei den Kapiteln über genähte Wäschestücke nicht wohl anfügen ließen, muß ihnen ein besonderes Kapitel gewidmet werden. Es ist wohl niemandem unbekannt, daß auf den Dörfern die Kinder zumeist ohne Strümpfe und Schuh laufen, und daß auch eine große Anzahl Erwachsener entweder bloßen Fuß im Stiefel hat oder sich mit Fußlappen begnügt, ja daß der Fußlappen in der Armee fast allgemein ist und von vielen als höchst bequeme Tracht bezeichnet wird.

Nun, wie die Kinder es noch machen, so machten es alle Völker, solange sie in ihrer Kindheit standen: sie gingen barfuß. Erst weiterhin beschafften sie sich Fußbedeckungen; die hochentwickelten Aegypter hatten schon gestrickte Strümpfe, doch ging die Technik wieder verloren, und Sandalen sowie Umwickelungen des Fußes mit Binden und Tüchern mußten genügen, bis im Mittelalter der Tuchstrumpf — der zugleich Schuh war — aufkam und im 16. Jahrhundert erst gestrickte Strümpfe das Licht der Welt erblickten. Von den Höfen her und aus den vornehmen Kreisen herab zogen sie sich erst langsam in weite Schichten der Bevölkerung hinein. Als sie sich hier eingebürgert hatten, ward und blieb der Strickstrumpf einige Jahrhunderte lang das Zeichen der fleißigen Hausfrau sowie des jungen Mädchens, welches dem Glauben huldigte, daß sie in die Ehe „einen Scheffel selbstgestrickter Strümpfe" bringen müsse. Von den spinnwebfeinen, schön gemusterten Strümpfen unsrer Großmütter bis zum derben Wollsocken verdankten alle diese Fußhüllen den fleißigen Strickerinnen das Dasein, bis die Strickmaschine ihnen diese Arbeit mehr und mehr abnahm. — Dennoch lernt auch jetzt noch fast jedes Mädchen stricken, ja in den Volksschulen gilt das Strickzeug noch als ganz unerläßlich, und jedenfalls besitzt der gestrickte Strumpf den Vorzug größerer Dehnbarkeit und hält meist auch viel länger als der gewebte, schon weil angesichts der großen Mühe des Strümpfestrickens jede Hausfrau nur bestes Material benutzt.

Das Selbststricken lohnt sich noch am besten bei wollenen Socken, die mit ihren kurzen Beinlingen verhältnismäßig rasch gefertigt werden; anders ist es mit den Frauenstrümpfen, vorzüglich wenn es sich um die langen, weit über das Knie hinaufreichenden „englischen Längen" handelt. Will man an diesen sowie an Kinderstrümpfen gern selbst tätig sein, so empfiehlt sich der Ankauf von Beinlingen, an die man selbst die Füße strickt; gemeiniglich kann man annehmen, daß ein Bein zwei Füßlinge aushält, und damit wird auch der Brauch erklärt, daß man noch gute Beinlinge anweben läßt oder zum zweitenmal anstrickt.

Sowie man haltbarkeitshalber beim Stricken für Hacken und Spitze dem Strickfaden einen zweiten feineren Begleitfaden beigibt, sollte man lange Kinderstrümpfe am Knie verdoppeln; viele praktische Hausfrauen heften für diesen Zweck neuen Strümpfen an der Stelle des Knies einen

1. Selbständige Sohle mit Spitze; obere Ansicht.

2. Selbständige Sohle; untere Ansicht.

viereckigen gestrickten Teil unter. Eine weitere sehr praktische Vorrichtung zum bequemen Ausbessern der Strümpfe sind die in gebirgigen Gegenden, z. B. Tirol, fast allgemein üblichen Sohlen, wie Abb. 1 und 2 sie vorführen, welche selbständig hergestellt werden, während die Strümpfe in der Weise der bekannten Gamaschen mit Ferse ohne Käppchen und mit Fußblatt ohne Spitze und Sohle gestrickt sind. Das Einheften neuer Sohlen ist leichte Arbeit.

Neue Strümpfe lege man vor dem Tragen einen halben Tag in klares Brunnenwasser.

Zerrissene Strümpfe stopft man meist im gewöhnlichen Stopfstich (siehe Abb. 1 u. 2 vor. Seite), nur in besonderen Fällen greift man zum Strickstopf, den wir mit Abb. 6 u. 7 vor. Seite erklärten.

Bei richtiger Beobachtung obengenannter, leicht ausführbarer Rücksichten wird das Selbststricken der Strümpfe gewiß noch namhafte Ersparungen in einem Haushalt erzielen können; da wo jedoch die Zeit zu dieser Arbeit mangelt, wende man sich an ein einschlägiges gutes Geschäft. Die Strumpfwirkerei und das Maschinenstricken hat sich so ausgebildet, daß hinsichtlich Materials, Stärke, Farbe und Musterung jedem Geschmack in ausgedehntestem Maße Rechnung getragen wird.

Listen von Anschaffungen für verschiedene Haushalte und Lebensverhältnisse.

In der ersten Abteilung dieses Buches besprachen wir sowohl die Notwendigkeit genügender Vorräte wie auch die Art der Stoffe, welche zu den verschiedenen Wäschegegenständen nötig sind, und deren Erkennungs- und Unterscheidungszeichen, und versprachen zugleich am Schluß des Buches mehr ins einzelne gehen zu wollen, was hiermit geschieht.

Ist der Verbrauch der Wäsche für eine einzelne Person an jedem Gegenstande auch nur gering, rechnet man z. B. für das Jahr durchschnittlich nur 1 Hemd, 1—2 Beinkleider, 1—3 Paar Strümpfe, alles von guter Ware natürlich, so sammelt sich doch bei größeren Wirtschaften der Bedarf beträchtlich an, und wenn man nicht stetem Neukauf gegenüberstehen will, darf man die ersten Anschaffungen nicht zu knapp bemessen. Da andererseits allzu langes Liegen der Wäsche schadet, außerdem das darin angelegte Kapital sich nicht verzinst, so ist auch vor dem Zuviel zu warnen. Das Zuviel jedoch ist bei Wäsche nur dort zu suchen, wo geradezu Ueberflüssiges angeschafft wird. Wir stellen daher kurz zusammen, was uns nach praktischen Erfahrungen eine gute Grundlage und einen auskömmlichen Vorrat an Wäsche für die verschiedenen Lebensverhältnisse zu bieten scheint. Es liegt natürlich an der Hausfrau, den Bestand dauernd auf der Höhe zu erhalten, also rechtzeitig die entstehenden Lücken auszufüllen.

Klein-Kinderwäsche.

Die Zahl der Gegenstände ist verhältnismäßig hoch genommen, da häufiges Wechseln ganz unvermeidlich ist und bei der Erstanschaffung gleich für den Bedarf der Zukunft vorgesorgt zu werden pflegt.

12 hohe Hemden.	4 Steckkissen.
12 ausgeschnittene Hemden.	4 Steckkisseneinlagen.
12 Jäckchen.	4 Tragkleidchen.
12 Windelhöschen.	6 Nachtröckchen.
24 Nabelläppchen.	12 Lätzchen.
6 Nabelbinden.	4 Badetücher.
4 Dtzd. Windeln.	6 Bettücher.
4—6 Wickeltücher.	3 Deckbettbezüge.
6 Wickelbänder.	6 Kissenbezüge.
12 Swanboy- (Calmuk-) Unterlagen.	

Wäsche für Kinder während der Schuljahre.

Man halte zurzeit nur die notwendigste Anzahl und mache mit dem Wachstum des Kindes fortschreitend neue Anschaffungen; die hier angegebenen Zahlen sind für jedes Kind gerechnet.

Für Mädchen.

6 Hemden.	4 weiße Schürzen.
6 Nachthemden.	4—6 Schulschürzen.
9—12 Paar Beinkleider.	6 Paar baumwollene Strümpfe.
2 Frisierkragen.	6 Paar wollene Strümpfe.
2 Flanellröcke.	12—18 Taschentücher.
2—3 Barchentröcke.	3 Leibchen oder z. Z. 1 Korsett.
3 Shirtingröcke.	3 Kammtücher.

Für Knaben.

6 Hemden.	6 Paar Sommerstrümpfe oder Socken.
3—4 Nachthemden.	12 Taschentücher.
3 Sommerunterbeinkleider.	8 Kragen.
3 Winterunterbeinkleider.	6 Paar Manschetten.
6 Paar Winterstrümpfe oder Socken.	

An Kinderbettwäsche braucht man durchschnittlich für jedes Bett:
3 Deckbettbezüge.
4 Bettücher.
4 Kopfkissenbezüge.

An Hauswäsche:
6 Handtücher.
6 Kinderservietten.

Leibwäsche für ein junges Mädchen.

Die Stellung der jungen Mädchen ist hier mit in Betracht zu ziehen; Damen, die viele gesellige Pflichten haben, zu Besuch verreisen usw., brauchen mehr Wäsche als junge Mädchen, die in Stellung gehen, und deren Ziel sein muß, sich so wenig wie nur möglich zurzeit anzuschaffen. Diese Aufstellung setzt das geringste an.

6 einfache Hemden, gegebenenfalls noch 6 feinere Hemden.	2 Barchentröcke.
	6 Schürzen.
6 Nachthemden oder 6 Nachtjacken.	4 Untertaillen.
6 Paar Beinkleider.	12 Paar Strümpfe.
2 Frisierjacken.	24 Taschentücher.
2 Flanellröcke.	2 Korsetts.
2 weiße Unterröcke.	1 Bademantel.

Werden junge Mädchen in eine Pension geschickt, so wird gewöhnlich für ein Bett gerechnet: 3 Deckbettbezüge, 6 Kopfkissenbezüge, 3—6 Bettücher. Außerdem gibt man 1 Dtzd. Handtücher und 1 Dtzd. Servietten mit.

Leibwäsche für einen jungen Mann.

Auch hier haben wir wie bei jungen Mädchen nur das durchschnittlich Uebliche angegeben, ebenfalls in Anbetracht dessen, daß junge Leute, ehe sie festen Aufenthalt an einem Platz genommen haben, gut tun, sich nicht mit zu viel Wäsche zu belasten.

6 Taghemden.	12 Paar Sommersocken.
3 bessere Hemden.	12 Paar Wintersocken.
6 Nachthemden.	24 Taschentücher.
3 Sommerunterbeinkleider.	18 Kragen.
3 Winterunterbeinkleider.	12 Paar Stulpen.

Leibwäsche für ein Dienstmädchen.

Das fast unvermeidliche Ziehen von einer Stellung in die andere läßt für Dienstboten geraten scheinen, nur das Notwendigste an Wäsche zu halten. Es sind dies:

6 Taghemden.	12 Taschentücher.
6 Beinkleider.	6 blaue Schürzen.
3 Nachtjacken.	6—9 helle Schürzen.
2 waschbare Unterröcke.	6 Paar Strümpfe.

Brautausstattungen.

Entgegen dem Grundsatz recht beschränkter Anschaffungen für Personen, die entweder noch im Wachstum und der Entwicklung stehen, oder die infolge ihrer Stellung gezwungen sind, von einem Ort zum andern zu ziehen, sollten die Anschaffungen für einen neu zu gründenden Hausstand ja nicht zu knapp genommen werden; die Gründe dafür sprachen wir in unserem ersten Aufsatz dieses Buches schon aus.

Für Brautausstattungen gelten nun freilich sehr verschiedene Normen, wir geben nachstehend zwei für einfache, eine für gut bürgerliche und eine für reiche Verhältnisse; es wird leicht sein, die Zahl der Stücke nach Gutdünken zu vermehren, wenn es sich um ausnehmend reiche Lebenslagen handelt.

Leibwäsche.

12 Beinkleider.
12 Taghemden.
6 Nachthemden oder ebensoviele Nachtjacken und 6 Taghemden mehr.
2 Flanellröcke.
2 Barchentröcke.
3 gewebte Untertaillen.
24 Taschentücher.
9 Schürzen.
12 Paar Strümpfe.

Bettwäsche.

6 Bettlaken.
6 Bezüge für Decke oder Federbett, oder 6 Oberlaken und 3 Federbettbezüge.
12 Kopfkissen.
Für das Dienstmädchen 2 Stück buntkarierte Bezüge, 2 Laken, 2 Kopfkissenbezüge.

Tischwäsche und Handtücher.

6 Tischtücher mit 54 Servietten.
2 Dtzd. derbe } Handtücher.
1 Dtzd. mittelfeine } Handtücher.
6 Dienstboten- } Handtücher.

Hauswäsche.

2 Dtzd. Tücher für Geschirr, Fenster usw.
6 Staubtücher.
$1^1/_2$ Dtzd. Küchenhandtücher.
1 Plättdecke.
1 Plättbrettbezug.

Dieser recht knapp bemessenen Aussteuer zur Seite stellt sich folgende etwas reichere.

Leibwäsche.

18 Beinkleider.	2 Flanellröcke.
18 Taghemden.	2 Barchentröcke.
6 Nachthemden.	3 weiße Unterröcke.
6 Nachtjacken oder falls Nachthemden nicht gewünscht werden:	4 Untertaillen.
	24 Taschentücher.
	9 Schürzen.
24 Taghemden.	18 Paar Strümpfe.
12 Nachtjacken.	

Bettwäsche.

12 Bettlaken.
12 Bezüge für Decke oder Federbett. } Weiß für die Herrschaft.
24 Kopfkissen. } Weiß für die Herrschaft.
Von jedem Bezug 3 Stück buntkariert für das Dienstbotenbett nebst 3 Laken.

Tischwäsche und Handtücher.

6 kleinere Tischtücher nebst 24 Servietten.	2 Kaffeedecken mit je 6 kleinen Servietten.
2 größere Tischtücher mit 12 Servietten.	2 Dtzd. derbe Handtücher.
	1 Dtzd. mittelstarke Handtücher.
2 kleinere Tischtücher mit 12 Servietten.	1 Dtzd. feine Handtücher.
3 Frühstücksdecken.	$^1/_2$ Dtzd. Mädchenhandtücher.

Hauswäsche.

5 Dtzd. gemischte Tücher für Geschirr, Fenster usw.	3 Mangeltücher.
	1 Bügeldecke.
1 Dtzd. Staubtücher.	2 Plättbrettbezüge.
2 Dtzd. Küchenhandtücher.	

Bei etwas reicheren Verhältnissen wird nachstehende Zusammenstellung Anhalt geben können für Beschaffung einer Aussteuer.

Leibwäsche.

2 Dtzd. Taghemden in verschiedener Ausstattung.	3 Flanellröcke.
	6 Barchentröcke.
$^1/_2$ Dtzd. elegante Hemden.	4 weiße Unterröcke.
2 Dtzd. Beinkleider.	6 Untertaillen.
$1^1/_2$ Dtzd. Nachthemden und 6 Nachtjacken oder 6 stärkere und 6 leichtere Nachtjacken.	3 Dtzd. Taschentücher.
	6 Batisttaschentücher.
	12 Wirtschaftsschürzen.
6 elegante Nachtjacken.	4 Teeschürzen.
2 Frisiermäntel.	2 Dtzd. Strümpfe.

Bettwäsche.

2 Dtzd. Bettlaken.
2 Dtzd. Bezüge teils für Decke, teils für Deckbett.
3 Dtzd. Kopfkissen.
3 Bettschürzen.
Für jedes Dienstbotenbett 3 Stück bunte Bezüge für Kissen und Deckbett und 3 Laken.

Tischwäsche und Handtücher.

1 Dtzd. tägliche Tischtücher nebst 4 Dtzd. Servietten.	4 Dtzd. derbe Handtücher.
	3 Dtzd. mittlere Handtücher.
4 Jacquardgedecke nebst Servietten.	
2 große Damastgedecke mit 18 und 24 Servietten.	2 Dtzd. feine Handtücher.
	1 Dtzd. Mädchenhandtücher.
6 Frühstücksdecken.	
3 Kaffeegedecke mit kleinen Servietten.	1 Dtzd. Rubberhandtücher.
	4 Badelaken.

Küchen- und Hauswäsche.

6 Dtzd. Küchentücher versch. Art.	6 Mangeltücher.
1 Dtzd. Paradetücher.	3 Plättbrettbezüge.
2 Dtzd. Messer- und Topftücher.	Klammerschürze u. Beutel.
3 Dtzd. Staubtücher.	1 Dtzd. Abseifetücher.

Nachstehende Liste ist für große reiche Aussteuer berechnet.

Leibwäsche.

2 Dtzd. Taghemden in verschiedener Garnierung.
1 Dtzd. Taghemden in eleganter Ausführung.
2 Dtzd. Nachthemden.
$^1/_2$ Dtzd. elegante Nachtjacken.
2 Dtzd. Beinkleider in einfacher Ausführung.
$^1/_2$ Dtzd. elegante Beinkleider.
$^1/_4$ Dtzd. Frisiermäntel.
2 weiße Flanellunterröcke.
2 bunte Flanellunterröcke.
6 Barchentröcke.
6 Shirtingröcke.
6 Untertaillen.
3 Korsettschoner.
3 Dtzd. Taschentücher.
2 Dtzd. Batisttücher.
1 Dtzd. große Wirtschaftsschürzen.
$^1/_2$ Dtzd. kleinere sogen. Morgenschürzen.
$^1/_2$ Dtzd. Teeschürzen.
1 Dtzd. Winterstrümpfe.
1 Dtzd. Sommerstrümpfe.
1 Dtzd. Gesellschaftsstrümpfe.

Bettwäsche.

3 Dtzd. Bettlaken.
$1^1/_2$ Dtzd. glatte leinene Deckbettbezüge.
1 Dtzd. Oberleintücher in verschiedener Ausführung.
3 Dtzd. Kopfkissenbezüge.
1 Dtzd. elegante Kopfkissenbezüge.
$^1/_2$ Dtzd. Plumeaubezüge.
$^1/_2$ Dtzd. Bettschürzen.
Für jedes Dienstbotenbett 3 bunte Deckbett- und Kissenbezüge sowie 3 Laken.

Tischwäsche und Handtücher.

1 Dtzd. tägliche Tischtücher für 6 Personen, nebst 4 Dtzd. Servietten.
4 Jacquardgedecke für 6—8 Personen nebst Servietten.
2 Jacquardgedecke mit 12 Servietten.
2 große Damastgedecke mit 18 und 24 Servietten.
6 Frühstücksdecken.
1 feineres Frühstücksgedeck.
3 Kaffeegedecke mit Servietten.
2 elegante Hohlsaumgedecke für je 12 Personen.
1 Dtzd. Krebsservietten.
1 Dtzd. Obstservietten.
6 Dtzd. derbe Handtücher.
4 Dtzd. mittlere Handtücher.
2 Dtzd. feine Handtücher.
1 Dtzd. Paradetücher.
2 Dtzd. Leutehandtücher.
2 Dtzd. Rubberhandtücher.
4 Stück Badelaken.
2 Stück Bademäntel.

Küchen- und Hauswäsche.

2 Dtzd. Küchenhandtücher mit buntem Rande.	3 Dtzd. Staubtücher.
	1 Dtzd. Silbertücher.
2 Dtzd. Gläsertücher.	1 Dtzd. Abseifetücher.
2 Dtzd. Tassentücher.	6 Mangeltücher.
2 Dtzd. Tellertücher.	4 Plättbrettbezüge.
2 Dtzd. Toilettetücher.	2 Plättbrettkappen.
1 Dtzd. Klosettücher.	4 grüne Parkettücher.
2 Dtzd. Messer- und Topftücher.	

Größere Wirtschaft, insbesondere Landgüter und verschiedene geschäftliche Betriebe fordern je in ihrer Art andere Ausrüstungen, deren Zusammenstellung stets von der Größe des Betriebs abhängt. Es würde hier zu weit führen, auf diese Einzelheiten einzugehen; nur zwei Einrichtungen, die nicht selten der Führung einer Frau unterstehen, sollen aufgeführt werden: es sind dies eine Badeanstalt und ein Pensionat. Im übrigen weisen wir darauf hin, daß das Geschäftshaus Aug. Polich, Leipzig, Voranschläge für jede Art von Ausstattung auf Wunsch liefert.

Für **Badeanstalten** wird an Wäsche folgendes veranschlagt:

Wäsche für ein Wannenbad.
(12 Wannen, 120—160 Bäder pro Tag.)

300 Gerstenkornhandtücher.
350 Drellhandtücher.
325 Leinenbadelaken.

Hierbei ist angenommen, daß die gebrauchte Wäsche täglich gewaschen und jeden vierten Tag wieder in Gebrauch genommen wird.

Wäsche für ein russisch-römisches und Duschebad.
(80—100 Bäder pro Tag.)

350 Gerstenkornhandtücher.
350 Drellhandtücher.
200 Bademäntel (Madapolam).
200 Leinen- oder Madapolamkappen zum Aufsetzen nach dem Bade, um die Ruhebetten zu schonen.
100 Leinenschurztücher mit Bändern.

Wäsche für eine **Fremdenpension** oder kleine Hotels mit 12 Betten und 1 Badezimmer (bei wöchentlicher Wäsche).

3 Dtzd. Gerstenkornhandtücher.
4 Dtzd. Drellhandtücher.
12 Badelaken.
66 Bettücher.
32 Plumeaubezüge.
66 Kopfkissenbezüge.
4 Tischgedecke zu 12 Personen.
4 „ „ 8 „
3 „ „ 6 „
4 „ „ 4 „ (Diese berechnet für Servieren im Zimmer.)
2 Frühstücksgedecke zu 12 Personen.
4 „ „ 6 „
24 weiße Frühstücksservietten.
6 Dtzd. Küchenhandtücher.
3 Dtzd. Gläsertücher.

Wir führen auf dieser und den vier folgenden Seiten eine Anzahl hübscher, deutlicher Alphabete für Platt- und Kreuzstichstickerei vor und verweisen bezüglich der Ausführung auf die unter dem Kapitel „Vom Verzieren und Zeichnen der Wäsche" auf Seite 44 und 50 gegebenen erklärenden Worte. Die Kreuzstiche können je nach Art des Stoffes gleich in die Gewebefäden desselben gearbeitet oder über einer Auflage von Kanevas gestickt werden, dessen Fäden nach Ausführung der Stickerei auszuziehen sind. Auf dieser Seite befinden sich außer den Namen, die für Taschentücher oder sonstige Zwecke zu gebrauchen sind, noch drei verschiedene Alphabete. Das daselbst unten links stehende zeichnet sich durch seine aparte geschnörkelte Form aus und nimmt sich in den blattförmigen Vignetten vorzüglich aus. Das breite obere und das langgezogene untere Alphabet können durch Zusammenstellung von zwei beliebigen Buchstaben zu Monogrammen benutzt werden, wie wir es auf dem Wappenschild mit den zwei Buchstaben A und B zeigen. Zu den Vignetten heftet man ein zweites Stückchen Stoff unter und schneidet nach Ausführung der durch den doppelten Stoff greifenden Stickerei die überstehenden Teile an den Konturen sorgfältig aus. Die Lettern der beiden nächsten Seiten lassen sich mit leichter Mühe, wie bei den Buchstaben D und R gezeigt, durch Uebereinanderzeichnen von zwei beliebigen Buchstaben zu Monogrammen zusammenstellen.

Verschiedene Alphabete und Namenszüge. S. dieselben um die Hälfte verkleinert auf S. 70. Das erste und letzte Alphabet ist zusammenstellbar; siehe die Anordnung in dem kleinen Wappenschild.

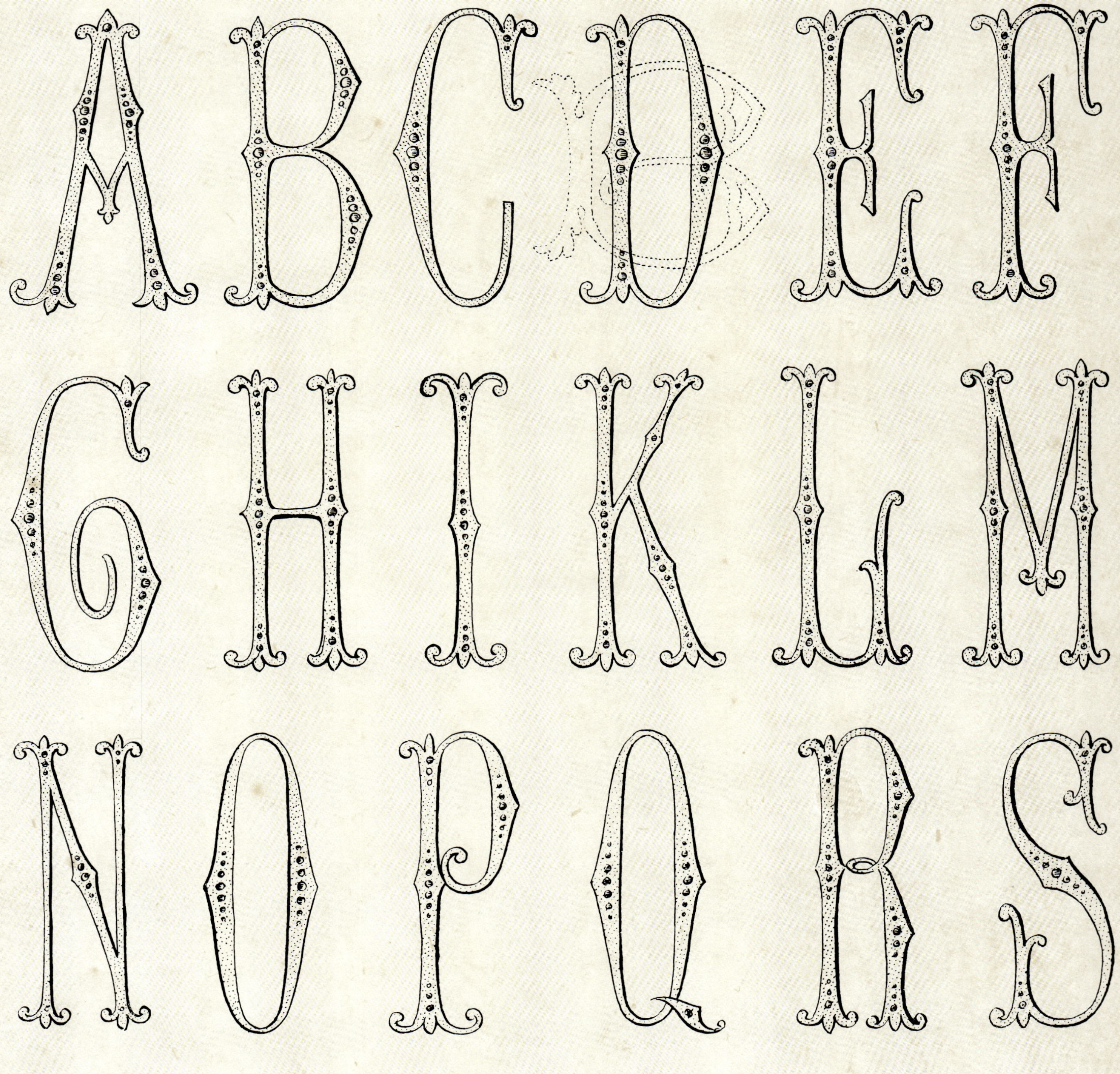

Alphabet für Bettwäsche; zusammenstellbar mit dem Alphabet auf nebenstehender Seite.
Siehe die diesbezüglichen Angaben bei DB auf dieser und bei RO auf nächster Seite.

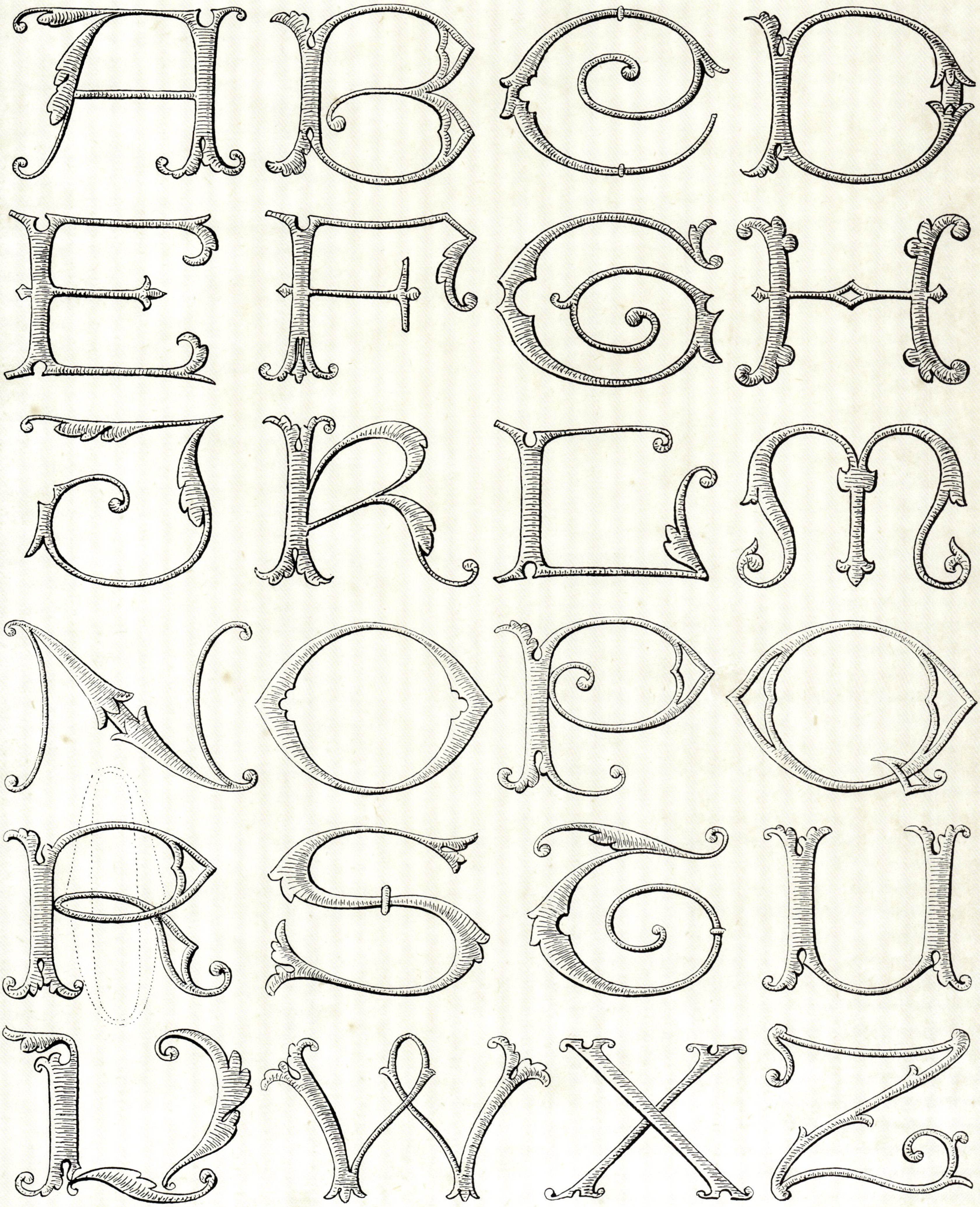

Alphabet für Bettwäsche; zusammenstellbar mit dem Alphabet auf nebenstehender Seite.
Siehe die diesbezüglichen Angaben bei DB auf voriger und RO auf dieser Seite.

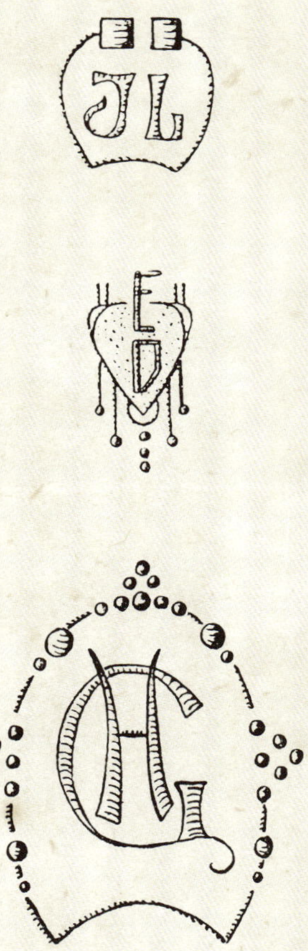

Drei Monogramme.

Drei Alphabete, von denen die Buchstaben des ersten und dritten zu Monogrammen zusammmengestellt werden können. Siehe die Anordnung in dem kleinen Wappenschilde, auch die um die Hälfte größeren Alphabete auf S. 67.

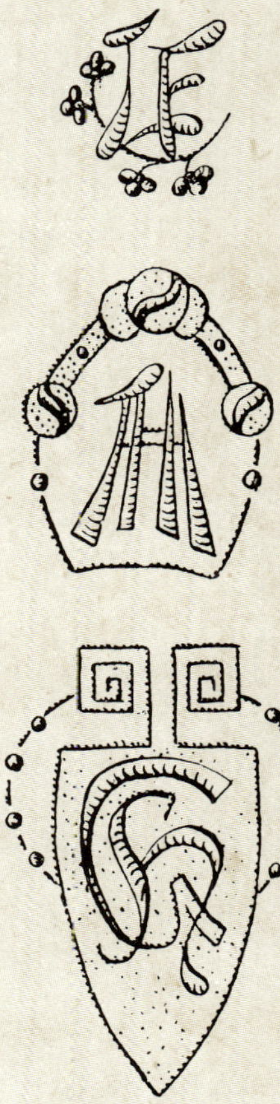

Drei Monogramme.

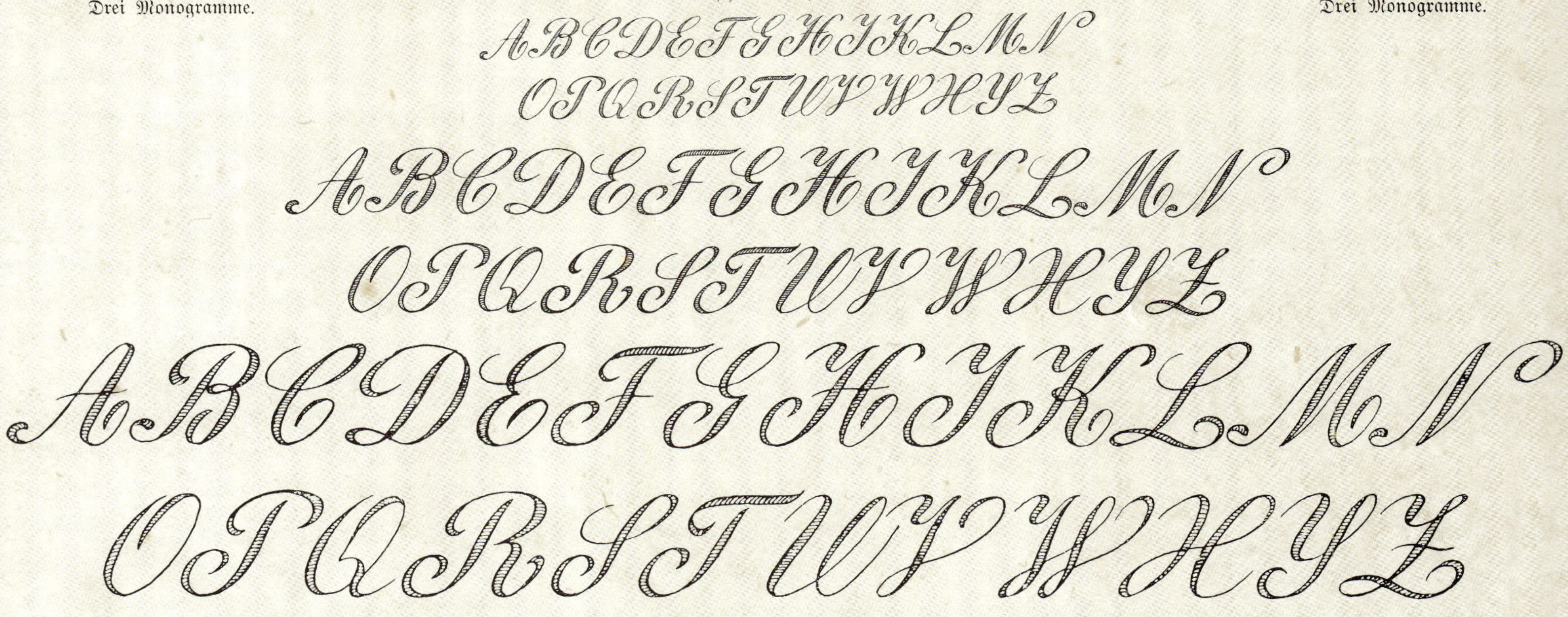

Drei Alphabete in Schreibschrift.

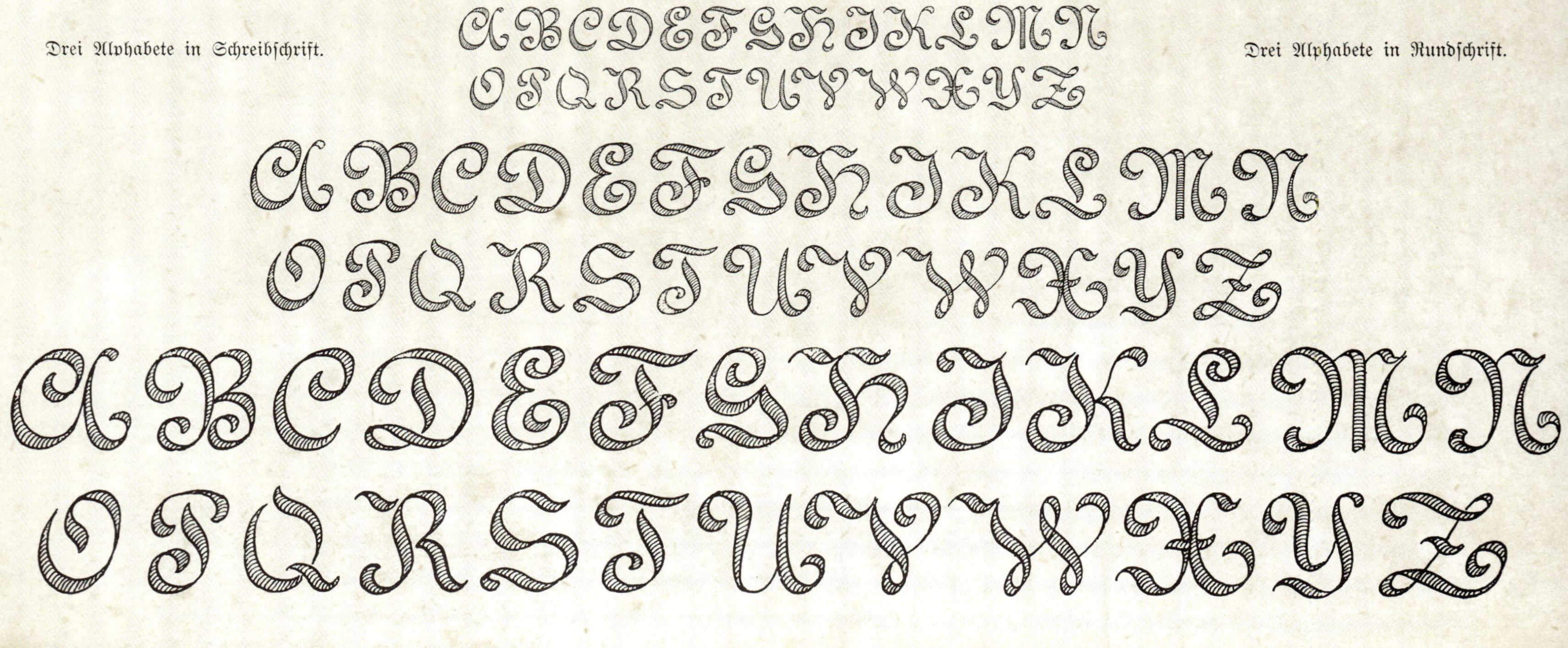

Drei Alphabete in Rundschrift.

Nicht jede Hausfrau findet Zeit, ihre Wäsche selbst zu zeichnen, wir schließen deshalb hieran eine Tafel mit Vorlagen neuer geschmackvoller und gediegener Schriftarten, welche von dem Geschäftshaus Aug. Polich, Leipzig, benutzt werden, um Wäsche zu den nachstehend vermerkten Preisen zu zeichnen.

Die Preise für weiße hochfeinste Ausführung stellen sich **farbig gerändert ca. 10% höher.** Bei Bestellungen ist anzugeben, ob **weiß, rot** oder **weiß** mit **farbig umzogen** gewünscht wird.

Dessin 3143. Dutzend ℳ 2.—

Dessin 3112. Dutzend ℳ 2.—

Dessin 102. Dutzend ℳ 1.80

Dessin 355. Stück ℳ —.20

Dessin 3235. Dutzend ℳ 1.60

Dessin 301. Stück ℳ —.35

Dessin 2076. Stück ℳ 1.35

Dessin 4121. Stück ℳ —.28

Dessin 2207. Stück ℳ —.30

Dessin 166. Stück ℳ —.25

Dessin 3622. Stück ℳ —.25

Dessin 1392. Stück ℳ —.30

Dessin 236. Stück ℳ —.50

Dessin 213. Stück ℳ —.75 mit Krone.

Dessin 578. Stück ℳ —.70

Dessin 2323. Stück ℳ —.55

Dessin 3979. Stück ℳ —.65

Dessin 4192. Stück ℳ —.35

Dessin 35. Stück ℳ —.75

Dessin 36 Stück ℳ —.40

Dessin 156. Stück ℳ 1.—

Dessin 262. Stück ℳ —.60

Dessin 252. 2 Buchstaben, Stück ℳ —.30 3 Buchstaben, Stück ℳ —.35

Dessin 258. Stück ℳ —.60

Dessin 615. Stück ℳ —.40

Dessin 1831. Stück ℳ —.50

Dessin 3958. Stück ℳ 1.35

Dessin 991. Stück ℳ —.35

Dessin 157. Stück ℳ —.45

Dessin 487. Stück ℳ —.80

Dessin 2756. Stück ℳ 1.35

Dessin 4183. Stück ℳ —.50

Dessin 2991. Stück ℳ —.30

Dessin 154. Stück ℳ —.20

Dessin 3466. Stück ℳ —.30

Dessin 1475. Stück ℳ —.28

Dessin 151. Stück ℳ —.20

Dessin 163. Stück ℳ —.30

Dessin 2487. Stück ℳ —.55

Dessin 04. Stück ℳ —.20

Dessin 1028. Stück ℳ —.28

Dessin 024. Stück ℳ —.30

Dessin 613. Stück ℳ —.50

Dessin 303. Stück ℳ —.45

Tamburieren

(Handarbeit).

Buchstaben und Monogramme in farbig oder weiss mit farbig.

Dessin 102, Lateinisch. 2 Buchstaben, Dutzend **60** ₰

Dessin 105, Gotisch. 2 Buchstaben, Dutzend **80** ₰

Dessin 980. **Tamburiert** Dutzend ℳ **1.—**

In billige Tisch- und Küchenwäsche ausserordentlich geeignet.

Dessin 986. **Tamburiert** Dutzend ℳ **1.20**

Dessin 1412. Stück ℳ —.35

Dessin 105. Dutzend ℳ 1.80

Dessin 2711. Stück ℳ —.30

Siehe die kleinen Buchstaben unten auf S. 73.

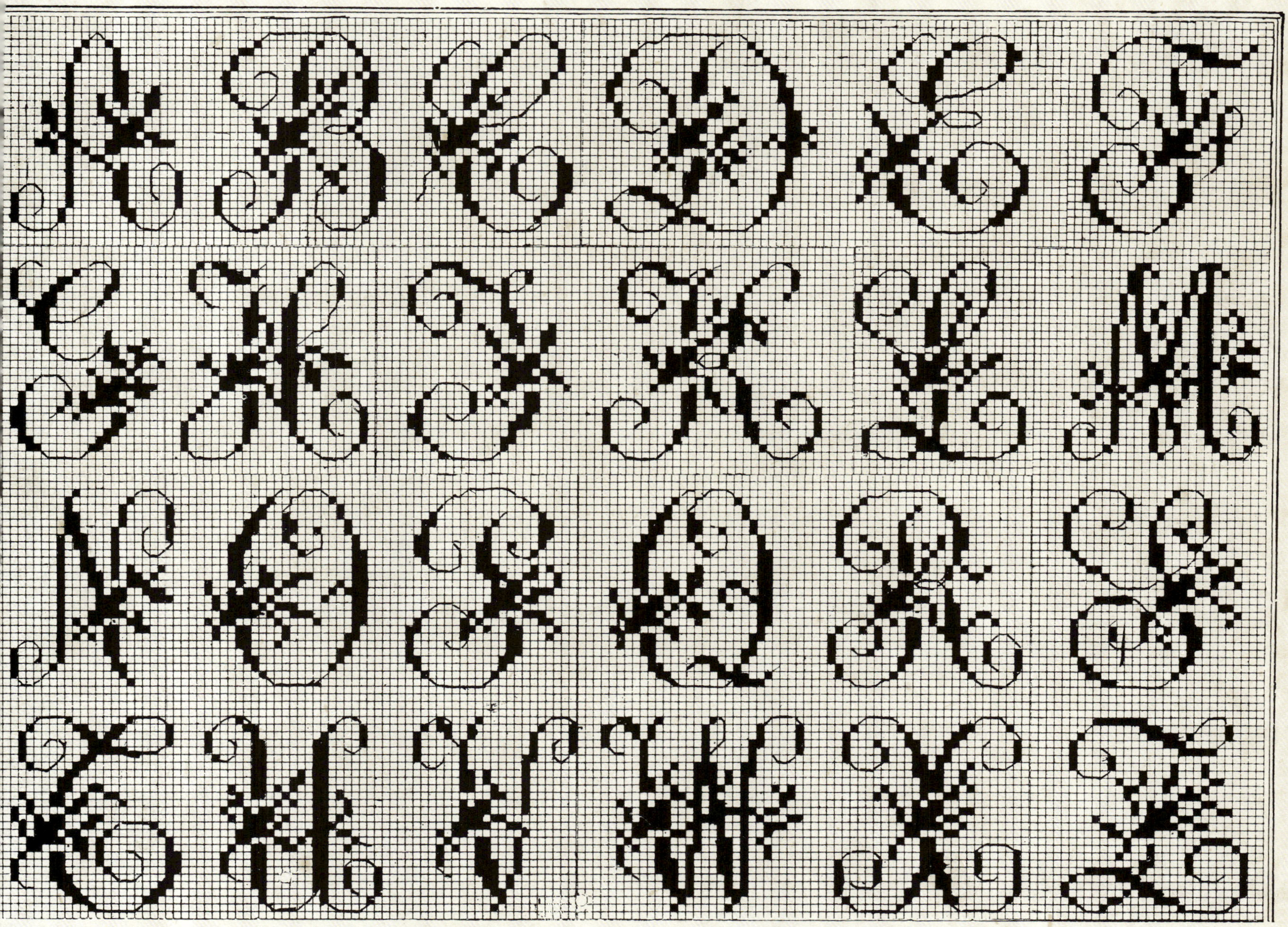

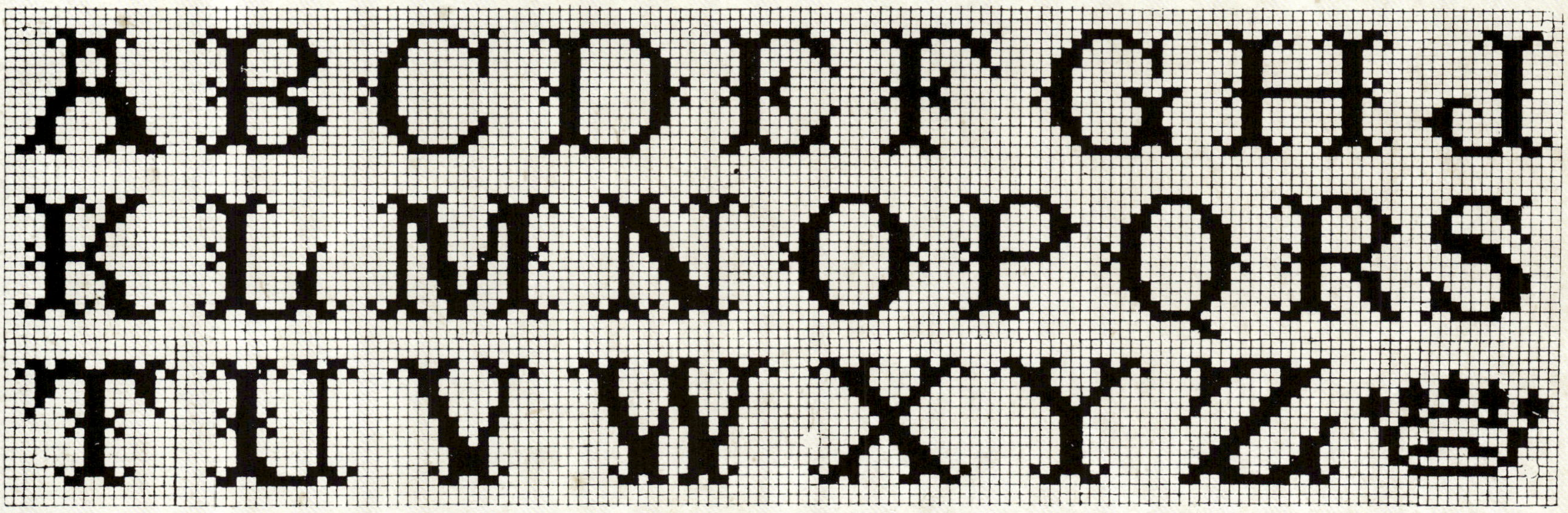

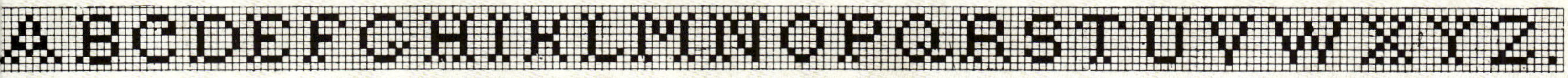

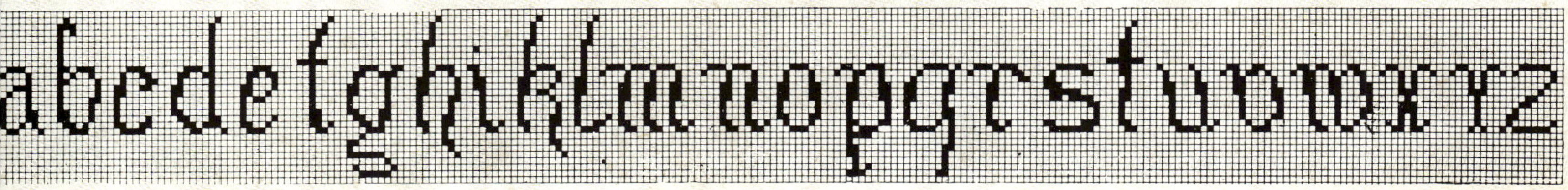

Kleine Buchstaben, passend zu den unten auf voriger Seite stehenden großen.

Das erste Alphabet ist über schräg gestellten Kanevas zu sticken.

Für Bettdecken

Guten Morgen — Gutes Wetter

Tages Arbeit — Abends Gäste
Saure Wochen — Frohe Feste.

Träume süß — Erst probe, dann lobe.

Wer Ordnung wahrt, Viel Zeit erspart.

Plättbrett — Wäsche — Schlaf wohl! — Wäsche

Staubtuch — Wohl bekomm's! — Frühstück

Stopf-Beutel — Sonnenschein

Klammern

A B C D E F G H I K L M N
O P Q R S T U V W X Y Z

a b c d e f g h i k l m n o p q r s t u v w x y z

Inhaltsverzeichnis des Buches.

Inhaltsverzeichnis der Schnittblätter.

Bezugsquellen: Für Stoffe und Nähmaterialien Aug. Polich, Leipzig; für Nähmaschinen Seidel & Naumann, Dresden, Bielefelder Nähmaschinenfabrik Baer & Rempel; für Wasch- und Wringmaschinen Fritz Knoch, Berlin 40, S.W., Puttkamerstr. 19; für Wasch- und Plättgeräte jeder Art Berndt, Lax & Co., Leipzig, Thomasgasse Nr. 6; für Aufplättmuster (Hemdenpassen, Languetten und Taschentuchkanten) Franz Ebhardt & Co., Berlin W. 50.

Anweisung und Erklärung zum Abnehmen der Schnitte von dem Schnittmusterbogen.

Die bequemste und praktischste Art Schnitte abzunehmen ist, daß man einen Bogen Packpapier unter den betreffenden Schnitt legt, ihn dann mittels Kopierrades durchrädert und dann ausschneidet. Man schreibt alle vorgemerkten Bezeichnungen auf das Papier und hat nun eine gute feste Grundform. Ebenso gut ist folgendes Verfahren: Man zeichnet den betreffenden Schnitt auf einen großen Bogen Seidenpapier durch, schreibt alle Bezeichnungen auf, klebt ihn dann straff auf einen Bogen Packpapier und schneidet beide Papiere den Schnittlinien folgend aus.

1. Unsere Schnittblätter enthalten stets nur die Hälfte jedes Schnittmusters, z. B. einen Vorderteil, einen Aermel, die Hälfte des Rückens, der Passen, Bündchen und Kragenteile.

2. Bei den verschiedenen Schnitteilen ist keinerlei Einschlag berechnet.

3. Die Linie, an welche entlang der Bruch des doppelt gelegten Stoffes zu bringen ist, wird stets mit — — — und „Mitte" oder mit „Mitte und Stoffbruch" bezeichnet.

4. Um das Zusammenfügen der Schnitteile zu erleichtern, ist jede Fig. mit Zahlen versehen, welche an den zusammenzunähenden Teilen genau übereinstimmen. Also kommen 1 und 1, 2 und 2 usw. aneinander.

5. ✕ und ● dienen zur Bezeichnung der Falten, und zwar wird stets das Kreuz auf den Punkt gelegt; also ✕ 1 auf ● 1, ✕ 2 auf ● 2 usw.

6. Bei den Aermeln wird die Linie für den unteren Aermelteil auf dem oberen angegeben, bei weiten, im Stoffbruch zu schneidenden Aermeln wird die Linie für den unteren Aermelausschnitt bezeichnet. Erläuternde Bemerkungen sind an den betreffenden Linien vermerkt. Ein gleiches findet statt bei Beinkleidern, wo die Linie für den vorderen Ausschnitt bezeichnet ist, sowie bei Hemden, wo die Linie für den Ausschnitt des Rückens oder des Vorderteils angegeben ist.

7. Ein * bezeichnet auf den Vorderteilen die Stelle, wohin die innere Aermelnaht zu treffen hat.

8. : — — — — : bedeutet, daß der Stoff zwischen den Doppelpunkten einzureihen ist.

9. Die für unsern Bogen zu großen Schnitteile müssen entweder mit Umbruch oder Verlängerung gegeben werden. Man hat sie also unter Zuhilfenahme der kleinen, mit Maßen versehenen Schnittzeichnungen zu vervollständigen. Die Umbruchslinie bezeichnet die Stelle, wo das Muster zusammengefaltet ist, diese Linie darf also nie durchgeschnitten werden. Die Verlängerungen sind mit Pfeilen bezeichnet, in deren Richtung erstere nach den bestimmten Maßen vorzunehmen sind.

10. Besatz sowie Gürtellinien sind mit feiner, glatter Linie bezeichnet, ebenso die Bruchlinien für Aufschläge, wie z. B. bei Manschetten, Kragen usw.

11. Ist bei den Schnitten Stoff für die Zierfältchen zugegeben, so bezeichnen wir auf dem Schnitt die Grundform für den Halsausschnitt, für vorderen und hinteren Rand mit feiner Linie.

Verlag der „Deutschen Moden-Zeitung", Aug. Polich, Leipzig. — Druck von Karl Marquart in Leipzig.

Anhang

zum

Buch der Wäsche

Taghemden in verschiedener Ausstattung.

Für ein Taghemd rechnet man an Stoff zweimal die Länge von der Achsel ab und, falls dasselbe Passenteile und Aermel hat, etwa noch 60 cm mehr. Die kleinen Keile, die zur Verbreiterung des Stoffes der unteren Weite anzusetzen sind, entfallen meist den oberen Hälften der Rumpfteile; ist dies nicht der Fall, so sind 60 cm Stoff mehr zu berechnen. Die Keile werden stets mit dem geraden Rande an den des Hemdes gesetzt, siehe Abb. 205, so daß sich die schräge Seitennaht des Hemdes bei den angesetzten Keilen fortsetzt. Die meisten Hemden werden auf der Achsel geknöpft und sind flach und faltenlos, nur ältere Leute oder junge Mütter bevorzugen die an Passenteile gereihten, vorn knöpfenden Hemden, die übrigens als praktische Arbeitshemden auch zu empfehlen sind. Für den Knopfschluß auf den Achseln sind kleine Teile unterzulegen, damit Knopf und Knopfloch durch doppelten Stoff fassen, s. Abb. 206. Passenteile nimmt man stets aus doppeltem Stoff, ebenso die kleinen Aermel wie bei Abb. 202 und 211. Armlochränder werden entweder durch die angesetzte Stickerei saubergemacht, oder man besetzt sie mit Formblenden und faßt die Stickerei dazwischen, wie an Abb. 200 und 210 gezeigt wird. — Dem Hemd Abbild. 200 sind Aermelteile angeschnitten, vorn eine spitze, hinten eine runde Passe angesetzt. Als Berandung dienen 2,20 m Stickerei. In dem schlichten, geradpassigen Vorderschlußhemd Abb. 201 sind die Bogenlangetten eingestickt. Die hübschen Hemden Abb. 202, 203, 207, 208 und 212 zeichnen sich durch schöne Handstickereien aus, die in die vorderen Rümpfe eingestickt sind, während Rücken- und Armlochränder nur langettiert sind. Für die Langetten heftet man feines Batistbändchen unter, so daß sie in doppelter Stofflage ausgeführt werden. Die Stickereien sind in Loch- und Plattstich gearbeitet. Am Hemd Abbild. 203 befinden sich kleine langettierte Schlitze mit farbigem Banddurchzug. Bei dem Hemd Abb. 204 setzt man erst die Aermel, dann die Passenteile an. Die Rückenpasse besteht aus Stoff, die Vorderpasse aus Stickerei mit Banddurchzug (70 cm), die von rechts nach links überkreuzt und unter Börtchen befestigt ist. An den Aermeln Langettenstickerei. Zu dem Hemd Abb. 209 braucht man 2,25 m Klöppelspitze und je 75 cm Klöppeleinsatz und breiten Banddurchzugseinsatz, letzteren nur für den vorderen Rumpf. An den Hemden Abb. 210 u. 211 sind die doppelten Passen handgestickt, die Aermel bei Abb. 210 mit Bogenstickerei besetzt, bei Abb. 211 langettiert. Das Hemd Abb. 213 ist ringsum mit 2,20 m Spitze, vorn mit je 70 cm klarem Stickerei- und Spitzeneinsatz geputzt. Die beiden flachen Hemden Abb. 214 u. 215 erfordern je 1,40 m Bogenstickerei für Rücken und Aermel, je 75 cm Stickerei und Einsatz für die vorderen Rumpfteile; das Hemd Abb. 215 ist außerdem mit Maschinenlochnähten geputzt.

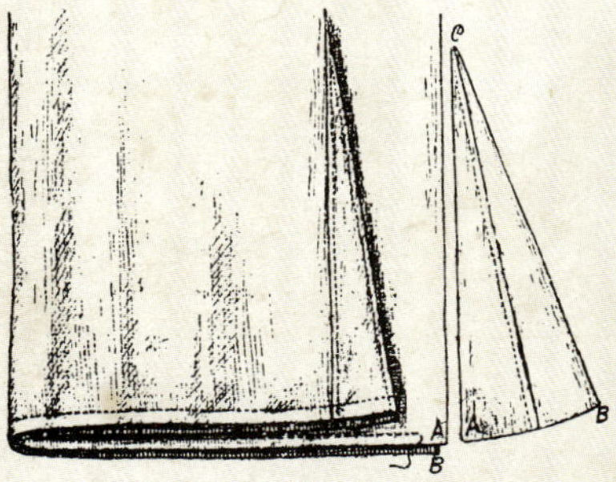
205. Das Ansetzen der Keile an Rumpfteile.

206. Das Unterlegen der Hemdachseln für Knopfschluß.

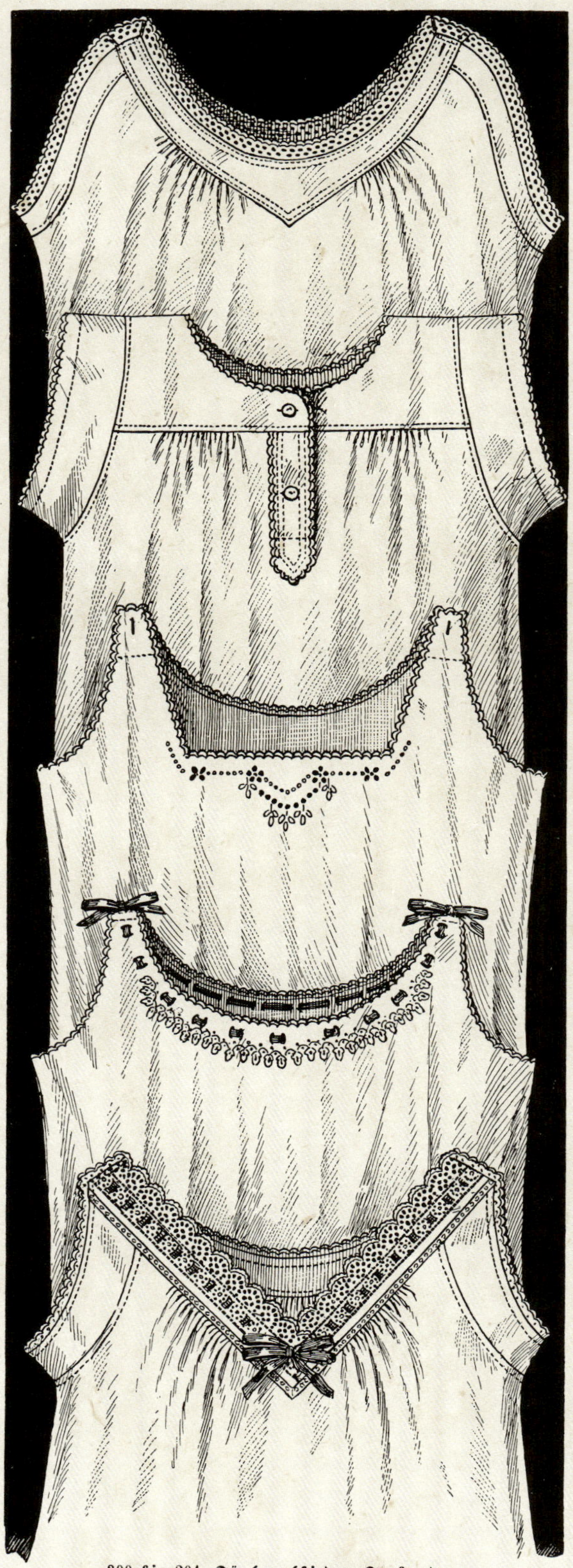
200 bis 204. Fünf verschiedene Taghemden.
Preis des D.M.Z.-Abplättmusters zu Abb. 202: 10 ₰, zu Abb. 203: 20 ₰.

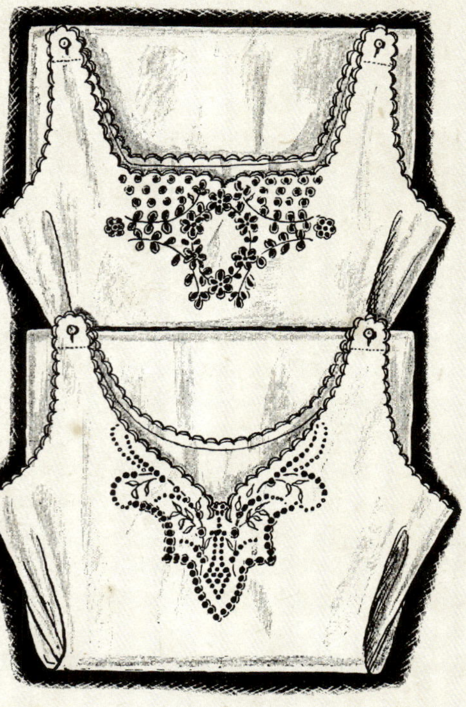
207 u. 208. Zwei reichgestickte Taghemden.
Preis der D.M.Z.-Abplättmuster: je 25 ₰.

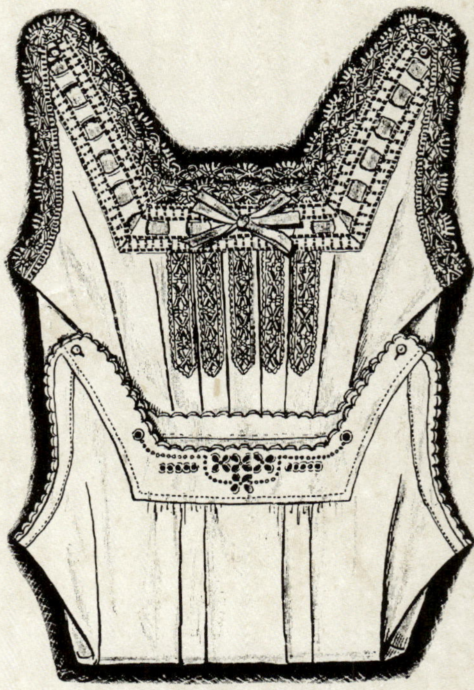
209. Hemd mit Spitzen.
210. Hemd mit gestickter Passe.
Preis des D.M.Z.-Abplättmusters: 20 ₰.

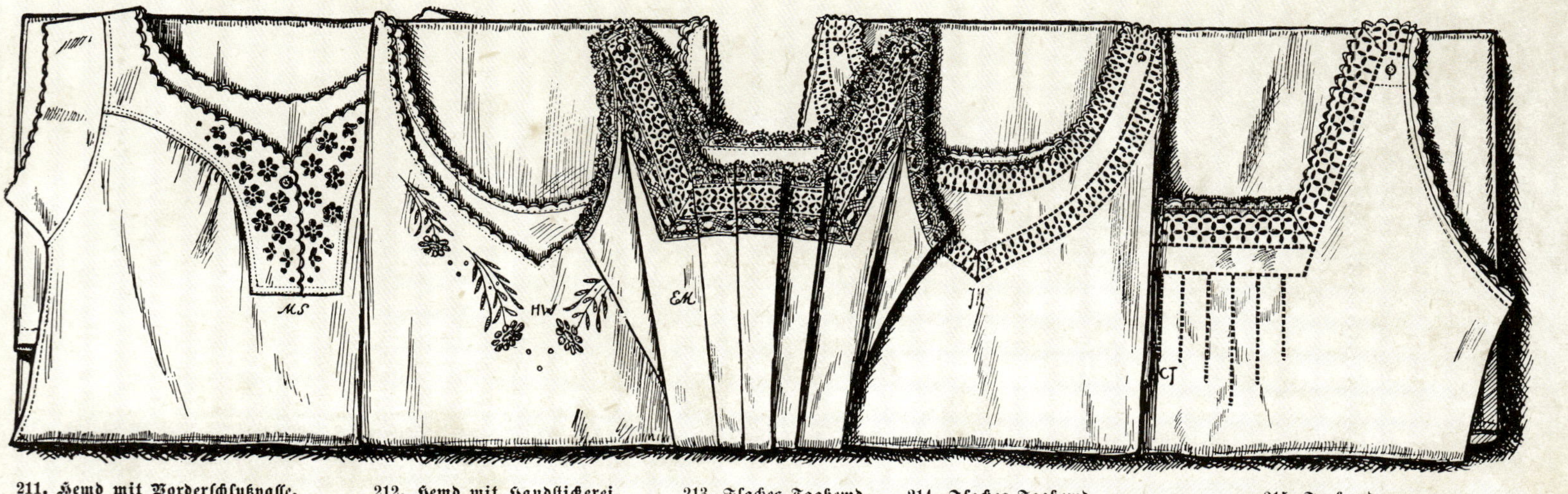
211. Hemd mit Vorderschlußpasse. Preis des D.M.Z.-Abplättmusters: 25 ₰.
212. Hemd mit Handstickerei. Preis des D.M.Z.-Abplättmusters: 25 ₰.
213. Flaches Taghemd.
214. Flaches Taghemd mit Stickereieinsatz.
215. Taghemd mit Maschinenlochnähten.

Die Schnitte in Oberweite 44 und 48 cm sind zu beziehen durch die D.M.Z.-Schnittmuster-Abteilung, Leipzig, Schloßgasse 9.

Hemden, Nachtjacken, Nachthemden und Beinkleider.

Allgemeines über das Arbeiten der Gegenstände dieser Seite ist auf Seite II, IV u. VI berichtet.

Für drei flache Hemden gleich Abb. 216, 217 u. 218 braucht man 6,60 m Stoff und für drei Hemden mit einer Vorderpasse aus doppeltem Stoff gleich Abb. 219 7 m. Der Ausputz besteht in Langetten- und Lochstickerei und bei Abbild. 218 in 70 cm breiter und 1,50 m schmaler Stickerei. Die Maschinenlochnaht hinter der Stickerei kann man durch einen Zierstich ersetzen, siehe Abb. 218 a. — Für drei Nachthemden rechnet man 10 m Stoff. Der hintere Rumpf des Nachthemdes, Abb. 220, ist zwischen die doppelte Rückenpasse gesteppt. Hals- und Aermelränder und die Mittelfalte sind mit 2 cm breiten Stoffstreifen saubergemacht und besetzt, die mit farbigen Punkten bestickt sind, s. Abb. 220 a. Das Nachthemd Abb. 221 ist mit einer Formblende besetzt, die farbiges Börtchen und Bogenstickerei zieren. Im Rücken ist es in vier kurze breite Säume gesteppt. — Drei Nachtjacken Abb. 222 erfordern 6 m Köper und 7,50 m Börtchen und schmale Stickerei. Der Unterteil für die Knöpfe wird angeschnitten, die Mittelfalte für die Knopflöcher aufgesetzt. — Für drei Hemden gleich Abbild. 223—226 braucht man 8 m Stoff. Das Hemd Abbild. 223 ist an seinen Schlitzrändern mit Schlingenlangette berandet, schmale Knopf- und Knopflochstreifen sind daruntergesteppt. Dem Hemd Abb. 225 sind 3 cm breite Formblenden untergesteppt, die Stickerei ist durch den doppelten Stoff ausgeführt.

Abb. 228—233 zeigen Wäschestücke für starke Damen. Man rechnet für drei Hemden 8 m, bei solchen mit doppelter Passe 8,75 m Stoff, für drei Paar Beinkleider 6 m und für drei Nachtjacken 7,50 m. Beachtenswert ist, daß wegen der notwendigen Verbreiterung des Stoffes bei den Hemden die seitlichen Keile des Rumpfes bis in das Armloch reichen und bei den Beinkleidern die Keile fast bis zum Bund hinaufgehen. Bei den Nachtjacken sind, um sparsam zuzuschneiden, bei den Aermeln oben an der Kugel und bei den Vorderteilen unten an den Seitenrändern kleine Keile anzusetzen, außerdem muß dem linken Vorderteile ein breiter Knopfstreifen angesetzt und dem rechten die Mittelfalte aufgesetzt werden, s. Abb. 292. Für das Hemd Abb. 228 rechnet man von 3 cm breiter Stickerei 1,50 m und 2,25 m von 2½ cm breiter feiner Spitze. Der Einsatz schmückt nur den vorderen Rumpf. Für das Beinkleid Abb. 229 braucht man 2,20 m Einsatz und 2,40 m von 4 cm breiter Spitze. An der Nachtjacke Abb. 230 sind der Kragen und die Aermelaufschläge aus doppeltem Stoff langettiert, das gleiche gilt von den oberen Rändern des Hemdes Abb. 231. Für das Hemd Abb. 232 braucht man 3 m Stickerei, die man mit Wäschebändchen oder einer Stoffblende aufsteppt. Das Beinkleid Abb. 233 hat 1 m weite Stickereifalbeln, die unter einer breiten Formblende angesetzt sind. Die Nachtjacke Abb. 234 ist mit 2,50 m Stickerei geputzt.

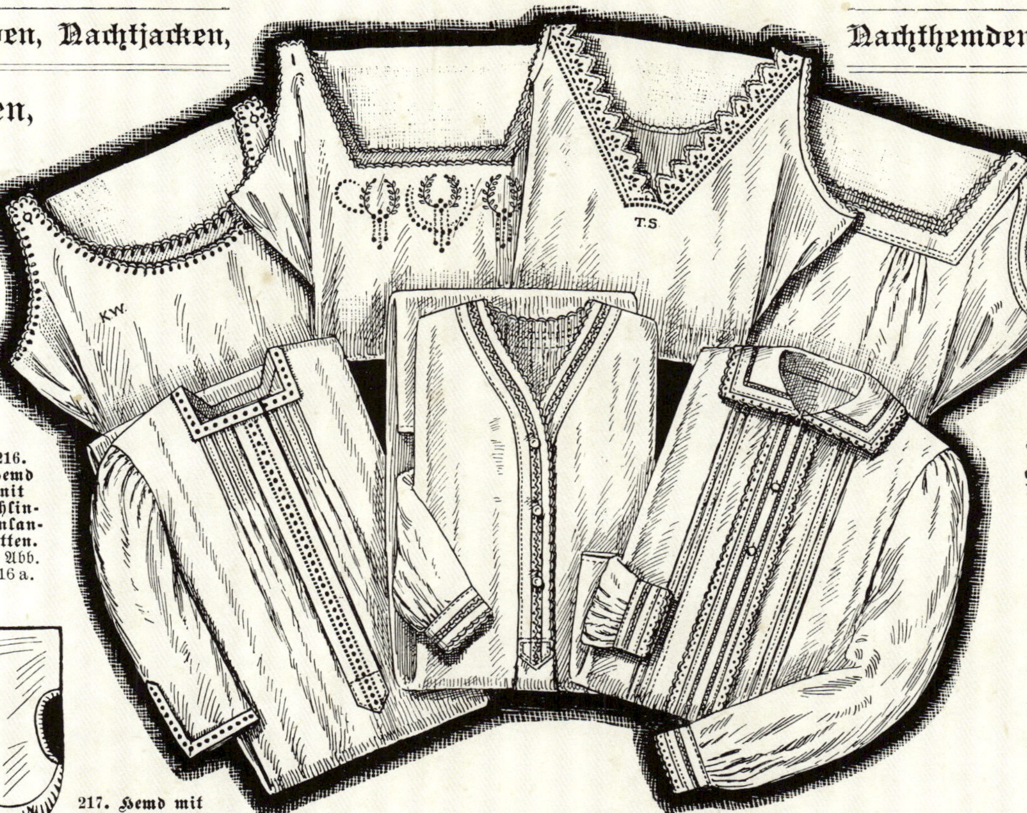

216. Hemd mit Schlingenlangetten. S. Abb. 216 a.

217. Hemd mit Bogen- und Lochstickerei. Preis des D.M.Z.-Abplättmusters: 25 ₰. 218. Hemd mit Stickereiausputz. S. Abb. 218 a.

219. Hemd mit eckiger Passe.

220 u. 221. Zwei einfache Nachthemden. S. Abb. 220 a. 222. Einfache Nachtjacke.

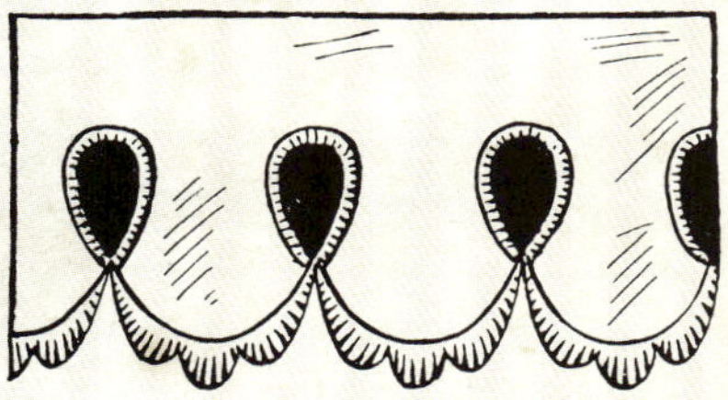

216 a. Langette für Wäsche.

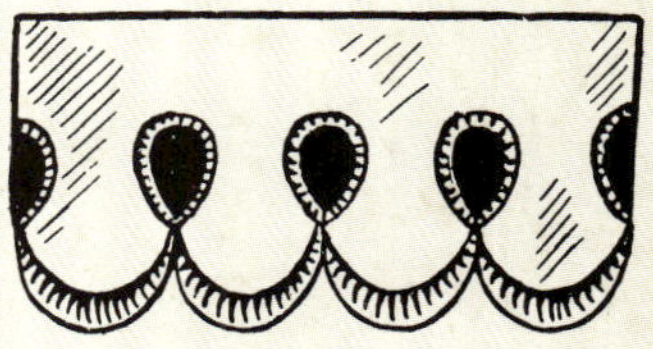

223 a. Langette für Wäsche.

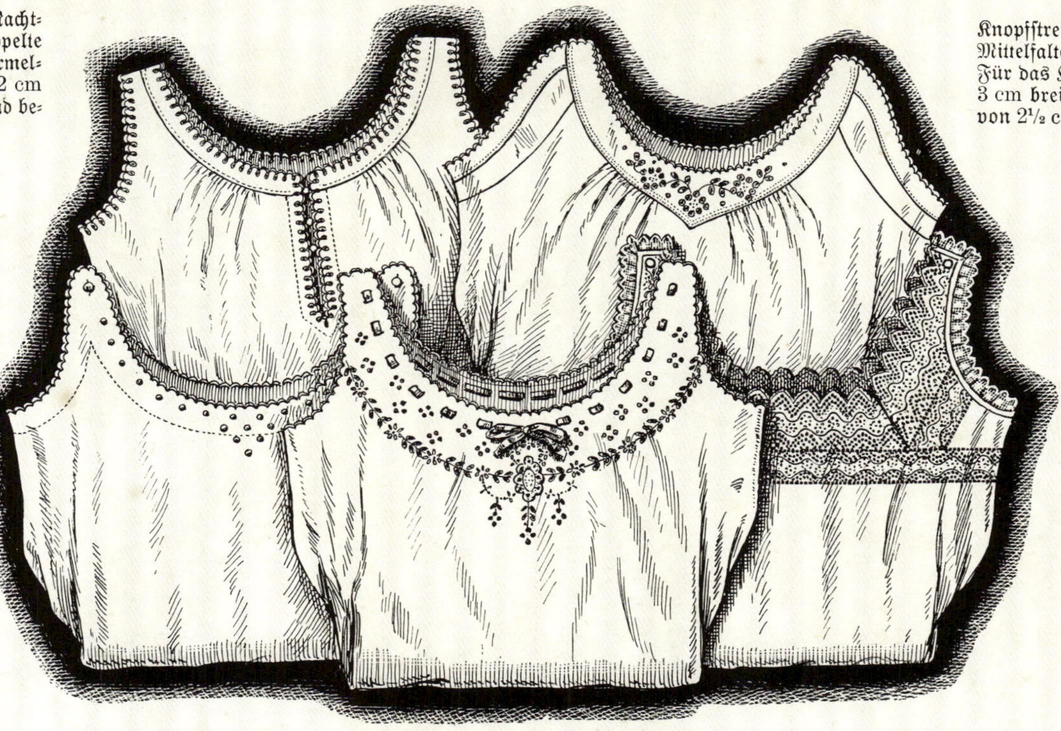

223. Hemd mit Vorderschluß, für junge Mütter geeignet. Preis des D.M.Z.-Abplättmusters: 25 ₰.

224. Hemd mit bestickter Passe. Preis des D.M.Z.-Abplättmusters: 15 ₰.

225. Hemd mit Punktstickerei. Preis d. D.M.Z.-Abplättm.: 20 ₰.

226. Hemd mit reicher Stickerei. Preis des D.M.Z.-Abplättmusters: 35 ₰.

227. Hemd mit reichem Stickereiausputz.

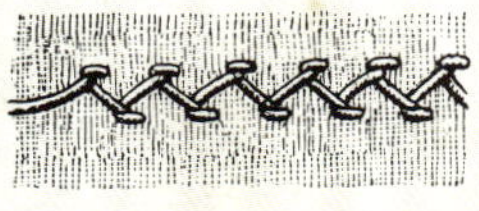

218 a. Zierstich für Wäsche.

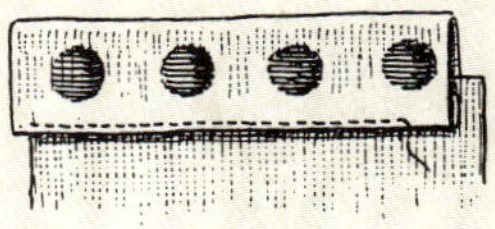

220 a. Das Saubermachen von Ausschnitt- und Aermelrändern an Abb. 220 durch mit Punkten bestickte Stoffstreifen.

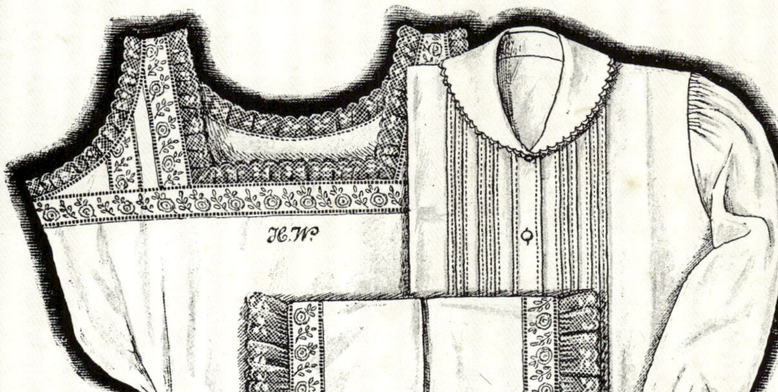

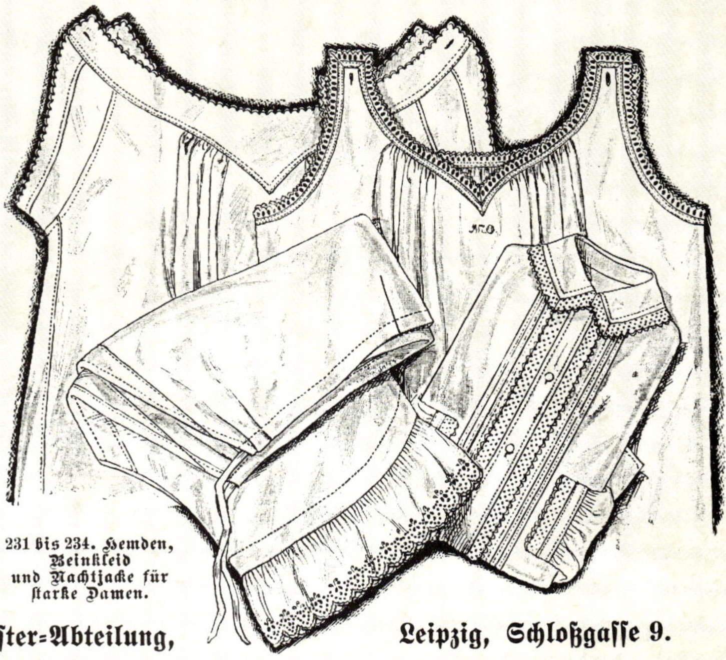

228 bis 230. Hemd, Beinkleid und Nachtjacke für starke Damen.

231 bis 234. Hemden, Beinkleid und Nachtjacke für starke Damen.

Die Schnitte in Oberweite 44 u. 48 cm sind zu beziehen durch D.M.Z.-Schnittmuster-Abteilung, Leipzig, Schloßgasse 9.

Beinkleider.

Die dargestellten Beinkleider haben sämtlich die kurze, bis an das Knie reichende Form, da längere Beinkleider infolge der lang heraufreichenden Strümpfe wenig getragen werden. Da von ärztlicher Seite aus auf die Vorteile hingewiesen wird, die geschlossene Beinkleider in bezug auf Sauberkeit und Wärme bieten, im Gegensatz zu den unter dem Körper offenen Beinkleidern, so zeigen die Abbildungen dieser Seite auch Beinkleider mit Seitenschluß. Man schneidet bei Beinkleidern meist 3 Stück zu, da sich die Schnitteile dann besser ineinanderlegen lassen, und setzt im Bedarfsfalle an den vorderen Beinkleidteilen kleine Keile an. Im Durchschnitt rechnet man für 3 Paar Beinkleider 5 m Stoff. Sind sie besonders kurz oder durch Stickereiein- und -ansatz verlängert, so genügen auch schon 4,50 m Stoff. Geschlossene Beinkleider, deren Passen und Bündchenteile aus doppeltem Stoff gearbeitet werden, verlangen 5,50 m Stoff, ebenso solche,

235. Geschlossenes Beinkleid.
236. Beinkleid mit Ausputz von Einsatz.

240. Beinkleid mit Seitenschluß.

die eine breite angesetzte Stoffalbel an Stelle einer Stickereifalbel haben.

Die Ränder der offenen Beinkleider werden durch gegengesetzte Schrägstreifen saubergemacht und beide Beinkleidhälften in vorderer Mitte 8—10 cm lang überwendlich zusammengenäht; das Ende der Naht wird durch einen kleinen geschürzten Riegel gesichert. Ist der Schnitt derartig, daß die Beinkleider vorn etwas übereinandertreten sollen, so legt man beide Beinkleidhälften, s. Abb. 237, Mitte auf Mitte aufeinander und verbindet sie erst durch den dem oberen Rande unterzusteppenden Schrägstreifen. Der obere Rand der Beinkleider wird zuvor vorn durch Abnäher eingeengt und hinten in einige Falten gelegt. Die Bindebänder werden dem oberen Rande, an den Seiten beginnend, eingefügt. Geschlossene Beinkleider haben entweder eine breite, der vorderen Beinkleidhälfte angesetzte Passe, auf die der hintere Beinkleidteil hochknöpft, s. Abb. 235, oder sie haben Seitenschluß, den man auf verschiedene Weise einrichten kann. Bei dem Beinkleid Abb. 239 z. B. ist die vordere Hälfte durch Abnäher eingeengt und die hintere in ein Knopflochbündchen gefaßt, das auf die vordere Hälfte knöpft. Diese wird durch Bänder nach hinten gebunden, die das Beinkleid hochhalten, auch wenn es seitlich aufgeknöpft wird. Eine ähnliche Einrichtung zeigt das Beinkleid Abb. 243 in Form einer je 3/20 cm großen Spange, die hinten knöpft, s. Abb. 243 a. Bei dem mit Seitenschluß eingerichteten Beinkleid Abb. 240 wird die vordere Hälfte auf das Leibchen geknöpft und die hintere Beinkleidhälfte auf die vordere. Bei allen geschlossenen Beinkleidern sind die seitlichen Schlitze durch an- und aufgesetzte Untertrittstreifen sauberzumachen. Für das Beinkleid Abb. 235 braucht man 1,80 m Einsatz und 2,10 m Stickerei; für Abb. 236 2,70 m Einsatz; für Abb. 238 je 1,35 m Tüll- und Stickereieinsatz und 1,85 m Stickerei; für Abb. 239 1,90 m Stickerei. Dem Beinkleid Abb. 240 sind $2\frac{1}{2}$ cm breite Formblenden untergesteppt, die Langetten- und Punktstickerei ist durch den doppelten Stoff ausgeführt. Das Beinkleid Abb. 241 erfordert 2 m Stickerei, die in ihren Bogen aufgesteppt und am unteren Rande zwischen einen 4 cm breiten Stoffstreifen gefaßt ist. Für Abb. 242 braucht man 1,10 m Häkelspitze, für Abb. 243 2 m Einsatz; die 4/130 cm große Falbel ist langettiert. Abb. 245 erfordert 1,30 m und Abb. 247 1,80 m Häkelspitze; die gestickte Falbel von Abb. 247 ist 13/100 cm groß und durch Lochkäntchen angesetzt, während die Falbel von Abb. 248 unter 2 cm breiter Formblende angesetzt und 7/85 cm groß ist.

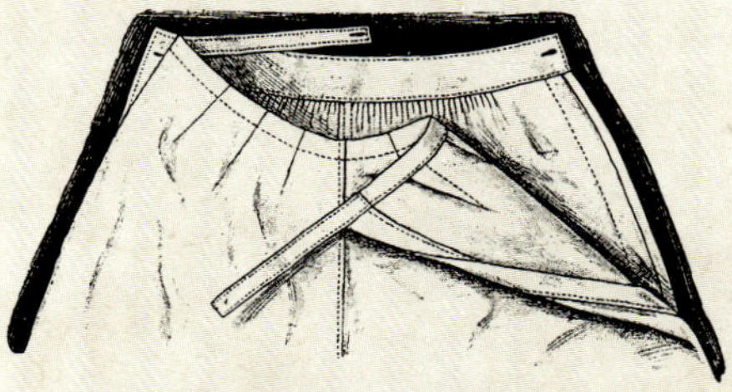

243 a. Obere Hälfte vom Beinkleid Abb. 243 mit angesetzten Knopfspangen.

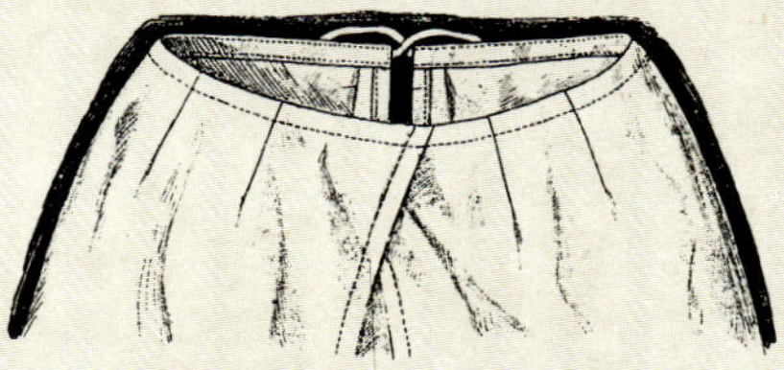

237. Wie man bei offenen Beinkleidern die Beinlinge oben übereinanderlegt.

238 u. 239. Offenes Beinkleid und Beinkleid mit Seitenschluß.

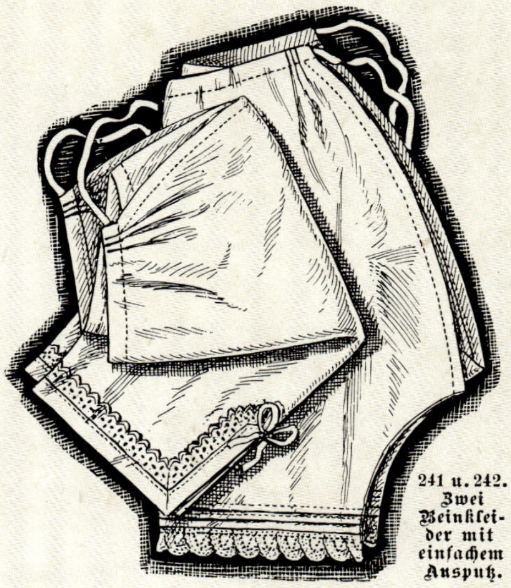

241 u. 242. Zwei Beinkleider mit einfachem Ausputz.

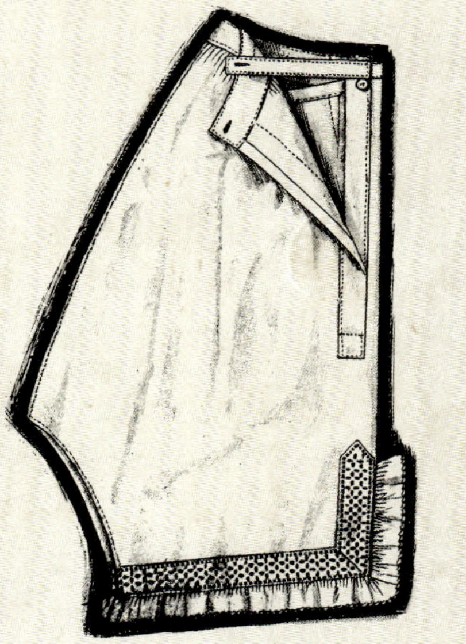

243. Beinkleid mit Seitenschluß. S. Abb. 243 a.

244. Beinkleid mit Handstickerei.
Preis des D.M.Z.-Abplättmusters: 25 ₰.

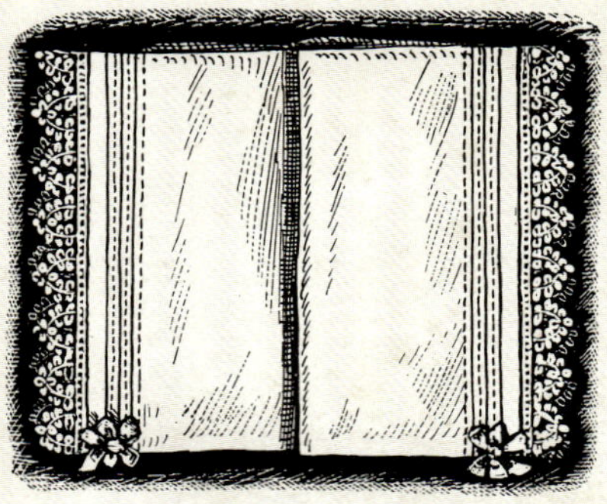

245. Beinkleid mit Ausputz von Häkelspitze.

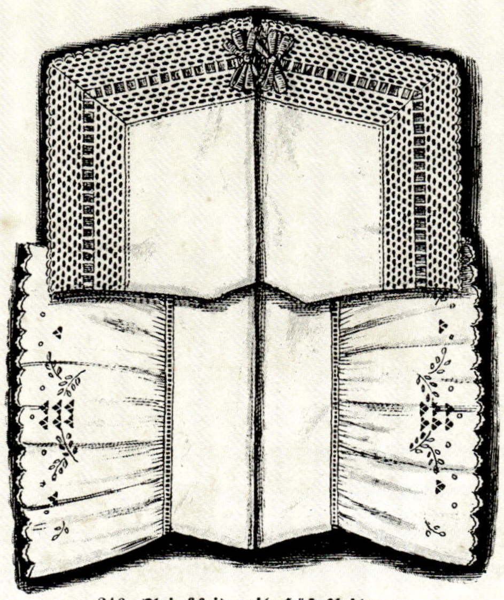

246. Beinkleid mit Häkelspitze.
247. Beinkleid mit Handstickerei. Preis des D.M.Z.-Abplättmusters: 20 ₰.

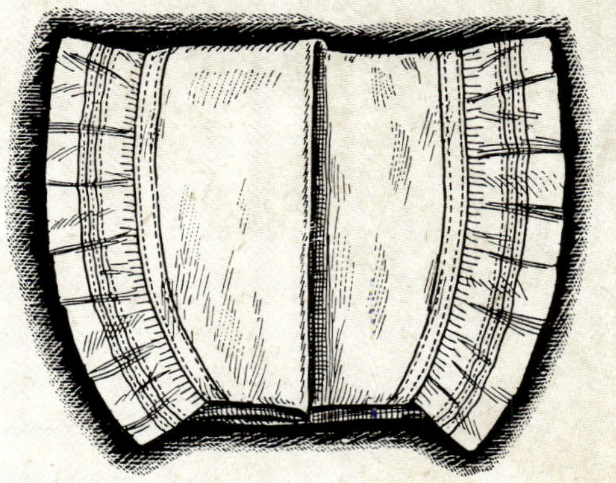

248. Einfaches Beinkleid.

Die Schnitte in den Hüftweiten 106 und 110 cm sind zu beziehen durch die D.M.Z.-Schnittmuster-Abteilung, Leipzig, Schloßgasse 9.

Hemdhosen, Hemden und Beinkleider.

Ueber das Arbeiten von Hemden siehe Seite II und von Beinkleidern Seite IV.

Hemdhosen erfreuen sich einer immer größeren Beliebtheit. Sie erweisen sich im Tragen als praktisch und angenehm und sind auch bei einiger Uebung beim Plätten nicht schwer zu handhaben.

Man arbeitet Hemdhosen wie andere Beinkleider entweder offen unter dem Körper oder geschlossen und richtet sie mit Vorder- oder Achselschluß ein. Welche Form als die bequemere zu bezeichnen ist, läßt sich nicht entscheiden, da die Ansichten hierüber sehr verschieden sind. Wer geschlossene Beinkleider trägt, wird sich auf jeden Fall für Achselschluß entscheiden, dieser wird neuerdings aber auch bei offenen Hemdhosen weit öfter gearbeitet als Vorderschluß. Desgleichen sind auch die Ansichten über die Reihenfolge beim Anziehen sehr verschieden. Meist trägt man die Hemdhose an Stelle eines Hemdes und legt das Mieder darüber an. Man kann in diesem Falle nach Belieben die Strumpfhalter durch langettierte Schlitze nach innen führen, siehe Abb. 250. Im Winter und an kühleren Tagen wird dann über die Hemdhose noch ein leichtes gewirktes Höschen aus farbiger oder schwarzer Baumwolle, Wolle, Halbseide oder Seide angezogen. Andere wieder tragen zunächst eine weiße gewirkte baumwollene, wollene oder seidene Hemdhose, darüber dann das Mieder und darüber die Hemdhose aus Wäschestoff. Eine dritte Art ist die, daß man auf dem Körper ein Hemd aus Wäschestoff oder ein kurzes gewirktes Hemd trägt und darüber Mieder und Hemdhose, so daß sie in diesem Falle eine Verbindung von Unterleibchen und Beinkleid darstellt.

Man rechnet für eine Hemdhose 2,50—3 m Stoff; bei der üblichen Verwendung von 80 cm breitem Stoff macht sich das Ansetzen kleiner Keile an den Beinlingen notwendig. Arbeitet man Achselschluß, so unterlegt man diesen mit kleinen Stoffteilen, s. Abb. 206; beim Vorderschluß ist dem rechten Schlitze ein Streifen unter- und dem linken Schlitzrande ein Untertrittstreifen anzusteppen, das gleiche gilt von den Seitenschlitzen bei geschlossenen Hemdhosen. Bei diesen wird die hintere Beinkleidhälfte eingereiht in einen Knopflochbund gefaßt und auf die Knöpfe des Rückens geknöpft, die auf einem schmalen aufgesteppten Formstreifen sitzen. Ist die Hemdhose unter dem Körper offen, so macht man die Ränder mit einem Schrägstreifen sauber oder setzt ihnen Zwickel an, die unter einer 2/6 cm großen Spange enden und für ein gutes Uebereinanderschließen sorgen, s. Abb. 250. Im Rücken reiht man dann die hinteren Beinkleidteile ein und befestigt sie, aneinanderstoßend oder etwas übereinanderkreuzend, unter einem Schrägstreifen.

Wer zum erstenmal Hemdhosen arbeitet, sollte zunächst nur eine zuschneiden, zusammenheften und anprobieren.

249. Hemdhose mit Achselschluß.

250. Feine Hemdhose. Preis des D.M.Z.-Abplättmusters: 50 ₰.

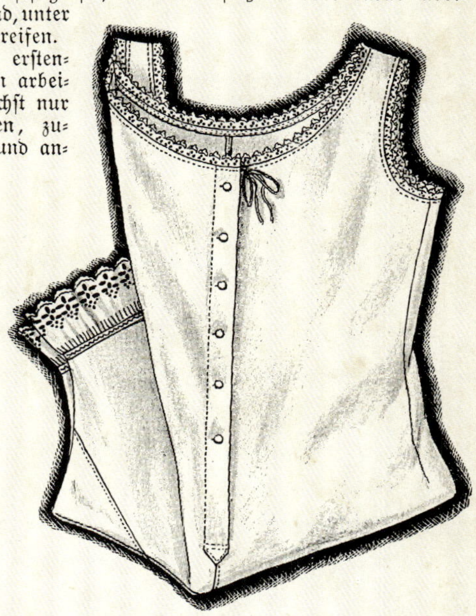

251. Hemdhose mit Vorderschluß.

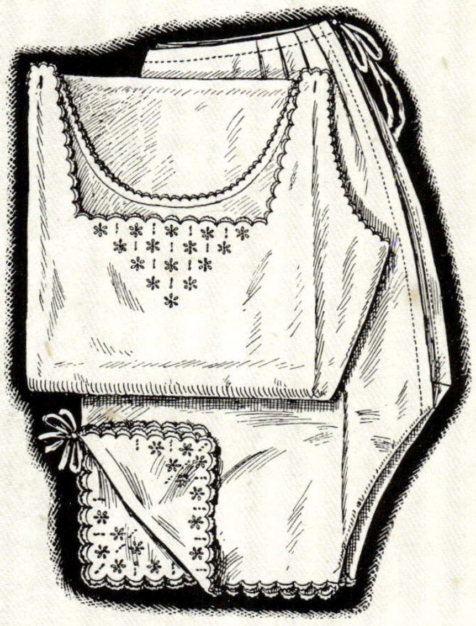

252 u. 253. Hemd und Beinkleid mit Handstickerei.
Preise der D.M.Z.-Abplättmuster: je 20 ₰.

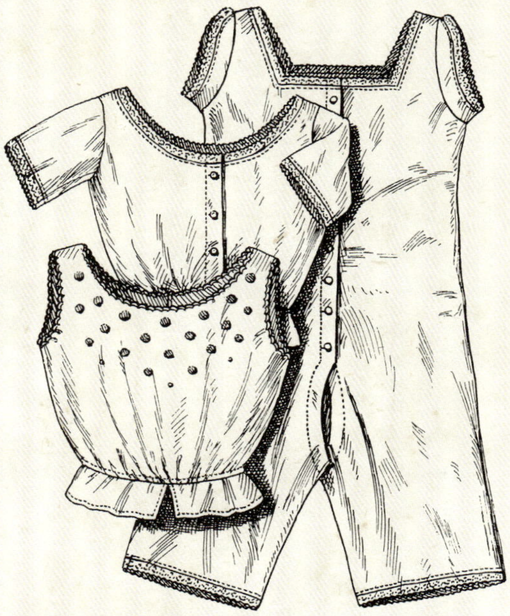

254 u. 255. Zwei Unterleibchen.
Ueber das Arbeiten von Unterleibchen siehe Seite VIII.

256. Einfache Hemdhose.

257 u. 258. Hemd und Beinkleid mit Handstickerei.
Preise der D.M.Z.-Abplättmuster: 20 u. 25 ₰.

259 u. 260. Gesticktes Hemd und Beinkleid.
Preise der D.M.Z.-Abplättmuster: je 25 ₰.

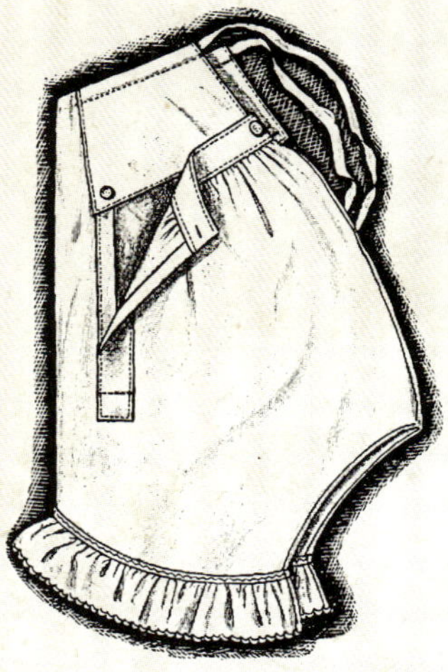

261. Einfaches geschlossenes Beinkleid.

262 u. 263. Feines Hemd und Beinkleid.

Die Hemdhose Abb. 249 erfordert 1,25 m Stickerei und 1,35 m Einsatz. Den oberen Rändern von Abb. 250 sind schmale Formblenden untergesteppt, sie erfordert 1,30 m Einsatz, ihre langettierte Falbel mißt 9/85 cm. Abb. 251 erfordert 2 m breite u. 2,85 m schmale Stickerei; Abb. 255 1,10 m Stoff und 1,70 m Spitze; Abb. 256 3,20 m Spitze. Die bestickte Falbel von Abb. 258 mißt 10/100 cm, von Abb. 260 14/100 cm und von Abb. 261 8/80 cm. Für das Hemd Abbild. 262 braucht man 90 cm Stickerei und Einsatz und für das Beinkleid Abb. 263 2,50 m Einsatz und 2,40 m Stickerei für die 16/120 cm großen Falbeln.

Die Schnitte in den Hüftweiten 106 und 110 cm sind zu beziehen durch die D.M.Z.-Schnittmuster-Abteilung, Leipzig, Schloßgasse 9.

Nachthemden, Nachtjacken und Schlafanzug.

Beim Zuschneiden von Nachthemden und Nachtjacken ist es vorteilhaft, wenigstens 3 Stück anzufertigen, da sich dann der Stoff besser ineinanderlegen und ausnutzen läßt. Man rechnet je nach der Ausführung für 3 Nachthemden 10—11 m Stoff. Bei einem Schnitt mit angeschnittenen Aermeln ist der Verbrauch am geringsten, während er bei sehr weiten Nachthemden mit doppelter Rückenpasse, doppeltem Kragen und Aermelaufschlägen größer ist. Arbeitet man die Nachthemden aus 80 cm breitem Stoff, so müssen den Rumpfteilen seitlich Keile angesetzt werden, wie unter Abb. 205 auf S. II dargestellt und beschrieben. Für den Knopfschluß wird dem linken Schlitzrande ein doppelter, $2^1/_2$ cm breiter Stoffstreifen an- und dem rechten Schlitzrande ein Streifen untergesetzt. Man arbeitet die Knopflöcher dann durch den doppelten Stoff; soll der Schluß verborgen angebracht werden, wie z. B. bei dem Nachthemd Abb. 277, so ist dem rechten Schlitzrande zunächst ein 3 cm breiter Stoffstreifen verstürzt anzusetzen und dann so umzubiegen und 2 cm vom vorderen Rande entfernt dem Vorderteil aufzusteppen, wie Abb. 452 es darstellt. Dann biegt man den Streifen um, bringt die Knopflöcher an und verbindet die Lasche nun hier und da durch einen Stich mit dem oberen Teil. Eine andere Art ist noch, dem rechten Schlitzrande eine beliebig breite Mittelfalte aufzusteppen, durch die dann die Knopflöcher gearbeitet werden, wie bei Abb. 265, 268 und 271. Alle Kragenteile, Aermelbündchen, Aermelaufschläge und Passenteile sind aus doppeltem Stoff zu arbeiten, durch den dann auch Langetten und Stickereien auszuführen sind. Bei Nachthemden, die keine Passenteile haben, steppt man für die Langetten den Ausschnitträndern und gegebenenfalls auch den Aermelrändern 2—3 cm breite Formblenden unter, wie die Nachthemden Abb. 273, 275, 276, 277 und 279 dies zeigen. Das über die Nachthemden Gesagte gilt auch von den Nachtjacken. Arbeitet man diese für starke Damen, so sind bei mangelnder Stoffbreite an den Vorderteilen seitlich und an den Aermeln oben kleine Keile aufzusetzen. Eine dritte Art der Nachtkleidung für Damen stellt der Schlafanzug dar, der hauptsächlich auf Reisen Vorteile bietet.

Das Nachthemd Abb. 264 hat eine angesetzte Formblende aus doppeltem Stoff, die ebenso wie die doppelten unteren Aermelränder mit Loch- und Plattstichstickerei und Langetten geschmückt ist. — Für ein Nachthemd gleich Abb. 265 braucht man 2,10 m Stickerei. Der Rücken ist zwischen den doppelten Stoff seiner Passe gereiht, wie die Rückansicht erkennen läßt. Die Nachtjacke Abb. 266 erfordert 3 m Stickerei, die die dem Halsrand und dem rechten Vorderteile aufgesetzte Formblende berandet. Für die Nachtjacke Abb. 267 braucht man je 60 cm Wäschebörtchen und 7 cm breite Stickerei sowie 30 cm von 5 cm breitem Einsatz und 1,10 m von $3^1/_2$ cm breiter Stickerei. — Die Morgenjacke Abb. 269 wird nach der nebenstehenden Schnittübersicht zugeschnitten und an

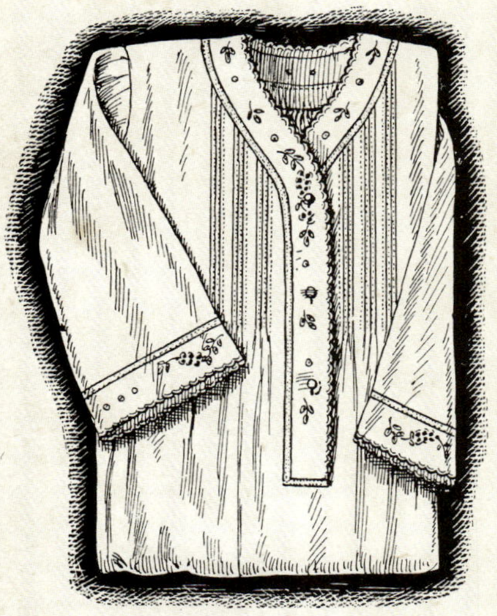

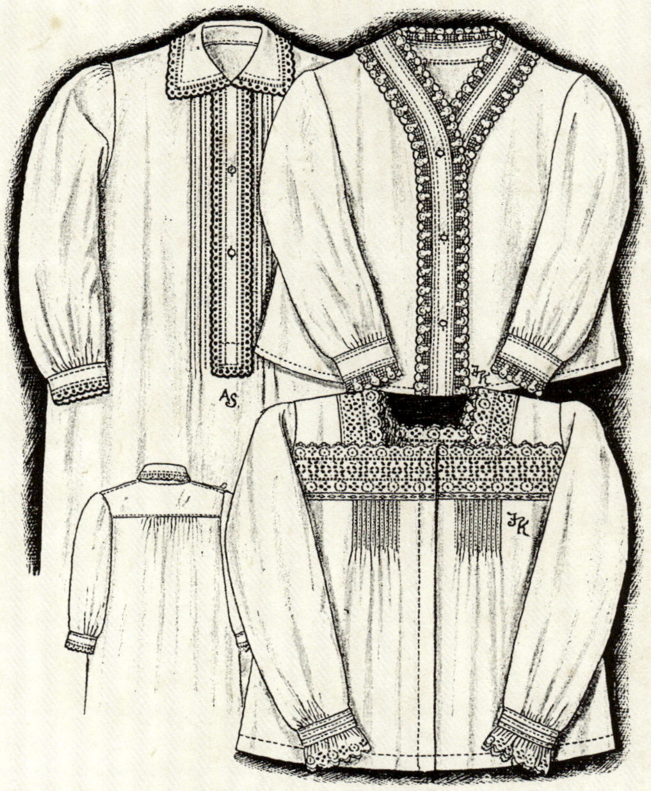

265. Einfaches Nachthemd. 266. Einfache Nachtjacke.
267. Reichausgestattete Nachtjacke.

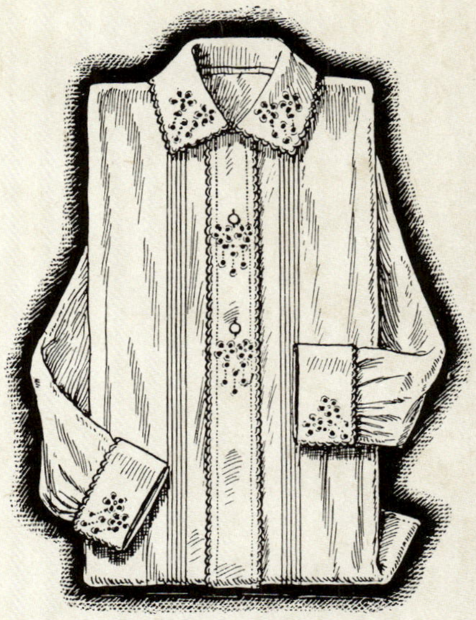

264. Nachthemd mit einfacher Stickerei.
Preis des D.M.Z.-Abplättmusters: 20 ₰.

268. Nachthemd mit Handstickerei.
Preis des D.M.Z.-Abplättmusters: 25 ₰.

269. Morgenjacke. S. Abb. 269 a.

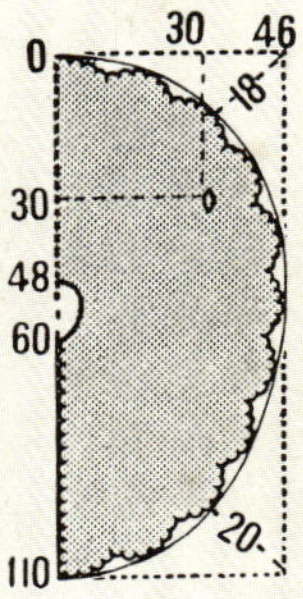

269 a. Schnittübersicht, Hälfte, zu Abb. 269.

270. Nachtjacke mit Stickereifalbel.

271. Nachthemd mit Handstickerei.
Preis des D.M.Z.-Abplättmusters: 30 ₰.

272. Morgenjacke aus zweierlei Stoff.

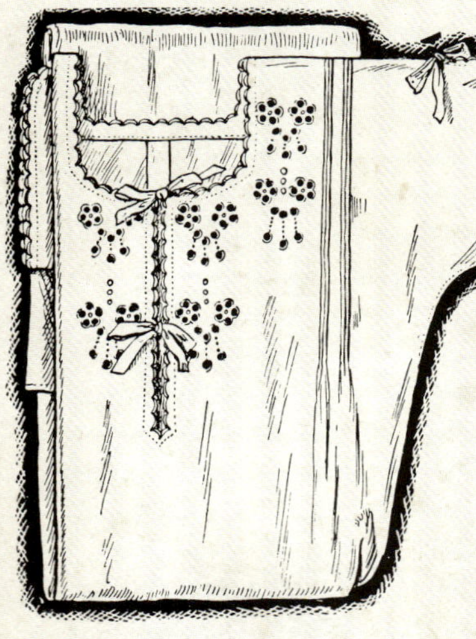

273. Nachthemd mit Handstickerei.
Preis des D.M.Z.-Abplättmusters: 40 ₰.

274. Eckig ausgeschnittenes Nachthemd.

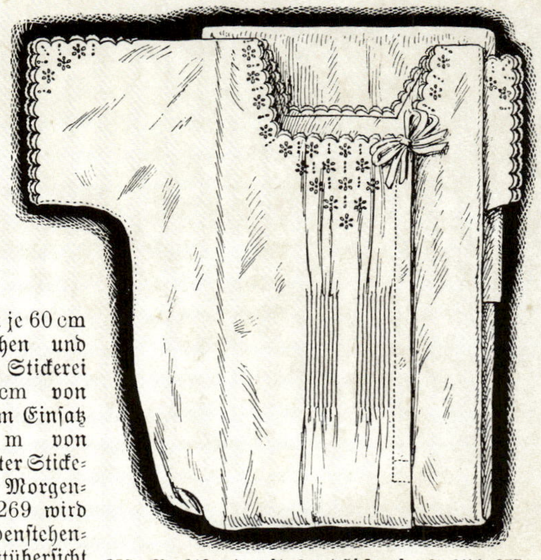

275. Nachthemd mit Handstickerei. S. Abb. 277 a.
Preis des D.M.Z.-Abplättmusters: 30 ₰.

Die Schnitte in Oberweite 44 und 48 cm sind zu beziehen durch die D.M.Z.-Schnittmuster-Abteilung, Leipzig, Schloßgasse 9.

den Rändern mit Langette bestickt. Dann mißt man von jeder Seite von unten auf und von der Mitte her 30 cm ab und bringt hier ein kleines Schnürloch und ein entsprechendes auch vorn an. Durch beide zieht man Band, um so Aermelteile abzubinden. Schnürlöcher mit Bandschleife auch am Halse. — Die unter ihrer aufgesetzten Stickerei geschlossene Nachtjacke Abb. 270 erfordert 2 m Stickerei und 1,25 m Börtchen. Abb. 272 zeigt eine aus 1,75 m Batist und 50 cm Stickereistoff gearbeitete Morgenjacke, die mit 3 m feinem Einsatz und 2,50 m Spitze ausgeputzt ist. Das Nachthemd Abb. 273 ist für Vorderteile, Rücken und Aermel zusammenhängend zugeschnitten und vorn zu einem Schlitz eingeschnitten, der langettiert und durch seidenes Band gebunden ist, das man durch je 2 kleine geschürzte Schlingen gezogen hat. Für das eckig ausgeschnittene Nachthemd Abb. 274 braucht man 2,50 m Einsatz und 90 cm schmale sowie 65 cm breite Stickerei. Das Nachthemd Abb. 275 schließt verdeckt, siehe Abb. 277 a, zierliche Stickerei und Säumchen zieren es. Die Passe des Nachthemdes Abb. 276 ist an allen Rändern in großen Wellenbogen langettiert. Das Nachthemd Abb. 277 hat eine Rückenpasse aus doppeltem Stoff. Punktstickerei

277. Nachthemd mit Punktstickerei. Siehe Abb 277 a.

276. Nachthemd mit bestickter Passe. Preis des D.M.Z.=Abplättmusters: 40 ₰.

278. Nachthemd mit reicher Ausstattung.

279. Nachthemd mit Stickerei. S. Abb. 277 a. Preis des D.M.Z.=Abplättmusters: 40 ₰.

sammenhängend für Vorderteile, Rücken und Aermel zugeschnittene Hemd Abb. 280 erfordert 1,90 m Stickerei mit Banddurchzug. Es hat keinerlei Schlußvorrichtung und wird über den Kopf gezogen. Abb. 281 und 282 zeigen ein Hemd und ein Unterleibchen für junge Mütter. Beide sind so eingerichtet, daß der Brustteil heruntergeknöpft werden kann, wozu dem untenliegenden Teil Untertrittstreifen angesetzt sind. Das Nachthemd Abb. 283 ist an allen Rändern langettiert, und die Nachtjacke Abb. 284 ist mit 2,30 m schmaler Stickerei berandet. — Für den Schlafanzug Abb. 285 braucht man 5 m von 80 cm breitem Stoff, am Vorbild buntgemusterter Waschkrepp. Die Jacke ist mit Kragen und Aufschlägen aus weißem Rips ausgestattet, mit Druckknöpfen geschlossen und mit weißen Schnurschlingen und Knöpfen geputzt. Das Beinkleid hat in seinem oberen Saum eine Schnur zum Schließen, die der vorderen Beinkleidhälfte wird nach hinten gebunden und die der hinteren nach vorn; die hintere Beinkleidhälfte knöpft außerdem an den Seiten auf die vordere über. Mit Abb. 286 u. 287 werden zwei je aus dem Ganzen zugeschnittene Nachthemden dargestellt. Das erste, aus Waschkrepp, wird über den Kopf

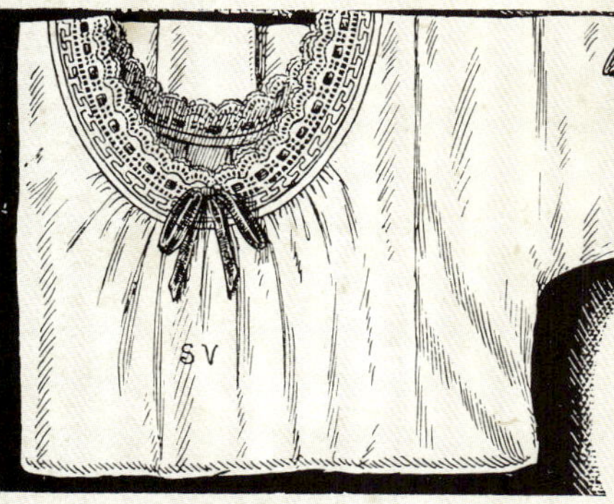

280. Zusammenhängend zugeschnittenes Nachthemd ohne Schluß.

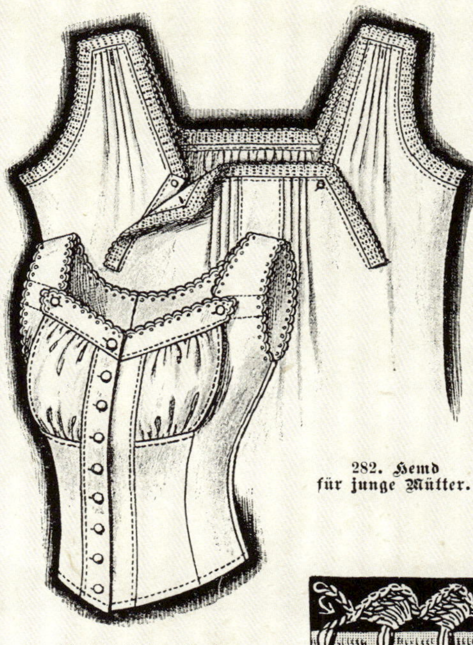

282. Hemd für junge Mütter.

281. Unterleibchen für junge Mütter. Ueber das Arbeiten von Unterleibchen s. Seite VIII, von Hemden Seite II.

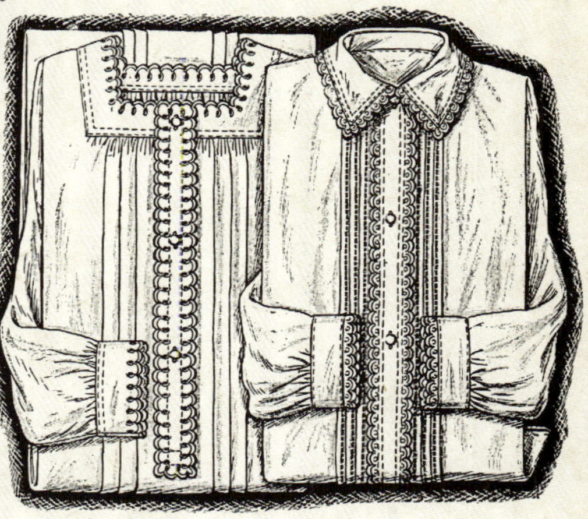

283. Einfaches Nachthemd. **284. Einfache Nachtjacke.**

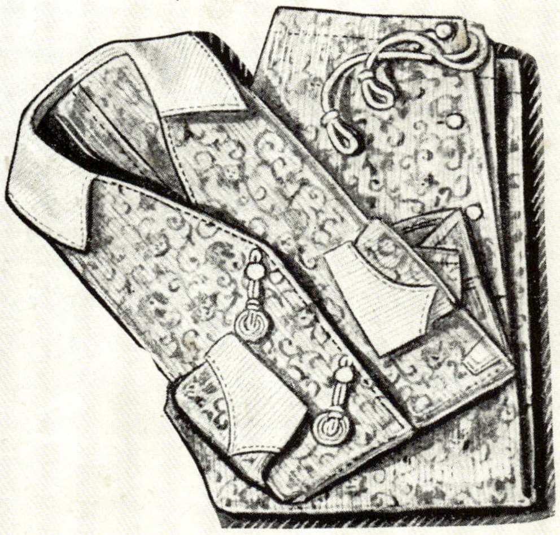

285. Schlafanzug für Damen.

288. Häkelkäntchen zu Abb. 289 bis 291.

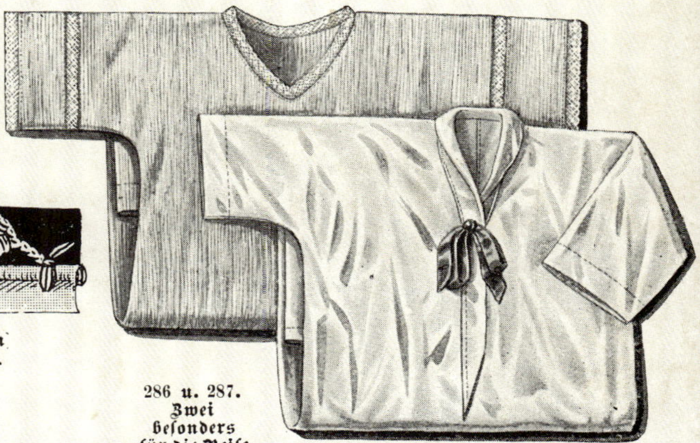

286 u. 287. Zwei besonders für die Reise geeignete Nachthemden.

und Säumchen schmücken die Vorderteile. Für das Hemd Abb. 278 braucht man 2,75 m Stickerei und 4,75 m Einsatz. Unter der den Schlitz berandenden Stickerei sind Stoffstreifen für den Knopfschluß angebracht. Die Aermel sind durch Lochkäntchen eingesetzt. Das Nachthemd Abb. 279 hat auf dem schlanken Umlegekragen und den Vorderteilen Stickerei, auch Säumchen. Das zu-

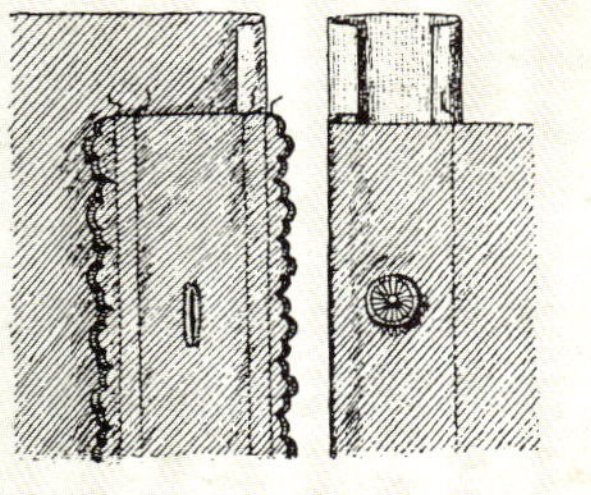

292. Das Aufsteppen einer Mittelfalte und Arbeiten des Schlusses an Nachtjacken, in die Mittelfalte sind die Knopflöcher gearbeitet, für die Knöpfe ist ein Stoffstreifen untergesteppt.

289 bis 291. Nachthemd, Hemd und Beinkleid mit Handarbeit. S. Abb. 288. Preis des D.M.Z.=Abplättmusters zum Nachthemd 20 ₰, zum Hemd 15 ₰ und zum Beinkleid 10 ₰.

gezogen, und das zweite, aus Waschseide, hat vorn einen kurzen Schlitz. Die Gruppe Abb. 289—291 zeigt ein Nachthemd, das über den Kopf gezogen wird, ohne Schlußvorrichtung, es ist wie Hemd und Beinkleid bestickt und mit einem schmalen Häkelkäntchen, Abb. 288, berandet. Man rollt dazu den Stoffrand schmal ein: 1 f. M. in den Stoff, 3 Lftm., 1 Stbch. um den eingerollten Rand greifend, 3 Luftmaschen, 4 Stäbchen um das erste Stäbchen fassend.

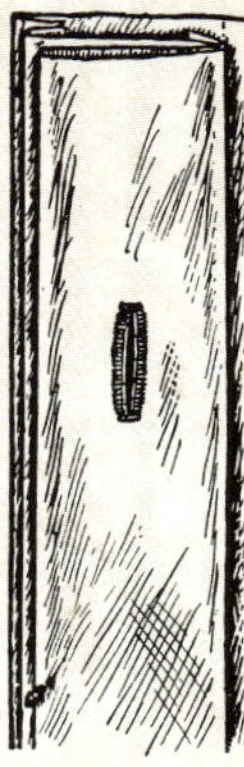

277 a. Das Arbeiten von verdecktem Knopfschluß an Nachthemden.

Die Schnitte in Oberweite 44 und 48 cm sind zu beziehen durch die D.M.Z.=Schnittmuster=Abteilung, Leipzig, Schloßgasse 9.

Unterleibchen.

Das Arbeiten eines Unterleibchens muß mit Sorgfalt geschehen, da es unbedingt einen guten Sitz haben muß. Der Ausschnitt darf weder zu hoch noch zu tief sein, die Achseln müssen im allgemeinen breit sein, um die Hemdachsel zu decken, und das Armloch darf nicht tief ausgeschnitten sein und muß gut anliegen. Deshalb muß jedes Unterleibchen angeprobt werden, bevor man die Nähte steppt; man rechnet für ein Unterleibchen 1 m Stoff. Unterleibchen mit Abnähern werden nur für stärkere, solche mit Seitenteilen für starke Gestalten genommen. Im übrigen arbeitet man sonst die Unterleibchen aus zwei Vorderteilen ohne Abnäher und dem Rücken bestehend und faßt ihren unteren Rand in einen geraden Bund aus doppeltem Stoff, an den nach Belieben noch ein Schößchen tritt, das aber auch ohne Bund verstürzt angesetzt werden kann. Vereinzelt setzt man auch an den Bund noch eine Knopflochspange, die auf das Mieder knöpft und so das Leibchen herunterhält, s. Abb. 293. Für den Knopfschluß, der meist vorn liegt, und nur bei Leibchen, die unter durchsichtigen Blusen getragen werden, auch gern im Rücken gearbeitet wird, sind beim Zuschneiden 3 cm zuzugeben, die man am rechten Vorderteile als Saum umsteppt und denen man am linken Vorderteile noch einen gleichbreiten Stoffstreifen untersteppt. Die Saumzugabe des rechten Vorderteiles kann auch nach oben umgebogen und in Form einer Mittelfalte festgesteppt werden wie an dem Unterleibchen Abb. 306.

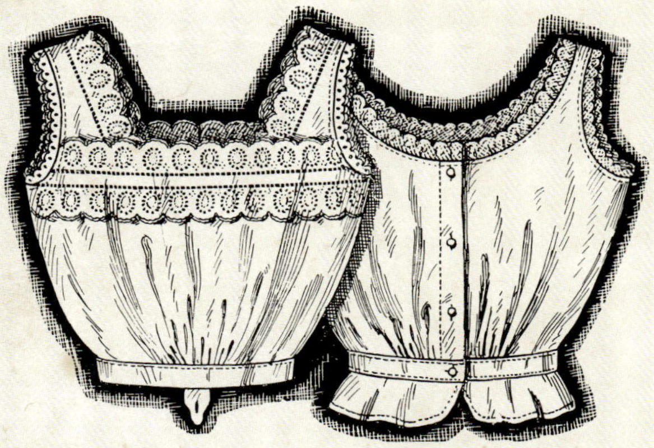

293. Unterleibchen mit Rückenschluß. 294. Einfaches Unterleibchen.

Die Abb. 303, 306 u. 312 zeigen Unterleibchen mit Brustabnähern, und Abb. 307 stellt ein Unterleibchen mit Durchschnittsnähten in den Vorderteilen und mit einem kleinen Abnäher am Armloch dar, der dazu dient, die Brust gut herauszuarbeiten. Abb. 304 zeigt eine besondere Form, bei der die Rückenteile übereinanderkreuzen und mit einem Band durch ein seitliches Knopfloch nach vorn geführt und gebunden werden. — Aermel werden an Unterleibchen nur selten angebracht; wer einen kleinen Schutzärmel dagegen liebt, kann einen Aermelteil arbeiten, wie Abb. 305 ihn zeigt, er wird mit einer Gummispange über dem Arm gehalten; oder es kann dem Armloch eine ungefähr 4—6 cm breite Spitze angesetzt werden, die am vorderen Rande eine Löcherreihe hat, durch die man ein Gummischnürchen zieht. Abb. 299 zeigt diese Vorrichtung und erklärt zugleich, daß das Schnürchen durch eine Schlinge mit Knopf geschlossen wird, so daß es vor dem Waschen leicht herauszunehmen ist.

Für sehr schlanke Damen können die Unterleibchen innen auch mit einigen Falbeln ausgestattet werden, wie Abb. 298 dies zeigt. Damit das Unterleibchen dabei einen guten Sitz behält, wird es am besten vorn durch einige Stäbe gestützt. Abb. 300 zeigt ein solches Unterleibchen in der Außenansicht, während aus der Innenansicht, Abb. 298, hervorgeht, daß die Stäbe vor dem Waschen herausgenommen werden können. Die Rückenteile schließen oben mit einem Knopf und unten übereinanderschlagend mit Bändern, von denen das eine hinten durch einen Schlitz geführt wird und die nach vorn gebunden werden.

Unter sehr feinen, durchsichtigen Blusen trägt man auch Unterleibchen aus Spitzenstoff, wie Abb. 308 eines zeigt.

Das im Rücken schließende Unterleibchen Abbildung 293 erfordert 2,10 m von 5 cm breiter und 90 cm schmale Stickerei und das Unterleibchen Abb. 294 1,90 m Spitze. Die Unterleibchen Abb. 295 und 296 zeigen schöne Lochstickerei und an den Rändern Langetten, die über untergesteppten Batistbändchen ausgeführt sind. Die gleiche Ausstattung zeigt das Unterleibchen Abb. 301. Für

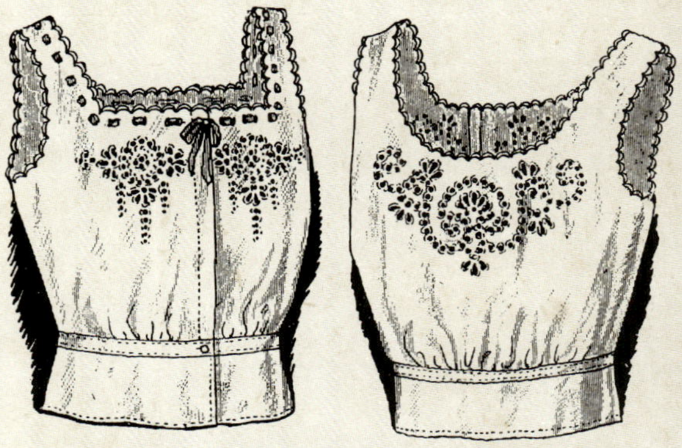

295 u. 296. Zwei Unterleibchen mit Lochstickerei.
Preise der D.M.Z.=Abplättmuster: je 25 ₰.

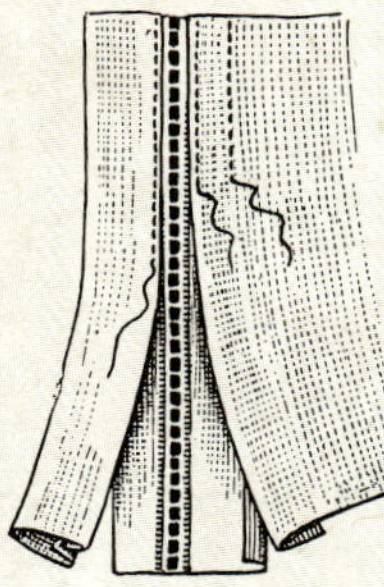

297. Das Ansetzen eines Randsaumes durch Lochkäntchen. Angewandt an Abb. 302 u. 322—324.

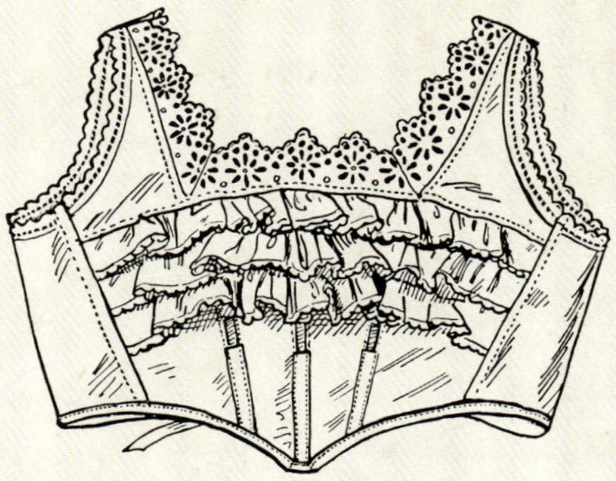

298. Innenansicht des Unterleibchens Abb. 300.

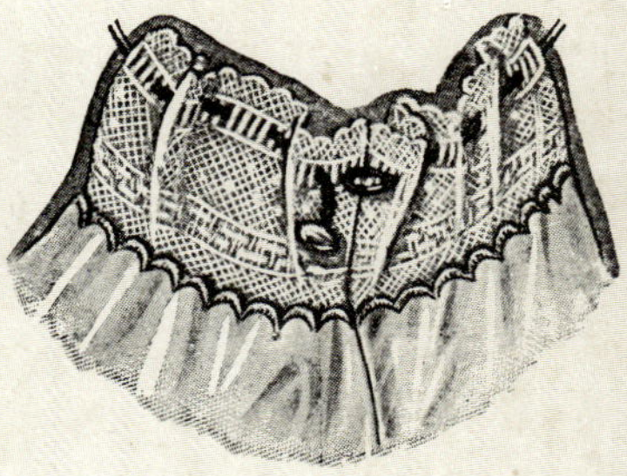

299. Kleiner Spitzenärmel, durch Gummischnürchen anliegend gemacht, angewandt an Abb. 310.

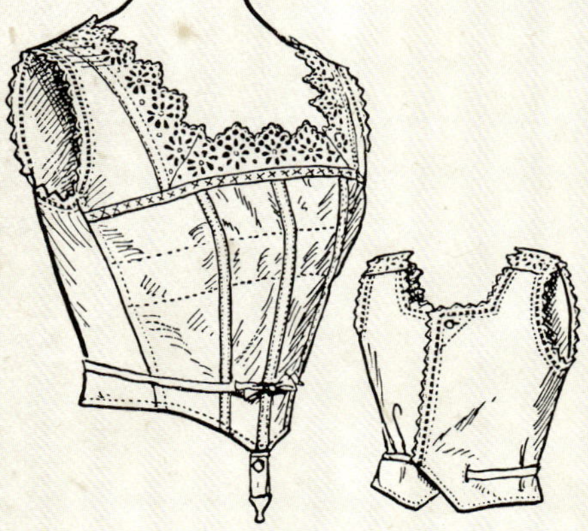

300. Unterleibchen mit Innenausstattung für schlanke Gestalten. S. Abb. 298.

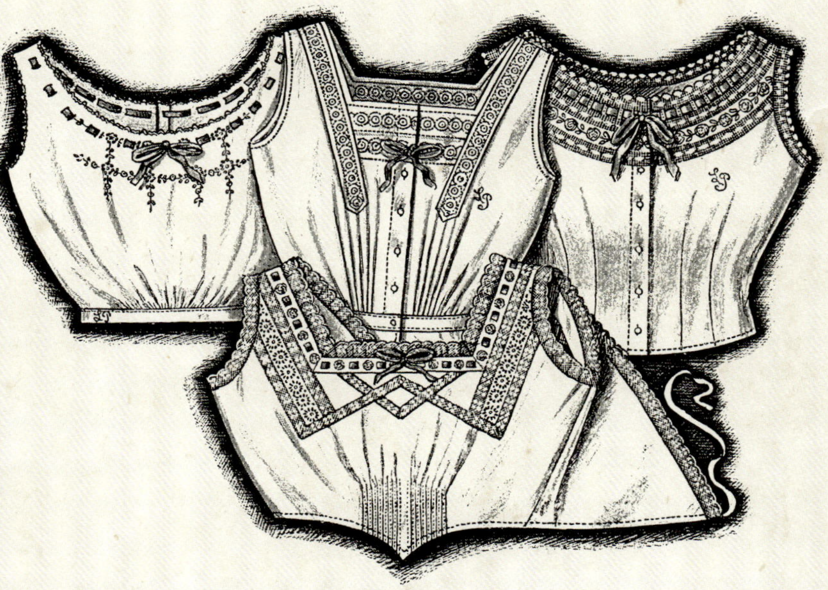

301. Unterleibchen mit Handstickerei. Preis des D.M.Z.=Abplättmusters: 50 ₰. 302. Unterleibchen mit reichem Stickereiausputz. S. Abb. 297. 303. Unterleibchen mit Brustabnähern.
304. Unterleibchen mit übereinanderkreuzenden Rückenteilen.

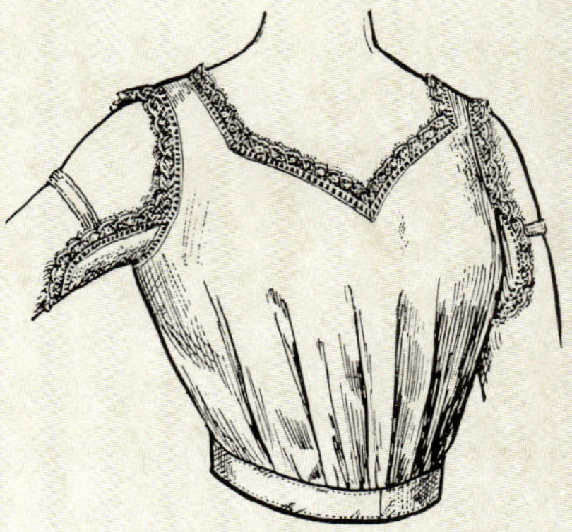

305. Unterleibchen mit kleinen Aermelteilen.

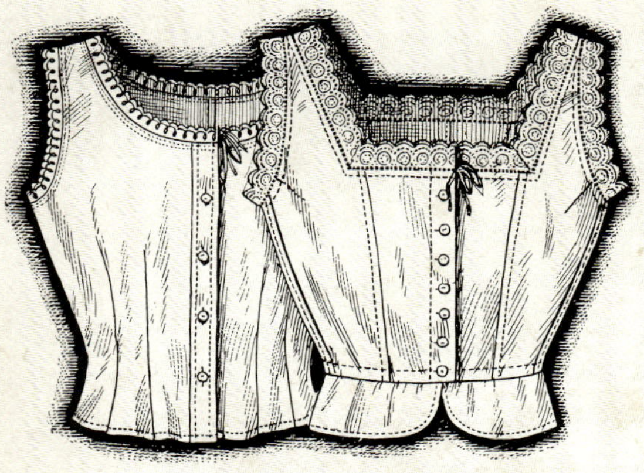

306 u. 307. Zwei einfache Unterleibchen mit Bandzug im Ausschnittsaum.

308. Unterleibchen aus Spitzenstoff.

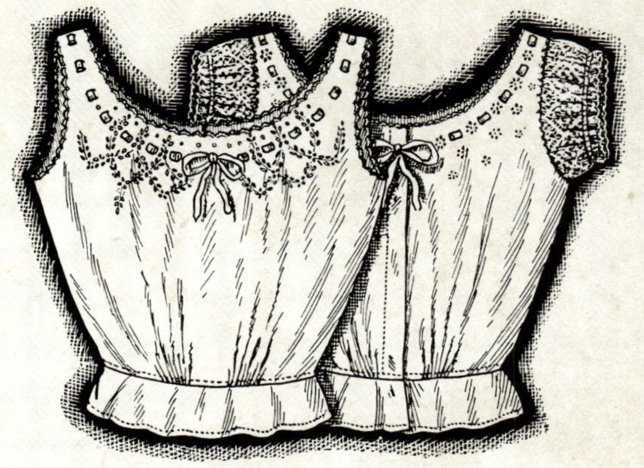

309 u. 310. Zwei Unterleibchen mit Handstickerei.
S. Abb. 299. Preis des D.M.Z.=Abplättmusters: je 25 ₰.

Die Schnitte in Oberweite 44 und 48 cm sind zu beziehen durch die D.M.Z.=Schnittmuster=Abteilung, Leipzig, Schloßgasse 9.

Abb. 302 braucht man 1,75 m Einsatz; den Ausschnitt- und Armlochrändern ist durch Lochkänichen ein doppelter Stoffstreifen angesetzt, s. Abb. 297. Das Unterleibchen Abb. 303 erfordert 2 m Spitze und je 90 cm Stickerei, Banddurchzug und Einsatz, während man für das Unterleibchen Abb. 304 mit den übereinanderkreuzenden Rückenenden 2,75 m Spitze, 75 cm Stickerei, 75 cm Banddurchzug und 1,80 m Einsatz benötigt. Das Unterleibchen Abb. 305 mit kleinen, durch Gummispange gehaltenen Aermelteilen erfordert 2,25 m Spitze, Abb. 306 2,10 m Langette und Abb. 307 2,25 m Stickerei. Für Abb. 308 braucht man 1,20 m von 30 cm breitem Spitzenstoff mit Banddurchzug und 60 cm Einsatz für die Achselspangen. Bei den mit Handstickerei und Langetten gezierten Unterleibchen Abbildung 309 und 310 sind die Langetten vor dem Sticken mit Batistbändchen unterlegt. Abbildung 311 erfordert 1,10 m breite Stickerei, 1 m Armlochstickerei und 65 cm Einsatz und Abb. 312 2,30 m Stickerei und 75 cm Einsatz, während man für das Unterleibchen Abbildung 321 1,10 m Stickerei, 65 cm Einsatz, 1,35 m Banddurchzug und 1,30 m Spitze braucht.

Bei

Unterröcken

ist der Stoffverbrauch ganz verschieden, je nachdem ob sie weiter oder enger, kürzer oder länger, mit angesetzter oder aufgesetzter und mit Stickerei- oder Stoffalbel gearbeitet werden. Man schließt die Nähte durch Doppelnaht und steppt dem nach Bedarf durch Abnäher passend gemachten oberen Rande einen Schrägstreifen gegen, in diesem kann man hinten einen Zugsaum oder Bindebänder oder Knopf und Knopfloch anbringen. Einen runden Bund arbeitet man fast nur noch bei den kurzen sogenannten Anstandsröcken, wie sie mit Abb. 317 u. 318 gezeigt sind: man fertigt sie aus Krepp, Waschrips, gerauhtem Köper oder Flanell und stattet sie am unteren Rande mit Langetten oder einfacher Falbel aus. Sehr beliebt sind auch Prinzeßunterröcke, wie Abb. 316 und 319 sie zeigen. Man arbeitet sie entweder im Prinzeßschnitt wie Abb. 316, oder Leibchen und Rock getrennt und durch einen Bund vereint, s. Abb. 319. Für ihre Herstellung gilt das für die Unterleibchen und die Unterröcke Gesagte.

Der Unterrock Abb. 313 hat eine aufgesetzte, 25/260 cm große Stickereifalbel. Bei dem Unterrocke Abb. 314 ist der untere Rand mit Punkten und Langetten bestickt. Der Prinzeßrock Abb. 316 erfordert eine 24/250 cm große Stickereifalbel und je 1 m Ausschnitt- und Armlochstickerei. Der Anstandsrock aus Krepp, Abb. 317, hat eine von 62 cm unterer auf 28 cm obere Breite an beiden Rändern geschrägte Vorderbahn, je eine nur am hinteren Rande von 28 auf 13 cm geschrägte Seitenbahn und eine an beiden Rändern von 88 auf 54 cm geschrägte Hinterbahn mit eingeschnittenem Schlitz. Dem ausgedehnten unteren Rande ist ein 6 cm breiter Futterstreifen untergesteppt, worauf die Langetten durch den doppelten Stoff gearbeitet sind, 6 cm breiter Futterbund. Der Unterrock Abb. 318, aus gerauhtem Köper, hat eine von 46 auf 22 cm Breite an beiden Rändern geschrägte Vorderbahn, je eine nur am hinteren Rande von 52 auf 24 cm Breite geschrägte Seitenbahn und eine gerade, 60 cm weite Hinterbahn, die Seitenbahnen nach Bedarf mit Abnähern und die Hinterbahn mit eingeschnittenem Schlitz und Falten. Die angesetzte Falbel mißt 17/200 cm. — Das Unterkleid Abb. 319 erfordert 1 m Armlochstickerei, 2,25 m breite Stickerei, 60 cm Banddurchzug und eine 30/250 cm große Stickereifalbel. Der mit Abb. 325 dargestellte Unterrock hat eine angesetzte, 35/300 cm große, in Falten gelegte Falbel aus Punktmull.

Die Abb. 322 bis 324 zeigen ein Hemd, Nachthemd und Beinkleid mit Banddurchzug und durch Lochfäntchen angesetzten Randsäumen, s. Abb. 297. Man braucht für das Hemd 2,25 m Stoff und 1 m Stickerei, für das Nachthemd, bei dem die Stickerei rings um den Ausschnitt führt, 3,50 m Stoff und 2,75 m Stickerei und für das Beinkleid 1,70 m Stoff und 1,80 m Stickerei. Ueber das Arbeiten von Hemden, Nachthemden und Beinkleidern s. S. II, IV und VII.

311. Unterleibchen mit Stickereiausputz.
312. Einfaches Unterleibchen. 313. Unterrock mit Stickereifalbel. 314. Unterrock mit Handstickerei. Preis des D.M.Z.-Abplättmusters: 50 ₰. 315. Unterleibchen mit reicher Handstickerei. Preis des D.M.Z.-Abplättmusters: 30 ₰.

316. Prinzeßunterrock.

317. Kurzer Unterrock aus Krepp. 318. Kurzer Unterrock aus Köper.

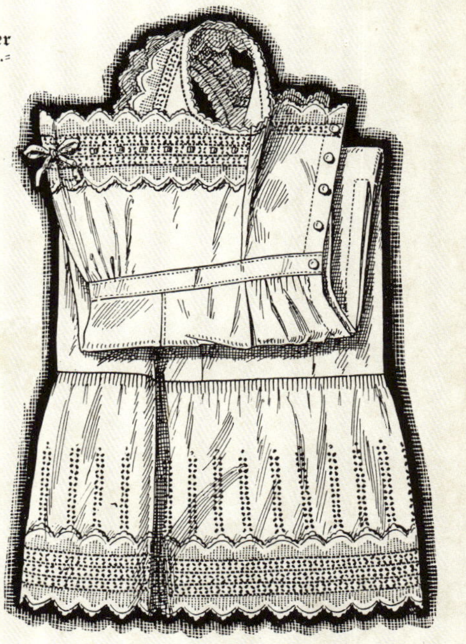

319. Prinzeßunterrock.

320. Hemd mit Handstickerei. Preis des D.M.Z.-Abplättmusters: 30 ₰. 321. Unterleibchen mit reichem Stickereiausputz.
322 bis 324. Hemd, Nachthemd und Beinkleid mit Banddurchzug. 325. Unterrock mit Falbel aus Punktmull.

Die Schnitte in Oberweite 44 und 48 cm sind zu beziehen durch die D.M.Z.-Schnittmuster-Abteilung, Leipzig, Schloßgasse 9.

Kleinkinderwäsche.

Das oben liegende Hemdchen mit angeschnittenen Aermeln auf der Gruppe Abb. 326—330 ist das einfachste, das es gibt, es besteht aus einem Stück und hat sonach nur eine Naht unter dem Arme. Für 6 Stück genügen 2,50 m Stoff, wenn er 100 cm breit liegt. Das darunterliegende Hemdchen hat eingesetzte Aermelchen, die man von der Stoffbreite — 80 cm — abreißt. Erforderlich sind 2,50 m für 1/2 Dtzd. Beide Hemdchen sind hinten in ganzer Länge offen und haben Zugsaum im Halsrande. Die Hemdchen Abb. 333 u. 334 haben Achselschluß, das erste ist mit leichter Handstickerei, das zweite mit Spitzchen geschmückt. Erforderlich sind für je 3 Stück 2,75 m Stoff, wobei allerdings große Stücke abfallen. Abb. 330 zeigt das einfachste Jäckchen, das zusammenhängend mit den Aermeln geschnitten ist; man arbeitet vorteilhaft 2 Stück aus einer Stoffbreite, wenn an den Aermelchen Teile angesetzt werden, und braucht für 2 Stück 60 cm bunten Barchent. Drei weiße Jäckchen erfordern 1,10 m Köper, 1 m breite, 1,10 m schmale Stikkerei. Das feine, in Säumchen abgenähte Jäckchen Abbild. 331 arbeitet man gern aus Waschseide und braucht ein 60×60 cm großes Stück dazu. Nachdem die Säumchen abgesteppt worden sind, überschneidet ein klarer Einsatz mit angekrauster Stickerei den Vorderteil passenartig. Eine zierliche handgestickte Vorderpasse, mit ihren Bogen dem eingereihten Vorderteile auflangettiert, ziert das Batistjäckchen Abb. 332. Die ersten Kleidchen der Kinder werden mit sehr langen Rockteilen gearbeitet, da im ersten Lebensjahre die Kinder noch getragen werden oder viel liegen. Dem Liegen trägt auch die Machart des Leibchens Rechnung, indem seine verlängerten Rückenenden hinten übereinanderkreuzend nach vorn gebunden werden und dadurch Knöpfe entbehrlich machen. Man rechnet für ein Tragkleid gleich Abb. 326, 335, 337 bis 339 1,25 m Stoff, den man für die 60/125 cm weiten Rockteile quer verwendet. Die Rockteile bleiben hinten in ganzer Länge offen, oben werden sie eingereiht und an den Rändern durch Schirtingstreifen saubergemacht. Die Leibchen sind mit Schirting gefüttert, sie haben entweder angesetzte, nach vorn überknöpfende Achseln, wie Abb. 326 u. 337, oder die Achseln sind angeschnitten, wie bei Abb. 335 u. 339, oder wie bei Abb. 338 durch seidene Bandschleifen ersetzt. Farbige Bogenlangetten, wohl auch eine kleine Handstickerei bilden den ständigen Ausputz. Die Abb. 336 u. 340 zeigen zwei Laufkleidchen, bei denen die Rocklänge 50 cm mißt, also immerhin noch bis zu den Füßen reicht. Abb. 336 besteht aus Vorderteil und Rücken, beide am Halsrande und im Gürtel nochmals eingereiht; auch die langen Aermel sind in Stickereibündchen gereiht. Eine große lange Stoffschärpe, vorn durch einen Stickereistreifen unterbrochen, wird hinten zu Schleife gebunden. Erf.: 1,80 m feines Hemdentuch. — Das kurze Leibchen des Kleides Abb. 340 ist vorn zwischen 3 Quetschfalten und über den Achseln spangenartig mit klar eingesetzter Stikkerei geputzt, schmale Stickerei sitzt an Halsrand und Puffärmeln, breite am abgesäumten, 50/140 cm großen Rockteile. Man rechnet dazu 1,50 m Batist, 1,40 m breite, 1 m schmale Stickerei, 80 cm Einsatz. Die kleinen Schuhchen werden aus weißem Satin gearbeitet und nach dem Besticken mit Barchent gefüttert. Die oberen Ränder faßt man mit seidener Schnur ein, die unteren mit Bändchen und näht Schaft und Sohle überwendlich aneinander. Das einfache Nachtröckchen, aus 1,50 m buntem Barchent hergestellt, hat die bekannte Hängerform, Vorderteil und Rücken sind eingereiht, an gerade Passenteile gesetzt und diese alsdann mit Schirting gefüttert, s. Abb. 342. Spitze an Kragen und Aermelchen. Lätzchen arbeitet man aus gerauhtem Waschrips ohne oder aus Köper und Satin mit Schirtingfutter, spitz, rund oder eckig. Stickerei, auch Handarbeit als Ausputz. Abb. 347 zeigt ein Tragkissen, dem ein breites Band zum Festhalten des Kindes aufgesteppt ist. Man nimmt das Kissen 40 cm breit, 80 cm lang, fügt oben Einsatz und ringsum eine 8/300 cm große Stickereifalbel dazwischen und schiebt eine Matratze dazwischen, gerade wie bei dem nebenliegenden Steckkissen, dessen Inneneinrichtung mit Zugbändern auf Seite 8 und 9 des Buches erklärt ist. Man braucht dazu 1,80 m Wäschesatin, 4,50 m Stickerei und 3 m Einsatz. Die Matratze ist 33 cm breit und 78 cm lang, oben abgerundet und bis auf den Kopfteil durchsteppt.

329 u. 330. Zwei einfache Jäckchen.

327 u. 328. Zwei einfache Hemdchen.

326. Tragkleid.

331 u. 332. Zwei feine Jäckchen.

333 u. 334. Zwei feine Hemdchen.

335. Tragkleid. Preis der D.M.Z.-Abplättmuster: je 10 ₰.

336. Laufkleidchen mit Stoffschärpe. S. Abb. 336a.

337—339. Drei Tragkleidchen mit verlängerten Rückenenden. S. Abb. 339a.

340. Laufkleidchen mit Stickerei. S. Abb. 340a.

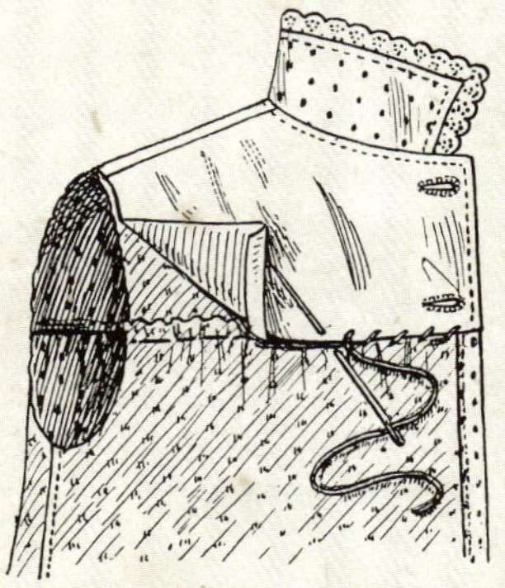

342. Innenansicht zum Nachtröckchen Abb. 343.

341. Schuhchen mit Handstickerei. Preis des D.M.Z.-Abplättmusters: 15 ₰.

336a, 339a u. 340a. Rückansichten.

343. Nachtröckchen. S. Abb. 342.

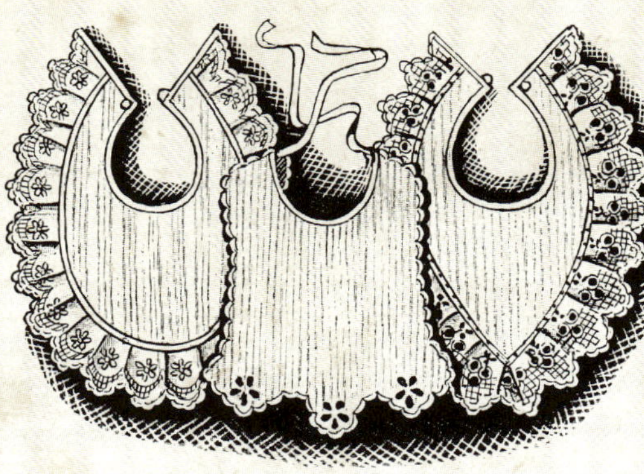

344—346. Drei Lätzchen. Preis des D.M.Z.-Abplättmusters zu Abb. 345: 10 ₰.

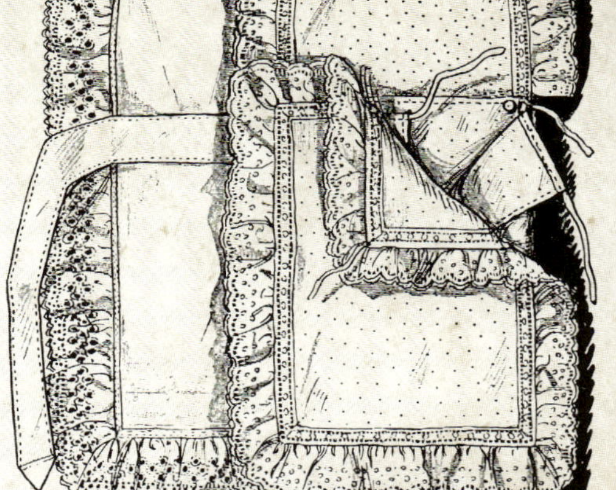

347. Tragekissen. 348. Steckkissen.

Die Schnitte sind in den angegebenen Größen zu beziehen durch die D.M.Z.-Schnittmuster-Abteilung, Leipzig, Schloßgasse 9.

Mädchenwäsche.

Als Taghemd gilt für Mädchen jeden Alters die flache Form, die auf den Achseln knöpft, man bringt auch Säumchen an, wie etwa bei Abb. 352 und 367, oder arbeitet eine Passe. Nur ganz einfache, bunte Barchentwäsche wird mit Vorderschlußpasse gearbeitet, s. Abb. 358. Abwechselung bringt nur die Form des Ausschnittes: rund, eckig oder spitz, und die Verwendung von Maschinen- oder Handstickerei. Beiden, Ausschnittform und Ausstattung, sind oft auch die Beinkleider angepaßt, wie aus mehreren Gruppen dieser und der folgenden Seite zu ersehen ist. Für alle Mädchen bis zum 14. Jahre werden die Beinkleider unter dem Körper geschlossen gearbeitet. Demzufolge ist jedes Beinkleid seitlich zu Schlitz eingeschnitten, und die oberen Ränder sind je in schmalen geraden Bund gefaßt, der dem Leibchen oder Mieder aufknöpft. Weitaus die meisten Beinkleider sind an den Beinlingsrändern glatt oder gekraust mit Stickerei besetzt, selten faßt man sie zuvor eingereiht in schmale Stoffbündchen, wie bei Abb. 355 oder dem warmen Barchentbeinkleid Abb. 360. Hemdhosen, diese Vereinigung von Hemd und Beinkleid, werden wie diese auf der Achsel und im hinteren Beinkleidteile abknöpfbar gearbeitet, die Abb. 377 und 393 geben gute Vorlagen dafür. Nachtröckchen sind für Kinder bis zum 6ten Jahre gebräuchlich. Man arbeitet sie mit Passe und angereihtem Hauptteile aus buntem oder weißem Barchent. Nachthemden haben für Kinder zumeist einen kleinen eckigen Ausschnitt und entweder vorderen oder seitlichen Schluß, gern werden auch Nachthemden mit angeschnittenen Aermeln getragen, s. Abb. 366. Unterröcke werden entweder eingereiht an Leibchen gesetzt, s. Abb. 356, 370 und 371, oder prinzeßartig gearbeitet, hinten mit angereihtem Rockteile, wie bei Abb. 365, oder aus 5—7 Bahnen bestehend, wie bei Abb. 379, 394 und 398.

Im Hinblick auf die verschiedenen Formen und vor allem auf die verschiedenen Größen geben wir nachfolgend das Material für die unter jeder Abbildungsgruppe genannte Altersstufe an. Drei Nachthemden Abb. 349 erfordern 7,50 m Stoff, 3,80 m Stickerei für Ausschnitt und Bündchen und 7,50 m Wäschebörtchen zum Befestigen derselben, drei Hemden Abb. 350 je 5 m Stoff und Langettenstickerei, 1,70 m Stickerei für den vorderen Rumpf. Drei Höschen, deren ausgebreitete Ansicht Abb. 351 zeigt, wie man einen Verlängerungssaum anzubringen hat, erfordern 2 m Stoff und 4 m Stickerei und drei vorn in kurze Säumchen gesteppte Hemdchen Abb. 352 3,50 m Stoff und 4,20 m Stickerei. — Die Mittelgruppe Abb. 353 bis 357 ist für das jüngste Alter bestimmt, 3 Hemdchen davon arbeitet man aus 1,50 m Stoff und 3,75 m Stickerei, 3 Höschen aus 2,20 und 3 m, 3 Leibchen aus 1,50 m Köper, den man doppelt nimmt; zu einem Leibchenrock braucht man 80 cm Schirting, 1,70 m breite und 1,20 m schmale Stickerei und zu einem Nachtröckchen

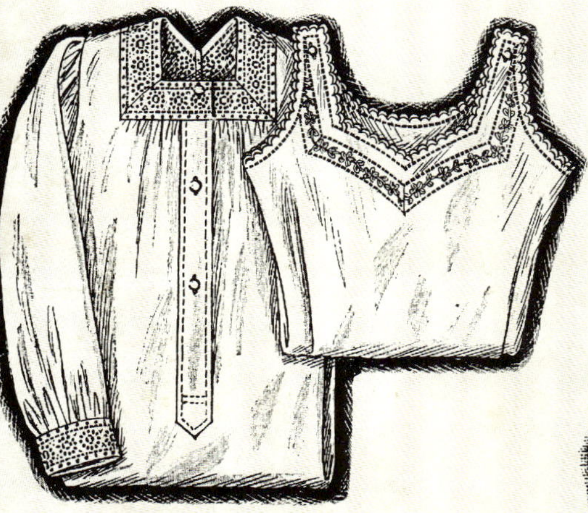

349 u. 350. Nacht- und Taghemd für 8—10jähr. Mädchen.

353 bis 357. Wäsche für 1—2- oder 3jähr. Kinder.

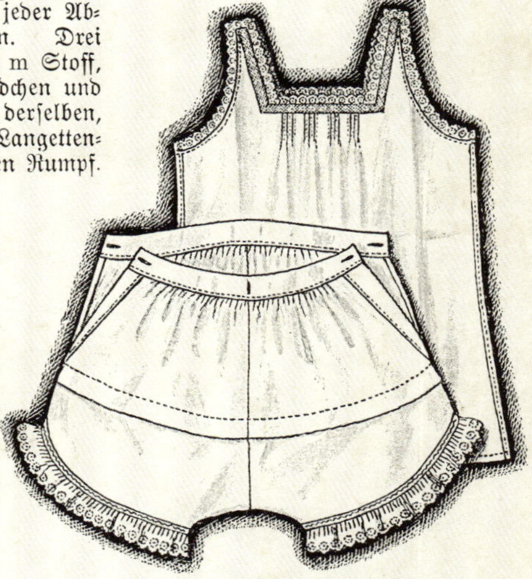

351 u. 352. Beinkleid und Hemd für 2—4jähr. Mädchen.

358. Einfaches Hemd für 4—6jähr. Knaben aus 1,20 m buntem Barchent.
359 u. 360. Bunte Barchentwäsche für 8—10jähr. Mädchen.

361 bis 364. Gruppe einfacher Wäsche für 4—6 jähr. Mädchen.

365 u. 366. Prinzeßunterrock und Nachthemd für 6—8jähr. Mädchen.

367 bis 369. Wäschegarnitur für 5—7jähr. Mädchen.

370. Leibchen mit Unterrock für 4—6 Mädchen.

371. Kurzes Leibchen mit Unterrock für kleine Kinder.

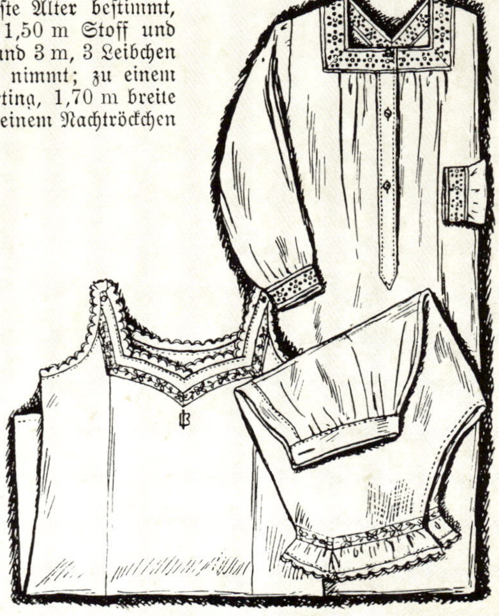

372 bis 374. Taghemd, Beinkleid und Nachthemd für 6—8jähr. Mädchen.

Die Schnitte sind in den angegebenen Altersstufen zu beziehen durch die D.M.Z.=Schnittmuster=Abteilung, Leipzig, Schloßgasse 9.

1,40 m bunten Barchent, 1 m Spitzchen. — Hemd und Beinkleid Abb. 359 u. 360 beanspruchen zusammen 3,25 m bunten Barchent. Die Rumpfteile des Hemdes sind nur abgeschrägt, die Passe aus einem Stück für vorn und hinten und der gerade Aermel mit Zwickel gearbeitet. Der ganze Rumpf des Knabenhemdes besteht aus einem Stück, die Passe ist aufgesteppt. — Sowohl das spitz ausgeschnittene als auch das runde Hemd Abb. 361 u. 362 erfordern 1,40 m Stoff, ersteres noch 1,50 m Stickerei, das glatt besetzte Beinkleid je 1 m Stoff und Stickerei, das Nachthemd 1,75 m Stoff. Es ist zusammenhängend für vorderen und hinteren Rumpf geschnitten, hinten mit kleinem Schlitz und mit Schnurdurchzug an Hals und Aermel. Das Prinzeßunterröckchen Abb. 365 hat hinten angereihten Rockteil mit Zugsaum im Gürtelschluß, unten Säume und Stickereifalbel. Man stellt es aus 1,50 m Stoff und je 1,70 m breiter und schmaler Stickerei her, dagegen erfordert das nebenstehende Nachthemd 2 m Stoff und je 1,40 m Einsatz und Spitze. — Die Gruppe Abb. 367—369 ist mit Schlingenlangette und Säumchen geputzt; erforderlich 5 m und vom Hemdentuch ebenfalls 5 m. Der für Kinder bis zum 10ten Jahre geeignete Unterrock mit Leibchen Abb. 370 ist in letzterem vorn schräg durchschnitten und hinten geknöpft. Das Röckchen hat seitlich geschrägte Nähte, hinten eingeschnittenen Schlitz und unten Säume und Stickereifalbel. Für 4—6 Jahre sind 1 m Stoff, 1,40 m schmale, 1,90 m breite Stickerei nötig. Ein kurzes Leibchen mit angereihtem langen Rocke, s. Abb. 371, nimmt man für kleine Kinder, man rechnet dazu 1,25 m Stoff und je 1,10 m Stickerei. Zu Hemd, Beinkleid und Nachthemd Abb. 372 bis 374 braucht man 6 m Stoff, 3,20 m Einsatz und zu den ersteren beiden noch 3,50 m Bogenlangette, die am Beinkleide an eine kleine Stoffalbel gesetzt ist. Am Taghemd ist der Ausschnitt vorn geschweift, hinten rund, am Nachthemd vorn eckig, hinten spitz. Das Nachthemd Abbildung 375 stellt man aus 3 m Hemdentuch und 2,20 m rotweißer Punktlangette her. Der vordere Rumpf ist bis Schlitzlänge in Säumchen abgesteppt, der hintere zwischen eine doppelte Passe gereiht. Das schlichte Taghemd Abbildung 376 erfordert 1,90 m Stoff und 2 m Bogenstickerei zum Saubermachen von Hals- und Armlochrändern. Die Hemdhose Abb. 377 knöpft auf der Achsel und mit dem hinteren Beinkleidteile auf den Rücken hoch. Sie erfordert 2,40 m Stoff, 2,20 m breite und 1,50 m schmale Stickerei. Der Prinzeßunterrock Abb. 378 besteht aus breiter Vorderbahn und zwei Rückenbahnen. Seine Nacharbeit bedingt 2,30 m Schirting, 1,60 m schmale und 1,70 m breite Stickerei. Das Beinkleid Abbildung 379 hat Seitenschluß und ist unten abgerundet; erf. für 1 Paar: 1,40 m Stoff, 1,50 m Stikkerei, und nur je 10 cm weniger braucht man für das seitlich schließende Beinkleid Abb. 380. Das Nachthemd Abb. 381 zeigt eine hübsche handgestickte eckige Passe, an die der vordere Rumpf in Falten angesetzt, der hintere angereiht ist; man stellt es aus 3 m Stoff her und legt den Schluß von linker Achselmitte an. Das Taghemd Abb. 382 hat einen hübsch geschweiften vorderen Ausschnitt, es erfordert 1,80 m Stoff, 2 m Stickerei. — Zu dem Hemd Abb. 383 ist breite Stickerei unter Börtchen dem eingereihten vorderen, schmale Stickerei dem hinteren Rumpfe und den Armlochrändern angesetzt; gebraucht werden davon 75 cm und 1,50 m, dazu 2,25 m Stoff und 75 cm Börtchen. Das unten abgeeckte Beinkleid Abb. 384 erfordert 1,50 m Stoff, 1,80 m Stickerei und 1,20 m Einsatz. — Das Unterleibchen Abb. 385 hat in den losen Vorderteilen und Rücken ringsum Zugsaum. Man schneidet vorteilhaft 2 Stück zu aus 1,50 m Stoff dazu 1,30 m breite Stickerei und Börtchen, 3 m schmale Stickerei. — Das Achselschlußhemd Abb. 386 und das geschlossene Beinkleid Abb. 387 stellt man aus Hemdentuch her, reiche Handstickerei schmückt sie beide. Das Nachthemd Abb. 388 hat spitzen Ausschnitt und halblange Aermel, bunte Börtchen bilden seinen Ausputz; man braucht für 3 Stück 9 m Börtchen und 8,25 m Stoff. — Das Hemd Abb. 392 ist mit der Hand langettiert und vorn gestickt; erforderlich sind 1,75 m Stoff. — Die Hemdhose ist hinten zum Hochknöpfen und, auf der Achsel mit Knopfschluß eingerichtet; man benötigt 2 m Stoff, 1,10 m Einsatz, 1,25 m breite und 1,80 m schmale Stickerei. Für den Prinzeßunterrock Abb. 394 braucht man 1,50 m Stoff und je 1,75 m breite und schmale Stickerei. Er besteht aus 5 Bahnen und wird hinten geknöpft. Das Nachthemd Abb. 395 erfordert 3 m Stoff und je 1,40 m Einsatz und Stickerei. Die Rumpfteile sind eingereiht, die Vorderpasse setzt sich fast ganz aus Stickerei zusammen, die Rückenpasse besteht aus doppeltem Stoff, nur oben mit Stickereiabschluß; vorn verdeckter Knopfschluß. Zum Beinkleid Abb. 396 gehören 1,40 m Hemdentuch und je 1,30 m Einsatz und Stickerei. Es hat Seitenschluß und vorn Bänder, die man nach hinten bindet, bevor der hintere Beinkleidteil nach vorn knöpft. Das Taghemd erfordert 2,25 m feines Hemdentuch, je 70 cm Einsatz und breite Stikkerei und 1,60 m schmale Stickerei, deren Verteilung aus der Abbildung hervorgeht. Der Prinzeßunterrock wird aus 7 Bahnen gearbeitet, dazu braucht man 2,50 m Schirting, 2 m breite, je 1 m schmälere und schmale Stikkerei, 1,60 m breiten und 65 cm schmalen Einsatz.

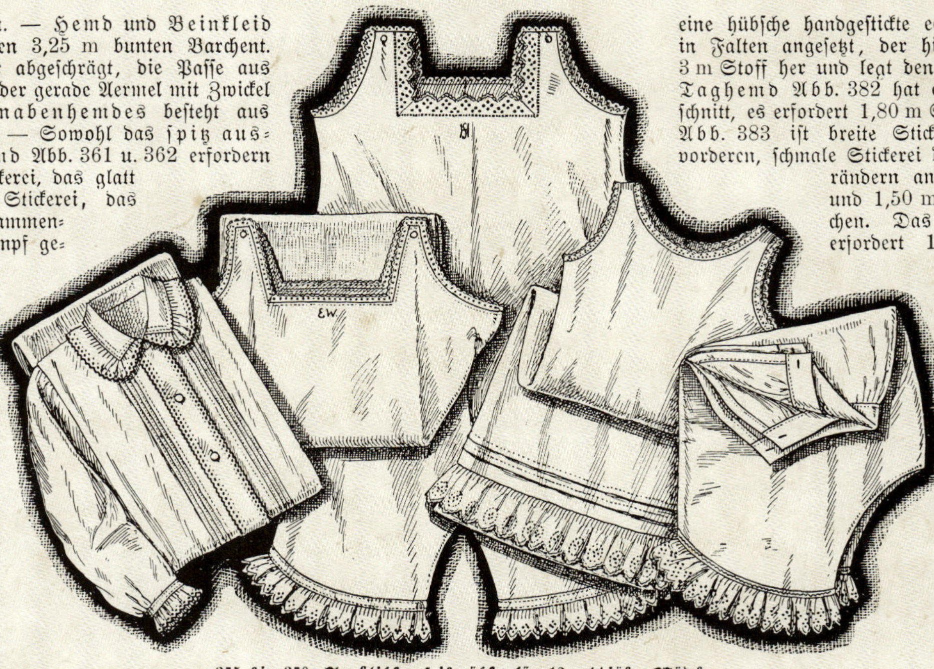

375 bis 379. Praktische Leibwäsche für 12—14jähr. Mädchen.

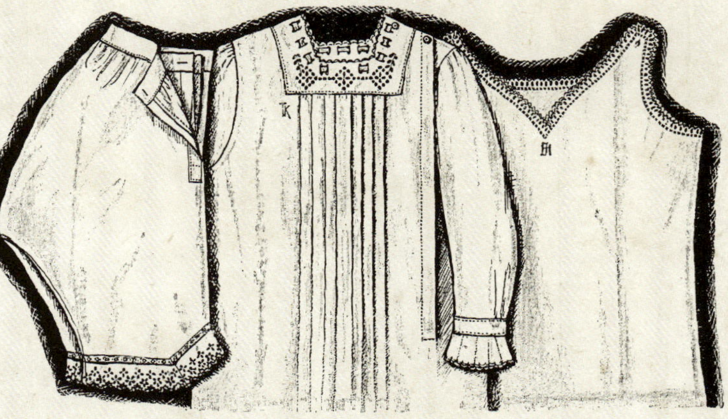

380 bis 382. Beinkleid, Nachthemd und Taghemd für 11—13jähr. Mädchen. Preis des D.M.Z.-Abplättmusters zu Abb. 381: 10 ₰.

383 bis 385. Taghemd, Beinkleid und Unterleibchen für 13—15jähr. Mädchen.

386 u. 387. Hemd und Beinkleid mit Handstickerei für 10—12jähr. Mädchen. Preise der D.M.Z.-Abplättmuster: je 20 ₰.

388. Nachthemd für 10—12jähr. Mädchen.

393 a. Rückansicht der Hemdhose.

392 bis 394. Taghemd, Hemdhose und Prinzeßrock für 9—11jähr. Mädchen. Preis des D.M.Z.-Abplättmusters zum Hemd: 10 ₰.

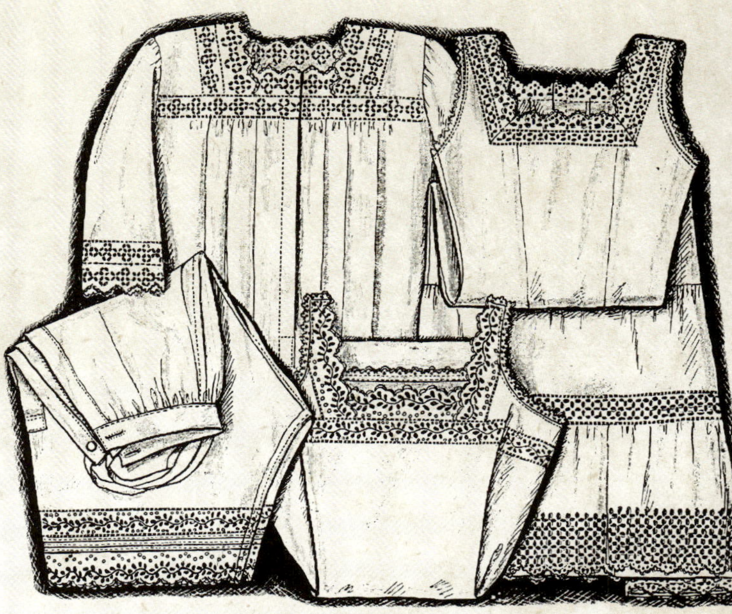

395 bis 398. Beinkleid, Nachthemd, Taghemd und Prinzeßunterrock für 14—16jähr. Mädchen.

Die Schnitte sind in den angegebenen Altersstufen zu beziehen durch die D.M.Z.-Schnittmuster-Abteilung, Leipzig, Schloßgasse 9.

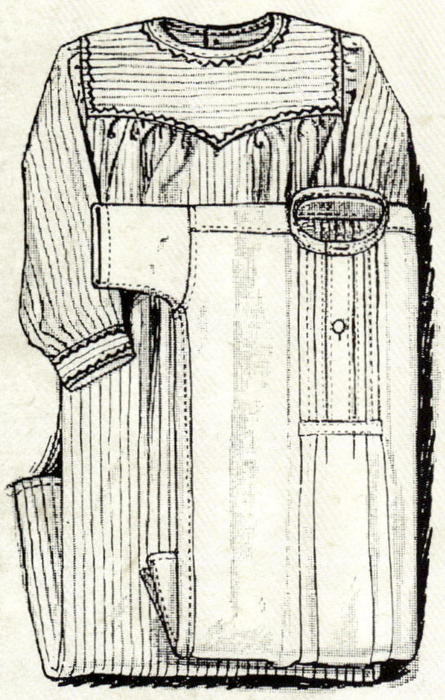

399 u. 400. Nachtröckchen und hohes Hemd für 3—5jähr. Knaben.

Knabenwäsche.

Knabenhemden haben gemeiniglich eine Schnittform, die in jeder Größe, für jede Altersstufe die gleiche bleibt. Sie besteht aus vorderen Rumpfteilen mit oder ohne Falten und aus gereihtem Rücken, beide durch gerade, nach vorn übergreifende Passenteile verbunden. In den Aermeln macht sich indes ein Unterschied bemerkbar, da jüngere Knaben nur kurze, ältere ausschließlich lange Aermel mit Handbündchen tragen, solche sind auch bei allen Nachthemden gebräuchlich. Bei den kurzen Aermeln unterscheidet man solche aus einem Stück geschnitten, wie die meisten Abbildungen dieser Seite sie zeigen, und solche mit eingesetztem Zwickel, s. Abb. 405. Lange Aermel haben oft eine Naht obenauf, die entsteht, wenn man mehrere Aermel aus einer Stoffbreite zuschneidet, womit dann eine Stoffersparnis erreicht wird. Man kann im allgemeinen rechnen, daß für jedes Hemd einmal die vordere und die hintere Länge des Rumpfes und einmal die Aermellänge gebraucht wird, welch letztere bei kleinen Hemden der Stoffbreite entfallen; für Kragen, Bündchen und Passenteile je aus doppeltem Stoff genommen, gibt man noch 50 cm für je 3 Hemden zu. Jedes Knabenhemd ist vorn zu Schlitz eingeschnitten und in der aufgesetzten Mittelfalte mit Knopfschluß versehen, neben diesem sind meist ein breiter oder mehrere feine Säume abgesteppt. Es gilt als Regel, erst die Säume abzusteppen und dann das Halsloch auszurunden. Bei sommerlichen Knabenhemden kann dies sehr tief geschehen, wie aus Abb. 405, 409, 410, 413 und 417 ersichtlich ist. Bei hohen Hemden wird ein Halsbündchen aufgesetzt, dem der Leinenkragen angeknöpft wird, bei Nachthemden bringt man einen Umlegekragen an. Nachthemden werden gern mit bunten Börtchen besetzt, s. Abb. 421, man schneidet sie aber auch herzförmig aus und berandet sie mit farbig vorgestoßener Stoffblende, s. Abb. 403, solche auch an Abb. 416. Kleine Knaben tragen Nachtröckchen aus buntem Barchent, Abb. 399, man braucht dazu 2 m und bringt Börtchen und Grätenstich auf Passe und Bündchen an. Sommerhemden für größere Knaben zeigen die Abb. 411, 412 u. 414. Man arbeitet sie aus durchlässigen weißen oder aus buntgestreiften Stoffen, s. Abb. 411 und 412. Unterbeinkleider sind für kleine Knaben mit Seitenschluß eingerichtet, s. Abb. 402, die vordere Naht bleibt zu kurzem Schlitz offen, je die obere Hälfte wird in geraden Bund gefaßt, der auf ein ärmelloses Leibchen gleich Abb. 406 hochknöpft. Man rechnet für solch ein Paar Höschen 80 cm Stoff. — Für das nächste Alter bis etwa zum 9ten Jahre werden Unterbeinkleider gleich Abb. 406 aus Hemdentuch hergestellt. Sie sind unter dem Körper offen und an ein hinten knöpfendes Leibchen genäht. Man rechnet dafür 1,20 m Stoff. Eine andere Form zeigt Leibchen und Beinkleid Abb. 418. Hier schließen beide vorn sichtbar durch Knöpfe; das an das Leibchen genähte Beinkleid ist unter dem Körper bis hinten zum Rücken hinauf offen und schlägt hier weit übereinander. Aermel- und Beinlingsrändern sind gewirkte Teile angesetzt. Erf.: 1,40 m Stoff. Vom 10ten Jahre ab gilt wohl ausschließlich die mit Abb. 419 dargestellte einfache Form der Unterhose, der häufig noch gewebte Beinlingsansätze wie an Abb. 418 angenäht sind, um besseren Anschluß am Knie zu erreichen. Man stellt solche Beinkleider aus Hemdentuch, Köper oder Leinen her, 1,40 m für 10—12 Jahre, und näht dem breiten Bunde Knöpfe und auch Bandschlingen zum Durchführen der Hosenträger an. Das mit Abb. 408 dargestellte Leibchen ist aus derbem Köper hergestellt und wird mit Stoffblende besteppt, die hauptsächlich zur Sicherung der Riegel dient, denen die an Bandstielchen befestigten Knöpfe untergesteppt sind. Rückenschluß.

401 u. 402. Hemd und Höschen für 2—4jähr. Knaben.

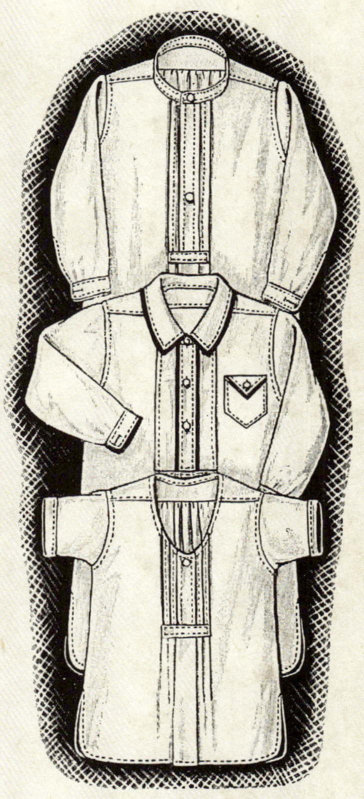

415 u. 416. Langärmeliges Taghemd und Nachthemd für 6—8jähr. Knaben.
417. Ausgeschnittenes Hemd für 3—5jähr. Knaben.

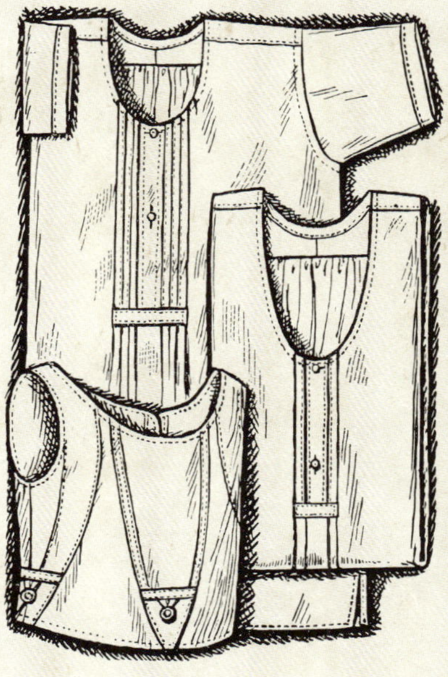

408. Leibchen für Knaben von 6 bis 10 Jahren.
409 u. 410. Zwei Taghemden mit tiefem Ausschnitt für 6—8jähr. Knaben.

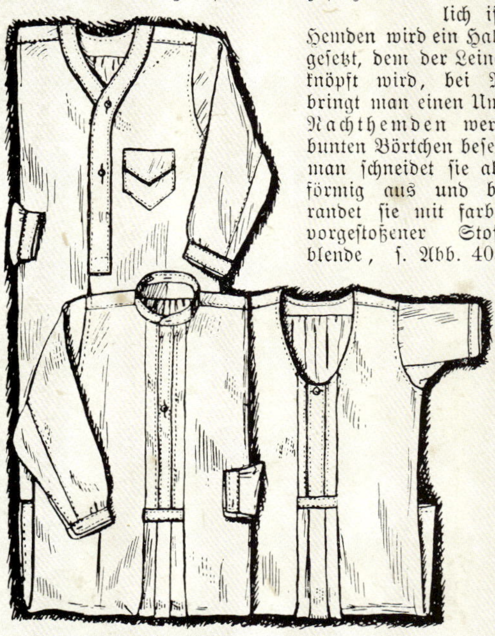

403 bis 405. Nachthemd und zwei Taghemden für 7—9jähr. Knaben.

411 u. 412. Taghemd und Bluse für den Sommer mit breitem Umlegekragen.

418. Hemdhose für 7—9jähr. Knaben.
419. Unterhose für 10—12jähr. Knaben.

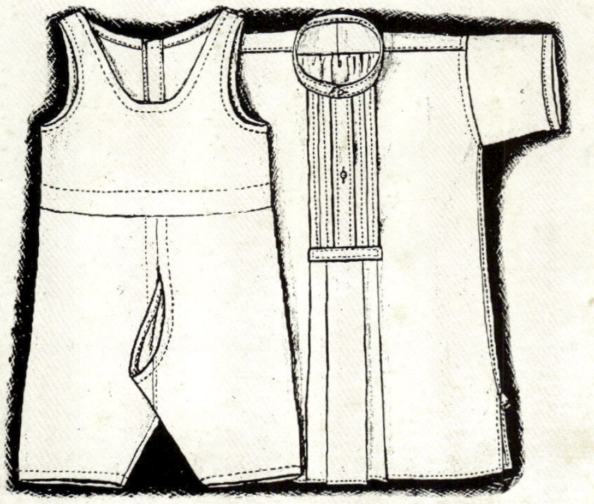

406 u. 407. Unterbeinkleid mit Leibchen und Hemd für 6—8jähr. Knaben.

413. Sommerhemd für 5—7jähr. Knaben.
414. Buntes Sommerhemd für 10—12jähr. Knaben, darauf liegend der hochgeschlagene Kragen dazu.

420 u. 421. Tag- und Nachthemd für 8—10jähr. Knaben.

Die Schnitte in den angegebenen Altersstufen sind zu beziehen durch die D.M.Z.-Schnittmuster-Abteilung, Leipzig, Schloßgasse 9.

Herrenwäsche.

Abb. 422 u. 423 zeigen zwei sommerliche Unterbeinkleider, die nur bis zum Knie reichen, und Abb. 436 zeigt ein langes Unterbeinkleid, das mit eng gewebtem Ansatzteile abschließt, alle haben breite Knopfbunde, hinten mit verstellbaren Knopfspangen, wie aus Abb. 437 hervorgeht. Man braucht für ein kurzes Beinkleid 2 m Streifenstoff oder Perkal, für ein langes 2,50 m Köper oder Leinen. — Der Schlafanzug besteht aus langer Jacke und weitem Beinkleid, durch dessen breiten oberen Saum eine Tresse als Band gezogen ist; erforderlich sind 5,50 m hellfarbiger und 50 cm weißer Waschstoff für Stulpen und Kragen, welch letzterer, wie die nebenstehende Abb. 424 zeigt, auch hochgeschlossen getragen werden kann. Weiße Tressenverschlingungen um den vorderen Schluß. Aufgesetzte Brusttasche. — Bei Herrenhemden wird scharf unterschieden zwischen einfachen Arbeits-, Tag- und Festtagshemden, dazu kommen noch einige besonders für Sommer oder Sport geeignete Hemdformen und Nachthemden. Man rechnet für ein einfaches Hemd 3 m Stoff, für ein Nachthemd je nach dessen Länge 50—75 cm mehr. Die Arbeitsart ist

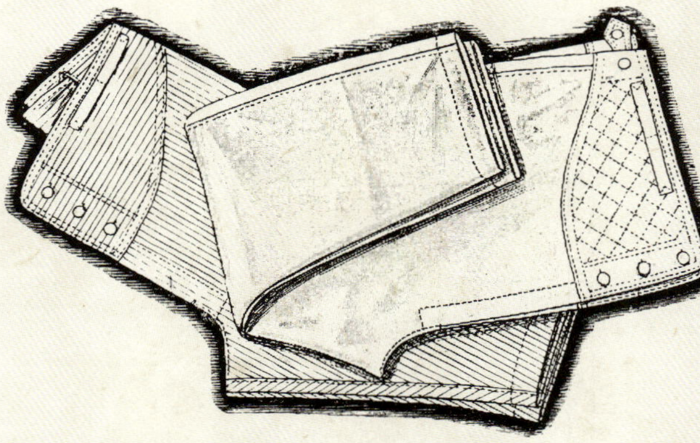

422. Kurzes gestreiftes Unterbeinkleid. S. Abb. 437.
423. Kurzes Unterbeinkleid mit durchsteppten Bunde. S. Abb. 437.

faßt. Damit der Schlitz nicht einreißt, wird er oben querüber nochmals aufgesteppt. Ein gewöhnliches Tages- oder Arbeitshemd wird aus kräftigem Hemdentuch oder Dowlas hergestellt, es hat weder Falten noch Säume, sondern nur eine aufgesteppte Mittelfalte über dem Schlitz und schlichte Hals- und Handbündchen. Bunte Sommerhemden gelten in der gleichen Machart als feine Hemden, wenn man ihnen die Stulpen anarbeitet, die zur Hälfte zurückgeklappt und mit doppelten Knopflöchern für Durchsteckknöpfe versehen werden. Abb. 426 zeigt ein solches Hemd, zu dem weiße Kragen getragen werden. Säume neben der Oberfalte kennzeichnen das bessere Tages- oder Uniformhemd, s. Abb. 433, dem Kragen und Stulpen aufgeknöpft werden. Fest- oder Frackhemden haben ausnahmslos den breiten weichen Brusteinsatz, der glatt, mit Säumchen oder Falten oder auch bestickt sein kann. Man kauft Brusteinsätze in den verschiedensten Ausführungen, aus feinem Leinen, fein- oder breitgerippten Waschrips. Abb. 430, 431 und 434 führen drei verschiedene Hemden mit Einsatz vor, sämtlich mit vorderem Schluß und steifen angesteppten Stulpen; Abb. 430 zeigt noch eine modische Neuheit dadurch, daß sein vorderer Rumpf zweiteilig ist und breit übereinanderschlägt, man bezeichnet dieses Hemd als Rockhemd, ebenso auch das vorn sichtbar knöpfende

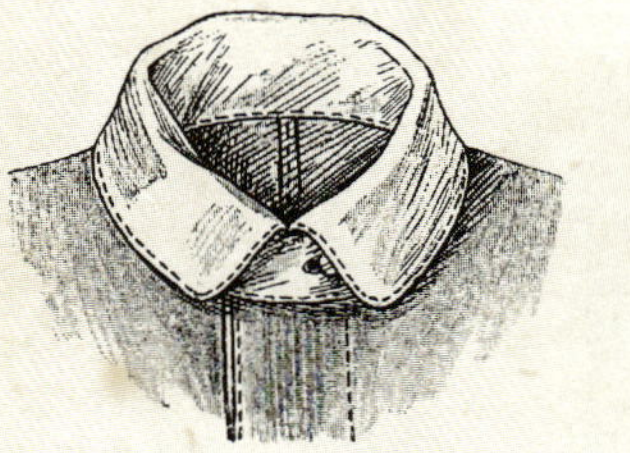

424. Geschlossene Ansicht der Jacke Abb. 425.

425. Schlafanzug, Jacke und Beinkleid. S. Abb. 424.
426. Buntgestreiftes Taghemd.
427. Sommerhemd mit offenem Kragen.

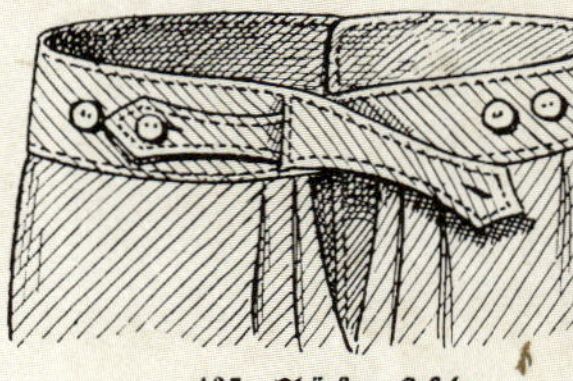

437. Rückansicht eines Unterbeinkleides.

428. Rockhemd mit Umlegekragen.

438. Das Arbeiten der Aermelschlitze an Herrenhemden.

429. Einfaches Nachthemd.
430. Vorn offenes Oberhemd mit glattem Einsatz.
431. Oberhemd mit Falteneinsatz.
432. Nachthemd mit herzförmigem Ausschnitt.

439. Wie man die Nahtschlitze an Herrenhemden sichert, siehe Abb. 440.

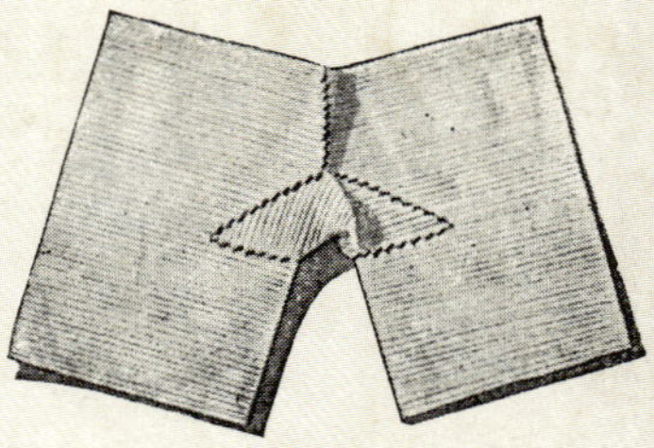

440. Wie man den kleinen Zwickel Abb. 439 übersäumt.

in den Grundzügen ziemlich die gleiche. Die vorderen Rumpfteile sind zu langem Schlitze eingeschnitten und mit einer Oberfalte besetzt; die Rücken werden zwischen doppelte Passen gereiht. Abbild. 439 zeigt, wie die Seitennaht, die zu Schlitz offen bleibt, durch ein kleines Stoffdreieck am Ende gesichert, und Abb. 440, wie dieses nach links übergesäumt wird. Abb. 438 erklärt, wie man dem oberen Schlitzrande des Aermels einen abgespitzten Stoffstreifen auf- und dem unteren einen $1^1/_2$ cm breiten Stoffsaum ansetzt, bevor man ihn in ein Bündchen

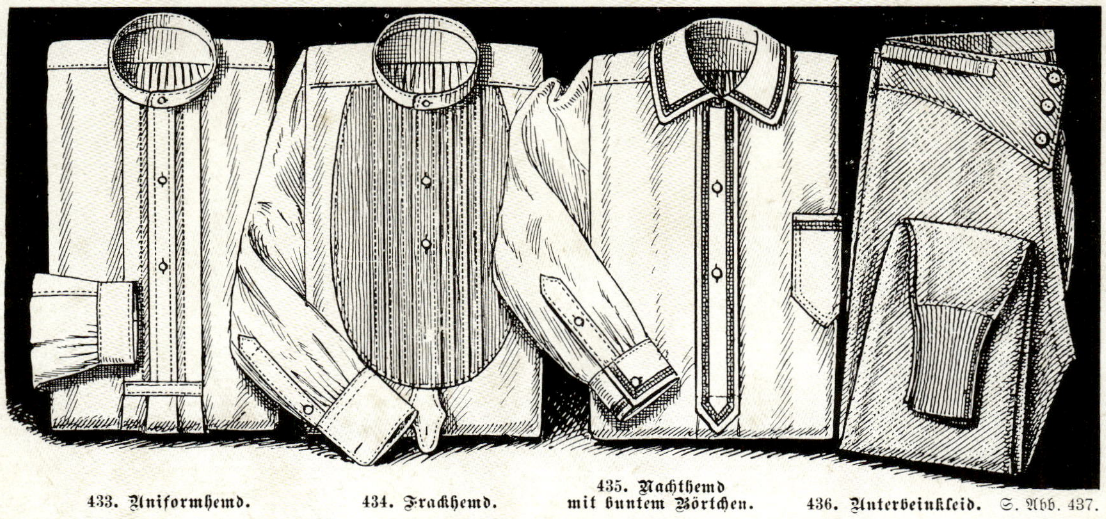

433. Uniformhemd. 434. Frackhemd. 435. Nachthemd mit buntem Börtchen. 436. Unterbeinkleid. S. Abb. 437.

Sommerhemd Abb. 428, dessen Umlegekragen im Verein mit den Vorderteilen zu Umschlägen umklappt. Dasselbe ist bei dem Sporthemd Abb. 427 der Fall, das man auch wie Abb. 424 geschlossen tragen kann. Als Nachthemd zeigt Abb. 429 die einfachste Form mit aufgesteppter Mittelfalte, Umlegekragen, breitem Handbündchen und Brusttasche und Abb. 435 dasselbe mit bunten Börtchen. Als Sommernachthemd oder für starke Herren geeignet ist Abb. 432, dessen Halsrand herzförmig ausgeschnitten ist; als Besatz dient farbiger Stoff, der auch zu den Stulpen genommen ist.

Die Schnitte in 38 und 40 cm Halsweite sind zu beziehen durch die D.M.Z.-Schnittmuster-Abteilung, Leipzig, Schloßgasse 9.

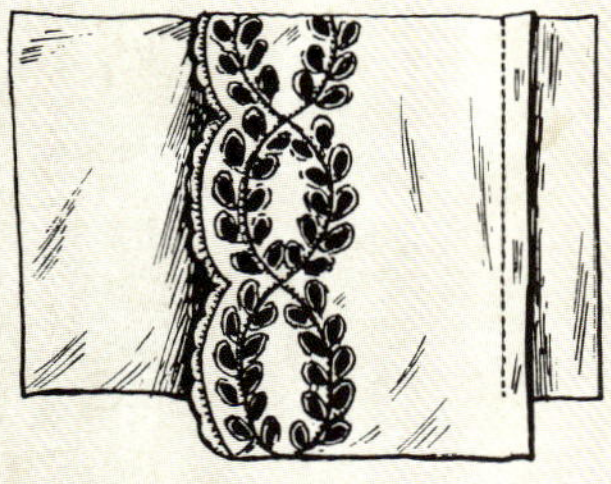
441. Ansetzen von Stickerei, s. Abb. 442.

442. Ansetzen von Stickerei, s. 441.

Bettwäsche.

Allgemeines.

Zum Arbeiten von Bettwäsche verwendet man Wäschetuch und Halbleinen in verschiedenen Stärken oder Damast; Leinen wird nur noch für feine Bettwäsche mit handgearbeiteten Durchbrüchen, Weißstickereien oder Ausschnittstickereien gewählt. — Man hat die Wäschestoffe in 84, 100, 130, 150, 160, 170 und 210 cm Breite. Die kleineren Breiten werden für Kissen, die mittleren für kleine und große Deckbetten und für Bettücher und die großen Breiten für Ueberschlaglaken benutzt.

Kopfkissen haben 80/80, 80/82, 82/82, 84/84 u. 95/84 cm Größe. Bei **Bettüchern** richtet sich die Größe nach der des Bettes; es gibt Bettücher in 150, 160, 165 und 170 cm Breite und in 205, 215, 230 und 250 cm Länge. **Deckbetten** arbeitet man meist 130/200 cm groß und **kleinere Deckbetten** 110/110, 110/120 und 110/125 cm groß. **Ueberschlaglaken** werden entweder 130/190 cm groß hergestellt, wobei 50 cm auf den Ueberschlag entfallen, oder 150/260 bis 270 cm groß, wovon 60 bzw. 70 cm auf den Ueberschlag entfallen.

443 u. 444. Das Einsetzen von Ecken.

446. Das Arbeiten der Schlußvorrichtung an Kissen und Deckbetten.

447. Das Arbeiten des Langettenrandes an Kopfkissen.

Deckbetten und **Kopfkissen** können am unteren Rande zum Schnüren eingerichtet oder mit besonderer Knopfleiste versehen werden. Meist werden sie mit Knopfschluß auf der Rückseite hergestellt. Man säumt die unteren Ränder 2—3 cm breit, legt beide Säume übereinander und steppt sie seitlich, s. A auf Abb. 446, 20 cm breit aufeinander. Nun schlägt man den Stoff so zusammen, daß die Säume 8 cm hoch vom unteren Rande entfernt sind, und führt die Seitennähte aus. Bettwäsche wird ohne Ausputz gearbeitet, wenn sie aus Stangenleinen oder gemusterten Stoffen besteht; bei glatten Stoffen kann man sie mit Säumchen, Langetten, Einsätzen, Ecken, handgearbeiteten Durchbrüchen, Weißstickerei oder Ausschnittstickerei schmücken. Die Verteilung des Ausputzes kann ganz nach dem vorhandenen Material und nach dem persönlichen Geschmack geschehen. — Langetten werden stets durch den doppelten Stoff gestickt, bei Ueberschlaglaken also durch den doppelten Randsaum und bei Kopfkissen und kleinen Deckbetten durch Ober- und Unterseite, die man zuvor aufeinandergesteppt hat. Die Langetten sind dicht hinter der Stepplinie oder in beliebiger Entfernung bis zu 10 cm dahinter auszuführen. Abb. 448 zeigt ein Kissen mit 10 cm breitem Langettenrand und Abb. 447 das Ausschneiden der Langetten. Sehr beliebt ist auch das Einsetzen von Ecken in Kissen und Ueberschlaglaken. Handelt es sich um gehäkelte oder geklöppelte Ecken, so steppt man diese von rechts auf, siehe Abb. 449, und schneidet dann von links den Stoff darunter fort und steppt ihn zu Saum um, siehe Abb. 443. Andere Ecken steppt man unter den Stoff, ihre Ränder dabei schmal umbiegend, siehe Abb. 444, und schneidet dann rechtsseitig den Stoff darüber aus und steppt seine Schnittränder zu schmalem Saum um, s. Abb. 443. Soll Stickerei an Rändern angesetzt werden, wie z. B. an Ueberschlaglaken gleich Abb. 460, so wird die Stickerei mit ihrer linken Seite auf die linke des Stoffes gelegt und festgesteppt, s. Abb. 441, dann streicht man die Naht flach und steppt den schmalen Schnittrand des Stoffes in feinem Saum auf die Stickerei, siehe Abb. 442. In gleicher Weise können auch Stickerei- oder Häkeleinsätze eingesetzt werden. Netter aber noch wirkt es, wenn man diese so einnäht, wie an dem schmalen Gittereinsatz, auf Abb. 445 dargestellt, da sich dann auf der rechten Seite nur eine Stepplinie zeigt. Bei dieser Näharbeit sind der Rand des Einsatzes und des Stoffes schmal aneinandergenäht, und dann ist der Stoff in Art eines Säumchens darübergesteppt, so daß sich dadurch auch auf der linken Seite ein winziges Säumchen ergibt. Sind dicht nebeneinander mehrere Stickereieinsätze angebracht, so verbindet man sie miteinander durch einen untergesteppten und einen aufgesteppten Stoffstreifen in beliebiger Breite, wie dies aus Abb. 445 zu ersehen ist. — Beim Verarbeiten von Klöppeleinsatz kann man anders verfahren, da dieser von rechts aufgesteppt werden kann. Man schneidet dann den Stoff darunter von links auf, legt ihn zu schmalem Saum um und steppt diesen, s. Abb. 450.

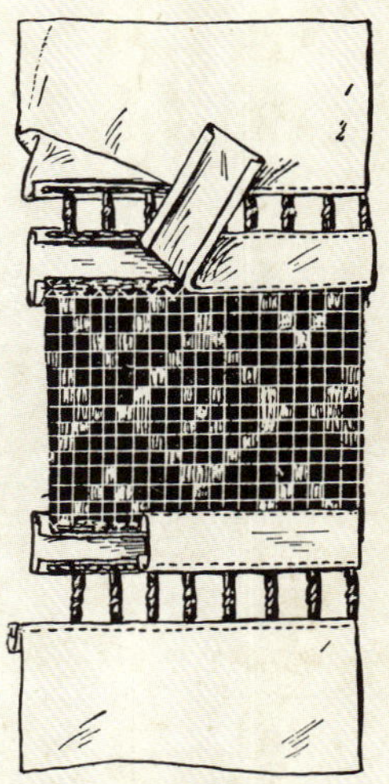
445. Das Einnähen von mehreren Einsätzen.

449. Das Aufsteppen einer geklöppelten Ecke.

450. Das Einsetzen von Klöppeleinsätzen.

448. Kopfkissen mit breitem langettierten Rand, s. Abb. 447.

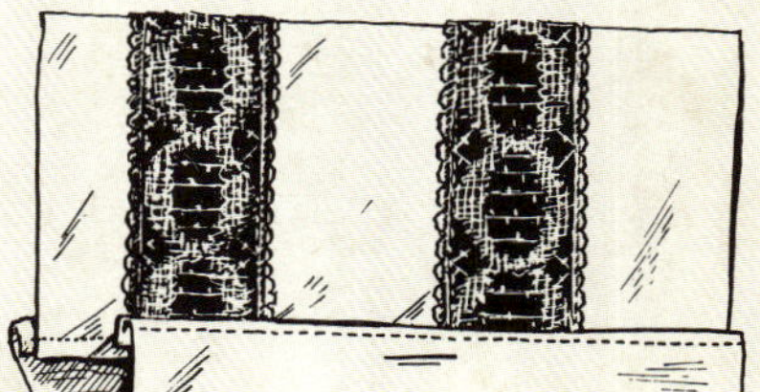
451. Das Einfassen eines unteren Randes mit doppeltem Saumstreifen.

Beim **Arbeiten von Ueberschlaglaken** erfordert nur die Knöpfeinrichtung einiges Nachdenken, die nach der Art, wie man die Laken auf oder unter die Steppdecke knöpft, s. Abb. 456—458, verschieden ist. Meist verwendet man so breiten Stoff, daß die nach Belieben 5—10 cm breiten seitlichen Säume nur umzusteppen sind. Ist der Stoff nicht breit genug dafür, so muß man die Säume entweder als doppelten Streifen ansetzen oder einen entsprechend breiten Stoffstreifen untersetzen. Meist arbeitet man die Knopflöcher in gleichmäßiger Entfernung, z. B. 27 cm, in die oberen und seitlichen Säume. Ueberschlaglaken können so eingerichtet werden, daß sie an den seitlichen und unteren Rändern nicht übergreifen, oder so, daß sie rings über die Decke knöpfen, wie Abb. 456 u. 457 es darstellen. Abb. 458 zeigt eine Steppdecke, deren Laken nur am oberen und unteren Rande überschlägt und am unteren Rande sowie auch unterwärts an den seitlichen Rändern verdeckt geknöpft wird. Beim verdeckten Knopfschluß muß bei mangelnder Stoffbreite der Streifen für die Knopflöcher gegengesteppt werden; jeder Saum verlangt 12—14 cm Stoff. Abb. 452 zeigt, wie der Streifen für den verdeckten Knopfschluß gegengesteppt, in Saumbreite umgebrochen und festgesteppt ist, und Abb. 453 stellt dar, wie der doppelte Teil des Streifens darauf umgelegt und am oberen Rande und zwischen den Knopflöchern angesteppt ist. Mit Abb. 459 wird gezeigt, wie der Knopfrand der zurückgeschlagenen Steppdecke in das Laken knöpft.

460 u. 461. Kopfkissen und Ueberschlaglaken mit Stickerei und Säumchen.
Preis des D.M.Z.-Abplättmusters für 1 m von Einsatz und Stickerei je 50 ₰.

452. Das Arbeiten von verdecktem Knopfschluß an Ueberschlaglaken.

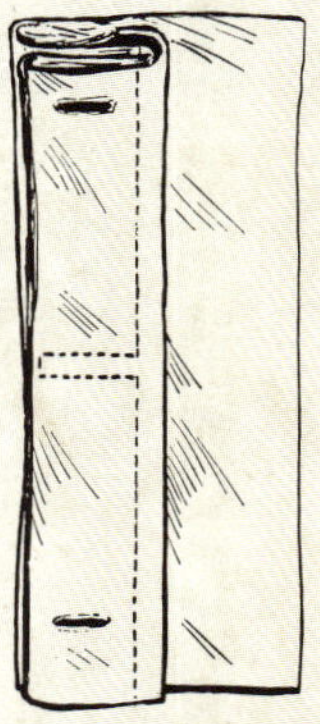
453. Das Arbeiten von verdecktem Knopfschluß an Ueberschlaglaken.

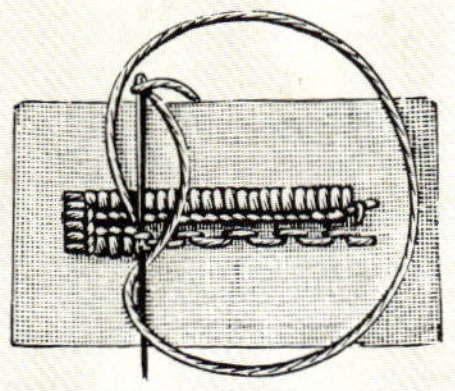
454. Das Arbeiten eines Knopfloches für Wäsche mit Riegel an beiden Seiten.

455. Doppelknopf zum Einknöpfen in Bettwäsche, durch gewickelten Stiel verbunden.

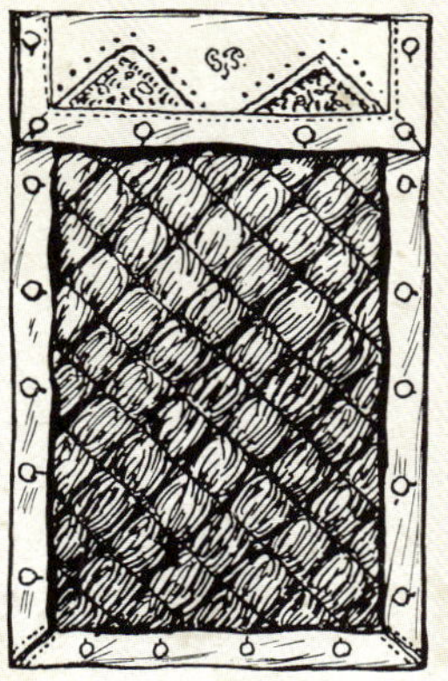
456. Steppdecke mit rings übergreifendem Ueberschlaglaken, siehe Abb. 457.

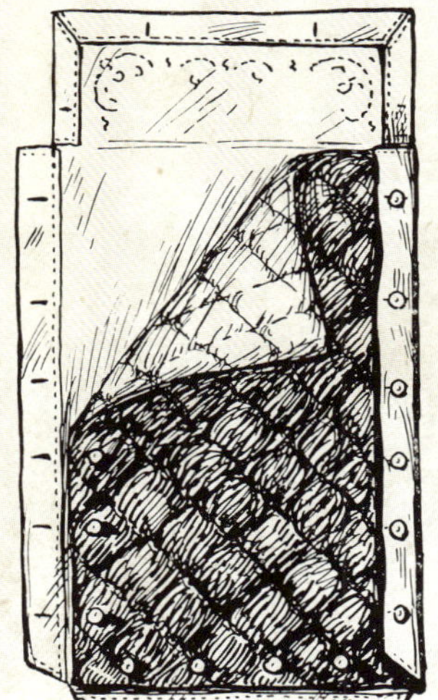
457. Geöffnete Ansicht zu Abb. 456.

458. Steppdecke mit verborgen geknöpftem Ueberschlaglaken.

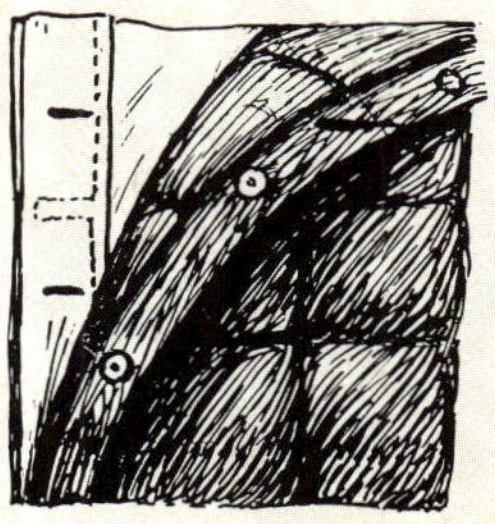
459. Einknöpfen einer Steppdecke in ein Ueberschlaglaken mit verdecktem Knopfschluß.

Beschreibungen zu Abb. 460—483.

Abb. 460 u. 461 zeigen ein Kopfkissen und Ueberschlaglaken mit Stickereieinsatz, -ansatz und Säumchen. Bei dem Ueberschlaglaken sind die seitlichen Knopfsäume angesetzt. Das Ein- und Ansetzen der Stickerei ist mit Abb. 441, 442 und 445 gelehrt. — Das kleine und große Kopfkissen Abb. 462 u. 463, das kleine Deckbett Abb. 464 und das Ueberschlaglaken Abb. 465 bilden zusammen eine Garnitur, der eine in Ausschnittarbeit ausgeführte Stickerei eingestickt ist. Das Kissen Abb. 466 ist mit einem handgearbeiteten Einsatz geschmückt, der gemäß Abbildung 445 eingesetzt wird. Das Kissen Abb. 467 hat zwei nach Abb. 443, 444 oder 449 eingesetzte Ecken. — Einfache Bettwäsche führen die Abb. 468—471 vor. Die erste Garnitur hat am Kopfkissen und am Ueberschlaglaken drei 1 cm breite Säume, die zweite ist mit Langetten geschmückt, die in den doppelten Stoff des am Kissen 5 und am Laken 9 cm breiten Saumes gearbeitet sind, siehe Abb. 447. Das Ueberschlaglaken ist noch mit drei Säumchengruppen geschmückt. — Das Ueberschlaglaken Abbild. 472 und das Kissen Abb. 473 sind mit großen handgestickten Langetten geschmückt. Der Saum hat am Laken 18 und am Kissen 10 cm Breite; die Abb. 446—448 geben Belehrungen über die Herstellung, und Abb. 443 u. 444 zeigen, wie die Ecken am Laken einzusetzen sind. — Das Ueberschlaglaken und das Kissen Abb. 474 u. 475 sind reich mit Klöppeleinsätzen geziert, die man gemäß Abb. 450 anbringt, eine aufgesteppte Stoffblende grenzt die Einsätze ab; sie messen am Kissen in der Mitte 20 und an den Seiten 48 cm Länge und am Laken 30 und 18 cm. Der untere Rand und die seitlichen Ränder des Lakens sind zwischen einen doppelten Saumstreifen gefaßt, s. Abb. 451. Eine 10 cm breite aufgesteppte Klöppelspitze schließt das Laken ab. Das Kopfkissen Abb. 476 ist mit schmalem und breitem Häkeleinsatz geputzt, s. Abb. 445. Die Ecken des Ueberschkaglakens Abb. 477 setzt man gemäß Abb. 443 u. 444 ein. Deckbett und Kissen Abb. 478 u. 479 sind aus weißem Stangenleinen hergestellt und an 4 bzw. 3 Seiten zu breitem Saum abgesteppt. Die Größe beträgt für ein Bettchen 88/72 und 44/38 cm, die Federbetten dazu müssen 85/64 und 38 zu 35 cm groß sein. Die Steppdeckenhülle paßt für eine 60/88 cm große Steppdecke, ihr Umschlag ist 10 cm breit, zu scharfen Ecken abgenäht und mit Einsatz und Stickerei geschmückt. Man braucht davon je 2,70 m und 1,10 m Stoff von 80 cm Breite. Das oberste Kissen mißt 36/38 cm bzw. 42/50 cm Größe, der 6 cm breite überstehende Rand seiner Oberseite ist mit hübscher Ausschnittstickerei verziert. Das nebenliegende Kissen ist 40/50 cm groß, die oberen Ecken sind abgerundet, 3 cm vom Rand ist eine Stickereifalbel aufgesetzt, dahinter sind ein Einsatz und Zackenstickerei eingesetzt. Das hübsche Deckbett ist obenauf aus schönem Stickereistoff, unterwärts aus Batist hergestellt, 85/65 cm groß und ringsum mit 5/470 cm großer Falbel mit Hohlsaum berandet. Alle Kissen und Deckbetten schließen auf der Rückseite, 3 cm vom Rande, durch Knöpfe, s. Abb. 446.

462—465. Bettwäsche mit Ausschnittstickerei. Preis des D.M.Z.-Abplättmusters zu Abb. 462: 25 ₰, zu Abb. 463: 35 ₰, zu Abb. 464: 60 ₰ und zu Abb. 465: 75 ₰

466 u. 467. Zwei Kissen mit Ausputz von Einsatz und Ecken.

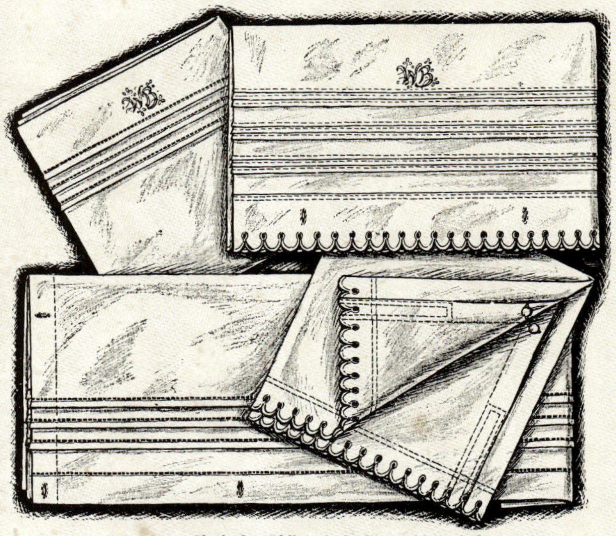

468—471. Einfache Kissen und Ueberschlaglaken.

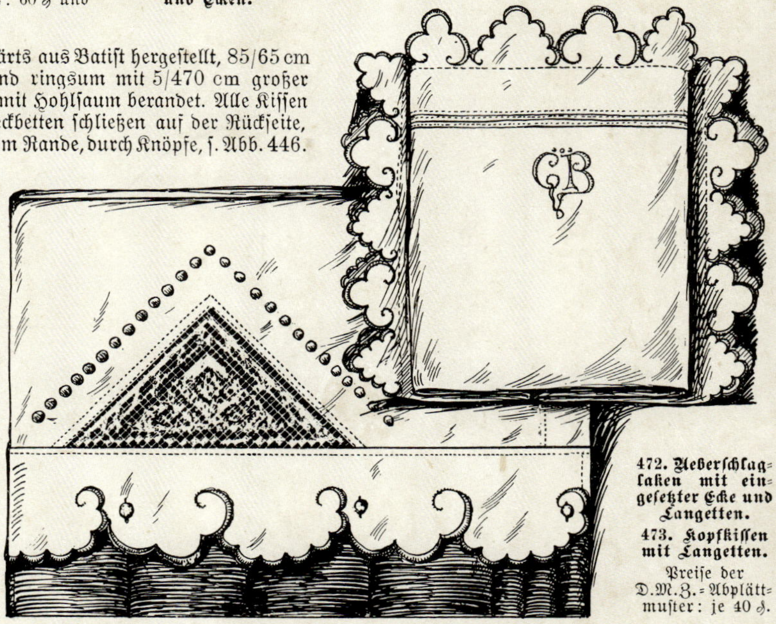

472. Ueberschlaglaken mit eingesetzter Ecke und Langetten.

473. Kopfkissen mit Langetten.

Preise der D.M.Z.-Abplättmuster: je 40 ₰.

Ueber das Zeichnen der Bettwäsche.

Im Gegensatz zu früher, wo große, reichverzierte Monogramme zum Zeichnen der Bettwäsche beliebt waren, zieht man heutzutage Einzelbuchstaben vor, die teils einfach nebeneinandergestellt werden oder sich in ihren Formen etwas überschneidend, auch mit ein wenig Verzierung versehen, genommen werden. Je nach der mehr oder minder reichen Ausstattung wird auch die Art der Zeichnung gewählt, denn es wäre geschmacklos, ein an sich einfaches Wäschestück durch allzu reiche Stickerei auszuzeichnen. Aus den Bildern dieser Seite geht hervor, daß die Buchstaben sowohl bei Kopfkissen wie Ueberlaken in die Mitte gestellt werden, so daß sie auch nach dem Zusammenlegen der Wäsche gut sichtbar sind. Ihre Höhe kann 4 bis 10 cm betragen. Bei ganz einfacher und besonders bei Kinderbettwäsche bringt man die Buchstaben rückwärts über dem Saum der Kopfkissen und an einer Ecke des Lakens an. Zum Sticken ist weißes glänzendes Stickgarn zu nehmen, das sich in der Stärke dem betreffenden Stoffe anpassen muß. Man stickt im gutunterlegten Plattstich, einfache Bettwäsche kann auch in Stielstich und mit rotem Garn gestickt werden. Auf unseren Seiten 67 bis 71 sind allerhand schöne Buchstaben enthalten, die sich auch zu Monogrammen zusammensetzen lassen.

474 u. 475. Ueberschlaglaken und Kopfkissen mit Klöppeleinsätzen.

476. Kopfkissen mit schmalem und breitem Häkeleinsatz. **477. Ueberschlaglaken mit eingesetzten Ecken in Hardanger Arbeit.**

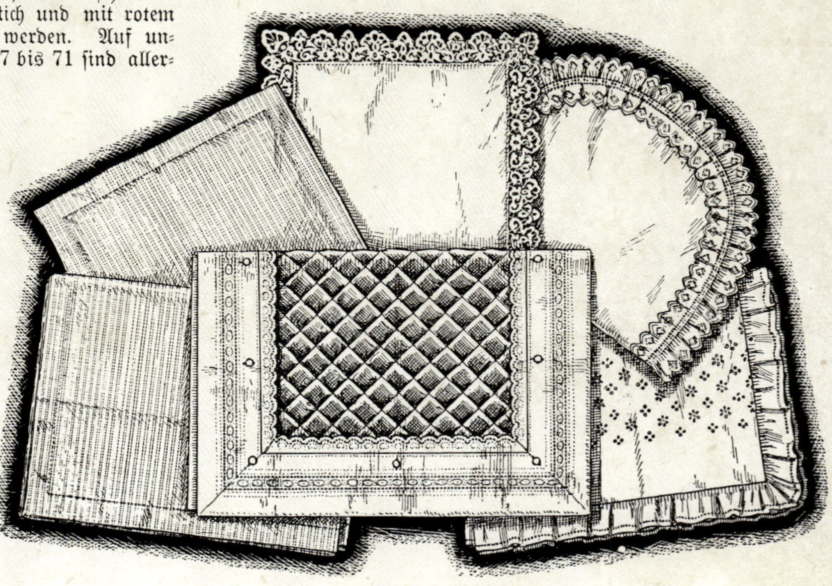

478—483. Wäsche für Kinderbetten und Kinderwagen. Preis des D.M.Z.-Aplättmusters zum Kissen Abb. 481: 45 ₰.